KB038916

중동의 재조명

국제정치

이 도서의 국립중앙도서관 출판시도서목록(CIP)은 e-CIP홈페이지(http://www.nl.go.kr/ ecip)와 국가자료공동목록시스템(http://www.nl.go.kr/kolisnet)에서 이용하실 수 있습니다(CIP제어번호: CIP2011001413).

중동의 재조명

MIDDLE EAST REVISITED International Politics

국제정치

| 최성권 지음 |

한울
아카데미

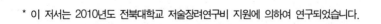

* 이 저서는 2010년도 전북대학교 저술장려연구비 지원에 의하여 연구되었습니다.

머리말

　이 책은 지난 30년 동안 계속한 중동에 대한 나의 지적(知的) 방랑을 정리하는 하나의 조그만 매듭이다. 이 글을 쓰고 있는 지금 이 시간에도 중동에서는 많은 사람이 피를 흘리면서 그들의 역동적인 정치사에 민주화 혁명의 새로운 장을 써가고 있다. 그동안 필자가 기울인 중동에 대한 관심이 중동인들에게 조금이나마 격려가 될 수 있기를 빌 뿐이다.

　내가 갓 스무 살이 되었던 1973년, 중동에서는 흔히 제4차 중동전쟁이라고 말하는 10월전쟁이 발발했다. 전쟁이 일어나자 언제나 그랬듯이 갑자기 전 세계 사람들의 이목이 중동에 집중되었고, 언론 매체들은 연일 중동에 대한 뉴스를 쏟아냈다. 사람들은 "왜 아랍 민족과 이스라엘 민족은 서로 화해하지 못하고 싸우기만 하는 것일까?" 따지기 시작했고, 전쟁의 여파로 발생한 급격한 유가 상승으로 겪게 될 추운 겨울을 걱정했다. 그 시시비비야 어쨌든 그 당시 세계인들의 속내는 이 두 민족이 또는 이 두 종교 집단이 그만 좀 조용히 있어주었으면 하는 것이었고, 그래서 자신들에게 꼭 필요한 석유가 값싸고 안정적으로 공급되기를 바라는 것이었다.

　지구촌 전역에서 에너지 절약 캠페인이 벌어졌는데, 연비라는 개념이 일반인에게 친숙한 용어가 된 것은 아마 그때가 처음이었을 것이다. 미국과 같은 초강대국을 비롯해 서구 열강들 그리고 그밖의 많은 나라가 나서서, 세계경제의 위기를 들먹이며 아랍과 이스라엘이 빨리 전쟁을 끝낼 수 있도록 모든 노력을 기울여야 한다고 주장했다. 그 당시

나는 중동에서 벌어졌던 일련의 전쟁의 근본적인 책임이 미국과 소련을 비롯한 서구 열강에게 있으며, 10월전쟁은 이집트의 사다트가 미국과 소련에게 그러한 책임을 물으며 이스라엘로부터 1967년 전쟁의 점령지를 되돌려 받으려고 벌인 전쟁이라는 사실을 잘 알지 못했다. 결국 강대국의 힘의 논리로 중동문제가 해결의 가닥을 잡아가면서, 언제나 그랬듯이 중동은 점차 세계인의 관심 밖으로 사라져갔다.

어쨌든 그 전쟁은 내가 중동에 본격적인 관심을 갖게 된 첫 번째 계기였을 것이다. 그 전까지만 해도 중동에 대한 나의 스키머(schema)는 사막 위를 지나는 낙타 대상(隊商)들의 긴 행렬과 오아시스 그리고 이스라엘인들의 애국심과 유대 민족의 우수성과 진정한 신앙심을 — 그것은 결국 '마호메트가 한 손에 코란(그 당시에는 무함마드와 꾸르안을 영어식으로 그렇게 불렀다), 다른 한 손에는 칼을 들고' 식의, 아랍인의 바람직스럽지 못한 행태와 대비되는 것이었다 — 진지하게 설파하던 중고등학생 시절 선생님들의 모습이 전부였다. 그러나 그 당시 내 머릿속을 지배하던 것은 현실적이기보다는 조금 낭만적인 것이었다. '왜 그들은 그토록 황량하고 거친 사막을 떠나지 않았던 것일까?' '석유는 그에 대한 신(알라)의 보답이었을까?'

그 뒤로 십수 년이 흐른 다음, 대학에서 박사과정을 수행할 때가 되어서야 나는 그 물음에 대한 해답을 찾아보기로 작정했다. 박사학위 논문 「중동 국제정치 체제의 성격에 관한 연구」는 그러한 해답을 구하면서 일구어낸 첫 번째 결과물이었다. 그 뒤 중동에 관한 단편적인 주제들을 통해 몇 편의 논문을 작성하기는 했지만, 본격적인 작업은 대학에서 전임이 된 다음 '중동·아프리카정치론' 과목을 개설하고 강의를 해오던 지난 20년간 꾸준하게 이루어졌다.

그간 중동의 정치 상황에 대한 이해를 차츰 넓혀가면서 몇 가지 놀라운 사실을 경험했다. 가장 놀라웠던 것은 너무도 많은 사람들이 중동의 문제를 아랍과 이스라엘 간의 대결로 한정 짓고 있었고, 그럴 경우 그 문제를 민족문제 또는 종교문제로, 심지어는 심리·인성 문제로 다루고 있었다는 것이다.

아랍과 이스라엘의 대결은 중동이 안고 있는 가장 아픈 문제 중 하나이기는 하지만 중동정치의 전부는 아니며, 본질적인 문제는 더더욱 아니다. 오늘날 중동의 정치 상황은 대부분 지난 수백 년 동안 서구인들이 주변 지역에 대한 세력 확장을 통해 새롭게 태어난 민족국가를 공고히 하려던 시도의 와중에서 생겨난 그리고 초강대국들의 대결에서 일어난 갖가지 모순, 즉 제국주의의 모순들이 이 지역에 정착되어 나타난 것들이다. 그리고 그러한 결과가 중동인들의 부적절한 대응으로 더욱 심화되어왔다. 아랍과 이스라엘의 분쟁을 앞세워 중동의 정치적 현실 전반을 설명하려는 것은 이러한 역사에 대한 심각한 왜곡일 뿐이다.

아랍과 이스라엘의 분쟁이 언제나 이 지역에 폭발적 위기 요소로 작용해왔고, 수많은 국가들의 개입을 불러왔으며, 엄청난 물적·감성적 에

너지가 이 문제를 해결하기 위해 동원되었던 것은 사실이다. 그러나 이 문제가 중동의 정치 상황에 대한 적절한 설명 요소가 될 수 있다고 해도, 어떤 집단이 2,000년 전의 자신들의 성서를 근거로 무력을 동원해서 그곳에서 4,000년 동안 조상 대대로 평화로운 삶을 누려온 수백만 명의 삶의 터전을 하루아침에 송두리째 빼앗아버린 이 황당한 '정치적 사건'이 어째서 '민족문제'나 '종교문제'로 또는 서로의 감정적 문제로 심지어 아랍인의 인성적 기질 문제로 바뀌어버린 것일까?

또 하나 놀라웠던 것은 중동에 대한 세계인의 편견과 왜곡이었다. 많은 세계인의 뇌리 속에 중동은 자신들에게 꼭 필요한 석유 자원의 보고(寶庫)로서만 긍정적 의미를 가질 뿐, 중동 지역은 세계평화를 교란하는 '세계의 화약고'이며, 아랍인은 불특정 다수를 공격 대상으로 삼는 부도덕한 '테러리스트'이며 종교적 이단자일 뿐이다. 아마도 이번의 중동 민주화 혁명을 통해 '독재·전제정치'의 이미지가 세계인의 사고 속에 추가될지 모른다.

중동을 세계의 화약고로 만든 것이 중동인들이 아니라 외부 열강이었다는 사실은 은폐되었다. 외부 열강은 이 지역을 자국의 이익을 확장하기 위한 전초지로 이용하고, 석유 자원을 약탈해왔으며, 전략적 거점을 강점해 이를 이 지역에 대한 개입의 지렛대로 삼고, 그들이 만들어낸 골치 아픈 유럽 유대인 문제를 이 지역에 떠넘겼다.

이스라엘과의 두 차례 전쟁으로 고향에서 쫓겨난 120만 명에 가까운 중동인들이 아이를 낳고 그 아이가 또 아이를 낳으면서 난민촌 생활을 계속하는 동안 어느덧 420만 명이 된 난민들은 돌아갈 고향도 없는 절망적인 생활을 계속하고 있다. 하지만 외부 열강은 이런 사실을 애써 외면하며 중동인을 화평을 거부하는 테러리스트로 몰아세우고 있다. 어찌 보면 그들에게 테러는 오랫동안 압제적인 외부의 힘에 삶을 지배당해 온 이들이 그 굴레를 벗어나기 위해 꺼내 든 마지막으로 가능한 정치적 수단이었을 것이다. 이것은 유통 중인 음료수에 독극물을 주입하는 식의 불특정 다수를 겨냥하는 '사회적 테러'와는 차원이 엄연히 다르다. 정치적 성격을 띤 테러는 자신의 정치적 목표를 달성하기 위해 정치적 상징성이 가장 큰 목표물을 선정하고 이를 공격 대상으로 삼는다. 따라서 '정치적 테러'는 오직 그 정치적 배경이 정확히 밝혀질 때 비로소 해결의 실마리를 찾을 수 있다.

현실의 왜곡은 정당하지 못한 이해관계의 산물인 경우가 대부분이다. 그러나 어찌된 일인지 많은 사람들은 국가이성을 앞세운 이기심에는 한없는 이해심을 발휘해 애국심으로 포장해준다. 그에 대한 학문적 판단은 물론 국제법적인 시시비비와 도덕적 질책을 회피하고 힘이 지배하는 현실을 대범하게(?) 받아들인다. 그러나 진실의 왜곡은 문제의 회피이며 또 다른 더 큰 문제를 낳을 뿐이다.

이 책은 중동의 정치 현실에 대한 '새로운 시각(new perspective)'을 제시하기 위해 수행된 연구이다. '새로운 시각'이란 서구인의 입장에서 본

정책 대상으로서의 중동이 아니라 중동의 정치를 중동인의 능동적 삶의 궤적으로 이해하는 입장에 서는 것을 의미한다. 그렇게 함으로써 우리는 중동정치의 위험한 역동성을 이해할 수 있게 된다. 그러나 '새로운'이라는 말을 사용하는 것이 앞서 이미 이 같은 시각하에 중동문제를 다루어온 많은 분들에게 누를 끼치는 일이 될지도 모른다. 다만 중동에 대한 사회적 통념이 진실을 왜곡하고 있다는 생각에서 감히 이러한 표현을 사용했다.

이 책은 제1차 세계대전 이후 오늘날까지를 설명의 범위로 삼으며(그 이전 시기의 중동정치에 대한 기술은 주로 역사에 초점을 맞추고 있으며 곧이어 『중동의 재조명: 역사』로 출간될 예정이다), 이 기간의 '국제정치'를 주로 다룬다. 중동국가들의 국내 정치를 거의 취급하지 않은 이유는 이 부분까지 동시에 취급하기에는 나의 기량이 많이 부족하고, 한 권의 책으로 묶어내려면 분량이 너무 많아진다는 이유도 있지만, 중동정치는 그 특성상 국제정치적 시각에서 가장 잘 이해될 수 있다는 확신이 있기 때문이다.

이 책을 완성하면서 많은 이들의 글에 신세를 졌다. 그분들께 진심으로 고맙고도 미안하다. 다만 이 책을 통해 중동에 대한 일반인들의 이해가 넓어지고, 중동문제에 관심을 갖게 된 이들이 이 책을 통해 새로운 지혜를 쌓아가는 데 조금이라도 도움이 될 수 있기를 바란다.

마지막으로 많은 시간을 할애해 원고를 검토하고 나의 취지에 동의

해준 도서출판 한울 관계자들과 이 책에 생명력을 불어넣기 위해 충고와 수고를 아끼지 않은 편집자 배유진 씨에게 감사 인사를 전한다.

온고을 건지산 자락에서

최성권

차례

제1부 근대 중동의 국제정치 분석

제1장
중동의 이해

1. 베스트팔렌 체제와 중동

중동지역은 여러 면에서 국제정치적인 중요성을 내포하고 있다. 지리적으로는 유럽, 아프리카, 아시아 3개의 대륙을 잇는 교량적 위치를 점하고 있고, 전략적으로는 핵심적 공로(空路)와 해로[1]를 장악하고 있으며, 경제적으로는 세계 석유자원의 최대 보고(寶庫)다.[2] 문화적으로는 두 개의 고대문명, 즉 이집트 문명과 메소포타미아 문명의 발상지이며, 유대교, 기독교, 이슬람교의 발원지이기도 하다. 이 같은 중요성에도 불구하고 중동은 오랫동안 세계인들의 관심 밖에 있었다.

17세기 중반 유럽인들은 자신들이 근대국가를 수립하고 팽창시키는 데 주요한 방해물로서 또는 팽창을 위한 희생물로서 중동에 지대한 관

---

1) 이 지역에는 터키 해협, 홍해, 수에즈 운하, 페르시아 만 같은 국제적으로 널리 이용되는 수로들이 있다.

2) W. Bruce Lincoln(ed.), *Documents in World History 1945-1967*(San Francisco, California: Chandler Publishing Co., 1968), pp.22~23. 1978년 당시 세계 부존량의 63%를 차지했으며 사우디아라비아는 미국의 5배, 이란은 소련의 2배(미국의 2배 이상)를 보유하고 있었다.

심을 나타내게 되었지만 세계인들이 중동에 본격적으로 관심을 보이기 시작한 것은 20세기 중반이었다. 그러나 그 과정에서 중동에 중요성을 부여했던 여러 요소는 대부분 부정적으로 변모되었다. 정치적·전략적 중요성은 이 지역을 복잡한 국제분쟁 지역이자 세계의 화약고로 만들었고, 경세적 중요성은 이 지역을 석유자원을 둘러싼 열강의 치열한 대결장으로 만들었으며, 문화적 전통은 풀기 어려운 민족적 분규와 문화적·인종적 충돌로 다가왔다.

이러한 부정적 이미지가 아랍인들에게는 극심한 분열과 좌절로 연결되었다. 아랍의 분열과 좌절은 중동이 오랫동안 유럽 열강의 복합적이고 장기적인 침탈의 대상이 됨으로써 베스트팔렌 체제의 일원이 되기 위한 안정적인 근대국가 건설에 실패했다는 사실에서 비롯되었다.

중동은 1970년대 들어 오일 붐에 힘입어 한때 세계에서 가장 빠르게 성장하는 지역으로 주목받기도 했다. 당시에는 정치적 결속, 경제 증진, 문화 창달에 대한 희망과 기대가 높았다. 1980년대 들어 석유 가격의 하락과 이란과 이라크 간의 소모적인 전쟁으로 이러한 희망이 다소 퇴색되기도 했으나, 1980년대 중반 통합 아랍국가에 대한 관심이 다시 제기되었다. 지역 전문가에 따르면 이 지역이 통합될 경우 범아랍국가의 규모는 총 13억 7,000만km^{2}가 될 것이라고 한다.

이는 소련 다음으로 두 번째이며, 유럽, 캐나다, 중국, 미국보다 클 것이며, …… 2000년에는 인구가 두 초강대국보다 많아질 것이다. 이 국가는 전 세계 석유 부존량의 거의 3분의 2를 보유하게 된다. 이는 또한 자국의 경제적·사회적 개발에 조달할 자본이 충분해진다는 의미이다. 스스로 자급자족할 것으로 생각되며, …… 거대 시장에 대한 접근이 산업 성장을 신속하게 고무시킬 것이다. 현재의 지역적 불균등은 줄어들 수 있고, 노동력 과잉지역과 노동력 부족지역 간의 잘못된 결합은 교정될 것이다. 이렇게 전략적으로 점유된 국가의 군사력과 정치적 영향력은 막강할 것이다. …… 이러한 꿈이 왜 오랫동안 아랍 민족주의를 도취시켜왔는지 이해하기는 어렵지 않다.[3]

그러나 얼마 못 가서 이러한 전망은 꿈같은 이야기가 되었다. 이 시기에 중동국가 대부분은 경제적 정체나 극심한 침체를 겪었다. 1990년대 초를 기준으로 지난 15년간 중동지역 내 무역량을 보면 2~8%로 매우 낮은 수준이다.[4] 1980년에서 1991년까지 (터키를 제외하고 이스라엘과 이란을 포함한) 중동과 북아프리카는 연소득 성장에서 거의 3%의 감소를 기록했다.[5] 중동지역은 1980년에서 1993년 사이에 1인당 국내총생산이 거의 2% 감소했다. 1993년 실업률은 세계 다른 지역의 2배인 15%였다.[6]

또한 오늘날의 중동은 편협한 적대감, 병합과 연방을 방해하는 의미 없는 도식, 의견을 달리하는 사람을 억압하는 데는 충분히 강한 반면 이웃과 친밀한 형태의 협력을 시도하기에는 너무 약하고 불안정한 레짐(regime)으로 많은 고통을 겪고 있다. '인위적인' 식민지 경계들로 말미암아 에너지와 자본의 잉여는 인구 밀집지역 및 군사적·행정적 능력

---

3) Alistair Drydale and Gerald Blake, *The Middle East and North Africa: A Political Geography*(Oxford: Oxford University Press, 1985), p.225.

4) Gary Miller, "An Integrated Communities Approach," in *The Middle East and Europe: The Search for Stability and Integration,* ed. by Gred Nonnenman(London: Federal Trust for Education and Research, 1993), p.8.

5) Nemat Shafik, *Claiming the Future: Choosing Prosperity in the Middle East and North Africa*(Washington, D.C.: World Bank, 1995), p.15.

6) Ishac Diwan, *Will Arab Workers Prosper or Be Left Out in the Twenty-First Century?*(Washington, D.C.: World Bank, 1995), p.3.

제1장 중동의 이해 19

과 정치적 호소(political appeal)의 중심 등과 대부분 분리되어 있다. 흔히 지적되는 것처럼 이러한 조건은 중동 사람들이 역동적이고 장기적인 경제성장을 위해 대규모 국내시장을 건설하고 자신들의 동일성, 자원, 행정적·정치적 능력을 개발하는 것을 방해한다.[7]

많은 사람들은 아랍이 이러한 곤경에서 벗어나려면 역내 국가들이 점차적으로 이웃 개별 국가의 주권을 항구적인 것으로 인식하고 받아들일 수 있는 자신감과 유연성, 실용주의적 사고를 증대해야 한다고 강조한다. 이들은 그러한 특성이 뒷받침될 때라야 비로소 아랍국가들이 오랜 반목을 청산하고, 정치적 붕괴나 전복을 두려워하지 않고 협력할 수 있을 것으로 기대한다.

비관적인 분석가들은 왜 아랍세계가 성공적으로 통합되지 않았는가를 설명하기 위해 유럽의 경험을 사용해왔다. 이들은 중동 레짐들의 이질성, 강력한 민주적 제도의 부재, 왜곡된 부의 분배, 정부의 취약성과 불안정성 등을 언급하면서 중동지역의 통합이 실패한 원인을 중동이 서부 유럽과 얼마나 다른가에서 찾았다.

중동의 오스만 제국이나 중세·근대 유럽의 신성로마제국은 분할되어 점차 안정되었지만, 그러한 과정이 있기 전에 이들 제국은 행정적으로 결코 정착되지 못하는 이질적인 주민들, 복잡하게 구성된 정치 공동체들과 거대한 영토에 대해 권위를 주장하고 유지했다. 이 두 경우에서 광범위한 문화적·지리적 영역(이슬람 중동과 기독교 유럽)에 걸친 권위에 대한 강제적 요구는 지역 엘리트들에 의해 지역의 작은 부분의 주권에

---

7) 아랍 통합의 실패 사례들을 보려면 Maha Azzam, "Overching Regional Cooper-ation," in *The Middle east and Europe: The Search for Stability and Integration,* ed. by Gred Nonnenman(London: Federal Trust for Education and Research, 1993), pp.227~228 참조할 것.

대한 편협하지만 지역적으로 유력한 요구들로 바뀌었다.

　유럽에서는 베스트팔렌 조약(Westphalian Treaties, 1648)에 따라 국제 정치·군사 무대에서 지지를 받는 한 이러한 요구들의 타당성을 공식적으로 인정했으며, 황제의 일반적 주권이 자율적이며 오래전부터 유럽 정치의 주요 동인으로 작용해온 여러 개별 주권으로 대체되는 것도 공식적으로 인정했다. 그러나 중동에서는 오스만 제국 내의 통합되지 않은 영토의 지배권에 대해 자신들의 요구를 개진하려 했던 지역 엘리트들이 대부분 제거되었고 상위 권력과 유럽국가들의 제국주의적 야심으로 인해 침몰했다. 이 과정은 제1차 세계대전이 발발하기 오래전에 시작되었지만 오스만 제국의 일반적 주권이 국제연맹의 후원을 통해 유럽의 각 위임통치국들(mandatory powers)에 의한 지배로 대체되는 것을 공식적으로 인정한 것은 베르사유 조약(Treaty of Versailles)이었다. 이러한 맥락에서 보면 국제연맹은 중동정치 문제에서 결정적인 세력으로 등장한 유럽 국가체제를 대표할 뿐이었다.

　여기서 유럽과 중동 간의 국가체제 발전궤도상의 중요한 차이가 드러난다. 유럽국가들은 절제되긴 했지만 폭력적인 무질서의 국제적 맥락속에서 성장하고 팽창하고 전쟁을 치르고 승리를 얻고 통합되었다. 또는 패배를 겪고 축소되고 통합에 실패하고 사라졌다. 찰스 틸리(Charles Tilly)는 "1500년 유럽에는 약 500개의 독자적인 정치 단위가 존재했으나 1900년에는 약 25개에 불과하게 되었다"라고 말한다.[8] 그러한 정치체제들은 국민국가(nation state)가 만들어지면서 평화적으로 사라지거나 쇠퇴하지는 않았다. 그것들은 만인의, 만인에 대한, 오래도록 지속된

---

8) Charles Tilly, "Reflections on the History of European State-Making," *The Formation of National States in Western Europe*, ed. by Charles Tilly(Princeton, N.J.: Princeton University Press, 1975), p.15.

전쟁의 패배자였다.[9]

초기 근대 유럽은 무정부적이었지만 대개는 이전에 로마제국에 의해 통일되었던 결과로 광의의 문화적 견지에서 상당히 동질적이었다. 이러한 환경은 신중한 정치 지도자들에게 야심을 갖도록 요구했고 국력을 증대하기 위한 수난으로 이웃 주민과 부유한 구역의 (파괴보다는) 흡수를 고려하도록 부추겼다. 더욱 중요한 사실은 이러한 체제 내에서 활동하는 지도자들은 자신들의 군사적·경제적·행정적인 능력을 위축시켜 성장하지 못하도록 방해하는 외부 열강의 실재적·잠재적인 간섭으로부터 자유로웠다는 것이다. 어떤 지도자도 전쟁에서의 승리를 통해 또는 전쟁의 위협에 의해 새로운 영토를 획득하는 것을 금하는 국제석 규범에 구속되지 않았다.[10]

이와 달리 중동, 특히 아랍 중동의 지도자들이나 이곳에서 지도력을 원하는 사람들은 엄청난 세력을 가진 유럽이나 북미의 국가들(특히 영국, 프랑스, 이탈리아, 그리고 미국)에 압도되었을 뿐 아니라 (19세기의 협조와 의회체제 그리고 20세기 국제연맹과 국제연합으로 표현되는) 정교한 국제제도와 규범의 지배를 받았다. 전쟁이 윤활제로 쓰인 베스트팔렌 체제 — 당시로서 가능했던 최고 수준의 무력으로 전쟁이 수행된 결과, 소단위들이 발전해 강대국이 되거나 중소국가 지위로 내려앉거나 또는 완전히 사라져버렸다 — 와는 뚜렷하게 대조되는 식민지 종속체제와 19세기와 20세기 중동이 복종해야 했던 외부로부터 강요된 규범들은 지방 지도자들이 국가의 수, 규모,

---

9) Youssef Cohen, Brian R. Brown and A. F. K. Organski, "The Paradoxical Nature of State Making: The Violent Creation of Order," *American Political Science Review*, 75, 4(1981), pp.901~910.

10) Samuel E. Finer, "State-Building, State Boundaries, and Border Control," *The Middle East in the Coming Decade: From Wellhead to Well-Being?*, ed. by John Waterbury and Ragaei el Mallakh(New York: McGraw-Hill, 1974).

내부 레짐에 실질적 변화를 초래할 국경을 넘는 전쟁을 할 수 있도록 허용하지 않았다.

2. 설명 대안으로서의 동방문제적 구조

중동에 대한 합의가 하나 있다면 우리 모두 이 지역에 대해 무엇인가 알기를 원한다는 것이다. 그러나 어떻게 그것을 이해하고 연구할 것인 가에 관해서는 아무런 합의점도 찾지 못하고 있다.

그간 중동에 관한 연구는 이슈별로 볼 때 몇 가지 단계를 거쳐 진행 되어왔다. 초기에 강조되던 사항은 신생국의 근대화와 정치발전 문제였 다. 다음 단계는 권력과 정치 엘리트에 관한 문제로 이행되었으며, 최근 에는 정치경제, 이익집단과 각국의 역할과 특성에 관한 문제로 집중되 었다. 국제정치학 분야에서 중동은 강대국 중심의 국제관계에서 대개 객체로서 연구되었으며 그중에서도 아랍-이스라엘 갈등이 주류를 이루 었다.

중동이 국제평화 파괴의 근원지로 인식되는 이유는 중동의 국제관계 패턴이 기존의 접근법으로는 잘 설명되지 않는다는 점과도 어느 정도 연관이 있다. 토머스 S. 쿤(Thomas S. Kuhn)의 설명을 빌리면 서구적인 패러다임(Paradigm)에서 볼 때 중동에서 일어나는 여러 현상은 단지 변 칙성(anomaly)일 뿐이다. 중동을 올바로 이해하기 위해 우리는 특정 시 각을 가지고 일시적인 사건들을 추적하기보다는 중동을 하나의 체제로 설정해 고유한 특성을 부여하고 중동을 주체로 보는 관점에서 그런 사 건의 행태적 정향과 기원에 관심을 기울일 필요가 있다. 개별 사건을 서술하는 것만으로는 이 지역에 대한 전반적인 설명과 이해가 불가능 하며 행태적 정향과 그 기원을 알아야만 구체적인 사건을 설명할 수 있기 때문이다.

중동 내 국가 간의 관계가 하나의 체계를 구성한다는 착상은 결코 새로운 것이 아니다. 유대인 이민과 1952년 이집트 군사 쿠데타, 1967년 6월전쟁, 1978~1979년 이란혁명 그리고 팔레스타인의 인티파다(Intifada)까지 그간 중동에서 일어난 주요한 사건은 직접 개입된 국가뿐 아니라 중동 전체에도 중요한 영향을 미쳤다. 이는 단순한 지리적 인접성을 넘어서는 것이었다. 중동 일각의 체제와 사건은 지역의 다른 부분에 의도되지 않은 의외의 효과를 미쳐왔다. 한 아랍 외교관의 말을 빌리면 "중동에서는 어떤 것이든 다른 모든 것과 관계가 있다".[11]

중동의 제국들은 서로 다른 역사적 배경, 식민지적 경험, 사회적·경제적 조건, 종교적·지리적 환경, 기후 그리고 인구 압력을 반영하는 다양한 정치체제를 가지고 있다. 또한 이 정치주체들은 다양한 정치체제와 역동성에서 모든 형태를 한꺼번에 보여왔다. 인격화된 일인 권위주의 체제가 마르크스주의 체제, 왕조 그리고 민주주의 체제와 공존했다. 중동의 정부들은 능력과 성취 면에서 천차만별이며 수많은 방법을 통해 규준적인 정부의 다양한 기능을 그 나름대로의 방식으로 수행하고 있다. 배경 및 기존 조건에서 이러한 차이는 정치 생활과 구조, 스타일에서도 광범위한 다양성으로 나타나고 있다. 따라서 이들 체제를 모두 포함하는 단일한 패러다임을 구성하기란 현실적으로 매우 어려울 것으로 보인다.

그러나 이러한 차이들에도 불구하고 이 지역은 이슬람의 유산, 아랍어의 사용, 오스만 지배하의 경험, 다변적인 외부 영향력의 존재, 이들을 배경으로 생겨난 아랍 민족주의(Arab Nationalism)와 범아랍주의(Pan-

---

11) L. Carl Brown, *International Politics and the Middle East*(Princeton, N.J.: Princeton University Press, 1984), p.16.

Arabism), 이슬람 부흥, 급격한 근대화의 요구와 좌절 등 많은 공통점도 지니고 있다. 특히 범아랍주의와 이슬람 부흥은 이 지역을 결속시키는 주요한 심층 동인이 되고 있다. 이로써 현재 진행되고 있는 여러 운동은 이 지역의 다양한 대중에게 아랍과 무슬림의 동일체성을 촉발시켜주고 있으며, 이는 다시 중동국가들의 대내외 정책에 많은 영향을 미치고 있다.

이 책에서는 중동이라는 지역체제를 설정한 뒤 이 체제 내 국가들의 영역을 총체적으로 관통하는 하나의 커다란 메커니즘이 존재한다고 가정하고 그 메커니즘의 기원, 속성, 행태적 특성을 역사적·정치적 맥락에서 밝혀보려고 한다. 말하자면 단순히 드러난 지역의 다양성보다는 이러한 다양성을 가져온 변화의 역동성을 추적하려는 것이다. 그래야만 이 지역의 국제관계에 대한 과거와 현재를 이해할 수 있기 때문이다. 이를 위해 역사적 전환점이 되었던 사건과 쟁점을 중심으로 이 지역에 관련된 행위자들의 상호작용을 기능적 입장에서 분석하려 한다.

그간 많은 연구가 그래 왔던 것처럼 어떤 지역, 특히 제3지역에서 일어났던 역사적인 사실을 해석할 때 서구국가를 모델로 삼은 특정 이론이나 접근법을 고집하는 것은 그 지역에서 발생한 사건의 정치적·역사적 의미를 왜곡하는 결과를 낳기 쉬우며, 결국 그 지역을 올바르게 이해하기 어렵게 만들 것이다.

따라서 이 책에서는 중동의 정치와 역사에 기존의 서구적 관점을 적용하기보다는 지역 행위자를 독립된 주체로 바라보고 이 지역을 외부 주체들의 국가이익을 위한 게임의 대상이 아닌 지역주체들의 생존을 위한 장으로 이해하려 한다. 이를 위해 가장 중요한 것은 지역 내 주체가 자신이 직면한 문제에 어떠한 태도로 임해왔는가 하는 관점에서 연구가 이루어져야 한다는 점이다.

한편 체제적인 특성과 외교정책 간의 기본적인 관계를 밝히는 문제에서는 한 국가의 외교정책이 국내적인 환경, 정책 결정자의 지각·가치관과 함께 그 체제가 존재하는 지역적·범세계적 환경에 근거하기 때문에 이와 관련된 요소를 분석하는 것 역시 매우 중요하다. 국가적인 관심은 국가의 정책 목표를 규정짓는 데 영향을 미치지만 환경은 국가적 목표의 실현능력과 관련되기 때문이다. 따라서 이를 위해서는 각국의 정부기구에 대한 검토 이상의 작업이 필요하며, 정치 행위가 작용되는 구조적인 맥락을 이해하고 있어야 한다.

오늘날 중동이 안고 있는 국내정치, 지역정치 및 국제정치의 문제를 복잡하고 어렵게 만드는 결정적인 요인은 오스만 제국의 해체 과정에서 찾을 수 있다. 오스만 제국이 몰락하는 과정에서 제국주의 외세의 영향으로 전통적·부족적 정치구조는 인위적으로 분할된 국가정치 구조로 변모했다. 오스만 제국 질서의 종말은 유럽 식민제국의 이익을 위해 영국, 프랑스 관리들이 자의적으로 획정한 새로운 국경선으로 분할된 새로운 국가들을 등장시켰다. 그 후 수십 년간 아랍 지도자들은 이 국경선에 연유한 여러 결과와 문제를 감당해야만 했다. 그러나 제국주의 국가의 자기 편의적으로 보이는 이러한 행위 역시 중동 내부에 형성된 구조적인 틀 속에서 이루어져 왔다는 사실을 이해하는 것 또한 중요하다. 지역국가들은 물론 외부의 제국주의적 국가도 그러한 구조적 틀 속에서 자유롭지 못했을 뿐 아니라 그 어떤 안정적인 이익도 향유할 수 없었다.

이 점과 관련해 중동정치를 이해하는 또 다른 핵심은 이 지역이 다른 어떤 지역보다 장기간에 걸쳐 열강의 다변적 침투를 받아왔다는 사실을 이해하는 것이다. 물론 서구에 의해 전 세계가 격동을 겪고 그 운명이 결정되었으나 중동은 다른 어떤 지역보다 더 많은 열강에 의해 동시 다변적이고 지속적으로 영향을 받아왔다. 이러한 영향은 중동 내부의 정치구조를 침투적이고 비일관적으로 보이게 만들었으며, 이 지역의 국제정치 게임을 극도로 유동적인 것으로 만들어버렸다. 이는 여러 열강의 이해와 편의에 의한 기만적이고 일관성 없는 정책에 기인한 것이며, 이에 대한 중동 내부의 부적절한 대응으로 더욱 가중된 것이다. 이 경우 '침투된 정치체제(penetrated political system)'란 실제로 외부에 흡수된 체제가 아니며 외부의 심도 있는 영향력으로부터 벗어난 체제도 아니다. 따라서 이러한 체제는 지배적인 외부의 충격에 계속적으로 직면해 있는 체제다.[12]

이 책은 이러한 계기를 제공해주는 역사적 사실, 즉 오스만 제국의 해체 시기에 등장한 '동방문제(Eastern Question)'의 구조적 틀[13]에 착안, 동방문제 구조의 지속성 여부를 통해 근대 중동의 국제정치 체제의 특성을 밝히려고 한다. 이러한 입장은 우리가 피상적으로 느껴왔던 것과는 달리 중동정치가 상당히 안정적인 패턴을 보여주고 있다는 가정에 근거한 것이다. 다시 말해 이는 이른바 동방문제라고 부르는 근대 초기의 중동 국제정치가 17세기 말부터 20세기에 이르는 2세기여 동안 중동정치뿐 아니라 당시 유럽 국제정치의 핵심적 현안이 되었다는 점에서 중동 국제정치의 성격을 밝히는 중요한 단서가 될 수 있다는 판단에 따른 것이다.

'동방문제'가 중동 국제정치의 특성을 설명해주는 단서가 될 수 있는 이유는 서구에서는 15세기 중반에 민족국가의 기반이 형성되기 시작하고 그 후에 근대적 정치체제가 나타났는데, 이러한 근대 국제정치의 생리적 특성이 이 지역 정치주체와의 상호작용을 통해 이른바 근동(Near East) 또는 중동(Middle East)이라는 지역적 개념을 처음으로 규정했기 때문이다. 따라서 중동세계가 서구세계와 관계를 맺기 시작하는 17세기

---

12) L. Carl Brown, *International Politics and the Middle East*, p.5.
13) 동방문제의 구조적 틀과 특징적 성격에 관한 자세한 설명은 최성권, 『중동의 재조명: 역사』(서울: 한울아카데미, 2012)를 참조할 것.

후반부터의 역사는 중동에서 근대 국제정치 구조가 자리 잡아가는 시기라는 점과 관련해 이 지역의 국제정치의 근원을 밝히는 데 필수적이다. 따라서 당시 이 지역의 전반을 장악하고 있던 오스만 제국의 존재는 매우 중요하다. 오스만 제국을 중심으로 이 지역에서 유럽 열강과 지역적 주체들이 빌이던 외교 행각의 역사를 흔히 '동방문제'라고 부른다. 이 지역의 국가 또는 준국가들이 이 과정에 참여해 여러 세대를 거치는 동안 참여자들 사이에서는 정치와 외교에 대한 특정한 태도와 행동 패턴이 창출되었으며, 이는 결국 오늘날 중동정치 패턴의 뿌리가 되었다.

동방문제 구조 속에서 나타나는 중동정치의 특징적 성격은 다음 몇 가지로 요약된다.

첫째, 체제 내의 모든 문제는, 국지적(local)인 것이든 지역적(regional)인 것이든 또는 국제적(international)인 것이든, 체제 내의 모든 참여자에게 거의 비슷한 강도로 파급되는 복합적인 구조를 가졌다.

둘째, 첫째의 특징을 강화시켜주는 요소로서, 이 지역의 외교 행태는 지역적·한정적 문제와 주요 국제 관련 문제가 구별 없이 혼용됨으로써 사안의 중요성에 따른 위계나 지역 간의 구분이 불분명하다.

셋째, 중동에 대한 외부 열강의 개입이 합리적인 국가이익보다는 상대 경쟁국과의 세력 균형을 고려해 이루어졌다. 따라서 이 지역에서는 자국의 이익을 자국에 사활적인 것으로 간주함으로써 국제관계에서 합리적인 이유가 인정되지 않는 특성을 보여준다.

넷째, 유럽과 달리 이 지역에서 합리적인 국제관계가 부재했던 것은 문제해결을 위한 타협과 조정을 불가능하게 만들어 결국 최후의 대안으로 전쟁을 유발했으며, 전쟁의 양태나 외교적 수단은 대개 기습적인 이익의 확보와 이의 기정사실화라는 패턴을 정형화시켰다. 따라서 보복적 조치라는 차원에서의 제한적인 이니셔티브(주도 행위)가 강하게 나타나며, 장기적 전략보다는 단기적 전술이 훨씬 유용한 경우가 많았다.

다섯째, 지역에서 패권주의적 기도나 오스만의 분할 같은 문제에 주도적인 노력을 기울인 국가는 항상 철저한 좌절을 맛보았다. 군사적인 우위나 승리가 반드시 정치적 이익으로 환원되지는 않았으며, 개편주의(revisionism)보다는 현상 유지(status quo) 정책의 성공 가능성이 훨씬 높았다.

여섯째, 지배적 체제(외부체제)가 종속적 체제(지역체제)로부터 무제한적으로 이익을 향유할 수 없었고, 오히려 종속적 체제의 불안정한 요소에 의해 충격을 받았다. 따라서 이 지역에서 외교적인 노력이 성공하는 경우는 대개 지역적인 요소에 초점을 맞추었을 때였으며 강대국 논리에 따라 세계정책을 추구하는 경우 그 비용에 비해 성과가 극히 적었다.

제1부의 연구는 세 부분으로 구성된다. 1단계는 먼저 동방문제 구조의 존속 여부와 관련해, 이른바 '고전적 의미의 동방문제'가 마감되는 제1차 세계대전 직후부터 1970년대 초까지 이 지역에서 제기된 두 가지 시도를 통해 과연 동방문제 구조가 청산되었는가를 밝히는 데 초점을 두었다. 이 두 가지 시도 중 하나는 지역 외적 세력이던 영국에 의해 수립된 대구상(The Grand Design)이며, 다른 하나는 지역 내적 세력에 의해 제기된 아랍의 통합운동이었다.

영국, 프랑스 등 주요 연합국에 의해 이 지역에 강요된 위임통치 제도는 다변적이던 동방문제 구조와는 달리 이원적인 성격을 가졌다. 따라서 위임통치 제도의 성공 여부는 중동 정치체제의 기본 구조를 변화시킬 가능성 여부에 대한 시금석의 기능을 가지고 있었다. 이 부분에서는 당시 이 지역에서 패권적 지위를 구축했던 영국의 대구상의 실체와 이러한 구상이 영국 정부 내부에 제기한 갈등 또는 이러한 구상이 경쟁국, 특히 프랑스와의 관계나 팔레스타인 문제 등에 따라 어떻게 동요되고 좌절되었는지를 검토할 것이다.

한편 아랍 내부의 새로운 변화의 요구와 범아랍주의의 역동성을 배경으로 등장한 1950~1960년대의 지역 내 개편주의는 동방문제 구조와 관련된 새로운 문제를 또 다른 차원에서 제기했다. 주로 가말 압델 알 나세르(Gamāl ʻAbdel al-Naṣir, Nasser, 이집트 대통령: 1956~1970)에 의해 주도된 지역 전반에 대한 이러한 재편운동은 당시 중동에 만연되어 있던 동방문제 구조에서 탈피해 이 지역에 새로운 체제를 건설하려는 시도로 볼 수 있었다. 이 운동의 궁극적인 목표는 중동의 통합이었으며 이는 결국 외부 영향력의 배제를 의미했다. 다시 말해 이는 동방문제 구조의 가장 큰 특징이던 다변적 국제정치 양태와 외부 열강의 경쟁체제적 요소를 중동지역 체제로부터 근본적으로 제거하려는 노력이었다.

여기서는 아랍 민족주의의 확산 과정이 결국 이 지역의 전반적 재편이라는 혁신적 정치운동으로 원용되는 과정과 이러한 시도가 직면하게 되는 좌절의 근본적 원인이 동방문제 구조를 극복할 수 없었던 점에 기인한다는 사실을 밝힘으로써 이 지역의 특성에 근본적인 변화가 없었음을 입증하려 한다.

2단계는 제2차 세계대전 말부터 범세계적 체제(The Global System)로서 등장한 양극체제와 중동 국제정치 구조 간의 위상에 관한 것이다. 여기서는 세계가 동서로 양분되면서 어떤 지역도 이러한 이데올로기적 양분의 영향을 받지 않을 수 없었던 현실과 관련해 중동의 고유한 체제적 특성에 본질적인 변화가 있었는가를 살펴볼 것이다. 이에 대한 검토에서는 현실정치 입장에서 압도적인 외부 세력의 우위가 이 지역 체제의 특성이나 체제 내 주체의 의사나 행태와는 무관하게 이들 국가의 이익의 실현으로 나타났는가 하는 문제에 초점을 두었다.

3단계는 양극체제 논리가 이 지역에서 충분히 실현되지 못했다면 이러한 양극체제의 논리에 걸림돌이 된 현대 중동정치의 구체적인 특성은 과연 무엇이었는가를 정리해본다. 여기서는 ‘동방문제 구조가 중동 국제정치의 기본적인 패턴을 결정짓는 가장 핵심적인 요소다’라는 이 책의 최초의 가설이 갖는 적실성의 정도를 확인하려고 한다. 주로 1960

~1970년대에 걸쳐 지역주체의 행위 패턴을 규정짓던 체제 환경과 더불어 지역적 환경과 행위자들이 국내적으로 안고 있던 여러 제한요소를 검토하고, 이들의 국제정치 패턴의 구체적인 모습과 이들이 고전적인 동방문제 구조 속에서 발현된 양태와의 유사성을 밝힌다.

제 2 장
영국의 대구상

1. 변모된 지역 환경과 지역 국제정치 구조

제1차 세계대전 이후 중동은 러시아의 예카테리나 대제(Yekaterina Ⅱ) 가 오스만 제국에 1774년의 조약을 강요했던 가혹한 상황과는 판이하 게 변모되어 있었다. 중동지역에는 20여 개의 새로운 정치체제가 출현 했으며, 서구에서 유입된 민족주의의 도전으로 수세기 동안 자리 잡아 온 관료주의 개념을 타파해 종교적·인종적·언어적인 분류에 따라 각각 새로운 지역적인 정치사회 단위를 구성하게 되었다. 동방문제 구조와 관련해 무엇보다 중요한 사실은 한 차례의 세계대전이 중동지역에 정 복자 터키인 대신 아랍인을 국제정치의 전면에 등장시켰다는 것과 그 간 중동 국제정치의 중요한 핵심 축의 하나였던 러시아가 볼셰비키 (Bolsheviki) 혁명에 의해 이 지역의 국제정치에서 이탈했다는 것이다.

7세기경 이 지역을 최초로 통일하면서 주인공으로 등장했던 셈족 아 랍인들은 아리안족 페르시아인과의 패권투쟁에서 실패한 후 16세기부 터 본격적인 정복활동을 시작한 터키인들의 지배하에 놓여 사실상 정 치무대의 뒷전으로 물러났다. 따라서 20세기까지 아랍의 정체성은 중 동에서 그다지 중요한 역할을 하지 못했다. 무슬림들은 오스만 제국에 대한 어떠한 도전도 아랍인에게 해가 된다는 생각으로 현상을 유지하는 데 만족하며 오스만의 지배를 견디어왔다. 아라비아 반도의 와하비 반란(The Wahhabi Revolt)이나 이집트의 농민반란이 있기는 했으나 이 반란들은 각각 종교적·경제적 이유로 일어났을 뿐 민족 감정에 의해 터키를 공격할 목적으로 일어난 것은 아니었다.[1] 그러나 19세기부터 일기 시작한 아랍 민족주의의 각성이 터키로부터의 아랍 독립에 대한 요구로 바뀌면서 아랍 민족의 정체성은 중동의 정치 상황에 새로운 역동적 변수로 작용하게 되었다.

전후 중동지역의 국제정치 구조상 또 하나의 커다란 변화는 19세기 동방문제에 가장 적극적인 이해를 지니고 있던 러시아의 차르체제가 1917년의 10월혁명으로 붕괴한 것이었다. 그 후 성립된 세계 최초의 사회주의 국가 소련은 1920년 동방 민족회의를 개최한 이래 중동에서의 식민지 민족해방을 제창했으나[2] 각국의 공산당은 이슬람 신앙의 반혁명적 성향과 이란이나 터키의 가혹한 탄압 때문에 세력을 확장할 수 없었다. 다만 세계공황을 전후로 한 아랍국가들의 불황하에서 이집트의 이집트사회당(The Egyptian Socailist Party, 1920~1930), 이라크의 아하리 그룹(The Ahali Group, 1931) 등 사회주의 정당의 발생을 도와 차츰 인텔리층과 노동자층에 대한 영향력을 증대시켰을 뿐이다.

따라서 동방문제의 구조가 전후에도 여전히 지속되었는가 여부를 밝히기 위해서는 세계적인 파문을 일으켰던 일대 소요가 중동지역에 가

---

1) Albert Hourani, *The Emergence of the Modern Middle East*(London: The Macmillan Press LTD, 1983), p.70; Arthur Goldschmidt, Jr., *A Concise History of the Middle East*(Boulder, Colorado: Westview Press, 1979), p.183; William Yale, *The Near East: A Modern History*(Ann Arbor: The University of Michigan Press, 1958), p.193.

2) Alexander J. Bennett, "The Soviet Union," Bernard Reich(ed.), *The Power in the Middle East: The Ultimate Strategic Arena*(N.Y.: Praeger, 1986), pp.110~111.

져온 변화 및 그 요인을 고려해야 한다. 전쟁이 끝났을 당시 오스만의 아랍지역은 극도로 유동적이고 불안정한 상황에 놓이게 되었다. 여기에는 적어도 세 가지 원인이 관련되어 있다.

첫째, 이 지역의 주민, 적어도 이들을 이끄는 교육된 그룹이 전에 비해 훨씬 민족주의적인 성향을 띠게 되었으며 독립과 통합에 대해 훨씬 강도 높은 요구를 하기 시작했기 때문이다. 당시 중동지역은 유럽의 지배나 통제에 전반적으로 반항하는 분위기였고 자결의 요구가 정치 구호의 주제와 여론의 주류를 이루고 있었다.

둘째, 묵시적으로든 직접적인 표현에 의해서든 승전 유럽국가들이 전시 중, 상호 간3)에 또는 아랍인이나 시오니스트(Zionist)에게 행했던 일련의 약속 가운데 어떤 것도 지킬 수 없게 되었으며, 심지어 어떤

---

3) 전시 비밀협정(1915~1917): 연합국은 터키의 동맹국 가담을 그동안 억제해왔던 터키 영토 분할의 호기로 인식했다. 터키의 영토는 연합국의 유대를 강화하고 이탈리아를 끌어들이는 먹이로 철저히 이용되었다. 한편 터키 전선의 고전도 한 원인이 되어 터키 분할에 대한 여러 협정이 맺어졌다. ① 콘스탄티노플 협정(1915. 3. 4~4. 10): 5주간의 외교적 대화로 러시아, 영국, 프랑스 간에 체결되었다. 러시아는 연합국이 승리할 경우 이스탄불과 해협의 병합을 원했다. 영국과 프랑스는 러시아의 요구를 인정하고 그 대가로 페르시아와 아라비아 반도를 영유하려 했다. 프랑스는 시리아와 알렉산드레타 만과 실리시아(Cilicia)에서 타우르스(Taurus)에 이르는 지역을 병합하려 했다. ② 런던협정(1915. 4. 26): 영국과 프랑스가 이탈리아를 참전시킬 목적으로 이탈리아에게 도데카네스 제도 및 리비아의 영유를 약속한 협정이다. ③ 사이크스-피코 협정(The Sykes-Picot Agreement, 1916. 10. 23): 프랑스, 영국, 러시아가 터키의 동부와 아랍령의 분할을 약속한 협정이다. 이 협정은 영국이 아랍 민족에게 했던 또 다른 약속과 모순되어 전후에 아랍민족운동의 분규를 일으키는 가장 큰 요인이 되었다. ④ 생 장 모리엔 협정(Agreement of St. Jean de Maurienne, 1917. 4. 8): 이탈리아에 이즈미르, 코니아 등 남아나톨리아에 대한 권리를 부여하고 그리스의 참전을 위해 소아시아 서부나 키프로스를 제공하기로 약속했다.

약속은 상충되고 도저히 양립할 수 없었기 때문이다. 이로써 전시 편의주의와 평화적 이념 사이에서 해결될 수 없는 갈등이 표출되었다.

마지막으로 열강 간의 이해와 야심이 발칸이나 아나톨리아에서보다 중동의 핵심부인 시리아, 팔레스타인, 메소포타미아(Mesopotamia)에서 훨씬 첨예하게 충돌하고 있었기 때문이다.

제1차 세계대전 이전에 시리아 지역은 레바논, 요르단, 팔레스타인 등을 포함하는 대시리아(Greater Syria)로 인식되었지만 제1차 세계대전 이후에는 시리아, 레바논, 요르단, 팔레스타인 등 여러 개의 통치 구역으로 나뉘었다. 그중 시리아는 레바논만을 포함하면서 프랑스의 위임통치하에, 요르단과 팔레스타인은 영국의 위임통치하에 놓였고, 영국이 가장 강한 외부 세력으로 남게 된 아라비아 반도는 대부분 족장들 간의 독립을 위한 투쟁의 장소로 남았다. 그 외 형식적으로 터키령이던 해협 지역은 국제화되었다. 오스만 제국의 유럽지역은 그리스와 터키가 민족 문제를 주민교환 방식으로 처리함으로써 2,500년 전에 발발한 사건을 종결지었다. 이로써 유럽의 남동쪽은 '동방'의 개념에서 완전히 제외되었다. 오스만 제국은 무스타파 케말 아타튀르크(Mustafa Kemal Atatürk 1881~1983, 터키 대통령: 1923~1938)의 저항으로 세브르 조약(The Treaty of Sévres, 1920. 8. 10)의 터키 본토 적용을 간신히 모면해 아나톨리아의 일개 소국가로 생존할 수 있었다.

오스만 제국이 터키공화국으로 변신하면서 고질적인 동방문제로부터 이탈해간 후 중동지역은 전에 오스만 지역이던 아프리카·아시아 지역만을 고려하게 되었다. 이 지역은 무슬림이 압도적이며 주로 아랍어나 터키어를 사용했다. 중동의 지역적 개념을 이렇게 한정지으면 1923년에는 중동 대부분이 서구 식민지배에 편입되었다고 말할 수 있다.

이로써 위협적인 이웃 유럽체제에 취약성을 드러낸 채 훼손되기 쉬운 지역체제로 존재하던 과거를 청산하고 지배적인 오스만 체제로부터 다양한 형태의 개별 국가가 탄생했다. 이 국가들은 터키를 제외하고는 이전의 다변적인 동방문제의 구조에서 탈피해 일단 이원적인 식민·피식민 — 이 지역에 위임통치를 강요한 국가들은 이러한 표현을 쓰지 않지만 — 의 체제로 재편되었다.

그러나 몇몇 유럽국가에 의한 중동지역의 분할은 얼마 가지 못했다. 표면상 최강국으로 인정되어 유럽의 재조정자로 등장했던 프랑스는 자국 주변에 설치했던 방어체제(French System)가 있었음에도 독일에 대한 공포에서 헤어나지 못했고 전쟁의 여파로 정치적으로나 경제적으로 약화되어 있었다. 실제로 1930년대 말에 들어서자 유럽의 합리적 세력균형에 대한 모색이 실패로 끝났음이 드러났으며 1939년이 되자 매우 강하다고 여겨졌던 프랑스는 일시에 몰락했다. 오스만 제국에 대한 분할 조치로써 최대 수혜국가로 등장한 영국은 이집트에서 말레이 반도에 이르는 지역에 대한 배타적인 독점적 통제를 확립하는 계획을 실현한 것처럼 보였다. 그러나 영국도 프랑스와 마찬가지로 제1차 세계대전으로 매우 약화되어 있었다.

이러한 상황을 배경으로 탈식민을 위한 운동이 벌어지기 시작했다. 이집트는 전후 4년 만에 영국의 보호권을 해소시켰으며(1922. 10) 이라크는 10년 만에 위임통치에서 벗어났다(1930). 그 무렵 완고하던 프랑스도 레바논과 시리아에서 독립협정(1943)을 맺지 않을 수 없었다. 비교적 식민지 역사가 오래 지속된 알제리, 모로코, 튀니지에서도 민족운동이 가열되어 프랑스 식민정청(政廳)을 위협했다. 이에 따라 영국과 프랑스의 제국적 위치는 제2차 세계대전을 고비로 급속한 청산 과정에 돌입했다. 패배한 터키와 전쟁으로 참화를 입은 이란에서는 각각 무스타파 케말 아타튀르크와 레자 샤 팔레비(Rezā Shāh Pahlavi: 1925~1941)라는 강력한 개혁가가 출현해 고루한 전통과 구체제의 중압을 밀어내고 빛나는 재건과 개혁을 달성했다. 이는 식민지의 여러 민족에게 고무적인 사실로 받아들여졌다.

1918년 이후 이 지역에서 강력한 영향력을 행사해오던 영국과 프랑스는 지역세력을 통제하는 동시에 자신들의 최종적 권위를 확인시켜주는 이 지역의 파트너, 지도자, 정당이 없이는 이 지역을 지배할 수 없게 되었다. 이들이 필요했던 이유는 위임통치의 제약적 규정, 영국과 프랑스에서 나타난 새로운 정치사상, 군사점령에 따른 지배비용 때문이다. 또한 종교나 언어에 이질적이던 유럽국가로서 토착정부가 했던 것처럼 지배자로서나 정치 지도자로서 이중적인 방식으로 행동할 수 없었기 때문이기도 했다.[4)]

각기 다른 이유이긴 했지만 양측 모두의 필요에 의해 가끔 짧은 기간에 걸쳐 균형이 이루어지기도 했다. 그러나 이는 결코 안정적이지 못했다. 그 이유는 여러 가지 방법으로 설명될 수 있지만 그중 가장 중요한 것은 두 가지였다. 하나는 영국과 프랑스의 지배 목표 자체가 불안정했다는 점인데, 가능한 한 빨리 제국주의적 책임에서 벗어나기를 요구하는 정당과 위임통치와 여러 선언에도 영구히 이 지역에 남아 있기를 바라는 정당 사이에서, 또는 군사적 지배 방식을 고집하는 군부와 정치세력 사이에서, 또는 미묘한 관계를 추구하는 외교관 사이에서 영국과 프랑스의 정부 요원은 아랍 신민과 합의에 도달하는 확고한 방법을 선택할 수 없었다.

한편 아랍 정치가들은 그들대로 외부의 지배자들이 합의를 통해 힘을 동원하고 압력을 행사하는 경우에만 협상에 응했다. 그들은 민족주의적 감정에 호소할 수밖에 없었는데 그 이면에는 종교적 결속의 감정이 개입되어 있었다. 그런 감정이 개입되면 정치적으로 신중한 입장을 갖기란 불가능했다.

---

4) Albert Hourani, *The Emergence of the Modern Middle East*, p.72.

제1차 세계대전 후 중동은 식민지 여러 민족국가의 독립과 민족주의의 도전을 위한 공간으로 남게 되었으며, 서구적 체제에 의해 철저히 침투된 결과 훼손되기 쉬운 상태였지만 결정적으로 흡수되지는 않은 상태로 존재했으며, 만화경(萬華鏡)적인 다변적 체제의 성격은 양 대전 사이의 휴면기를 제외하고는 그대로 남아 있었다. 서구의 어떤 나라도 로잔 조약(Treaty of Lausanne, 1923. 7. 24)으로 붕괴된 오스만 제국 이후의 이 지역에 헤게모니를 정착시키지 못했으며, 중동에 대한 서구의 식민 지배도 중동 국제정치의 스타일을 바꾸지 못했다.5) 이런 논리는 이 지역에서 아무런 변화가 없었다는 의미는 아니다. 다만 어느 누구도 동방문제의 구조적 특징을 이 지역에서 완전히 청산해내지는 못했다는 것이다. 동방문제 구조의 말기에 대두한 터키와 아랍 민족주의 — 굳이 고려해야 할 필요가 있다면 이란의 민족주의까지 — 의 서구 제국주의를 상대로 한 독립운동은 터키에 대한 발칸의 기독교 신민 민족주의를 대신하게 되었다. 따라서 이러한 운동의 핵심 지역이던 비옥한 초승달 지역(Fertile Crescent)6)은 새로운 중동의 국제정치 구조 속에서 과거 발칸의 역할을 대신하게 되었다.

이러한 사실 때문에 중동에서 다변적 외교 게임은 제1차 세계대전 이후에도 계속될 수 있었는데, 여기서는 두 개의 주요한 외부 열강이나 블록이 게임의 양상을 결정짓고 있었다. 1917년에서 1940년까지는 주로 영국과 프랑스가, 1940년대 이후 소련 연방의 붕괴까지는 미국과 소련이 이를 주도했다. 그러나 어느 열강이나 블록도 다른 국외자들의 개입을 봉쇄할 수는 없었다. 다른 참여국들도 사안에 따라 이 지역의

---

5) L. Carl Brown, *International Politics and the Middle East*, p.88.
6) 지중해 연안의 팔레스타인에서 메소포타미아에 이르는 서아시아 고대문명 발생지를 지칭했으나 후에 나일 강 유역까지 포함하는 개념이 되었다.

문제에 개입했는데 1917∼1920년에는 미국이, 1930년대에는 이탈리
아 등이 개입한 것이 대표적인 경우다.

헤게모니 추구자들은 자신들이 패권적 지위를 구축함으로써 경쟁자
를 완전히 분쇄할 수 있고 자신들의 지도력으로 중동의 핵심적인 부분
을 새롭게 조직할 수 있다고 가정했으나 지속적이고 만화경적인 중동
정치의 냉혹한 현실에 의해 그들의 야심은 대부분 좌절되었다.

2. 아랍세계의 등장과 영국의 대구상

1) 대구상

(1) 터키의 참전과 영국의 전시 아랍정책

영국에게 19세기의 마지막 10년은 오스만 제국의 보존을 지원했던
대중동 기본 정책이 와해된 시기이자 새로운 대안의 모색이 절실한 시
기였다. 그러나 솔즈베리 경(3rd Marquess of Salisbury, 영국 외상·수상)이
독일 또는 러시아에 제기한 오스만 제국에 대한 분할 논의에도 제1차
세계대전이 발발하기까지 영국과 오스만 제국 간의 결정적인 불화의
조짐은 나타나지 않았다.

1908년 혁명으로 등장한 새로운 터키의 지도자들도 의회 민주주의
를 신봉했기 때문에 비록 짧은 기간이긴 했으나 영국에 우호적인 분위
기였다. 청년터키당(Jön Türkler; The Young Turks)은 1908년 오스트리아-
헝가리 공국의 보스니아, 헤르체고비나 양주에 대한 병합, 1911년의
이탈리아의 리비아 침공, 제1차 세계대전 중 대오스만 발칸연합에 대한
열강의 무관심 등으로 유럽에 계속 실망했으나 유독 영국만을 탓하지
는 않았다.

그러나 1914년, 터키가 동맹국에 가담함으로써 영국이 제1차 세계대전 이전에 시행한 오스만 제국에 대한 보존정책은 새로운 단계를 맞게 되었다. 처음에는 사태가 터키에 유리하게 진행되었다. 1914년 8월, 터키는 동부 아나톨리아에서 공격을 감행해 1878년 러시아에 양도했던 카르스(Kars)를 되찾는 한편 러시아가 보유하고 있던 이란의 타브리즈(Tabriz)를 쉽게 손에 넣었다. 남부전선에서는 오스만군이 팔레스타인에서부터 시나이 사막을 건너 영국이 지배하는 이집트 수에즈 운하를 공격하기도 했다.

그러나 터키의 이러한 성공은 오래가지 못했다. 동부전선에서는 러시아가 지역 주민의 협력으로 강력한 역공을 가해 반(Van)에 진입하는 데 성공했다. 러시아가 전쟁에서 지역 주민의 협조를 얻을 수 있었던 것은 민족주의 세력 덕분이었다. 대부분의 아르메니아인이 여전히 오스만 제국에 충성하고 있었지만 러시아와 아나톨리아에서 조직된 민족주의 조직은 이 전쟁을 아르메니아 독립국을 창설할 기회로 여겼다. 이에 대해 터키는 동부와 남부 아나톨리아에서 모든 아르메니아인을 추방하는 집단 보복을 감행했다.

영국군은 시리아에 상륙해 수에즈 운하에 위협을 가하고 있는 8만여 명의 터키군을 저지했다. 또한 영국군은 1914년 11월 22일, 당시 터키 항구였던 바스라(Basrah)를 점령했다. 영국의 당면 목표는 이란으로부터 석유 파이프라인을 보호하는 것이었지만 이러한 초기의 성공은 더욱 야심만만한 계획을 추진하는 자극제가 되었다. 1915년 한 해 동안 영국군은 티그리스(Tigris)와 유프라테스(Euphrates) 강 양쪽의 여러 지역을 점령한 뒤 바그다드를 향해 북진하기 시작했다.

이로써 연합군에게는 터키로 향하는 두 개의 전선이 열리게 되었다. 한쪽 목표는 이스탄불이었고 다른 쪽 목표는 메소포타미아였다. 이에 따라 모든 관심이 터키령 다르다넬스 해협에 집중되었다. 동부전선에서

[그림 1] 갈리폴리 반도

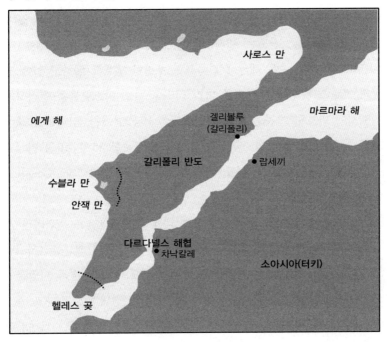

터키에 역공을 펼치고 있던 러시아에 지중해를 통해 물자를 지원하려
면 유럽과 아시아의 지리적 경계인 이 해협을 반드시 통과해야 했는데
이 일대는 오스만 제국의 수도인 이스탄불을 중심으로 이루어진 막강
한 요새화 지역이었다. 영국의 해군장관 윈스턴 처칠(Winston Churchill,
수상: 1940~1945·1951~1955)은 대규모의 병력을 동원해 이 해협을 장
악하는 것은 물론 이스탄불까지 함락시켜 터키를 굴복시키고 터키와
함께 악의 축을 이루고 있던 독일과 오스트리아-헝가리 제국의 추축국
(The Axis Power)을 붕괴시킬 계획을 추진했다.

한편 프랑스와 벨기에 그리고 독일 국경에 형성된 수백 킬로미터의
'서부전선(Western Front)'에서는 양측이 한 치의 땅을 놓고 뺏고 뺏기는
소모전을 벌이고 있었다. 양측의 주력부대가 서부전선에 고착된 채 사

망자가 급증하자 영국은 이에 대한 돌파구를 마련하기 위해서라도 터키의 수도를 위협해서 추축국의 후방 고리를 끊어놓을 필요가 있었다. 갈리폴리(Gallipoli) 반도는 에게 해(Aegean Sea)에서 마르마라 해(Sea of Marmara)를 잇는 좁은 해역에 길목처럼 포진한 형세를 취하고 있어 영국과 프랑스 연합군이 해로를 따라 터키의 수도 이스탄불을 공격하기 위해서는 반드시 이곳을 통과해야 했다.[7] 1915년 3월, 영국군은 주력 전함 31척, 전투 순양함 3척, 순양함 24척, 구축함 25척, 50척 이상의 수송선을 동원해 거대한 규모의 공격 — 갈리폴리 전투(Gallipoli Campaign) — 을 감행했다.

그러나 좁은 해협을 통과해야 하는 대규모 군사작전은 무스타파 케말이 지휘하는 터키군의 강력한 저항에 부딪혔다. 주력 전함을 3척이나 격침당한 영국군은 해상 돌파를 포기할 수밖에 없었다. 결국 지상군을 직접 투입해 해상 요새를 무력화시키고 해협을 장악해야 한다고 판단해 지상 병력을 동원하기 시작했다. 이 원정군의 주축은 오스트레일리아와 뉴질랜드에서 지원한 병사들, 즉 안잭(ANZAC: Australian and New Zealand Army Corps)으로 구성되었다.

1915년 8월 말까지 연합군은 갈리폴리 반도에 지속적인 파상공세를 펼쳤으나 막대한 희생에도 아무런 진전을 보지 못했다. 터키군은 지구적인 참호전을 통해 압도적인 해상 포격의 지원을 받은 연합군의 상륙을 저지시켰다. 연합군은 헬레스 곶, 즉 키르티아 지역에서 네 차례나

---

7) 이 반도에 있는 갈리폴리(Gallipoli, Gelibolu, 역사적 이름은 Gallipolis) 항은 이스탄불 남서쪽 203km 지점, 다르다넬스 해협이 마르마라 해와 연결되는 곳의 좁은 반도에 자리 잡고 있다. 비잔틴의 중요한 요새였으며 오스만 제국이 유럽에서 처음으로 손에 넣은 지역으로(1356년경), 이스탄불을 방어하기 위한 전략적 중요성 때문에 해군기지로 쓰였다. 또한 루멜리아(발칸제국에 있는 오스만 제국의 영지)에서 아나톨리아에 이르는 무역의 주요 중개지이기도 했다.

대대적인 공세를 펼쳤으나 막대한 피해를 입고 후퇴할 수밖에 없었다. 결국 영국군 최고 사령부는 비교적 수비 병력이 약한 수블라 만에 3개 사단을 상륙시키고 안잭군(軍)이 안잭 만에서 공세를 펴서 양동작전으로 투르크군 방어를 돌파한다는 계획을 세웠다. 이것이 바로 갈리폴리 전투의 절정이자 비극의 무대였던 수블라 만 상륙작전이었다. 결과는 참혹했다. 안잭 만 공격에 참여한 안잭군 절반(1만 1,000여 명)이 전사했다. 동시에 이루어진 수블라 만의 영국군 상륙 또한 실패해 연인원 48만여 명이 동원된 갈리폴리 전투(터키 쪽은 차낙칼레 전투)는 연합군의 비극적인 패배로 끝났다. 영국 및 오스트레일리아-뉴질랜드 연합군에서는 20만 5,000여 명(인도 및 뉴펀들랜드 등 다른 식민지 병력 일부 포함), 터키군에서는 25만 1,000여 명의 사상자가 발생했으며[8] 이로써 중동전선의 연합군은 일시적으로 침체 상태에 빠졌다.

1915년 말과 1916년 초, 오스만 제국은 일시적인 승세를 타고 메소포타미아의 쿠트(The village of Kut) 공방전에서 승리함으로써 찰스 톤젠드(Charles Townshend)가 지휘하는 영국군 전원을 포위해 항복시켰다. 하지만 결정적으로 중요한 또 다른 전선이 오스만의 시리아와 영국 점령하의 이집트 사이에 자리 잡고 있었다. 이에 자말(Ahmed Jemal, c.a. 1872~1922) 파샤가 이끄는 8만여 명의 터키군이 시나이를 넘어 빠르게 수에즈 운하를 공격했다. 영국과 오스트레일리아는 1916년 초까지 치열하게 전투를 벌인 끝에 극심한 피해를 입고서 갈리폴리에서 퇴각했으며 해협에 대한 공세를 포기했다.

설상가상으로 유럽 서부전선의 전황까지 한때 동맹군에 유리하게 전개되자 영국의 전시 내각은 동요의 기색마저 보였다. 영국은 전세를 만회하기 위해 러시아와 프랑스의 적극적인 지원을 기대하지 않을 수 없

---

8) T. Travers, *Gallipoli 1915*(Stroud, 2004), p.311.

었다. 이에 러시아는 참전하는 조건으로 이스탄불을 요구했고, 프랑스는 중동의 대시리아를 요구했다. 결국 영국 전시위원회는 독일과의 휴전을 심각하게 고려하는 단계에 이르렀다.

이처럼 전세가 불리해지자 중동과 아시아에서 영국의 지배권이 약화될 수 있는 가능성이 제기되었다. 특히 이슬람 세력이 영국세력의 약화를 틈타 반영화(反英化)되거나 이슬람 세력에 의한 반영 투쟁의 지하드(Jihād)라도 일어난다면 영국이 직·간접적으로 지배하는 광범위한 지역, 즉 이집트에서부터 아덴, 메소포타미아, 남동 페르시아, 아프가니스탄, 인도, 그리고 말레이 반도에 걸친 광범위한 세력권과 이란의 유전지대가 위협받게 된다는 것을 영국 정부로서는 우려하지 않을 수 없었다.

이를 계기로 영국에서는 근본적인 문제가 제기되었는데 그중에는 영국의 대리인으로 가정되던 오스만 제국이 독일 편으로 돌아선 시점에서 이를 대체할 새로운 세력을 선정하는 문제가 포함되어 있었다. 그러나 영국 정부와 인도정청(The government of British India)의 실무자들은 영국과 오스만 제국 사이의 불화가 결코 적지 않은 위험을 내포하고 있는 것으로 판단했다. 터키가 종교적 유대를 이용해서 이집트와 인도 내의 무슬림과 신민의 충성을 전위시킬 가능성 때문이었다. 기독교 국가가 이슬람 사회를 지배하면서 필연적으로 겪게 되는 이러한 미묘한 관계가 영국을 압박했다. 결국 영국은 이 지역의 본래 주인이면서 오스만의 피정복민이던 아랍에 기대를 걸기로 했다. 이는 새로운 정책 대안인 '대구상'으로 나타났다. 대구상이란 오스만 제국의 붕괴로 야기된 공백을 메워줄 새로운 아랍의 정치구조를 설립하는 것이었다.[9]

강한 민족주의 운동의 출현을 감지하고 있던 영국은 대전 초기부터

---

9) George Lenczowski, *The Middle East in World Affairs*(Itaca and London: Cornell Univ. Press, 1980), p.766.

아랍 민족주의를 자신들의 이익을 위해 이용하기로 작정하고 있었다. 직접적인 목표는 아랍의 대터키전에 군사 지원을 하는 것이었으나 포괄적이고 장기적인 목표는 오스만 제국을 대신할 아랍국가나 아랍연방국을 창설하는 것이었다. 창설될 아랍국가의 주요 기능은 두 가지로, 하나는 인도 루트에 대한 우호적 보호자로서의 역할이었고 다른 하나는 남하하는 러시아에 대한 안전판으로서의 기능이었다. 러시아에 대한 안전판으로서의 기능은 원래 오스만 제국이 제공해오던 기능이었다. 이러한 계획 덕분에 터키가 적대국이 된 이래 영국이 안고 있던 심각한 딜레마는 일단 해결되었다. 문제는 제국 내의 어떤 집단이 공개적인 협상의 정당성을 제공할 대표성을 지니고 있는가였다.

우선 시리아의 지식인 민족주의자들이 가장 확실하게 입장 표명을 했다. 근대적인 의미로 본다면 이들이 정치적으로 가장 자각되어 있었으나 다마스쿠스와 베이루트가 터키 정부의 엄격한 통제하에 놓여 있었기 때문에 물리적으로 접근하기 어려운 상태였다. 공공연한 반정부 선동이 없었음에도 터키 정부는 대시리아 지역에서 아랍 정치·문화·사회단체가 형성되고 아랍 기독교 공동체의 구성원 일부가 프랑스와 직접적인 연계를 가지고 있었다는 이유로 청년터키당 정부의 핵심 인물 가운데 한 명인 자말 파샤를 개전 직후 다마스쿠스에 파견해 이 지역을 직접 감시하고 있었다.10)

따라서 영국에 남은 대안은 터키의 통제로부터 비교적 자유로운 아라비아였다. 이곳이라면 이집트에 주둔하는 영국이 쉽게 접근할 수 있었다. 아라비아에 접근하는 데는 두 가지 대안이 있었다. 하나는 네지드(Nejd)11)의 지배자 이븐 사우드(Ibn Saud, c.a. 1876~1953, 히자즈 왕: 1926~

---

10) William L. Cleveland, *A History of the Modern Middle East*(Boulder: Westview Press. 1994), pp.145~147.

1932, 사우디 국왕: 1932~1953)[12]였고, 다른 하나는 메카의 샤리프(Sharīf of Mecca)[13] 후세인(Sayyid Husayn ibn 'Ali, c.a. 1854~1931, 메카의 아미르: 1908~1917, 히자즈 왕: 1916~1924)이었다. 그런데 이븐 사우드와의 우의는 메소포타미아에서 영국의 이익과 관련된 것이었으며 후세인과의 접촉은 주로 시리아와 팔레스타인에서 영국의 이익이라는 관점에서 중요했다.

이븐 사우드와의 접촉은 주로 영국령 인도정청의 책임하에 추진되었는데, 이는 양자 간의 우의를 확보하고 적어도 메소포타미아에서 군사행동이 계속되는 동안 네지드 지배자의 중립을 확보하려는 단기적이고 제한적인 목적으로 수행되었다. 그런데 당시 인도정청은 아랍이 할리파 (khalifa)에 대항해 대규모 봉기를 일으키는 것에 반대하고 있었으며 오스만 제국을 대신할 아랍왕국의 건설에 대해서도 별로 탐탁해하지 않았다. 인도정청의 정책은 지역적인 고려, 특히 영국이 할리파에 대해 너무 적대적일 경우 인도 내의 이슬람교도들이 동요할 것을 우려하고 있었다. 이러한 입장은 본국의 외무부와 심한 갈등을 일으켰다. 1915년 12월 26일 우호조약에서 인도정청은 이븐 사우드를 네지드의 지배자

---

11) 사우디아라비아 중앙부에 있는 암석사막의 고원지대로 해발고도는 800m, 면적은 115만 8,000km²다. 이슬람교 와하브파의 발상지로 국왕족의 출신지이며 수도는 리야드(Riyade)이다.

12) 사우디아라비아의 초대 국왕이다. 정식 이름은 'Abd al-'Aziz ibn 'Abd al-Rahman ibn Faisal al Saud'이고 'Abd al-'Aziz'로 줄여 부른다. 서방에는 이븐 사우드로 알려져 있다.

13) '귀족' 또는 '귀족 출신'이라는 뜻. 이슬람 등장 이후 무함마드 가계인 하심가(家)의 자손들, 특히 무함마드의 삼촌인 알-압바스와 아부 탈리브 및 아부 탈리브의 아들 알리와 무함마드의 딸 파티마의 아들 하산(al-Hasan ibn 'Ali)과 후세인(al-H asayn ibn 'Ali)의 자손에 한해 사용한 아랍어의 존칭. 히자즈의 전직 통치자나 성지(메카, 메디나)의 관리인(보호자)을 부르는 칭호로도 쓰인다.

로 인정함으로써 그를 침략으로부터 보호하고 매년 재정적인 지원을 하기로 약속했다. 이븐 사우드는 그 영역에 대해 어떠한 것도 다른 열강에 양도하지 않을 것, 걸프 해안지대의 영국 보호지대 내의 부족장(Sheikhs)들을 공격하지 않을 것 등에 합의했다.[14] 이 조약은 이븐 사우드로 하여금 하일(Ha'il)의 강력한 친터키 부족 라시드(Rashīds)를 견제하고 지하드에 참가하라는 술탄의 권위를 거부함으로써 터키군이 군사작전에서 페르시아 만을 경유할 수 없게 하는 등 영국에 많은 도움을 주었으나 이들을 대터키전에 끌어들이는 데는 실패했다.

그러나 후세인과의 접촉은 오스만 제국 내의 아랍 상황에 극적인 변화를 가져왔다. 샤리프 후세인은 오스만의 술탄이 선포한 지하드에 각 지역의 무슬림이 동조함으로써 대(對)인도 제국주의가 위협당할 것을 염려하던 영국의 입장에서 이를 상쇄시킬 수 있는 위엄을 갖춘 인물이었다. 메카의 샤리프는 오스만 제국 내에서 가장 위엄 있는 아랍 이슬람 직책이자 성지의 보호자였다. 대대로 그 직책은 예언자 가문인 하심(Hashim, Hashimite)가 출신이 맡아왔다. 터키 정부도 그가 지하드에 참여하도록 설득하는 노력을 계속해왔다. 그러나 후세인은 오랫동안 독립 아랍국가의 창설을 꿈꾸어왔다. 후세인은 제1차 세계대전을 이를 실현하기 위한 좋은 기회로 인식하고 있었다. 그는 이러한 계획에 무익한 지하드는 유보하고 외부 세력과의 연계를 모색했다. 그는 1916년 아랍 반란을 선언했다. 전쟁 후 연합국이 자신을 독립 아랍국가의 왕으로 인정해줄 것이라 기대했던 것이다.

그러나 영국은 이러한 계획을 달성하기 위해 아랍 민족주의자들과 접촉하는 한편 자신의 제국적 지위를 보존하기 위해 전시 비밀협정을

---

14) 조약의 내용은 J. C. Hurewith, *Diplomacy in the Near and Middle East: A Documentary Record*, 2nd ed.(New Haven, 1979), vol.2, pp.17~18.

통해 이 지역에 이해를 갖고 있는 유럽 열강들에게 아랍세계의 여러 이권을 보장해주기로 약속했다. 이 비밀협정은 1917년 러시아의 볼셰비키 혁명 이후 혁명정부가 차르제정의 비밀외교를 폭로함으로써 세상에 알려졌다. 물론 당시의 아랍인들은 이러한 사실을 몰랐다.

(2) 아랍 민족의 충성의 전이

아랍 민족주의는 아랍주의(Arabism)와 밀접한 관련이 있다. 7세기경 아랍인은 이슬람을 받아들임으로써 자의식이 더욱 강화되었다. 비록 이슬람은 민족적 차원을 넘어선 범세계적인 종교였지만 이슬람의 창시자는 아랍인 무함마드이고 또 그의 계시는 아랍어로 기록되어 있었기 때문에 아랍인은 혈연적 부족 단위의 공동체 생활에서 벗어나 이슬람을 바탕으로 한 거대한 단일국가 공동체를 이루었다. 그 때문에 이슬람은 아랍인에게 자신감과 우월감을 가져다주었다.

아랍 민족주의의 발생은 오스만 제국의 몰락과 아랍인의 정치적 독립 및 단결의 필요성과도 밀접한 관계가 있었다. 터키 민족과 아랍 민족은 400년 이상이나 비민족국가였던 오스만 터키제국 안에서 믿음의 바탕 위에 단합된 이슬람교도 공동체의 일원으로 살아왔다. 지역적 구분은 중요치 않았으며 공동체적 일체감 속에서 개개인은 신앙을 중심으로 사회적·종교적 공동체인 오스만의 밀레트(millet)에 속해 있었다. 따라서 종교를 초월하는 충성은 없었다. 무슬림, 기독교인, 유대교인들은 동일한 도시에 공존하며 각자의 계서조직과 법체계를 따라 생활했다. 무슬림은 할리파에게, 유대인은 대랍비(The Grand Rabbi)에게, 기독교인은 자신의 주교(Patriarchs)에게 각각 충성을 바쳤다.[15]

---

15) Don Peretz, *The Middle East Today*(New York: Holt Rinehart and Winston, 1978), p.131.

아랍 민족주의는 시민 참여로 구성된 국민국가의 개념과 관련을 갖는다는 의미에서 중동에서는 새로운 개념이었다. 또한 언어와 문화를 기초로 한 공동체적 일체감에 정치적 충성의 기준을 제공했다는 점에서 진일보한 개념이었다. 그러나 발칸 민족주의와는 달리 적어도 19세기 말까지 아랍 민족주의는 분리주의자가 되거나 꼭 반(反)오스만적일 필요는 없었다. 아랍인의 90%가 무슬림이었으며 오스만 제국은 그들을 대표했다. 오스만의 적은 그들에게도 적이었다.16)

터키가 제1차 세계대전에 참여할 때도 술탄 메흐메트 5세(Meḥmet V Reshād: 1909~1918)는 할리파 자격으로 모든 무슬림에게 지하드에 참여할 것을 호소했다. 1914년 11월 11일 그가 행한 선언은 콘스탄티노플의 이슬람 대주교(The Sheikh el-Islam)를 포함한 최고위 성직자의 재가를 받았다. 술탄에 의한 지하드 선언은 범이슬람주의(Pan-Islamism)의 절정으로 볼 수 있었다.17) 기독교 국가인 독일이 자신의 편이었다는 사실도 술탄이 전체 이슬람 세계에 지하드를 선포하는 것을 막을 수는 없었다.

1870년대부터 주장되었지만 1909년까지는 분리주의가 무슬림으로부터 광범위한 지지를 받지 못했다.18) 아랍 민족주의자들의 목표는 분권주의(decentralization)로, 민족 간 오스만 연방(Commonwealth)의 다민족적 성격 안에서 자율성을 확보하는 것이었다. 당시의 분리주의도 오스만으로부터 아랍 전체의 분리가 아닌 레바논의 독립이 목표였다. 이는 주로 마론파 교도(Maronite), 그리스 정교도(Greek Orthodox), 프로테스탄트 아랍인에 의해 주장되었으며 그중에는 베이루트 아메리칸 대학(The

---

16) L. Carl Brown, *International Politics and the Middle East*, p.140.

17) George Lenczowski, *The Middle East in World Affairs*, p.62.

18) William Yale, *The Near East: A Modern History*(Ann Arbor: The University of Michigan Press, 1958), p.199.

University of Beirut) 출신이 많았다.[19]

청년터키당이 초기에는 아랍인에게 선의의 제스처를 취했기 때문에 아랍주의는 청년터키당 운동과 연계된 실천운동으로 발전했다. 최초의 아랍인 결사는 1908년 터키혁명 이후에 결성된 오스만 아랍동포단(al-Ikha' al 'Arabi al-'Uthmani, The Ottoman-Arab Fraternity)으로 평등과 제국에 대한 공동의 이념을 바탕으로 결성되었다. 그러나 청년터키당과의 밀월은 짧은 간막극으로 끝나고 아랍주의는 심한 좌절에 빠지게 되었다. 청년터키당이 중앙집권 체제를 강조하고 신설된 의회에서의 아랍인의 평등한 참여에 반대했기 때문이다. 이를 계기로 1909년 반터키운동이 고조되었는데 터키 정부는 이에 오스만 아랍동포단에 대한 탄압으로 대응했다. 이러한 불화는 아랍인이 다양한 민족주의적 결사를 조직하는 계기가 되었다.

그러나 제1차 세계대전까지 다수의 아랍 지도자는 오스만 제국의 와해를 원치 않았다. 그들의 이러한 성향은 1913년 6월 알 파타(Al-Fata)[20]에 의해 파리에서 개최된 제1차 아랍회의(The First Arab Congress)의 결의문에도 그대로 드러난다. 즉, 아랍 움마(Ummah, 이슬람교도 공동체)는 오스만 제국이 분열되는 것을 원치 않고 오직 자치만을 원하며, 오스만 정부는 오스만 국민이 인종과 종교에 구애받지 않도록 하는 공정한 정부가 되어야 한다고 주장했다.[21] 그들이 원했던 것은 오스만의 축출이 아니라 자신들과 오스만 사이의 새로운 균형이었다.

---

19) Don Peretz, *The Middle East Today*, pp.135~136.

20) The Young Arab Society. 1911년 오스만 제국 치하에서 조직된 비밀 아랍 민족주의 단체.

21) J. C. Hurewitz, *Diplomacy in the Near and Middle East a Documentary Record: 1535-1914*, Vol.1(Princeton, N. J: D. Van Nostrand Co. Inc., 1956), pp.268~269. "Resolution of the Arab-Syrian Congress at Paris"

그러나 터키인과 아랍인 간의 이러한 부자연스러운 동맹으로는 아랍 민족주의의 궁극적인 목표를 달성할 수 없었다. 아랍의 존재에 대한 각성(Arab Awakening)은 자신들이 함께 살아가고 스스로 지배할 사회를 창설하려는 결의로 이어졌다. 일단 그러한 씨앗이 뿌려지자 아랍인의 삶의 방식에 맞는 사회를 건설하기 위한 방향으로 오스만 제국을 개혁하는 것은 불가능해 보였다.

이러한 아랍운동에는 이념과 목표를 달리하는 두 그룹이 있었다. 하나는 주로 시리아인으로 구성되고 다마스쿠스와 카이로(Cairo)에서 활약하던 민족주의 단체였고, 다른 하나는 히자즈(Hijāz)22)에 근거를 둔 하심가였다. 제1차 세계대전이 발발한 단계에서 전선지대에 포함된 시리아와 이라크의 반터키운동은 터키 정부의 전시경찰에 의해 엄격한 단속을 받았다. 따라서 반터키운동은 술탄정부의 영향력이 약하고 족장권이 강한 아라비아 반도의 서부에서 일어날 소지가 있었다. 이 지역의 민족주의 운동이 항상 그래왔던 것처럼 아랍 민족주의 역시 외부 세력과의 연계를 통해 위험한 전시 게임에 돌입했는데 그 대상은 당시 그 지역에서 패권적 지위를 구축하고 있던 영국이었다.

그러나 오스만 제국 내에서 자신들의 정치적 지위를 높이는 한편 독립을 위해 오스만의 적국인 유럽과 협상을 벌이던 아랍인의 위험한 전시 게임은 후기 동방문제의 첫 라운드부터 실패로 끝났다. 이들 각자의 관계나 카이로23)와 하르툼의 영국정청과의 관계는 변하기 쉬웠을 뿐만 아니라 매우 불안정했다.

---

22) 메카와 메디나가 있는 사우디아라비아 서부의 홍해연안 지방.
23) 터키를 상대로 한 아랍 반란은 주로 에드먼드 알렌비(Edmund Allenby, 1st Viscount Allenby, c.a. 1861~1936, 이집트 원정군 지휘관·이집트 고등판무관)가 주도하는 외무부 카이로 사무소(The Foreign office's Cairo Agency)의 지원을 받고 있었다.

1916년 6월 10일 영국의 독립 보장24)에 힘입어 아랍의 반란이 시작되었다. 아랍부족은 샤리프 후세인의 셋째 아들 파이잘 1세(Fayṣal ibn al-Ḥusayn, 시리아 왕: 1919~1920, 이라크 왕: 1921~1933)의 통솔하에 토머스 E. 로렌스(Thomas E. Lawrence) 등 영국 군사고문의 지도를 받아 '대아랍 반란(Great Arab Revolt, 1916~1918)'을 일으켰다. 이들은 히자즈 철도를 파괴하거나 팔레스타인 전선의 터키군 후방을 교란하는 작전에 가담했다. 대규모 정규군이 투입된 전쟁에서 수천 명의 베두인(Bedouin)족 비정규군의 군사적 중요성은 그리 크지 않았지만 터키와 싸우는 아랍군의 도덕적 의미, 더욱이 오스만 제국의 술탄과 그가 선포한 지하드를 비난하는 성지 지배자의 도덕적 중요성은 엄청난 것이었다. 이는 영국은 물론 부차적으로 프랑스에도 자신들의 지배하에 있는 무슬림 복속민에 대한 권위를 유지하는 데 특별한 가치를 부여해주었다. 아랍 반란이 일어난 시기는 운 좋게도 모든 아랍지역에서 오스만 군대가 본격적으로 퇴각하는 시기와 일치했다.

1916년 말, 영국군은 이집트에서 오스만 치하의 팔레스타인으로 진격하기 시작했다. 한편 또 다른 영국군은 이라크에 상륙해서 중단되었던 북진을 재개했다. 그리하여 1917년 봄까지 영국군은 바그다드와 가자를 재점령했으며 12월에는 예루살렘을 점령했다. 1918년 9월 30일 다마스쿠스에서는 아랍 반란의 지지자들이 메카의 샤리프에 충성하는 정부를 선포했다. 그리고 메카의 종교 지도자들과 명사들은 그를 '아랍

---

24) 영국의 고등판무관(high commissioner) 헨리 맥마흔(Henry McMahon)은 1915년 6월부터 이듬해 3월까지 네 차례에 걸쳐 메카의 샤리프 후세인과 문서를 교환하고 "다마스쿠스 서부지역, 홈즈, 하마, 알레포를 제외한 전 아랍지역의 독립을 지지한다"라는 약속을 했다. 이들 지역을 제외시킨 것은 영국이 전시 동맹국 프랑스의 이해를 염두에 두었기 때문이다. William L. Cleveland, *A History of the Modern Middle East*, pp.149~150.

의 왕(king of the Arabs)'으로 선언했다. 터키가 완강하게 저지했지만 1918년 10월 1일, 아랍 반란군은 다마스쿠스에 입성해, 10월 4일 독립 아랍국가의 수립을 선언했다. 며칠 후 프랑스가 베이루트에 도달했으며 터키군은 아나톨리아로 퇴각했다. 3일간의 예비 협상을 마친 후 1918년 10월 30일, 터키 대표가 림노스 섬의 무드로스(Mudros)에 정박해 있던 영국 전함 아가멤논호에 승선했다. 그들은 다음 날 무드로스 평화협정(Mudros Armistice)에 조인했다.

그러나 아랍 반란은 약속된 전 지역의 독립을 실현시키지는 못했다. 이 반란에는 다음과 같은 한계가 있었다. 첫째, 맥마흔과 후세인은 교섭을 통해 반란의 군사적·재정적 수속문제에서는 합의를 보았으나 정치 문제에서는 미진한 부분이 남아 이를 정식 조인문서로 작성하지 못했다. 둘째, 반란은 국지적이었으며 전 지역의 지지를 받지 못했다. 후세인이 '아라비아 왕'이라고 성명하자 리야드의 왕 이븐 사우드는 메카의 다른 일족인 샤리프 하이달 알리(Sharif Haidar 'Ali)를 '성지의 보호자'로 내세워 대항적 교섭에 나섰다. 예멘의 이맘 야히야(Imam Yahya), 하일의 라시드가 터키 편을 들자 후세인은 고립되었다. 시리아에서도 민족주의자들이 많이 체포되었기 때문에 별다른 반향은 나타나지 않았다.

반란군이 영국 점령하의 다마스쿠스에 입성했을 당시 파이잘 1세는 아랍 민족주의자이자 부흥 이슬람의 상징이라는 두 가지의 의미로 열광적인 지지를 받았다. 그러나 다마스쿠스 입성의 열광을 정점으로 파이잘 1세와 아랍 민족주의자들은 연합국의 영토욕에 직면해 속임수와 환멸에 괴로워해야만 했다.

다마스쿠스에서 선포된 독립 아랍국은 영국의 알렌비로부터 묵시적인 승인을 받아놓고 있었다. 그러나 이 새로운 국가는 독립하자마자 프랑스와의 갈등을 피할 수 없었다. 영국과 프랑스는 11월 7일의 공동선언(Anglo-French Declaration)25)을 통해 "시리아와 메소포타미아 그리고 자신들의 해방을 위해 투쟁하는 지역에서의 토착적인 정부 설립을 고무하고 지원할 것"이라고 선언했다. 이러한 약속은 아랍인들에게 사이크스-피코 협정의 대체로 받아들여졌으며 모든 국제적인 질병을 치유하는 만병통치약으로 대중화되어 있던 '자결'의 일반적인 의미와 함께 자유에 대한 보장으로 해석되었다. 그러나 프랑스의 속셈은 달랐다. 그리고 영국, 이탈리아 등 열강은 이미 1915년 봄 이래로 외교적 노력의 결실이던 여러 비밀협정을 파기시킬 생각이 없었다. 이탈리아는 벌써 트리폴리타니아와 키레나이카에서 현지 통치자를 정복하고 식민지를 건설했다. 기본적으로 아랍 독립에 대한 지지라는 영국-프랑스의 공동선언은 이 비밀협정과는 양립할 수 없는 것이었다.

1919년 1월, 30개국의 대표가 전후 평화정착을 위해 파리에 모였는데[파리평화회의(Paris Peace Conference), 1919. 1. 18~1920. 1. 21] 유럽 대표들은 유럽문제를 최우선 순위에 두었다. 그 해에 독일, 오스트리아, 헝가리, 불가리아를 상대로 한 별도의 조약 네 개가 체결되었다. 그러나 중동의 전후문제를 처리하는 데는 더욱 긴 협상 기간이 필요했고 대표 간의 잦은 분쟁이 일어났다.

하는 수 없이 위임통치를 수락하고 시리아로 돌아오던 1920년 1월까지 연합국을 상대로 파이잘 1세가 달성한 외교적인 노력의 성과는[26]

---

25) 공동선언의 내용은 John Norton Moore(ed.), *The Arab-Israeli Conflict*(Princeton, New Jersey: Princeton Univ. Press, 1977), pp.886~887 참조.

26) 파이잘 1세는 파리 강화회의에 히자즈 왕국의 대표 및 아랍 대의(Arab Cause)의 수석 대변인 자격으로 참가했는데 10국위원회에서 자결에 대한 아랍의 권리와 연합국이 아랍에 행한 약속(1918년 11월 17일 영국-프랑스의 대아랍 공동선언)의 이행을 촉구했다. 그는 회의에 참석하기에 앞서 프랑스와 영국을 방문했는데 프랑스에서는 시리아에 대한 프랑스의 비타협적인 입장만을 확인했고, 영국에서는 프랑스와 시오니스트 간의 관계를 개선할 것을 종용받았다. 파이잘 1세가

미국 대표가 주도하는 킹 크레인 위원회(King-Crane Committee, 1919. 5~6)
의 현지 조사를 실현시킨 것이 전부였다. 미국의 조사단이 다마스쿠스
에 도착하자 이에 고무된 적국 점령지의 아랍 민족주의자들은 1920년
3월 8일 시리아에서 프랑스의 위임통치 구상과 팔레스타인에서 유대국
창설에 반대하는 자신들의 의사를 표명하기 위해 시리아 의회를 소집
했다. 거기서 시리아 독립국가가 선포되었고 파이잘 1세가 국가수장으
로 선언되었다. 그 새로운 국가는 시리아, 팔레스타인, 북부 메소포타미
아 일부를 포함하고 있었다. 연합국의 현지 조사단은 아랍 민족의 열망
을 이해하긴 했지만 이 조사단의 권고안[27]은 파리 강화회의에서 논의
조차 되지 않았다.

　1920년 4월, 산레모에서 개최된 연합국 회의[산레모 회의(San Remo
Conference), 1920. 4. 19~26]는 일방적인 조치를 통해 이 지역을 위임통
치령으로 분할했다. 이러한 일방적인 결정은 아랍인에게 했던 모든 약
속을 위반하는 것으로 후속되는 사태는 전적으로 이에 대한 배신감을
반영하고 있었다. 아랍인들은 이해를 '암 안 나크바(àm an-nakba)', 즉
'수난의 해(The Year of the Catastrephe)'라고 부른다.[28]

　19세기 무함마드 알리(Muḥammad 'Ali)에 이어 아랍왕국을 건설하기

주장한 자세한 내용은 J. C. Hurewitz, *Diplomacy in the Near and Middle East a
documentary record: 1535-1914,* Vol.2, pp.38~39. "Amir Faisal's Memorandom
to the Suprime Council at the Paris Peace Conference(1911. 1)."

27) 헨리 C. 킹 박사(Henry C. King)와 찰스 R. 크레인(Charles R. Crane)은 시리아에
대한 위임통치를 미국이 행사하거나 아니면 대안으로 영국이 위임통치해야 한
다고 주장했고, 이라크에 대해서는 영국의 위임통치를 주장했다. 두 사람은 이
위임통치하에 아랍 민족의 입헌군주 국가가 수립될 것을 희망했다. (또한 그들
은) 팔레스타인에 유대국가가 수립되는 것은 적극 반대했으며 팔레스타인이 통
합 시리아 국가의 일부가 될 것과 성지를 국제관리하에 둘 것을 권고했다.

28) 막심 로댕송, 『아랍의 거부』, 임재경 옮김(서울: 두레, 1979), 29쪽.

위한 두 번째 시도였던 — 아랍인에 의한 시도라는 면에서는 첫 번째의 — 후세인의 위험한 게임에서 걸림돌은 외부의 힘, 즉 서구 열강에 의한 힘의 논리만은 아니었다. 그것은 대전 전의 동방문제 시기에서 언제나 그래왔듯이 내부적인 요인에서도 제약을 받았다. 열강과의 관계가 주로 아랍지역의 서부와 관계된 것이었다면 이 요소는 주로 아라비아 반도를 중심으로 하는 동부 보수주의 아랍세력으로부터 연유한 것이었다.

전후 열강의 제국주의적 조치에 의해 서부, 정확히 말하면 아라비아 반도 북쪽의 장방형 모양의 아랍지역은 영국과 프랑스의 지배를 강요받았으나 아라비아 반도에는 사회적 구조나 정치적 성숙으로 그러한 유형의 지배가 침투하지 못했다. 그 결과 아라비아 반도에는 자율적인 주권을 가진 다섯 개의 새로운 국가[29]가 출현했다. 이러한 독립국가의 출현은 영국과의 고통스러운 관계가 해결되었음을 의미하는 한편, 아랍 반란의 지도자 후세인과 와하비 운동을 강력한 정치적 힘으로 활용할 수 있었던 이븐 사우드 간에 이 지역의 주도권을 차지하기 위한 반목이 더욱 격해지는 계기가 되기도 했다.

이 점에서 후세인은 여러 가지 약점을 지니고 있었다. 성지의 보호자이자 아랍 민족주의의 대변인이라는 후세인의 이중적인 지위는 그를 위엄 있고 우월적인 지위에 올려놓았지만, 한편으로 이것은 생색나지 않는 당혹스러운 책임을 떠맡아야 된다는 의미였다. 그는 우선 터키의 술탄에 대한 도전으로 이슬람에 불경한 자로 인식되어 보수 무슬림, 특히 인도의 무슬림에게 심한 비난을 받고 있었다. 민족주의에 의해 아직 고무되지 못한 이들에게 후세인은 무슬림 세계의 평화를 교란시키는

---

29) 히자즈 왕국(The Kingdom of Hijaz), 네지드 술탄국(The Sultanate of Najd and Dependencies), 예멘 이맘국(The Imamate of The Yemen), 아시르 영토국(The Territory of Asir), 샤마르 공국(The Principality of Shammar).

인물이었다.

또한 영국과의 관계를 이용해 자신의 정치적인 목표를 달성하려던 후세인의 노력이 영국과 프랑스의 배신으로 좌절되자 그는 동료 아랍인들과 영국 동맹 사이에서 심한 어려움을 겪어야 했다. 설상가상으로 그가 동원할 수 있는 군사력도 이븐 사우드에 비해 열세였다. 이것이 후세인이 자신의 지역적 근거지인 히자즈에서 축출된 원인이었다. 1924년부터 시작된 히자즈에 대한 공세를 통해 1925년 말까지 메카, 메디나, 제다(Jidda)가 이븐 사우드의 수중에 들어갔다. 후세인의 가장 큰 실수는 반란에 대한 후원으로 모든 이웃 아랍이 자신의 정치적 권위를 인정하게 될 것이라고 믿었던 것이다.

한때 케말 아타튀르크의 터키가 무슬림에게 희망적인 모델로 비쳐진 적이 있었다. 이는 승전국이 강요한 조건으로부터 자유로워진 터키가 민족주의의 효력을 증명해 보이는 듯했기 때문이었다. 케말 아타튀르크가 지휘하는 터키군은 아시아와 아프리카에서 최초로 성공적인 민족주의 혁명을 이룩했다. 한동안 근대화되어가던 터키공화국은 과거 이슬람식 오스만 제국처럼 전 이슬람 세계에 서구에 대항하는 방법을 제시하는 것처럼 보였다. 그러나 케말 아타튀르크는 서구에 대항하려 하지 않았다. 이슬람의 포기, 국가와 법의 세속화, 터키를 유럽의 일원으로 만들겠다는 공공연한 선언 등은 그의 업적에 갈채를 보냈던 많은 무슬림을 실망시켰다.

(3) 대구상의 모색

인도를 식민지화하고 이집트를 보호국화함으로써[30] 이슬람 지역의

---

30) 영국은 터키와 개전하자 1914년 12월 18일 이집트를 영국의 보호하에 둔다고 선언함으로써 이집트에 대한 터키의 주권을 최초로 부인했다.

최강자로 부상한 영국은 오스만 제국이 동맹국에 가담한 것을 계기로 대중동정책을 노쇠한 오스만 터키의 공략에 집중시킴으로써 동맹국 측의 세력 약화를 도모하는 동시에 이를 이 지역에 대한 자기 세력권의 확장을 촉진하는 기회로 포착하고 있었다. 영국은 러시아와의 비밀조약(콘스탄티노플 협정, 1915. 3)을 통해 러시아가 콘스탄티노플과 해협을 점유하는 데 합의함으로써 오스만 터키의 분할에 동의했다. 1916년 5월에는 프랑스, 러시아와 함께 맺은 사이크스-피코 협정을 통해 시리아의 해안지대와 북부지역을 프랑스에 넘겨주었다. 영국은 바그다드와 함께 남부 메소포타미아, 팔레스타인의 하이파(Haifa)와 아크르(Acre) 항을 소유할 예정이었다. 또한 중부 이라크와 후에 트랜스요르단(Transjordan)[31]으로 알려진 지역이 영국의 영향권에 편입되었다. 한편 영국은 팔레스타인의 국제행정에도 참여하게 되었다.

그러나 1916년 영국에서 로이드 조지(Lloyd George, 수상: 1916~1922)의 연립내각이 성립되기 이전에 전시 필요에 의해 수립된 여러 정책은 1917년 이후 새로운 외부적 환경에 따라 더욱 새로운 모습으로 구체화되었다. 즉, 서부전선의 주도권을 확보하기 위한 영국의 완벽한 동원력에 한계가 드러나고 팔레스타인과 메소포타미아에서 터키의 반격이 시작되었으며 러시아의 전쟁 의지가 급격히 약화되었던 것이다. 이러한 변화로 1916년 삼국 분할협정(사이크스-피코 협정)은 더 이상 실효성이 없어 보였다. 독일을 저지하지 못할 가능성, 역으로 독일의 영향력이 북해로부터 페르시아 만으로 확대되어 영국에 치명적인 위해를 가할 가능성이 제기되었다. 이는 대영제국의 안전에 팔레스타인과 메소포타

---

31) 제1차 세계대전 이후 위임통치권을 인정받은 영국은 요르단 강을 경계로 팔레스타인 지역을 동서로 나누었다. 동쪽 지역을 트랜스요르단으로 분리함으로써 이후 팔레스타인은 요르단 강 서쪽 만을 지칭하게 되었다.

미아가 필수요소가 되고 이집트 수에즈 운하와 페르시아 만에 이르는 더욱 광범위한 봉쇄가 새로운 정책 개념으로 도입되어야 함을 의미했으며, 영국·인도군의 남부 메소포타미아 작전을 보장받으려던 1907년의 영국과 러시아 간의 협정[32]에 대한 근본적인 재편이 필요하다는 의미였다.

이로써 영국의 세계체제 유지를 위한 '핵심 요소들(desiderata)'의 문제가 대두되었다. 이 문제는 평화회담에 맞춰 1918년 3월 설립된 전시내각의 동방위원회(The Eastern Committee)에서 주로 다루어졌다. 당시 영국 연립정부 내의 정책 입안자들 사이에서 일치한 의견은 영국의 지위는 광대한 해외의 제국 소유지에 기초해야 한다는 것이었다. 다만 의견의 차이점이 있다면 그 가능성이나 필요성에 관한 문제가 아니라 이를 확보할 수단에 관한 것이었다.[33]

조지 커즌(George Curzon)이 주도한 동방위원회에서는 동방문제 구조 속에서 계속적인 긴장을 불러일으켰던 러시아의 갑작스러운 퇴조와 당시 중동 전역에서 향유하고 있던 군사적 우월 등이 결합해 1880년대 이래 제국주의 외교를 제약하던 국제적인 제약, 즉 동방문제적 성격으로부터의 근본적인 탈피라는 지상 명제가 도출되었다.

최상의 목표는 두 가지였다. 우선, 영국의 점령군에 의해 설립된 지역협정 체제를 보존해야 했다. 특히 시리아에서 그럴 필요가 있었는데 여기에 대해 동방위원회는 "프랑스를 소외시키지 않는 선에서 가능한 한 파이잘과 아랍을 후원한다"라고 결의했다. 또한 메소포타미아에서

---

32) 페르시아·아프가니스탄·티베트에 관한 영국-러시아 협정(Anglo-Russian Convention on Persia, Afghanistan and Tibet, 1907. 8).

33) John Darwin, *Britain, Egypt and the Middle East Imperial Policy in the aftermath of war 1918-1922*(London: The Macmillan Press Ltd., 1981), p.23.

는 영토 병합이 이루어져서는 안 되며 단일 아랍정부가 설립되어야 한다고 결의하기도 했다.[34] 둘째, 이집트와 페르시아 만의 근접지대로부터 모든 제국주의적 경쟁국을 축출함으로써 영국-터키 간의 전쟁으로부터 얻은 항구적·전략적 이익을 보호해야 했다. 이를 위해서는 아랍 중동에서의 영국의 영향력이 잠재적(self-effacing)이어야 하고, 신중해야 하며, 자결의 베일로 위장되어야 했다. 이는 1918년 7월, 조지 커즌에 의해 최초로 제기된 후 11월 영국-프랑스 선언에서 아랍 영토의 인민에 대한 정치적 자유의 보장이라는 형태로 나타났다.

영국 각료들의 제국주의적 사고에서 나온 자유주의의 전개는 민족적 원칙으로의 전향도 아니었고 관대하고 진절한 위임통치의 이상에 대한 열망도 아니었다. 이는 전후 동맹국 사이의 새로운 균형은 제국주의적 안전의 전통적 필요를 위해 가장 잘 이용될 수 있다는 내정된 계산에서 나온 것이었다. 이러한 정책에서는 미국에 대한 고려가 필수적이었다. 조지 커즌은 1918년, "메소포타미아와 시리아, 팔레스타인은 그들 각각의 국가적 여건(national conditions)을 인정받을 권리가 있다"는 1월의 선언[35]을 통해 미국의 지지를 얻는 한편, 독일의 해체에 대해 미국이 묵인하도록 하면서 프랑스 제국주의를 봉쇄하기 위한 노력을 계속했다. 그는 미국이 영국을 지원하는 대가로 ① 병합 반대(no annexation), ② 신탁통치와 관련 없는 외부 지배의 강요 배제, ③ 지역 주민의 확증적 동의가 없는 한 외국제도의 부과 자제 등을 천명했다.

무엇보다 중요한 사실은 어떤 정부가 세워지더라도 제국주의적 관심

---

34) Timothy J. Paris, "British Middle East Policy-Making after the First World War: The Lawrentian and Wilsonian Schools," *The Historical Journal*, 41, 3(1998), p.778.

35) Ibid., p.775.

사안에 대한 영국의 통제가 실제적이고 효과적이어야 한다는 것이었다. 말하자면 제1차 세계대전 동안 영국이 구사한 대중동정책은 온건한 여러 민족주의 세력과의 협상을 통한 조약으로 영국의 제국주의적 이해에 결정적인 요소가 아닌 부분에 대해서는 점차 양보를 해나가는 동시에, 동일한 조약들 속에 보장 조항(safe guard clauses)을 구비함으로써 결정적 상황에서 자신을 더욱 확고히 지킬 수 있도록 한다는 것이었다.

타협정책과 함께 오스만 제국의 쇠퇴로 영국에 일시적으로 주어진 헤게모니의 요소를 필수적인 것과 그렇지 않은 것으로 구분하는 차별적인 정책 특성은 온건 민족주의자들을 비타협적인 극단주의자들로부터 분리시키는 결과를 낳았다. 그러나 온건주의자들의 운신의 폭은 설령 그들이 공식적인 주체로 인정을 받을 경우에도 실질적으로는 정보에 어둡고 정치적으로는 감성적인 지식계층에 대한 무책임한 여론 조작을 통해 항상 제한되었다.[36]

그러나 터키가 패전함으로써 터키군은 자신들이 소유하고 있던 실리시아, 페르시아, 코카서스뿐 아니라 아랍지역에서도 철수하게 되었다. 이들 지역에서 발발한 전후 극심한 소요는 영국의 정책 지배자들에게 지난 2세기 동안 영국 제국주의 정책의 핵심을 이루고 있던 오스만 제국이 철수함으로써 새로 등장한 세력들과 주권의 복잡한 문제에 대해 시급하게 결론을 내리도록 강요하고 있었다.

제1차 세계대전은 1918년 11월 연합국 측의 승리로 끝났으며 전후 처리문제는 열강 간의 이해 대립을 드러냈지만 강자에게 '가장 좋은 몫(lion's share)'이 분배되었다. 영국에게 오스만 터키의 아랍지역의 전통적·전략적 중요성은 1918년 확보된 것으로 보이는 시리아, 팔레스타인, 메소포타미아에서의 영국의 압도적인 우위와 함께 동방위원회에 참여

---

36) George Kirk, *The Middle East in the War*(London: Oxford Univ. Press, 1954), p.19.

했던 각료들의 목표를 하나로 집중시켰다. 다만 문제는 영국의 방대한 영향력의 확산이 가져올 부수적인 외교 효과뿐이었다. 동방위원회는 결국 영국 정책의 '핵심적 요소들'을 동쪽으로 확대해 카스피 해를 넘어 코카서스까지 확대시켰다.

2) 대구상의 좌절

영국의 대구상은 극히 적은 부분에서만 실행될 수 있었다. 가장 큰 원인은 독립을 위한 아랍인들의 투쟁이 가속화되었기 때문이다. 제1차 세계대전이 끝난 후 영국은 이집트에서 통제력을 확보하고 이라크에서 위임통치를 확립하기 위한 노력을 기울였는데 이는 광범위한 대중적 저항에 직면했다. 영국은 이 지역의 반란을 가까스로 억누를 수는 있었지만 그 비용이 막대했으며 계속 감당할 수도 없었다. 그래서 영국은 이른바 '조약에 의한 제국(empire by treaty)'이라고 부르는 동맹형성 (alliance building) 체제로 이러한 상황에 대처했다. 이 체제에서는 이집트와 이라크에 제한적인 형태의 '독립'이 허용되었다. 이는 양국이 국내 문제에서 행동의 자유를 얻는 대신 자국에 영국의 군사기지를 허용하고 영국이 받아들일 수 있는 대외정책을 추구하도록 하는 형태였다. 영국은 이를 통해 직접 지배에 따르는 비용을 치르지 않으면서도 핵심적인 전략적 요구를 어느 정도 충족시킬 수 있을 것으로 기대했다. 국가주권을 완전히 행사할 수 없는 이러한 제한을 두고 지역의 정치 지도자들과 영국의 갈등은 계속되었지만 영국의 입장에서 이러한 구상은 그런대로 최선의 방법이었다.

그러나 이를 실행하는 데는 전시 제한요소, 영국의 정책 입안자들 간의 의견 충돌, 영국이 프랑스와 시오니스트에게 행한 여러 협정이 커다란 걸림돌로 작용했다.

(1) 국내 정책 입안자들 간의 갈등

영국의 핵심 지역 확대에 대한 문제를 놓고 보수주의자와 진보주의자 사이에서 나타났던 여러 갈등은 중동의 고질적인 동방문제의 구조로부터 벗어나기 위한 방법과 영국의 현실적인 여건에 초점이 맞춰졌다. 특히 심각한 대립은 오스만 제국의 구조 개편에 대한 영령 인도와 외무부의 사고방식 차이에서 나타났다.

인도정청의 당무자들에게는 독립 아랍국가의 창설을 표면화하는 것이 무모한 시도로 인식되었다. 그들은 표면상의 경계를 초월하는 개념으로 종족 지도자들을 다루어왔던 영령 인도의 전략을 그대로 따랐다. 이들 전략은 토벌대에 보조금을 지급하는 문제에서부터 출발하는 것으로, 궁극적으로는 천차만별인 종족과 소군주들이 하나의 정치적 실체가 되도록 지원하는 것이었다. 인도정청은 지역 주민의 자치능력을 불신해 페르시아 만과 이라크에 이르는 아랍지역을 영국 정부의 직접적인 통제하에 두어야 한다고 생각했다.[37]

이에 반해 외무부의 사고는 1916년 이집트에 본부를 두고 창설된 아랍국(Arab Bureau)에서 구체화된 것처럼 이탈리아와 독일의 통일, 헝가리·폴란드·아르메니아의 민족주의, 그리스와 발칸에서 여러 국가의 출현 등 민족주의 국가 형성이 미래의 추세로 주장되던 당시 유럽 및 지중해 세계의 분위기에 좀 더 적응된 것이었다. 이러한 분위기 속에서 주어진 역할을 주도적으로 수행함으로써 반동적인 정책을 고수하는 데 낭비되는 귀중한 외교적 자산을 더욱 유용하게 사용할 필요가 있다는 것이 외무부의 생각이었다.

---

37) William Yale, *The Near East: A Modern History*, p.106; Timothy J. Paris, "British Middle East Policy-Making after the First World War: The Lawrentian and Wilsonian Schools," p.773~774.

영국의 헤게모니적 위치가 최상으로 구축된 1919~1920년에 이미 보수진영의 에드윈 S. 몬타규(Edwin S. Montagu)와 함께 연립내각 내의 진보적 각료들 중 한 명이었던 처칠은 시급한 동원체제와 예산 긴축을 목표로 페르시아나 메소포타미아에서의 대외관여 축소를 강력히 주장 하고 나섰다. 그러나 영국이 세계적인 세력으로 남기 위해 필요한 제국 주의적 기초를 강화하는 데 반대한 것은 아니었다. 그는 영국의 제국체 제와 절대적 우위는 지켜져야 한다고 여겼으나 다만 당시 영국은 여러 문제, 즉 아일랜드 문제와 재정 악화에 직면해 있었으므로 막대한 군사 력을 배경으로 방대하게 시행되는 총독정치보다는 대리인을 통한 간접 통치 방식을 선호했던 것이다.[38]

이는 변경(邊境)의 소요에 즉각 군사적인 진압으로 임하는 아시아 제 국의 속성과는 달리, 군사적 관여 없이 무역 개방을 통하거나 지역정치 고객이 스스로의 현안에 몰두하게 함으로써 세력의 균형을 유지하려는 것이었다. 이러한 의미에서 외무부 아랍국의 사고는 영국의 동방문제 경험에서 나온 것으로, 인도정청의 정책보다 훨씬 정교한 외교적 게임을 따랐으며 상대가 러시아나 프랑스 등 특정 일국이 아니라 다수의 열강 이 개입되어 있다는 인식에 그 바탕을 두었다. 이들 열강 중 일국이 과 도한 정책을 추구할 경우 나머지 열강을 대항적인 연합으로 만들어 그 일국은 얻은 것을 모두 빼앗기고 결국 나머지 열강이 이를 나누어 갖게 될 것이라는 인식이었다. 따라서 완충 국가의 존재가 필요했으며 이를 위해 지역정치 고객이 활용되었다.[39]

전시에도 이러한 두 가지 입장은 서로 충돌했다. 인도정청은 이븐

---

38) John Darwin, *Britain, Egypt and the Middle East Imperial Policy in the aftermath of war 1918-1922*, p.21.

39) L. Carl Brown, *International Politics and the Middle East*, pp.114~115.

사우드에게 지원금을 제공하는 것을 골자로 한 조약을 체결(1915. 12)한 반면, 아랍국은 자신의 자금을 후세인에게 지원했다. 물론 이들은 아라비아의 두 지도자 사이의 반목을 알았다. 강대국의 고위 의사 결정자에게서 공통적으로 나타나는 현상이지만 영국의 의사 결정자들도 아라비아의 두 지도자들이 공동의 적에 대항하기 위해 스스로 연합할 것이라고 믿었다. 이러한 외교정책의 마찰은 종전 직후에도 나타났다. 아랍국 구성원의 사고방식은 파키스탄과 트랜스요르단 지역에서 우세한 반면, 인도정청에 관련된 사람들, 특히 퍼시 콕스(Sir Percy Cox)와 아널드 T. 윌슨(Arnold T. Wilson)의 구상은 이라크에서 우세했다.

후세인을 중심으로 조직된 아랍 반란은 알렌비 장군이 팔레스타인과 시리아 등지에서 대터키전에 성공할 수 있도록 군사적인 지원을 제공했지만, 후에 영국의 정보장교 로렌스의 이름으로 등장한 상징성('아라비아의 로렌스')과는 달리 전략적 측면에서는 거의 의미 없는 것이 되고 말았다.[40] 오히려 이러한 지역정치 고객의 사용은 후에 영국이 이들에게 한 약속을 지킬 수 없게 됨으로써 아랍인을 극도로 낙담시키는 결과를 낳았으며 한편으로는 전후 중동의 평화적 해결에 관한 격렬한 논쟁을 불러일으켜 영국을 혼란에 빠뜨렸다. 이븐 사우드에 대한 자금 지원이라는 훨씬 온건한 방법도 결국은 영국이 메소포타미아에 대한 정복을 단행함으로써 지역 지도자들을 앞세웠던 정책에서 영국의 인도정청이 주도한 현실적인 정책으로 회귀하고 말았다.

당시 점령지역(옛 터키의 속국들)의 민정에 대한 구상은 주로 아널드

---

40) 아랍의 반란은 외부 세계에나 아랍인 자신에게나 정치적·심리적인 중요성을 가졌을 뿐 군사적인 의미는 주로 낭만적인 이유에서 과장된 것이었다. M. S. Anderson, *The Eastern Question 1774-1923*(New York: St. Martin's press, 1966), p.339.

T. 윌슨이 맡았으며,[41] 논리적으로는 1918년 영국-프랑스 공동선언과 동방위원회와 인도정청에 의해 구상된 내용에 그 기반을 두고 있었다. 윌슨의 기본적인 명제는 영국의 권능이라는 저항할 수 없는 힘의 우위를 확보하는 것이었으며 이를 통해 중앙정부에 대한 통제권을 확보한다는 것이었다. 윌슨의 방식은 민족주의를 고무시키기 위해 주민참여 방식을 채택하라는 런던의 훈령에도 전후 점령지역의 특이한 조건에 더 영향을 많이 받았다. 여러 지역에서 영국의 통제는 극도로 취약한 형태를 띠었을 뿐 아니라 부족장과의 불안정한 협정 방식에 의존했다. 윌슨으로서는 영국의 권위를 위축시킬 어떤 정치적인 변화도 원치 않았다. 따라서 윌슨은 시리아에서 프랑스 제국주의를 좌절시키기 위해 고안된 '아랍인의 참여'에 부정적이었다. 오히려 그는 파이잘과 그의 지지자들을 가장 위협적인 세력으로 인식했다. 동방위원회가 윌슨에게 아랍 지도자에 의한 지배를 바람직하게 생각하는지 메소포타미아인들의 여론을 타진해보도록 지시했을 때도 윌슨은 1918년 겨울에서 1919년에 걸쳐 조심스럽게 수행된 국민투표의 결과에 따르면 적당한 지도자에 대한 합의가 없으며 영국의 보호가 계속 이루어지는 것이 바람직하다는 결론을 내렸다. 그는 몬타규에게 보낸 서한에서 "영국-프랑스 공동선언과 국제연맹 규약의 조항은 우리를 곤궁에 빠뜨리고 있다"라고 했으며, 식민지 관리관이던 아더 히르젤(Sir Arther Hirtzel)에게 보낸 서한을 통해서도 메소포타미아인은 "자치에 적합하지 않고 정부 구성에 참여할 권리를 갖기에도 부적합하다"라고 주장했다.[42] 그는 또한

---

41) 아널드 T. 윌슨은 당시 페르시아 만 주재관이던 콕스의 보좌관으로 1904년 중동에 왔다. 그는 1918년 콕스가 영국-페르시아 조약을 체결하기 위해 테헤란(Teheran)에 전출되었을 때 민정판무관 대리(acting civil commissioner)로 임명되었다.

42) Timothy J. Paris, "British Middle East Policy-Making after the First World War:

영국의 아랍 민족주의에 대한 고무가 1919~1920년 시리아에서 그랬던 것처럼 그 지역에서 프랑스의 이해와 충돌할 경우 영국은 '세계 도처에서 함께 살아가고 일해야 하는' 프랑스의 의견을 존중해야 한다고 생각했다.

적어도 1920년까지 일시적으로나마 후세인가(家)를 앞세운 정책에 기선을 제압해나갔던 이러한 정책은 비용이 너무 많이 들어 처칠 등 영국 내 진보적인 정치가들에게 많은 비판을 받았다. 또한 이 정책은 프랑스와의 협정에도 정면으로 위배된 것이었다. 그러나 결과적으로는 프랑스가 파이잘을 시리아로부터 축출(1920. 7)하고 이븐 사우드가 후세인을 아라비아로부터 제거(1924. 7)함으로써 영국의 후세인가에 대한 지원이 위태롭게 된 상황에서 인도정청의 철학은 어쩌면 바람직한 것일 수도 있었다. 그러나 당시 발발한 한 사건이 중동에 적용된 인도정청의 철학을 부정하고 초기의 어려움에도 영국에 새로운 아랍정책이 출현하도록 하는 계기가 되었다. 그 사건은 바로 1920년 6월에 발발한 이라크 폭동이었다.

이라크는 오스만 제국이 지배하던 시절에는 아랍령의 일부였으며 3개의 주로 이루어져 있었다. 이것들이 합쳐져 하나의 국가가 된 것은 사이크스-피코 협정과 산레모 회의의 결과였다. 1920년 4월의 산레모 회의는 사이크스-피코 협정에 따라 시리아령이 된 모술(Mousl) 주를 영국의 위임통치하에 옮기고 현재의 이라크 영토를 확정했다. 당시 이라크는 인종·언어·종교상으로 심하게 분열되어 있었다. 종교적으로는 수니파(Sunni)와 시아파(Shi'a)가 반반으로 나뉘어 대립하고 있었고, 소수민족으로 인구의 약 6분의 1을 차지하는 쿠르드족이 북부 고지에 거주하면서 인접 아르메니아인들처럼 독립국의 건설을 요구하고 있었다. 모술

The Lawrentian and Wilsonian Schools," pp.778~779.

과 바그다드를 중심으로 아르메니아인 4만여 명이 거주하고 있었고, 그 밖에 유대인, 아시리아인, 야지드인, 투르크인 등이 소수민족으로 분산되어 있으며, 유목민 30만여 명이 시리아 사막의 유프라테스와 티그리스 두 강 유역에서 유랑생활을 하고 있었다. 이러한 분열상은 국민 형성에 장애가 되었다.

영국·인도군으로 이라크의 대터키 군단을 구축한 영국이 제1차 세계대전 후 군사점령하에서 고등판무관제를 설치하고 영국인 행정 책임자를 임명함으로써 직접통치 방침을 굳히자 이라크인들이 대거 반발하고 나섰다. 산레모 회의에서 위임통치 방침이 결정되자 민족주의자와 족장들이 일제히 폭동을 일으켜 6개월 동안 영국군을 괴롭혔다. 이 때문에 영국은 정책을 수정해 친아랍적인 콕스를 이란에서 불러들여 고등판무관으로 임명했으며 이라크인에 의한 자치 방침을 내걸었다. 1920년 12월에 이라크인에 의한 임시정부가 성립되자 비로소 폭동이 가라앉았다.

이라크 폭동은 아널드 T. 윌슨이 인도정부로부터 도입한 현실적(non-nonsense) 방법에 대한 반응으로 나타난 것이었다. 폭동을 진압하기란 쉽지 않았으며 많은 대가를 지불해야 했다. 폭동 기간에 이라크 부족민 1만여 명이 희생되었으며 영국 병사의 사망자 수만도 450명에 달했다. 재정적인 손실은 4,000만 파운드로 집계되었는데 이는 영국이 그동안 지급한 보조금의 3배에 달했다. 민족적 자각으로 폭동이 시작된 것은 아니었지만 새 정부가 외국의 지배에 거부한 첫 번째 상징으로서 이 폭동은 이라크 민족주의의 신화로 간직되었다. 더구나 이집트에서 일어난 소요에 지쳐버린 영국의 대중은 더 이상 이러한 제국주의적 발상에 찬성하지 않게 되었다.

영국은 이라크 폭동 이후 중동 전역에 대한 단일한 정책을 구상하기 위해 1920년 12월 처칠이 장관으로 있던 식민성(The Colonial Office) 산하에 중동부(Middle East Department)를 설치했다.[43] 이후 이라크 문제의 처리는 인도정청으로부터 본국의 식민성으로 옮겨져 영국의 정책은 더욱 지속성 있게 입안되고 수행될 수 있었다. 그러나 영국이 중동에서 안전한 지위를 확보하는 데 이라크가 필수적이라는 견해는 이라크 폭동으로도 바뀌지 않았다.

영국의 정책 입안자들의 쟁점은 폭발하기 쉬운 주민들을 직접 지배하는 데 드는 고비용의 부담을 떠맡지 않은 채 이라크에서 영국의 이해, 즉 인도와의 제국적 교통로의 안전 및 이라크와 이란 유전의 보호를 어떻게 확보할 것인가였다. 그 해결책은 이라크 문제를 조약에 근거해 다루는 한편 영국이 감당할 책임을 이라크 정부에 지움으로써 지배비용을 줄이는 것이었다. 영국 정부는 이러한 일반적인 정책을 염두에 두고 함께 일할 수 있고, 다양한 이라크 인민을 광범위하게 대표할 수 있는 지도자를 찾는 데 착수했다.

그들은 샤리프 후세인의 아들이자 아랍 반란의 지도자인 아미르(Amīr) 파이잘을 선택했다. 그러한 선택에는 전후 후세인과 그의 가족들에게 무책임했던 죄책감도 작용했다. 그러나 그들은 온건한 지도자이자 국제적 지위에 있는 아랍인으로서 파이잘의 명성이 이라크 내에서 매력을 끌 것이라고 믿었다. 통상적으로 강대국이 주민의 폭력에 굴복했을 때 채용하는 새로운 정책은 대부분 과거의 연장에 지나지 않는다. 영국 정부는 이라크에 아랍정부를 설립하려 했고 그 정부와의 관계는 동맹조약에 의거해야 한다는 사실을 강조하고 나섰다. 표면상으로 변화된 것은 그 방식으로, 위임통치는 존속시키되 조약에 의거해야 하며 단순히 영국의 자유 재량에 맡겨진 기구들을 통해서도 안 된다는 정도였다.

한편 이집트에서는 영국의 보호 조치가 강행됨으로써 4세기에 걸친 오스만 주권이 종식되었다. 이집트 지도자들은 오랫동안 이스탄불의 권

---

43) William Yale, *The Near East: A Modern History*, p.301.

위에서 멀어지려고 노력했지만 그렇다고 술탄의 통제가 영국 고등판무관의 통제로 대체되는 것은 바라지 않았다. 대전 중 이집트는 영국 중동군의 기지가 되어 군수품 보급과 면화가격 앙등으로 상당한 부르주아층이 대두되어 있었다. 이후 영국군의 주둔을 불만스럽게 여긴 이집트인들 사이에서 정치의식이 급속히 높아졌다. 이는 영국 고등판무관들의 자의적인 통치를 계기로 전쟁 중의 자치운동이 전후에 강경한 독립운동으로 발전하는 원동력이 되었다. 전쟁이 종료된 지 이틀 후인 1918년 11월 13일, 이집트 수상 무스타파 파흐미 파샤(Muṣṭafā Fahmi Pasha, 수상: 1891~1892·1895~1908)의 사위인 사아드 자글룰(Saad Zaghlul 1859~1927, 이집트 수상: 1924)이 '와프드 위원회(The wafd)'를 조직해 반영운동에 나섰다. 영국은 이에 극심한 탄압으로 대응했다. 자글룰을 말타(Malta)로 추방하던 1919년 3월 8일에는 대규모 봉기가 일어났다. 이 봉기로 1919년 말까지 이집트인이 800여 명이 사망하고 1,400여 명이 부상을 입었다. 이러한 사태는 새로운 고등판무관 알렌비가 자글룰과 그의 동료들의 활동을 허용한 뒤 비로소 진정되었다. 그 후 와프드는 사적인 단체에서 벗어나 국민을 대표하는 역할을 떠맡게 되었다.

1922년 2월 28일, 영국은 일방적 조치로 이집트에 대한 보호권 철폐를 선언했지만 그 속에도 네 가지 유보사항이 있었다. 첫째, 영국 정부는 이집트 내의 제국적 커뮤니케이션의 안전, 외부의 침략과 간섭에 대항해 이집트를 방어하는 문제, 이집트 내의 외국인의 이해와 소수인의 보호, 수단(Sudan)과 그의 장래 지위에 계속적인 책임을 진다. 둘째, 영국의 군사 주둔이 보장되어야 한다. 셋째, 치외법권 설정(The Capitulation, 외국 거류민의 특권에 대한 협정)은 계속 시행되어야 한다. 넷째, 이집트는 외교권을 행사하지 않는다. 영국은 이집트에 대해 완전한 독립을 주장하는 와프드와 대중적 지도자들의 의지에 반하는 자기 식의 독립을 부과하면서 대전 간 이집트의 정치 상황을 규정할 대결의 장을 구축했던 것이다.

(2) 프랑스와의 경쟁

대영제국이 꿈꾸던 완전한 안보에 대한 환상은 토머스 W. 윌슨(Tho-mas W. Wilson: 1913~1921) 미국 대통령의 개입, 블라디미르 레닌(Vladi-mir Lenin)과 볼셰비즘의 도전과 함께 또 다른 강대국의 제국주의 부활로 위협을 받았는데 그 강대국은 바로 프랑스였다. 케이프에서 카이로, 동부 중동 내부로 이어지는 영국세력의 구상은 전시 조약을 통해 영국이 프랑스에 행한 약속과는 모순된 것이었다. 동방위원회는 1916년 협정(사이크스-피코 협정)의 무효화를 요구하는 한편, 시리아에서 발생한 내전의 새로운 환경에 맞추어 프랑스가 지니고 있던 알렉산드레타(Alexandretta)[44]와 메르시나(Mersina, 오늘날 Mersin) 같은 중동 항구에서의 독점적인 이해, 티그리스와 유프라테스에서의 '특수한 권리'와 그 북부 지방에서의 압도적인 영향력을 포기시킬 것을 결의했다. 영국의 제국주의적 이해는 프랑스가 아랍 영토에서 가능한 한 최소로, 구체적으로는 베이루트 지역에 한정되어야 함을 의미했으며, 장래에 마찰과 갈등의 가능성이 배제되어야 함을 의미했다.

영국과 프랑스 간의 갈등은 군사점령 기간 중 중동 내 전반적인 제국주의 통제의 핵심이던 시리아 문제에서부터 표출되었다. 시리아는 전후 아랍지역을 유동적이고 불안정하게 만든 세 가지 요소, 즉 민족주의자들의 야심, 상충되는 약속, 경쟁적 제국주의가 복합적으로 나타난 지역이었다. 이 지역이 내포한 문제는 아랍 각국의 평화를 위한 노력이 직면한 가장 위험하고 어려운 것이었다. 이 지역은 아랍 민족주의의 산실이자 영국이 아랍에 독립국가의 실현을 약속해준, 그러면서도 전시 협약을 통해 프랑스의 영향권으로 귀속되도록 허락한 곳이었다.

---

44) 터키 남부 하타이 주의 항구 도시인 이스켄데룬(Iskenderun)의 옛 이름. 원래는 시리아 영토였으나 1939년 위임통치국 프랑스가 터키에 넘겨주었다.

아랍지역, 특히 시리아는 문화적으로나 경제적으로 예로부터 프랑스의 영향권에 속한 지역이었다. 프랑스로서는 영국이 아랍지역에서 자국의 기반을 훼손하려 한다는 심증을 굳힐 만한 근거가 충분했는데 이는 주로 시리아 문제에서 비롯되었다. 이 점은 1918년 9월, 영국군이 시리아와 레바논 지역에서 터키군을 제거할 당시 이미 제기된 것이었다.[45]

영국의 주장은, 외상(外相) 아서 밸푸어(Arthur J. Balfour, 수상: 1902. 11~1905. 12, 외상: 1916~1919)의 주장에서도 나타났듯이, 동부 지중해에서 프랑스가 획득한 대부분의 것들은 이탈리아가 제기한 새로운 요구에 그 기반을 두고 있으며 영국은 이미 후세인과 그의 추종자들에게 대오스만전(戰)에서의 군사적 지원에 대한 대가로 시리아 대부분을 포함하는 지역에 독립국가를 건설할 수 있도록 하겠다고 약속했다는 것이다. 영국의 주장에 따르면 아랍인들은 이미 이러한 타협의 자기 의무를 완수했고 시리아의 아랍인들은 자신과 프랑스와의 어떤 관계도 부인한다는 점을 명백히 하고 있다는 것이다.

물론 아랍을 대표하려던 몇몇 단체 사이에서 예외 없이 합의하는 원칙이 하나 있었다면, 가능하다면 독립을 추구한다는 것이며 그렇지 못할 경우에 강대국의 지배는 최소화되어야 한다는 것이었다. 이것이 의미하는 바는 미국의 이완된 위임통치를 희망한다는 것이었다. 그리고 그 차

---

45) 영국은 시리아 주요 도시의 점령을 파이잘 군대가 담당하도록 함으로써 히자즈 군대가 이 지역의 터키군을 축출했다는 인상을 심어주고 나아가 알렌비로 하여금 다마스쿠스의 파이잘 군사정부에 조력케 했다. 그러나 사실 파이잘 군대는 그 정치적 의미에 비해 군사적인 공헌 정도가 미미했다. 관련 당사국은 모두 아랍군이 영국의 재정과 장비로 무장되었다는 사실을 알고 있었다. 더구나 프랑스 측에서 보면 파이잘은 영국의 꼭두각시였다. 그 지역은 사이크스-피코 협정에서 프랑스의 몫으로 결정된 곳이었다. 프랑스는 영국이 중동의 아랍지역에서 자신을 배제할 수 있는 환경을 조성하고 있다고 믿었다.

선책은 영국이었다. 그들은 프랑스의 반동적인 제국주의에 혐오감을 가지고 있었다. 예외가 있었다면 레바논 내의 마론파 교도들뿐이었다.

시리아에서 나타난 전후 혼란 속에서 자신의 전반적 지배(over-rule)의 안정과 효율성을 위해 영국은 후세인가 및 그의 지역적 동맹과 협력할 필요가 있었다. 말하자면 이는 아랍인들이 프랑스에 대해 가지고 있는 혐오감을 이용해 이들을 영국의 영향권 안으로 끌어들이려는 것으로, 당시 전시 내각이 프랑스보다는 아랍, 즉 후세인 국왕가와 연대하는 쪽을 선택하도록 했던 것이다. 당시 영국은 두 가지 사항만을 고려했다. 하나는 사이크스-피코 협정에 대한 미국의 태도와 추후 미국이 중동에서 수행할 역할이었고, 다른 하나는 파이잘과 그의 지지자들이 프랑스의 시리아 지배에 어떤 식으로 저항할 것인가였다.[46]

미국이 프랑스의 제국주의적 야심을 견제해줄 것이라는 전망과 강화되는 아랍의 비타협적인 태도는 당시 평화회담의 대표였던 영국의 로이드 조지 수상을 고무시켰다. 이로써 그는 1916년 사이크스-피코 협정 당시 프랑스 세력권의 남동 부분을 영국의 메소포타미아 내의 'B존(B zone)'에 편입시켜줄 것 등을 프랑스의 조르주 클레망소(Georges Clemenceau) 수상에게 요구했다. 그는 다시 프랑스가 시리아에서 위임통치하는 것을 영국이 인정하는 대가로 또 다른 영토를 양보할 것을 요구했다. 때맞추어 현지 주민의 의사를 파악하고 파이잘이 시리아로 복귀하는 문제를 해결하기 위해 시리아에 사절단을 파견하겠다는 미국의 제의에 프랑스는 극도로 긴장했다.[47] 결국 영국은 이 지역에서 자국의 이익과 아랍에 대한 약속을 지키기 위해 사이크스-피코 협정의 개정을

---

46) John Darwin, *Britain, Egypt and the Middle East Imperial Policy in the aftermath of war 1918-1922*, p.162.

47) William Yale, *The Near East: A Modern History*, pp.3354~3358.

바랐다.

영국 정부가 아랍의 열망을 진지하게 동정했으며 또 아랍의 그러한 열망이 부분적으로나마 실현되기를 바라는 마음에서 행동했다— 물론 영국의 구상에 조화되어야 한다는 전제가 있었지만 — 고 말할 수 있었던 것처럼, 프랑스 정부가 일반적으로 아랍의 부흥에 근본적인 적대감을 가지고 있었으며 아랍이 하나의 정치적 세력으로 성장하는 것을 억제하는 입장이었던 것은 사실이다. 그러나 산레모의 결정(1920. 4)이 프랑스의 비타협적인 태도에서 비롯된 불가피한 결과라고 보는 것은 잘못이다. 산레모에서의 최악의 결정은 영국이 추가적으로 영토를 요구했기 때문에 생겨난 직접적인 결과였다.[48]

프랑스의 입장에서 본다면 연합국은 아시아에서 오스만 제국이 차지하고 있던 지역을 공평하게 분할하자는 데 합의했으며, 영국은 이와 같은 공약을 철저히 준수해야 했다. 프랑스는 이미 이들 지역, 예를 들어 모술,[49] 팔레스타인 등에서 많이 양보해왔으며 이제는 더 이상 양보할 수 없다는 입장이었다. 후세인이나 그의 지지자들 그리고 독립을 요구하는 시리아 내의 어떤 대변인도 현실의 정치세력을 대표할 수 없다는 것이 프랑스의 주장이었다.

1919년 중반이 되자 영국으로서는 대구상을 실현시키는 데 감당하기 어려운 여러 변화가 주변에서 감지되었다. 1918년 10월 휴전에서 1919년 6월까지 대전이 끝난 이후 중동에서 영국이 누렸던 세력과 영향력은

---

48) M. S. Anderson, *The Eastern Question 1774-1923*, p.356.
49) 이 지역은 1916년 3월 사이크스-피코 협정에서 프랑스에 귀속되어 있었으나 독일이 철수한 후 1919년 9월 열린 산레모 회의의 영국-프랑스 협정(Lloyd George-Clemenceau Agreement)에 따라 메소포타미아의 석유에 대한 프랑스의 몫을 할당받고 시리아에서 영국군이 철수한다는 조건으로 영국의 권리로 귀속되었다. William Yale, *The Near East: A Modern History*, p.324.

격감되었으며, 미국이 지중해의 전통적 경쟁자인 프랑스를 레반트(시리아·레바논)에서 추방시킬 것이라는 영국의 기대는 물거품이 되었다. 이 상황에서 로이드 조지가 사이크스-피코 협정을 준수하라는 프랑스의 요구를 극복하려면 유럽에서의 연합국 협조체제에 치명적인 손상을 입히는 수밖에 없었다. 아나톨리아로 지중해 경쟁국들이 유입되었고, 터키와의 관계를 신속하게 정립시킴으로써 친숙하고 믿을 만한 후계정부를 설립하려던 영국의 희망은 무산되었다. 6월에는 무슬림의 불만과 커즌이 제거하려던 범아랍주의에 기초해 터키 제국주의가 회생할 기미마저 나타났다.[50] 더구나 시리아와 실리시아(Cilicia, 소아시아의 남부 해안지역)에 주둔한 영국 군대의 재정 부담이 영국 정부에 커다란 압력이었다. 두 곳 모두 영국에 핵심적인 지역이 아니었다. 게다가 평화가 정착될 때까지 그 지역에 수비대를 주둔시킴으로써 영국이 얻을 수 있는 이익은 별로 없었다. 조지의 제의로 영국과 프랑스 간에 군사협정이 체결되었다(1919. 9). 결국 영국은 자국의 무익한 재정 낭비를 줄이고 프랑스에 대한 전시 약속을 이행하기 위해 시리아에서 철수하기 시작했다(1919. 11).

그러나 위임통치 기간에도 영국과 프랑스의 관계는 폭력과 상호불신에 기초했으며 프랑스와 시리아의 관계도 위기로 점철되었다. 이러한 상황에서 파이잘이 조정자로 나설 수도 있었다. 그는 종전 후 잠시이긴 했지만 다마스쿠스에서 군사통치자로 행세했으며 시리아인들에게 아랍 민족주의 운동의 지도자로 인정받고 있었다. 당시 현지에 파견되었던 킹 크레인 위원회도 이 점을 분명히 했다. 그러나 그는 시리아의 민족주의 세력의 제약을 받았다.[51] 시리아 의회(1920. 3)는 완전한 독립을 요구

---

50) John Darwin, *Britain, Egypt and the Middle East Imperial Policy in the aftermath of war 1918-1922*, p.168.

51) William Yale, *The Near East: A Modern History*, pp.331~332.

했고 시리아인들은 그가 파리에서 더 강력한 입장을 보이기를 요구함으로써 그의 운신의 폭을 좁혀놓았다. 또 하나, 하심가는 일찍이 외부세계와 본질적인 접촉을 맺고 있었는데 바로 그러한 이유로 아랍인들의 의심을 받았다. 더구나 배후인 영국과의 관계로 프랑스에게 영국의 앞잡이라는 불신을 받았으며 제국주의 세력과의 연계라는 점에서 민족주의자들의 의심을 받았다.[52] 시리아의 정치적 현실이 권력정치의 현실과 부합되지 않았기 때문에 파이잘은 어려운 위치에 처해 있었다.

시리아의 입장에서 — 객관적으로 보더라도 — 프랑스의 시리아 정책은 가혹했다. 그러나 프랑스의 행동에 그 나름대로 이해할 만한 측면이 있었던 것도 사실이다. 프랑스의 정책은 두 가지 점을 고려한 것이었다. 프랑스는 다마스쿠스에 독립된 아랍정부가 창설되면 이것이 다른 모든 아랍국가의 민족적 충동으로 확산될 것이라고 믿었다. 프랑스는 그러한 결과가 북아프리카로까지 파급되는 것을 우려했다. 또한 프랑스는 아랍의 독립운동이 시리아에서 프랑스의 야심을 실현하는 데 방해물이라고 인식했다. 이는 한편으로는 통합과 독립의 신조 때문이었고 다른 한편으로는 영국과의 관계 때문이었다. 프랑스는 다마스쿠스에 주재하던 영국 정부 관리들이 이 지역에서 프랑스의 영향력을 약화시키기 위해 혈안이 되어 있다고 생각했다.[53] 프랑스가 볼 때 후세인을 통한 영국의 중동 지배는 레반트 지역에서 프랑스의 이익을 침해하도록 조종할 수 있는 허수아비(puppet)를 만들어 목적을 이루려는 영국의 기만책으로 보였다. 영국이 아랍과의 이러한 관련성을 강조하면 할수록 프랑스는 더욱 영국을 의심할 수밖에 없었다.

---

52) L. Carl Brown, *International Politics and the Middle East*, p.120.

53) George Antonius, *The Arab Awakening: The Story of The Arab National Movement*(Beirut: Lebanon Bookshop, 1969), p.369.

미국은 국제문제에 간섭을 삼가했고 영국 단독으로는 이미 프랑스에 대항할 수 없어졌다. 위급한 정치적 상황으로 프랑스와의 타협이 요구되었을 때 시리아의 민족주의자들은 파이잘에게 프랑스에 대한 강경책을 요구했다. 파이잘은 내부적 모순에 빠져 있는 자신을 발견했다. 유럽은 그에게 프랑스 및 시오니스트 양측과 화해하도록 압력을 가했다. 그러나 어떠한 양보도 시리아 민족주의자들에게는 배신행위로 인식될 것이었다. 그는 시리아인들의 비타협적인 태도가 비현실적이라고 생각했으나 서구의 압력에 양보하면 곧 아랍인들 사이에서 신망과 지도력을 잃게 될 것이라는 것을 알고 있었다.

그래서 그는 두 번째 파리 방문에서 돌아오던 1919년 가을, 프랑스와 시오니스트의 다소간의 공식적인 양해[54]에 관계없이 민족주의자로 행세했다. 이러한 파이잘의 태도로 그의 인기는 상승했으며 1920년 3월 시리아 민족회의는 그를 시리아의 왕으로 선출했다. 이로써 그는 팔레스타인과 트랜스요르단을 포함하는 대시리아를 대표하게 되었다. 완전한 독립이라는, 군사적인 현실과는 엄연히 상반되는 이 대담한 노선은 결정적으로 아랍인들에게 불리하게 작용했다. 이러한 목표를 달성하기 위해 시리아 민족주의자들이 사용할 수 있는 수단이라고는 연합국 측의 독립 약속과 윌슨 미국 대통령의 민족자결이라는 허울 좋은 명분뿐이었다. 4월, 산레모의 연합국 회의는 이 지역을 위임통치령으로 분할했다.

시리아 의회의 아랍왕국 선언에 대해 프랑스 점령군 사령관 앙리 구

---

54) 파리회의에서 그는 아랍의 독립에 대해 단호한 태도를 취했음에도 영국의 압력으로 1919년 시오니스트 지도자 차임 바이츠만(Chaim Weizmann, 1874~1952) 박사와 협정을 체결했다. 이 협정에서 그는 유대인의 팔레스타인 이민을 인정했다. 다만 전시에 영국이 행한 독립의 약속이 이행되는 것을 전제로 한다는 단서를 달았다.

로(Henri Gouraud)는 6월 14일 최후통첩을 통해 파이잘에게 위임통치를 받아들이고 아랍군을 감축할 것 등을 무조건 요구했다. 파이잘은 민족주의자들의 반대를 누르고 이 통첩을 수락했으며 아랍군을 해산시킨 후 국외로 떠났다. 그러나 시리아 국민회의는 "시리아 국민의 이름으로 시리아의 운명에 관한 조약·협정·결정은 회의가 채택할 때까지 승인하지 않는다"라는 성명을 발표하고 저항을 계속했다. 그러나 프랑스 군대가 7월 5일 다마스쿠스에 진입함으로써 아랍왕국은 붕괴되고 프랑스의 시리아에 대한 지배가 확고해졌다. 결국 아랍인들의 대시리아 창설이라는 굳은 결의는 현실적인 힘의 논리로 좌절되고 시리아에서의 3파전은 일단락되었다.

이러한 상황에서 프랑스가 '제일 좋은 몫'을 요구한 것이 정당화될 수 있다고 본다면 — 결국 프랑스의 입장에서는 아무런 소득도 없이 끝나고 말았지만 — 영국의 입장은 설명하기 어려운 점이 있다. 문제는 당시 중동의 현실적 여건 속에서 아랍인들을 어떻게 취급할 것인가, 더 크게는 모순에 빠진 자신의 고객 아랍인들과 연합국의 관계를 어떻게 조정할 것인가 하는 문제로 귀착될 수 있었다. 영국은 아랍인들에게는 어쩔 수 없이 직면하게 된 새로운 상황의 힘을 변명하면서, 프랑스에게는 종전의 합의를 자신들의 편의에 맞게 수정하려고 했다. 만약 영국이 자신들이 프랑스에 양보하기를 요구한 것과 비례해서 전시동맹 합의로부터 이익을 극대화하는 쪽으로 행동했더라면 이는 그런 대로 받아들여질 수 있었을 것이다. 그러나 영국은 그렇게 하지 않았다. 영국은 대안의 성격이 어떤 것이든 그 대안이 쓸모없게 될 때까지는 포기하지 않았다. 자신과 파이잘에게 극히 불리하게 조성된 국제환경 때문에 야기된 당혹감 때문에 영국은 모순에 찬 새로운 중동정책을 추구하고 있었다.

1920년 12월 식민성 산하에 중동부가 설치된 이듬해인 1921년 3월 식민성 주최로 열린 카이로 회의에서는 시리아에서 추방된 파이잘을 이라크의 왕으로, 그의 형 압둘라('Abdullāh ibn al-Husayn, 트랜스요르단 아미르: 1921~1946, 트랜스요르단 왕: 1946~1948, 요르단 왕: 1948~1951)를 트랜스요르단의 아미르로 임명하는 결정을 내렸다. 또한 이라크의 민족주의를 달래기 위해 위임통치를 동맹조약으로 바꿈으로써 파이잘이 왕위에 오를 수 있는 제도적 장치를 마련했다. 파이잘은 이라크 정부 및 군부의 찬성을 얻어 6월 국민투표에서 다수의 지원을 받고 8월 23일 국왕에 추대되었다.

영국의 이러한 편의주의적 행동으로 중동에는 트랜스요르단과 이라크라는 새로운 사생아적 정치 실체가 탄생되었다. 이들 지역은 원래 독립적 실체로는 존재하지 않던 지역으로서 민족주의자들이 '대시리아'로 편입시켜주기를 열망하던 곳이었다. 영국의 이러한 결정으로 아랍 민족주의는 또 한 번의 좌절을 경험했으나 하심가에는 시리아와 팔레스타인에서 아랍왕국의 건설을 지원받지 못한 것에 대한 보상이 되었고 프랑스에는 시리아에 대한 영국의 약속을 어느 정도 만족시켜줄 수 있는 계기가 되었다.

1921년대를 기점으로 중동에는 새로운 질서의 기초가 수립되었다. 윌슨의 민족자결주의와 미국의 파리회의 개입에도 불구하고 새로운 평화는 성격상 제국주의적인 것이었으며 대부분 전시 주요 협약과 일치했다. 아랍으로서는 새로운 지도자로의 교체가 실현되지 않았으며 이러한 새로운 해결은 1915년 당시의 아랍 정치 프로그램과는 거리가 있었다. 그렇지만 궁극적으로는 해방으로의 진전이라는 주요한 계기가 이룩된 셈이었다. 주요 열강은 위임통치의 원칙을 받아들임으로써 명분상으로나마 자결과 주체적 책임을 내세우게 되었다.

(3) 제1차 세계대전 동안 영국의 위임통치와 팔레스타인 문제

이와 같이 영국이 제한된 규칙 속에서 실행한 게임에서 잠재적인 경쟁자는 프랑스였으나 영국은 마키아벨리적 계산으로 여러 정책을 구사한 덕에 프랑스와의 첨예한 갈등은 일단 해결했다. 결국 프랑스는 중동에서 위임통치국이 되었으나 시리아와 레바논 이외의 지역에 대해 외교적 영향력을 행사하기는 불가능하다는 것이 확실해졌다. 이는 중동에서의 영국의 패권적 지위가 거의 확보되어 있었음을 의미하는 것이었다. 지역적 변수를 고려하지 않는 열강 간의 게임에서 이 점은 확실했다. 그러나 영국은 시오니스트들을 옹호함으로써 스스로 자신의 중동정책에 역행했다. 시오니즘(Zionism)은 근본적으로 영국의 아랍정책과 상충되었지만 영국은 밸푸어 선언(The Balfour Declaration, 1917. 11. 2)을 막지 못했다.

제1차 세계대전이 발발한 1914년경에는 시오니스트들의 활동이 이미 러시아, 독일, 미국, 영국에서 각 지역의 정부에 영향력을 행사하고 있었다. 특히 전시 중 시오니즘의 지도자였던 바이츠만 박사[55]와 그가 이끄는 단체의 활동이 영국 정부의 관심을 끌고 있었다. 영국과 미국에서 활동하는 시오니스트들의 목적은 오스만 제국이 멸망할 경우 팔레스타인 지역에 유대인이 무제한 이민할 수 있도록 그곳에 유대인을 위한 국가를 세우고 연합국으로부터 이에 대한 보증을 받는 것이었다. 바이츠만은 이 목적을 달성하기 위해 영국의 유력한 정계의 요인과 접촉해 그들의 동정을 받았는데 그중에는 당시 영국 외상이던 밸푸어도 있었다.

제1차 세계대전이 진행되는 동안 몇 가지 요소가 시오니즘 문제를 영국 내각으로 가져가는 데 기여했다. 그중 가장 절실하게 정부의 몇몇 핵심 관료를 사로잡았던 것은 미국과 러시아 내의 유대 집단이 두 나라 정부의 전쟁에 대한 태도에 영향력을 끼치고 있다는 사실이었다. 1917

---

55) 맨체스터 대학의 화학교수였던 그는 1920년대부터 이스라엘이 독립할 때까지 유대 민족주의의 선구자로 활약했으며, 이스라엘 건국 후 초대 대통령이 되었다.

년 4월, 미국이 독일에 선전포고를 하기 전까지 영국은 독일이 시오니즘의 목표에 대한 지지를 선언해 미국 내 유대인들의 호의적인 반응을 이끌어내지 않을까 우려하고 있었다. 러시아에서도 비슷한 우려가 제기되었다. 중요한 것은 그러한 신념이 사실에 기반을 두고 있는가와 상관없이 영국의 정책을 규정짓고 있었다는 사실이다.

영국의 전시외교는 또한 전쟁을 유리하게 진행시키기 위해 미국의 참전을 희구했는데, 이를 위해서는 미국 정계에 커다란 정치적인 영향력을 행사하고 있던 유대인들의 환심을 살 필요가 있었다. 그뿐만 아니라 1917년 3월에 차르제정이 붕괴되고 이어서 등장한 케렌스키 신정부의 요직에 많은 유대인이 활동하고 있다는 점에 착안해 이러한 환심정책은 가속화되었다. 이들이 전쟁에서 손을 떼게 해서는 안 되었다. 이 정책은 결국 미국의 참전을 유도하는 데는 실패했으나 전쟁비용에 유대인의 재력을 크게 동원할 수 있었다.

1916년 5월에 맺어진 사이크스-피코 협정에 따르면 팔레스타인은 국제관리하에 두게 되어 있었다. 그러나 영국은 대전에서 승리하기 위해 이러한 비밀협정을 통해 우방국들을 동원하는 한편 세계 각처에 흩어져 있는 시오니스트들의 지원을 받기 위해 모든 수단을 동원했다.

이러한 분위기에 힘입어 런던의 시오니스트 대변인인 바이츠만은 집중적인 노력을 통해 영국 정부로부터 시오니즘에 대한 지지를 이끌어냈다. 1917년 11월 8일 영국 외상 밸푸어는 영국의 저명한 시오니스트인 로드 W. 로스차일드(Lord W. Rothschild)에게 보낸 서한을 통해 유대인의 민족 향토를 팔레스타인에 건설할 것을 약속해주었다.

팔레스타인에 유대인의 민족 향토를 세우고(the establishment in Palestine of a national home for the Jewish people) 그 일을 성취하는 데 대해, 팔레스타인에 거주하는 비유대인의 시민적 그리고 종교적인 권한에 대해, 또는 타국에 거주하는 유대인의 정치적인 상태에 대해 아무런 편견을 갖지 않을 것입니다.

그 지역에는 오랫동안 팔레스타인인들이 거주하고 있었으나 그들의 의사는 전적으로 무시되었으며 비유대계 팔레스타인인들의 정치적 권리에 대해서는 아무런 고려도 하지 않았다. 이로써 현대 동방문제의 치명적인 분쟁의 씨앗이 뿌려졌다.

팔레스타인 위임통치를 받게 된 지역은 오스만 제국 시절 뚜렷한 행정적 실체가 아니었다. 통상적으로 이 지역은 남부 시리아의 일부로 간주되었으며 베이루트와 다마스쿠스, 예루살렘 특별 행정구로 분할되어 있었다. 1917년 영국이 예루살렘을 차지하면서 오스만의 지배로부터 분리된 팔레스타인은 1920년까지 영국의 군사 지배하에 놓여 있었다. 그 기간에 영국은 바이츠만과 파이잘 간의 논의를 주선함으로써 시오니즘과 아랍주의의 대립적인 열망을 조정하려고 노력했다. 1919년 1월 이들 간에 이루어진 합의를 통해 바이츠만은 팔레스타인 경제개발에서 유대공동체가 아랍인들과 협력할 것을 다짐했다. 대신 파이잘은 팔레스타인 아랍인들의 권리가 보호되고 대시리아의 독립에 대한 아랍의 요구가 인정된다는 것을 조건으로 밸푸어 선언을 인정하고 유대 이민에 동의했다. 그러나 팔레스타인에서의 유대국가 창설에는 동의하지 않았다. 어쨌든 이들 간의 맺어진 합의 조항은 프랑스가 시리아를 점령함으로써 무의미해져버렸다.

한편 밸푸어 선언과 사이크스-피코 협정 등 터키 영토분할에 대한 비밀협정이 폭로되자 아랍인의 반발과 항의가 비등해졌다. 영국 정부는 이를 무마하기 위해 1918년 1월 호가스 메시지(The Hogarth Message)를 통해 아랍인과의 약속을 위배하지 않는 선에서 유대인의 팔레스타인 정착을 허용한다고 천명했다. 미국 대통령 윌슨의 민족자결주의에 고무된 아랍 지도자들이 영국에 자신의 태도를 밝히기를 요구하자 영국은 연합국에 의해 해방된 시리아의 대부분 지역과 모술지역은 해방·독립되어야 한다는 입장을 밝혔다. 11월 7일 영국과 프랑스 양국은 공동선언을 통해 '피지배자의 동의의 원칙'으로 아랍의 반발을 무마하려 했으나 의혹은 여전히 풀리지 않은 상태에서 종전을 맞게 되었다.

1919년 1월부터 시작된 파리평화회의에서 시오니스트들이 직면한 정치적 과제는 밸푸어 선언에 대한 국제적인 확인과 이를 평화조약의 일부 조항으로 포함시키는 것이었다. 시오니스트들은 팔레스타인을 한 아랍국가의 일부로 병합시키는 데 반대했다. 또한 그들은 민족자결 원칙에도 반대했다. 그 이유는 만일 팔레스타인에 이 원칙을 적용한다면 팔레스타인은 아랍국가가 되기 때문이었다. 그들은 팔레스타인의 국제관리에도 반대했다. 시오니스트들의 이해관계가 영국의 태도와 가장 잘 부합되었던 만큼 그들은 영국이 팔레스타인을 관리할 것을 주장했다. 파리평화회의에서 참석한 시오니스트 대표단은 각서를 제출해 이에 대한 열강의 동정을 얻는 데 성공했다. 세브르 조약은 그 결과물이었다. 세브르 조약은 오스만 제국의 해체를 규정하고 있었다.

윌슨 대통령이 제출한 14개조 원칙이 전 세계 약소민족에게 선풍적인 인기를 끌었다. 그러나 이 원칙들은 제국주의 열강의 이해와도, 시오니스트들의 계획과도 합치되지 않았다. 열강은 충돌된 상호의 이해관계와 원칙에 대한 해결 방안을 위임통치에서 찾았다. 문제는 위임통치를 실시할 때 어느 나라가 어디를 통치해야 하느냐 하는 것이었다.

1920년 4월, 산레모의 연합국 회의는 팔레스타인을 영국의 위임통치하에 두기로 결정했다. 어쨌든 적어도 위임통치의 초기에는 시오니즘과 아랍의 갈등이 조정될 수 있을 것처럼 보였다. 그러나 얼마 지나지 않아 그것이 불가능하다는 사실이 드러났다. 1919년을 기점으로 총 인구 70만여 명 중 유대인은 6만여 명 정도였는데 전쟁 기간 중 급증해 1923년 말에는 9만 5,000여 명이 되었다. 이들은 토지를 집중적으로 매입하기 시작했다. 1920년 4월, 성지 예루살렘과 야파 등에서 일어난 반유대 폭동의 원인은 유대인들의 이민 과정에서 수반된 여러 경제적 문제였다. 이 폭동은 그 후 30여 년간 이어진 팔레스타인 폭동 역사의 시작이었다. 1920년 4월 24일에는 팔레스타인과 트랜스요르단에 대한 위임통치권이 영국에 부여되었으며 7월 1일에는 군정이 민정으로 이양되었다.

2년 후 새롭게 창설된 국제연맹은 위임통치를 공식적으로 재가하면서 여기에 밸푸어 선언을 통합시키고 히브리어를 팔레스타인에서의 공식 언어로 지정하는 등 시오니스트들의 기대에 부응해주었다. 고등판무관에 임명된 허버트 새뮤얼(Herbert Samuel)은 유대인이자 열렬한 시오니스트였다. 그는 자신의 업무가 유대인들의 민족 향토(national home) 창설을 용이하게 만드는 것이라고 이해했다. 바이츠만 역시 그 말의 정확한 의미에 대해 의심을 품지 않았다. 파리회의에서 바이츠만은 "영국이 영국인의 모국이듯 팔레스타인은 유대인의 모국이 되어야 한다(to make Palestine as Jewish as England is English)"라고 말했다. 말하자면 시오니스트들은 민족 향토라는 말을 유대국가(Jewish state)로 해석한 것이다. 그들은 영국 행정부가 유대국가 창설에 협력하기를 기대했지만 영국은 팔레스타인에 유대국가를 건설할 것인지 확약하지 않았다. 결국 영국은 이를 거부하기 위한 방법으로, 인구의 85%가 넘는 아랍 주민 67만 명을 언급하며 "기존 팔레스타인 내의 비유대공동체들의" 권리와 특권을 옹호하기로 다짐했다.

영국의 통치자들은 유대인 식민자들 때문에 자신들이 궁지에 몰릴 수 있음을 분명히 알게 되었으며, 유대인들의 야심을 완화시키려는 영국 정부의 노력을 과시함으로써 아랍인들이 영국과 영원히 결별하지 않기를 바랐다. 이러한 입장은 구체적으로 1922년 6월의 처칠 각서(Churchill Memorandom)로 나타났다. 즉, 밸푸어 선언의 핵심은 영국이 영국인의 모국이듯 팔레스타인이 유대인의 모국이 되어야 한다는 사실이 아니라, 세계의 다른 지역에 거주하는 유대인의 도움을 받아 발전하는 기존의 유대공동체가 유대인 모두의 종교적·인종적 근거에서 자부심을 느끼는 구심체가 되도록 하는 데 지나지 않으며, 이는 새로운 이주자들을 흡수할 수 있는 지역의 경제적 능력에 의해 제한될 것이며, 팔레스타인의 아랍인, 아랍 언어, 아랍 문화가 소멸 또는 종속당하는 사태를 초래시킬 생각이 없다는 것이었다.

시오니스트들은 이에 대해 심한 좌절감을 느꼈으나 시오니즘 단체의 지도부는 팔레스타인으로부터 트랜스요르단을 분리시키는 문제와 함께 단기적 전술에 충실해야 하는 동방문제적 특성에 순응해 이를 일단 받아들이고 유대국가 건설을 포기했다. 그리고 '유대인이 팔레스타인에서 다수가 되기 위한 하나의 기반'만을 추구하기로 했다. 때맞추어 1922년 7월 24일 팔레스타인의 위임통치권을 대영제국에 부여한다는 결의안이 국제연맹에 제출되어 승인되었다.

1930년대에 들어서면서 카이로에서 쿠웨이트까지의 영국의 우위에 기초하는 정책 전망이 더욱 밝아보였다. 이러한 판단으로 영국은 이라크에서의 위임통치를 앞당겨 끝낼 수 있었다. 영국과 이라크 간의 우선적 동맹조약(Treaty of Preferential Alliance, The United Kingdom and Iraq, 1930. 6. 30)은 영국의 제국주의적인 견해로 볼 때 군사기지, 교통권(transit right), 전시 상호협조, 대외정책의 협의 규정 등 여러 핵심 사항을 제공해주었다. 이는 영국의 입장에서 양국 간의 우의가 증대되고 새로운 방법으로 이 국가를 통제할 수 있게 되었음을 의미했다. 이는 아널드 T. 윌슨이 구상한 '동시에 어디든지 있는(omnipresent), 닥치는 대로 손대는(omnivorous), 무엇이든 할 수 있는(omnipotent) 관료주의'로부터의 탈피를 의미하는 것이자 '과거 위임통치가 의미했던 식민지적 착취의 방법과 산례모로 이해되는, 대외 원조만이 해외 지배를 가능케 한다는 사고'의 청산을 의미했다.56) 2년 후 이라크는 국제연맹에 가입했고 이로써 위임통치는 완전히 종식되었다.

이러한 미래의 밝은 전망은 이집트에서도 나타났다. 영국은 이집트가 영국의 군사 주둔 및 군사 수단을 통제하는 데 불만이 있다는 사실을 알았다. 이집트의 입장에서 영국에 대한 감정이 호전된 것은 결코 아니었다. 그러나 1936년에 들어서면서는 이집트의 민족주의자들조차 파시스트와 나치의 위협에 직면해 영국과의 타협을 원했다. 영국은 와프드당(al-Wafd al-Misri)의 나하스 파샤(Mustafa el-Nahas) 내각과 맺은 영국-이집트 조약(Anglo-Egyptian Treaty, 1936. 8. 26)을 통해 이집트에 군사 점령을 종식시키고(수에즈 운하지대는 제외되지만) 독립을 보장해주는 대가로 이라크에서와 비슷한 여러 조건을 승인받을 수 있었다. 이러한 성과가 영국의 제국주의적 요구에 결코 흡족한 수준은 아니었지만 유럽에서 일기 시작하던 불길한 조짐에 직면한 영국에게는 커다란 위안이 되었다.

양 대전 사이 영국은 중동지역에 새로운 정치적 실체를 만들어냈으며 동부 아랍에서 생기는 여러 문제에 대해 전반적인 중재자 또는 지역 협정의 감독자로서 일관된 역할을 수행했다. 그러나 영국은 동방문제의 구조 속에서 언제나 그렇게 해왔듯이 팔레스타인 문제에는 장기적인 구상으로 대응하지 못했다. 다른 구조에서라면 전반적인 국익 차원에서 합리적인 계산에 따라 이 문제는 쉽게 버릴 수 있었을 것이고 그렇게 못했더라도 일부 문제는 손쉽게 분리해낼 수 있었을 것이다. 그러나 의사 결정에서 사안의 중요성에 따른 위계가 통용되지 않는 동방문제의 특성은 그 파급성과 함께 모든 문제를 언제나 핵심 사안으로 등장시켰다.

---

56) George Antonius, *The Arab Awakening: The Story of The Arab National Movement*, pp.361~362.

1930년대 팔레스타인에서는 일찍이 영국이 예측하지 못했던 사태가 발생하고 있었다. 이는 1930년대 유럽사회에서 일어난 정치적 변수와 연관이 있었다. 당시 유럽에서 일고 있던 반유대 민족주의적 선동에 편승해 나치 독일(Zeit des Nationalsozialismus)은 유대인 학살[57]을 정치적 목적에 본격적으로 이용하면서 유대인들의 엑소더스(Exodus, 대탈출)를 강요했다. 당시에는 미국 이민이 제도적으로 막혀 있었기 때문에[58] 유럽에서 일어난 유대인의 대거 탈출은 자연히 팔레스타인으로 집중되었다. 1933년에서 1935년 사이에만도 유대인 13만 5,000명이 팔레스타인에 이주한 것으로 추정된다.[59]

이슈브(Yishuv, 유대 정착촌)가 강화되고 더 높은 조직이 발달해가는 동안 이에 대한 아랍의 대결 의식도 점차 치열해졌다. 주도 이념이 무엇이든 반대 투쟁을 할 때에 외세를 통해 아랍국가를 식민지화하려는 계획이나 반대 투쟁을 하는 국가를 아랍세계로부터 분리시켜 무기력하게 만들려는 의도는 아랍 민족주의, 이슬람교, 그리고 반식민주의 모두를 모독하는 것으로 간주되었다. 1936년의 팔레스타인은 그러한 상황을 대변하고 있었다.

1936년 봄과 여름, 팔레스타인을 휩쓸었던 폭력 사태는 시오니즘과 영국의 제국주의 그리고 기존 아랍 지도력에 항거하는 자발적인 대중

---

57) 홀로코스트(Holocaust)로 알려진 히틀러의 유대인 박해는 전시 중 더욱 가열되었다. 통계에 따르면 전전(戰前) 폴란드에 거주하던 유대인의 수는 약 355만 명이었는데 전후에는 5만 5,000명 정도로 감소되었다. 체코에서는 36만여 명이 4만여 명으로, 루마니아에서는 100만여 명이 32만여 명으로 감소되어, 결국 나치 점령하에 있던 900만여 명의 유대인 중 600만여 명이 희생된 것으로 나타났다.
58) 미국은 제1차 세계대전 후 이민정책을 수정해 이민 쿼터제를 적용했다.
59) 1931년 팔레스타인의 인구 중 유대인은 17만 5,000명에 달해 총 인구 103만 6,000여 명의 17%를 점했다.

의 반응이었다. 이 사태는 무장한 아랍인 일당이 버스를 강탈해서 유대인 승객들을 살해하면서 시작되었다. 다음 날 밤에는 이스라엘 자위대 하가나(Haganah)가 아랍 농부 두 명을 보복 살해했다. 이로써 서로에 대한 대중적 시위와 공격이 이어졌다. 대중적 불만을 영국과 시오니스트들에 대항하는 효과적인 무기로 이용하기 위해 지역 아랍저항위원회는 1936년 4월 6일 전면적 파업을 선언했다. 파업은 아랍이 요구한 이민 및 토지 매매의 제한과 민주정부의 수립을 영국이 허용할 때까지 계속될 기세였다.

대중적 저항에 직면한 아랍 지도자들은 행동에 나서지 않을 수 없었다. 그들은 4월 25일 국민적 조직인 아랍고등위원회(Arab Higher Committee)를 조직하고 예루살렘의 무프티(mufti, 이슬람의 최고 재판관) 하지 아민 알 후세이니(Haji Amin al-Husseini)를 대표로 선출했다. 팔레스타인 지역의 최초 민간인 통치자였던 사무엘에 의해 예루살렘의 수석 무프티로 임명된 후세이니는 영국 정부에 의해 추방될 때까지 자신의 직분을 이용해 팔레스타인 아랍 민족주의의 지도자 자리에 있었다. 사무엘이 그를 임명한 이유는 유대·아랍 양면정책 때문이었다.

파업은 유대인과 유대인 재산에 대한 공격 및 영국 수송선의 파괴와 함께 빠르게 확산되었다. 중재를 위한 다양한 노력이 실패로 돌아간 후 영국은 반란을 분쇄하기 위해 단호한 노력을 기울였다. 이 파업은 10월, 아랍인 1,000여 명과 유대인 사상자 80여 명을 낸 후 아랍고등위원회의 명령으로 종식되었다. 이 파업으로 팔레스타인 아랍인의 뿌리 깊은 원한이 드러났지만 해결된 것은 아무것도 없었다. 이는 다가올 더 큰 폭력을 예고할 뿐이었다.

영국과 프랑스는 비등하는 저항과 투쟁에 직면해 양극적인 태도 사이에서 갈피를 잡지 못했다. 때로는 잘 훈련된 괴뢰정권에 권력을 부여하고 이들을 내세워 폭력으로 민족진영을 탄압하는가 하면 때로는 아랍 민족에 나무랄 데 없는 충성을 보이며 온건노선을 걸어온 민족주의자를 민중의 대변인으로 선정하기도 했다. 그리고 그 후에는 이 대변인과의 협상을 통해 관련 국가 민중의 열망을 어느 정도 충족시켜주었으나 결코 영국의 기반은 포기하지 않는 방법을 모색했다. 이러한 상황에서 영국과 접촉하는 지도자들은 즉각 고통스러운 선택을 강요당했다. 양보하기로 합의를 보고 비타협적인 분파를 탄압하던지 아니면 반대 입장을 취할 수밖에 없었다. 전자를 택한다면 민중은 그들을 외세의 앞잡이라고 저주할 게 뻔했다.

영국의 노동당은 대체로 시오니즘 운동을 지지했다. 이는 시오니즘 단체가 제시한 이상이 사회주의의 이상과 일치한다고 생각했기 때문이다. 반유대주의적 나치즘에 대한 증오감도 또 하나의 중요한 요인으로 작용했다. 그러나 현장인 팔레스타인에서는 영국의 관리 및 군인들이 유대 측을 적대시하는 경우가 허다했다. 그러나 현지 영국인들이 아랍 민족의 요구에 대해 객관적인 배려를 할 때면 다른 영국인들은 이러한 태도를 즉각 적과의 수치스러운 야합으로 규정했다. 어쨌든 이러한 과정에서 영국은 아랍 측의 불만의 본질을 이해하기 시작했다. 그 밖에도 전쟁이 불가피하다는 확신을 짙게 만드는 국제정세에서 아랍 측 여론을 무시하는 태도는 그 자체로 위험하다는 사실을 인정하지 않을 수 없었다. 영국인들은 수차례에 걸쳐 조사단을 파견해 분쟁의 원인을 규명하고 가능한 해결책을 찾고자 했다.

1936년, 영국의 위임통치에 항의하는 아랍의 전면파업은 종식되었으나 영국에 대한 항거는 계속되었다. 1937년 11월, 영국 정부는 진상을 조사하기 위해 필 위원회(Peel Commission, Royal Commission)를 구성했는데 필 위원회의 보고서는 양 민족의 증오·대립이 심각하다고 지적하고 영국 정부의 강력한 대응을 촉구하면서 팔레스타인의 서북부를 유대인 측에, 동부를 아랍 측에 분할해 자치령으로 하고 예루살렘과 하이

파를 포함한 영국 직할의 완충지대를 설치하는 3지역 분할안을 권고했다.[60] 그러나 이러한 권고에 대해 아랍 측도 시오니스트들도 환영하지 않았다. 1937년에는 '아랍의 반항'으로 알려진 대규모의 테러운동이 벌어져 제2차 세계대전 발발 직전까지 끊임없이 계속되었다.

1930년대부터 서구의 중동 지배는 또 다른 위협에 직면했다. 당시 직면한 위협은 피지배 민족의 반란이 아닌 파시스트 이탈리아와 나치 독일이라는 새로운 식민주의 세력의 등장이었다. 1930년대를 거치면서 한때 중동지역에 도입되었던 진보적이고 입헌적인 제도는 매력을 잃었다. 별로 놀랄 일도 아니지만 이러한 제도는 제 기능을 발휘하지 못했다. 이러한 제도의 적용은 소수의 서구화된 엘리트에게만 한정되어 전반적으로 그 사회에서 진정한 지지 기반을 가지지 못했다. 개념과 형식 모두 외래적인 이 제도들은 모든 분야에서 효율적이지 못했으며 사람들의 과거에 대한 기억을 회상시키거나, 현재의 필요성에 대응하거나, 미래의 희망을 밝혀주는 일 모두에 무기력했다. 가장 큰 결함은 그 제도의 대부분이 아랍인들이 마음속으로 그토록 증오하는 서구 유럽의 식민주의 세력과 관련되어 있다는 것이었다.

독일과 이탈리아는 유혹적인 대안으로 등장했다. 양국은 얼마 전 수많은 군소국가의 강제적인 해체와 연합을 통해 통일을 이룩한 나라였다. 양국 모델은 비슷한 처지에서 곤경을 경험하고 그 해결을 바랐던 민족의 지도자들에게 하나의 자극이 되었다. 무엇보다도 그들은 정치적·전략적·이념적으로 영국과 프랑스 나아가 팔레스타인에 세력을 키워가는 유대인의 적들이었다.

아랍세계의 일부가 태도를 바꿔 추축국 측에 호감을 보였던 것은 일종의 예방책이었다. 전쟁 초기, 특히 1940~1941년 프랑스가 함락되고

---

60) Larry L. Fabian, "The Red Light," *Foreign Policy*, No.50(Spring, 1983), pp.55~56.

러시아가 침공을 받던 시기에 영국이 홀로 남게 되자 추축국의 승리가 굳어지는 것으로 보였다. 따라서 승리할 측과 접촉 통로를 열어둘 필요가 있었다. 심지어 서방의 친구로 갈채를 받거나 매도당했던 이집트의 나하스 파샤, 이라크의 누리 알 사이드(Nūri al-Saʻid), 사우디아라비아의 이븐 사우드 같은 정치가들조차도 베를린과의 관계 수립을 시도했다. 추축국에 대한 지지는 부분적으로는 이념적인 면에 기초했지만 주로 "나의 적의 적은 나의 친구다"라는 원칙에 의한 것이었다. 추축국의 주된 매력은 그들이 서구와 화해할 수 없는 적이라는 사실이었다.

전쟁이 다가오고 있었다. 런던은 동아랍세계의 영국 공포증과 친독일 감정에 깊은 우려를 나타냈다. 1939~1941년 영국에 대한 나치의 위협은 아랍과 유대인 사이에서 갈피를 잡지 못하고 있던 영국에 행동의 자유를 주었다. 아랍의 우의가 긴요하다는 판단에 따라 영국은 다른 조치를 취하기 시작했다. 1939년 2월 런던에서는 영국의 후원 아래 팔레스타인 문제해결을 위한 원탁회의(The London Round Table Conference)가 열려 이집트, 이라크, 사우디아라비아, 팔레스타인의 대표가 모였다. 그러나 이 자리에서는 시오니스트들의 항의만 거셌을 뿐 아무런 소득도 없었다. 그러나 영국은 자국의 보호하에 아랍의 행동을 결집시키기 위한 하나의 패턴과 전례를 수립했다. 이는 일방적인 조치로, 그대로 시행했더라면 팔레스타인 독립국가에서 유대인이 영원히 소수민족으로 남았을 맥도널드 백서(McDonald Paper, British White Paper, 1939. 5)를 공표했던 것이다. 그 내용은 10년 이내에 위임통치를 종식시키고 팔레스타인을 완전히 독립시켜 아랍 단일국가를 설립하는 반면, 1944년까지 5년간 유대인 이민자를 매년 1만 5,000명씩 받아들이고 그 이후에는 아랍의 동의에 따라 실시하기로 함으로써 팔레스타인에서 아랍인의 수적 우위가 보장되도록 했다. 백서는 영국의 팔레스타인 정책이 일방적인 친유대에서 친아랍으로 일대 전환함을 의미했다.

이러한 영국의 정책은 프랑스의 입장과 시오니스트의 요구를 옹호하는 측으로부터 당연히 부도덕하고 편의주의적이라는 비난을 받았다. 그러나 당시 영국의 정책을 지배하던 것은 냉혹한 필요성(iron necessity)이었다. 다른 대안은 온건 아랍주의를 멀리하고 이로써 1940년에서 1943년까지 3년간 전쟁의 일대 전환점에서 중동의 안보를 위태롭게 하는 것이었다. 반면 자유 프랑스와 시오니스트들은 어쩔 수 없이 영국과 협력할 수밖에 없었으므로 영국이 그들을 멀리한다고 해도 영국이 수행하는 전쟁에 어떠한 영향도 미칠 수 없었다.61)

이스라엘 건국에 대한 언급이 제외된 이 안은 유대인들에게 엄청난 충격이었다. 유대인들은 영국의 팔레스타인 정책 선회를 아랍에 대한 굴복으로 여겼다. 더구나 바로 그 시기에 나치 군대는 체코슬로바키아를 침공하고 전 유럽에 걸친 유대인 말살정책에 본격적으로 착수했다. 이로써 팔레스타인으로 귀환하려는 대규모 유대인 난민이 발생했지만 영국의 유대인 이주제한 정책이 이를 막고 있었다.

유대인들은 맥도널드 백서에 강력히 반발하면서도 자신들의 민족 향토를 건설하기 위한 준비를 꾸준히 진행했다. 세계시오니스트 기구(The World Zionist Organization)는 본부를 런던에서 워싱턴과 뉴욕으로 옮겼다. 더 나아가 1942년 5월, 미국의 시오니스트들은 뉴욕에서 이른바 빌트모어 강령(Biltmore Program)을 채택해 팔레스타인 전역을 포함하는 유대국가의 설립 및 유대인 군대의 창설을 요구했다. 이는 그 후에 세계 시오니즘의 공식적인 정책이 되었다.

빌트모어 집회의 여파로 미국은 국제 시오니스트 활동의 중심지가 되었다. 미국과 팔레스타인의 시오니스트들은 미국의 유권자와 정치인

---

61) George Kirk, *The Middle East in the War*(London: Oxford Univ. Press, 1954), pp.21~22.

들을 팔레스타인 문제에 끌어들이기 위한 집중적인 선전활동에 착수했다. 해리 S. 트루먼 미국 대통령(Harry S. Truman: 1945~1953)은 인도적인 관심을 표명했을 뿐 아니라 민주당 내에서 시오니스트 로비가 영향력을 증대시키고 있다는 사실을 인식하고 빌트모어 강령을 공개적으로 승인했다.

빌트모어 강령이 채택된 이후 미국 시오니스트들로부터 재정적 지원이 활발해졌으며 이처럼 시오니즘이 활성화되는 분위기에 의해 키부츠(Kibbutz)를 통한 유대인 공동체 정착이 가속화되었다. 키부츠 내에서는 일종의 군사조직인 하가나가 양성되었다. 하가나는 제2차 세계대전 중 영국군에 편입되어 유럽전선에 투입되었는데 그곳에서 치른 독일군과의 전투 경험을 통해 군사조직으로서의 역량을 착실히 강화시켜나갔다.

팔레스타인 자체 내에서 영국의 전시정책은 위임통치의 평온을 유지하는 것이었다. 영국 행정부는 1936~1939년 같은 폭력 사태가 재발하는 것을 방지하기 위해 아랍인들의 정치활동을 억제했으며 망명한 아랍 지도자들의 귀환도 금지했다. 영국이 효과적인 억압정책을 실시해 아랍이 정치적으로 침묵을 지키는 사이 유대 정착촌 이슈브는 히틀러에 대항하는 영국의 전쟁에 적극 개입하면서 1939년 백서를 무력화시키기 위해 노력하는 한편, 독일이 패배했을 때를 대비해 영국과의 무력대결을 준비하고 있었다. 그들은 팔레스타인에서 영국의 존재가 유대인들의 꿈을 실현하는 데 주요한 장애라고 여겼다.

다비드 벤구리온(David Ben-Gurion)은 전쟁에 끝나기 전까지는 영국과 대결할 생각이 아니었다. 그러나 유대인들은 아랍인들이 테러로 영국을 굴복시킨 것처럼 유대국가를 설립하려면 영국에 대한 무력시위와 압력을 강화해야 한다고 믿었다. 이로써 이르군(Irgun)[62]이나 스턴 갱(Stern

---

62) The Irgun Zvai Leumi(National Military Organization)를 줄인 말. 1931년에 결성되

Gang)[63] 같은 유대인 무장단체가 활발히 활동하거나 새로 설립되었다. 영국에 대한 테러활동이 활발해지면서 사태는 걷잡을 수 없이 유동적으로 변했다. 1944년, 이르군은 지도자 메나헴 베긴(Menachem Begin, 이스라엘 수상: 1977. 6~1983. 10)의 이름으로 자신들의 조직을 유대국가로 인정하라는 최후통첩을 영국에 전하고 텔아비브(Tel Aviv), 예루살렘, 하이파 등 주요 도시에서 영국의 정부기관을 공격했다. 1947년 2월, 영국 외상 어니스트 베빈(Ernest Bevin)은 영국이 팔레스타인에 대한 통제력을 상실했음을 인정하면서 이 문제를 유엔에 이관한다고 발표하기에 이르렀다.

(4) 제2차 세계대전과 영국 시대의 종언

제2차 세계대전, 특히 프랑스가 붕괴되고 이탈리아가 무력 개입하던 1940년 여름부터 엘 알라마인 전투(el-Alamein, 1942. 10)까지의 시기는 이른바 기원전 201년 한니발(Hannibal)에 대한 로마 원로원의 행동이나[64] 기원후 622년 페르시아에 대한 비잔틴 제국 황제 헤라클리우스

었으며 에첼(Etzel)이라고도 부른다. 하가나 등이 자위(self-defense)활동에 중점을 두었다면 이르군은 영국을 상대로 공격적인 무장투쟁을 전개했다.
63) 1940년에 이르군 내 강경세력이 이탈해 형성한 조직. 아브라함 스턴(Abraham Stern)이 주도했으며 로하미 헤루스 이스라엘(Lohamey Heruth Israel), 이스라엘 독립전사(Fighters for the Freedom of Israel), 레히(Lehi), F.F.I. 등의 이름으로 활동했다. 주로 강도활동으로 자금을 확보해 '스턴 갱'이라는 이름이 붙었다. 1983년 이스라엘 수상이 된 이츠하크 샤미르(Yitzhak Shamir)가 핵심 인물 중의 하나였다.
64) 이탈리아 정복 사업을 통해 지중해로 진출할 기회를 잡은 로마는 페니키아인(로마인은 포에니인이라고 불렀다)의 식민지 카르타고(Carthage)와 대결하게 되었다(포에니 전쟁). 카르타고의 명장 한니발이 알프스를 넘어 로마로 침입해 13년 동안 전 반도를 유린했으나 로마는 애국심과 단결력으로 전세를 회복하고 스키피

(Heraclius)의 행동65)으로까지 비유되는 처칠의 중동군 강화 천명(1940. 9)에도 불구하고 영국의 중동정책에 대한 가혹한 시련기였다.

전쟁 초기 몇 년 동안 중동에서의 영국의 불안한 위치를 감안한다면 영국으로서는 이 지역의 정부와 주민의 호의를 최대한 확보함으로써 한정된 자원을 경제화하는 것이 무엇보다 중요했다. 이는 물론 온건한 범아랍주의 운동에 대한 호의적인 정책의 시행을 의미했다. 그러나 1936~1939년의 아랍 폭동 이후 팔레스타인 내의 민족주의 세력은 크게 두 파로 분열되어66) 영국은 이를 자신에 대한 긍정적인 편의로 이용할 수 없는 상황에 처해 있었다. 더욱이 비옥한 초승달 지역을 중심으로 형성되어 있던 영국과 프랑스의 헤게모니에 대한 아랍 민족주의자들의 감정은 호의적이지 않았다. 이들은 주권적 독립을 원했다. 또한 주권적 독립을 달성한 곳에서는 자신들의 결정적인 이해를 위태롭게 할 수 있는 전쟁에 개입할 것을 요구하는 열강의 시도에 항거할 수 있도록 완전한 행동의 자유를 얻고자 했다.67) 특히 나치와 파시스트의 선전은 이미 이집트와 서부 아시아 등 몇몇 나라의 지배계급 사이에서 상당한 호응을 얻고 있었다. 영국의 중동 지배지에서 핵심 지역 중 하나였던 이라크에서도 반영 감정이 고조되어 경우에 따라서는 독일과 기꺼이 협력할

오 아프리카누스(Scipio Africanus)를 앞세워 카르타고 본국을 공격했다. 이 급보를 듣고 달려온 한니발은 기원전 201년 북아프리카 자마(Zama)에서 격파당했다.

65) 비잔틴 제국은 614년 페르시아의 강력한 군주 호스로우 2세(Khosrow II : 590~628)가 아나톨리아에 침입하면서 이집트, 팔레스타인, 시리아 지역을 잃고 이 지역에 대한 지배권을 위협받았다. 622년 비잔틴 제국의 황제 헤라클리우스는 쿠르디스탄까지 진격해 페르시아를 제압함으로써 잃었던 땅을 회복했다.

66) 한편에서는 아랍의 독립을 위해 영국과 손을 잡아야 한다고 주장한 반면, 다른 한편에서는 독일과 협력할 것을 주장했다.

67) George Kirk, *The Middle East in the War*, p.5.

태세였다.

당시 연합국의 중동전 수행 중심지였던 이집트에서는 정치 엘리트의 압도적인 다수가 이집트의 중립을 원했다. 그중 몇몇은 적어도 수동적이나마 이집트가 영국의 동맹이 되어야 하는 영국-이십트 조약(1936)을 개탄하고 있었다. 그럼에도 이집트 정부는 이 조약에 대한 도전을 회피하고 독일과의 외교관계 단절, 이집트에 거주하는 독일인 체포 등의 방식으로 영국과 타협했다.68) 그러나 1939년 파루크(Faruq al-Awwal: 1936~1952) 왕은 정부 수반에 반영주의자인 알리 마히르('Ali Mahir)를 추대했다. 더구나 이집트 총사령관에는 아지즈 알리 알 미스리('Aziz 'Ali al-Misri)를 임명했는데 그의 비타협적인 민족주의, 대영(對英) 공포증, 친독일 성향 등은 제2차 세계대전 중 영국과 이집트의 협동작전을 불가능하게 만들었다.

처음에 영국은 이집트가 우호적인 중립을 지켜주기를 바랐을 뿐 참전까지 기대하지는 않았다. 이집트 정치 지도자들도 전쟁에 말려들기를 원하지 않았다. 그러나 추축국의 촉수가 중동에 인접해 있었기 때문에 영국은 이집트를 중동 방어의 핵심 축으로 삼았다. 이로써 이집트는 인원과 물자를 보급하는 기지가 되었다. 역으로 영국에게 이집트는 중요한 지역이었기 때문에 추축국은 이집트를 군사작전의 목표로 삼았다. 추축국의 세력침투 위협이 주요 문제가 된 것은 1942년 초부터였다. 1940년 6월, 이탈리아 군대가 수단과 에티오피아를 침공했지만 영국과 수단, 인도군대가 역공을 취함으로써 1941년 5월 이탈리아는 완전히

---

68) 이집트인의 공감대는 몇 가지로 분열되어 있었다. 후에 1952년 혁명에 참여하는 일단의 장교들을 포함하는 민족주의 일파는 나치에 협력하려는 아지즈 알리의 추종세력이었고, 이탈리아의 왕가와 개인적인 친분이 있던 정부각료와 궁정의 일부 요원들은 추축국에 호의를 품고 있었다. 한편에서는 사회민주적 정당이던 와프드당이 영국의 전쟁을 지원하고 있었다.

패배하고 에티오피아의 독립이 회복되었다. 그러나 1940년 9월 알렉산드리아와 수에즈 운하를 향해 리비아로부터 이집트에 진격해 들어온 이탈리아 군대는 영국이 벵가지 서부에서 그들을 구축하던 11월까지 시디 바라니(Sidi Barrani)에 머물렀다.

그러나 어쨌든 1942년까지는 추축국의 승전 가능성을 염두에 두고 예루살렘의 무프티(Mufti) 후세이니, 이라크의 라시드 알리 알 가이라니(Rashid Ali al-Gaylani), 이집트의 알리 마히르 같은 극단적 민족주의자들이 추축국과 연계하려고 노력했음에도 온건 아랍주의자들을 주축으로 하는 영국의 아랍정책은 어느 정도 효과가 있었다. 아직은 대다수의 중동정치인들이 영국연방에 대해 절망하지 않았고, 특히 이븐 사우드는 영국이 승리할 것이라는 확신을 가지고 있었다. 그 밖에 터키의 독일에 대한 저항, 알리 마히르를 사임시키는 등 영국의 이집트에 대한 신속한 조치(1940. 6)로 영국의 지배적인 위치는 그런 대로 보존되었다.

영국이 어려움에 직면한 것은 이집트에서뿐만이 아니었다. 이라크에서는 친영파 누리 알 사이드의 독일에 대한 선전포고가 내각의 반대에 부딪쳤다. 팔레스타인 민족주의자 후세이니와 그를 추종하는 세력은 1939년 이미 바그다드에 도착해서 이러한 반영적(反英的)인 분위기를 독일과의 관계를 재정립하는 기회로 삼으려 했다. 이들은 이라크 정부로부터도 상당한 지원을 받았다. 더구나 당시 이라크는 1936년 바크르 시드키(Bakr Sidqi)의 쿠데타 이후 다른 어떤 지역보다도 정치화되어 있었다. 이라크 장교들은 정치적 개입을 좋아했으며 젊은 장교들은 대부분 영국의 위임통치에 분노하는 확고한 민족주의자들이었다.

이집트와 이라크의 이 같은 상황은 영국이 전쟁을 수행하는 데 커다란 장애가 되었다. 프랑스가 붕괴하자 아랍인들은 영국도 붕괴할지 모른다고 생각했다. 영국은 아랍 민족주의의 저변에 흐르는 강한 불신을 감지했고 몇 가지 이유로 아랍으로부터 지원이 지극히 제한적일 수밖에 없다는 사실을 깨달았다. 영국의 입장에서 보자면 오로지 강한 반대 압력만이 상황이 더욱 악화되는 것을 막아주고 있었다.[69]

영국이 최악의 상황에 처하는 것을 막아준 반대 압력은 첫째, 아랍 민중뿐만 아니라 아랍 지도자들 역시 신중한 비개입주의를 선호했다는 사실이다. 이는 오스만 시절의 정치적 경험과 제1차 세계대전 외교의 실망스러운 결과에서 비롯되었다. 정상적인 대응은 기회를 엿보는 것(mentality of seize-the-moment)이지만 이로써 아랍세계에서는 '관망하는 자세(a wait-and-see mentality)'가 지배적이었다.

둘째, 이탈리아의 독일 측 참전으로 진정한 탈식민지의 길이 모호해졌다는 사실이다. 많은 아랍인에게 독일은 안전한 보장책이었다. 독일은 중동에 식민지가 없었고 아랍인들이 보기에 어떠한 제국주의적 목표도 없었다. 독일의 강한 현상타파 외교는 주로 아랍세계의 지배자인 영국과 프랑스를 상대로 한 것이었다. 또한 독일은 시오니즘을 공개적으로 반대했는데 이는 균형상 아랍 측에 중요했다. 이와 대조적으로 이탈리아는 리비아를 잔악하게 정복한 것으로 악명이 높았다. 아랍인에게 히틀러의 '생존권역(Lebensraum)' 요구는 유럽을 상대로 한 것으로 인식되었지만 무솔리니의 행동은 아랍을 향하고 있었다.

셋째, 1940년 6월에서 1942년 10월까지 나치 독일이 중동에서의 지배력을 강력히 추구하지 않았다는 것이다. 독일 전략의 핵심은 유럽이었다. 프랑스 다음의 목표가 영국일지 소련일지가 문제였을 뿐 중동을 포함하는 여타의 문제는 부수적인 것이었다. 특히 나치체제는 레반트와 북아프리카의 아랍지역을 이탈리아의 영역으로 간주했다. 1941년 2월에 시작된 북아프리카에 대한 군사행동도 아랍세계에 대한 야심 때문이 아니라 악화되어가는 이탈리아의 상황을 지원하기 위해서였다.

---

69) L. Carl Brown, *International Politics and the Middle East*, pp.128~129.

아랍인들은 추축국의 이러한 한계를 명료하게 인식하지 못했다. 만약 추축국이 더욱 철저하고 과감하게 영국의 적들과 공동 보조를 취할 수 있었다면 — 샤리프 후세인이 제1차 세계대전 때 오스만에 했던 것처럼 — 그 시기는 1940년 6월부터 1942년 엘 알라마인 전투까지가 가장 적기였을 것이다. 영국은 이 시기에 두 가지 도전에 직면했다. 하나는 이집트였고 다른 하나는 이라크였는데 둘 다 영국에는 중동전략의 핵심지였다.

이라크의 민족주의자들과 반영 정치가들은 프랑스가 함락되기 이전에도 추축국의 도움을 희망했다.[70] 이들의 정치적인 전략은 자신들의 고객적 위치를 하나의 강대국에서 그 국가의 전시적국으로 교체하는, 정치적인 기반이 불확실한 세력이 취하는 전형적인 전략이었다. 한편으로는 추축국과 비밀 접촉을 시도하고 — 이 경우 이탈리아는 이라크인들의 의심을 받았기 때문에 대상 추축국은 대개 독일이었다 — 다른 한편으로는 영국과 접촉해서 더 많은 양보를 얻어내려고 했다. 이들은 특히 추축국으로부터 확고한 보장을 받아내려 했는데 이를 위해서는 영국과의 관계를 단절하는 시기가 매우 중요했다. 다른 편에 의해 제공되는 양보를 최대한 확보하기 위해서는 그 결단이 너무 늦어서도 안 되고 추축국으로부터 충분한 지원이 제공되기 전에 영국의 공격을 받아서도 안 되었기 때문이다.

1941년 봄, 라시드 알리 알 가이라니가 쿠데타를 통해 권력을 회복함으로써 이러한 게임의 구상은 실행에 옮겨졌다. 그러나 추축국의 군

---

70) 아랍 민족주의자들 중 가장 친영적(親英的)이었다고 볼 수 있는 누리 알 사이드조차 영국 한쪽만을 믿지는 않았다. 이탈리아를 상대로 한 그의 외교에 대한 자세한 내용은 Majid Khadduri, "General Nuri's Flirtations with the Axis Power," *Middle East Journal,* Vol.16, No.3(summer, 1962) 참조.

사적인 지원을 받기도 전에 영국으로부터 결정적인 일격을 당함으로써 그의 기대는 무산되었다.

이집트의 도전은 이라크와 같은 극적인 성격을 띠지는 않았지만 영국의 이해에 더 결정적이었다. 1941년 4월, 영국이 그리스 전투로부터 이집트 전선까지 밀려왔을 때도 이집트는 전쟁에 가담하지 않았다. 그러나 서부 사막지대로 전쟁이 확산되고 지중해가 봉쇄되자 이집트의 경제가 위태로워졌다. 인플레이션이 기승을 부렸으며 식량 부족으로 1942년 카이로에서는 빵 폭동이 일어났다. 생산된 목화의 전량을 영국이 구매하고 20만 명에 달하는 이집트 민간인을 군과 관련된 일에 고용했으나 말라리아로 인한 희생자가 10만 명을 넘었다.

1942년 1월 에르빈 로멜(Erwin Rommel) 장군[71]의 승세로 이집트가 독일에 의해 함락될 가능성이 제기되자 파루크 왕과 그 주변인들은 또다시 위험한 전시 게임을 시작했다.[72] 그러나 이들은 라시드 알리 알가이라니보다는 훨씬 더 신중했다.[73] 파루크는 극동에서 일본의 승리, 이탈리아의 카레나이카(Cyrenaica) 진출 등을 배경으로 발생한 급진 학생들의 소요를 계기로 영국을 후원했던 시리 정부(The Sirri Gov.)의 유약한 관리들을 교체하면서 미묘한 게임을 계속해갔다. 파루크의 목표는

---

71) 로멜은 독일군 부대의 사령관으로서 1941년 2월 리비아에서 패배 일보 직전인 무능한 이탈리아군을 지원하기 위해 파견되었다. 대담무쌍한 기습 공격을 펼쳐 '사막의 여우'라는 별명을 얻었다.

72) Sydney Nettleton Fisher and William Ochsenwald, *The Middle East: A History.* fifth edition(N.Y.: The McGraw-Hill Companies. Inc. 1990), p.494.

73) 라시드 알리와 영국 주둔군 간에 적대 행위가 진행되는 동안에도 이집트 수상은 라시드 알리에게 타전해 지혜와 이해로 문제를 해결해줄 것을 권고했다(1941. 5. 4). George Kirk, *The Middle East in the War,* p.199. 또한 반영주의자인 알리 마히르 전 수상과 아지즈 알리를 카이로에서 퇴거시키는 등 신중한 조치로 임했다.

이집트의 정치적인 변화를 추축국에 알리고 영국의 영향에서 벗어나 정부를 자신의 직접적인 통제하에 두는 것이었다.

영국은 이에 대해서도 역시 기습적인 조치를 취했다. 1942년 2월 영국은 고등판무관 마일스 램프슨(Miles Lampson, 후에 Lord Killearn) 경(卿)으로 하여금 나하스 파샤를 수반으로 하는 와프드 정부를 수립하도록 압력을 가했다. 영국 정부는 양국 간의 완벽한 전시 협력은 와프드 정부와만이 가능하다고 생각했다. 왕이 기회주의적인 태도를 취하자[74] 램프슨 경은 군대로 궁성(Abdin Palace)을 포위하고, 최후통첩을 통해 아지즈 알리 알 미스리를 사임시키고, 그해 6월 알리 마히르를 제거함으로써 문제를 일단락 지었다. 그러나 이는 1882년의 상황을 연상시킨다. 이 사건은 젊은 장교들 사이에서 왕과 와프드당에 대한 불신을 조장하는 주요한 원인이 되었다. 와프드 정부가 이집트에서 영국군 주둔을 허용하는 독립조약에 서명했던 1936년의 경우처럼 와프드당은 또다시 민족주의 원칙과 권력을 맞바꿔버린 것처럼 보였다. 결국 위기에 몰린 영국은 기습탈취 수단에 의거해 문제를 해결했다. 동방문제를 처리하는 데는 이 방법이 통했던 것이다.

1942년 5월까지 1년여 동안 로멜의 군대는 카이로와 수에즈 운하를 공략하기 위해 알렉산드리아에서 서쪽으로 불과 70마일(112.65km) 떨어진 엘 알라마인을 압박했다. 하지만 그 해 10월, 로멜의 군대가 2주간의 전투(Second Battle of eL-Alamein)에서 영국의 제8군사령관 버나드 몽고메리(Bernard Montgomery)에게 패배하고 튀니지로 퇴각함으로써

---

74) 파루크 왕은 영국대사가 압력을 가하자 나하스 파샤를 포함한 정치적 지도자들과 연립정부의 구상에 합의할 것이라고 대답했다. 그러나 영국은 파루크의 이런 태도가 로멜이 나일계곡(Nile River Valley)을 돌파할 가능성을 기대하고 1940년 6월부터 지속해온 추축국과의 접촉을 통해 이집트가 알리 마히르 정부를 재개시키려는 것이라고 판단했다. George Kirk, *The Middle East in the War*, p.209.

1943년 3월 북아프리카에서 전쟁이 종식되었다.

1942년에 이르러 아랍세계에서 영국의 주도적인 위치는 극적으로 회생되었다. 엘 알라마인 전투의 성공으로 영국은 자국의 아랍정책이 전쟁을 승리로 이끌 수 있다는 확신을 갖게 되었으며 동방문제가 시작된 이래 어떤 국가도 누려본 적이 없는 정치적인 독점적 위치를 리비아에서부터 페르시아 만까지 확보한 것처럼 보였다. 영국인들은 이러한 상황을 제2차 대구상(The Second Grand Design)을 실현할 기회가 온 것으로 여겼다.[75] 영국은 이를 계기로 영국 영향력하의 지역적 기구를 창설하기 위해 야심적 계획을 구상하기 시작했다. 1941년에 이미 통괄적인 기구인 중동보급센터(The Middle East Supply Center)가 설치되어 있었으나 이는 전시 필요에 대응하기 위한 기구였다. 그러나 이제 전반적인 방향 제시와 함께 지역 전체를 대상으로 경제 접근이 필요해졌다. 영국은 정치적·행정적 사안에서 간접지배 형식을 오랫동안 선호해왔는데 이 방식이 경제적인 문제로까지 확대될 필요가 있었던 것이다.

또한 영국은 아랍에 대한 지원을 강화함으로써 아랍의 몇몇 지도자로 하여금 영국의 지원하에 공개적으로 아랍의 통합(Arab Unity)을 추진하는 일이 가능하다고 믿도록 만들었다. 영국의 이러한 후원 속에서 이집트, 이라크, 레바논, 사우디아라비아, 시리아, 트랜스요르단, 예멘 그리고 참관 자격으로 팔레스타인과 마그레브(Maghreb) 대표가 참석한 가운데 1944년 알렉산드리아 회의가 개최되었으며 이듬해인 1945년에는 아랍연맹(The League of Arab States)이 창설되었다.

결국 아랍연맹으로 구체화된 아랍 내부 관계의 배태적 체제에 이 지역의 패자로 등장한 영국은 이중적인 태도를 취했다. 즉, 영국은 아랍국가들을 하나의 체제로 결속시키려는 노력과 각각 아랍국가와의 직접적

---

75) George Lenczowski, *The Middle East in World Affairs*, p.736.

인 관계를 통해 영국의 정책과 영향력을 실현시키려는 기도 사이에서 갈피를 잡지 못했다.[76] 어쨌든 영국의 이러한 영향력은 종전과 더불어 소멸되었다. 그 이유는 이미 4반세기 동안 영국을 괴롭혀왔고 1945~1948년에 결정적인 국면에 도달했던 팔레스타인 문제, 잇단 민족주의 폭동으로 불안정했던 이라크 문제, 그리고 결정적으로 나세르의 등장으로 영국과의 파국을 몰고 온 이집트 문제 때문이었다.

특히 팔레스타인 문제는 영국에 대한 범아랍주의의 원성을 유발한 진원지였다. 1948년 전쟁으로 이스라엘이 하나의 주권국임이 확인되었고 유엔은 압둘라를 분리된 팔레스타인 아랍국가의 통솔자로 내세우게 되었다. 그러나 이는 거의 1세기 동안 동방문제 정치에 나타났던 조잡하고 가혹한 인민과 영토에 대한 분할과 비교했을 때 더 나을 것이 없었다. 동부 아랍세계의 모든 불만은 당연히 영국에 쏟아졌다. 이제 아무도 시리아나 레바논에서 프랑스를 축출하기 위해 영국의 원조를 기대하지 않았다. 이렇게 보면 결국 영국은 이 지역에서 아무것도 얻을 것이 없었다.

영국은 동방문제가 시작된 이래 두 차례에 걸쳐 중동을 조직화하려고 시도했다. 한 번은 헨리 J. T. 파머스톤(Henry J. T. Palmerston, 외무장관·수상: 1855~1858·1859~1865) 등의 구상으로 이루어진 오스만 보존정책이었으며 다른 하나는 로버트 A. 이든(Robert A. Eden, 영국 외상: 1935~1938·1940~1945·1951~1955, 수상: 1955~1957) 등의 아랍정책, 즉 대구상이었다. 두 가지 시도 모두 동방문제의 규칙을 바꾸는 데는 실패했다. 영국이 중동에서 이루려 했던 구조들은 대단히 유사했다. 영국이 중동

---

76) Itamar Rabinovich, "The Challenge of Diversity: American Policy and The System of Inter-Arab Relations, 1973~1977," in Haim Shaked and Itamar Rabinovich (eds.), *The Middle East and the United States: Perceptions and Policies*(New Brunswick: Transaction Books, 1980), p.181.

에서 마지막으로 헤게모니를 추구했던 것은 1956년 수에즈 전쟁(The Suez War)이었다. 그러나 이 전쟁은 이 지역의 주요 경쟁자가 이제는 미국과 소련이라는 사실을 판명해주었을 뿐이다.[77]

---

77) Nadaf Safran, "Dimension of the Middle East Problem," Roy C. Macridis(ed.), *Foreign policy in World Politics*, 6th ed.(Englewood Cliffs, N. J.: PrenticeHall, 1985), p.360.

제 3 장
아랍주의

1. 아랍 민족주의의 확산과 좌절

1) 아랍의 각성

제1차 세계대전 이전 '아랍의 각성(Arab Awakening)'의 주역이자 시리아, 이라크, 팔레스타인 지역의 정치적으로 의식화된 일단의 그룹은 오스만 제국으로부터 정치적 자유를 획득하기 위해 일시적으로나마 단결했었다. 그러나 이들의 단결은 지역적·개인적 경쟁으로서 와해되었고 1920년 영국과 프랑스는 이 지역에 인위적인 국경을 강요했다.

아랍의 민족주의 세력은 정치적으로 분열되어 있었지만 유럽의 위임통치를 철폐하기 위한 열망 앞에서 하나가 되었다. 이러한 통합의 원동력은 소규모 단위로 분할된 현 아랍국가들의 결함을 보완하고 이들의 정치·경제·사회·문화적인 정체성과 후진성을 혁신적으로 탈피함으로써 고대 이집트 제국이나 메소포타미아 제국 같은 새로운 아랍 사회를 부흥시켜보겠다는 민족적 열망의 소산이었다. 이러한 열망은 수세기 동안 아랍 사람들의 마음에 자리 잡고 있었다. 여기에는 두 개의 분파가 있었다. 하나는 아랍 민족주의이며, 다른 하나는 범아랍주의다. 범아랍주의는 극단적인 과격파로 범아랍 단일국가의 형성을 주창한다. 반면 아랍 민족주의자들은 기존 아랍국가의 독립을 전제로 각국이 자신들의 개성에 따라 아랍화를 진행시키고 최종 단계에서는 일종의 연합국가 제도를 구상하되 범아랍주의를 정치운동으로서는 반대하는 온건파라고 할 수 있다.1)

아랍주의를 특수한 중동 국제정치 문화의 맥락에서 고찰해보면 두 가지의 일반적 의미가 있다. 하나는 오스만 제국이 몰락한 후에 이 지역 정치지형의 다변적·만화경적인 성격이 확고해졌다는 것이다. 비옥한 초승달 지역은 전통적 엘리트 간의 투쟁 장소로서 영국과 프랑스의 경쟁 무대였다. 이 지역은 또한 새롭게 등장하는 여러 정치세력의 모태로서 양 대전 사이에 유일하게 아랍주의가 존재했던 곳으로 19세기의 발칸에 해당되는 지역이었다. 이곳에서 제국주의 세력은 대개 보수적인 전통 엘리트와 연합함으로써 강력한 반대세력에 대처했다. 전통적 엘리트들은 새로운 정치 그룹으로부터 도전을 받았으나 단기적·전략적 이해에 따라 이데올로기나 정치 행태와는 상관없이 급격히 부상한 토착세력과 연계를 가지기도 했다. 한편 새로운 정치세력에는 개혁적·진보적 세력과 혁명적·사회주의적 세력이 있었다. 이들은 기존의 전통적인 리더십과 식민기구가 자신들이 목표를 실현하는 데 방해가 된다고 여겼지만 가끔 이들과 타협하기도 했다.

아랍주의와 관련된 또 하나의 의미는 정치적 이데올로기였다. 동맹의 전이를 반복하는 정치적 세력의 난맥상이 두 번째 특징을 낳았는데, 광범위한 호응을 이끌어낼 정치적 신조를 갖춘 지배적 토착세력이 없었던 관계로 이 지역의 모든 정치 그룹은 각각 경쟁적으로 아랍 민족주의에 대한 지지를 앞세우는 양태를 보였다. 아랍 민족주의를 압도적으

---

1) 유정렬, 『중동: 정치와 그 현실』(서울: 어문각, 1985), 57쪽.

로 지지하는 분위기는 어떤 측도 아랍 민족주의의 반대편에 서거나 다른 대안을 제시할 수 없게 만들었다.

비옥한 초승달 지역을 중심으로 존재하던 아랍 민족주의는 팔레스타인에서 유대인과 아랍인이 대결하는 과정을 통해 전 중동으로 확산되었다. 그러나 시리아 의회가 해체된 후 다양한 아랍 민족주의 운동 사이에는 긴밀한 일체감이 존재하지 않았다. 유럽국가가 지배하던 각 지역에서 아랍 지도자들은 전반적인 구상보다는 지역적인 문제를 강조했다. 팔레스타인 문제를 해결하려는 본격적인 노력도 협조적인 행동이 구상되던 제2차 세계대전 직전에서야 나타나기 시작했다.

1936년 아랍인들은 영국의 위임통치에 항의해 6개월에 걸친 대규모 파업과 무장봉기를 일으켰으며 유대인 정착촌에 테러를 감행했다. 이러한 팔레스타인 아랍인들의 소요는 제1차 세계대전 이후 처음으로 민족주의자들을 공동전선으로 접합시켰다. 트랜스요르단의 압둘라와 이라크의 누리 알 사이드가 팔레스타인 아랍 민족주의자들을 돕기 위해 이 문제에 개입했다. 그 해 후반에는 이라크, 사우디아라비아, 트랜스요르단, 예멘의 지도자들이 팔레스타인 반란에 대해 자신들의 체면을 세울 묘안을 만들어냈다. 팔레스타인 방위위원회(Committees for the Defence of Palestine)가 많은 아랍 도시에서 조직되었고 다마스쿠스위원회(Damascus Committees for the Defence of Palestine)는 1937년 9월에 자매 그룹의 시리아 부루단 회의(Bludan Conference)를, 1938년 여름에는 이집트 의회의 방위위원회를 지원하기도 했다. 또한 시리아는 팔레스타인을 방위하기 위해 다른 그룹과 연계해 아랍과 이슬람 국가들의 세계범의회평의회(The World Interparliamentary Congress)를 구성했는데 1938년 10월에 카이로에서 열린 회의에는 2,500여 명의 대표가 참석할 정도로 큰 호응을 얻었다.

영국은 이러한 일련의 문제에 대응하기 위해 1936년 필위원회(Peel

Commission)를 파견했다. 1937년 7월 8일 이 문제에 대한 보고서가 제출되었으나 아랍은 팔레스타인을 유대국가와 아랍국가로 분리하자는 제안을 거부했다. 팔레스타인을 자신의 영토로 여긴 아랍인들은 유대국가 창설 자체를 받아들이지 않았다. 유대국가가 세워지면 아랍인 상당수가 유대인의 지배하에 놓인다는 점도 거부 이유였다. 아랍인이 원한 것은 팔레스타인 지역에 아랍 독립국가를 별도로 창설하는 것이 아니라 그 지역 전체를 시리아의 일부로 편입시키는 것이었다. 영국은 다시 1939년 2월 런던원탁회의(London Round Table Conference)를 주선해 유대기구(Jewish Agency)와 각국의 아랍대표를 동시에 초청했다. 아랍대표는 팔레스타인에 국한되지 않았으며 이집트, 예멘, 트랜스요르단, 이라크, 사우디아라비아의 대표가 포함되었다. 그러나 대표성 등의 문제로 회의는 진전이 없었다. 전쟁이 임박하자 영국은 동아랍세계의 영국에 대한 혐오와 친독일 감정을 우려해 1939년 5월에 맥도널드 백서를 통해 이 문제를 강압적으로 해결했다. 백서에 따른 계획은 10년 내에 아랍 단일국가를 설립하고, 유대인 이민은 1년에 1만 5,000명씩 5년 동안 7만 5,000명까지만 허용하며, 그 이상은 아랍인들의 동의를 거쳐서 결정한다는 것이었다. 유대국가에 대한 언급이 없었으므로 이는 사실상 '밸푸어 선언'을 포기한 셈이었다. 그러나 팔레스타인 전체를 시리아 영토로 인정할 것을 주장하던 아랍인들은 이 계획도 수용하지 않았다.

아랍 민족주의자들은 제1차 세계대전 후 비옥한 초승달 지역에 대한 영국과 프랑스의 분할 위임통치를 받아들이지 않았다. 제2차 세계대전 중에는 '대시리아안(案)'이 모호하게나마 거론되었으며, '비옥한 초승달 지역의 통일'에 대한 논의가 이라크, 시리아, 트랜스요르단의 지도자 사이에서 제기되었다. 이 두 방안은 각각 시리아 연방(United Syria)과 아랍연합국(United Arab States) 형태로 구상되었다.

1939~1940년 범아랍주의의 대표적 지도자였던 이라크 수상 누리

알 사이드는 시리아 연방과 이라크를 하나의 연방으로 하는 아랍연방을 구상했다.[2] 이러한 계획에는 장래에 여타의 국가가 참여할 수 있는 장치도 마련되어 있었다.[3] 누리 알 사이드의 구상은 아랍 민족주의 운동, 즉 '비옥한 초승달 지역의 통합(Fertile Crescent Unity)'이라는 목표와 '팔레스타인 문제' 그리고 여러 정치 사안에 대해 아랍인의 시각이 반영된 합의점을 정립해보려는 데 있었으며, 누리 알 사이드가 구상한 조건에 따라 주권을 갖는 정치적 실체인 아랍국가들의 '정치적 연방(Political Confederation)' 이상의 '아랍연방'을 수립하자는 의미는 아니었다. 이라크의 라시드 알리와 이집트의 아지즈 알리 장군이 기도한 쿠데타로 이 계획은 실현되지 않았으나 이들 민족주의 운동은 영국에 뼈아픈 교훈이 되었다.[4]

영국은 아랍국가들 간의 정치적·경제적·문화적 협조와 통합을 고무함으로써 또는 그러한 협조와 통합의 결과로 실행 가능하게 된 다양한 프로젝트를 경제적으로 지원함으로써 이러한 어려움을 극복하려 했다. 하나의 아랍동맹 속에서 함께 행동하는 것이 허약하고 분열된, 불만에 찬 국가 집단이 상호경쟁과 내부적인 불화로 뒤범벅되어 있는 것보다 외부 지배에 대한 공포를 덜 느끼게 될 것이며 외부의 의도를 덜 불신하게 될 것이라는 가정은 그런 대로 일리가 있었다.[5]

이든 외상은 1941년 5월 아랍의 통합을 위한 아랍 민족주의의 지원을 선언했다. 또 프랑스에 압력을 가해 레바논 및 시리아의 위임통치를

---

2) George Kirk, *The Middle East in the War*, p.9~10.

3) J. C. Hurewitz, *Diplomacy in the Near and Middle East a documentary record: 1535-1914*, Vol.2, p.236.

4) George Kirk, *The Middle East in the War*, p.334.

5) John Malowe, *A History of Modern Egypt and Anglo-Egyptian Relations 1800-1956*(Handen: Archon Books, 1865), p.322.

1943년과 1945년 각각 종결시키도록 하는 등 양국의 완전한 독립에 결정적인 기여를 했다. 이든 외상의 행보는 엘 알라마인과 스탈린그라드 전선이 처한 급박한 위험과 관련이 있었다.

1943년 2월 24일 이집트 하원에서, 궁극적인 아랍연방을 목표로 아랍국가들 간의 좀 더 광범위한 협력을 촉진하기 위해 어떤 조치들이 취해지고 있는지를 묻는 질문에 이든 외상은 "분명하게 주도적인 조치가 아랍국가 자신들로부터 나와야 한다. 그러나 내가 아는 한 일반적 승인을 이끌어낼 그 어떤 구상도 아직 이루어지지 않고 있다"고 대답했다.[6]

3월 30일 나하스 이집트 수상은 이집트 하원에서 행한 연설을 통해 "이집트 정부는 통합문제를 공식적으로 해결해야 하며, 다른 아랍정부의 견해를 이해하고 그들이 무엇을 원하는지 알아야 할 때가 왔다"라고 천명했다. 나하스 수상의 주도로 1943년 여름과 가을, 1943~1944년 초봄에 나하스 수상과 다른 아랍국가 지도자들 간에 연이어 회담이 개최되었다. 1943년 3월 22일에는 이집트, 사우디아라비아, 이라크, 시리아, 레바논, 예멘, 요르단 등 7개국이 카이로에서 아랍연맹 구성에 조인했다. 1944년 9월 25일에는 알렉산드리아에서 회담이 개최되어 알렉산드리아 의정서(1944. 10)가 조인되었다. 이어 1945년 3월 조인된 아랍연맹 규약은 팔레스타인 아랍인들의 입장을 지지하는 내용으로 가득차 있었으며,[7] 아랍연맹의 심의회는 팔레스타인을 대표하는 아랍대표를 선정해놓았다.

아랍연맹은 초국가적인 기구는 아니었다. 회원국은 서로 배타적인 주권을 보유하고 있어 어떠한 의무도 강제되지 않았으나 단순한 협의

---

6) George Kirk, 1954. *The Middle East in the War*, p.336.

7) J. C. Hurewitz, *Diplomacy in the Near and Middle East a documentary record: 1535-1914*, Vol.2, p.236.

체의 의미를 넘어 새로운 아랍의 연대감으로 결속되었다. 아랍연맹의 목표는 구성국 상호 간의 유대 강화, 자주 독립을 위한 공조체제 마련, 상호이해 증진 등이었다. 이는 아랍 민족의 통일운동이라기보다는 외교 세력의 확대를 통한 하나의 정치세력화 움직임으로 볼 수 있었다.[8] 조직이 성립된 이래 기존 참가국이던 이집트, 시리아, 레바논, 이라크, 트랜스요르단, 사우디아라비아, 예멘 외에 수단, 리비아, 튀니지, 알제리, 모로코, 쿠웨이트, 예멘인민민주주의공화국, 바레인, 모리타니, 오만, 카타르, 지부티, 소말리아, 아랍에미리트연합(UAE: United Arab Emirates), 팔레스타인 등이 참여함으로써 아랍연맹은 명실공히 중동 전역을 포함하게 되었다.

아랍연맹을 정치적으로 단합시키는 두 가지 요인은 팔레스타인 문제와 외국의 지배로부터의 아랍인 해방이었다. 수단과 이집트의 결합, 리비아와 모로코의 해방 같은 계기가 아랍의 단합된 정치적 행동과 조화된 합의를 위한 출발점을 제공해주었다.[9] 그 후로 아랍국가들은 정치적 현안으로는 철저하게 분열되었지만 적어도 팔레스타인의 독립과 시오니즘에 대한 저항에는 공식적으로 합일점을 찾았다. 국내의 분파는 말할 것도 없고 몇몇 경쟁 아랍국가들 간에도 팔레스타인 문제에 관해서는 모두 아랍 민족주의에 경쟁적으로 호소하게 되었던 것이다.

---

8) Robert W. Macdonald, *The League of Arab States*(New Jersey: Princeton University Press, 1965), pp.37~38.

9) Lenczowski. *The middle East in World Affairs*, pp.739~742.

2) 팔레스타인 전쟁[10]과 그 여파

한편 팔레스타인에서는 1939년 맥도널드 백서가 발표된 이후 그 시한인 5년이 경과했기 때문에 유대인의 이민은 원칙적으로 금지되었으나 제2차 세계대전의 혼란과 유대인 박해에 대한 동정심을 이용해 합법·불법적인 유대인 이민이 성행했으며 아랍과 유대의 두 공동체는 더욱 양분되었다. 19세기 초에는 팔레스타인-시리아의 유대인 수가 약 2만 5,000명이었으나 제1차 세계대전 직전에는 그 수가 6만 명에 이르러 전체 팔레스타인 인구의 12~14%를 점하게 되었다. 유럽의 대학살 기간에 영국과 미국은 유대인을 받아들이지 않았기 때문에 유대인들의 유일한 희망은 팔레스타인 땅이었다. 1919~1926년 사이 9만 명의 유대인 이민자가 팔레스타인에 도착했다. 유대인들이 대량 이주한 결과, 1947년에 아랍인 127만여 명이 거주하는 팔레스타인 내 유대인 인구는 61만여 명으로 늘어났고 전체 인구의 32%에 이르렀다. 이는 제1차 세계대전 직전의 상황과 비교해볼 때 영국의 식민정책이 유대인에게 상당한 특혜를 주었다고 할 수 있다. 이 기간에 유대인들은 아랍인들로부터 많은 땅을 구입했다. 1918년에 유대인들은 전체 팔레스타인 면적 약 10만 제곱마일(25만 9,000km²) 가운데 2%인 2,000제곱마일(5,180km²)을 소유하고 있었으나 1935년에는 5.5%를 소유하게 되었고 1948년 5월에는 5.6%인 5,000제곱마일(1만 4,504km²)을 소유하기에 이르렀다.

1947년에 새로 집권한 클레멘트 R. 애틀리(Clement R. Attlee)의 영국 노동당 정부는 유대인 문제에 냉담했다. 노동당 정부는 전쟁을 수행하느라 영국 경제가 피폐해졌으므로 위임통치를 지속하는 것은 영국의

---

10) 제1차 중동전쟁이라고도 부르는 이 전쟁을 아랍 사람들은 팔레스타인 전쟁이라고 부르고 이스라엘 사람들은 독립전쟁 또는 해방전쟁이라고 부른다.

국익에 상치된다고 판단했다. 더욱이 미국 트루먼 대통령이 유대인 10만 명 이민을 강요해 영국을 곤경에 빠뜨렸다.[11] 설상가상으로 유대인 조직은 노동당 정부가 팔레스타인 문제 및 유대인 문제에 소극적인 데 반발해 반영 무력투쟁을 가열시켰으며[12] 아랍세력은 아랍세력대로 영국의 위임통치와 유대인의 시오니즘에 대해 무력투쟁을 시작했다. 영국은 통제 불능의 상태에 빠졌다. 1947년 2월, 영국 외상 베빈은 위임통치를 포기하고 팔레스타인의 모든 문제를 유엔에 넘긴다고 발표했다.

한편 1960년대 후반 이후에는 이스라엘에 대한 미국의 집착이 일관적이었으며 미국의 중동정책도 비교적 분명했지만 팔레스타인 문제와 유대국가의 건립에 미국이 개입하기 시작한 상황은 좀 애매한 구석이 있었다. 제2차 세계대전 직후 미국 내에서는 팔레스타인에 영국의 위임통치를 대신할 유대국가를 건립하는 문제에 대해 각기 다른 태도와 상충되는 여론이 존재했다. 이러한 논란은 이스라엘이 출현한 이후에도 ─ 훨씬 적어지기는 했지만 ─ 계속되었다. 그러나 얼마 지나지 않아 미국의 중동정책에서 미국과 이스라엘 간의 '특수한 관계(special relationship)'는 다른 대부분의 이해보다 우선되기 시작했다.

이러한 '특수한 관계'가 정착된 배경에는 미국인들의 유대인에 대한 친밀감, 미국 내 문제에서 두각을 나타낼 수 있는 유대인의 능력과 미국 사회에 통합된 일부로서 유대인들의 존재, 유대국가를 건립하기 위한 유대인의 전 방위적 로비가 있었다고 볼 수 있다. 그러한 로비가 더욱

---

11) 미국 의회는 1945년 2월 '팔레스타인에 유대인 국가 건설을 찬성'하는 상하 양원 공동 결의안을 채택했다. 이어 8월에 트루먼 대통령은 영국 정부에 유대인 10만 명의 이민을 요청했는데 미국의 요구가 관철되지 않으면 1944년 9월에 확정된 모겐소안, 즉 미국의 65억 달러 장기 차관을 취소하겠다고 위협했다.
12) 하가나는 사보타주 압력으로, 이르군은 1946년 예루살렘의 데이비드 킹 호텔 폭파 테러로 영국에 저항했다.

용이했던 이유는 이스라엘 커넥션(The Israeli connection)의 저비용 편익
(lowcost benefit)과 이 커넥션이 미국과 아랍의 관계를 위태롭게 할 수는
있지만 파국으로까지 몰고 가지는 않을 것이라는 미국 내 의사 결정자
들의 인식이 한몫했을 것이다.

유대국가를 건립하기 위한 유대인들의 미국 내 정치적 활동은 제2차
세계대전 중에 시작되었다. 이 활동은 1939년 유대인 이민문제로 영국
과 불화를 겪은 세계 시오니스트 기구가 런던에서 워싱턴과 뉴욕으로
본부를 옮긴 후에 더욱 본격화되었다. 미국 시오니스트 비상대책위원회
(The American Zionist Emergency Council)의 주관하에 정치체제 전반은 물
론 종교조직, 노동조합, 미디어 같은 사적 부문에서 영향력 있는 요소에
까지 유대국가 대의를 조장하는 사업이 시행되었다.

프랭클린 루스벨트(Franklin Roosevelt, 1933~1945) 대통령은 이런 맹렬
한 홍보 캠페인을 저지하려 노력했다. 그는 또한 1943년에는 팔레스타
인 논쟁에 유예 기간을 가지려 했으며, 이 문제에 대해 아랍-유대 공동
해결(Joint Arab-Jewish)을 모색했다. 이 문제와 관련해 그는 이븐 사우드
사우디아라비아 왕에게 협력을 구했다. 얄타회담(1945. 2. 4~11) 이후 그
들의 만남이 이루어졌는데, 루스벨트는 회담 후 4월 5일에 서한을 보내
"아랍과 유대 양자의 충분한 협의 없이는 팔레스타인의 근본적인 상황
과 관련해 어떤 결정도 내려지지 않기를 바라며 아랍인에게 적대적인
것으로 드러날 어떤 행동도 취하지 않을 것"임을 이븐 사우드에게 확인
했다.

루스벨트는 팔레스타인의 장래를 결정하는 데 미국이 어떠한 역할을
하기를 바랐지만 구체적인 입장이나 목표는 공표하지 않음으로써 공평
하다는 이미지를 유지하려 했다. 그는 1944년 대통령 선거전에서 시오
니즘을 지지하는 발언을 했지만 지역적 분쟁에는 파당적인 개입을 피
함으로써 전후 복구의 모든 국면에서 미국이 자유롭기를 바랐다.

이븐 사우드에게 서한을 보낸 지 일주일 후 루스벨트가 사망함으로써 팔레스타인 문제에서 중립을 확보하려는 미국의 노력은 짧게 끝이 났다. 그의 후임자인 트루먼은 정말로 한쪽 편을 들고 싶지 않았지만 전임자에 비해 시오니스트의 압력에 취약했다. 트루먼은 유럽에서 추방된 유대인들의 어려운 입장에 공감하고 있었다.

트루먼은 추방된 유대인들을 동정했기 때문에 유대 난민문제와 전후 팔레스타인의 정치적 이슈를 분리해서 다루는 경향이 있었다. 난민문제에는 자신의 자유주의를 발휘했지만 미국의 역할에 대해서는 전임자처럼 공평한 입장을 견지하려 했다. 따라서 그는 양립될 수 없는 행동노선을 자주 추구했다. 1946년에 트루먼은 1939년에 영국이 취한 규제 조치의 수정을 요구하고 유대인 10만 명을 즉시 팔레스타인으로 받아들이도록 하는 영미조사위원회(Anglo-American Committee of Inquiry)의 제안을 지지했다. 그러나 그는 원래 이원국가 개념(binational idea)[13]을 선호했기 때문에 유대국가 프로젝트에는 반대했다. 그는 운영 수준(operational level)의 팔레스타인 문제나 난민문제를 부분적으로 해결하는 방안으로 유대 이민의 활성화에는 흥미가 있었지만 팔레스타인의 정치적 장래에 관해서는 논의하는 것조차 조심스럽게 피했다.[14]

시오니스트들은 전체 문제를 트루먼과는 반대 시각에서 바라보았다.

---

13) 이원국가주의(binationalism)는 팔레스타인 위임통치 전역을 포괄하는 하나의 국가를 만든다는 개념으로 그 국가 안에 이스라엘의 영토주권과 팔레스타인 난민의 희망을 결합시킨다는 것이다. 이는 결국 1국가 2민족 개념이 된다. 친팔레스타인 측에서 제기한 대표적인 주장은 리비아 원수 카다피가 제안한 것으로 새로 구성될 국가에 이스라엘과 팔레스타인을 합해서 '이스라타인(Isratine, Israstine, Israteen)'이라는 이름을 붙였다.

14) Zvi Granin, *Truman, American Jewry, and Israel*(New York: Holmes and Meier, 1979), p.76.

그들에게 중요한 것은 팔레스타인에 유대국가를 건설하는 것이었으며 유대 난민의 재정착은 부차적인 문제였다. 그들이 유대 난민의 재정착을 오직 팔레스타인에 집중시켰던 것은 유대국가 건설의 명분을 높이기 위해서였다. 그들은 심지어 그러한 목적을 달성하기 위해 세계 전역에 걸쳐 난민을 받아주도록 여러 국가를 설득하려는 트루먼의 노력을 방해하기도 했다.

이처럼 유대 난민문제와 팔레스타인 문제를 바라보는 트루먼과 시오니스트들의 시각이 완전히 달랐음에도 트루먼은 점차 시오니스트의 국가 설립을 지원하는 쪽으로 이끌려 들어갔다. 앞서 언급했듯이 트루먼이 원래 선호한 것은 이원국가였으며 이는 1946년 5월 팔레스타인에 관한 영미조사위원회 보고의 주요 제안이었다. 그러나 1946년 11월 의회선거를 치르면서 그는 민주당의 선두 예비주자들의 요청에 따라 유대 안식일에 행한 연설에서 조심스럽게 팔레스타인 분할 개념을 지지했다.

트루먼은 팔레스타인 문제가 국내정치로부터 격리되어야 하며, 팔레스타인에 유대국가가 설립되면 중동이 불안정해지고 이 지역에 대한 소련의 침투가 용이해질 것이라는 국무부 중동·아프리카 문제 사무국(NEA: Bureau of Near Eastern Affairs) 국장 로이 핸더슨(Loy Henderson)의 의견에 동의했다. 그러나 그는 선거를 둘러싼 정치적 압력 때문에 분할을 위한 공개적인 진술을 할 수밖에 없었다. 시오니스트들이 유대국가 설립을 위해 대통령과 의회에 영향력을 행사하는 데 성공하자 이에 놀란 중동·아프리카 문제 사무국은 유엔 원칙에 따른 아랍-유대 해결을 계속해서 촉구했다.

1947년 8월 유엔 팔레스타인특별위원회(UNSCOP: UN Special Committee on Palestine)는 유대국가는 팔레스타인 영토의 56%, 즉 5,700제곱마일(1만 5,000km²)에 아랍인 49만 7,000명과 유대인 49만 8,000명을

포함하고 아랍국가는 나머지 44%, 즉 4,300제곱마일(1만 1,000km²)에 아랍인 72만 5,000명과 유대인 1만 명을 포함한다는 두 개의 분리된 국가 건설안을 작성했다. 또한 예루살렘과 그 주위 지역은 국제관리하기로 했다.

팔레스타인 내의 유대인은 유엔의 계획(UN Palestine Plan)을 받아들였으나 아랍인은 이를 전면 거부했다. 역사적인 배경은 말할 것도 없고 분리안 채택 당시의 인구 비율만 보더라도 전체 인구의 67%를 차지하는 비유대인 123만 7,000명에 비해 유대인은 33%로 60만 8,000명에 불과했으며 소유지 면적은 7% 미만이었다. 6월에 예루살렘에 도착해 5주간 조사활동을 벌인 특별위원회도 팔레스타인 현지의 분위기와 함께 그러한 사실을 확인했다. 그럼에도 형평의 원칙에 벗어나는 영토 분할안이 채택된 것은 당시 유엔이 미국의 주도하에 있었고 미국의 정치가 유대인들로부터 많은 영향을 받았기 때문이다. 이를 계기로 아랍 민족은 미국의 중동정책을 불신하게 되었으며 루스벨트와 트루먼 대통령이 "직접 관련된 양편의 동의 없이는 팔레스타인에 관한 어떤 기본적인 결정도 이루어질 수 없다"라고 한 약속을 배신했다고 규탄했다.

유엔 총회가 특별위원회의 분할안을 심의하고 있을 때 트루먼은 미국대표에게 그 분할안에 일종의 법적 재가를 부여하는 데 필요한 3분의 2 이상의 찬성표를 확실히 확보하도록 지시했다. 물론 소련이 이 계획을 지지하기도 했지만 트루먼의 지시는 이 계획이 최종적으로 적용되는 데 결정적인 역할을 했다. 하지만 역설적이게도 국무부 내 보좌관을 포함해 외교정책 및 국가안전보좌관의 압도적인 다수는 유대국가 설립에 반대했다.[15]

---

15) Steven L. Spiegel, *The Other Arab-Israeli Conflict: Making America's Middle East Policy, From Truman to Reagan*(Chicago: University of Chicago Press, 1985), pp.17~18.

1947년 11월 22일과 26일 유엔 총회에서 실시된 비공식 투표에서는 분할안을 지지하는 국가가 3분의 2에 미치지 못하는 것으로 나타났다. 시오니스트들은 미국 채널을 이용해서 분할안에 반대한 아이티, 라이베리아, 필리핀, 중국, 에티오피아, 그리스 대표에게 각종 압력을 행사했다. 11월 29일 제2차 총회에서 실시된 투표에서는 그리스를 제외한 모든 국가가 분할안에 찬성했다. 결국 유엔은 유엔 회원국 3분의 2가 찬성한 '유엔 결의 181'로서 팔레스타인 분리안을 가결시켰다.

협상이 진행되는 몇 달 동안 팔레스타인 아랍공동체는 이상하리만큼 논의에서 빠져 있었다. 1936년 영국이 아랍고등위원회와 이슬람최고평의회(Supreme Muslim Council)를 해체해버린 이후 팔레스타인 아랍인에게는 실질적인 지도부가 없었다. 팔레스타인 내에 통합된 지도부가 없었으므로 팔레스타인 아랍 입장을 진술할 책임은 아랍연맹과 그 소속 국가에 있었다. 그러나 전후 아랍체제, 특히 이집트, 시리아, 이라크 같은 국가는 심각한 국내 불안정에 직면해 있었다. 이들 국가의 지배 엘리트들은 국내 지지를 강화하기 위해 부심하고 있었는데 이들은 자신들의 반제국주의 의지를 보여주고 외교정책에서 독립을 주장하기 위한 수단으로 팔레스타인 문제에 강경한 입장을 견지했다. 그들은 팔레스타인 사람들을 대신해서 유엔 분할안을 포함한 그 어떤 타협도 거부했다.

그러는 사이 팔레스타인에서는 내전이 발발했고 서로 간에 테러가 빈번했다. 처참한 공격과 보복 학살, 군사행동으로 팔레스타인 아랍인과 유대인 수천 명이 목숨을 잃었다. 1948년 1월경 팔레스타인을 방어하기 위한 아랍제국 지원병 부대가 구성되었다. 아브드 알 콰디르 알후세이니(Abd al-Qadir al-Husayni)의 성전군(Army of Holy War)이 예루살렘의 유대인 거주지역을 봉쇄하기 시작했다. 이로써 아랍 민족과 유대인 간의 무력투쟁이 시작되었다. 2월 1일경에는 희생자가 2,500명을 넘어섰다. 미국은 유엔 분할안에 대한 아랍 측의 강경한 반발이 예상외로 확대되고 사태가 심상치 않아지자 분할안을 폐기하고 팔레스타인의 위임통치를 골자로 하는 새로운 대안을 제시하면서 이를 심의하기 위한 제2차 유엔 특별총회를 1948년 4월 16일에 소집했다. 그러나 이 위임통치안은 다수표를 얻는 데 실패해 자동적으로 폐기되었다. 유대 측은 미국이 위임통치안을 제출하려는 움직임에 즉각적으로 반발하고 유엔의 분할안을 전제로 자신들의 독립을 면밀히 추진해갔다.

1948년 4월 5일에 나흐손 작전(Operation Nachshon)이 시도되었다. 이 작전의 목적은 팔레스타인 아랍에 의해 봉쇄되어 있는 예루살렘으로 가는 도로를 열어 예루살렘의 유대공동체에 음식과 식수를 공급하는 것이었다. 이는 달렛 계획(Plan Dalet)의 첫 단계였다. 유대의 시오니즘 최고 사령부는 1947년 11월부터 1948년에 걸친 이른바 '달렛 계획'을 실시했다. 달렛 계획의 목적은 유엔 분할안에서 아랍령에 속하는 지역에 거주하는 아랍인에게 물리적 폭력의 위협을 가해 그들을 퇴거시키는 것이었다. 이를 위해 모든 유대인은 남녀 불문하고 군사교육을 받도록 했다. 그러나 이 계획은 아랍인을 동요시키는 데 실패했다.

이 작전을 수행하는 데 가장 악명 높았던 사건은 데이르 야신(Deir Yassin) 대학살이었다. 1948년 4월 9일, 이르군 유대 지하단체는 예루살렘 서쪽에 위치한 데이르 야신 주민 가운데 아랍인 남녀노소를 가리지 않고 총 254명을 학살했다. 이르군의 지휘관은 베긴이었다. 아랍인은 1948년, 데이르 야신 참사에 대한 보복으로 예루살렘 북동쪽 하닷사(Hadassah) 병원(히브리 대학)으로 가는 유대인 행렬을 공격해 의사, 간호사, 대학교수, 학생 총 77명을 살해했다.

영국은 사태를 수습할 수 없게 되자 1947년 9월, 1948년 5월 15일을 기해 팔레스타인에서의 위임통치를 종식한다고 선언했다. 이후 영국군이 철수하기까지 몇 달 동안 팔레스타인은 혼돈 상태였다. 이 기간에 유대인들은 유엔 결의에 따라 유대국가로 할당받은 토지를 확보하기 위해 혈안이 되었다. 이들 지역은 여전히 아랍인이 대다수가 거주하고 있었으므로 충돌이 불가피했다. 그러나 산발적인 아랍의 저항은 훈련된 하가나의 대항력이 되지 못했다. 1948년 봄, 아랍 인구가 밀집한 주요 지역이 유대인의 통제하에 들어갔으며 아랍인 40만 명가량이 이곳에서 쫓겨났다. 팔레스타인이 내전의 소용돌이에 휩싸여 있던 1948년 5월 14일 마지막 고등판무관 앨런 커닝엄(Alan Cunningham)이 조용히 하이파를 떠났다. 권력의 이양 절차도 없었다. 이로써 30년간의 위임통치가 종식되었다. 유대인은 이 시점을 계기로 텔아비브에서 이스라엘 건국을 선포했다.

시련의 민족인 유내 민족은 73년 마사다 언덕에서의 자결과 135년 반란이 실패한 후 정처 없이 떠도는 디아스포라(Diaspora)의 신세가 되었다. 유대 민족이 유럽의 기독교 사회에서 받은 박해와 시련은 결국 시오니즘 운동을 현실화시켰고 유대인들의 마사다 심리(Masada Complex)[16]는 2,000년 전의 역사적 연고권을 주장하면서 팔레스타인을 무력으로 강점해 지난 4,000여 년간 팔레스타인에 정착해 살던 아랍인을 추방했다.

이스라엘의 건국은 유엔의 분할 결의로 뒷받침되었지만 아랍인은 이를 거부하고 새로 탄생한 유대국가를 파괴하기로 결정했다. 이 결의의 결과는 팔레스타인에 거주하는 사람들의 저항이라는 차원을 넘어 이집트의 파루크 국왕, 트랜스요르단의 압둘라 국왕, 이라크의 파이잘 국왕 (Fayşal Ⅱ: 1939~1958), 사우디아라비아의 사우드 국왕 등 인접 왕국의 군대는 물론 시리아, 레바논 등의 군대까지 동원된 전쟁으로 나타났다.

---

16) 마사다 심리는 이스라엘의 심층 속에 내재된 '패배는 이스라엘의 멸망이다'라는 심리와 직결된다. 왜냐하면 마사다 언덕에서 유대인 960명이 행한 최후의 자결은 1948년 5월 이스라엘이 건국될 때까지 실질적으로 유대국을 지상에서 소멸시켰기 때문이다.

그동안 활약했던 유대인 테러단체인 하가나, 이르군, 팔마셔(Palmach)가 주축이 된 이스라엘군과 민병대가 이에 대항했다.

초기의 전황은 아랍 측에 유리했다. 그러나 얼마 안 있어 아랍 진영 내에 불협화음이 일어나 서로 불신하게 됨으로써 전쟁을 수행하는 데 난맥상이 드러났다. 예컨대 트랜스요르단의 압둘라 국왕은 전쟁 개시와 동시에 요르단 강 서안(West Bank)에 군대를 진주시켜 예루살렘을 점령해버렸는데 이는 아랍제국의 지도자들에게 요르단의 서안 병합 가능성을 의심하게 만들었다. 전쟁이 장기화되면서 국제정치 변화에 민감하지 못했던 아랍 진영은 내부 분열로 결속력을 잃었으며 행동에서는 통일성을 잃었다.

유엔 안전보장이사회의 정전 권고와 전투 재개가 수차례 반복되면서 전쟁은 지속되었는데 그동안 이스라엘은 전열을 정비하고 신무기를 도입했다. 특히 전쟁 초기에는 강대국으로 부각된 미·소 양 대국이 이스라엘을 적극 지원했는데 그중에서도 소련은 체코슬로바키아에 압력을 넣어 이스라엘에 성능이 좋은 신무기 공급을 주선하는 데 큰 역할을 했다. 7개월간의 전투를 통해 이스라엘은 아랍을 물리치고, 유엔의 분리 계획에 따르자면 아랍국가의 영토가 되었어야 할 갈릴리 북쪽 지역과 네게브 남쪽 지역까지 차지하게 되었다. 예루살렘은 아랍지역(동예루살렘)과 유대지역(서예루살렘)으로 나뉘었다. 1949년 2월에 전쟁이 끝났을 때 이스라엘은 팔레스타인 땅의 77%를 차지하게 되었으며 그곳에 남은 아랍인은 16만 명에 불과했다.

1949년 6월 압둘라 국왕은 트랜스요르단의 국명을 요르단 하심 왕국 (Hashemite Kingdom of Jordan)으로 바꿨으며 1950년 4월에는 인접 아랍 국가가 완강하게 반대했음에도 예루살렘과 서안지역을 자국의 영토로 편입시켰다. 팔레스타인 사람들의 입장에서 볼 때 이는 아랍 민족주의 또는 아랍 대의를 배신한 행위였다. 압둘라 국왕은 1951년 7월, 팔레스

[그림 2] 팔레스타인 분할

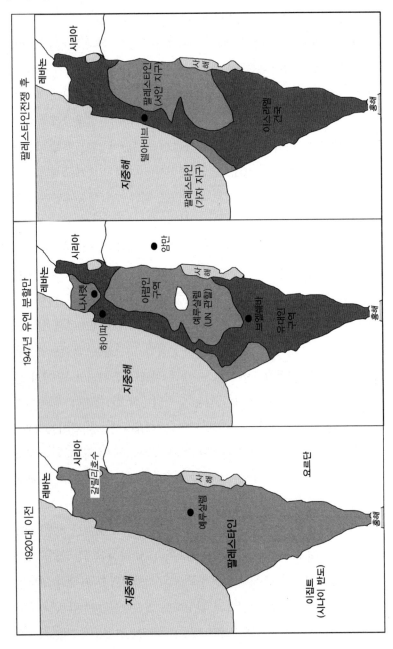

타인 민족주의 지도자인 하지 아민 알 후세이니파의 지령을 받은 자객에 의해 예루살렘의 알 아크사 사원(Al-Aqsā Mosque)에서 암살되었다.

1948년의 전쟁은 아랍 대의에 일대 재앙이 되었다. 630년대에 무슬림이 팔레스타인을 정복한 이래 아랍인은 줄곧 그 땅의 실질적인 주인으로 살아왔다. 1948년 전쟁이 이스라엘과 그의 후원자들에게는 아랍의 민족주의와 이웃 아랍국가의 무력에 대항해 유대인의 독립을 쟁취하는 감격적인 승리를 가져다주었으나 아랍 측에서 보면 서방세계의 질곡으로부터 해방을 갈망했고 그것이 실현될 수 있다고 생각했던 바로 그 순간 조그만 서방의 한 식민지가 아랍이 얼마나 허약하고 쉽게 정복당하는지를 깨닫게 하는 계기가 된 것이다. 말하자면 반시오니즘은 아랍 민족주의의 중심 개념이었지만 개별 국가의 이익 추구 앞에서는 아주 쉽게 무너질 수 있음을 보여주었다.

아랍의 패배로 가자지구, 요르단, 시리아, 레바논 등지에서 피난처를 구하게 된 난민 90만여 명은 이 지역의 복잡한 국제정세에 새로운 정치적 불안요소로 등장했다. 그들 중 일부는 열렬한 민족주의자가 되기도 했으나 이 지역의 주도적 정치 행태가 통상적으로 그랬던 것처럼 그들의 존재를 인정하고 실질적인 회복을 후원해준다면 어떤 이데올로기나 세력과도 제휴할 각오가 되어 있었다. 그러나 미국, 영국, 프랑스 서방3국은 자국의 이익을 위해 이 지역에 대해 화평만을 강요했다. 이러한 태도는 삼국공동선언(The Tripartite Declaration, 1950. 5. 25)을 통해 나타났다. 이 선언은 중동에서 소련의 확장을 억제하고 이 지역 서구 동맹국의 이탈을 방지하기 위한 것이었지만 그들이 의미한 화평과 안정은 1948년 전쟁의 참혹한 결과를 아랍에 강요하는 것에 지나지 않았다.[17]

---

17) 그 내용은 첫째, 아랍-이스라엘 군사력의 합리적 수준 유지. 둘째, 전반적 평화와 안정의 증진. 셋째, 중동지역의 국경 충돌 방지 등이었다.

이스라엘과 그의 서구 후원자에 대한 팔레스타인의 격렬한 항의는 유대국가와 평화관계를 원하는 아랍국가에 대한 적의로 나타났다.

팔레스타인이 받은 충격은 아랍 정치와 아랍 민족주의에 혁명적인 형태로 나타났다. 아랍 역사상 가장 광범위하게 엘리트 집단이 해체되었다. 정치적 구세대의 붕괴는 아랍주의의 심장부인 시리아에서부터 시작되었다. 1949년 3월, 후스니 자임(Ḥusnī Zaʻīm) 대령은 대통령제와 의회질서를 종식시키는 무혈 군사 쿠데타로 크와틀리(Shukrī al-Quwatlī)의 민간정권을 전복시켰다. 그러나 시리아에서는 그 해만도 8월과 12월, 두 차례의 쿠데타가 더 발생했다. 의회정권의 회복과 선거를 통해 1954년에 군사통치가 종식되었지만 정권의 회복은 오래가지 못했다. 1958~1961년 사이에 시리아는 통일아랍공화국(UAR: United Arab Republic)[18]의 일부가 되었다. 그 후 시리아는 아랍공화국으로부터 탈퇴했으나 급격히 바아스당(Baʻath Party) 독재로 변해갔다. 그 과정에서 시리아의 구정치인들은 새로운 개성과 이데올로기를 지닌 신계급의 엘리트로 교체되었다.

요르단에서는 압둘라 국왕이 이스라엘과 화평을 시도했다는 이유로 1951년 7월에 암살되었다. 그러나 당시 많은 사람들이 가장 허약한 아랍정권으로 보았던 요르단의 하심가는 기반을 단단히 다졌고 이 왕조의 창시자인 압둘라 국왕의 아들과 손자에게 권력이 계승되었다.

중동의 중심부라 할 수 있는 이집트에서는 구체제가 완전히 붕괴되고 급진적이고도 전면적인 사회 변화가 나타났다. 1952~1954년 일련의 혁명을 통해 파루크 왕이 유배되면서 왕정이 폐지되고 공화정이 선포되었다. 이 과정에서 나세르가 새로운 지도자로 부상해 아랍주의의 새로운 부흥자가 되었다. 이집트의 나하스 파샤, 이라크의 누리 알 사이

---

18) 다른 국내 간행물에서는 '아랍연합' 또는 '아랍연합공화국'으로 번역하기도 한다.

드, 레바논의 바시라 알 쿠리(Bishara al-Kuri), 시리아의 크와틀리는 새로운 세대에게 더 이상 존경의 대상이 되지 못했다. 이집트의 혁명체제만이 새로운 혁명적 정치 신조의 호소에 부응할 수 있었다. 나세르의 정부는 사회적·경제적 병폐의 상징으로 여겨진 구체제 왕정을 처음으로 타도했기 때문에 인기가 매우 높았다.

또한 유산계급에 대한 직접적이고 강도 높은 개혁이 시도되었다. 처음으로 사회주의 또는 대중 민주주의라는 슬로건과 상징이 표방되었으며, '착취를 일삼는 자본주의자(exploiting capitalists)'에 대한 공격이 가해졌다. 혁명정부가 모든 전례를 깨고 1955년 체코에서 무기를 사들이자 아랍세계에서 나세르의 인기는 급등했다. 이러한 행위는 서구 제국주의자들을 효과적으로 좌절시키는 첫 번째 사례로 해석되었다. 1948년 전쟁의 치욕에 대한 책임은 구체제에게 돌아갔고 나세르의 혁명정부는 새로운 출발의 기회를 얻었다.

당시 다른 아랍국가도 혁명의 물결에 영향을 받았다. 1958년 7월 이라크에서는 특히 서방 협력국이라는 불신을 받던 왕정이 붕괴되었는데 이후 연속적으로 군사 독재자가 정권을 잡았다. 이스라엘과 접경한 아랍국가 가운데 1948년 전쟁에서 중요한 역할을 하지 않았고, 로도스 휴전협정에서 유일하게 이스라엘과의 경계를 인정했던 레바논만이 의회 민주주의 체제를 유지했다. 그러나 이 체제도 외부 세력이 폭넓게 개입한 내전(1958)으로 붕괴되고 말았다. 더 외곽에 위치한 아랍정권 가운데서는 남부 아라비아의 남-북예멘, 북아프리카의 리비아와 알제리가 혁명의 소용돌이에 빠져들었다. 반면 팔레스타인 분쟁지역에서 더 멀리 떨어진 모로코와 아라비아 반도에서는 전통적인 정권이 존속할 수 있었다.

전후 집권한 정권들이 당면한 딜레마는 중동의 한가운데에 이스라엘이 존재하며 아랍 전체의 위협 속에서도 계속 번영해가고 있다는 사실이었다. 이스라엘의 성공이 던진 과제는 수세기 동안 무슬림을 번민하게 했던 커다란 문제의 일부였다. 서구의 부와 세력은 이슬람 국가와 국민의 상대적인 빈곤 및 무력감과 대비되었다.

이 딜레마에 수많은 해답이 주어졌다. 일부는 아랍인이 겪는 어려움의 원인을 아랍의 분열에서 찾았다. 한때 거대했던 아랍세계는 20여 개의 약소국으로 쪼개졌으며 의견 충돌과 헛된 경쟁으로 힘을 낭비했다. 이에 대한 해결책은 더 큰 국가에 더 높은 충성을 바치고, 여러 아랍 국가의 수준 낮은 지역정치보다 더 순수하고 고귀한 이상을 가진 범아랍주의를 확산시키는 것이었다.

2. 나세르의 도전

1) 이집트 혁명

나세르와 자유장교단(Free Officers)의 출현은 중동의 국제정치에 새로운 의미를 부여했다. 1952년에서 1967년까지 나세르가 보인 행보는 아랍세계가 원하는 바가 무엇인지를 표상했다. 그것은 바로 단호하고 독립적인 그리고 제국주의 과거로부터 자유롭고 더 밝은 아랍의 미래를 지향하는 새로운 사회를 건설하는 데 착수하는 것이었다. 그의 진취적 기상은 다른 아랍국가에서 복제되었으며 그의 위상은 나세르주의(Nasserism, Nasserites)가 정치용어로 일반화될 만큼 지배적이었다.

1936년 이후 이집트가 팔레스타인 문제에 개입한 것은 실제로 아랍세계에서 지도력을 쟁취하기 위한 하심가와의 경쟁관계와도 관련이 깊었지만 이집트 혁명이 처음부터 중동의 재편에 대한 전반적인 구도로 출발했던 것은 아니다.

제2차 세계대전을 통해 영국의 전시 물자 공급원으로 등장한 이집트는 전쟁이 끝날 무렵 30억 파운드의 채권국이 되었다. 그러나 이러한 부의 결실은 소수에게 편재되었고 1944년에 이르자 전시 인플레이션은 1939년의 3배에 달했다. 1942년경에는 농부 120만여 명이 빈곤으로 면세 혜택을 받아야만 하는 형편에 놓였다. 한편 1952년경에는 전체 인구의 4%의 지주가 전체 경작지의 35%를 점유했는데 이는 농부 94%가 소유한 땅과 맞먹었다. 인구의 35~40%에 달하는 공장 근로자는 토지를 잃고 도시로 몰려드는 많은 사람 때문에 임금 하락의 압박을 겪었으며 1942년 발발한 카이로 폭동은 프랑스 혁명 전야를 방불케 했다.[19)

이런 가운데 1942년까지만 해도 아랍어권 민족주의자들에게 냉대받던 공산주의가 소련의 참전으로 활성화되었다. 1946년에는 본격적으로 이집트화된 공산세력이 노동자를 중심으로 강화되기 시작했다. 전쟁 전 푸른셔츠당(Green Shirts Party)이나 젊은이집트당(Young Egypt Party, Hizb Misr Al-Fatah)을 창설했던 하메드 후세인(Ahmed Husayn)은 한때 파시스트였거나 나치를 추종했던 젊은이들을 모아 사회주의 정당을 만들었다.

와프드당 다음으로 이집트에서 영향력 있는 조직이던 종교운동 단체 '무슬림 형제단(AL-Ikhwān AL-Muslim, The Muslim Brotherhood)'은 1928년 하산 알 바나(Hassan al-Banna)가 창시한 단체로 이슬람에 사회주의 이념을 가미해 경제 파탄으로 곤경에 처한 하층민을 상대로 영향력을 확대시켰다. 이 단체는 1940년대 말 소속원 50만여 명과 그 이상의 동조자를 확보했다. 독립과 이슬람적 가치의 보존, 서구 제국주의에 대한 반항을 주요 목표로 한 이들은 1948년 전쟁에도 참여했다.

---

19) Don Peretz, *The Middle East Today*, p.212; William L. Cleveland, *A History of the Modern Middle East*, p.285.

그러나 공산주의자, 사회주의자, 무슬림 형제단의 혁명적인 열정만으로는 1952년 정치적 위기에 대처할 수 없었다. 이슬람 내의 유일한 정치조직은 와프드당이었지만 국가적인 문제를 해결하는 데는 무능했다. 1950년에 들어서면서 다시 집권한 와프드당이 직면한 가장 중요한 현안은 영국과의 갈등의 매듭을 풀어 자신의 지지세력과 적대세력에게 존재를 확고히 하는 것이었다. 이처럼 결정적인 지도세력이 없는 이집트는 만성적인 정치 위기 속에 빠져들었다.

한편 미국·영국·프랑스 3국은 1950년 5월 25일 중동에 대한 공동정책을 과시하는 삼국선언을 통해 아랍-이스라엘 분쟁의 현상 동결을 기도했다. 아랍은 이에 아랍 집단안전보장조약의 조인, 한국전쟁에 대한 이집트의 비협조, 유엔에서 A-A그룹(Afro-Asian group) 결성 등으로 반발했다. 중립주의가 반제국주의 투쟁을 가속화시켰고 이집트에서는 팔레스타인 전쟁을 통해 지배층의 부패상이 폭로되었기 때문에 지배층 스스로가 정권을 연명하기 위해 이를 내세웠다.

1951년 9월, 북대서양조약기구(NATO) 이사회에서 미국·영국·프랑스·터키 4개국이 작성한 '중동방위사령부계획' 공동안이 이집트에 제시되었다. 여기에는 이집트에 중동방위사령부를 설치하는 대가로 이집트가 희망하는 대로 '1936년 영국-이집트 조약'을 폐기하고 영국군이 수에즈 지역에서 철수한다는 조건이 들어 있었다. 그러나 반영 민족주의가 대두되고 있던 이집트는 이 제안을 거부했다. 당시 영국은 이란에서 무함마드 모사데끄(Muḥammad Musaddeq, 수상: 1951~1953) 위기를 처리하는 데 고심하고 있었다. 이집트는 10월 8일 '1936년 조약'을 일방적으로 폐기한 뒤 운하지대에서 게릴라 공격을 시작했다.

1952년 1월 26일, 영국군과 이집트 경찰의 충돌에서 시작된 카이로의 반영 대폭동, '암흑의 토요일(Black Saturday)' 사건으로 위기에 빠진 이집트 지배층은 7월 23일 나세르가 이끄는 자유장교단의 무혈 쿠데타로 붕괴되었다. 나세르 정권은 무함마드 나기브(Muḥammad Nagīb) 소장을 명목상의 국가원수로 내세웠으며 나세르가 이끄는 장교 11명으로 구성된 혁명평의회가 의회를 장악했다. 이집트 혁명은 영국의 계속된 나일계곡 점령과 1948년 전쟁의 수치스러운 패배로 점증되던 심각한 좌절이 표출된 결과였다. 이는 단순한 군사개입이 아니라 한 레짐에서 다른 레짐으로의 교체를 의미했다.

1952년 당시 이집트 국민에게는 국가와의 일체감이 없었다. 수세기 동안 농민은 전제정치와 중앙정부를 동일시해왔고 따라서 국가를 회의적인 관점에서 바라보았다. 그들에게 주된 충성의 대상은 가족, 촌락, 이슬람이었지 국가는 아니었다.[20] 그들에게는 동질적인 국가 이념이나 국가에 대한 충성심이 존재하지 않았다. 당시 이집트에서는 경제·사회·문화 부문에 대한 외국의 영향이 이집트가 오스만 제국의 일부였을 때 보다 훨씬 심각하게 나타났다. 왜냐하면 치외법권으로 유럽의 비호하에 있던 소수의 이슬람 그룹이 경제를 통제했는데 이들은 주로 서구의 방식을 따랐기 때문에 교육 수준이 높은 유대인이나 기독교인을 고용함에 따라 비무슬림의 특수 위치에 대한 점유도 계속되었기 때문이다.

따라서 혁명정부가 추구한 초기의 목표는 근대적인 국민국가를 창설하는 것이었다. 장기적으로 볼 때 이집트 혁명이 이스라엘에 위협적인 도전을 제기했던 것은 사실이다. 그러나 1954년 3월까지 혁명정부는 주로 구체제 세력과의 권력투쟁에 몰두했다. 팔레스타인 문제가 구체제의 심각한 부패상을 보여주는 계기가 되기는 했지만 혁명정부에게 가장 주요한 관심사는 아니었다.

혁명정부는 봉건적 칭호 폐지, 토지개혁 등을 단행함으로써 이집트 사회와 경제의 근본적인 개혁을 꾀했다. 1953년 혁명정부는 모든 정당

---

20) Don Peretz, *The Middle East Today*, p.237.

을 해산하고 국민계몽 조직으로서 해방전선을 결성한 뒤 모든 노동조합을 해방전선 산하에 흡수함으로써 일당 지도체제를 확립했다. 나세르에게 구체제의 타락은 필연적 결과였다. 이는 외세의 영향과 이른바 서구 민주주의의 정치제도를 무비판적으로 모방한 네서 비롯된 것이었다. 나세르는 국가적 필요와 이집트 인민의 요구에 부응해 새로운 형식의 민주주의를 창설하는 것이 자신의 사명이라고 확신했다. 그는 안정과 번영 그리고 압제와 착취로부터의 자유가 모든 이집트인의 열망이라고 생각했다. 1954년 4월 나세르가 수상직에 올라 명실상부한 이집트의 지도자가 된 뒤 1956년에서 1962년까지 이러한 '새로운 민주주의(The New Democracy)'의 기틀이 만들어졌다.[21]

당시 이집트의 민족주의 지도자들은 강력한 이집트화(Egyptianzation)를 주장했고 타민족에 대해 거부운동을 벌이기 시작했다. 케말 아타튀르크와 마찬가지로 나세르는 이집트인의 민족 감정을 유발시키는 데 '과거'를 이용했다. 아랍주의도 이러한 국가적·민족적 자부심을 강화시키는 하나의 방편으로 채용되었다. 역사상 모든 혁명적 체제가 초기에 그러했듯 '보편적 사명'을 강조함으로써 아랍주의에 동조하도록 했던 것이다. 그러나 1955년 4월 반둥회의(Afro-Asian Conference at Bandung)가 열릴 당시까지 이집트인이 생각하는 국가의 유형은 이집트적인 것이었지 아랍이 궁극적인 목표는 아니었다. 그때까지만 해도 민족주의자들의 관심은 '아랍의 통합'보다는 '나일계곡의 통합(Unity of the Nile Valley)'에 기울어 있었다.[22]

---

21) Iliya Harik, "The Single Party as a Subordinate Movement: The Case of Egypt," *World Politics*, Vol.26, No.1(1982), pp.84~85.

22) 이는 와프드당도 공식적으로 채택한 국가통합 운동이었다. 이집트의 '고립주의(isolationism), 중립주의(Swiss-type neutrality) 정향' 또는 '이집트 제일주의(Egypt first)'의 내용은 Ali E. Hillail Dessouki, "The Primary of Economics: The

팔레스타인의 아랍 민족주의자들이 아랍 대의에 몰두해 있을 때에도 이에 감정적으로 격앙한 이집트인은 거의 없었다. 팔레스타인.전쟁조차도 '아랍주의'를 위해서라기보다는 '서구 제국주의'에 대항하기 위한 것이었다. 자유장교단의 장교들은 전투 중에 이스라엘의 존재보다 카이로 정치가들의 부패에 더 큰 충격을 받았다.

　　아랍인들은 이집트가 고립주의 태도를 버리고 아랍주의에 더욱 적극적으로 가담해주기를 오랫동안 바랐다. 그러나 이집트는 1948년 팔레스타인 전쟁에서와 마찬가지로 소극적일 뿐이었다. 아랍인들은 이집트의 새로운 체제를 '신중한 망설임'으로 지켜보다가 나세르가 대중에게 친숙해진 나기브를 제거하고[23] 팔레스타인 대의(Palestinian cause)를 열렬히 주창했던 무슬림 형제단을 탄압하자[24] 이집트를 철저하게 혐오스러운 존재로 인식하기 시작했다.

　　나세르는 내정에서 대담한 개혁을 펼쳤던 것과는 달리 국제관계에서는 신중히 처신했다. 1953년 2월에는 수단문제에 대해, 1954년 10월에는 수에즈 운하문제에 대해 영국과의 타협안에 합의했다. 이 타협안

Foreign Policy of Egypt," Korany and Dessouki, *The Foreign Policies of Arab States*(Blulder: Westview Press, 1984), pp.121~122 참조.

23) L. Carl Brown, *International Politics and the Middle East*, p.164. 1953년 공화제로 이행한 이집트의 혁명정부는 점차 정치적 안정을 찾기 시작했는데 이러한 정치적 안정 기조가 조성됨에 따라 혁명 후 상징적인 존재였던 나기브 초대 대통령은 혁명의 주체세력인 나세르 수상에 의해 1954년 권좌에서 추방되었다.

24) 나세르는 혁명 후 1년 이상 눈치 빠른 외국 특파원들도 그의 존재를 모를 만큼 은둔해 활동했다. 1954년 복잡한 일련의 정치적 음모로 나기브는 해임·연금당하고 막후에 나세르가 모습을 드러내어 스스로 수상이 되었다. 같은 해 10월 광신적인 이집트인이 알렉산드리아의 대중집회에서 나세르를 암살하려고 했다. 범인은 무슬림 형제단의 지시를 받았다고 자백했으며 나세르는 이 극단적인 종교조직을 탄압하기 시작했다.

에서 이집트는 영국군이 수에즈 운하에서 철수할 것을 약속받았는데 이는 이집트가 친서방 정책에 깊은 관심을 기울이는 계기가 되었다. 이 집트는 아랍연맹의 회원국이나 터키 등 외세의 공격이 있을 경우 영국 군의 복귀를 권리로 부여했기 때문이다. 물론 이러한 규정은 소련을 의 식한 조치임이 틀림없었다. 그러나 이런 이집트의 친서방적인 조치가 영국의 호의를 확보하는 데 도움이 된 것은 분명했다. 이를 계기로 미국 은 나세르에게 접근했다. 미국 국무부와 CIA 대표는 나세르와 함께 워 싱턴과 카이로 간에 어떤 종류의 실무적 관계가 수립될 수 있는지 깊이 있게 논의하기 시작했다. 이러한 논의는 1955년까지 원활하게 이루어 져 그 결과 4,000만 달러의 경제원조가 이집트에 제공되었다.

1956년 6월 13일, 이집트와 이스라엘을 가로막고 있던 영국군이 철 수를 완료했다. 이를 계기로 나세르는 이집트의 대통령으로 취임했다. 그는 "우리의 투쟁의 한 단계가 끝나고 새로운 단계가 막 시작되고 있 다"라고 천명했으며 이집트 언론은 장래의 영국과의 협력보다는 "제국 주의로부터의 마지막 해방"을 강조했다. 이는 서방의 입장에서 볼 때 불길한 사건의 시작을 알리는 전조가 되었다.

나세르는 1956년에 시작되어 1970년에 끝난 집중적인 노력을 통해 당시까지 시도되지 않았던 노선으로 아랍 사회의 재조직을 시도했다. 결국 이집트 혁명을 '새로운 민주주의'의 상징으로 만든 나세르의 새로 운 이데올로기는 나세르를 중동의 핵심적 지위에 올려놓았는데 이는 새로운 동방문제의 초점이 되었다.

2) 급진주의의 대두

당시 이집트로서는 나세르의 아랍주의가 유일한 대안은 아니었다. 실제로 이집트는 아랍주의의 야망보다는 여전히 '나일계곡의 통합'에 집착했다. 지정학적으로 보더라도 이집트는 나일 강 남쪽인 수단 방면이나 동아프리카로 진출하는 것이 자연스러운 팽창이었다. 그러나 120년 전 이집트에 주어졌던 동방문제의 국제정치 구조가 그들의 선조 무함마드 알리(이집트 총독: 1805~1848)로 하여금 중동지역에서 지도적인 역할을 수행하려는 야망을 불태우게 만들었던 것처럼, 전후에 정착된 새로운 동방문제 구조 역시 나세르로 하여금 또 한 번의 시행착오를 유발하도록 만들었다. 19세기 초 '해결된' 것처럼 보였던 이집트 문제가 1950년대와 1960년대에 다시 등장한 것이다. 나세르는 이집트를 군사적·문화적·정치적 핵으로 하는 위대한 아랍국가를 건설하려 했다. 그는 이집트가 세계적인 역사적 역할을 수행해야 한다고 생각했다. 그것은 무슬림, 아랍, 그리고 아프리카 세계의 지도국으로서의 역할이었다.[25] 국내 무슬림 형제단에 대한 나세르의 유혈 탄압 이후 그의 계획은 명료한 범아랍적 기조를 보였다.

많은 아랍인은 단지 지역적 자존심 때문이 아니라 서구의 지배로부터 항거할 수 있는 하나의 강력하고 통합된 아랍국가가 필요하다는 믿음 때문에 아랍이 통합되기를 바랐다. 이집트인뿐 아니라 아랍어를 사용하는 민족의 대부분은 서구로부터 자신들이 받은 상처와 모욕감을 알고 있었다. 이집트의 혁명정권은 구체제를 타파하고 영광스럽게 등장했다. 아랍인들은 1187년 살라 알 딘(Salah al-Din)이 예루살렘에서 십자군을 몰아냈듯이 나세르가 그렇게 해주기를 바랐다.

중세에서 근대사회로 오는 과도기에 중동의 구체제는 이미 많이 약화되었으나 근대화를 가로막는 장애로서는 여전히 완강했다. 오스만 제국이 1908년 청년터키당에게 일격을 당하기는 했지만 무스타파 케말

---

25) Ian S. Lustick, "The Absence of Middle Eastern Great Power: Political 'Backwardness' in Historical Perspective," *International Organization*, 51, 4(1977), p.667.

에 의해 근본적인 변화가 일어난 것은 훨씬 이후였다. 게다가 이런 변화가 서부 아시아나 이집트에서 일어날 기미는 없었다. 이집트 공화국의 혁명정권은 이집트의 핵심 문제에 대처하기 위해 시도된 중요한 이정표였다.

팔레스타인 전쟁 이후 이 전쟁의 수행에 책임이 있는 정권들을 반대하는 소요만 발발한 것은 아니었다. 시오니즘을 후원해온 서방세계에 대한 반서방운동이 격렬하게 확산되었다. 이를 계기로 서구 제국주의의 주범이던 영국을 축출하기 위한 방안이 모색되기 시작했다. 그리고 그 기본적 대안은 미국과 소련이었다. 미국은 원칙적으로 서구와 결합하고 있었으나 소련이 그 외곽에 있었다. 서구와 연합하는 방안은 현상을 유지하는 데 만족하는 쪽의 전략으로 적당했다. 그러나 영국의 군사적 위협에 대응하고, 수단을 병합하고, 동아랍에서 주도적인 위치를 구축하려고 모색 중이던 이집트의 혁명정권은 개편주의 지역세력이었다. 지역적인 상황으로 볼 때 서구와 밀월을 즐기는 쪽은 하심 왕국, 이스라엘, 사우디아라비아 같은, 이집트 편에서 볼 때 지역 경쟁세력이었다. 따라서 서구와 제휴하면 결국 이러한 지역 경쟁세력에게 지역적 헤게모니를 계속 보유하도록 할 소지가 있었다. 특히 이스라엘의 존재는 영국과 미국이 영향력을 계속 유지시키기 위해 아랍인들에게 강요한 기만적인 술책으로 보였다.[26]

1955년 2월경, 나세르가 이스라엘에 대항해 범아랍주의를 수용하고 소련과 제휴하기로 결심한 것은 당시 두 가지의 사건과 관련이 있다. 하나는 이라크가 터키와 방위조약을 체결해 아랍을 이탈한 것 — 이는 바그다드 조약(Baghdad Pact, 원래 이름은 Central Treaty Organization, Middle East Treaty Organization)의 시초였다 — 이고, 다른 하나는 이스라엘이 당

---

26) Arthur Goldschmidt, Jr., *A Concise History of the Middle East,* p.272.

시 이집트의 통제하에 있던 가자(Gaza)지구를 공습한 사건이었다.

미국과 영국은 1949년부터 수에즈 운하를 중심으로 하는 지중해와 중동 산유지역 그리고 이란, 파키스탄, 터키와 같은 북변 국가들(Northern Tier Countries)에 대한 방위를 강화하기 위해 중동 각국들과 함께 미국·영국·프랑스 등 중동 관계국이 참가하는 중동방위기구(MEDO: Middle East Defence Organization)를 구상하고 이를 NATO와 통합시키려는 계획을 세우고 있었다. 그러나 이집트는 이를 거부했다. 본래 미국의 구상은 미국과 군사원조협정을 체결하고 있는 터키, 파키스탄과의 협정을 축으로 중동국가들을 참가시켜 중동의 방위기구를 수립하는 것이었다. 그러나 미·소 대립에 휘말릴 것을 경계한 아랍연맹 국가 등의 반대, 터키를 중심축으로 하는 미국과 이라크를 중심축으로 하는 영국의 대립 등 그 결성에는 많은 문제가 있었다. 결국 1955년 2월 터키-이라크 방위조약이 체결되고 이어 영국이 이 방위조약에 참가했다. 그리고 7월에는 파키스탄, 10월에는 이란이 가맹함으로써 바그다드 조약에 의한 동맹기구가 완성되었다. 미국의 ≪타임(TIME)≫은 공산주의를 포위하는 동남아시아조약기구(SEATO)에서부터 파키스탄, 이라크, 터키를 거쳐 NATO에까지 이르는 거대한 집단안전보장 체제의 구축을 축하했다.

한편 중동방위사령부의 계획이나 중동방위기구의 구상과는 달리 '북변(Northern tier) 계획'은 중동 북변을 이루는 국가를 하나하나 조직화하려는 것으로 서쪽 끝을 터키에, 동쪽 끝을 파키스탄에 두고 중간의 이란, 이라크 등을 묶어가려는 것이었다. 이 계획은 1953년 12월의 미국-파키스탄 경제원조협정, 1954년 4월의 터키-파키스탄 협정, 미국-이라크 군사협정, 5월의 미국-파키스탄 무기원조협정 등으로 구체화되었다.

어쨌든 바그다드 조약은 영국의 입장에서 볼 때 1954년 영국-이집트 조약 때까지 운하지역의 영국군 주둔에 기초하던 중동전략에 대한 대안이었다. 그러나 나세르는 이런 시도를 아랍세계에서 자신의 주도적인 위치에 대한 정면도전으로 여겼다. 역으로 영국 정부는 나세르의 이러한 야심을 중동에서 영국의 특별한 위치에 대한 심각한 위협으로 간주했다. 그리하여 영국-이집트 조약이 조인된 지 불과 몇 달 만에 영국과 이집트는 아랍에서의 헤게모니를 차지하기 위한 투쟁을 시작했다.[27]

이러한 경쟁과 반목의 분위기는 이스라엘 문제와 뒤엉켜 결정적인 전환의 계기를 맞았다. 이집트 혁명정부는 1955년까지도 이스라엘에 대한 아랍의 적대감을 주도하기를 꺼렸다. 이집트가 이스라엘에 대해 승인하기를 거부하는 아랍의 일반 의사에 동참하기는 했지만 그리고 이스라엘에 수에즈 운하를 폐쇄하기는 했지만 이집트의 태도는 아랍의 관점에서 볼 때 배반에 가까운 온건노선이었다.

1953년 10월 15일, 요르단 강 수리(水利) 공사를 독자적으로 추진하던 이스라엘이 요르단과 충돌했다. 20일 미국 국무장관 존 F. 덜레스(John F. Dulles)는 양국에 대한 경제원조 중지로 이스라엘 공사를 중단시키고 대신 이스라엘에는 경제원조 2,600만 달러를, 요르단에는 소맥 1만 톤을 공급함으로써 쌍방에 공평한 태도를 취했다. 하지만 25일, 미국이 국제연합에 제시한 난민구제계획 — 8억 달러를 지출하는 내용의 — 이 아랍 측의 반대로 무산되었고 이스라엘 문제의 미묘한 성격이 드러나게 되었다.

1950년대 초 미국은 영국에 비해 이집트에 더욱 적극적인 정책을 추구했다. 그런데 이스라엘은 미국의 이런 정책이 영국이 수에즈로부터 군대를 철수하도록 고무하고, 이로써 발효되던 콘스탄티노플 협정과 영국-이집트 조약(1936)을 포기하게 만들어 이스라엘에 대한 이집트의 군사적 야심이 팽창하지는 않을까 우려했다. 이른바 라본 사건(Lavon affair)

---

27) John Marlowe, A History of Modern Egypt and Anglo-Egyptian Relations 1800-1956, 2nd. ed., p.413.

136 제1부 근대 중동의 국제정치 분석

도 이러한 분위기 속에서 발생했다.

1954년 여름, 이스라엘 군사정보국 아남(Aman)의 국장 벤야민 기브리(Binyamin Gibli)는 영국군의 수에즈로부터의 철군 결정을 뒤집기 위해 수잔나 작전(Operation Susannah)을 감행했다. 작전에는 극비세포 조직, 유닛 131(Unit 131)이 동원되었다. 작전의 주요 목표는 이집트에서 영국군 철수를 좌절시킬 수 있는 분위기를 (영국과 미국 내에) 조성하기 위해 이집트에서 폭탄테러와 생산설비 파괴활동을 일으키는 것이었다. 1954년 7월 2일, 알렉산드리아의 우체국이 소이탄 공격을 받았고, 14일에는 알렉산드리아와 카이로에 있는 미국 해외정보국(USIA) 도서관과 영국령 극장이 폭탄테러를 당했다. 사건의 혐의는 이집트에게 돌아가도록 조작되어 있었다. 이 사건은 아남의 경쟁 조직인 모사드(Mossad)가 아남을 배후로 지목하면서 정치적으로 비화되었는데 국방상 핀하스 라본(Pinhas Lavon)이 사전에 이 작전을 인지하고 있었는가가 문제의 초점이었다.

미국 중앙정보부장 알렌 덜레스(Allen Dulles)는 이스라엘이 미국과 이집트의 관계를 왜곡시키고 국경지역에서 군사적 활동을 증대시키고 있는 점과 관련해서 나세르의 무기 판매 요구에 적극적으로 응함 — 작지만 상징적인 의미를 가진다 — 으로써 미국이 나세르를 지지하고 있음을 보여주자고 제안했지만 이집트의 정책을 달갑지 않게 여기던 국무장관 존 F. 덜레스는 이를 거부하고 반(反)나세르 정책을 추구했다. 이는 향후 20년 동안 미국이 이집트와 반목하는 계기가 되었다.[28]

존 F. 덜레스는 이집트에 대한 영국, 프랑스, 이스라엘의 입장과 더욱 가까워졌으며, 이집트를 소련에 내어준 것을 상쇄하기 위해 서방의 주요 우방으로 이라크를 내세우는 데 영국 수상 이든과 합의했다. 그러한

---

28) Alan R. Taylor, *The Superpowers and the Middle East*(N.Y.: Praeger, 1991), p.72.

구상은 터키와 이라크 사이에 바그다드 조약이 체결되었을 때 분명해졌다. 나세르를 향한 영국, 프랑스, 이스라엘 3국의 공모와 곧 다가올 이집트와의 대결에 대한 미국 국무장관의 개입은 정책적 유사성 그 이상의 의미가 있었다. 이들의 은밀한 협조는 드와이트 D. 아이젠하워(Dwight D. Eisenhower, 1953~1962) 대통령에게는 보고도 되지 않은 채 진행되었다.

한편 이집트의 통제하에 있던 가자지구가 팔레스타인 난민에게 몇몇 기초적 조직의 기지를 제공한 것은 사실이었다. 그러나 이스라엘 영토에 치명적인 손상을 가할 수 있는 정도는 되지 못했고, 이집트 정부가 묵인하기는 했지만 이를 조직한 것은 결코 아니었다. 이스라엘이 가자지구의 이집트 수비대에 대규모 공습을 감행(1955. 2)함으로써 이집트는 군 인원과 장비 면에서 막대한 손실을 입었다. 이러한 이스라엘의 행동은 돈독해져가는 이집트와 미국의 관계를 왜곡시키려는 의도가 다분했다.

아랍 진영은 커다란 충격을 받았다. 그들은 이스라엘의 시오니즘이 전통적 정책을 재개했다는 사실을 알게 되었고[29] 이러한 이스라엘의 팽창적 경향을 두려워했다. 이러한 사태들을 통해 나세르는 아랍세계의 지도자 역할을 더 이상 외면할 수 없다는 것을 깨달았다. 그 역할을 떠맡기 위해서는 이스라엘에 대해 좀 더 확고한 입장을 보여줘야 했다. 이는 이스라엘에 대한 직접적인 공격을 의미했다. 그러나 무력 대결은 곤란했다. 나세르는 그러한 전쟁이 가져올 결과를 낙관할 수 없었다. 그러나 대안은 있었다. 이집트가 이스라엘과의 전쟁에 개입하지 않고

---

29) 이 사태 직전인 1953년 12월부터 1955년 2월까지 이스라엘의 집권자는 모세 샤레트(Moshe Sharett)였다. 그는 유연한 정책을 선호했으며 이집트와의 접촉도 시도하고 있었다. 가자지구 공습은 이스라엘에서 강경파가 다시 득세하기 시작했음을 보여주는 사건이었다.

영국과 이라크에 대한 중립노선을 강화함으로써 이스라엘에 대한 적대
감을 나타내는 것이 그것이었다. 외부체제에서는 (스탈린 사후) 소련의
외교노선30)이 나세르가 과감한 외교노선을 채용하도록 유도했으며 그
해 4월 반둥회의는 그를 서구로부터 더욱 멀어지게 했다.

3) 수에즈 전쟁(1956. 10. 29~11. 7)

(1) 급진 나세르에 대한 미국·영국·프랑스 3국의 대응

나세르를 강경노선으로 이끈 데는 서방국가들의 맹목적인 태도에도
많은 책임이 있었다. 당시 서방국가들은 아랍의 소망이 얼마나 강렬한
지 깨닫지 못했다. 아랍인에게 극히 중요한 문제를 대수롭지 않게 여긴
것이다. 서방국가들이 아랍의 문제에 관심을 보인 것은 자유세계의 방
어라는 원대한 목적과 관계가 있는 경우에 한했다. 그러나 중동국가들
이 공산주의의 위협에 대처하기 위해 무기를 요구하면 서방국가들은
난색을 표했다.

기본적으로 냉전보다는 지역적 문제에 더 큰 관심이 있던 아랍인들
은 '소련으로부터의 공산주의 침략'이라는 논리를 중동에서 지배권을
영속화하기 위한 제국주의적 발상으로 이해했다. 아랍을 위협하는 국가
는 이스라엘이었다. 1955년 아랍과 이스라엘의 긴장이 고조되었을 때

---

30) 영국이 바그다드 조약에 참가한 후 소련 외무부는 곧바로 4월 16일에 장문의 성
   명을 발표해 신중동정책을 천명했다. 이 성명에서 소련은 "중근동에서 군사블록
   의 창설과 외국기지의 설치는 소련의 안전과 직접적인 관계가 있다"고 표명하고,
   중동의 평화를 수호하는 국가에 대해서 "협력을 유지하고 발전시킬 용의가 있
   다", "평화 5원칙의 실현과 독립 강화 및 국제평화 우호관계의 촉진을 위해 중근
   동 제국이 취하는 모든 조치에 긍정적인 태도를 취할 것이다"라고 밝혀 중립주의
   및 반바그다드 조약 투쟁을 추진하는 국가에 대한 지원 방침을 명백히 했다.

나세르는 소련에 군비 지원을 호소했다. 그 해 9월 이집트는 체코 정부와 2억 달러 상당의 소련제 첨단 군사장비를 구매하는 데 합의했다. 나세르는 소련에게 바그다드 협정을 뛰어넘어 수세기에 걸친 소련의 야망 — 동지중해에 기반을 마련하려는— 을 달성하도록 해주었나. 나세르가 소련과 무기를 거래한 것은 서구가 후원하는 바그다드 조약에 대항하기 위한 수단이었다. 이를 계기로 아랍 민족주의 운동의 물결이 아랍 동부를 휩쓸었다. 나세르는 이스라엘 선박이 국제수로인 수에즈 운하와 홍해에서 이스라엘의 최단 남부도시 엘라트에 이르는 아카바 만31)의 티란 해협을 통과할 수 없다고 천명했으며, 1955년 9월에는 아카바 만이 이집트 영도임을 선언했다.

나세르가 비록 이스라엘에 강경한 자세를 취하긴 했지만 그가 근본적으로 서방측을 적대시한 것은 아니었다. 이집트군을 강화하기 위해 소련에 접근했지만 그것이 친사회주의 노선을 의미하는 것도 아니었다. 나세르는 오히려 소련이 1948년 전쟁 때 이스라엘에 무기를 원조했던 사실을 기억하고 있었을 것이다. 소련에 대한 나세르의 기본적 태도는 "중립은 부도덕하다"라는 존 F. 덜레스의 냉전관과 외교적 경직성에 영향을 받고 있었다. 중립주의 열파가 아랍세계를 휩쓸어 요르단 같은 친영(親英) 정권을 위협하기 시작했다. 서방진영은 중립주의를 공산주의

---

31) 이스라엘에서는 엘라트 만이라 부르며 사우디아라비아와 시나이 반도 사이에 있다. 너비는 19~27km며 길이는 입구인 티란 해협에서 이스라엘 해안지대까지 160km다. 동아프리카 지구대의 일부며, 위쪽 끝부분은 이집트·이스라엘·요르단·사우디아라비아와 접해 있다. 뚜렷하게 만입된 위치에 있는 항구는 다하브(dahab)뿐이지만 요르단과 이스라엘이 각각 알 아카바(al-aqaba)와 엘라트(elat)를 개발해 홍해와 인도양으로 나가는 출구로 쓰고 있다. 요르단의 후세인 국왕은 알 아카바 항구를 개발하기 위해 1965년 600km²의 요르단 사막을 사우디아라비아에 제공하고 12km의 해안선을 얻었다.

와 동일시했으나 아랍의 민중에게 중립주의는 반서방주의를 의미했다.

그러나 반둥회의에서 드러난 나세르의 적극적 중립주의, 그리고 무기구입 협정까지 1955년 봄부터 가을에 이르는 중동정치의 새로운 사태 진전은 나세르 대외정책의 세 가지 지주, 즉 사회주의 국가들과의 제휴, 반제국주의·반바그다드 조약, 그리고 대이스라엘 군비강화를 미국과 영국, 프랑스 그리고 이스라엘에 대응시키는 결과를 낳았다.[32)

미국은 이집트가 사회주의 국가와 제휴하는 데 촉각을 곤두세웠다. 미국은 1955년 11월에 이루어진 소련의 대이집트 경제기술 원조 제의에 주목하고 그 초점이 아스완 하이 댐(Aswan High Dam) 건설계획 원조임이 명백해지자 이와 경쟁키 위해 이집트에 원조를 제의했다. 이집트는 10억 달러로 추정되는 건설비용을 조달할 능력이 없었다. 영국은 반영투쟁에 직면해 바그다드 조약기구(The Baghdad Pact, 1958년 이라크의 탈퇴 후 The Central Treaty Organization이 됨)의 강화를 서둘렀으며, 프랑스는 알제리의 민족해방전선의 세력 확대에 직면해 그 원인을 이집트의 반프랑스 투쟁에서 찾고 이집트를 적대시하는 이스라엘에 무기를 공급하기 시작했다.

(2) 수에즈 운하의 국유화 선언

나세르의 대외정책은 계획대로 잘 추진되었다. 이집트는 예멘·사우디아라비아와의 통일군사령부 설치계획을 밝힘으로써(1956. 4. 21) 반바그다드 조약 클럽의 결속을 견고히 하는 한편 아랍제국에서 가장 먼저 중국을 승인했다(5. 16). 북경정부는 답례로 나세르를 중국으로 초청했다. 더욱이 영국-이집트 협정에 의한 영국군의 수에즈 철수 완료(6. 13)로 74년 만에 외국군 주둔시대가 끝났으며, 3일 후 드미트리 셰필로프

---

32) 박웅진, 『현대국제정치사』(서울: 형설출판사, 1978), 168쪽.

(Dmitri Shepilov: 1956. 2~1957) 소련 외상의 방문을 받은 이집트는 공동 성명에서 나세르의 8월 방소(訪蘇) 계획을 밝혔다(6. 22). 다음 날 이집트 국민은 압도적인 다수의 찬성으로 헌법을 승인하고 나세르를 대통령으로 선출했다.

그러나 이러한 외교적 성과도 존 F. 덜레스의 냉전적 사고를 극복하지는 못했다. 소련이 아스완 하이 댐 건설에 별로 관심이 없다는 사실이 밝혀지고 이집트가 중국을 승인하자 덜레스는 이집트가 체코 무기를 구입했다는 이유로 이집트에 대한 제재 조치를 강구하기 시작했다. 1956년 7월 19일 아스완 하이 댐 건설을 위해 약속한 세계은행 차관 2억 달러가 취소되었다. 아스완 하이 댐은 이집트 혁명의 목표와 직결되는 최대의 현안이었다. 세계은행의 조치가 취해진 뒤 일주일도 지나지 않아 이집트인의 분노가 폭발했다. 7월 26일, 나세르는 수에즈 운하의 국유화를 선언하고 운하의 수입을 아스완 하이 댐 건설에 투입한다고 발표했다. 이어 이스라엘의 유일한 홍해 진출로인 티란 해협을 봉쇄하기 시작했다. 나세르의 대담한 행동에 아랍세계는 열광적인 환호를 보냈다.

나세르의 수에즈 운하 국유화 선언은 미국보다는 만국운하회사의 2대 지주라 할 수 있는 영국과 프랑스 양국에 통렬한 타격이 되었다. 양국은 수에즈 운하에 대한 무력점령을 결정하고 여기에 이스라엘이 참가할 것을 유도하면서 미국의 동의를 얻는 데 진력했다. 10월 5일, 이 문제가 유엔에 상정되었다. 8월 16일, 수에즈 문제를 토의하기 위한 제1차 운하 이용국 회의가 열렸지만 나세르는 이를 제국주의의 음모라고 비난했다. 국제관리안에 대한 지지가 다수가 되도록 초청된 22개국 중 18개국이 이 안에 찬성함으로써 이 안이 가결되었지만 나세르는 이를 단호히 거부했다.

영국과 프랑스는 운하에서 비이집트인 수로 안내인을 철수시킴으로써 이집트를 압박했지만 별 성과를 거두지 못했다. 10월 1일, 이든 영국 수상은 "나세르는 무솔리니처럼 파시스트이므로 유화정책은 무익하다"라는 메시지를 아이젠하워에게 보냈으나 아이젠하워는 오히려 양국의 태도를 '신식민주의'라고 부르면서 미국의 '독자적인 역할'을 강조했다. 이러한 미국의 태도에 이집트가 호응했다. 덜레스가 소련인 수로 안내인을 사용하는 데 불만을 표시하자(9. 23) 마무드 파우지(Mahmoud Fawzi: 1952~1964) 이집트 외상은 "단지 일시적인 것"이라고 발표했다. 나세르는 "아랍국가들에 의한 석유권리의 국유화에는 반대한다"라고 말하고 9월 하순 미국의 석유회사 등에 수에즈 운하의 개발을 위탁한다는 정책을 발표했다. 이와 같이 미국과 이집트가 장단을 맞추어나가자 영국과 프랑스는 수에즈 문제를 해결하는 데 미국을 배제하기로 결정했다.

10월 4일, 영국은 최후의 수단으로 유엔 안전보장이사회에 이 문제를 제소했지만 18개국의 제안은 소련의 거부권으로 무산되었다. 당시 국제정세의 이목은 10월 23일에 시작된 헝가리 폭동으로 동구에 집중되어 있었다. 이집트군과 아랍연맹 그리고 이슬람의 급진세력 페다인(fedayeen, 시아-이스말리 계열의 자살 특공대)의 활동이 강화되는 데 고심하던 이스라엘은 이러한 국제 상황을 자국의 문제를 해결하기 위한 기회로 삼았다. 29일 밤, 이스라엘은 공수부대를 앞세워 신속하게 시나이 반도를 횡단해서 수에즈 운하로 향했다. 영국과 프랑스는 먼저 이집트 공군기지를 폭격해 이집트 공군을 지상에서 거의 파괴시켰다. 10월 31일, 양국군이 수에즈 운하의 군사 시설물에 공중폭격을 가하자 11월 1일, 나세르는 선박을 침몰시켜 수에즈 운하를 봉쇄했다. 11월 5일, 영국과 프랑스의 낙하산 부대가 포트사이드(Port Said) 항에 상륙해 수에즈 운하를 장악했다.

그러나 아이젠하워는 이러한 공격을 비난하면서 단호하고 신속하게 원상회복을 요구하고 나섬으로써 영국과 덜레스의 은밀한 합의를 효과적으로 무산시켰다. 미국은 유엔 안보이사회 결의를 통해 시나이에 파병된 이스라엘군을 즉각 철수시키려 했으나 영국과 프랑스가 거부권을 행사했다. 미국은 경제원조 중단으로 이스라엘을 압박했다. 소련도 영국과 프랑스의 군사개입을 강력히 비난하며 런던에 대한 미사일 공격 등 직접 개입의 가능성을 암시했다. 미국은 소련이 이집트를 도와 직접 개입하더라도 영국과 프랑스를 지원하지 않을 것이라며 두 나라를 압박했다. 이에 양국은 정전을 수락하고(11. 7) 이 지역에서 철수할 수밖에 없었다. 이듬해 아이젠하워 독트린(The Eisenhower Doctrine)을 앞세워 이지역에 깊숙이 개입해 들어온 미국의 압력으로 이스라엘이 가자지구에서 철수하자 영국·프랑스·이스라엘 3국의 무력행사는 수포로 돌아갔고 이로써 수에즈 전쟁의 전후처리가 마무리되었다. 이스라엘은 4개월 후인 1957년 3월 7일 마지막으로 이집트 영토에서 철수했으며 수에즈 운하는 3월 25일 다시 개통되었다. 1958년 7월 13일 세계은행 중재로 열린 제네바 회담에서는 이집트와 영국·프랑스 간에 최종 수에즈 운하 협정이 체결되어 이집트는 수에즈 운하의 진정한 주인이 되었다. 협상의 내용은 영국·프랑스 수에즈 운하회사가 이집트 정부에게 수에즈 운하 자산에 대한 보상으로 2,800만 이집트 파운드를 받으며 이 회사의 해외자산에 대해서는 이집트 정부가 포기한다는 것이었다. 1961년 1월 26일에는 영국과 이집트의 국교가 재개되었다.

결과적으로 영국·프랑스·이스라엘 연합군의 이집트 침공은 수에즈 운하의 재산권 및 항해의 자유에 대한 요구에서 시작되었지만 이는 영국·프랑스 식민정책의 마지막 실험이기도 했다. 또한 수에즈 전쟁은 강대국들의 정치적 이익의 조화와 갈등이 표출된 전쟁이었다. 구식민세력인 영국과 프랑스는 기득권을 유지하기 위해 나세르 정권의 전복을 노린 이스라엘과 제휴했으며, 미국과 소련은 이들의 침략에 반대하고 이집트의 운하 국유화 권리를 지지했다. 아이젠하워 대통령은 아랍-이스라엘 분쟁을 해결하기 위해서는 두 분쟁 당사국과 우호관계를 유지해야 한다고 믿었다. 그는 또한 수에즈 전쟁 때문에 중동에서 반서구 감정이 일어나면 소련이 중동에 침투하는 데 유리해질 수 있다고 판단해 제국주의적 의도를 강력히 거부했다.

(3) 수에즈 전쟁의 여파

이 전쟁에서 영국·프랑스·이스라엘 3국은 수에즈 운하를 점령하고 시나이 반도에 군대를 진주시킴으로써 군사적인 측면에서는 일방적인 승리를 거두었다. 그러나 미국과 소련의 압력으로 이들 지역에서 철수해야 했기 때문에 정치적으로는 패배했다. 역으로 나세르는 군사적으로는 패배했음에도 정치적으로는 큰 승리를 거둔 결과가 되었다. 나세르는 아랍 민족주의의 영웅이 되었으며, 이로써 친나세르 아랍 민족주의가 전 아랍지역을 휩쓸었다. 나세르는 수에즈 운하 국유화에서 얻은 정치적 승리를 아랍 민족주의를 확산시키는 데 활용했는데 그 결실은 통일아랍공화국으로 나타났다. 이 전쟁은 또한 보수적인 아랍의 왕들에게 정치적 위기를 불러왔다. 요르단의 후세인 국왕은 나세리즘 민족주의자들의 도전을 받았으며, 친영 성향의 이라크의 파이잘 2세는 1955년 바그다드 조약의 중심인물이었으나 1958년 7월 14일 카심(Aabd al-Karim Qāsim, 이라크 수상: 1958~1963)의 쿠데타로 몰락을 맞았다.

소련은 이 전쟁으로 이집트, 시리아, 이라크에 영향력을 행사하게 되었으며 각국에 대한 주요 무기 공급국이자 무역 대상국이 되었다. 아이젠하워 역시 수에즈 위기에 적극 개입함으로써 이 지역 전역에서 미국의 성실성과 신뢰감을 어느 정도 회복하는 데 성공했다. 그러나 이는 얼마 지나지 않아 아이젠하워 독트린에 대한 아랍세계의 부정적인 반응과 이어서 나타난 레바논에 대한 아이젠하워 독트린의 부적절한 적용으로 상당히 훼손되었다.

역사적으로 보면 1950년대 이후 범아랍주의는 충동적 요소와 함께 분열적 요소가 몇 단계의 변증법적인 발전을 거듭해왔다.[33] 1950년대 전반에 걸쳐 아랍을 지배한 주요 개념은 '자발적 연합(voluntary coope-ration)'이었다. 이집트와 사우디아라비아는 바그다드 조약으로 연합을 추진하던 이라크에 반대했고 요르단과 시리아가 이에 가세했다. 이집트와 사우디아라비아는 각자 자신의 국가적·체제적 이익에 고무되었지만 '아랍'이라는 이름을 내세워 이라크의 기도에 대항했던 것이다.

아랍 내의 보수와 혁신 간의 대립과 재편은 팔레스타인 전쟁 후 90만 명이 넘는 난민 중 10만 명가량이 몰려들어 독자적인 세력을 형성함으로써 정치정세가 불안해진 요르단에서 먼저 폭발했다. 1956년 요르단에서는 친나세르·반서구 폭동이 일어났고 당시 만 20세의 젊은 국왕 후세인(Husayn ibn Talāt: 1952. 8~1999. 2)은 그의 영국 군사·정치고문을 추방할 것을 요구받았다. 1956년 10월, 반왕조 나세르주의자들이 의회 선거에서 승리하자 새 수상 술레이만 알 나불사이(Sulayman al-Nabulsi)는 이듬해 4월 초 소련과 외교관계를 수립하는 쪽으로 기울었다. 그리하여 그는 민족주의 군부 지도자 알리 아부 누와르(Ali Abu Nuwar)와 손잡고 후세인의 충성파 관료를 숙청함으로써 군부를 재편하려고 시도했다. 이에 영국이 훈련시킨 베두인족 장교들은 국왕 쪽에 집결해 군 장악 기도를 분쇄했다.[34] 영국의 도움으로 위기를 모면한 후세인 국왕은 4월 14일, 나불사이 내각을 사임시키고 가리디(Fakhri al-Khalidi) 수상

---

33) Nadaf Safran, "Dimension of the Middle East Problem," Roy C. Macridis(ed.), *Foreign policy in World Politics*, 6th ed., pp.347~349.

34) 후세인이 처한 나세리즘 민족주의자들의 도전에 관해서는 David E. Long and Bernard Reich(eds.), *The Government and Politics of the Middle East and North Africa*(Westview Press 1980), pp.264~268 참조.

의 새로운 내각을 발족시켰다. 4월 22일에 이에 항의해 서안과 암만에서는 대규모 반정부 시위가 벌어졌다. 후세인 국왕을 제거하려는 친나불사이 군 장교들의 쿠데타가 실패로 끝난 후 후세인 국왕은 계엄령을 선포했다. 이날 밤 후세인 국왕은 위기가 "국제 공산주의와 그 도당에 의해 일어났다"라고 말함으로써 아이젠하워 독트린의 보호를 요구할 것임을 암시했다.

한편 이라크에서는 독립 후에도 정치적·사회적 혼란이 끊이질 않았다. 전체 국민의 다수인 시아파와 소수 집권세력인 수니파 간의 갈등은 물론이고 하심가를 옹호하는 왕당파와 이에 반대하는 민족주의자 간의 대립도 극심했다. 제2차 세계대전 초기 알리 알 가이라니가 일으킨 쿠데타로 발생한 동요를 수습한 누리 알 사이드 내각은 대체로 대전 후반의 정국을 지탱했으나 대전이 끝나자 친서구 노선을 취함으로써 갖가지 파탄을 불러일으켰다. 1947년 쟈브르(Sayyid Salih Jabr: 1947. 3~1948. 1) 수상이 요르단과 우호동맹 조약을, 터키와 우호조약을 맺은 것에도 반대론이 비등했다. 1955년 2월, 이라크가 터키와 우호동맹 조약을 맺고 4월에 영국이, 이듬해 5월에 이란이 여기에 참가함으로써 바그다드 조약기구가 형성되었는데 이는 이집트를 중심으로 하는 대항적인 3국 동맹 조약을 불러왔다.

누리 알 사이드는 1950년부터 대폭적인 경제개발 계획에 착수했는데 석유 수입이 증가한 덕분에 수많은 댐과 경공업 공장을 건설하고, 사회개발을 촉진하는 데 성공했다. 그가 이러한 경제정책으로 터키나 이란의 인플레의 타격을 피할 수 있었음에도 1958년 혁명이 일어난 것은 이라크 내의 반서구세력이 보수파가 생각한 이상으로 강력했음을 말해준다.

1957년 시리아도 국내외적으로 커다란 정치적 고통을 겪었다. 시리아는 친소정책으로 이집트와 마찬가지로 소련으로부터 군사적·경제적 지원을 받았지만 이는 사회와 군부 내에 공산주의 세력을 부식시키는 결과를 가져왔다. 따라서 시리아의 바아스 레짐은 내부적으로는 공산주의 전복에 직면했고 터키, 이라크, 요르단으로부터는 미국의 지원을 받는 군사적 위협을 받았다. 시리아의 지도자들이 아랍의 단결을 요구해 왔을 때 나세르는 이를 거절할 수 없었다.

1958년 2월 1일, 시리아의 크와틀리 대통령과 이집트의 나세르 대통령이 카이로에서 양국 통합을 발표함으로써 통일아랍공화국이 탄생했다. 명목상 이 통합은 무정부 상태에 직면한 시리아를 공산주의의 위협으로부터 구하기 위한 전략적인 노력이었다. 시리아는 나세르의 통합조건을 받아들여 시리아의 모든 정당을 해산했다. 통합정책을 위해 노력한 바아스당까지 해체한 뒤 모든 정당을 통일한다는 의미로 이집트식 민족연맹당(National Union)을 유일한 정당으로 조직했다. 2월 21일, 시리아와 이집트 양 국민의 투표로 나세르가 통일아랍공화국 초대 대통령에 선출되었다. 그리하여 나세르는 독립과 현대화를 지향하는 아랍 정열의 표상이 되었다.

시리아와 이집트의 통합을 추진한 바아스당은 두 정당세력 간의 통합의 산물이었다. 그중 하나는 본래의 바아스로서 살라 비타르(Salah Bitar)와 미셸 아플락(Michel' Aflaq)에 의해 1943년 설립되었다. '영원한 사명을 가진 단일 아랍국가 수립'은 바아스당의 목표였다. 바아스당은 한때 파리의 공산주의자들과 접촉했던 관계로 마르크스주의의 영향을 많이 받았으며 이 당의 지도자들은 '자유, 통합, 사회주의'와 '정신적 부활과 개혁'을 원했다. 바아스는 '부활(Resurrection)' 또는 르네상스(Renaissance)를 의미한다.

다른 하나는 시리아 북쪽인 하마(Hama)에 본거지를 둔 아크람 후라니(Akram Hourani)의 아랍 사회주의 정당(Arab Socialist Party)이다. 후라니는 한동안 아디브 시샤클리(Adib Shishakli, 시리아 대통령: 1953~1954)의 정권과 협력했으나 1952년 그와의 약속을 어기고 비타르, 아플락과 함께 레바논으로 피신했다. 1954년 시샤클리를 타도한 이들의 추종자들은 이집트와 통합하면 무정부 상태의 시리아를 구할 수 있다고 여겼기 때문에 1958년 1월, 카이로를 방문해 이집트와의 통합을 위해 나세르를 설득하는 데 지대한 역할을 했다.

바아스당은 잘 조직된 군부와 대부분 대학교육을 받은 사람들로 구성되었으며, 본부는 시리아에 있으나 지구당은 시리아에 국한되지 않고 레바논, 요르단, 이라크에 퍼져 있는 범아랍주의 초국가적 정당이었다. 바아스의 당원들은 아랍 민족을 발전시킬 수 있는 이상적인 제도는 사회주의 제도라고 믿었으며 평화적인 사회 진화를 믿는 영국 노동당식의 온건한 사회주의자들이었다. 1956년 7월부터 이집트와 통합될 때까지 비타르는 시리아의 외상이었으며, 1957년에 후라니는 의회의 의장이 되었다.

통일아랍공화국의 탄생은 단순한 '자발적 연합(voluntary cooperation)'에 반대하고 '통합적 단결(Integral Unity)'을 지향하는 범아랍주의의 산물이었다. 나세르는 즉각 모든 아랍국가에게 자신이 건설하고 있는 통합 아랍국가에 동참하도록 촉구했다. 이후 10년간은 더 이상 진전하지 못하고 통일아랍공화국의 해체(1961) 같은 좌절을 몇 번 겪었지만 어쨌든 당시는 혁명적인 통합적 단결의 범아랍주의가 지배하는 시기였다.

그러나 나세르의 그러한 노력에도 이집트가 경쟁국 이라크와 그리고 통합적 단결을 주장하던 시리아와 동시에 충돌함으로써 아랍 내부의 갈등을 격화시켰으며 '더욱 한정된 의미의 단결'을 주장하는 세력과의 갈등도 심화시켰다. 이라크의 하심가와 이집트는 민족주의 운동의 초기부터 중동에서의 주도권을 놓고 경쟁했다. 또한 1955년의 바그다드 조약은 이라크와 이집트가 충돌하는 직접적인 계기였다.

1958년 2월 이집트와 시리아 간에 결성된 통일아랍공화국은 보수세력이던 요르단과 이라크에 위협이 되었으므로 3월에 요르단의 하심 왕가와 이라크는 양국 간의 연방안(아랍연맹연연방, AUF: The Arab Union Federation)을 구상해 반대행동을 취했다. 이는 시리아와 이집트의 통합이 시발점이 되어 전 아랍이 통합되기를 기대한 범아랍 통합주의라는 아랍의 대세에 대항한 행동이었다. 범아랍주의자들은 이러한 행동을 반동 세력의 임시변통으로 간주했다.

이어 1958년 5월에 시작된 카밀 샤문(Kamīl Shamūn, 레바논 대통령: 1952~1958) 정부에 대한 레바논 인민의 봉기[35]가 발발하고 이라크 카심의 혁명정부가 이집트처럼 반제국주의 노선을 추구함으로써 한때 아랍 통합의 가능성이 극대화된 적도 있었다. 5월에 발생한 레바논 내란에 미국이 파병(7월)한 데 호응해 이라크가 요르단에 군대를 파병한 것을 두고 아랍

---

35) 1923년 프랑스의 위임통치하에 들어간 레바논은 자연히 마론파 교도들이 정치적 주도권을 갖게 되었다. 1926년 시리아에서 분리되어 자치권을 얻었고 분리 독립되는 과정에서 1931년 기독교 세력과 이슬람 세력이 권력을 분점하는 국민협약(National Pact)에 합의했다. 이러한 합의는 무슬림이 시리아와의 통일 요구를 포기하고 기독교도들은 프랑스에 대한 보호 요구를 포기한다는 내용이 뒷받침되었다. 이로써 대통령 중심제의 입헌공화국으로서 대통령은 마론파 교도 중에서, 총리는 수니파의 이슬람교도 중에서, 국민회의 의장은 시아파의 이슬람교도 중에서, 군 수뇌부는 기독교도 중에서 선출하는 것이 관례가 되었다. 그러나 결과적으로 레바논의 이슬람교도의 수가 급격히 늘어나 인구 구성 면에서 기독교를 앞서게 되었다. 더구나 많은 기독교인들이 해외로 이주해 마론파 교도의 인구 비율이 급격히 감소했다. 결국 인구 비례와 맞지 않게 기독교인들이 행정부와 군부의 주요 요직을 차지하게 되자 무슬림과 드루즈(Druse)파는 제도 개선을 요구하고 나섰다. 이러한 상황에서 대통령 샤문은 미국의 경제 지원을 받기 위해 1957년 아이젠하워 대통령이 추진하던 지역방위계획에 적극적으로 참여할 태세였고 의회선거에서 기독교 진영의 확대를 노리면서 재선을 시도했다. 이에 대해 이슬람 세력은 국민통일전선을 결성해 맞섬으로써 3개월간의 내란이 발생했다. 이 내란을 막기 위해 미군 1만 5,000명이 베이루트에 상륙했다.

인들은 친서구주의라고 격렬하게 비판했다. 요르단으로 이동하라는 명령을 받은 제19여단의 카심 준장과 아리프(Abdasalaam Arif) 대령 등은 바그다드 통과를 기회로 왕궁(The Royal Rihab Palace)을 습격해 왕(Faiṣal Ⅱ)과 섭정 누리 알 사이드 수상을 살해하고 하심가 왕정을 타도했다. 이라크의 왕정의 소멸은 아랍 최대의 친서방 정권의 붕괴를 의미했다.

그러나 이라크에서의 공화정 수립도 아랍 통합에는 도움을 주지 못했다. 카심은 이탈된 국가로서의 자유주의를 옹호했다. 연맹에서 발생한 이라크와 이집트 간의 갈등은 주로 팔레스타인 문제 때문이었으나 실제적인 원인은 지역 주도권을 포함한 상호 권력대립이었다. 나세르는 하심가가 아랍주의의 기수로서 두 번이나 아랍공동전선을 이탈한 것은 그들이 아랍 민족을 배신하고 서구 제국주의자들에게 예속되었기 때문. 이라고 비난했다.

시리아의 경우 1955년 이후 대외정책 노선이 이집트와 소련으로 기울어졌음에도 당시 크와틀리 대통령과 사브리 알 아사리(Sabri al-Asali) 수상, 할리드 알 아즘(Khalid al-Azm) 부수상을 포함하는 주요 정치인들은 구식의 과두정치 신봉자였다. 제1차 세계대전 이후 시리아의 경제는 상당한 기간에 걸쳐 번영을 누려왔으며 자유방임주의에 입각해 있었다. 크와틀리 대통령과 사브리 알 아사리 수상은 시리아 국내 정국의 혼란과 바아스 당세의 혼미, 주변 친서방 아랍국가와의 관계 악화로 바아스당과 군부 동료가 구상한 통일아랍공화국의 건설에 참여하긴 했으나 알 아즘과 공산주의자들은 이러한 통합에 반대했다. 바아스당은 결국 나세르의 힘을 빌려 적대자들을 견제하고 그들에 대항해서 바아스당 자체를 유지할 수 있으리라는 견지에서 통합을 시도했으나 두 번째 협상이 진행 중이던 1963년 이후 나세르와의 근본적인 갈등이 표출되었다.

통일아랍공화국이 존속한 기간(1958~1961)에 발생한 복잡한 정치적인 문제를 보자면 우선 바아스당과 나세르파 사이의 권력투쟁이다. 다른 하나는 시리아와 이집트 간의 통합방식론의 차이, 즉 바아스와 나세르의 정치문제에 관한 의견 차이에서 연유된 문제였다. 1959년 선거[36]와 통일아랍공화국에서 시리아 관리들의 사퇴[37]는 나세르와 바아스당 간의 이러한 의견 대립을 표면화시켰다. 그 이유는 첫째, 양측이 서로 시리아에 대한 통치권을 요구했기 때문이며, 둘째, 바아스 당원은 나세르가 선이든 악이든 바아스당의 협력을 필요로 할 것이라는 기대가 착오였음을 깨달았기 때문이다. 통일아랍공화국이 수립된 직후 임명된 중앙관료 14명 가운데 시리아인은 부통령 2명과 국무상인 비타르 등 단 3명뿐이었다. 이는 나세르의 시리아 지배를 의미했다.

이집드, 시리아, 이라크 3국의 통합을 위한 정상회담이 1963년 시도되었지만 통합방법과 정당 구성에 대해 나세르와 바아스당이 대립함으로써 통합은 결국 실패하고 말았다. 나세르는 1958년 단일국가 형태로 복귀할 것과 여기에 이라크가 가입하는 방안을 주장했고, 바아스당은 각국의 동등권을 보장할 수 있는 통일전선 같은 단일 대정치기구를 주장했다. 바아스당이 구상하는 단일 대정치기구는 구체적으로 1961년에 창립된 신정치기구인 민족연맹(The National Union)이나, 통일아랍공화국이 해체된 후 1962년 7월에 대체조직으로 만든 아랍사회주의연맹(The Arab Socialist Union) 등이었다. 바아스당은 다당제를 주장했던 반면, 나세르는 아랍 민족주의로의 전환기에 정당활동을 보장하는 것은 외세가 침투하도록 길을

---

36) 7월 선거에서 바아스당이 민족연맹당의 대의원 9,445명 중 5%인 250명만을 차지함으로써 대패했다는 사실은 시리아 내에서 바아스당이 정치적 영향력을 상실했음을 보여주는 단적인 예가 되었다.

37) 통일아랍공화국의 부통령이던 아크람 후라니, 살라 비타르, 무스타파 함둔(Mustafa Hamdun), 알 가니 깐누트(al-Ghani Qannut) 등의 바아스당 정치인들은 이집트 지도체제와의 결별을 선언하고 협력을 거절하면서 카이로와 다마스쿠스의 정치 요직에서 물러났다.

터주는 데 지나지 않는다고 믿었다. 이러한 의견 대립은 궁극적으로 정치권력의 장악이 핵심 문제였다. 통일아랍공화국이 창설된 후 시리아의 어떤 정치 엘리트도 범아랍주의 제단에 자신들의 권력을 희생하려 하지 않았다. 1961년 7월, 나세르의 사회주의 개혁안과 국유화 조치도 시리아인들의 불만을 고조시켜 새로운 군사 쿠데타가 일어날 수 있는 사회적 조건을 만들었다.

통합에서 시리아가 이탈한 후 나세르는 구제도를 부활하려는 시리아 보수세력을 아랍 민족주의의 적으로 낙인찍고 1959년 이래 조심스럽게 전개해온 온건노선을 전환시켜 모든 보수 이웃국가의 정권 전복에 역점을 둔 군사혁명 수출정책을 택하게 되었다. 이러한 정책은 한정된 의미의 협조 또는 실용주의적 협조(Pragmatic cooperation)를 견지하는 세력과 충돌해 예멘내전(1962. 9)으로 비화했다.

예멘내전은 혁명에 성공한 군부세력과 축출당한 이맘 바드르(Muḥammad al-Badr) 세력 간의 분쟁이었으나[38] 이집트의 개입과 파병으로 아랍세력 내의 보수세력과 혁신세력 간 분쟁으로 확대되었다. 이 내전에서 사우디아라비아를 중심으로 한 보수 왕국들은 이맘세력을, 이집트

---

38) 제1차 세계대전 후 오스만 제국이 아라비아 반도에서 물러나면서 1918년 독립한 (북)예멘은 정치적·경제적인 후진성을 면치 못하고 있었다. 1962년 9월 18일, 당시 통치자였던 이맘 아흐마드(Sayf al-Islām Aḥmad: 1948~1962)가 죽고 그의 아들 이맘 바드르가 권력을 양위받자 9월 26일, 왕궁 근위대장 압둘라 알 살랄(Abdulla al-Sallal) 대령이 쿠데타를 일으켜 바드르를 축출하고 예멘아랍공화국(Yemen Arab Republic)을 선포했다. 북부 산간지대로 쫓겨난 바드르 세력은 사우디아라비아, 영국, 이란의 지원을 받아 혁명세력에 반격을 가했다. 반면 이집트는 한때 7만 대군을 파병했으며 매일 50만 달러의 전비를 수년간 부담하면서 살랄 정권을 지원했다. 예멘내전은 쿠데타(1967. 11. 5)에서부터 살랄을 축출한 라흐만 이리야니(Rahman Iryani) 정부와 바드르 세력 간에 화해협정(1970. 5. 19)이 체결될 때까지 8년간 계속되어 20만 명에 이르는 전사자를 기록했다.

를 중심으로 한 혁신세력은 예멘 정부를 지원했다. 아랍세계의 맹주를 노리던 이집트의 나세르에게는 예멘 분쟁이 시리아와 통일아랍공화국 붕괴로 추락한 위신을 회복하고 사우디아라비아 왕국을 견제하며 아 덴[39])에 영향력을 행사할 수 있는 호기가 되었다.

한편 아랍, 무슬림 국가들과 친밀한 관계였던 사우디아라비아는 온건 성향(moderate)의 국가였다. 지역적 차원에서 급진적(radical) 체제에 대항 하던 사우디아라비아는 바아스주의, 나세르주의의 아랍 민족주의에 대 항해 범이슬람주의를 견지했다. 1962년 5월 사우디아라비아의 후원하 에 열린 메카의 이슬람 국제회의는 "이슬람을 부인하고 민족주의를 과 장해 그의 요구를 왜곡시키는 세력은 그의 영광이 이슬람의 영광과 불 가분의 관계에 있는 아랍인에게 가장 철천지원수"임을 선언했다.[40])

서구 열강은 위협적으로 성장해가는 범아랍주의의 거대한 파괴력에 대응하기 시작했다. 1956년 미국과 영국의 지원을 받으며 시작된 몇몇 비밀작전 — 1953년 모사데끄를 축출하고 이란의 샤를 복위시켰던 것 같은— 은 쿠데타와 암살로 시리아와 이집트 정부를 전복시키려는 시도였다.[41]) 1957년 1월 5일, 아이젠하워는 의회연설에서 국제 공산주의와 관련 있

---

39) 남예멘은 아라비아 반도의 최남단으로 서쪽으로는 북예멘, 동쪽으로는 오만과 접 경했다. 7세기경 아랍인들이 진출해 이맘의 통치를 받고 있던 남예멘은 1839년 영국이 아덴을 점령함으로써 영국의 지배하에 들어갔다. 1967년 11월 30일, 128 년간의 영국 지배로부터 독립한 남예멘[예멘인민민주주의공화국(People's Democratic Republic of Yemen)]은 1970년 11월 최고인민위원회를 구성했다. 남예멘의 독립 과정에서 민족해방전선(NLF)이 줄기차게 대영 투쟁을 전개할 수 있었던 것 은 소련의 지원이 있었기 때문이다.

40) Bahgat Korany, "Defending the Faith: The Foreign Policy of Saudi Arabia," Korany and Dessouki, *The Foreign Policies of Arab States,* p.268.

41) Wilbur Eveland, *Ropes of Sand: America's Failure in the Middle East*(London: W. W. Norton, 1980), pp.168~173.

는 것으로 판단되는 세력으로부터 위협을 받는 모든 정부를 지원하기 위해 의회가 대통령에게 군대와 경제적 자원을 위임해달라고 요청했다.

요르단에서는 좌익이던 술레이만 알 나불사이 수상이 카이로의 지원을 받아 후세인을 축출하려고 했을 때 후세인 국왕은 미국이 제공한 비밀 자금과 동지중해에 파견한 6함대의 지원에 힘입어 1957년 4월 베두인 병력을 동원해 의회를 해산하고 계엄령을 선포했다. 그 해 말 알레포(Allepo)에 이집트 분견대가 도착하자 후세인 국왕은 이를 자신에 대한 또 하나의 나세르주의 음모로 규정했다.

1958년 7월, 한때는 전국의 75%를 지배한 나세르주의 반란군에 시달리던 현지 정부를 보호하기 위해 미군 1만 4,000명이 레바논에 상륙했다. 동시에 미국의 병참 지원과 공중 엄호를 받은 영국 낙하산 부대 2,000명 대원도 현지의 나세르 쿠데타의 기선을 제압하기 위해 요르단에 투입되었다. 120년 전 유럽 열강이 오스만 제국을 돕기 위해 무함마드 알리에게 했던 것과 놀랍도록 비슷한 말투로 영국과 미국은 "자신들의 군대와 이집트와 시리아의 통제를 받는 군대들 간의 충돌이 가져올 치명적인 결과(the grave consequences)"를 경고했다.[42]

4) 6월전쟁(1967. 6. 5~6. 10)과 그 충격

(1) 전쟁의 발발

아랍과 이스라엘 간의 교전이 없던 시기에도 아랍-이스라엘 분쟁은 관련국의 태도에 많은 영향을 미쳤다. 이스라엘인들은 통합된 아랍국가의 잠재적인 군사력에 항상 공포를 느끼며 살았다. 아랍국가들의 정치

---

42) Ian S. Lustick, "The Absence of Middle Eastern Great Power: Political 'Backwardness' in Historical Perspective," p.669.

의식 속에는 1948년 전쟁에서 이스라엘의 승리와 1956년 이집트 침공에 대한 기억이 생생히 남아 있었다. 나세리즘을 둘러싼 많은 수사 속에는 시오니스트 점령자들로부터 팔레스타인을 해방시킨다는 약속이 담겨 있었다. 아랍 통합은 아랍이 이스라엘에 군사적 승리를 쟁취하는 데 필요한 힘을 갖기 위한 방법으로 아랍인들의 가슴 속에 자리 잡았다. 아랍의 관점에서 이스라엘은 서구 제국주의가 추구한 팽창주의의 요체였으며, 이스라엘은 조만간 유대인을 정착시키기 위해 더 넓은 땅을 확보하고자 아랍을 공격할 것이었다. 한편 이스라엘은 아랍의 선전에 주의를 기울이면서 소련이 이집트, 시리아, 이라크에 쏟아 붓는 군비를 경계심을 가지고 지켜보았다.

아랍 지도자들은 그들이 내세우던 선전보다는 훨씬 신중하게 행동했지만 1960년대 요르단-이스라엘 국경에서는 충돌이 빈번했다. 시리아에 기반을 둔 팔레스타인 게릴라들은 요르단 영토를 통해 이스라엘에 기습 공격을 가했다. 그러면 이스라엘은 요르단의 목표물에 보복을 가하곤 했다. 이러한 사태에도 1967년 초 동아랍국가들은 이스라엘보다는 아랍문제에 몰두했다. 왕정과 사회주의 국가 간의 군사적 충돌 가능성이 훨씬 급박한 상황이었다. 견고한 아랍연합을 창출하는 데 실패함으로써 그리고 예멘 내전에 개입함으로써 위신이 손상된 나세르는 개혁진영의 지도력을 유지하고 이집트 경제를 되살리기 위해 부심했다.

시리아와의 통합에 실패한 후 나세르는 요르단 강 서안, 가자지구, 요르단, 레바논 등지에 흩어져 살던 팔레스타인 난민 90만여 명을 민족 단위로 취급하면서 이스라엘을 타도하기 위한 무기로 삼았다. 이에 고무되어 해방조직 약 30개가 난립되었고, 1964년 5월에는 예루살렘에서 열린 제1차 팔레스타인 민족평의회(PNC: Palestine National Council)를 통해 팔레스타인 해방기구(PLO: Palestine Liberation Organization)가 결성되었다. 나세르는 PLO를 지원하는 한편 자신이 믿을 수 있는 아흐마드 슈케이리

(Aḥmad Shukeiri)를 앞세워 팔레스타인 해방운동을 일원화하려고 했다. 그러나 이러한 나세르의 정치적 구상은 시리아 대통령 아민 알 하피즈(Amīn al-Ḥāfiz: 1963~1966) 때문에 한계에 부딪쳤다.

1964년 10월, 시리아의 바아스당 정권의 실권을 장악한 하피즈는 이스라엘에 강경한 입장을 취했다. 여기에 팔레스타인 민족해방조직인 파타(Fatah)가 호응했는데, 1965년 1월 1일에 파타가 감행한 이스라엘에 대한 게릴라 활동은 하피즈 정권의 지원을 받고 있었다. 일차적 정책 목적을 예멘내전과 남예멘의 반영투쟁에 두고 이스라엘 관계를 신중하게 다루었던 나세르와는 달리 시리아의 하피즈 정권과 야세르 아라파트(Yasser Arafat)가 이끄는 파타는 이스라엘에 대한 강경투쟁을 계속했다. 1967년 발발한 중동전쟁의 발단은 시리아와 이스라엘 간의 이런 잦은 충돌에 있었다.

1966년 10월, 이집트와 군사 동맹을 맺는 데 성공한 시리아는 이스라엘에 대한 강경정책을 더욱 가속화시켰다. 설상가상 1967년 초 이스라엘 정부는 1948년 중동전쟁 당시 정전협정에서 비무장지대로 설정된 골란 고원 일대에 나할(Nahal)이라 부르는 주둔병을 진주시켜 이 지역에 농작물을 경작한다는 일방적인 조치를 발표했다. 이로써 이스라엘에 대한 시리아의 감정이 격앙되었다. 이처럼 긴박한 상황에서 시리아와 요르단 정부는 이집트가 적극적으로 개입할 것을 요구하고 나섰으며 나세르는 아랍의 지도자적인 입장에서 이를 전적으로 외면할 수 없었다. 나세르가 주저한다면 아랍은 그가 유엔군의 보호 아래 안주한다고 비난할 것이었다. 더욱이 1967년 5월, 소련과 시리아 정보부는 이스라엘이 팔레스타인 게릴라의 활동을 돕고 있는 시리아를 공격하기 위한 대규모 군사작전을 준비하고 있다고 보고했다. 그 보고는 잘못된 것이었다. 그러나 그 당시 이는 사실로 여겨졌다. 나세르는 범아랍 지도력을 강화하기 위해 시리아에 대한 위협에 즉각적으로 대응했다. 아랍국가들로부터 반향이 있었다. 나세르는 계엄령을 발동하고 동시에 만약 이스라엘이 시리아를 공격한다면 이집트는 이스라엘을 즉각 공격할 것이라고 천명했다. 5월 18일, 이집트는 이스라엘과의 전쟁에 장애가 될 것으로 간주하고 유엔군의 철수를 요구했다. 그리고 군대를 시나이 반도의 이집트·이스라엘 정전선과 티란 해협 입구의 샤름 엘 세이크(Sharm el-Sheikh)의 요새에 진주시켰다. 유엔 긴급군은 1956년 전쟁 이후 10여 년간 이 지역의 평화를 담보해왔다. 5월 22일에는 티란 해협이 봉쇄되었다.

돌이켜보면 나세르는 허세를 떨었던 것 같다. 이집트 군대의 상당 부분이 예멘의 수렁에 빠져 있었기 때문에 이집트는 이스라엘과 전쟁을 할 입장이 아니었다. 나세르는 미·소의 개입으로 위기가 진정되고 자신은 빠져나옴으로써 아랍 사회에 자신의 명성을 새로 세울 수 있으리라 기대했을 것이다. 그러나 나세르는 제어할 수 없는 상태에 빠져 있었다. 그는 이스라엘과 마지막 담판을 준비하는 것처럼 보였으며 다른 아랍 지도자들도 이에 가세했다. 한 예로 불과 며칠 전까지 이집트 신문에서 비난받던 요르단의 후세인 국왕은 5월 30일 이집트와의 상호 방위협정에 조인하기 위해 카이로로 날아갔다. 며칠 후에는 이라크도 이 협정에 가담했다.

이스라엘은 이러한 상황에 신속히 대응했다. 이스라엘로서는 이집트가 해협을 봉쇄하는 것도, 나세르를 중심으로 아랍의 결속력이 커지는 것도 참을 수 없었다. 이스라엘은 군사적 대응방침을 결정하고 5월 29일 수에즈 전쟁의 영웅인 모세 다얀(Moshe Dayan)을 국방상에 임명함으로써 전시 내각을 조직했다.

(2) 전쟁의 추이와 결과

1967년 6월 5일 새벽, 이스라엘 공군은 공격을 개시한 지 3시간 만에 아랍국가들의 비행기 400여 대를 지상에서 파괴했는데 그중 286대가 이집트 비행기였다. 다시 말해 이스라엘 기습 공격의 주된 대상은 이집트였으며 이스라엘 지상부대의 주력도 시나이 반도에 집중 투입되었다. 이스라엘의 기갑부대는 민첩한 공수작전으로 시나이 반도에 진주한 이집트 기갑부대를 완전히 파괴시켰다. 이스라엘 기갑부대의 손실은 고작 19대였다. 같은 날 시리아와 요르단이 전투에 뛰어들었는데 이스라엘 공군은 이들 나라의 공군도 효과적으로 파괴했다. 제공권을 장악한 후 이스라엘 지상군은 6월 8일에 수에즈 운하에 도달했다. 이집트는 당시 20억 달러에 달하는 막대한 군 장비를 보유하고 있었으나 이스라엘의 기습 공격으로 완전히 파괴된 상태였다.

아랍 연합군은 작전상 보조가 맞지 않았으며 시리아는 전쟁 발발의 동기가 자국에 있었음에도 적극적이지 않았다. 이스라엘은 요르단과는 불과 3일, 이집트와는 4일, 시리아와는 5일 만에 정전협정을 성립시켰다. 6월 10일 이스라엘의 전투가 중단되었기 때문에 이스라엘은 이 전쟁을 '6일전쟁'이라고 부르지만 아랍 측은 이런 굴욕적인 표현 대신 '6월전쟁'이라고 부른다.

아랍의 패배는 물질적인 면과 심리적인 면에서 대가를 치렀다. 세 아랍 교전국은 이스라엘에 영토의 일부를 점령당했다. 이집트는 시나이의 유전을 빼앗겼으며 수에즈 운하에서 나오는 수입을 박탈당했다. 이러한 손실을 보충하기 위해 이집트는 얼마 전까지 비난했던 사우디아라비아, 쿠웨이트 왕정으로부터 보조금을 받지 않을 수 없는 굴욕적인 처지에 놓였다. 요르단은 가장 생산성이 높은 농업지역인 서안을 잃었을 뿐 아니라 예루살렘과 베들레헴 같은 성지도 잃었다. 시리아로서는 골란 고원을 상실한 것이 주요한 경제적 손실은 아니었지만 그곳에 이스라엘군이 주둔함으로써 다마스쿠스가 타격 사정권에 놓이게 되었다. 또한 아랍국들은 병력의 10분의 1을 잃었다. 이집트는 병력 1만 2,000여 명을 비롯해 공군과 기갑부대의 80%를 잃었다. 시리아인은 2,500

명이 사망했으며 요르단 군대는 일시적으로 전투력을 상실했다. 이집트 내부적으로는 수에즈 운하에서 계속된 전투로 이 지역 도시가 폐허가 되었으며 주민은 다른 지역으로 이주할 수밖에 없었다. 시리아에서는 골란 고원에 거주하던 8만여 명이 생활의 기반을 잃었다. 반면 이스라엘은 동예루살렘, 서안, 가자지구, 시나이, 골란 고원을 탈취함으로써 아랍인 150만 명을 떠안게 되었고 이에 따라 국가 정체성에 많은 문제가 생겼다.

전쟁에 따른 또 다른 국면은 아랍과 이스라엘의 심각한 군사력 불균형이 노출되었다는 것이다. 이스라엘이 전쟁을 승리로 이끈 속도와 완벽성은 이스라엘군에게 불패의 신화를 안겨주었다. 또한 이스라엘 군대가 보여준 모든 부문에 대한 완벽한 운용은 세계 군사조직의 연구대상이 되었다. 하지만 이 전쟁은 반대로 아랍군, 특히 이집트 군대가 무능해 보이는 데 일조했다. 또한 전쟁 직후의 조사를 통해 이집트 군대의 부패와 실수가 드러나면서 나세르 체제 전체의 명예가 실추되었다.

새로운 아랍체제의 허장성세에 대한 심리적 충격이야말로 전쟁이 미친 가장 뼈아픈 결과였을 것이다. 1948년 전쟁에서의 패배가 지주 엘리트, 도시 유지, 그리고 부유한 왕의 구체제를 망신거리로 만들었던 것처럼 1967년의 패주는 1950년대 집권한 군사체제의 명성을 헛되게 만들었다.

(3) 전쟁의 여파

6월전쟁은 범아랍주의 개념에 대한 새로운 장을 열었다. 일방적인 패배와 그로 인한 사회적·경제적 여건의 악화로 나세르는 온건노선으로 선회하지 않을 수 없었다. 전쟁 직후인 1969년 8월 29일, 수단의 수도 하르툼(Khartoum)에서 전후 처리를 위한 아랍연맹 정상들의 회의가 열렸다. 그들은 결의(The Khartoum Resolution, 9. 1)를 통해 '이스라엘과의 평화 금기(no peace with Israel)', '이스라엘과의 협상 금기(no negotiation with Israel)', '이스라엘에 대한 승인 금기(no recognition of Israel)' 등 세 가지의 금기(Three "no's")를 선언했다. 그러나 그것은 이스라엘 문제를 해결하기 위해 전쟁에 호소하는 것은 무의미하다는 인식에 따른 것이었다. 12월에는 예멘에서 이집트군이 철수함으로써 사우디아라비아와 이집트 간의 관계가 개선되었다. 이는 나세르가 전쟁 이전의 기본 신념이던 진보적 과격노선을 포기한다는 의미였다. 전쟁이 패배한 원인은 아랍이 단결하지 못한 것이기도 했다. 전쟁은 단결만이 아랍이 살아남을 수 있는 길이라는 교훈을 남겼다. 1967년 이후 범아랍주의에서는 '협조' 개념이 다시 주류를 이루었고 '통합'으로서 범아랍주의에 대한 충동은 새로운 의미를 부여받았다. 주권의 개념이 부활했다. 협조의 본질은 정치적인 부문에서부터 경제 또는 다른 부문으로까지 확산되었으며 정부 차원에서 모든 계급의 인민을 포함하는 수준으로 심화되었다.

전쟁에서 이스라엘이 일방적인 승리를 거둘 수 있었던 것은 군 장비 및 정보 면에서 미국의 지원이 있었기 때문이라는 사실이 명백했기 때문에 중동의 진보적인 국가들은 미국을 원망했다. 대안은 소련이었다. 이집트 역시 전쟁에서의 패배로 이집트가 겪은 패배감과 사회경제적 여건의 악화에서 탈피할 필요가 있었기 때문에 나세르의 대외정책은 더욱 소련 쪽으로 기울었다.

전쟁은 팔레스타인 문제에 또 다른 이정표가 되었다. 1947년 11월 이른바 유엔 다수안으로 채택된 팔레스타인 분할안에서 유대인에게 할당된 영토는 1만 5,000km²였으나 1948년 전쟁의 결과 2만 800km²가 되었다. 특히 이 전쟁으로 가자지구, 서안, 골란 고원, 시나이 반도의 8,600km²가 이스라엘의 점령지가 됨으로써 이스라엘 지배하에 놓인 면적은 이스라엘 독립 초기의 8배에 달하는 10만 2,400km²로 확대되었다.

[그림 3] 6월전쟁 후 이스라엘 점령지

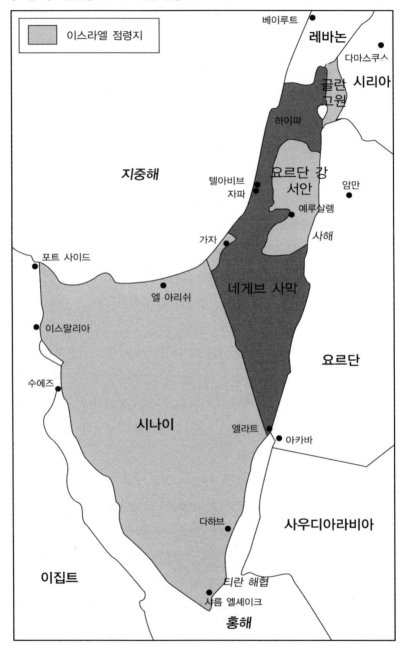

이와 같은 이스라엘의 점령지 확대는 새로운 난민 30만 명이 점령지에서 축출되어 인접국가로 유입된다는 의미였다. 이러한 현대판 엑소더스는 팔레스타인 해방전선의 저력 확대에 기여해 PLO 활동을 더욱 활성화시켰다. 이 전쟁을 계기로 팔레스타인 사람들은 자신들의 독립 쟁취에 대한 사고를 바꿨다. 일반적으로 팔레스타인 사람들은 팔레스타인 해방의 방법을 아랍 민족주의의 승화에서 찾았는데 아랍의 참담한 패배를 보고 그것이 어렵다는 사실을 절감했다. 그보다는 차라리 팔레스타인 해방을 통해 아랍 민족주의를 승화하는 것이 더 승산 있다고 여겼다. 이로써 팔레스타인 민족주의가 고조되었다. 팔레스타인 사람들의 행동이 과격해지고 PLO 분파에 의한 유혈폭력 사태가 빈번해졌다.

6월전쟁으로 이스라엘에 요르단 강 서안과 가자지구를 빼앗기자 팔레스타인 민족평의회를 이끌어오던 슈케이리 의장의 입지가 현저히 약화되었다. 이는 1968년 3월, 카라메 전투(Battle of Karameh)의 주역인 아라파트 의장이 이끄는 파타가 PLO의 주도 세력으로 등장하는 계기가 되었다. 이와 동시에 파타는 영국이 위임통치하던 팔레스타인 땅에 아랍인과 유대인, 무슬림과 기독교도 모두에게 평등한 민주국가를 세우는 것을 목표로 내세웠다. 4개월 후 아라파트는 카이로에서 개최된 팔레스타인 민족평의회 5차대회에서 PLO 집행위원장으로 선출되었다. 아라파트는 의장에 취임하자 "팔레스타인 사람들이 유엔의 구호물자를 타기 위해 줄을 서 있는 한 세계는 PLO를 존경하지 않는다"라며 PLO를 무장조직으로 전환시켰다.

이와 같이 1967년 전쟁의 패배를 계기로 민족주의 운동을 활성화시킨 팔레스타인 해방운동은 한때 요르단에서 세력이 비대화되어 '국가 내의 국가'를 형성할 만큼 절정에 올랐다. 그러나 비대화된 PLO 세력은 후세인 국왕의 반발을 샀고 결국 요르단에서 축출되어 레바논으로 활동무대를 옮겨야 하는 서러움을 맛보았다. 1971년 요르단에서 일어난 대규모 엑소더스는 아랍 대의나 아랍 민족주의가 얼마나 허구적인 정치 구호인가를 잘 보여주었다. 후세인은 팔레스타인 세력이 자신에게 도전해올 가능성을 항상 경계했으며 서안이나 가자지구를 중심으로 하는 이른바 소국가안이 현실화되더라도 그 국가는 하심 왕국과 연합을 형성해야 한다고 생각했다. 결국 후세인에게 아랍 민족주의는 하심 왕국의 안전과 직결되는 문제였을 뿐 아랍 형제나 팔레스타인 해방에 큰 의미를 둔 것은 결코 아니었다.

레바논은 팔레스타인 난민이 대규모로 유입되면서 정치 상황이 불안정해졌다. 특히 팔레스타인 난민촌을 배경으로 팔레스타인 무장세력의 대(對)이스라엘 투쟁이 격화되면서 기독교도와 이슬람교도 간의 불신이 깊어졌고 이는 결국 내전(1975)으로 비화되었다.

5) 나세리즘의 좌절

나세르는 1950년대 중반에서 사망한 1970년까지 중동의 정치와 외교를 지배했다. 그러나 이집트의 힘을 배경으로 아랍주의의 정치적 원동력을 이용해 아랍을 통합시키려던 그의 노력은 실패로 끝났다. 1963년에 이집트, 시리아, 이라크 3국의 통합을 위한 정상회담이 실패한 후 1965년 알제리 혁명으로 독립투사이자 친나세르파인 하메드 벤 벨라(Ahmed Ben Bella, 대통령: 1963. 9~1965. 6)의 정권이 붕괴했다. 이집트의 동맹국 이라크에서도 정권이 교체되었으며, 산유부국 쿠웨이트는 아랍 공동시장을 이탈해 이집트의 경쟁국인 사우디아라비아의 파이잘(Faysal II: 1964~1975)과 공동전선을 형성했다. 요르단, 수단, 레바논 등 여러 아랍연맹 회원국은 자국 내 문제에 몰두했으며, 튀니지, 모로코, 리비아 등 마그레브 국가들은 독자적인 노선을 추구했다. 시리아에서는 반나세르 정권이 강화되고 이스라엘과의 전쟁에서 주도권을 장악하기 위해 이스라엘 영내로 테러조직을 침투시켰다. 이집트는 인구, 공업력, 군사력 등 여러 면에서 탁월한 아랍세계의 혁신세력이었지만 당시 나세르를 추종하던 국가는 북예멘뿐이었다.

나세르주의가 실패한 원인은 정책적인 차원에서 분석해볼 수 있다. 우선 그의 방식이 지나치게 강압적이었으며, 너무 명백하게 이집트의 헤게모니에 중점을 두었기 때문이다. 그러나 나세르가 사용한 위협, 강제, 전복 등의 강압적인 방법은 나세르뿐 아니라 당시 다른 강대국도 사용한 것이었다. 역사적으로 통일체를 이루려는 시도에서 이러한 방식이 흔히 사용되었다는 사실을 고려한다면 이것만으로는 나세리즘의 실패를 충분히 설명할 수 없다.

나세르주의의 실패를 설명하는 또 다른 입장은 세계를 양분·재편하려는 미국과 소련의 냉전적 대결구조가 이 지역의 통합에 결정적인 장애로 작용했다고 보는 시각이다. 그러나 이 점도 결정적인 요인은 되지 못했다. 이에 대해서는 다음 장에서 논의한다.

마지막으로 아랍의 통합을 위한 나세르의 노력이 실패한 원인을 국제정치 구조적 시각에서 중동의 본질적인 특성인 동방문제 구조를 통해 찾을 수 있다고 보는 입장이다. 이집트의 국력을 배경으로 한 나세르의 아랍 통일 기도는 이집트를 아랍의 어떤 단일 적대국보다, 더 나아가 아랍 적대세력의 어느 연합보다도 강한 위치에 올려놓았다. 이스라엘처럼 아랍에 적대적인 세력이 서구의 지원을 받았기 때문에 그의 소련 성향은 외부 세력을 중화시키고 아랍세계에서 이집트의 우세를 확보하려는 의도로 형성된 것이었다.

무함마드 알리가 자신의 국가 형성과 국가 팽창의 야심을 봉쇄하기 위해 영국이 개입하는 것을 언제나 우려했듯이 나세르 또한 강대국 클럽의 새로운 지도국이 된 미국이 지속적인 호의를 보이기를 갈망했다. 나세르의 자유장교단이 파루크 왕조를 전복시켰을 때 미국은 놀라지 않았다. 혁명 전 수개월 동안 나세르와 미국의 중앙정보국은 우호적으로 접촉했기 때문이다. 1954년 CIA의 나세르에 대한 채널은 자금(資金)의 인도와 미국-이집트 동맹 가능성 타진에 이용되었다.[43]

1955년 무기 거래에서 시작된 소련과의 동맹은 대부분 나세르 개인의 힘으로 이룬 것이었다. 이념적으로 보면 나세르는 진정으로 독자적이었다. 그는 급진적 민족주의자도 마르크스주의자도 심지어 사회주의자도 아니었다. 이집트의 절망적인 경제 상황이 그로 하여금 좌익을 선택할 수밖에 없도록 만들었으며, 이 점에서 미국은 모든 조건에 걸쳐 아랍 대의에 역행했다. 서구세력은 이스라엘, 아프리카, 아라비아 반도에서 이집트와 충돌했다. 이 때문에 그는 소련을 선택했다. 미국은 나세르에게 기껏해야 우호적 중립의 입장을 취할 수 있었다. 미국은 그가 이스라엘과 전쟁을 하지 않고, 아프리카에 개입하지 않으며, 로켓이나 핵무기를 제조하지 않고, 오직 국내경제 건설에만 전념해주기를 바랐다. 미국은 그가 가슴에 품은 모든 희망을 자제해주기를 바란 것이다. 그러나 소련은 모든 면에서 그에게 동정적이었다.[44]

그런 입장에서 보면 나세르의 선택은 대부분 정당한 것이었으며 그러한 노력은 대체로 성공을 거두었다. 그러나 그런 성공은 아랍을 통합하는 데 결정적인 변수로 작용하기에는 미흡했다. 말하자면 중동의 동방문제 구조 속에 깊이 뿌리내리고 있던 체제 전반의 자동 조절적 특성(homeostatic quality)을 나세르는 극복할 수 없었던 것이다. 그의 지역기반 세력은 이스라엘을 군사적으로 패배시키기에는 불충분했으며, 대결

43) Ian S. Lustick, "The Absence of Middle Eastern Great Power: Political 'Backwardness' in Historical Perspective," p.667.

44) Wlater Laqueur, *The Struggle for the Middle East: The Soviet Union and the Middle East 1918-1968*(London: Routledge and Kegan Paul, 1970), p.83.

전략은 이스라엘에 승리할 가능성과 적어도 이스라엘을 중화시킬 가능성마저도 배제시키고 있었다. 이스라엘을 지원하는 강대국에 대해 그의 적대국을 불러들임으로써 나세르가 얻을 수 있는 최대치의 성과는 중동에 만연되어 있는 범세계적인 차원의 균형을 얻는 것이 고작이었다.

소련세력을 이용하려던 나세르의 정책은 이집트 입장에서 볼 때 거의 대부분 부정적인 결과로 나타났다. 나세르는 자신의 야망을 달성하기 위해 대규모의 외국 원조가 필요했다. 그는 이집트 독립에 대한 어떠한 손상도 없이 그런 지원을 얻어낼 수 있다고 자신과 다른 사람들을 설득함으로써 도박을 시작할 수밖에 없었다. 그는 의지는 강했지만 진정한 지혜나 통찰은 없었다. 그는 이집트의 강대함을 전제로 외래사상에 대한 면역성을 믿었으며 근대세계에서 급진적 아랍 민족주의의 중요성을 과대평가했다.

나세르는 정치적으로 궁지에 몰릴 때면 언제나 소련에서 대안을 찾았다. 그러나 1965년 이후에는 그럴 수도 없었다. 소련은 기존 서구의 입장을 약화시키기 위해 이집트를 지원할 수도 있었지만 소련을 포함한 모든 외부 세력에 대항할 수 있는 세력이 아랍지역에서 생기는 것은 원치 않았다. 나세르 역시 항상 아랍 공산주의자들을 강압적으로 통제했다. 1958년 시리아와의 연합 역시 시리아 공산주의자들에 대한 바아스당의 공포(恐怖)에 나세르가 호응한 것이었다.

파머스톤과 클레멘스 W. L. 폰 메테르니히(Klemens W. L. von Metternich)가 강력하고 독립적인 이집트를 용납할 수 없었던 것처럼, 존 F. 덜레스, 이든, 가이 몰레(Guy Mollet, 프랑스 수상: 1956~1957), 니키타 S. 흐루쇼프(Nikita S. Khrushchyov, 소련 공산당 서기장: 1953~1964)까지 어느 누구도 진정으로 강력하고 독립적인 통일 아랍국가의 이념을 용납할 수 없었다. 이 두 시기 모두 위세 등등하던 열강은 신생 중동국가들을 일시적이고 편의적이며 가끔은 주변적인 방법으로 다루었다. 영국이 후원한 아랍연맹과 미국이 후원한 바그다드 협정은 중동국가들의 정치조직을 위한 두 가지 도식이었는데, 두 강대국의 엄청난 위세와 정책이 과장되게 나타난 것에 불과했다.

　결국 나세르가 아랍 통일에 실패한 것은 적대적인 서구 때문만도, 이스라엘과의 갈등 때문만도 아니었다. 또한 소련이나 그의 서투른 대 아랍 외교 역량 때문만도, 지역의 경쟁구도 때문만도 아니었다. 아랍 통일이 실패한 것은 이 모든 요소가 동시다발적으로 작용한 결과였다. 그것은 동방문제 구조였다. 이러한 관점에서 무함마드 알리와 나세르는 거의 같은 입장에 있었다.

제 4 장

동서진영의 대결과 지역 이니셔티브

1. 양극체제와 지역체제

1) 관점의 개발

제2차 세계대전 후 국제사회에는 새로운 정치구조가 정착되었다. 그 주요 특징은 구유럽 '열강' 체제를 대신해 새로운 범세계적 균형 속에서 지배적인 '초강대국'으로 미국과 소련이 출현했다는 것이다. 또 다른 중요한 사태는 그동안 서구의 지배하에 있던 아시아와 아프리카에서 급속한 탈식민지화가 이루어졌다는 것이다. 이 두 가지 근본적 변화가 결합되어 초강대국과 해방된 제3세계 국가 간에 고도로 복합적인 상호작용이 연출되었다.

이와 관련해 중동에서도 영국과 프랑스의 위임통치가 끝나고 새로운 여러 개의 독립국가가 출현함으로써 국제정치 구조상 근본적인 재편이 이루어졌다. 이 과정을 통해 나타난 중동의 여러 문제점은 중동지역이 안고 있던 여러 내적인 문제 및 이 지역을 중심으로 발현된 외부 세력 간의 갈등과 다각적으로 결합됨으로써 더욱 복잡해졌다. 이러한 양상은 중동의 전략적 위치와 석유자원이 세계경제에서 차지하는 중요성으로 중동지역의 양극적 갈등이 더욱 첨예화되고 이에 대항하는 세력으로서 제3세계가 주요 변수로 새롭게 등장하는 상황과 밀접한 관련이 있다.

체제의 특성문제와 관련해 제기된 문제는 지역 내에 새로 등장한 다수의 국제정치 주체들은 과거와는 별개의 행동규칙을 갖고 각기 독립적으로 행동하게 되었는가, 중동에 새롭게 등장한 국가의 행동규칙은 여전히 공통된 여러 변수에 의한 통일성으로 범주화할 수 있는가, 중동 역시 다른 지역과 마찬가지로 세계를 총괄하는 양극체제의 논리에 엄격히 구속받고 있는가 등이었다.

이러한 문제는 오늘날 국제정치의 연구에서 나타난 두 가지 접근법, 즉 체계화와 준거 틀을 강조하는 입장과 특성 지역국가의 정책에 대해 더욱 전문적인 지식을 추구하는 지역연구에 강조를 두는 접근법의 문제로 귀결된다. 전자의 입장은 국제정치의 연구에서 행위주체가 관념적인 모델을 설정하고 그 준거 틀을 따르는 한 모든 지역국가에 적용할 수 있는 광범위한 일반화가 가능하다는 것이며, 후자의 입장은 특정 지역의 대외관계를 그 관계가 생겨나게 된 전반적인 사회적·역사적 맥락과 관련지어 이해하려는 것이다.[1]

체계화의 논의는 대개 전통적인 세력균형 이론에서 출발해 이 이론이 변형되거나 이론의 강조점이 변화함으로써 등장했는데 대개 균형(balance) 개념보다는 세력(power) 개념에 초점을 맞추거나(특히 모겐소의 경우) 복합적으로 이루어지는 여러 상관관계의 유형으로 세력 균형을 인식하는 경우(캐프란의 경우)가 많다. 특히 행위자의 상호작용 유형을 의미하는 범세계체제론의 경우 체제 내의 행위자들은 일정한 일련의

---

1) Leonard Binder, "The middle East as a Subordinate International System," Richard A. Falk and Saul H. Mendlovitz(eds.), *Regional Politics and World Order*(San Fransisco: W. H. Freeman Co., 1973), p.355.

규칙에 의해 행동하는 것을 전제로 한다.

여기에는 기본 명제가 세 가지 있는데 첫째, 국가와 국제기구나 운동 단체를 포함하는 비국가 행위자들은 각각 다른 능력과 특징적 구조와 목표를 가진다는 것이다. 둘째, 행위자들의 관계는 국제적 갈등과 협조의 산물로서 비교적 안정적인 유형으로 나타나며 이러한 유형이 모여 전체 체제를 이룬다는 것이다. 그러나 이러한 전체 체제는 구성원 간의 관계가 단순히 합산된 그 이상의 것이며, 이 관계는 외교, 경제, 문화, 군사 등 각기 다른 관련 영역을 갖는다. 셋째, 이들 관계는 국제법과 국제기구에 대한 고려, 국제관행으로 이루어지는데 이는 일련의 규칙에 의해 규제된다는 것이다. 이 규칙은 명시적 또는 묵시적으로, 성문 또는 불문의 형태로 존재한다.[2]

따라서 범세계 체제를 포함하는 이 체제에 관한 구조이론은 국제관계의 여러 측면을 '시스템'이라는 상호관련된 요소의 집단·통합체로 포착하고 국제관계가 어떤 경향과 법칙에 따라 움직이는지를 분석하는데 유용하다.[3] 그러나 세력과 관계없는 변칙적 행동을 다루는 데는 너무 단순하다는 결점이 있다. 그 이유는 이러한 설명이 대개 미·소관계를 너무 강조하며 양극화(bipolarity)라는 추상적인 개념으로 단순화되기 때문이다. 이 경우 범세계적 체제와 외교정책 간의 연계가 너무 일반적인 견지에서 취급되고 제3세계에서 각기 다른 지역 간의 특수한 편차가 존재하지 않는 것처럼 이들을 한 덩어리로 취급한다는 약점이 있다.

전통적인 견해에 따르면 초강대국만이 범세계적인 세력 범위와 결정

---

2) Bahgat Korany and Ali E. Hillal Dessouki, "The Global System and Arab Foreign Politics: The Primacy of Constraints," Korany and Dessouki, *The Foreign Policies of Arab States*, p.20.

3) 김상준, 『국제정치 이론 I』(서울: 삼영사, 1979), 230쪽.

적 능력, 비교적 안정적인 동맹체제로부터 지지를 받으며 범세계적 질서에 책임을 질 수 있기 때문에 지역적 체제에 필요한 자율성은 이들에 의해 어느 정도 무시될 수 있다고 본다.[4] 따라서 국제정치적 개입과 관련된 전략적 측면에서 경제적·군사적 자원의 증대와 정치적 영향력의 증대는 정확히 비례한다고 본다.

중동문제를 해결하기 위한 이강(Two-Power) 또는 사강(Four-Power)의 회의는 이러한 이상한 우월감과 독단에 의해 지배되었다. 만약 열강이 자신들의 합의를 이룰 수만 있다면 그들은 지역 내의 여러 대결세력에게 어떤 형태로든 해결을 강요할 수 있고 이를 통해 지속적인 평화를 수립할 수 있다고 여겼던 것이다. 이러한 사고는 동방문제 시기에 서구 열강이 가지고 있던 기본적인 가정과 같은 종류였다.

이러한 접근법의 주요 가정은 국제정치가 총체적(total)이고 범세계적(global)이라는 것이다. 이 가정은 대개 현대전에서 예상되는 성격 — 핵무기의 고려 — 에 기초한 것이며 따라서 현실적이기보다는 잠재적인 것이다. 이 경우 제3세계에 대한 일반적 견해는 '종속 상태'다. 이러한 종속적인 시각은 국제적 계층과 불평등성, 주요 체제의 저개발국에 대한 영향력 등으로 요약된다.[5]

미·소가 안보 평가에 영토 한계를 고려치 않는 한 이들에게 국제정치는 총체적이고 범세계적이다. 그러나 그런 견해가 다른 모든 국가에 그대로 적용되지는 않는다. 적어도 어떤 국제관계에서 상호억제의 상황이 존재할 경우에는 관련 국가의 견해가 어느 정도 설득력을 가질 수 있다. 상호억제의 상황이 강대국의 개입을 어느 정도 효과적으로 저지할 수

---

4) Thomas P. Thornton, *The Challenge to U. S. Policy in the Third* World: *Global Responsibilities and Regional Devolution*(Boulder: Westview Press, 1986), p.24.

5) Korany and Dessouki, *The Foreign Policies of Arab States*, p.19.

있다면 작은 국가도 그만큼의 행동 자유를 가질 수 있는 것이다. 이러한 경우 약소국가에게 국제정치는 반드시 총체적이거나 범세계적인 것만은 아니다.

결국 미·소관계를 설명하는 체제적·구조적·과학적인 법칙은 그 체제에 편입되지 않았거나 편입되기를 거부하는 국가의 정치를 설명하는 데 적당치 않다. 그간 미국과 소련 모두가 중동지역의 특징적인 행태, 즉 기습적 탈취와 장기 점령 또는 기정사실화, 광범위한 정치적·사회적 개편 등으로 이 지역에 결정적인 영향력을 행사하지 못함으로써 이들 초강대국들의 우월성은 빛을 발하지 못했다. 지역의 궁극적인 역동성은 강대국 간의 갈등이 반영된 것이 아니라 대부분 독립적이고 자율적으로 나타났던 것이다. 따라서 중동의 경우 체계구조 이론의 비범세계적 (non-global) 영역은 매우 중요하다.

제3세계의 출현과 관련해 이 국가들을 독자적인 틀로 집단화시켜 연구하는 것은 몇 가지 점에서 장점이 있다. 첫째, 미·소와 제3세계 간을 이원적으로 다룰 수 있는 안보문제는 실제로 극히 적다는 점이다. 둘째, 제3세계가 스스로를 지역적 맥락에서 인식하고 있다는 점이다. 셋째, 오늘날 국제정치 사회에는 200개가 넘는 국가가 존재하기 때문에 양극 체제 이론에 비해 연구 범위를 설정하기가 용이하다는 점이다.

그러나 우리가 하나의 단일한 범세계적 국제체제뿐 아니라 다양한 국제관계 속에서 여러 체제와 관련을 맺고 있다는 점을 고려한다면 광범위 이론인 체계구조적 접근법과 지역연구적 접근법 간의 결합은 중요한 의의를 갖는다. 문제는 지역을 집단화하는 경우 그 기준은 무엇이며 이를 외부체제와 어떻게 관련시킬 것인가이다.

중동의 외부 세계는 모든 국제적 상호작용과 미·소 경쟁, 이에 대한 여타 국가의 대응으로 특징지어지는 범세계적 체제이며, 중동의 국제체제는 전반적인 범세계적 체제와 그들 스스로의 규정 및 설명을 통해 성립된, 그러나 오로지 범세계적 체제의 맥락 안에서만 작용할 수 있는 일련의 하부체제(subsystem)로 구성되어 있다.6)

지역적 하부체제는 구조보다 기능에 초점을 맞추며 구성원의 상호작용을 집단화의 근거로 삼는다. 그 구성원은 대개 지역적 인접성을 가지며 그에 비례해 상호작용의 기회가 많다. 따라서 지역적 하부체제는 자신의 집단적 이익을 극대화하기 위해 내부 문제를 규율하고 외부체제와 자신을 관련시키는 조건에 대해 통제력을 확보해야 한다는 두 가지 목표를 가지며, 이 점에서 특정 강대국이 강제적으로 지역의 헤게모니를 강요했던 동유럽 체제와는 구별할 필요가 있다.

중동에 지역적 관점을 적용하는 것은 단순한 연구상의 편의를 넘어 지역의 개념 없이는 이해되지 않는 본질적인 문제에 도움을 받기 위함이다. 이 장은 이 점에 착안해 중동의 지역체제적 특성이 주요 체제적 성격, 즉 양극화에 따른 냉전논리로 설명될 수 있는가를 분석하기 위해 주요 국제체제와 하나의 하부체제로서 중동 지역체제를 설정하고 미·소의 중동정책과 이에 대한 지역체제 대응의 역사적 추이를 살펴봄으로써 특징적인 행위 패턴을 찾아낼 것이다. 이로써 양극체제의 논리로서는 설명할 수 없는 영역에 대해 적절한 설명의 틀을 만들어내려 한다.

2) 제2차 세계대전 후 중동의 국제정치

(1) 좌절과 도전의 시기

지역적 차원에서 제2차 세계대전 후 냉전시기의 아랍 국제정치는 편의상 몇 단계로 구분해볼 수 있다. 이 시기의 첫 10년은 제2차 세계대

---

6) Thomas P. Thornton, *The Challenge to U. S. Policy in the Third World: Global Responsibilities and Regional Devolution*, p.20.

전 이후 나세르의 수에즈 국유화 선언으로 일어난 1956년 수에즈 전쟁까지다. 이 시기에 발생한 주요한 정치적 추이와 사건으로는 독립의 공고화와 확장, 1948년 전쟁의 패배와 그 결과로 시리아(1949년 7월, 12월의 쿠데타), 이집트(1952년 7월 이집트 자유장교단의 쿠데타로 인한 파루크 왕조붕괴), 요르단(1956년 좌파국민연합의 정치무대 등장)의 구정치 집단들이 받은 충격, 이스라엘의 출현과 이스라엘에 대한 서방의 지원으로 가열된 반서방운동, 중립주의의 대두, 사회주의의 유입 등을 들 수 있다. 알제리는 또 다른 이레덴타(irredenta)로 게릴라전 — 프랑스계 이주민 콜롱(colon)에 대한 저항운동의 강화 — 을 경험했고, 아덴은 영국의 식민지가 되었으며, 페르시아 만 지역도 영국의 패권적 지배하에서 신식민주의 형태의 경제적 침투를 경험하는 등 아랍인의 희망은 좌절로 끝났다.

이 시기의 두 번째 10년은 수에즈 전쟁부터 1967년 중동전까지다. 이른바 '나세르의 시대'로 통칭되는 아랍 민족주의의 절정기로서 정치전복에서부터 자발적인 연합까지 다양한 정책과 전술을 통해 아랍의 통합을 기도한 시기였다. 이 시기에는 모로코(1956), 튀니지(1956), 수단(1956), 알제리(1962), 아덴(1967) 등의 독립 실현, 1958년의 이집트-시리아 통합, 왕정을 타파한 이라크 혁명 발발(1958), 요르단에서의 인민전선 형성 등 괄목할 만한 진전이 있었는데, 이들 모두 1956년 수에즈 전쟁에서 패배한 후에 거둔 나세르의 정치적 승리와 밀접한 관련이 있다. 나세르는 이 기간에 시리아와 이집트를 통합시킴으로써 범아랍주의의 기치를 높이 내걸었지만 이라크에서는 혁명(1958. 7)이 발발해 나세리즘에 새로운 대안을 제시했다. 한편 예멘에서는 내전(1962~1967)이 발생해 이집트와 소련은 공화파를, 사우디아라비아와 미국은 왕당파를 지원하는 등 이 지역의 이데올로기적 갈등이 국제분쟁으로 비화되었다.

1958년 당시 아랍세계는 통일아랍공화국과 사우드-하심가(사우디아라비아-요르단)의 양 세력이 이끌고 있었다. 레바논은 이 양자 사이에서 추처럼 움직였으며 이라크는 공산주의 정권으로 경계의 대상이었다. 또 아랍 사회주의가 시리아와 알제리 그리고 부분적으로는 이라크에까지 침투함으로써 빈곤한 국가의 진보주의와 석유부국의 보수주의 사이에 심각한 틈이 생겨났다. 이 시기 말엽에는 팔레스타인 난민이 나세르의 범아랍주의와 이스라엘에 대한 패배감으로 게릴라 활동을 시작했는데 이는 1967년 전쟁의 중요한 원인이 되었다.

그러나 아랍 사회주의는 이집트, 시리아, 이라크, 수단 등에서 제한적으로 승인받았을 뿐이며, 이라크, 시리아, 이집트가 연합에 실패함으로써 이집트-시리아 통합도 얼마 가지 않아 붕괴되었다. 보수적 왕정체제는 진보주의의 거센 도전에도 모로코(1964년 알제리와의 전쟁), 사우디아라비아(1962년, 1965년 이집트의 전복 기도), 요르단(1957년 같은 빈번한 쿠데타)에서 존속되었다. 튀니지, 레바논의 온건주의자들 역시 나세르주의자들과 바아스 급진자들 간의 어려운 관계 속[1958년의 레바논 내전, 잦은 암살을 포함하는 나세르와 튀니지의 대통령 마비브 부르기바(Mabib Bourguiba: 1957. 7~1987. 11) 사이의 갈등 등]에서도 여전히 살아남았다. 또한 예멘내전은 이집트가 예멘에 대규모 군대를 파견하고 소련이 이집트와 예멘을 지원했음에도 쉽게 결말을 보지 못했다. 또 이스라엘은 여전히 군사적·경제적 강국으로 중동지역에 존재했다.

결국 모험적 시도로 아랍이 처한 좌절과 절망을 극복하려는 열망을 담아 나세르는 1967년에 6월전쟁을 일으켰지만 이 전쟁은 어떤 전쟁보다 참혹한 패배를 가져왔다. 만일 정치를 가능성의 기예(art of the possible)라고 한다면 아랍의 급진적 정치인들은 자신의 무능함만 드러내고만 셈이었다.[7]

---

7) Arnold Hottinger, "The great Power and Middle East," William E. Griffith(ed.), *The World and Great Power Triangle*(Cambridge: MIT Press, 1975), p.106.

(2) 사다트의 등장

이 시기는 1967년 6월전쟁 이후부터 1978년 9월의 캠프 데이비드 협정까지다. 6월전쟁은 아랍 내부 관계에 몇 가지 중요한 변화를 가져 왔다. 나세르주의의 몰락이 가속화되었으며 이에 따라 이데올로기의 대 결이 완화되었다. 이집트, 시리아와 요르단은 이스라엘과의 투쟁에서 '최소한의 아랍의 요구'에 합의했지만, 서로 간에 분명한 정책적 차이 와 어느 정도의 적대감이 존재했다. 팔레스타인 사람들은 아랍과 지역 정치에서 더욱 자율적인 행위 주체가 되었다. 이처럼 체제적 분화가 계 속됨으로써 사실상 원자화된 아랍 내부체제에 진정한 의미의 정치연합 은 존재하지 않게 되었다.[8]

이 시기의 전반부에는 전쟁의 손실을 만회하기 위한 노력으로, 이집 트와 시리아에서는 소련의 원조에 의해 군비가 강화되었으며 요르단에 서는 미국의 원조에 의한 경제건설이 추진되었다. 팔레스타인의 게릴라 활동이 요르단, 시리아, 레바논, 이스라엘 점령하의 가자지구에서 극심 해졌으나 그들의 정치활동은 대부분 실패로 끝났다.[9]

상대적으로 아랍 내부의 문제는 휴면기에 들어가 정치적 초점은 이스 라엘 투쟁에 맞춰졌다. 급진적 세력은 보수적 산유국들로부터 정치적·

---

8) Itamar Rabinovich, "The Challenge of Diversity: American Policy and the System of Inter-Arab Relations 1973-1977," in Heim Shakid and Itamar Rabinovich(eds.) *The Middle East and the United States: Perception and Policies*, p.184.

9) 요르단의 후세인 국왕은 1967년 중동전에서는 동예루살렘과 요르단 강 서안을 다 시 이스라엘에 빼앗겨 최대의 정치적 위기를 맞았다. 이를 틈타 PLO 등의 게릴라 세력이 요르단 내에 '국가 안의 국가'를 구축해 후세인 국왕과 정면으로 대립했다. 결국 1970년에 들어와서 정부군과 게릴라 세력 사이에 내전이 발생했다. 그러나 1971년 후세인 국왕이 국내 게릴라 세력을 탄압해 붕괴시켰다. 이 과정에서 요르 단은 PLO를 지원한 많은 아랍국가와 갈등을 겪었다.

경제적 지원을 받고 그 대가로 보수적 산유국에 대한 선전공세와 도발을 중단했다. 아랍 외곽지역에서는 나세리즘의 부산물로 1969년에 수단(누메이리, Ja'far al-Numyrī)과 리비아(카다피, Mu'ammar al-Qadhdhāfī)에 군사체제가 수립되었으며 남예멘에서는 1967년 사회수의적 급진체제가 등장했다. 1971년에는 영국의 보호령이던 페르시아 만 지역의 토호국(emirates)이 독립했는데 이들 중 7개 부족이 연합하여 아랍에미리트연합을 만들었고 바레인, 카타르는 따로 독립국가를 세웠다. 또한 이라크에서 쿠데타에 의해 급진적인 바아스 체제가 등장해(1968) 사우디아라비아, 쿠웨이트, 이란 등 산유국에 잠재적인 위협이 되었다. 이라크는 아랍사회에서 고립되어 소련과 가까워졌으며 시리아의 온건 바아시즘은 이라크와 충돌했다. 레바논은 페다인의 공격과 이스라엘의 보복전 사이에 끼어 어려움을 겪었다.

1970년 9월 나세르의 갑작스러운 죽음은 중동 정치역학에 새로운 변화를 가져오는 계기가 되었다. 이후 10월의 국민투표에서는 안와르 사다트(Anwar al-Sādāta: 1970. 10~1981. 10)가 90%의 다수 표를 차지함으로써 이집트의 새로운 대통령이 되었다. 취임 초 사다트의 이미지는 강력한 지도자가 아니었다. 그는 자유장교단의 창립 멤버 중 한 명이었지만 동료에게 존경받는 인물은 아니었다. 그는 일각에서 '나세르의 푸들'로 알려졌을 만큼 조만간에 더욱 강력한 인물에 의해 대체될 유약한 인물로 여겨졌다. 그러나 그는 자신이 결코 가볍게 취급될 존재가 아니라는 것을 보여주었다. 그의 정책은 많은 논란을 불러일으키긴 했지만, 심지어 그를 비방하는 측에서도 그가 이집트의 대내외 정책을 나세르의 방식만큼이나 철저한 방식으로 재정향시켰다고 인정했다.

사다트의 첫 과제는 국내 정치기반을 확고히 하는 것이었다. 그는 대통령에 취임한 지 불과 7개월 뒤인 1971년 5월에 반정부 혁명을 기도했다는 이유로 나세르의 가장 유력한 후계자로 여겨졌던 친소파인 알리 사브리(Ali Sabry) 부통령을 비롯해 나세르의 측근을 체포·투옥해 숙청했다. 그다음에는 '교정의 혁명(Revolution of rectification)'이라는 슬로건 아래 정치적·경제적 자유화를 천명하는 등 탈나세르 노선을 분명히 했다. 권력이 공고해졌지만 그에게는 나세르로부터 물려받은 경제적·외교적 문제가 산적해 있었다. 이스라엘과의 전쟁도 평화도 아닌 대결 상태 때문에 이집트는 매년 1억 달러의 군사비를 지출했다. 이 상태가 지속된다면 관광수입, 수에즈 운하 통행세, 외국자본의 투자 모두 기대할 수 없을 것이었다. 이집트는 경제를 재건하기 위해 필사적으로 평화를 원했지만 여건은 결코 우호적이지 않았다. 이스라엘은 1967년 전쟁의 승리로 자신에 차 있었고 미국으로부터 넉넉한 지원을 받고 있었다. 이스라엘은 자신의 우월한 지위를 양보할 만한 하등의 이유가 없었다.

사다트는 미국만이 이스라엘의 협상 태도를 바꿀 수 있을 것이라고 판단하고 외교적 교착 상태를 타개하는 데 미국을 참여시키고자 몰두했다. 사다트는 친소파인 사브리 부통령의 제거에 충격을 받고 급히 카이로를 방문한 니콜라이 V. 포드고르니(Nikolai V. Podgorny) 소련 최고회의 간부회 의장과 5년 기한의 양국 우호조약을 맺는 데 동의했지만 중동의 진정한 평화를 위해서는 소련이 아니라 미국에 의존해야 한다고 생각했다. 우선 그는 소련이 공격무기를 지원해주지 않는 데 실망했다. 사다트는 소련이 이스라엘을 시나이 반도에서 결코 몰아낼 수 없으며 미국이 오히려 이스라엘에 그런 일을 강요할 수 있을 거라고 생각했다. 더욱이 1967년 중동전 이후 사우디아라비아를 비롯한 아랍 온건국가들과 이집트의 관계가 개선되었다. 게다가 페르시아 만 연안 국가들의 연이은 독립[10]으로 왕제적 온건국가들이 증가했다.

---

10) 바레인 독립(1971. 8. 14), 카타르 독립(1971. 9. 1), 에미리트연방 독립(1971. 12. 2).

소련 군인과 기술자들이 이집트에서 활개를 치는 한 미국이 이집트를 도와줄 리는 만무했다. 1972년 7월, 소련 군사고문단 2만여 명이 갑작스럽게 이집트에서 추방되었다. 아랍의 온건국가들은 이집트의 이런 조치를 당연히 환영했다. 사다트가 소련과 완전히 단절하기를 원하지 않은 것은 이스라엘이 점령하고 있던 지역을 회복하는 데 소련이 도움이 될지도 모른다는 기대 때문이었다. 그러나 세계는 양극으로 분리되어 있었고 세계의 문제는 이런 틀 속에서 고려되었다. 중동문제도 예외가 아니었다. 그리고 나중에 드러났지만 사다트의 타이밍은 불운했다. 소련인들을 추방한 지 2주 후 독일 뮌헨에서 이스라엘 올림픽 팀을 상대로 한 테러가 발생함으로써 사다트의 제스처는 미국 대중으로부터 아랍 대의에 대한 아무런 동정도 이끌어내지 못하고 말았다.

1969년 9월, 리비아에서는 카다피 중령이 일으킨 쿠데타가 성공해 이드리스 1세(Idris I : 1951~1969) 왕정이 붕괴되었다. 공화국을 출범시킨 카다피 군사정권은 리비아에서 작업하고 있던 국제 석유회사에 압력을 넣어 석유가(價)를 인상하는 데 성공했다. 이라크의 바크르(Ahmed Hussan al-Bakr: 1968~1979) 대통령은 이라크 최대의 석유회사(IPC: Iraq Petroleum Company)를 국유화하는 등 그간 중동에서는 일련의 변화가 일어났다. 이러한 중동 정치역학의 소용돌이는 중동의 국제정치적 비중이 서서히 상승되는 조짐 속에서 전개되었다. 동시에 통일아랍공화국,[11) 수단, 리비아 간 3국 연방의 결성이 논의되고, 벵가지 선언(Benghazi declaration, 1972)을 통해 통일아랍공화국, 시리아, 리비아가 아랍

---

11) 1958년 이집트와 시리아가 통합해 수립된 나라. 1961년 시리아가 쿠데타로 이탈했지만 그 후로도 나세르 대통령은 시리아의 통일아랍으로의 복귀 또는 다른 아랍국가의 추가 가입 가능성을 의식해 1970년까지 국호를 계속 통일아랍공화국으로 사용했다.

공화국연방을 결성하기로 논의하는 한편, 이집트와 리비아가 통합국가를 창설하기로 선언하는 등 사다트 대통령이 주도하는 이집트는 중동 정치의 중심으로 다시 대두되었다.

하지만 사다트가 취임한 후 2년간 해결된 과제는 별로 없었다. 이는 1972년과 1973년 초 학생들의 시위로 이어졌다. 결국 사다트는 1967년 6월전쟁 이래 지속되어온 동서 냉전구조의 불안정한 평화 상태(no peace no war)를 타파하기 위해 새로운 정치구조를 모색하기 시작했다. 이스라엘의 힘이 생각만큼 전능하지 않다는 것을 이집트가 보여줄 수 있다면 미국을 협상 과정에 참여시켜 이스라엘의 강경한 입장을 누그러뜨리는 데 진력하도록 설득할 수 있을 것이었다. 사다트는 이런 목적을 갖고 동맹국 시리아와 외교적 수단으로서의 전쟁을 약속했다. 1973년 10월 사다트 대통령의 이스라엘 기습 공격으로 시작된 전쟁은 이스라엘의 실체를 말살하기 위한 것이 아니라 1967년 전쟁에서 점령당한 지역을 회복함으로써 나세르가 입은 치욕적인 패배를 만회하고 아울러 자기 이미지를 부각시키는 것이 주된 목적이었다.12) 동시에 이미 적극성을 띠기 시작한 미국을 중동정치에 깊숙이 개입시킴으로써 지역의 이니셔티브를 구축하려는 정치적 의도가 깔려 있었다.

1973년 10월전쟁을 통해 사다트는 아랍의 자존심을 다소나마 되살리는 데 성공했다. 더구나 전시 중에 사우디아라비아와 기타 산유국들이 연출한 석유의 무기화는 아랍의 새로운 능력으로 각광받았다. 이로써 아랍은 일방적 패배자로서 협상에 임해야 했던 전례의 처지에서 벗어났다. 이스라엘은 전세를 역전시키고 결정적인 승리를 거두었지만 이스라엘이 처한 환경적 측면에 비추어본다면 손실의 정도는 막대했다.

---

12) 1973년 6월 시리아의 아사드 대통령(Ḥafiẓ al-Asad: 1971. 2~2000. 6)과 회담하면서 전쟁의 목적을 피점령지의 회복에 둔다는 점을 명백히 했다.

종전 후 사다트가 추진한 이스라엘과의 화해정책은 지역적 특성의 인식에 기인한 발상의 대전환이었다. 그는 나세르와는 달리 지역의 헤게모니보다는 이집트 문제를 우선하는 쪽으로, 다시 말하면 아랍에서 이집트의 주도적 위치보다는 이집트 국내문제에 초점을 맞추어 이스라엘과 서구세력의 존재—특히 미국의 존재—를 인정하고 민족주의적 이데올로기와의 관련을 배제해 이 지역의 문제를 현실적으로 해결하는 데 더 나은 환경을 조성하는 것을 목표로 했다.

당시 이집트 경제는 과중한 군비, 수에즈 운하 폐쇄(1975년 6월 개통), 국가 보조금, 외채 등의 압력을 받고 있었다. 사다트는 10월전쟁 이후 1974년 1월 세1차 시나이 협정에 이어 세2차 시나이 협정인 군사협정을 이스라엘과 체결함으로써 경제정책에 중점을 두기 시작했다. 제2차 시나이 협정은 헨리 키신저(Henry Kissinger) 미국 국무장관의 중재하에 1975년 9월 1일 이스라엘과 이집트 간에 맺어진 군사격리협정이었다. 이로써 이집트는 아부 로데이(Abu Rodeis) 유전과 라스 수드르(Ras Sudr) 유전지대 등 잃었던 시나이 반도의 유전지대를 되찾음으로써 실질적인 국가이익을 확보했다.

시나이 협정은 사다트를 이스라엘과 평화회의를 개최한 최초의 아랍 지도자로 만드는 긍정적인 효과를 가져왔다. 그러나 한편으로 이 협정은 이집트를 아랍세계에서 고립시키는 결과를 가져왔다. 온건국가인 사우디아라비아, 수단, 모로코, 아랍에미리트 등은 이 협정을 지지했지만 급진주의 진영인 시리아, 리비아, 이라크 및 PLO는 대항연합을 구축했다. 이 같은 아랍세계의 분열은 레바논 내전에 시리아가 개입하면서 이집트의 후원이 필요해짐에 따라 다소 완화되었다.

1967년 전쟁 후 몇 년 동안은 팔레스타인-이스라엘 분쟁의 여파가 레바논 정치를 뒤흔들었다. 이러한 사태는 레바논 자체 내에서 발생한 인구학적인 변화 및 정치적인 변화와 결합되어 레바논의 불안한 분파적 균형을 깨뜨리고 레바논 전체를 격심한 내전으로 몰아넣었다. 내전의 첫째 국면은 1975년 4월부터 1976년 10월까지 계속되었다. 레바논 내전을 촉발시킨 것은 팔레스타인 사람들이었지만 얼마 지나지 않아 시리아와 이스라엘 같은 외부 세력이 끼어들게 되었다. 이로써 결국 레바논을 더 큰 지역 분쟁으로부터 절연시키려는 지도자들의 노력은 무산되었다.

16세기 이후 레바논은 제1차 세계대전 후 시리아의 일부로서 프랑스의 위임통치를 받았다. (이 때문에) 레바논은 역사적으로나 경제적으로 시리아와 일체감이 강했다. 그러나 1944년 1월, 레바논은 시리아와 분리된 형태로 독립했다. 레바논은 다른 중동국가와는 달리 기독교 세력이 상당히 강할 뿐 아니라 이슬람교 내에서도 다양한 종파가 혼재해 있었다. 레바논이 독립할 당시 각 종파는 권력을 분할하는 협약인 국민협약(National Pact)을 맺었다. 이 협약의 주된 내용은 대통령과 총리, 국민회의 의장을 각 종파 간에서 배분한다는 것이었다. 이 분할 구도의 기초가 된 것은 1932년의 인구조사 결과였다. 그러나 이후 각 종파의 인구 증가가 같은 비율로 이루어지지 않았기 때문에 이 균형은 무너졌다. 이슬람교도들은 다산이어서 인구 증가율이 높았던 것이다. 특히 이런 현상은 경제적 하층민에 속해 있던 남부 시아파에서 심했다. 그럼에도 기독교 우위의 시스템이 계속되자 이슬람교도들의 불만은 점점 더 커졌으며 그에 비례해 기독교도들의 불만도 증폭되었다. 급기야 각 종파는 독자적인 무장조직을 키워 자위체제를 갖추었다. 이 때문에 레바논은 1958년 5월에 내란을 겪었다.

이러한 상황하에 1971년 요르단에서 추방당한 PLO가 대거 레바논으로 유입되었다. 남부 레바논에는 이미 팔레스타인 난민 30만 명이 난민캠프에 머물고 있었다. 그 속에는 활동 중인 게릴라 조직도 많았다. 레바논 정부는 PLO를 환영하지 않았지만 이를 막을 힘이 없었다. PLO는 베이루트에 본부를 두고 자체 병원, 학교, 연구소 등을 운영하는 등 레바논 내에서 마치 독립국가처럼 행동했다. 게릴라 부대가 자유롭게 이스라엘에 대한 군사작전을 수행할 수 있었던 것은 1966년의 합의를 통해 PLO가 모든 무장습격 작전을 수행하기에 앞서 레바논 정부의 동의를 구하고 레바논 정부는 PLO에 난민촌에 대한 감시권을 넘겨주기로 했기 때문이다. 그러나 이 약속은 지켜지지 않았고 이스라엘에 대한 공격과 이스라엘의 보복이 이어졌다.

이스라엘 공습의 영향은 팔레스타인 사람들뿐 아니라 주로 시아인인 남부 레바논 주민에게도 미쳐 그들 중 수천 명이 고향을 떠나 베이루트 근교로 이주했다. 레바논 정부는 남부의 주민들을 팔레스타인 사람들로부터도 이스라엘로부터도 보호할 수 없는 상황하에 극심한 곤경에 빠졌다. 설상가상 1968년 베이루트 국제공항에 대한 공습과 1973년 베이루트에서 자행된 팔레스타인 지도자 세 명에 대한 암살처럼 레바논에서 이스라엘군이 비교적 쉽게 게릴라 공격을 수행하자 아랍 민족주의자들과 급진적 개혁파들의 항의가 빗발쳤다. 그들은 레바논 군대가 이스라엘에 대항하기보다는 오히려 팔레스타인 게릴라의 활동을 좌절시킨다고 항의했다. 이스라엘에 대한 팔레스타인 게릴라의 기습을 무제한 허용하고 이스라엘의 보복공격을 견디어야 하는가? 레바논 정부 내에서는 게릴라의 활동을 어느 정도 통제해야 하는가를 두고 의견이 첨예하게 분열되었다.

기존 체제로부터 소외된 무슬림들은 팔레스타인 사람들을 지지하고 나섰다. 그러나 레바논 정부는 이러한 소외된 계층에 대해 사회적 편익을 제공할 능력이 없었다. 1970년 대 초 베이루트 외곽에는 50만 명이 빈곤층을 이루고 있었다. 이러한 형편은 술레이만 프란지에(Suleiman Frangieh, 대통령: 1970~1976)가 집권할 당시 중앙정부가 개혁을 포기하고 연고주의와 부패로 회귀함으로써 더욱 악화되었다.

무슬림들의 사회적·경제적 고충은 계속 기독교인에게 편의적이었던 분파협약으로 가중되었다. 위기가 있기 훨씬 전부터 레바논 정치 지도 자들은 무슬림의 수가 기독교인 수를 넘어섰으며 최대의 단일 종교조 직은 시아 무슬림 공동체라는 사실을 인정했다. 이에 무슬림들은 그들 의 정당한 사회적·경제적 몫을 요구하고 나섰다. 하지만 기독교인들은 이를 받아들일 의향이 없었고 기독교인 대 무슬림 의회대표 비율을 6 대 5로 한다는 대전 간의 합의를 고집했다.

레바논의 상황은 1932년의 인구조사 당시와 또는 1943년 국민협약 당시와 비교했을 때 많이 변해 있었다. 이러한 변화에 가장 기민하게 대응한 정치 지도자는 드루즈파의 카말 줌블라트(Kamal Jumblatt)였다. 드루즈에 한정되지 않는 추종자를 모을 수 있었던 줌블라트는 '레바논 민족운동(Lebanese National Movement)'으로 알려진 전선에 불만을 품은 무슬림을 끌어들였다. 행정개혁 착수, 팔레스타인 게릴라에 대한 행동 의 자유 부여, 레바논 민족운동이 내전의 주요한 요소가 되었다.

줌블라트의 민족운동과 레바논 내 팔레스타인 진영에 직접 맞선 것 은 마론파 교도 정치 지도자들이었다. 이들은 기존 제도의 수혜자들로 변화에 저항하기 위해 군대를 이용했다. 정부와 군대가 팔레스타인 사 람들에 맞서 단호한 조치를 취할 수 없다는 것을 알게 된 이들은 직접 이 문제에 뛰어들기로 했다.

내전 중 PLO를 포함하는 아랍전선과 대결하기 위해 1976년 비공식 적으로 결성된 기독교 연합전선이었던 기독교 민병대(Christian Lebanese Forces)는 군비 조달을 위한 대규모 프로그램에 착수했다. PLO와 좌파 조직도 마찬가지였다. 이로써 1975년 봄 레바논 내의 모든 파벌이 완 전히 무장되었다. 4월의 폭발적인 상황에 불을 붙인 것은 기독교 분파 팔랑헤당(Phalangists)의 민병대였다. 이들은 이스라엘의 보복에 지치고, PLO의 영향력 증가로 기득권이 약화될 것을 우려해 1975년 4월 팔레 스타인 사람들이 탄 만원버스를 공격했다. 이로써 레바논은 내전 상태에 빠져들었다.

레바논의 대규모 내전은 1976년 5월 일단 진정되었다. 시리아군 3만 명이 아랍 평화유지군으로 레바논 북부·동부, 베이루트 남부에 주둔했으며 베이루트 동부는 팔랑헤 민병대가 지배했다. 그러나 시리아가 기독교 정부 측을 도와 개입함으로써 내전 상황은 더욱 복잡해졌다. 레바논 내전에서 시리아의 행동은 아랍 민족주의 또는 아랍 대의에 대한 배반 중에서도 극치에 달하는 것이었다. 당시 시리아의 아사드 대통령은 레바논의 기독교 민병대와 연합해 PLO와 좌파 무슬림을 공격했다. 아랍 민족주의의 기치하에 팔레스타인 해방운동의 수호자로 행세해오던 종전의 입장을 갑자기 바꾸어 이교도 기독교 민병대를 지원했던 것이다. 이는 레바논에서 과격한 좌파 무슬림 세력이나 PLO 세력이 확대되면 시리아의 과격한 바아스당에 영향을 미쳐 알라위(Alawite) 소수민족 출신인 아사드의 정치생명이 위협받았기 때문이다. 결국 아사드 대통령은 PLO 등 자신이 통제할 수 없는 이슬람 세력이 레바논을 지배하는 상황을 막고 나아가 레바논 정치에 시리아가 일정한 영향력을 확보하도록 했던 것이다. 이스라엘과 미국이 아사드의 이러한 행동을 묵인했던 것은 레바논에서 이들과 우호적이었던 기독교 우익세력이 팔레스타인 조직과 레바논 좌파연대에게 밀려 패배 직전에 있었기 때문이다.

내란 중인 1978년 3월 14일에 이스라엘이 남부 레바논을 침공하자 이슬람 세력은 둘로 나뉘었다. 이스라엘의 침공 목적은 남부 레바논에 주둔하던 PLO 세력을 이스라엘과의 국경지역에서 제거하는 것이었지만 희생자의 절대 다수는 시아인들이었다. PLO가 남부 레바논에 상주하는 동안 이스라엘은 이 지역을 계속 공격할 것이었다. 시아인들은 PLO에 등을 돌리고 치안을 유지하기 위해 자발적으로 민병조직에 가담했다. 내란 초기 이 지역에는 이란에서 태어나 이라크를 거쳐 1959년 남부 레바논 티레(Tyre)에 정착해 시아 민중운동을 이끌던 이맘(Imam),

알 사이드 무사 알 사드르(al-Sayyid Musa al-Sadr)가 시아파 민병대 아말 (AMAL: afwaj al-muqawama al-lubnanija)을 결성하고 있었다. 1980년과 이듬해, 아말 연대와 PLO의 파타 간에 교전이 발생했으며 1982년 봄에는 이들 간의 갈등이 격화되었다. 이러한 상황에서 레바논은 6월에 이스라엘의 대규모 침공을 받았다.

(3) 캠프 데이비드 회담 이후

넷째 단계는 이집트와 이스라엘이 극적으로 화해한 후부터 1990년 걸프전까지다. 당시 아랍세계의 정치환경과 이집트 경제환경은 사다트에게 커다란 정치적 부담으로 작용했다. 1976년 이집트는 처음으로 석유 수출국이 되었지만 국내 경제사정이 악화됨으로써 이를 재건하는 것이 무엇보다 중요해졌다. 시위가 계속되자 국내 경제사정과 정치 상황이 더욱 악화되었다. 특히 1977년 1월의 식량 폭동은 사다트의 경제정책이 실패했음을 의미했다. 당시 이집트는 130억 달러의 외채 압력에 시달렸고, 미국, 사우디아라비아 및 기타 산유국들로부터 국민생활 보조금 54억 달러를 받는 처지에 놓였으며, 연평균 100만 명 이상의 인구가 증가해 상당한 부담을 느끼고 있었다.

사다트는 시나이에서 이스라엘을 단계적으로 철수시키는 정책을 추구했다. 그러면서도 그는 이스라엘과의 두 차례 격리협정을 오직 군사협정만으로 인정해 아랍세계의 대의를 지키려 했다. 그러나 점차 정치문제를 해결하려는 협상을 모색하게 되었다. 이는 이집트 경제를 위해서는 중동의 근본적인 문제인 팔레스타인 문제를 해결해야 했기 때문이었다. 사다트는 제네바 평화회담 방식을 통해 중동분쟁의 최종 해결을 모색했으며 평화정책의 일환으로 1975년 6월, 8년 만에 수에즈 운하를 재개통시켰다. 그러나 제네바를 통한 아랍-이스라엘 분쟁의 평화적 해결은 미국과 이스라엘의 의심으로 별다른 진전이 없었다. 미국과 이스라엘은 사다트의 정책을 아랍세계의 지도력을 구축하려는 새로운 시도로 보았다.

결국 사다트는 미국과 이스라엘을 설득시켜야 하는 과제를 안게 되었다. 그는 1977년 말 사우디아라비아를 방문한 직후에 예루살렘을 방문할 결심을 했다. 사다트가 예루살렘을 방문한 직접적인 동기는 이집트 내의 경제문제였다. 11월, 이집트 국회 비정기 회의에서 사다트는 중동의 평화를 위해서는 제네바 또는 이스라엘 국회(Knesset) 등 어느 곳을 막론하고 이스라엘과 토의할 준비가 되어 있음을 천명했다. 1977년 11월 19일, 그의 예루살렘 방문은 세계평화에 중요한 전환점이 되었다. 다른 한편 이집트가 이스라엘을 국가로 인정한다는 선언을 통해 사다트는 서방세계에 중동분쟁 해결을 위한 아랍세계의 유일한 지도자이자 대표자로 인식되었고 이로써 이집트는 미국과 이스라엘에게 인정받을 수 있었다.

1977년 12월, 사다트의 요청에 의해 개최된 이스말리아 회담(Ismalia meeting, 1977. 12. 25)에서 평화협상을 위한 제도적인 장치가 마련되었다. 이 협상은 2개의 각료급 회의로서 하나는 예루살렘에서 개최된 정치회의였으며, 다른 하나는 카이로에서 열린 군사회의 — 유엔 안전보장이사회 결의안 242호와 338호를 이행하기 위한 것 — 였다. 그러나 이스라엘의 지속적인 정착촌 건설정책과 중동분쟁에 대한 분리협상 정책으로 결국 이집트 정부는 예루살렘 정치회의에서 대표를 철수시켰다. 이로써 사다트의 중동평화를 위한 노력은 새로운 벽에 부딪쳤으며 이스라엘을 설득할 수 있는 유일한 중재자인 미국의 역할이 필요해졌다. 사다트는 이스라엘 측이 양보한다면 아랍국가들은 즉각적으로 이집트의 정책을 지원하리라 믿었다.

미국이 이에 호응했다. 1978년 2월, 지미 카터(Jimmy Carter: 1977~1981) 정부가 이스라엘, 이집트, 사우디아라비아에 취한 일괄거래 형식의 무기

판매 발표는 사다트의 평화 노력을 지원하기 위해 이스라엘에 압력을 가하는 제스처였다. 이스라엘은 미국이 이집트 및 기타 아랍국가에 무기를 판매하는 것은 이스라엘의 안보를 위협하는 것이라며 적극 반대했다. 1978년 5월까지 미국, 영국 및 서방국가들이 사다트의 평화정책을 지원했지만 이스라엘이 보수적인 정책을 고수함으로써 이 평화정책은 벽에 부딪치게 되었다. 이에 따라 1978년 6월, 사다트는 서안과 가자지구에 대한 계획을 발표했다. 이는 양 지역에서 팔레스타인 국민이 자신의 장래를 결정하기 위한 5년간의 잠정 기간을 이집트·요르단의 공동 보장으로 통치한다는 것이었다. 이는 평화회담의 새로운 활력소가 되었으며 마침내 베긴의 동의를 이끌어냈다. 1979년 3월 26일, 마침내 이집트와 이스라엘 양국 간의 평화조약이 캠프 데이비드에서 체결되었다.

사다트는 이처럼 평화조약을 체결하는 데는 성공했지만 다른 아랍국가들과 소련의 존재를 무시한 채 미국과 이스라엘만을 상대함으로써 이 지역국가들의 반발을 샀고, 결국 사다트의 새로운 모색도 불안정한 상태로 끝나고 말았다. 무엇보다도 사다트의 중동평화정책은 이스라엘과 단독 협상의 성격을 띠었다. 실제 당사국인 요르단이 이 협상에 참가하지 않았기 때문에 중동평화조약의 성격은 이집트-이스라엘 평화협상으로 제한되었다. 요르단은 인구의 50%가 팔레스타인 국민으로 구성되어 있고 요르단 강 서안지구를 병합해 통치했으므로 분명 이 협상의 당사국이었다. 또한 팔레스타인 문제에 관해서라면 이집트보다 요르단이 더 밀접하게 관련되어 있었다. 1970년 9월 요르단과 팔레스타인 게릴라 간의 내전 후 요르단은 국가안보 및 치안문제를 이유로 팔레스타인 게릴라 활동을 금지하고 게릴라를 추방함으로써 요르단 강 서안지구에 관련된 이스라엘의 안보를 보장해주었다. 이스라엘 국민 대부분도 이집트와 평화조약 후에 요르단 정부가 평화협상에 참여하기를 희망했다. 결국 요르단이 불참한 중동평화조약은 중동전쟁 방비책 자체에만 의미가 있을 뿐이었다.

　이집트가 국가이익이라는 명분과 맥락으로 행한 이스라엘과의 화해는 반이스라엘 감정에 고무되어 있고 중동 특유의 국제정치 패턴에 익숙해 있던 아랍인들에게 용납될 수 없는 것이었다. 1978년 11월 2일에서 5일 사이에 사우디아라비아, 요르단을 포함한 사다트 평화정책 반대세력은 정상회담을 열었다. 이 정상회담을 통해 이집트-이스라엘 평화조약은 양국 간의 평화조약이지 아랍세계와 이스라엘 간의 팔레스타인 문제를 해결하기 위한 조약은 아니라는 사실이 증명되었다. 또한 이들은 바그다드에서 개최된 아랍 외상 및 경제장관회의(1979. 3. 26~31)에서 이집트와 이스라엘의 중동평화조약을 거부하고, 24개 항목에 걸쳐 이집트의 정치·외교·경제에 전면적인 제재 조치를 취하는 데 합의하고, 비동맹운동, 이슬람 국가 정상회의 그리고 아프리카 통합기구(OAU) 등에서 그들의 수적 우위를 과시해 이집트의 자격 정지를 도모하는 등 즉각적으로 반발했다. 게다가 아랍 온건세력(요르단, 사우디아라비아 등)마저 반사다트·반이스라엘 기치에 열을 올렸다. 아랍-이스라엘 대결의 상징이던 이집트와 이스라엘 양국의 화해는 최종적으로 아랍에 바람직한 평화가 아니라 좌절이 되고 말았다.

　1979년 1월, 이란에 이슬람 혁명정부가 들어섬으로써 카이로, 리야드, 테헤란을 잇는 키신저의 동맹체 구상의 한 부분이 와해되었다. 같은 해 3월, 이집트와 이스라엘 간의 평화조약이 조인되었으나 아랍 외상·경제상 회의는 즉각 이집트에 대한 제재를 결의했다. 5월에는 이스라엘 군이 시나이 반도에서 단계적으로 철수하기 시작해, 1982년 4월에는 철수를 완료했다. 그러나 1980년 9월에 이란과 이라크가 전면전에 돌입했으며, 1981년에는 사다트가 피격됨으로써 그의 정책에 한계가 드러났다. 1982년 6월에는 이스라엘이 레바논 침공을 감행함으로써 7월에 PLO가 무장 해제당했다. 그러나 레바논 내전은 그 후로도 오랫동안

지속되었다. 1981년 10월 사다트의 암살로 이집트의 새로운 지도자가
된 무바라크(Muḥammad Ḥasni Sayyid Mubarak) 대통령은 아랍세계와의
외교관계 회복이라는 탈고립화 정책을 추구하고 이집트에 더욱 유리한
아랍세계의 정치환경을 조성하기 위해 노력했다.

2. 미·소의 중동정책과 지역의 대응

1) 냉전기

중동지역 국가들의 이러한 좌절이 대차 대조표상에서 그대로 미·소
초강대국의 편익이나 강점으로 나타나지는 않았다. 양극화 개념으로 말
하면 전통적 현실주의를 그의 근간으로 하고 있는데, 타국에 대한 영향
력의 결정적 요체는 바로 일국의 능력(capability)이다. 결국, 그러한 능력
에서 극단적인 위치를 점하고 있는 미국과 소련의 경우, 그의 목적이 무엇
이든 미편입국들(uncommitted states) 내에서 기반을 확보하려는 시도들은
어떤 보상도 필요 없는 제국주의적 목표의 실현으로 나타나게 된다는
것이다.

일반적으로 초강대국은 토착국가의 요구나 열망을 지원해주기보다는
라이벌과의 경쟁에서 우위를 점하는 데 더 우선순위를 두었다. 그러나
미편입국의 입장은 초강대국의 입장과는 근본적으로 달랐다. 그들의 목
표는 양극화를 저지하는 것이자 자신들의 문제를 양극체제의 영향으로
부터 차단하는 것이었다. 이를 위해 가능하다면 양극체제를 이용하려고
했다. 따라서 많은 경우 초강대국의 정책적 요구와 지역동맹의 요구는
서로 엇갈렸다. 초강대국들은 주로 범세계적인 문제에 관심이 있었던
반면, 지역국가들은 자신의 생존을 위해 지역정치를 염두에 두었다. 미

국과 소련이 그들의 대리인에게 자신들이 추구하는 정책에 순응하기를 강요했을 때 이익의 갈등이 표출되었다. 이는 미국의 경우 1950년대 중반 핵심적 동반자로 삼았던 이집트와의 관계에서도 극명하게 드러났다.

초강대국은 범세계적 권력게임에서 전략적 우위를 점하는 데 몰두했기 때문에 지역적 쟁점과 문제점 그리고 이러한 문제를 무시함으로써 토착 국가들과의 관계에서 벌어질 충격에 대해 오산하거나 무시하기 일쑤였다. 때에 따라 포착하기 어려운 지역정치적 역동성과 관련된 문제에 효과적으로 대처하려는 시도도 있었지만 이것이 지속적으로 이루어져 포괄적이고 일관적인 정책으로 발전한 경우는 거의 없었다. 그러나 지역적 문제는 초강대국이 깨닫든 그렇지 못하든 언제나 그들이 직면해야 하는 엄연한 현실적 문제로 남아 있었다.

초강대국은 중동국가와의 협력관계를 구축하는 데도 매우 큰 중요성을 부여했는데, 이는 일단의 국가들과의 동맹이나 '전선(fronts)' 그리고 전략적 우위를 점하기 위한 이원적 협정(bilateral fact) 등으로 나타났다. 미국의 경우 중동에서 평화와 안정을 추구하는 것만큼 중요했던 과제는 이 지역으로 압박해 들어오는 소련을 봉쇄하는 데 미국에 도움을 줄 만한 지역 동반자를 구하는 일이었다. 초기 단계에서 이러한 시도는 미국이 후원하는 중동 동맹체제(alliance system)를 구축하려던 트루먼과 아이젠하워에 의해 이루어졌다. 존 F. 덜레스가 바그다드 조약 형태의 안보망을 구축하는 데 성공했지만 나세르가 이를 거부함으로써 곧 이 동맹체제는 작동을 멈추었고 생존 가능한 지역 동맹체제를 창출하기 위한 또 다른 접근법을 공식화할 필요가 제기되었다.

새로운 동반자를 선발하기 위한 공식적이고 구체적인 윤곽은 리처드 닉슨(Richard Nixon: 1969~1974) 행정부에서 비로소 나타났는데 이러한 윤곽은 닉슨 독트린에서 규정한 '전략적 합의(strategic consensus)'에서 드러났다. 그러나 그 최초의 단서는 1953년 미국의 이란 개입에서 찾

을 수 있다. 1951년 이란의 위기는 영국-이란 석유회사(AIOC: Anglo Ira-
nian Oil Company)가 이란의 원유를 생산하고 정유하고 분배하는 조건에
대한 대중의 광범위한 반대로부터 촉발되었는데 이는 모사데끄의 지도
아래 민족주의 정권이 수립되는 계기가 되었다. 모사데끄는 온건진보적
이었지만 그의 인민전선의 구성원 중 일부는 종교적이거나 좌파 정당
의 출신이었다. 그는 또한 샤(Shāh)의 역할을 최소한으로 제한했다. 워
싱턴의 시각에서 이러한 상황은 바람직하지 못했고 위험하기까지 했다.
따라서 1953년 여름 CIA와 이란 군부가 개입해 모사데끄를 축출하고
모함메드 레자 팔레비(Mohammed Rezā Pahlavi: 1941. 9~1979. 2)를 샤에
복위시켰다. 한편 국제석유 카르텔이 개정한 이윤·분배 방식에 따라 영
국-이란 석유회사가 운영되도록 했다.

이 사건의 중요한 결과는 팔레비와 미국 간에 독특한 관계(Iran Connec-
tion)가 생겨났다는 것이다. 1960년대 초 팔레비가 자국에서 권력을 공
고히 하기 시작했을 때 미국은 테헤란 정권에 대한 개입을 증대해나갔
고 점차적으로 이란 커넥션을 대리국가(surrogate) 체제의 중요한 지주
가운데 하나로 만들어갔다.

미국이 중동문제에 본격적으로 개입하기 시작하던 당시에 영국은 제
2차 세계대전으로 탈진 상태였는데 그리스와 터키를 위협하는 공산주
의에 대응하기 위해 미국을 중동지역에 끌어들이고 팔레스타인 문제를
미국에 떠넘기려는 상황이었다.[13] 이에 따라 미국은 자연스럽게 영국
이 보유하고 있던 이 지역의 헤게모니를 계승할 수 있었다.

전 세계에 걸쳐 소련의 진출을 봉쇄한다는 미국의 정책은 제2차 세
계대전 직후 몇 년에 걸쳐 점차적으로 개발되었다. 이 정책은 중동에서
1946년 아제르바이잔 위기 시 이란에 대한 강력한 지원과 1947년 트

---

13) George Lenczowski. *The Middle East in World Affairs*, pp.794~795.

루먼 독트린(Truman Doctrine)의 적용을 통해 처음으로 표명되었다. 이러한 조치가 동맹의 형성을 암시한 것은 아니었다. 그러나 소련의 침투를 저지하기 위해 구상된 중동국가들과의 보호관계가 시작되었음을 알리는 것이었다.

이란의 아제르바이잔과 쿠르디스탄에서 연합군이 철수한 후 소련이 이곳에 허수아비 정권을 세우려고 기도했으나 이에 미국이 강력하게 대응해 결국 소련 군대를 철수시켰다. 모스크바는 또한 몽트뢰 조약(Montreux Convention)[14]을 개정해 해협을 흑해 열강의 통제하에 두도록 압력을 가했으나 터키는 완강하게 저항했다. 소련은 그리스에도 비슷한 요구를 했다. 소련은 그리스 정부에 도데카네스 제도에 해군기지를 구축할 수 있도록 허용해줄 것을 요구했으나 그리스 북부의 공산주의 게릴라에 대한 소련의 적극적인 지원 때문에 이 요구는 받아들여지지 않았다.

트루먼 대통령은 1947년 3월 12일 소련의 압력으로부터 그리스와 터키를 보호하기 위해 양국을 지원하는 프로그램을 승인해줄 것을 의회에 요청했다. 그는 의회연설을 통해 "전체주의 정권이 직·간접적으로 자유민을 위압하고 세계평화와 미국의 안전을 위협하고 있다"고 규정하고 이에 대항하는 미국의 대외정책 수립을 천명했다. 물론 전체주의 정권은 소련을 지칭했다.

---

14) 1936년 7월 20일 스위스 몽트뢰에서 체결된 다르다넬스·보스포루스 해협의 통행 자유에 관한 조약. 영국, 프랑스, 소련 등 9개국이 참가해 로잔조약에서 체결한 해협지대 주권제한 규정을 개정했다. 터키가 제의한 것으로 지금도 효력이 있다. 이 조약으로 터키는 전시·평화 시를 불문하고 모든 나라 상선(商船)의 통항 자유를 인정했다. 군함이나 터키가 교전 당사국인 경우에는 일정한 제약이 있으며 흑해 연안국에는 특혜가 인정된다. 결국 터키는 이 조약으로 '해협 관리권'을 회복하고 해협을 재무장할 수 있게 되었다.

그러나 당시 미국이 안고 있는 약점은 장기간의 서구 지배에서 비롯된 반제국주의·반서구주의의 감정이 이 지역에서 고조되고 있다는 것이었으며, 이 점에서 소련은 결백한 것으로 인식되었다.[15] 소련은 적어도 서구의 식민세력이 존재했던 지난 40년 동안 이 지역을 떠나 있었다. 또한 서구세력이 아랍세계를 친서방적으로 재편하려 했던 것에 비해 소련은 아랍 엘리트들의 희망이던 중립을 지지했다. 서구, 정확히 말하면 서구 유럽은 중동의 석유에 의존했고, 석유를 얻을 수 없는 것을 커다란 재난으로 인식했다. 반면 소련은 그럴 필요가 없었다. 또한 서구의 이해가 중동의 모든 지역에서 급진 아랍 민족주의와 충돌했던 반면, 소련은 그에 대해 무관심하거나 적어도 너그러운 방관자였다.[16]

미국은 협정을 통해, 소련에 대항하는 서구의 결속이라는 동맹 정치적 틀에서 출발해 중동문제에 개입했다. 이 점에서 미국의 강점은 압도적인 경제력, 절대적 우위를 자랑하는 군사력·정치력이었으며 이는 적은 부담으로 많은 이익을 얻는 정책(a low risk, high gain policy)[17]을 의미했다. 이러한 정책은 과거 영국이 이 지역에서 헤게모니를 구축했을 때 지역 통합의 추구와 이원적 협정을 통한 직접적인 영향력 확보 사이에서 동요하던 이중적인 태도의 유산을 그대로 계승한 것이었다. 그러나

---

15) 트루먼 독트린에 대한 아랍국가들의 반응은 구체적으로 몇 가지 요인에서 부정적으로 나타났다. 첫째, 미국이 밸푸어 선언을 지지하자 배신감을 느꼈다. 이러한 감정은 미국계 유대인들이 팔레스타인 지역으로 대규모 이주를 시작하자 더욱 고조되었다. 둘째, 소련의 위협이 국경 인접 국가에 국한되었다는 점이다. 더구나 미국이 팔레스타인 분할안을 지지함으로써 이러한 분위기는 더욱 악화되었다.

16) Walter Laqueur, *The Struggle for the Middle East: The Soviet Union and the Middle East 1918~1968*, p.12.

17) L. Carl Brown, *International Politics and the Middle East*, p.117.

영국과 마찬가지로 미국 역시 다양한 아랍국가들, 특히 이집트와 이라크의 불화와 경쟁을 조정할 수 없었기 때문에 결국 1958년에 이르러 친서방 아랍동맹을 결성하려는 노력과 하나의 주요한 고객국가(client)를 통해 아랍을 다루려던 노력 두 가지 모두에서 실패했다. 전자는 주로 냉전기에 해당되며 후자는 데탕트기에 제기되었다.

이러한 전략적 틀 속에서 미국은 대중동정책을 수립하는 데 두 가지 사항을 고려하고 있었다. 하나는 이 지역에서 서구의 이익(석유, 전략적인 범세계적 교통·연락선)을 방어하기 위한 대소(對蘇) 봉쇄였고, 또 하나는 이 지역국가들의 탈식민화 과정을 통해 독립을 유도한 후 이들을 서구진영으로 편입시키는 것이었다. 미국의 입장에서 이 같은 시도는 이전 시대에 벌어진 소련의 침략적인 행태에 근거했다. 말하자면 이 지역은 정치적으로 공백 상태에 놓여 있어서 경제적·군사적 지원 같은 효과적인 대처가 이루어지지 않는다면 소련의 영향권으로 흡수될 가능성이 있다는 것이었다. 이는 양극체제 논리의 기본 철학이었으나 아랍의 자존심을 심각하게 손상시키는 요인이 되었다. 아랍의 입장에서 본다면 이러한 '정치적인 공백 상태'는 오히려 아랍 모든 국가가 환영할 일이었다. 왜냐하면 이는 제국주의국가인 영국의 추방을 의미하기 때문이었다.[18]

불안정한 세계에서 서구를 대표해 궁극적인 가치를 위해 투쟁하겠다는 결의는 미국의 중동정책을 규정하는 강박관념이 되었으며 이는 이 지역에서 고려해야 할 다른 중요한 사안을 자주 배제시키는 결과를 낳았다. 이러한 정향으로 발생한 주요한 문제 중에 하나는 미국의 전략이 혁신적이거나 주의 깊게 숙고된 것이기보다는 단기적 대응에 그치고

---

18) Wilfred Knapp, "The United States and the Middle East: How many special relationship?" in Haim Shaked and Itamar Rabinovich(ed.), *The Middle East and the United Stated: Perceptions and Policies*, p.25.

말았다는 것이다. 이는 심지어 규정된 목표나 일관된 행동의 견지에서 미국의 정책이 과연 존재했는지조차 의심하게 만들었다.[19]

이러한 양극적 입장에서가 아니더라도 미국의 주장대로 이 시기에 소련이 행동을 자제했던 이유 중의 하나가 소련 자신의 약점 때문이었다는 사실은 부인할 수 없다.[20] 그러나 소련 안보의 주된 위협은 서쪽으로부터였지 남쪽(Russia's Southern Flank, 서방의 봉쇄적 개념으로는 북변)[21]으로부터 오는 것은 아니었다. 순수하게 지역적인 입장에서 보더라도 1940년대에 소련 정부가 페르시아 만이나 인도양에서 영토에 대한 욕심을 가졌다고 보기는 어렵다. 그러나 놀라운 것은 이런 논리적 어려움에도 불구하고 많은 분석가들이 1940년대 베를린의 독소협상(獨蘇協商)을 러시아나 소련이 이 지역을 지배하기 위해 꾸준히 추구해온 정책의 대표적인 예로 보았다는 것이다.[22] 이 협상은 영국·프랑스와 소련 간의 외교교섭이 결실을 맺지 못함으로써 나타난 반사적인 결과였으며, 그 책임은 주로 영국에 있었다. 영국이 미온적인 태도로 교섭을 지연시킴으로써 소련은 영국과 프랑스가 독일을 볼셰비즘의 확산을 저지하는 방파제로 활용하려는 것이 아닌가 의심하게 되었던 것이다.

---

19) Alan R. Taylor, *The Superpowers and the Middle East*, pp.25~26.

20) 리처드 바넷, 『미국의 대외정책과 제3세계』, 홍성우 옮김(서울: 형성사, 1981), 180~181쪽.

21) 터키 해협에서 캐시미르의 고원을 잇는 이슬람 국가들, 즉 터키, 이라크, 이란, 파키스탄 등 소련과 국경을 맞대고 있는 지역.

22) Hannes Adomeit, "Soviet Policy in the Middle East: Problems of analisis," *Soviet Studies,* Vol.27, No.2(April, 1975), p.296. 이러한 주장을 한 서방측 분석은 Alexander J. Bennett, "The Soviet Union," Bernard Reich(ed.), *The Power in the Middle East: The Ultimate Strategic Area*(N.Y.: Praeger, 1986), pp.111~112.; R. J. Sontag and Beddie(ed.), *Nizi-Soviet Relations 1939-1941, Document from the State Publication No.3023*(U. S. Gov. Printing Office, 1948), pp.216~258.

미국이 이 지역에 개입한 것은 지역국가들에 관심이 있어서가 아니라 소련에 대한 견제에 근거를 두었기 때문에 미국과 이 지역국가들 간의 관계는 부차적일 수밖에 없었다. 이는 아랍에게 또 다른 비극의 단서가 되었다. 역사적으로 과거 동방문제의 시기에 유럽 외교가 파탄 난 것은 이 지역의 문제를 그 자체로서가 아니라 외부 세력들이 권력정치를 조정하는 수단으로 삼은 결과였다고 볼 때 미국의 이러한 태도는 새로운 동방문제의 시작을 의미하는 것이었다. 이는 미국에게도 결코 밝은 미래를 예약할 수 없었다.

미국은 1956년 이스라엘, 영국, 프랑스 3국의 수에즈 운하에 대한 공격이 미국의 압력으로 실패하고 3국이 이 지역에서 한발 물러난 후의 중동 정황을 소련세력이 침투할 기회를 제공하는 힘의 공백 상태라고 믿었다. 이러한 사고는 1957년 1월 발표된 "국제 공산주의의 지배하의 어떤 국가가 공공연하게 침략 행위를 자행함으로써 타국가의 영토와 독립이 위협당하며 이를 보호하기 위해 군사적 개입이 필요하다고 판정될 때 미국은 군대를 동원한다"는 이른바 아이젠하워 독트린으로 구체화되었다.

1957년 1월 5일 아이젠하워 대통령은 의회연설을 통해 중동에 관한 특별 교서를 발표했다. 교서에서 아이젠하워는 "많은 국가가 중동의 천연자원과 무역로에 의존하고 있으며 그곳에는 3대 종교의 성지가 있다. …… 그 지역을 공산주의 세력이 지배한다는 것은 위험한 일로 용납되지 않을 것이다. 그러나 그 위험이 눈앞에 있다", "국가의 대소에 관계없이 미국은 상호 간 신뢰와 인내와 좀 더 나은 이해를 확보하려는 결의에서 어떠한 국가와도 교섭할 의사가 있다", "그럼에도 소련의 지도자들이 그들의 안전과 경제적 이익과는 아무런 상관이 없는 중동을 제패하려는 것은 국제 공산주의의 문제이며 '선의의 표명'이나 외교적으로는 매력이 있는 정치적·경제적·군사적 원조 제의를 내세워 그 같은 제패의 목적을 은폐하려고 하고 있다"라고 비난했다. 이에 라트비아 (Latvia), 에스토니아(Estonia), 리투아니아(Lithuania), 헝가리의 경우를 들어 '소련의 가면'을 벗기기 위해 필요한 권한을 행정부에 부여해주도록 요구했다.

이는 향후 2년에 걸쳐 총액 4억 달러를 중동제국에 대한 경제원조로서 대통령 특별기금으로 지출하는 것 외에 '중동의 어떤 나라가 국제공산주의에 의해 지배되고 있는 나라로부터 공공연한 무력침략을 받았을 경우 이에 대항하기 위해 미국에 원조를 요청한다면 그 국가의 영토보전 및 정치적 독립을 보호하기 위해 미군을 사용할 권한'을 요청하는 것이었다. 미국 하원(1. 30)과 상원(2. 28)은 이 선언을 승인했다.

아이젠하워 독트린은 중동 내에 미국이 후원하는 동맹체제를 수립한다는 계획으로, 트루먼 독트린(1947. 3)이나 바그다드 조약기구가 간접지배 방식을 취했다는 사실과 비교하면 획기적이었다. 트루먼 독트린의 경우는 "무장한 소수와 외부 압력에 의한 정복에 대항하는 자유민을 지원하기 위한"이라는 표현에서도 볼 수 있듯이 중동이라는 특정 지역을 지칭하지 않고 포괄적인 개념을 지니고 있었다. 미국은 트루먼 독트린을 통해서 소련에 인접한 북변 국가들에 대한 경제·군사원조를 통해 소련의 남하정책을 저지하려 했으며, 바그다드 조약기구를 통해서는 더욱 광범위한 방위망의 형성을 시도했다. 어쨌든 바그다드 조약기구가 트루먼 독트린에 비해 더 적극적이었지만 적어도 군사조직으로 발전하거나 연합사령부를 설치하지는 않았다.[23]

어쨌든 이 시기까지 적어도 소련은 중동지역에서 소극적이었다는, 어쩌면 비동적(非動的)이었다는 사실[24]과 당시 이집트 문제는 수에즈 기

---

23) 박종평, 「미국과 소련의 대중동정책」, 중동문제연구소 엮음, 『제3세계와 중동정치·경제』(서울: 박영사, 1984), 133쪽.

지의 병력철수 문제를 둘러싼 영국과 이집트 간의 문제였다는 점, 이와 함께 아랍인은 수에즈 전쟁의 경험으로 소련보다는 이스라엘이나 배후의 서구세력을 더 위협적인 존재로 인식하고 있었다는 사실을 고려하면 양극체제의 광범위한 이론을 수용하고 있던 미국의 합리화는 정당화될 수 없었다. 정책 자체만 보더라도 그런대로 합리적 근거를 가지고 있던 트루먼의 봉쇄정책[25])과는 달리 아이젠하워 독트린은 중동국가들의 전반적인 지역연합이나 지역국가들이 참여하는 대규모의 군사조직을 필요로 했던 것은 아니었다. 필요한 것은 전략핵으로 소련의 여러 지역을 타격할 수 있도록 근접 지역에 기지를 제공할 수 있는 몇몇 국가로 구성된 동맹체제였다. 이에 해당하는 국가는 소련 국경지대의 북변 국가들, 즉 터키, 이란, 파키스탄 등이었다.[26])

---

24) 1917년에서 1945년 사이의 중동, 특히 동아랍에서 소련은 1945~1946년 터키에 대한 압력과 1950년대 초 이란에 대한 간섭이 이루어졌던 스탈린 시대를 제외하면 내부 권력투쟁에 몰두해 있었거나 다른 지역(국제 공산주의와 관련해 1945년 이후는 동구, 1949년 이후는 공산 중국)에 외교적 우선순위를 두었다. 또는 실제로 중동에 영향력을 확산시킬 기회가 별로 없었기 때문에 이곳에서 소련의 역할은 상대적으로 부차적이었다. 소련이 이 지역에 본격적으로 관심을 나타낸 것은 미국이 바그다드 조약이라는 제한적이나마 실제적인 성과를 거둔 후, 더 정확히 말하면 바그다드 조약에 대한 응징문제를 놓고 아랍이 심각한 분열을 일으킨 이후였다.

25) 그리스 공산화를 획책한 내전, 1945년 소련이 터키에 행한 압력(다르다넬스·보스포루스 해협에서 유리한 위치를 점하기 위해 러시아와 터키가 맺은 우호불가침조약을 일방적으로 폐기한 것. 그 외에 군사기지 요구 등), 1950년대 초 이란에서의 행태 등이 이를 뒷받침해준다. John Spanier, *American Foreign Policy since World War II*(N.Y.: Holt Rinehart & Winston, 1980), pp.21~22; George S. Harris, *Troubled Alliance*(Washington, D.C.: American Enterprise Institution for Public Policy Research, 1972), pp.25~29.

26) Nadaf Safran, "Dimension of the Middle East Problem," Roy C. Macridis(ed.),

결국 아이젠하워 독트린은 소련이 이집트와의 동맹을 구축한 것에 대한 대응으로 시도되었으나 중동의 국제 상황에는 맞지 않았다. 아이젠하워 독트린의 전제는 소련의 침략이었으나 소련의 위협이 별로 존재하지 않는 것으로 보고 양극화의 일반 개념을 받아들이지 않으려던 쪽은 이 독트린 자체를 제국주의적인 것으로 간주했다.[27] 지역 내 국가들은 공산주의보다는 이스라엘이나 나세르의 패권주의를 더 두려워했다. 이들은 아이젠하워 독트린이 미국의 군사개입을 정당화하고 민족해방운동에 역행하는 몇몇 국가를 돕기 위한 정책이라고 비난했다. 심지어 영국조차도 아이젠하워 독트린은 중동에서 영국을 제거하려는 의도가 담긴 것이라고 미국을 비난할 정도였다.[28] 주로 분리주의적 권력기반을 가지고 있던 국가들이 아이젠하워 독트린을 공개적으로 받아들였다. 레바논의 마론파 교도는 나세르의 강경노선과 범아랍주의의 제창으로 독립이 위태로워진 상황에서 독립을 유지하기 위해 서구의 도움이 필요했던 것이다. 미국 정부에 비교적 우호적이던 수단, 사우디아라비아, 요르단, 이라크 등도 아이젠하워 독트린에 공개적인 수용의사 표명을 유보했다. 이 나라들은 오히려 지역의 세력 균형을 위해 서구세력을 중화시키는 방안으로 소련의 존재를 인식하고 있었다.

이런 점과 관련시켜볼 때 이 지역을 독립 지원, 경제·군사 지원을 통한 비공식적인 간접 지배 방식으로 친서구적 진영에 편입할 수 있을 것이라든지, 아랍국가들이 내부 권력투쟁이나 아랍-이스라엘 대결에서 느끼는 위협과 적어도 같은 정도의 위협을 소련과 그의 지원을 받는

Foreign policy in World Politics, 6th ed., p.361.

27) Leonard Binder, "The middle East as a Subordinate International System," Richard A. Falk and Saul H. Mendlovitz(eds.), *Regional Politics and World Order,* p.158.

28) 리처드 바넷, 『미국의 대외정책과 제3세계』, 169쪽.

공산주의로부터 받고 있을 것이라는 미국의 가정은 일종의 환상에 지나지 않았다. 아랍인들에게 서구의 후견은 내부의 주요한 적이고 이를 중화시키기 위해 소련이 필요했다. 이들에게 중요한 관심은 세계적인 문제가 아니라 지역적 문제였다. 하지만 아이젠하워 독트린은 이 점을 간과했다.

좌파국민연합이 정치무대에 등장함으로써 촉발된 1957년의 요르단 사태는 중동의 조직적 변화를 위해서가 아니라 중동의 보존을 목표로 미국이 제한적이나마 효과적인 행동을 할 수 있는 첫 번째 기회를 제공했다. 그러나 이는 일시적인 성공에 그쳤을 뿐, 요르단 정부의 어떤 공시적 선언도 끌어내지 못했으며 오히려 수에즈 전쟁에서 미국의 도움을 고맙게 여겼던 아랍인들의 마음을 무색하게 만들었다. 엄밀히 보아 미국이 후세인 국왕을 지원한 조치는 아이젠하워 독트린의 범위를 벗어난 것이었다.[29] 존 F. 델레스는 미국이 내란은 물론 간접 침략이나 정부 전복에 대해서도 군사행동의 의무를 질 생각이 없다고 여러 차례 강조했으며 개입의 필요조건은 명확하고 공공연한 침략의 존재라고 말해왔다.[30]

한편 적극적 중립주의(Positive Neutralism)를 표방해 아이젠하워 독트

---

29) 1957년 카이로의 후원을 받아 좌익이던 술레이만 알 나불사이 수상이 후세인을 축출하려고 했을 때 아이젠하워 대통령은 6함대를 지중해 동쪽으로 급파하고 요르단에는 현금 1,000만 달러를 지원했다. 왕은 그러한 지원을 환영하면서도 특별하게 아이젠하워 독트린을 지지하지 않았고 버티었다. 리처드 바넷, 『미국의 대외정책과 제3세계』, 176쪽.

30) 박웅진, 『현대국제정치사』, 192쪽. 다만 수에즈 전쟁 후에 정치적으로 패배한 영국·프랑스의 지위가 격하되고 급진적인 나세르의 지위가 상대적으로 부상해 배후에 소련이 등장하자 미국은 그로 인한 공포감으로 이른바 롤백(Roll Back) 정책을 채용해 서둘러 이 지역에 개입했던 것이다.

린을 제국주의적이라고 비난하던(1957년 1월 인도 방문 등에서) 크와틀리 지도하의 시리아에서도 아이젠하워 독트린이 적용되었다. 시리아를 이웃 아랍국가들로부터 격리(quarantine)시킴으로써 시리아 내의 권력구조를 서방 쪽으로 기울게 하려는 움직임이 바그다드 조약국(주로 이라크)과 미국에 의해 시도되었다.[31] 그러나 그러한 시도로 돌아온 대가는 아무 것도 없었고 단지 시리아 내의 범아랍주의를 고무시켰을 뿐이다. 오히려 소련이 바그다드 조약과 미국의 음모에 대해 선전공세와 경제적 침투를 시작할 수 있는 기회를 주었다.

그 후 아랍인의 꿈을 질식시킨 레바논 사태(1958)는 아이젠하워 독트린의 성공 여부에 대한 시금석이 되었다. 이라크 혁명과 레바논 내전의 배후가 소련이라는 인식은 미국의 중동정책의 강조점을 더욱 범세계적으로 확장했으며 그 대신 이 지역의 토착적·민족적·지역적 요소의 역할에 관한 인식에서는 더욱 멀어지게 만들었다.[32] 그러나 레바논 내의 갈등은 나세르의 범아랍주의로 독립이 상실될 것을 우려한 마론파와 샤문의 정치적 야심 등 국제 공산주의와는 무관한 국내적이고 지역적인 문제에서 발생했다.[33]

아이젠하워 대통령은 텔레비전 연설을 통해 레바논 사태가 그리스 내전, 1948년의 체코 공산정권 수립, 1949년 중국 본토에서 공산주의

---

31) Raymond A. Hinnebusch, "Revisionist Dreams, Realist Strategies: The Foreign Policy of Syria," Korany and Dessouki, *The Foreign Policies of Arab States*(1984), p.291.

32) Atherton Alflred, Jr., "Arab, Israelies and Americans: A Reconsideration," *Foreign Affairs,* Vol.62, No.5, p.1196.

33) 샤문은 대통령에 재선되기 위한 책동으로 서방과 밀착해 나셀파와 대립했다. David E. Long and Bernard Reich(eds.), *The Government and Politics of the Middle East and North Africa*, p.223.

의 승리, 1950년 한국과 인도차이나에서 벌어진 정부전복 기도와 비슷하다고 설명했다. 열거된 이 모든 사태는 서로 상당히 다르면서도 한 가지 공통점이 있는데, 스스로를 공산주의자라고 부르는 정치세력이 존재했다는 것이다. 레바논과 이라크에 공산주의자들이 활동하고 있었다고는 하지만 아직 주요 세력으로 부각할 정도는 아니었다.[34] 미국과 영국은 레바논 문제를 무력으로 수습하는 데 일단 성공했지만 이라크를 서구진영으로부터 이탈시켰으며 미국의 값비싼 정치적 비용의 소모가 소련의 작은 모멘트에 의해서도 효과적으로 견제될 수 있다는 사실만을 보여주었다. 1958년 이후 얼마간 아랍의 보수국가들(사우디아라비아, 쿠웨이트, 페르시아 만 연안국, 마그레브 국가 등)은 미국을 긍정적으로 평가했으나 이도 국제 공산주의와는 무관한 것으로 나세르의 헤게모니 추구에 대한 공포에서 비롯된 것이었다.

결국 아이젠하워 독트린의 결정적인 단점은 이 전략이 전적으로 냉전에 대한 선입견에 초점을 맞추었다는 것이다. 이 전략은 아랍국가들의 관심사나 열망에는 아무런 관심도 두지 않았다. 이 점은 소련의 태도와 매우 대조되는데, 소련은 이스라엘과의 분쟁에서 아랍 입장에 상당히 동조했고 여러 단계의 물질적 지원도 제공해주었다.

미국의 정책과 행동은 워싱턴의 의사 결정자들이 중동정치에 대해 갈피를 잡지 못했고, 활기를 띠고 있는 범아랍주의 운동에 대해서 어떤 공감도 하고 있지 않다는 인상을 남겼다. 아이젠하워의 임기가 끝날 때까지 중동 전반에 대한, 특히 아랍-이스라엘 분쟁에 대한 미국의 관계는 모호하고 규정되지 않은 상태로 남아 있었다. 미국 대통령은 미국이 공정하다는 이미지를 심어주고 싶었지만 지역국가들의 일반적인 인식은 워싱턴이 아랍을 불신하고 있고 이스라엘이 아랍을 침공할 경우 보

---

34) 리처드 바넷, 『미국의 대외정책과 제3세계』, 180쪽.

장 조항으로 현상을 회복시키는 것 이상의 행동을 하지는 않을 것이라는 것이었다.

한편 미국과 달리 소련에게 중동지역은 '중대한 이익권 지역'이었다. 터키, 이란, 이라크, 파키스탄 등 북부지대 국가들— 소련의 입장에서 보면 남부지대 국가들— 은 소련과 국경을 맞대고 있는 국가이거나 인접 국가다. 소련이 영국이나 미국처럼 이 지역에서의 헤게모니 추구를 최종목표로 했는지는 분명치 않지만 소련도 중동에서 강대국의 영향력에 대한 한계를 절감했다는 점에서는 미국과 거의 같은 운명을 경험했다.

초기 스탈린 집권 시절, 소련은 지역적 관심사를 거의 무시했다. 소련은 토착 인민들의 민족정신을 고려하지 않는 채 영토 탈취와 공산주의 전복에만 중점을 두었다. 흐루쇼프 시절에는 중동 민족주의의 목표에 동조하고 특정한 목적을 달성하기 위해 경제적·군사적 원조를 제공함으로써 정책적 기조를 변화시키고 어느 정도 지역주의를 도입함으로써 중동에서 소련의 입지는 월등하게 향상되었다.

소련의 중동정책은 제2차 세계대전 이후 단계적으로 진화해왔다. 종전 후에서 스탈린이 사망한 1953년까지 소련은 이 지역에 서투른 침투를 시도했으나 별다른 소득을 얻지 못하고 아랍인들의 반발만 야기했다. 짧은 기간이었지만 소련은 6개월 내에 중동지역에서 철수한다는 합의를 무시하고 철군을 거부했다. 또한 소련은 독일이 패배한 직후 터키에 여러 가지 요구를 강요했다. 보스포루스와 다르다넬스 해협에 소련 군사기지를 세울 것을 주장하거나 불가리아에 유리하게 터키-불가리아 국경을 변경하기도 했으며, 흑해 연안 국가들(터키, 소련, 루마니아, 불가리아)에 해협통제권을 부여했던 1936년 몽트뢰 조약의 개정을 시도하기도 했다. 하지만 미국이 트루먼 독트린으로 적극적인 지원을 펼친 덕택에 터키는 자국의 주권을 침해하려는 소련의 시도를 성공적으로 물리칠 수 있었다.

이 기간에 소련이 중동에서 추구했던 또 다른 정책 목표는— 구체적인 전술이 개발된 것은 아니었지만— 이 지역국가들에 전복과 교란을 조장하는 것이었다. 그러나 소련이 광범위한 민족해방운동의 대중성을 인식하지 못하고 토착 국가들이 초강대국의 대결에 끼어들지 않으려 함에 따라 의도했던 정치활동은 무기력해졌다. 미국과 마찬가지로 소련 역시 중동문제에는 미숙하고 경험이 없었다.

흐루쇼프 집권기였던 1953년에서 1964년 사이에는 기민한 소련의 정책이 점차 모습을 드러냈다. 이때 미국은 정책 수행의 효과 면에서 고전을 면치 못하고 있었다. 그러나 소련의 중동 진출은 아랍 내부의 정치역학 및 반이스라엘 이데올로기와의 구조적 맥락에서 파악되어야 한다. 소련은 중동에서 영국과 프랑스 같은 제국주의적 세력의 약화, 서구가 주도하는 동맹체제에 대한 아랍의 신생 독립국들의 저항, 전통적 체제에 대한 급진세력의 도전, 아랍-이스라엘 분쟁의 악화 등에 편승했다. 이는 "나의 적의 적은 나의 친구다(The enemy of my enemy is my friend)"라는 신조에 따라 이 지역의 체제적 불안정과 긴장을 이용해 이 지역에 진출한 것이었다.[35]

주요한 고려사항은 남서지대 안보축의 방어, 이제 막 표면화되기 시작한 미국과의 초강대국 경쟁, 토착세력과의 이념적 친화성 창출 등이었다. 이것이 실제로 의미하는 바는 소련이 중동 국제관계에서 또다시 주요한 행위자로 등장했다는 것이었다. 1955년 소련은 이집트와 무기거래[36]를 성립시킴으로써 나세르를 포섭하고 수에즈 위기의 지원, 아

---

35) Alvin Z. Rubinstein, "The Soviet Union in the Middle East," *Current History* (October, 1972), p.165.
36) 이러한 무기 거래는 나세르에게 첫째, 이 지역의 세력 균형에 대한 서구의 독점시대를 마감한다는 의미, 둘째, 서구의 압력으로부터 이집트의 훼손 가능성을 현저히 줄였다는 의미, 셋째, 위신 강화라는 의미를 가졌다. 한편 흐루쇼프에게 이집트

스완 하이 댐 건설로 상징되는 대량 경제원조37)를 통해 이른바 북변 국가들을 뛰어넘어 아랍 심장부인 이집트로 파고들었다. 소련이 1930년대 유럽에서 구사했던 인민전선 전략을 이 지역에서 구사하기 시작한 것은 바로 이때부터였다. 소련은 지역적 특성과 관련해 두 가지의 커다란 정책 목표를 가지고 있었다. 하나는 비동맹, 반서구적 경향을 이용해 중동에서 서구의 영향력을 중화시키는 것이고, 다른 하나는 소련이 참여하지 않고는 결코 중동문제가 해결될 수 없다는 사실을 서구 세계와 아랍에 인식시키는 것이었다.38)

흐루쇼프는 중동국가들이 각각 분명한 이해관계를 가지고 있음을 인식하고 군사·경제 지원과 더불어 그들의 문제와 열망에 동정을 표시하고 그들을 자기편으로 끌어들이려 했다. 이는 과거에 러시아가 팽창주의를 수행하는 과정에서 보인 지정학적 유형과는 전혀 다른 형태의 정책이었다. 이러한 정책적 변화는 새로운 시대 상황에 따라 반제국주의와 민족주의를 반영한 결과로 절대주의의 전통적 패턴에서 탈피했음을 의미했다.39) 다만 지역의 체제적 특성과 관련해 소련의 국가이익을 규정하는 데 변하지 않은 것은 이 지역의 불안정을 이용한다는 점이었다. 소련은 반제국주의적 정향과 반서구주의, 특히 반미주의를 채용하는 국가나 그룹을 적극적으로 지원함으로써 소련에 대한 물질적·정치적·외교적 지원의 의존도를 심화시켜 이 지역에 침투하는 데 도움을 받고자 했다.40) 결국 소련의 남쪽 변경에 대응해 동맹체제를 구축함으로써 소

지원은 첫째, 소련이 아랍국가들이 환영하는 분위기 속에서 등장하는 계기가 되었고, 둘째, 이를 통해 소련이 중동의 주 무대에 등장하는 효과를 가져왔다.

37) 소련은 아스완 하이 댐 건설비용으로 이집트에 13억 5,000만 달러를 대여해주었다.
38) L. Carl Brown, *International Politics and the Middle East,* p.182.
39) Hannes Adomeit, "Soviet Policy in the Middle East: Problems of analisis," p.297.
40) Alexander J. Bennet, "The Soviet Union," Benard Reich(ed.), *The Power in the*

런의 중동 진출을 억제하려던 미국의 의도는 많은 영역에서 소련에 새로운 영향권을 열어주는 반대효과를 가져왔다.

1956년에 발발한 수에즈 위기는 소련이 이 지역에 개입하는 기본적 형태를 만들어주었다. 즉, 아랍의 반서구적 감정을 이용해 급진 아랍국가들과 PLO의 대이스라엘 투쟁을 지원하고, 아랍의 다양한 내부 경제 체제에 대해서는 선별적으로 개입했다. 내부 경쟁국들은 이 지역에서 세력을 확장하기 위한 첫 발판을 소련에게 제공했다. 하지만 그러한 경쟁의 강도가 현저하게 완화될 경우 적어도 단기적으로 소련의 입장은 약화되었으며 어떤 경우에는 잠재적으로 미국의 영향력이 증대될 수 있는 길을 열어주기도 했다.

소련은 아이젠하워 독트린이 발표된 직후 타스(TASS) 통신을 통해, 미국의 수뇌부가 중동국가들의 독립 강화와 관련된 이들 국가의 내부 문제를 미국의 군사적·경제적 개입으로 채워야 하는 권력의 '공백 상태'로 규정하고 있음을 지적하고, 중동국가들이 식민지의 압제로부터 자신을 해방시키고 독립적인 국가 발전을 이룩하려고 노력해온 상황을 어떻게 '공백 상태'로 규정지을 수 있는지 반문함으로써 미국을 비난했다.[41]

1958년경 소련과 이집트 간의 정치적·군사적·경제적 유대는 굳게 결속되었다. 소련이 이집트의 아스완 하이 댐 건설을 지원하기로 결정한 것은 소련이 아랍 정치에 개입하는 새로운 단계로 진입했음을 의미했다. 당시 소련의 희망은 이라크, 시리아의 공산당을 강화하고 이집트에서 정치적 영향력을 유지하는 것이었는데, 이집트-시리아의 통합이 이루어지고 이라크 혁명으로 이라크가 바그다드 조약기구에서 탈퇴함으로써 중동은 세계의 다른 어떤 지역보다 소련의 영향력을 확장할 최

Middle East: The Ultimate Strategic Area(N.Y.: Praeger, 1986), p.117.

41) W. Bruce Lincoln(ed.), *Documents in World History 1945-1967*, pp.229~233.

적지로 포착되었다.

그러나 미국의 경우에서처럼 중동에서 강대국 영향력의 한계는 소련의 경우에도 마찬가지였다. 1958년 2월 이집트와 시리아의 통합은 점증하는 공산주의에 공포감을 가지고 있던 바아스당에 의해 주도되고 이에 나세르가 호응한 결과였다.

이라크 혁명(1958) 또한 소련의 예상과는 달리 소련이 나세르와 충돌하는 첫 계기가 되었다. 카심은 이라크 공산당을 이집트와의 통합을 희망하던 범아랍 민족주의자들을 견제하는 수단으로 사용함으로써 이집트와 국제 공산주의 운동이 추구하는 이해가 항상 일치하지는 않는다는 사실을 보여주었다.

시리아와 이집트 내에서 일어난 공산당 탄압과 나세르와 카심의 갈등에 대해 소련은 어떤 식으로든 대응해야 했는데 이는 결국 소련이 이 지역에서 영향력을 확대하는 데 제약으로 작용할 수밖에 없었다. 이는 나세르와 소련의 상호접근이 근본적으로 상이한 이해와 목표에서 출발했기 때문이었다. 나세르는 이스라엘에 대한 공포를 극복하고 자신의 군사적·정치적·경제적 포부를 실현하기 위해 서구의 적절한 지원을 확보하는 데 실패함으로써 이에 대한 대안으로 소련에 접근했다. 소련은 나세르가 서구의 대항력으로 소련을 상정하고 이 양편을 각각 편의에 따라 이용하고 있다는 사실을 알았지만 이 지역에 대한 교두보를 마련하기 위해 나세르에게 보조를 맞추어주고 아랍에서 가장 핵심적인 위치에 있는 이집트와의 관계 설정이라는 목표를 세워두고 있었다. 이러한 맥락에서 양국은 중동에서 서구의 영향력을 축소시킨다는 단기적인 이해에 합의했다. 그러나 장기적인 목표에서 이들의 입장은 상반되었다. 소련의 궁극적인 목표는 이 지역에 대한 서구의 영향력을 소련의 것으로 대체하는 것이었지만 이집트로서는 72년간의 영국 지배에서 벗어난 지금 다시 동서 어느 편에 의해 통제된다는 것은 참을 수 없었다.[42] 나세르의 궁극적인 목표는 아랍의 통합과 단결 그리고 이 지역의 헤게모니 장악이었다.

나세르는 다시 아랍 민족주의와 아랍 통합에 장애가 되는 공산당 세력을 탄압하기 시작했으며 반동적인 아랍국가들, 즉 요르단, 사우디아라비아 등과 화해했다. 1958년 이라크의 카심 정권이 통일아랍공화국에 참여하려고 합의했다가 결별한 것도 통일아랍공화국이 공산주의 세력을 제거했기 때문이다. 흐루쇼프는 나세르가 공산주의를 박해하는 것에 불쾌감을 나타냈다.[43] 소련이 적대적인 태도를 취하자 나세르는 미국을 비롯한 서방국가들과의 관계를 개선했다. 이로써 1958년 10월부터 미국의 원조가 재개되었다. 1958년 12월 23일 나세르는 포트사이드 연설에서 공산주의자들은 아랍 통합과 민족주의를 방해하는 적이며 이들은 시리아와 이집트의 통합운동을 저지하기 위해 테러활동을 계획하고 있다고 비난했다. 나세르는 또한 소련이 아랍문제에 개입하려 한다고 언론을 동원해 비난했다.

그러나 이집트의 공산당 탄압 등을 통해 나타난 이집트와 소련 간의 갈등이 결별로 이어지지는 않았다. 1958년 4월 10일, 통일아랍공화국은 소련과 교육·과학·문화협정을 체결했다. 한편 나세르는 서방국가들

---

42) Oles Smolenski, "The Soviet Setback in the Middle East," *Current History,* Vol.64, No.377(January, 1973), p.17.

43) 흐루쇼프는 "분수도 모르는 성질 급한 젊은 친구(passionate hot headed young man)가 이라크를 병합하려 한다"라고 나세르를 비난함으로써 이라크의 입장을 지지하고 나섰다. 이에 맞서 나세르는 "나의 급한 성미가 아니었으면 이집트에는 오늘날 소련을 겨냥한 로켓과 핵폭탄 기지가 존재했을 것이다. …… 나는 나의 이러한 급한 성미로 과거에 우리의 적들에 대항해온 것처럼 새로운 위협에 맞설 것이다. …… 우리는 새로운 공산주의의 대리인들로부터도 승리할 것이다"라고 반박했다. Walter Laqueur, *The Struggle for the Middle East: The Soviet Union and the Middle East 1918-1968,* p.65.

이 소련을 대신해 댐 건설을 비롯한 이집트의 경제건설을 전적으로 도맡아주리라고 기대할 수 없었다. 게다가 사회주의 국가들과 이미 맺어놓은 경제관계를 일거에 단절하는 것도 쉬운 일이 아니었다. 1960년 2월, 소련은 이집트에 대한 적극적인 경제 지원책으로 알렉산드리아 조선소 및 철강공장 6개소 건설을 비롯해 여러 산업시설을 건설 중이었다. 소련의 입장에서도 이라크의 국내 불안정과 카심의 개인적 특성44) 때문에 중동의 강력한 두 지주인 이집트와 이라크에 신중히 대처할 필요를 느꼈다. 이런 이유 때문에 1960년 8월에는 아스완 댐의 2단계 공사를 위한 협정이 체결되었으며 이는 나세르 체제가 이룩한 업적의 상징이 되었다.

그러나 흐루쇼프 정권은 중동국가 중에 토착적인 정치 프로그램을 지원함으로써 그들과 우호적인 관계를 정립하는 것과 공산주의 혁명을 조장하기 위한 시도 사이에서 여전히 갈피를 잡지 못했다. 1957년과 1958년, 시리아와 이라크에서는 공산주의자들이 미세하게나마 우위를 점할 기세였으며 소련은 직접 개입하지 않은 채 이를 흥미롭게 지켜보고 있었다. 그러나 결국 어느 쪽에서도 토착 공산주의자들은 승리하지 못했다. 시리아 공산주의자들은 1958년 이집트와 시리아가 통일아랍공화국으로 합병되었을 때 기회를 잃었으며, 이라크에서는 왕정이 붕괴된 후 카심이 국내 정치세력과의 제휴 없이 자신의 독재권력을 수립했다.

1960년대 초, 이러한 사태 후에 수립된 소련의 전술은 토착적 공산주의 집단이 양보하는 입장을 취하고 주요 민족주의 정당과 협력하게 함으로써 정치 과정에서 살아남도록 지원하는 것이었다.45) 이러한 전

---

44) 그는 실제로 비정통과 공산주의자들을 공식적인 당으로 승인해 이라크 공산당을 소멸시켰고, 북부 쿠르드족을 진압하는 데 소련이 지원해준 무기를 사용했다.

45) Robert O. Freeman, *Soviet Policy toward the Middle East since 1970*, 3rd ed.(New

술이 이집트와 알제리에서는 어느 정도 성공했지만 그렇다고 소련이 이들 체제에서 의미 있는 영향력을 확보하지는 못했다. 이러한 우호적 인 노력은 터키와 이란에서도 얼마간의 진척을 보였다. 터키에서의 성 과는 겨우 초기 단계의 진척이었지만 이란에서는 샤가 자국 내의 모든 외국 미사일 기지를 허용하지 않겠다고 선언했다. 이후 모스크바는 이 란에 4,000만 달러의 차관을 제공해주었다. 흐루쇼프가 중동에서 거둔 성공은 극히 제한적이었지만 그는 이 지역에서 더욱 세련된 태도를 보 이기 위해 스탈린의 조잡한 정책을 버렸다.

2) 데탕트기

지역적 폭력 사태에는 범세계적 차원의 고려가 요구되지 않는다. 지 구상에는 작은 전쟁이 통상적으로 벌어지고 있으며 그러한 전쟁들은 주요 열강이 무시하거나 주요 열강의 대리전이 되지 않도록 함으로써 국지적인 의미를 가진다. 이는 어떤 의미에서 1948년 이래 주요 열강 이 이 지역에 대해 공개적인 시인은 하지 않았더라도 인정할 수밖에 없었던 기본 원칙이기도 했다. 따라서 사소한 국경의 조정이나 전투는 기존 정치주체들이 유지된다는 전제하에 일반적으로 허용되었다. 그러 나 주요한 변화가 요구되거나 어떤 국가의 존립이 위태로워질 때면 그 의 보호자를 자처한 열강은 이 문제에 개입할 수밖에 없음을 시사하곤 했다. 이러한 묵시적인 합의가 중동의 기본 구조를 그대로 유지시키는 원동력이 되고 있었다.

존 F. 케네디(John F. Kennedy: 1961~1963)는 아랍-이스라엘 분쟁을 거의 접하지 않았다. 그의 재임 기간이 상대적으로 분쟁이 진정되는 시

York: Praeger, 1982), pp.14~19.

기였기 때문이다. 그는 그 문제에 대해 구체적인 정책을 개발하지도 않았다. 다만 이집트를 포함한 지역국가들에 두루 불편부당한 입장을 견지하려고 노력했을 뿐이다. 그래서 그는 아이젠하워 독트린의 실패를 거울삼아 아랍세계에서의 협정 취향(penchant for pacts)을 포기하고 정치 정향의 진자를 범세계적 시각으로부터 분쟁의 지역적 요인으로 회귀시켰다. 그 결과 미국과 이집트의 관계는 다소 호전되었다. 이에 따라 아랍-이스라엘 분쟁에 대한 미국의 편향적인 태도도 훨씬 완화되었다.

미국의 입장에서 미국이 추구해온 동맹체제들은 잠수함에 탑재된 핵무기를 중동지역에 배치하는 등 기술 수준이 전반적으로 향상된 데 힘입어 그 중요성이 감소되었다. 1960년대 초, 케네디 정부는 나세르의 혁명 사업과 아랍 사회주의가 성공할 수 있도록 지원했다. 아랍 사회주의가 성공하면 더 이상 소련이 침투하는 것을 방지할 수 있으리라 판단했던 것이다. 이것은 지역적 특성을 더 고려하겠다는 의미였다. 1961년 케네디는 이집트, 레바논, 이라크, 요르단, 사우디아라비아의 지도자들에게 서한을 보내 아랍-이스라엘 분쟁과 팔레스타인 난민문제의 해결, 모든 국가의 자결권을 위한 정신적·경제적 지원을 다짐했다. 그는 또한 아랍국가의 영토 보전에 대한 도전으로 타국이 무력을 사용하는 것을 단호히 거부한다고 선언하고 나세르의 예멘내전 개입 및 사우디아라비아, 요르단 왕정에 대한 적대감을 비난하며 이 두 왕정을 후원했다.

그러나 이러한 노력 역시, 모든 아랍이 공동체의 한 주권적 구성원으로 생존할 수 있는 이스라엘의 권리를 부정하고 이에 따라 팔레스타인에 대한 아랍-이스라엘 간 영유권 분쟁이 가열되면서 무산될 위기에 놓였다. 점차 친이스라엘 성향으로 기울던 케네디는 이집트에 대한 소련의 군사 지원에 대응해 1963년 이스라엘에 호크(HAWK) 지대공 미사일을 포함한 개량무기를 제공했으며, 지중해 6함대의 창설을 시작했다. 또한 케네디는 골다 메이어(Golda Meir) 이스라엘 수상을 처음 만났을 때 이스라엘을 동맹국으로 언급함으로써 '특별한 관계(special relation-ship)'를 향한 첫걸음을 내디뎠다.[46]

이처럼 미국 정부 내에서 이스라엘의 전략적 가치가 갑자기 전면에 부각된 것은 당시 미국이 중동 전역에서 입지를 상실해가고 있었고, 1962년 급기야 사우디아라비아에서 진보적 아랍 민족주의 세력에 밀려 미군을 철수시킬 수밖에 없었던 처지와 무관해 보이지 않는다. 미국의 입장에서는 자신을 대신해서 중동을 감시하고 손발이 되어줄 지주국가가 절실한 상황이었다.

아랍 사회주의 역시 나세르가 이집트 발전문제에만 전념할 수 있도록 충분히 발전하는 데는 실패했다. 이는 아랍 정치에 너무 많이 개입해 있던 나세르의 정치적 행보와도 어느 정도 관련이 있었다. 1961년 통일아랍공화국이 해체됨으로써 나세르의 정치적 위신은 추락했고 이는 그가 급진 사회주의 노선으로 선회하는 계기가 되었다.[47] 나세르는 훼손된 위신과 영향력을 만회하기 위해 아라비아 반도에서 사회주의 혁명을 촉발시키고자 했다. 이에 따라 1962년 말 예멘내전에 개입함으로써 이집트는 미국의 이익 — 미국 석유회사(Aramco: Arabian American Oil Company) 등과 관련된 — 과 직접 충돌했으며, 콩고문제 — 당시 아프리카,

---

46) Wiber Crane Everland, *Ropes of Sand: American Failure in the Middle East* (New York: W. W. Norton, 1980), p.321.

47) 시리아의 입장에서는 나세르의 권위주의적인 통치, 바아스당의 몰락, (이집트 경제부흥을 위한) 경제착취 등이 분리를 주장하게 된 근본 원인이었다. 그러나 나세르는 시리아의 분리가 시리아 특권계층이 일으킨 반동적인 배신행위로, 자유롭고 통일된 아랍국가의 실현이라는 이상에 저해된다고 간주했다. 또 이집트에서나 시리아에서나 특권에 대한 투쟁이 철저하지 못했고 민중 또한 충분히 계몽되지 못했다는 결론을 내렸다. 따라서 시리아의 분리에 대한 이집트의 자성적 반응은 더욱 과격한 사회정책으로 표출되었다.

제3세계를 목표로 한 소련의 지원정책과 관련 — 에 개입함으로써 군사적으로 소련에 더욱 종속되었다. 이로써 미국과 이집트의 관계는 다시 냉각되었고 미국은 이집트에 대한 식량원조를 중단했다.

이러한 사태는 소련이 시리아와 이라크에 실망한 — 이들 지역에서 공산주의에 대한 탄압이 강화되었으며 시리아에서는 부르주아 민주주의가 성립되었다(1963년 우파인 바아스당이 쿠데타로 집권) — 후 이집트와의 관계를 강화할 수 있는 새로운 기회를 제공했다.

1964년 레오니트 I. 브레즈네프(Leonid I. Brezhnev, 서기장: 1964~1982)와 알렉세이 N. 코시긴(Aleksei N. Kosygin)이 집권48)한 후 소련의 정책에는 상당한 변화가 있었다. 변화의 초점은 특히 중동에 맞추어졌다. 아랍에 대해서는 소련의 후원을 받아 미국과 이스라엘에 대항하는 '반제국주의' 전선을 강화하려는 특별한 시도가 있었다. 만족할 만큼 실현되지는 않았지만 이는 수년간 소련의 주요한 정책 목표가 되었다.

1964년 흐루쇼프가 실각한 후에도 소련은 이집트에 대한 지원을 계속할 수밖에 없었으며 — 그간 단행했던 투자가 많았기 때문에 — , 나세르는 예멘문제, 이집트의 경제적 상황, 아랍세계에서 자신보다 더 급진적인 네오-바아스와 민족주의자들의 공격, 시나이의 유엔군 배후에 숨어 있다고 자신을 공격하는 사담 후세인(Ṣaddām Ḥusayn)에 대한 두려움, 벤 벨라와 콰메 은크루마(Kwame Nkrumah), 아흐메드 수카르노(Achmed Su-

---

48) 1964년 브레즈네프는 흐루쇼프가 휴가로 모스크바를 비운 틈을 타 코시긴, 포드고르니, 알렉산더 셸레핀(Alexander Shelepin) 등과 함께 공산당 중앙위원회를 열어서 흐루쇼프 축출을 결의하고 스스로 당 제1서기가 되었으며 코시긴 수상 및 아나스타시 미코얀(Anastas Mikoyan) '최고인민회의 상임위원장(명목상의 국가원수)'과 함께 과도적인 삼두체제를 구축해 권력을 장악했다. 그는 1966년 스탈린 사망 이후 공석이던 당 총비서 자리에 올라 권력을 독점하고 1982년 심장마비로 사망할 때까지 18년간 장기 집권체제를 지속했다.

karno)에게 한 것처럼 미국이 자신을 축출할 음모를 꾸밀지도 모른다는 공포감 때문에 더욱더 소련에 종속될 수밖에 없었다.

한편 린든 B. 존슨(Lydon B. Johnson: 1963~1969)은 정권 초기에 이스라엘을 계속 지원하면서 아랍의 보수·진보 두 진영과 우호관계를 유지하려고 노력했다. 그는 모든 중동국가의 영토 보전과 정치적 독립에 대한 지지 의사를 천명했고 타국에 대한 무력 위협이나 사용을 반대했다.49) 그러나 그는 나세르가 예멘내전에 계속 개입하고 비동맹 중립주의를 고수하자 1966년 초 이에 대응해 비우호적인 아랍국가들에 대한 정책을 수정했다. 존슨은 이집트에 대한 잉여 농산물의 수출 중단, 개발계획기금 원조의 거부, 딘 러스크(Dean Rusk) 미국 국무장관의 카이로 방문 무기한 연기 같은 조치를 취했다. 이런 중동정책 변화는 중동정책을 결정하는 부서가 국무성에서 친이스라엘계로 구성된 안보담당실로 옮겨지면서 일어났다.50) 존슨은 중동에서 이스라엘은 어떤 국가도 대신할 수 없는 미국의 대리국이라고 확신하고 이스라엘과 돈독한 관계를 유지했다. 이는 존슨의 주요 관심사였던 베트남 전쟁에서 이스라엘이 미국을 지원했다는 사실과도 관련이 있었다.

1967년 전쟁 역시 중동에서 강대국의 한계를 여실히 드러내주는 사건이었다. 전쟁의 시작은 미·소 초강대국의 의사와는 전혀 다른 지역 내의 정치구조 변화에서 비롯되었으며,51) 적대 행위의 발발에도 미·소 양국은 주도적이지 못했다.52) 1964년 초 아랍세계는 전반적으로 비군

---

49) Harry N. Howard, "The United States and the Middle East," in *The Middle East in World Politics* ed. by Tareg Ismael(N.Y.: Syracuse Univ. Press, 1974), p.129.

50) Kathleen Christison, *Perceptions of Palestine*(Berkeley: University of California Press, 1999), p.109.

51) Michale Reisman, *The Art of the Possible: Diplomatic Alternatives in the Middle East*(N.J. Princeton: Princeton University Press, 1970), p.12.

사화를 지향했고 나세르는 국내 지배권 강화와 경제발전 촉진에 집중했다(그는 중립주의 노선과 제3세계에서의 야심을 억제했다. 유일한 예외는 예멘내전에 개입한 것이었다). 또한 이스라엘 레비 에쉬콜(Levi Eschkol) 정권의 온건 성향, 아랍 지도자들의 이스라엘에 대한 장기적이고도 현실적인 대응 등 당시 중동은 평화적인 분위기였다. 1964년부터 1967년 초까지 이집트는 이스라엘과의 관계에서 말로는 강경노선을 추구했지만 실제로는 수동적이던 전례의 정책을 벗어나지 않았다. 나세르가 무력투쟁에 혈안이 될 아무런 이유가 없었다.

그러나 이런 평화로운 분위기는 새로운 지역적 요소에 의해 교란되었다. 즉, 1965년 2월과 3월 튀니지의 부르기바 대통령이 순방외교를 펼치고, 1966년 초 혁명적 민족주의에 대처하기 위해 이라크 파이잘 2세가 조심스럽게 아랍정상회담을 제의[53]했으나 팔레스타인 아랍기구 ─ 파타, 알 아시파(al-Asifa) 등 ─ 의 테러리즘과 1966년 2월의 소규모 군사 쿠데타로 집권한 시리아 좌파의 급진주의적 행태로 팔레스타인 문제가 이 지역의 핵심 현안으로 등장하면서 중동은 또다시 전쟁의 소용돌이에 휘말렸다.

6월전쟁에 대한 공통된 평가는 사태가 전개되는 특징에 여러 가지 작용과 반작용이 복합 구조를 이루고 있기 때문에 전쟁의 원인을 이집트나 이스라엘 같은 단일 주도세력에서 찾는 것은 너무 단순한 착상이라는 것이다. 사태가 전개되는 과정을 통해 드러난 사실은 지역적 이니

---

52) 전쟁이 일어나기 직전에 소련이 이집트에 제공한 거짓정보 ─ 시리아 국경으로 이스라엘 군대가 집결하고 있다는 ─ 가 전쟁이 시작된 중요한 계기였으나 그보다 더 결정적인 단서는 나세르의 아크바(Aqubah) 만 폐쇄였다.

53) 파이잘 2세의 의도는 무슬림 국가 전체의 동맹이라는 구실로 비아랍국가이자 보수적인 무슬림 국가들, 주로 터키나 이란이 주도하는 집회로 이집트, 시리아, 알제리를 끌어들이자는 것이었다.

셔티브가 외부의 이니셔티브를 압도했다는 것이다. 이는 특히 전쟁의
결정적인 전환점이던 6월 6일 이스라엘의 행동에서 극명하게 나타났
다.[54] 여러 복잡한 문제에 둘러싸여 있고 앞으로 어떤 일이 일어날지
모르는 상황이긴 했지만 어쨌든 사건의 핵심은 무력에 의해 강요된 '기
정사실(fait accomoli)'에 통일아랍공화국이 도전을 제기했다는 것이다.
1956년 이래 영국과 프랑스는 아크바 만에 무력을 앞세워 제국주의를
강요했고, 이스라엘은 아랍의 능력을 전적으로 무시했다. 6월전쟁은 아
랍이 무력을 이용해 '기정사실'을 변경시키고 이를 그들의 권리와 이해
에 맞는 '대안적 기정사실'로 대체하기 위해 이스라엘에 도전한 최초의
시도였다.

나세르는 전쟁에 앞서 시리아 의회에서 말했다. "이스라엘은 너무
자만해왔다. 미국과 영국이 앞장선 서구 열강은 우리를 무시하고 심지
어 경멸해왔다. …… 그러나 이제 때가 왔다. 그리고 나는 이미 이전부
터 우리가 시간과 장소를 결정할 것이며 그들이 그것을 결정하도록 허
락하지 않으리라고 말해왔다. 우리는 승리할 만반의 준비를 갖추었으며
1948년과 같은 코미디는 결코 일어나지 않을 것이다. 우리는 승리할
것이며 이는 신의 뜻이다."[55]

1967년 전쟁이 발발하기 전에 미국은 나세르의 티란 해협 봉쇄를
차단하기 위해 이스라엘이 이집트를 선제공격하는 데 동의했다. 여기에
는 이스라엘이 요르단, 시리아, 레바논을 선제공격해서는 안 된다는 단
서가 있었다. 미국은 이스라엘의 승리를 통해 나세르에 대한 국민들의

---

54) L. Carl Brown, *International Politics and the Middle East,* p.204.
55) Walter Laqueur, The Struggle for the Middle East: The Soviet Union and the
Middle East 1958~1968, document 4. "From Nasseris Speech to National Assem-
bly Members on May 29, 1967," p.293.

불신을 확산시키고 중동에 대한 후원자로서 소련의 역할을 마감시키려 했다.56) 작전은 신속하고 완전한 승리를 이끌어내야 했다. 1967년 5월 23일, 미국은 이스라엘에 군 장비와 탄약을 공수했다. 미국은 특별 공중정찰 편대를 이 지역에 보내 사진을 찍은 뒤 이스라엘에 제공하기도 했다. 이스라엘의 공격은 미국이 요구했던 대로 이집트에 국한되지 않고 요르단과 시리아에서도 이루어졌지만 미국은 이를 제지하지 않았다.

1967년 6월 4일에 시작된 전쟁은 6일 만에 이스라엘의 완전한 승리로 끝났다. 팔레스타인 지역은 모두 이스라엘의 점령지가 되었고 이집트의 시나이 반도와 시리아의 골란 고원도 이스라엘에 점령당했다. 전쟁 후 미국은 이스라엘이 점령지에서 철수하도록 압박하지 않음으로써 사실상 1950년 삼국선언에 대한 공약을 지키지 않았다. 1967년 6월 19일, 존슨 대통령은 중동평화 5원칙57)을 발표했다. 존슨은 모든 국가의 영토 보전이 존중되어야 한다고 지적했지만 1948년 이후의 아랍-이스라엘 국경은 더 이상 언급하지 않았다. 존슨은 이스라엘의 아랍 영토 점령을 '이스라엘 점령지 반환과 아랍의 이스라엘 인정' 조건을 충족시킬 수 있는 유리한 협상카드로 보았다.

이스라엘은 아랍과의 협상에 동의하지 않았고 아랍 측 역시 유대국가의 실체를 인정하게 된다는 이유로 이스라엘과의 직접 협상에 동의하지 않았다. 미국의 선거가 있던 1968년, 존슨 행정부는 이스라엘과 논의 중인 팬텀기 제공문제를 지연시키면서 이스라엘이 협상에 임하도

---

56) Stephen Green, *Talking Sides: America's Secret Relations with a Militant Israel*(New York: William Morrow, 1984), p.199.

57) 존슨의 중동평화 5원칙은 다음과 같다. 첫째, 이 지역의 모든 민족에 대한 생존권 보장 및 이에 대한 이웃 국가의 존중, 둘째, 피난민을 위한 정의, 셋째, 이 지역 해상로 통행의 자유, 넷째, 중동지역에서의 무기경쟁 제한, 다섯째, 모든 지역국가들의 독립과 영토 존중.

록 압력을 가했다. 같은 해 9월, 존슨은 성명을 발표해 분쟁 당사국들에게 합의된 절차를 통해 난제에 대한 의견 교환을 시작하도록 촉구했다. 그러나 이스라엘은 이에 냉담했다. 미국 내부에서는 존슨의 정책결정 변화를 촉구하고 있었다. 민주당 대통령 지명자였던 휴버트 험프리(Hubert Humphrey)를 포함해 모든 대통령 출마자가 백악관과의 논쟁에서 이스라엘을 강력하게 지지하고 나섰다. 선거 한 달 전인 10월, 존슨은 결국 이스라엘에 대한 팬텀기 제공에 동의했다.

미국은 종전 후 유엔 안전보장이사회 결의안 242호(1967. 11. 22)[58]를 성립시키는 데 주도적인 역할을 했지만 그 후 지역적인 요소를 제대로 인식하지 못함으로써 아랍과 이스라엘의 협상을 진전시킬 좋은 기회를 잃고 말았다. 미국의 직접적인 외교 형태로 나타난 유일한 노력은 조지 볼(George Ball) 대사의 중동 순방이었으나 그는 나세르를 소련의 하수인이자 6월전쟁의 무법자쯤으로 여기고 자신의 순방일정에서 이집트를 제외시켰다. 오히려 미국은 1967년 전쟁을 이 지역에서 소련과의 군비경쟁을 강화하고, 이스라엘을 미국에 더욱 밀착시키고,[59] 몇몇 아랍국가들과는 외교를 단절하는 계기로 삼았다. 물론 이러한 정책의 전제는 소련이 이 지역에서 양극화를 가속화시키고 있다는 것이었다.

1967년 전쟁에서 지역적 요소의 중요성은 그 후 닉슨 행정부에 의해 다음처럼 묘사되었다. "1967년 전쟁의 교훈 중 하나는 지역적 요소와 힘이 스스로의 동인(動因)을 가지고 있었다는 것이다. 주요 열강은 그것

---

58) 이 결의의 전문에는 전쟁에 의한 영토 획득의 승인 불가와 중동지역의 모든 국가가 안전하게 살아갈 수 있는 공정하고 항구적인 평화의 필요성을 역설하고 있다. 실행 조항을 통해 점령지역에서의 이스라엘군의 철수를 포함한 몇 가지 원칙이 제시되었다.

59) 1968년 미국이 이스라엘에 F-4 팬텀기를 제공한 것은 미국의 군사적인 영향력에 대한 상징적인 의미를 갖는다.

에 말려들지 않도록 의식적이고 진지한 노력을 해야 한다."[60] 말하자면 "소련의 장기적인 전략은 모로코에서 이란까지 광범위한 지역에 걸쳐 해양과 석유, 영공에 대한 통제력을 확보하는 데 있다"라는 존슨의 주장은 당시 소련이 중동에서 장기적인 목표를 가졌다고 보기 어려우며 6월전쟁에서 주변적인 역할밖에 하지 못했던 점을 고려할 때 설득력이 없다는 것이다.

그러나 닉슨과 안보 담당 보좌관 키신저 역시 소련에 대한 봉쇄를 강조하는 세계주의 외교정책을 폈다. 소련을 봉쇄해 소련에 대한 전략적·외교적 우위를 유지하려는 것이 그 당시 미국의 정책 기조였다. 그러나 닉슨 정부는 중동문제에 균형 잡힌 시각으로 접근하기 위해 전임자가 펼쳤던 친이스라엘 정책으로부터 벗어나려는 노력에서 출발했다. 닉슨은 미국이 아랍-이스라엘 분쟁을 해결하는 데 공정한 입장을 취하지 않으면 아랍세계에 대한 소련의 침투를 더욱 조장하는 결과가 초래될 것이라고 믿었다. 1968년 11월 대통령에 당선된 닉슨은 윌리엄 스크랜턴(William Scranton)을 중동특사로 임명했다. 스크랜턴은 새 정부의 중동정책이 '더 공평한(even-handed)' 입장을 취해야 한다고 권고했다. 적어도 닉슨 재임 초 1년 반 동안은 그러한 기조가 유지되었다. 그러나 더 이상의 노력은 이루어지지 않았다.

수에즈 운하지역에서는 1968년 말에서 1969년 초에 걸쳐 이집트와 이스라엘 간의 긴장 고조로 인한 소모전이 계속되었다. 이러한 양국 간의 산발적인 적대 행위를 자제시키기 위해 1969년 4월 3일 닉슨은 소련과의 2강회담(Two-Power Talks)을 개최했다. 이따금 영국, 프랑스가 참가해 4강회담으로도 개최되었던 이 회담은 분쟁의 직접적인 당사자들

---

60) Richard M. Nixon, *"U.S. Foreign Policy for the 1970's,"* *A Report To The Congress*(February 9, 1972), p.78.

이 상호 간의 차이를 해결할 수 없을 것으로 보고 열강이 개입해 분쟁 해결을 강요하려는 의도가 있었다. 그러나 미국은 이스라엘 편향정책을 펼쳤고 소련은 이집트의 입장을 지지함으로써 결국 협상에 이르지 못했다.

이를 계기로 닉슨 행정부는 미국 단독으로 포괄적인 분쟁 해결을 위해 노력해나가기로 작정했다. 계획의 개념적 틀은 1969년 12월 9일 국무장관 로저스의 연설에서 윤곽이 나타났다. 이른바 '로저스안(Rogers Plan)'에서 미국은 중동분쟁 해결에 중립적인 입장을 취하고 이스라엘이 점령지에서 철수해야 한다는 강력한 의지를 보였다. 나세르 대통령은 6월전쟁으로 빼앗긴 영토를 되찾는 데 무력 수단이 아니라 평화적 수단이 필요하다고 생각했기 때문에 '유엔 안전보장이사회 결의안 242호'에 입각해 미국이 제시한 로저스안에 찬동했다. 요르단의 후세인 국왕도 로저스안이 서안지구의 요르단 연방화를 가능하게 한다는 이유로 찬성했다.

그러나 이 결의안 역시 미국의 결연한 입장의 기초가 되지는 못했다. 점령지 철수를 반대하는 이스라엘의 입장을 무마시키기 위해 1970년 6월 25일 로저스 수정안인 '로저스안B(Rogers Plan B)'가 작성되었다. 이 수정안은 수에즈 운하지역에서의 이집트-이스라엘 간 전쟁의 종식과 1967년 이스라엘의 점령지 철수를 포함한 상호 영토주권 인정을 목표로 했으며, 이집트·이스라엘·요르단 간의 대화 촉구를 강조했다.[61] 로저스안은 미국의 중동정책 변화를 보여주는 것이었지만 후에 미국 정책의 주요 요소가 되지는 못했다. 이 안은 1970년 8월 7일 소모전을 종식시키는 가시적 역할을 했을 뿐이다. 이 새로운 안에는 점령지로부터 이스라엘이 철수하는 것에 대한 언급이 없었기 때문에 실질적으로

---

61) Alan R. Taylor, *The Superpowers and the Middle East*, p.81.

1969년 안을 사장시켜버리는 결과를 낳았다.

수정안이 원안보다 이스라엘에 상당히 관대했음에도 이스라엘은 이 안에 찬성하지 않았다. 닉슨이 이스라엘을 진정시키기 위해 서둘러 친서를 보낸 후에야 비로소 이스라엘은 태도를 바꾸어 이 친서가 미국의 공식적인 정책이 되도록 하는 전략에 들어갔다. 닉슨의 친서는 이스라엘에 대한 미국의 공약을 재확인해주었다. 친서에 담긴 내용은 분쟁 해결을 강요하는 어떤 시도도 없을 것이고, 반드시 1967년 이전의 국경으로 철수해야 하는 것은 아니며, 심지어 아랍과의 합의가 이루어지기 전에는 제한적인 철수조차 할 필요가 없다는 것이었다.[62]

닉슨 독트린에서 천명된 세계무대에서의 미국과 동반국들 간의 책임 분담 개념은 중동에 적용될 경우 대리국 활용정책이었는데, 이는 국가안전보좌관 키신저의 역할 덕분이었다. 키신저는 앞에서 언급한 로저스 수정안을 조심스럽게 조정해 소련과의 화해를 꾀하는 한편, 미국이 운영하고 동맹국가들이 보증하는 팍스 아메리카나(Pax Americana)를 구상했다. 이것이 구체적으로 의미하는 바는 이스라엘을 주요 파트너로 삼아 팔레스타인 분쟁해결 노력을 지연시키는 것이었다. 이는 기존의 교착 상태가 미국의 이익을 도왔다는 가정에 기초했다. 키신저의 견해에 따르면 더 이상의 외교적 진전이 없을 경우 나세르는 평화를 위한 유일한 길이 모스크바가 아닌 워싱턴과 협력하는 것임을 확실히 깨닫게 될 것이었다. 그리고 이러한 지연 전술은 미국의 평화회담 주도와 이집트와 중동에 대한 소련의 영향력 감소라는 두 가지 이점을 가져다줄 것으로 기대되었다. 아랍-이스라엘 분쟁을 포함한 그 밖의 다른 고려는 대리국 활용전술에 종속되었다.

---

62) Bernard Reich, *Quest for Peace: United States-Israeli Relations and the Arab-Israeli Conflict*(New Brunswick, N.J.: Transaction Books, 1977), pp.160~161.

중동에서 전략적 합의를 구축하기 위한 대리국 접근은 결국 지역국가들과 각기 다른 수준의 이원적 협정을 맺는 것으로 나타났다. 제1수준에는 선택된 주요 지역국가들과의 밀착된 그러면서도 부분적으로는 은밀한 실무관계가 포함되었다. 이에 해당되는 국가는 주로 이스라엘과 (팔레비의) 이란이었다. 제2수준에는 사우디아라비아, 이집트, 터키, 모로코, 오만처럼 중요하거나 전략적으로 우수한 지위에 있는 국가들과의 지역문제에 대한 정치적 협력이나 제한적 합의가 포함되었다. 제3수준에서는 지역적 권력구조에서 중추적 역할을 담당하는 국가들의 기존 정권과 협정을 맺었다. 레바논은 이러한 유형의 동반국으로서 고전적인 예에 속했다.

최고 수준의 동맹이 닉슨 행정부에서 구축되었다. 키신저는 존슨에 의해 시작된 이스라엘과의 커넥션을 공식화된 외교정책의 지위로 끌어올렸는데 이는 차기정부에서 더욱 강화되었다. 그는 또한 1953년에 시작된 샤와의 관계를 본궤도에 올려놓았다. 그는 샤를 미국의 가장 중요하고 충실한 친구 중에 하나로 언급함으로써 약간의 어려움은 있었지만 이란에 대한 무기 공급선을 구축할 수 있었다.[63] 이들 제휴협정의 궁극적인 목적은 중동에서 잘 무장되어 있고 믿을 만하며 정책상으로 워싱턴과 조정되어 있는 이스라엘과 이란을 핵심 대리국가로 유지하는 것이었다.

닉슨은 처음에는 로저스안이 결코 이행될 수 없다 해도 이 안을 공식정책으로 채택함으로써 아랍세계에서의 미국의 이미지를 증진시킬 작정이었다. 그러나 결국 그는 소련을 전략적으로 압도하는 것이 아랍-이스라엘 갈등을 해결하는 것보다 더 중요하다는 키신저의 견해를 따랐

---

63) George Lenczowski, *American Presidents and the Middle East*(Durham, NC: Duke University Press, 1990), pp.118~119.

다. 더구나 두 사람은 국무성을 근본적으로 불신했는데 그 이유 중 하나는 국무성이 지역문제에 몰두함으로써 소련의 도전에 효과적으로 대처하지 못한다는 것이었다.

닉슨이 중동정책을 변화시키는 데 중요한 계기로 작용한 지역 사태는 1970년 9월의 요르단 내전이었다. 후세인 국왕은 요르단 영내에서 벌어지는 PLO 활동을 참을 수 없었고 이들을 추방하기로 결심했다. 이러한 조치는 결국 요르단 정부군과 게릴라 사이에 군사적 대결을 촉발시켰다. 문제는 시리아의 급진적인 바아스 레짐이 군사적으로 개입하면서 요르단 내전이 범세계적 의미를 갖게 된 것이었다. 닉슨은 소련이 후세인을 축출하기 위해 시리아인과 팔레스타인 게릴라를 대리인으로 이용하고 있다고 가정하고 이 사태를 더 넓은 관점에서 바라보았다. 그에게 요르단은 지도상에서 작은 점 하나에 불과했다. 그러나 닉슨은 요르단 내전이 세계무대에서 그리고 미·소관계에서 훨씬 광범위한 의미를 띤다고 판단했다. 그의 판단에 따르면 소련에 의해 조종되는 봉기로 후세인 정권이 전복될 경우 중동 전체가 전쟁의 소용돌이에 휘말릴 것이며, 미·소의 대결은 더욱 격화되고 결국 핵전쟁을 유발할 수도 있었다.[64]

초강대국의 비개입을 촉구하는 소련의 통첩에 대응해 닉슨은 키신저의 이스라엘군 동원 결정에 동의했다. 이스라엘군이 동원되었지만 시리아가 한걸음 물러남으로써 어떤 형태의 내전 개입도 일어나지 않았다. 미국의 요청에 따라 이스라엘군 동원령이 내려짐으로써 미국과 이스라엘 간의 동맹관계가 재확인되었다. 이로써 닉슨은 중동정책에서 키신저 구상을 기초로 삼게 되었다. 이듬해 닉슨은 아랍 측을 평화회담에 이끌어낼 목적으로 이스라엘에 예년의 5배에 해당하는 군사원조를 실시했

---

64) Richard M. Nixon, *R. N.: The Memoirs of Richard Nixon*(New York: Grosset & Dunlap, 1978), p.483.

는데, 이전에 제공된 최소액의 무려 50배에 달하는 금액이었다. 6억 80만 달러가 이스라엘에 제공되었는데 이중에서 5억 4,000만 달러는 군사원조였다. 이스라엘에 대한 대량 군사원조 정책은 닉슨 독트린하에서 소련세력의 침투를 제한하기 위해 수립된 선술로, 이는 이스라엘, 이란 등 동맹국가들을 이용하기 위한 것이기도 했다. 이러한 목적을 달성하는 데 드는 실질적인 어려움이나 이스라엘 편향적인 정책에 대한 아랍의 반발은 미국에게 전혀 고려 대상이 아닌 것처럼 보였다.

당시 미국의 정책 입안자들은 여러 국가가 아랍을 지지하지 않는다면 아랍 측은 하는 수 없이 타협에 응할 것이라고 보았다. 그들은 이 지역의 경제적·군사적 변화의 추이가 이스라엘에 더 유리하게 돌아가고 아랍의 새로운 도전은 점점 더 어려워질 것이라고 생각했다. 이스라엘과 그의 적들 간에 가장 바람직한 해결은 여전히 법적(de jour) 해결임이 틀림없었다. 그러나 법적으로 해결할 필요조차 없었다. 실제의(de facto) 것들은 언젠가는 스스로 법적인 것으로 변모할 것이었다.[65] 이 시기는 미국의 선도적 역할이 중요하고 미국이 여러 강점을 활용할 수 있는 때였으나 미국은 잘못된 인식 때문에 그러한 기회를 활용하는 데 실패했다.

1973년 10월전쟁이 발발하기까지 닉슨 행정부는 이집트의 새로운 대통령 사다트가 미국과 우호적인 관계를 증진하기 위해 의욕 넘치는 노력을 기울였음에도 이스라엘에 집착했다. 사다트는 무력분쟁의 종식을 제안했으며 이스라엘에 대해서는 주권을 인정했다. 또한 이스라엘의 수에즈 운하 사용권 등을 포함해 유엔 안전보장이사회 결의안 242호

---

65) Richard Rosecrance, "Objective of U.S. Middle East Policy," in Haim Shaked and Itamar Rabinovich(eds.), *The Middle East and the United States: Perceptions and Policies*(1980), p.31.

(1967. 11. 22)에 대해서도 수락의사를 분명히 했다. 그러나 이스라엘은 점령지를 반환하지 않았다. 사다트는 이집트-이스라엘 평화조약을 골 자로 하는 유엔특사 군나르 야링(Gunnar Jarring)의 협상안(1971. 1. 4)도 수락했다. 그는 또 1972년 6월 어떤 아랍 지도자도 내놓을 수 없었던 대이스라엘 평화안을 제시했다. 무엇보다도 사다트는 미국에게 냉전사 상 가장 큰 승리를 안겨주었다. 사다트는 이집트가 소련의 중동 지배를 조장하고 있다는 미국과 이스라엘의 비난을 일축하려고 미국과 아무런 협의도 없이 소련인 2만여 명을 이집트에서 추방했다. 이는 소련에게는 전례 없는 외교적 타격이었다. 그러나 미국은 사다트의 대담한 시도를 뒷받침할 아무런 조치도 취하지 않았다. 이 기간에 미국이 취한 적극적 인 조치라고는 더욱 폭넓은 해결을 위한 첫 단계로서 수에즈 운하가 재개통되어야 한다는 애매한 선언(1972. 2. 9)뿐이었다.

사다트는 마지막 시도로 1973년 봄, 자신의 안보 담당 보좌관 하페즈 이스마일(Hafez Ismail)을 워싱턴에 보내 이스라엘에 대한 군사원조 중단 을 호소했다. 그러나 일주일 후 미국은 이스라엘과 팬텀기 공급을 위한 협정을 체결했다. 결국 외교적 노력에 의한 실지 회복은 불가능해 보였 으며 이스라엘의 점령지 개발계획에 조속한 문제해결이 촉구되었다.

사다트는 시간이 흐를수록 이스라엘의 아랍 영토 점령이 기정사실화 되고 있음을 깨달았다. 머지않아 세계는 이를 현실로 인정할 것이다. 사다트는 이스라엘이 점령지에서 철수하지 않으면 전쟁이 일어날 수밖 에 없다고 거듭 경고했다. 하지만 그의 경고는 무시되었다. 점령지로부 터 이스라엘을 철수시키기 위해 압력을 가하자는 유엔 안전보장이사회 7개국에 의한 결의안(1972. 7)에 대해 9월 10일 미국은 균형이 맞지 않 는다(unbalanced)는 이유로 거부권을 행사했다.66) 결국 사다트는 정치적

---

66) 미국의 이러한 거부권 행사는 1970년 로데시아 문제로 안전보장이사회의 압력

해결을 포기했다.

한편 1967년 전쟁 직후 소련은 12년 전에 맺은 이집트와의 관계를 청산하든가 이집트와 시리아의 군비 재건을 떠맡든가 둘 중의 하나를 선택해야 하는 입장에 놓였다. 이스라엘과 이집트가 화해할 가능성이 있었기 때문에 이를 계기로 미국이 개입하는 것을 봉쇄하기 위해 소련은 후자를 선택했다. 이로써 이집트와 시리아에 대한 군비 재건을 포함하는 소련의 대대적인 군사·경제 지원이 이루어졌다. 소련의 지원으로 소련과 이집트의 관계는 과거 어느 때보다 공고해졌다.67) 동시에 요르단, 남·북예멘과 우호적인 관계를 증진시키려는 다변적 노력도 기울였다. 1960년대 말에는 터키와 이란과의 관계에서도 괄목할 만한 진전이 있었다. 키프로스 문제에 대한 소련의 친터키 입장과 터키의 산업화 계획에 대한 소련의 차관 제공 등으로 터키는 소련에 더 가까워졌다. 이미 소련의 지원을 받은 바 있는 이란에는 1억 달러 상당의 군사장비와 그 밖의 경제 지원이 이루어졌다. 1970년대 초, 소련과 이란 양국 간에 맺어진 경제조약으로 양국의 무역이 증대되었다. 이 국가들과 미국 간의 관계에는 비할 바가 아니었지만 이러한 관계 개선으로 제2차 세계대전 직후에 존재했던 소련에 대한 적대감이 상당히 완화되었다.

이로써 1970년대에 들어 중동에서 소련의 입지는 대단히 강화되었

을 받고 있던 영국을 비호하기 위해 최초로 거부권을 행사한 이래 두 번째로서, 그 뒤 1990년까지 이스라엘을 비호하기 위해 미국이 행사한 29번의 거부권 행사의 시작이었다. 이것은 이 기간 미국이 행사한 69번의 거부권 행사의 거의 절반에 해당한다.

67) 소련은 1967년 말까지 비공산제국에 55억 달러치의 군사원조를 제공했는데 그중 30억 달러 이상을 중동에 제공했으며 1970년까지는 이집트에 50억 달러치의 무기원조를 실시했다. 또 1968년 말까지 소련이 개발도상국에 제공한 경제원조의 3분의 1이 중동에 투입되었다. 유정렬, 『중동: 정치와 그 현실』, 188쪽.

다. 이집트, 수단, 시리아, 이라크 그리고 남·북예멘에서 소련은 군사적 특권을 누렸다. 그 당시 국제사회를 지배하고 있던 양극체제의 논리대로라면 그 결과는 당연히 초강대국 소련의 몫(Lion's share)이어야 했다. 그러나 중동의 특수한 국제정치 상황은 소련이 그러한 이점을 누릴 수 없게 만들었다.

1970년대와 1980년대, 소련은 이러한 이점을 유지하는 데 많은 어려움을 겪었다. 반제국주의 전선을 강화하려는 소련의 정책과 토착국가들의 민족주의 간에는 근본적인 갈등이 존재했다. 1971년 중반 수단에서 발생한 누메이리 정권에 대한 불발 쿠데타를 둘러싸고 그 갈등이 표면화되었다. 1971년 5월 말, 이집트, 시리아, 리비아, 수단을 구성국으로 하는 아랍공화국연방(Federation of Arab Republics)의 결성을 논의하는 과정에서 수단 정부와 수단 공산당 압둘 매거부(Abdul Maghub)과 간에 대결이 발생했다. 그 과정에서 병합에 우호적이던 누메이리가 6월 19일 실각했다. 소련은 사태 추이를 관심 있게 바라보다가 공산 쿠데타 세력을 승인했는데, 누메이리가 3일 뒤 이집트와 리비아의 도움으로 권력에 복귀하고 같은 해 9월 선거에서 압도적인 승리로 대통령에 당선되자 깊은 혼란에 빠졌다.

소련은 수단에서 쿠데타가 실패한 것에 대해 크게 좌절했으며 중동 정책을 다시 돌아보게 되었다. 이 사건으로 그 후 소련은 반제국주의 전선보다는 중동에서의 협력적인 관계망을 구축하는 데 더욱 힘을 쏟았다. 이는 사다트가 주도하는 이집트가 나세르 시절에 이집트와 소련이 가졌던 밀접한 관계로부터 이탈한 후 점차 정책의 핵심이 되었다. 그러나 이집트와의 우호조약(The Soviet-Egyptian Treaty on Friendship and Cooperation, 1971. 5. 27)에도 양국 간의 진정성은 점차 약화되었으며 1973년 전쟁 후 이러한 사실은 더욱 뚜렷해졌다. 따라서 소련은 중동에서의 연계를 다양화할 필요가 있었다.

우호적인 관계를 주도하기 위한 예비 교섭이 아라파트의 PLO, 요르단, 레바논, 북예멘, 카타르 그리고 아랍에미리트에 대해 먼저 이루어졌다. 이후에는 리비아와 에티오피아가 주요 관심 대상국이 되었다. 아랍만 지역을 해방시키기 위한 좌익인민전선(PFLOAG: Popular Front for the Liberation of the Arab Gulf)에 대한 지원도 이루어졌다. 그러나 1970년대와 1980년대 중동국가들과 맺은 수많은 조약에도 불구하고 모스크바의 중동 파트너들은 대부분 믿을 수 없는 동업자임이 드러났으며, 국내정치 그리고 지역적 분쟁이나 경쟁에 대한 개입으로 소련의 구상에는 별로 도움이 되지 않았다. 예를 들면 1960년 독립 이래 소말리아는 소련과 긴밀한 관계에 있었다. 이는 1969년 시아드 바레(Siad Barre) 좌익 정권이 들어서면서 절정에 달했다. 그러나 1970년대 중후반에 이르러 에티오피아에서 하일레 셀라시에(Haile Selassie)가 폐위되고 좌파정권이 들어서자 소련은 소말리아와 분쟁 중이던 에티오피아와의 관계에 우선순위를 두기 위해 소말리아와의 관계를 희생시킬 수밖에 없었다. 1977년 6월 소말리아와 에티오피아 양국 간에 전쟁이 벌어졌고 이는 소련에 엄청난 타격이 되었다. 1977년 3월 소말리아, 수단, 남·북예멘의 대표는 북예멘의 타이즈(Ta'izz)에 모여 이 지역에서 그들의 안보이익을 논의하고 반에티오피아 공동전선을 형성하기로 했다. 자신을 아랍과 동일시하던 이 국가들은 에티오피아로부터 에리트레아(Eritrea) 민족을 해방시키고 지부티(Djibouti)를 보호하기 위한 노력을 경주했다. 미국과 경쟁하면서 동시에 데탕트 관계를 보존하기 위해 노력해야 하는 소련에게 이러한 상황은 곤혹스럽고 낙담스러울 수밖에 없었다.

현실주의적 논리로 본다면 1971년의 소련-이집트 우호조약은 소련과 바르샤바 조약국들 간의 관계처럼 소련과 이집트 사이에 밀접한 정치적·군사적 관계를 제공해주고 있었다. 그러나 이스라엘이 수에즈 운하지대에서 일어난 소모전으로 많은 손실을 입고 좌절한 나머지 이집트에 내지 공습을 감행하기 시작한[68] 1970년대 이후 이집트와 소련의 관계는 새로운 국면에 돌입했다. 소련의 군사 지원은 급증했고 이러한 지원이 단기적인 성격을 넘어 장기적인 성격을 띠자 이집트의 주권을 침해할 가능성이 제기되었던 것이다. 또한 5월의 조약은 미국이 이스라엘에 대한 지원을 확대하는 계기가 됨으로써 오히려 이집트의 안보를 위협했다.

1967년 전쟁에서 이집트가 잃었던 땅을 회복하는 데 소련이 군사력과 영향력을 행사했다면 이집트는 이 같은 상황을 감내했을 것이다. 그러나 소련은 이스라엘에 효과적으로 압력을 행사하지 않았고 이집트에는 공격무기 제공을 금지했다.[69] 소련이 안고 있던 가장 큰 어려움 가운데 하나는 이집트가 소련이 제공한 무기로 이스라엘을 공격하지 않도록 해야 한다는 것이었다. 소련은 1967년 전쟁 후 이집트와 시리아에 신속하게 군비를 지원했음에도 여전히 대결하고 있는 양측에 대해 무력으로 실지를 회복하려는 계획을 포기하고 소련의 도움을 받아 조정되고 보장된 협상의 결과를 수락하도록 압력을 가했다.

특히 소련은 이집트와 시리아가 이스라엘을 공격하지 않도록 다음 몇 가지 결정적인 조치와 억제 규칙을 적용했다. 첫째, 아랍이 다양한 방법으로 실지를 회복할 권리가 있음을 수시로 확인시켜주는 반면, 이집트 군대의 모든 조직에 고문관을 배치시킴으로써 소련에서 제공된 무기가 그러한 목적에 사용되는 것을 일관되게 방지해왔다. 둘째, 고도의 신무기를 제공했지만 대부분을 소련의 지배하에 두고 통제했다. 셋째, 아랍,

---

68) 이스라엘이 내지 공습을 결정하게 되는 자세한 과정은 Ali Shliam and Raymond Tanter, "Decision Process, Choice, and Consequence: Israeli's DeepPenetration Bombing in Egypt, 1970," *World Politics* Vol.30, No.4(July, 1978), pp.483~516.

69) George Lenczowski, "Egypt and the Soviet Exodus," *Current History,* Vol.64, No.377(January, 1973), p.13.

특히 이집트가 이스라엘을 공격하기에 충분한 양의 전투 수단, 특히 결정적인 무기를 보유하는 것을 막았다. 넷째, 이스라엘의 심장부를 강타할 수 있는 공격용 무기를 아랍동맹국에 제공하는 것을 금했다.[70]

사다트는 소련이 1967년 전쟁에서 이집트가 입은 손실을 회복하는 일보다는 대미(對美) 데탕트를 훨씬 중시한다는 사실을 깨달았다. 소련은 아랍 측을 지지하면서도 이스라엘 건국 후 이스라엘에 대한 최초의 승인국이 됨으로써 민족자결의 원칙에 따라 이스라엘의 존재를 인정해왔다. 이 점에서 아랍과 소련의 입장은 근본적으로 달랐다. 소련은 아랍이 주장하는 이스라엘 타도를 지지하지 않았으며 중동문제가 정치적으로 해결되기를 원했다. 소련의 정책을 지지하는 아랍제국의 공산당이 혁신계 아랍국가 내에서도 공인된 존재가 되지 못하고 타국의 정당들로부터 소외되어 민족통일전선의 주장을 관철하치 못하던 배경이 바로 여기에 있었다. 이집트와의 5월조약에서도 이러한 원칙은 고수되었다. 이로써 소련은 서서히 궁지에 몰리게 되었으며 무력 해결에 호소하려 한 이집트에 공격용 무기를 제공해주지 않음으로써 자기중심적이라는 비난을 받았고 군사 요원을 추방당하는 촌극(1972. 7)에 처했던 것이다.[71]

1973년 중반의 심각한 국내문제와 아랍세계 내에서 실추된 영향력으로 이집트는 불안정한 현상(no peace no' war)에 처했는데 이를 타파하고 더욱 유리한 조건에서 협상할 수 있는 여건을 확보하기 위해 또 한 번의 전쟁을 감행한다. 그리고 이 전쟁은 두 초강대국을 어려움에 빠뜨렸다.

---

70) Dina Room Spechler, "The U.S.S.R. and Third World Conflict: Domestic Debate and Soviet Policy in the Middle East 1967-1973," *World Politics,* Vol.38, No.3 (Aplil, 1986), pp.436~437.

71) 유정렬, 「십월전쟁의 근인(近因)과 협상의 문제점」, ≪국제문제≫(1973), 12, 43쪽.

1970년대 초 이래로 두 초강대국의 '데탕트'와 '이해'는 제2차 세계 대전 말 이래 만연해 있던 양극이론(Bipolarism)의 경직된 풍조에서 이탈한 국제정치의 기본적인 특징이었다. 데탕트 단계에서의 세계는, 국제적 문제와 위기가 바람직하게 진전되어 새로이 생겨난 상황을 위협하지 않도록 현상 유지의 보급과 타협적인 해결 방안을 모색하는 이해와 공존의 장(場)이 되어야 한다.

이러한 새로운 국제구조 속에서 초강대국에게 중동문제 해결이란 바로 '기정사실화'를 의미했다. 초강대국은 이 지역의 '군사완화 조치'에 동의했다. 이것이 의미하는 바는 분쟁의 어느 당사자도 — 이 경우 주로 아랍을 지칭하는 것이지만 — 1967년 이후 이 지역에 조성된 상태를 변경시킬 수 없도록 하는 것이었다. 만장일치로 통과된 유엔 안전보장이사회 결의안 242호는 양 초강대국 간의 이러한 합의를 반영하고 있었다.[72] 이는 강대국들이 서로 합의하는 한 약소국가나 중위국가는 국가적 결정을 적용하는 데 자신들의 의지를 갖지 않는다는 것이 새로운 데탕트 이론의 일부라도 되는 듯 보였다. 소련은 미국의 곡물, 기술, 자본이 필요했으며, 미국은 이러한 상황을 이스라엘에 대한 군사적·경제적 지원을 확대할 수 있는 기회로 포착했다.

양 초강대국이 외교적·군사적 압력을 통해 수에즈 운하 전선지대를 효과적으로 유지·관리할 수 있었다면 새로운 전쟁은 일어나지 않았을 것이다. 그러나 그들에게는 그러한 능력이 없었다. 중동에서 미국과 소련은 서로에게 용납될 수 없는 적대적 정책을 추구했다. 적어도 상대가 그렇게 하고 있다고 믿었다. 즉, 상대의 정책이 성공적으로 실현될 경우 참을 수 없는 세력의 불균형이 야기될 것이라고 믿었던 것이다. 그리하

---

72) Michale Reisman, *The Art of the Possible: Diplomatic Alternatives in the Middle East*, p.14.

여 몇 가지 엄격한 제한 속에서 갈등이 존재했다. 중동체제 전체가 희생된다 하더라도 국제정치 논리에서 볼 때 다른 결정적인 이해가 위태로워지는 것을 막을 수 있거나 더 광범위하고 무제한적인 분쟁을 방지할 수만 있다면 중동의 희생은 가치 있는 것이라고 생각했던 것이다.

미국은 사우디아라비아와 여타 지역에서의 이익을 염려했다. 소모전을 종식시키기 위한 중재에서 성공한 여세를 몰아가려던 로저스 국무장관은 사다트의 제의를 기초로 협상을 위한 대이스라엘 압력을 주장했지만 이는 닉슨 대통령과 키신저 국가안전보좌관에 의해 좌절되었다. 미국은 1970년 9월, 소련의 후원으로 PLO 편에 서서 요르단에 개입하고 있던 시리아를 이스라엘과의 연계를 통해 효과적으로 저지시킨 경험이 있었다. (소련의 지원을 받은) 이집트의 소모전이 이스라엘에 의해 좌절된 후 닉슨과 키신저는 강력한 이스라엘의 존재야말로 소련의 침입을 막는 가장 효과적인 수단이자 아랍의 우방국들을 보호하는 최선책이라는 확신을 갖게 되었다.[73]

전투를 수행하기로 한 이집트와 시리아의 결정은 전투 그 자체에 목적이 있었다. 왜냐하면 전투는 데탕트라는 새로운 환경에 대한 거부의 가장 효과적인 의사 표시가 될 수 있었기 때문이다. 이들은 이 지역에 대한 '군사완화 조치'가 결국 이스라엘이 힘들이지 않고 계속해서 원하는 것들을 얻게 해줄 것임을 알고 있었다.

초강대국 간의 정상회담은 공동선언을 통해 모든 이슈를 동결하고 평화적 해결을 기다린다는 점을 분명히 강조했다. 두 초강대국은 이스라엘의 존재에만 집착해 각각 자신의 방식대로 이스라엘을 비호했다. 미국은 세력 균형이라는 이론으로 모든 아랍에 비해 전반적으로 완벽

---

73) Nadaf Safran, "Dimension of the Middle East Problem," Roy C. Macridis(ed.), *Foreign policy in World Politics*, 6th ed., p.355.

한 우위를 이스라엘에 제공했고, 소련은 미국이 이스라엘에 제한 없이 제공한 무기와 기술을 아랍에 제공하는 것을 제한함으로써 이를 도왔다. 이 점에 대해 사다트는 다음과 같이 요약했다. "미국은 아직도 이집트와 아랍을 송장(corpse)으로 취급하며 소련은 우리에 대한 군사적인 노력을 완전히 포기하고 평화적인 해결을 기다리라고 말한다. 두 초강대국은 이집트가 전쟁을 벌이는 것은 자살 행위라고 말한다. 하지만 전쟁을 결정하는 것은 이집트인 100%의 찬성이며 초강대국의 의지에는 반하는 것이다. 이것은 우리들의 100% 자유의사에 의해 결정되었으며 이 점이 세계를 놀라게 했다."[74]

---

74) Mohamond Khairy Issa, "The Contents of the U.S. Middle East Policy after October 1973," ≪연구논총≫(서울: 한국외국어대학교 중동문제연구소, 1975), 85~86쪽.

제 5 장

새로운 중동 국제질서 모색

1. 10월전쟁과 캠프 데이비드 협정

사다트는 먼저 전쟁을 위해 시리아와의 협조체제를 구축하고, 사우디아라비아와는 개전과 동시에 서방세계를 흔들어놓은 석유금수 조치를 준비했으며 그간의 상호 앙금을 접고 소련에 접근했다. 소련은 이에 호응해 사다트에게 군사적 지원을 약속했다.

1973년 10월은 이슬람력에서 라마단(Ramadan)[1]이었는데 사다트는 전쟁에 대비해 이집트 군대에 단식을 시키지 않았다. 10월 6일 욤키푸르(Yom Kippur)[2]에 이집트와 시리아 군대는 탱크, 미사일, 공군기 등을 동원해 이스라엘 점령하에 있던 수에즈 동안과 골란 고원에 대한 공격을 개시했다. 이집트와 시리아의 군대는 상상하지 못한 전략적인 기습으로 규모에서 월등한 이스라엘 정규군에 놀라운 초기 승리를 달성했다.

---

1) 라마단은 이슬람교도가 한 달간 금식하는 기간이다. 이슬람력(헤즈라력)에 따라 결정되는 라마단이 1973년에는 양력 10월이었다.
2) '욤키푸르'는 '속죄일(Day of Atonement)'이라는 뜻으로 유대교 최대의 명절이다. 이집트와 시리아는 유대인들이 이날 예배당(synagogue)에서 명절 휴식을 취하는 틈을 타 기습 공격을 감행했다.

이집트 특공대의 기습 공격으로 난공불락의 요새로 알려진 바레브(Bar-Lev) 방위선이 쉽게 무너지면서 이스라엘은 막대한 피해를 입었다. 반면 적어도 2만 명의 희생을 각오하고 수에즈 운하 도하작전에 8만 명을 투입시킨 이집트군이 입은 피해는 200명이 채 안 되었다. 이로써 패배를 모르던 이스라엘군은 불패신화에 종지부를 찍었다. 이러한 전과는 그 후 이집트인의 기억 속에 '돌파(Crossing)'라는 상징으로 간직되었다.

사다트는 운하에서 동쪽으로 13km 들어간 지점에서 진군을 멈추었다. 사다트는 이미 제한된 목적을 달성했다. 그는 군사강국으로서 이집트의 위신을 회복했으며 이집트의 영토도 상당 부분 되찾았다. 또 강대국들에게 이스라엘의 우세가 당연한 것으로 받아들여질 수 없다는 사실도 보여주었다. 이에 이집트군은 참호를 파고 국제적 외교가 진행되기를 기다렸다. 그러나 이집트는 자신의 우위를 활용하는 데 실패함으로써 이스라엘이 시리아 전선에서 안정을 찾고 이집트에 거센 반격을 가할 시간을 벌어주었다.

10월전쟁은 미국의 이스라엘 지원과 소련의 아랍 지원으로 두 강대국 간의 무력 대결이 벌어질 수 있는 위험뿐 아니라 아랍 산유국이 석유를 무기화해 세계경제에 위협을 줄 수 있음을 보여주었다. 미국에서는 중동문제를 회피하던 키신저가 이 전쟁에 뛰어들었다. 그에게는 다른 선택의 여지가 없었다. 그의 첫째 목표는 이스라엘을 군사적 재앙으로부터 구원하는 것이었다. 둘째 목표는 가능하다면 미국 경제에 재앙이 될 석유 금수를 해제시키는 것이었다. 미국은 그 사이 석유 수출국에서 석유 수입국으로 바뀌어 있었다. 셋째 목표는 장기적으로 중동에 평화를 정착시키는 것이었다.

소련의 목표는 아랍이 기습 공격으로 최대한 실리를 얻은 후 이스라엘이 효과적인 반격 준비를 갖추기 전에 휴전하는 것이었다. 소련은 자제를 약속한 뒤 무기를 공급함으로써 세계적으로 중요한 이 지역에서 직접적으로 미국에 도전했다. 키신저는 엄청난 압력을 받았다. 미국의 대중과 의회는 이스라엘을 침략의 희생자로 간주했다. 그들은 아랍이 1967년 이스라엘에게 점령당한 영토를 회복하려 했을 뿐이라는 명백한 사실을 외면했다. 전열을 재정비한 이스라엘은 미국에 대량의 공격무기 지원을 요청했다. 소련이 시리아와 이집트에 대규모로 무기를 공수하기 시작하자 이러한 요구는 더욱 거세어졌다. 미국 국무장관은 이러한 압력에 굴복했다. 그는 무엇보다도 소련세력이 이 지역에 침투해 들어온다는 사실이 염려스러웠을 것이다. 10월 13일, 키신저는 닉슨을 설득해 미국 공군기가 이스라엘에 전면적인 무기 공수를 단행하도록 만들었다.

아랍 인접 국가들, 요컨대 요르단, 이라크, 리비아, 모로코, 알제리, 튀니지, 레바논, 파키스탄, 사우디아라비아 등은 직접 전쟁에 참가하지는 않았지만 보병과 기갑부대, 비행대대 등을 이집트와 시리아에 파견하는 적극성을 보였다. 이들 국가에서 줄잡아 10만 명의 병력이 동원되었고 팔레스타인인들로 구성된 보병여단도 가세했다. 또한 사우디아라비아와 쿠웨이트는 재정을 지원했다. 이에 사다트는 소극적이던 태도를 바꾸어 10월 14일, 이집트 군대로 하여금 시나이 반도의 전략 요충지인 미트라(Mitla)와 기디(Gidi)를 탈환하도록 명령했다. 하지만 그때는 이미 골란 고원 전선에서 일방적인 승리를 거둔 이스라엘군이 시나이 반도에 투입되고 있었다. 10월 15일, 이스라엘은 미제 장비로 총 반격을 시도해 두 지점에서 수에즈를 돌파하고 이집트 제3군을 포위했으며, 골란 고원에서 시리아군을 격퇴했다. 이로써 아리엘 샤론(Ariel Sharon, 수상: 2001. 3~2006. 4)의 탱크가 카이로를 사정거리에 두게 되었다. 전세가 반전되자 소련은 휴전을 원했고 키신저도 이에 동의했다. 키신저는 이스라엘의 결정적 승리도 이집트의 모욕적인 패배도 원하지 않았다.

한편 산유국들은 사우디아라비아의 파이잘 2세의 주도 아래 이스라엘의 유럽 측 우방과 미국으로 향하는 석유에 효과적인 금수 조치를 단행했다. 10월 16일, 6개 아랍 석유수출국기구(OPEC) 국가는 이스라엘이 아랍 점령지역에서 철수하고 팔레스타인의 권리가 회복될 때까지 매월 원유생산을 전월에 비해 5%씩 감산하기로 결정했다. 1973년의 석유금수 조치는 전쟁 개시 첫 한 주 동안 이집트·시리아가 거둔 승리만큼 아랍인을 각성시킨 중요한 사건이었다. 페르시아 만의 6개 산유국이 가격 인상과 감산에 돌입하자 배럴당 2.9달러였던 원유(두바이유) 고시가격은 4달러를 돌파했다. 1974년 1월에는 11.6달러까지 올라 2~3개월 만에 무려 4배나 폭등했다. 이 파동으로 1974년에 주요 선진국들은 두 자릿수 물가상승과 마이너스 성장이 겹치는 전형적인 스태그플레이션을 겪었다. 키신저와 닉슨을 비롯해서 미국인들은 아랍인들이 결코 단합할 수 없으며 어떠한 공조를 시도하더라도 작은 문제를 두고 싸워 수일 안에 공조에 실패할 것이라고 생각했다. 그러나 금수 조치는 위력을 발휘했고 미국인들은 놀랍게도 아랍이 미국을 필요로 하는 것보다 미국이 더욱 아랍을 필요로 한다는 사실을 깨달았다.

미국은 소련과 전쟁 종식에 협력했다. 미국과 소련은 10월 22일, 전쟁 당사국 간의 즉각적인 휴전과 1967년 유엔 안전보장이사회 결의안 242호에 입각해 즉각적인 협상을 촉구하는 유엔 안전보장이사회 결의안 338호를 통과시켰다. 더욱 큰 승리를 목전에 둔 이스라엘과 전쟁 초기에 유리한 상황에서 승리를 이끌어내지 못한 아랍 모두 휴전안에 저항했지만 미국과 소련의 태도는 단호했다. 결국 이집트, 이스라엘, 시리아 3국은 이 결의안을 수락했다. 10월 25일 안전보장이사회는 유엔 긴급군의 파견을 결정하고 10월 28일에 유엔 긴급군 제1진 7,000명이 수에즈 운하지역에 도착함으로써 전쟁이 마무리되었으며 11월 11일 이집트-이스라엘 양국은 휴전협정에 조인했다.

이 전쟁을 통해 아랍은 또다시 군사적 패배를 경험했다. 그러나 사다트는 10월전쟁을 통해 이스라엘이 갖고 있던 3개의 신화, 즉 세 차례의 중동전에서 취득한 영토를 절대 돌려주지 않고, 아랍 측에 군사적인 절대 우위를 향후 20년간 유지하며, 이스라엘의 정보는 절대 확실하다는 자부심을 깨뜨렸다. 이제 아랍도 이스라엘에 대해 부분적으로나마 승리할 수 있다는 가능성을 보여줌으로써 아랍의 존재를 새롭게 인식시켰다. 무엇보다 중요한 것은 중동분쟁에 초강대국을 끌어들이려는 사다트의 목적이 달성되었다는 것이다.

아랍 극단주의의 비중은 줄어들었다. 이는 10월전쟁으로 아랍이 자신감을 회복하고 전략적 균형에서도 우위를 점하게 된 결과였다. 또한 이스라엘과의 적대적 게임에서 계속 열세에 놓일 것이라는 공포가 사라졌다. 1960년대, 특히 1967년 이전의 특징이었던 정치적·이념적 분열이 어느 정도 해소되고, 이집트, 시리아 내의 정치적 급진주의와 부강한 다른 보수국가들 간의 결속이 제고되었다. 이러한 결속은 아랍-이스라엘 분쟁을 정통적이고 항구적으로 해결하기 위한 실제적인 단계로서 이집트의 지도부가 구상하는 새로운 정책 정향을 뒷받침하는 기본 요소가 되었다.[3]

이러한 분위기 속에서 PLO의 정치적 비중도 크게 향상되었다. 1973년 11월 알제(Algiers)에서 개최된 아랍정상회담에서는 "PLO를 팔레스타인인의 유일하고도 합법적인 대표"로 승인했으며 1974년 10월의 제4차 라바트(Rabat) 아랍정상회의에서 이러한 사실이 재확인됨으로써 아랍세계에서 PLO의 정체성은 팔레스타인인의 유일하고 합법적인 기관으로 정착되었다. 11월 중순 유엔은 총회 결의안 3,236호를 채택해 팔레스타인 인민의 자결권·독립권·국가적 주권 등을 인정하는 한편, 팔레

---

3) Mohamond Khairy Issa, "The Contents of the U.S. Middle East Policy after October 1973," pp.84~85.

스타인 인민이 중동의 공정하고 영구적인 평화를 달성하기 위한 중요 당사자임을 승인하고, PLO에게 유엔의 참관인 자격까지 부여했다. PLO는 이제 단순한 테러리스트가 아닌 당당한 정치적 실체로서 국제 사회에 등장했다.

10월전쟁으로 아랍 측은 어려운 국제환경 속에서도 그들의 국익을 보장받을 수 있는 방법으로 스스로의 능력과 의사의 자유를 강조하는 데 성공했다. 이는 국제체제를 위한 틀(framework)로서 제시된 데탕트의 규칙을 무시하는 것이었다. 그리하여 미국으로 하여금 이러한 지역적 변수에 관심을 갖게 하고 이스라엘을 국제적으로 고립시키는 데 성공했다. 또한 아랍이 전쟁에 대한 의사를 결정하고 주도권을 행사할 수 있는 능력에 대한 미국의 평가나 예측이 잘못되었음을 입증했다. 동시에 이스라엘에 대한 미국의 군사 지원과 어떤 조건하에서도 이스라엘이 대아랍 절대 우위를 주장했던 이론적 근거의 약점을 폭로했다.[4]

이러한 일련의 결과로 이스라엘이 파멸지경까지 이르지는 않았다. 그러나 국가의 존립은 과거 어느 때보다 위협받게 되었으며 이스라엘 지도자들은 외부의 도움이 없다면 이스라엘이 붕괴될 수 있음을 알게 되었다. 오로지 미국만이 새로운 공군기, 탱크 미사일 등 이스라엘에 필요한 도움을 제공할 수 있었다.

10월전쟁과 석유 금수는 점차 복잡해져가는 중동 위기에 대한 미국인들의 생각을 바꿔놓았다. 성공적인 군사공격을 계획·조정·실행할 수 있는 그리고 현상(status quo)을 뿌리째 흔들어놓을 수 있는 아랍의 능력이 증명되었기 때문이다. 중동 석유자원에 대한 국제적인 의존 또한 서구, 특히 미국의 동맹국 사이에서 관심의 대상이 되었다. 더 나아가 이

---

4) Avi Shlaim, "Failures in National Intelligence Estimate: the Case of the Yom Kippur War," *World Politics*, Vol.28, No.3(1976), pp.348~351.

지역의 국지적 분쟁이 초강대국 간의 위험한 대결을 불러올 수도 있다는 인식이 전 세계에 확산되었다.

이러한 상황은 미국의 정책적 변화를 불러왔다. 닉슨 행정부는 신속하게 아랍국가들과의 관계를 바꾸어나갔으며 아랍-이스라엘 분쟁을 해결하는 데 훨씬 적극적이고 덜 편파적인 태도를 견지했다. 1973년 9월 22일 국무장관이 된 키신저가 펼친 '왕복외교(shuttle diplomacy)'의 기본원칙은 이집트와 이스라엘 간의 합의를 이끌어내기 위해 포괄적 해결에 대한 압력을 삼가고 단계적인(step-by-step)인 노력을 통해 잠정적 해결(interim settlement)을 이끌어내는 것이었다.[5] 이는 예루살렘의 지위 또는 팔레스타인 사람들을 위한 조국 같은 큰 문제를 거론하는 대신 작은 문제, 예를 들면 수에즈 양안과 골란 고원에 뒤엉켜 있는 군대를 격리하는 문제부터 시작한다는 의미였다. 물론 이 과정에서 가능한 한 소련은 배제되어야 했다. 1973년 10월 22일, 유엔 안전보장이사회 결의안 242호의 이행을 촉구하는 유엔 안전보장이사회 결의안 338호가 유엔 안전보장이사회를 통과함에 따라 키신저는 분쟁의 모든 당사자가 참여하는 회의를 개최하는 데 집중했다. 그러나 1973년 12월 21일 제네바에서 열린 회의는 결코 다시 소집되지 않았다.

키신저에 의해 구체화된 미국의 중동전략은 첫째, 중동 각국과 소련의 관계를 약화시키는 한편, 미국과 중동 각국의 관계를 강화시키고, 둘째, 이집트, 사우디아라비아, 이란 등 친미 온건국가들과의 관계를 강화해 워싱턴, 카이로, 리야드, 테헤란 축을 형성해 이를 미국의 중동전략의 지주가 되게 하고, 나아가 세계전략의 중요한 일익을 담당하도록 하는 이른바 '중부지대동맹(Middle Tier Alliance)'을 구축하는 것이었다.

미국의 외교적 변수는 주로 이 지역에서 이집트의 중요성과 이집트

---

5) Shlomo Avineri, "Beyond Camp David," *Foreign Policy,* No.46(Spring, 1982), p.20.

지도부의 역할과 능력에 대한 새로운 인식이었다. 이 점 때문에 변덕스러운 행태를 보여주던 아사드보다는 사다트가 선호되었다. 사다트는 중동의 외교무대에서 소련을 제거함으로써 미국의 관심이 아랍-이스라엘 분쟁의 핵심 문제로부터 중동에서의 전략적 동맹 쪽으로 전환되지 않도록 해주었다. 사다트의 전략은 1973년 전쟁 이후의 유동적 상황이 지난 25년간 중동문제의 현안이며 그로 인해 증대된 위기가 전 세계에 위협이 된 아랍-이스라엘 분쟁의 동결 상태를 근본적으로 개정하는 기회가 될 수 있다고 판단한 키신저의 전략과 일치했다. 1967년 이래 단절되었던 양국 간의 외교관계가 재수립되었다. 키신저의 현란한 외교(shuttle diplomacy)는 1974년 3월 18일 아랍국가들이 석유금수 조치를 철회함으로써 커다란 결실을 맺었다.

1974년 초에서 1975년 3월 말까지 키신저는 시나이 반도에서 이집트군과 이스라엘군을 격리시키기 위해 양국 간에 강도 높은 협상을 벌이는 왕복외교에 전념했다. 그러나 협상은 이집트와 영토적 해결을 꺼리는 이스라엘의 태도 때문에 어려움을 겪었다. 이스라엘의 전략은 미국이 아랍의 석유에 덜 의존하게 되어 이스라엘의 이해와 배치되는 조건을 받아들이도록 압력을 가하지 않게 될 때까지 시간을 버는 것이었다.

당시 미국은 단기적으로는 이스라엘에 대한 대량의 군사 지원을 실시함으로써 결코 고객국가의 패배를 방관하지 않는다는 의지를 표명하는 한편, 궁극적으로는 소련의 전면적인 지원이 이루어졌음에도 이스라엘을 패배시키려는 아랍의 노력을 좌절시킬 수 있으며 미국만이 아랍과 이스라엘 양측을 효과적으로 견제할 수 있다는 것을 지역세력에게 일깨우는 것이었다. 이러한 노력은 닉슨의 사임(1974. 8)과 아랍, 특히 이집트와 이스라엘의 근본적인 시각 차이로 얼마동안 중단되고, 대신 제네바 평화협상을 통한 해결 방식이 선호되었으나 그 후 제럴드 R. 포드(Gerald R. Ford, 대통령: 1974~1977) 행정부에 의해 다시 재개되었다.

포드는 국제환경의 혼란 — 캄보디아나 베트남에서 공산주의가 승리를 거두는 상황을 포함한 — 이라는 측면에서 '적당한 다음 단계'를 규정할 미국 대외정책에 대한 '재검토(reassessment)'에 착수했으며, 그 결과는 이스라엘을 이집트에 접근시키기 위해 이스라엘에 압력을 가하는 것으로 나타났다. 포드는 1975년 3월 이츠하크 라빈(Yitzhak Rabin, 수상: 1992. 7~1995. 11)에게 보낸 서한에서 이스라엘의 태도에 실망감을 표시하고 이스라엘과 교섭 중이던 키신저를 귀국시켰다. 이러한 전략으로 결국 9월 시나이 반도로부터 이스라엘군의 철수를 이끌어냈고 이스라엘과 양군 간의 분쟁을 군사적 수단이 아니라 오직 평화적 수단에 의거해서 해결해야 한다는 잠정협정(Sinai Ⅱ agreement, 1975. 9. 4)을 이끌어냈다. 그러나 이스라엘은 협력의 대가로 미국이 이스라엘에 첨단 무기를 제공한다는 키신저의 약속과 PLO가 이스라엘의 생존권을 인정하지 않거나 유엔 안전보장이사회 결의안 242호와 338호를 받아들이지 않는 한 PLO를 인정하거나 협상하지 않는다는 비밀 약속을 받아냈다.

시나이 잠정협정이 이집트와 이스라엘 간의 분쟁을 해결하는 데 어느 정도 진전을 가져온 것은 사실이었다. 그러나 이스라엘은 이 조약이 제네바 회담이 더 이상 진전되는 것을 막고 이집트와의 포괄적인 해결을 지연시키는 장기적인 효과가 있는 것으로 해석했다. 이러한 이스라엘의 태도에 대해 미국은 '재검토'를 계속 진행시킴으로써 대응했다. 1976년 1월 포드 행정부는 이스라엘에 대한 군사원조를 10억 달러에서 5억 달러로 삭감해버렸다. 이러한 조치는 이스라엘의 라빈 수상에게 평화협상에 임하라는 메시지였다. 1976년 3월 포드는 스크랜턴을 유엔 주재 대사에 임명해 미국의 대중동정책의 공정성을 시사하는 한편,[6]

---

[6] 그는 이미 미국은 중동에서 공평한 입장(even-handedness)을 취할 필요가 있다고 주장한 바 있다.

스크랜턴으로 하여금 이스라엘에 압력을 행사하게 했다.

1976년 3월, 스크랜턴은 안전보장이사회에서 행한 연설에서 이스라엘의 1967년 점령을 평화 해결의 일부로 종식되어야 할 비정상적인 상태로 언급하며, 이스라엘이 예루살렘에 대한 법적 지위를 변경하고 서안, 골란 고원과 시나이 반도에 정착촌을 건설하는 것을 비난했다. 그는 예루살렘의 미래는 협상을 통해 결정되어야만 한다고 주장했다. 그러나 그러한 연설이 있은 지 이틀 후에 포드는 스트랜턴에게 안전보장이사회 결의에서는 거부권을 행사하라는 지시를 내렸다. 이러한 입장 번복은 이스라엘의 로비에 의한 것으로 이는 대통령 선거를 의식했기 때문이었다. 그러나 포드는 중동분쟁에 대한 재검토 정책을 포기하지는 않았다. 그는 임기 말에 이스라엘의 정착촌 건설과 동예루살렘 합병을 비난하는 유엔 안전보장이사회 결의안 표결에서 찬성표를 던졌다. 그러나 포드는 아랍-이스라엘의 분쟁을 해결하기 위한 구체적인 계획을 수립하지는 못했다. 오히려 키신저의 중동정책 구상이 이 지역에 대한 미국의 지대한 영향으로 나타났다. 그는 1974년 닉슨이 사임한 뒤에도 계속 국무장관으로 일하면서 포드 대통령 밑에서 외교 업무를 주도했다.

키신저의 전략을 지역적 요소와 양극적 요소로 나누어볼 때 지역적 요소는 대단히 효과적이었다. 즉, 이집트와 시리아 간의 외교관계 설정, 요르단-이스라엘 협정, 수에즈 운하 개통, 시리아-이스라엘 간 불가침 협정, 특히 이집트와 이스라엘 간의 평화 정착에는 어느 누구보다 성공했다. 그러나 그의 팍스 아메리카나의 꿈은 그다지 성공하지 못했다. 상호 분쟁상태에 있던 그리스와 터키를 NATO에 끌어들이거나, 이란에 밀착해 남부에 새로운 동맹을 구축하려 한 것은 팍스 아메리카나를 실현하기 위한 노력의 일환이었으나 별로 현실성이 없었고[7] 광범위한

---

7) 이란은 미국이 자국의 영토에 미사일을 설치하는 것을 거부하고 오히려 소련과

호응을 얻는 데도 실패했다. 우선 소련은 키신저가 추구하는 바를 스스로 얻을 수는 없어도 이 지역 문제에서 소련을 제외시키려는 어떠한 노력도 좌절시킬 수는 있었다. 즉, 소련은 최소한의 손실을 포함하는 지역의 재편에는 동의할 수 있었다. 그러나 소련을 중동에서 세서하려는 노력에는 민감하게 반발했다. 한편 지역 내에서도 급진적인 시리아와 PLO 그리고 당연히 미국의 고객으로 여겨지던 요르단의 후세인마저 미국의 정책과는 별개로 행동했으며, 이라크, 리비아, 남예멘, 알제리 등 거부국들은 여전히 소련을 선호했다.

한편 이집트 내의 반소감정 고조와 1973년 전쟁 후 이집트와 미국과의 화해 분위기로 조성된 아이러니는 소련이 동부 아랍에서 중요한 군사적·정치적 기반을 구축할 수 있게 했던 아랍-이스라엘 분쟁이 카이로와 모스크바 간의 취약한 정치적 기초를 노출시켰다는 것이다. 교훈은 두 가지였다. 하나는 이집트가 규모, 지리적 위치, 아랍국가들에 대한 영향력 측면에서 중심적인 존재임을 감안한다면 소련과 이집트의 관계 변화는 소련이 중동에서 안정적이고 항구적인 정치적 지위를 확립하는 데 실패했다는 것이다. 또 하나는 국제정치에서 통속화된 "한편의 다른 한편에 대한 군사 지원의 확대는 반드시 정치적 영향력의 증대를 동반한다"라는 명제가 적어도 중동에서는 통하지 않는다는 것이다.

그러나 소련은 이런 두 변수의 관계를 계속 믿었던 것 같다. 즉, 소련은 그 후 지원의 방향을 동부 아랍의 시리아, 이라크, PLO 등 급진적 국가와 세력에게 집중시켰고, 남예멘과 소말리아에 해군 및 지상기지를

1966년 이래 철강단지와 다른 산업체를 건설하는 데 대한 지원의 대가로서 석유와 천연가스를 공급할 것을 포함하는 광범위한 일련의 협정을 맺었다. 터키 역시 소련과 철강계획을 위한 협정을 체결했다. 1972년 4월 소비에트 최고회의 의장 포드고르니의 터키 방문은 양국 관계증진의 상징이 되었다. Alvin Z. Rubinstein, "The Soviet Union in the Middle East," p.166.

확충했으며; 지중해, 홍해, 인도양에 자국의 해군함대를 전개시켰다.[8]

1970년대 중·후반 이집트가 이탈한 이후 소련이 시리아와 이라크에 특히 관심을 기울였던 것은 양국의 사회주의 정향과 아랍체제에서 이들이 갖는 중요성 때문이었다. 그러나 이들 국가와의 관계도 기대만큼 믿을 만하지는 못했다. 이집트와의 관계에서처럼 불화가 발생하지는 않았지만 이 국가들은 독자적인 대외정책을 추진했으며 내부 문제에 대한 간섭을 받아들이지 않았다. 1972년에 시리아와 맺은 협정 그리고 이듬해 이라크와 맺은 협정은 공산주의자들이 종속적인 지위에서 정부에 참여하도록 국민전선(national fronts)의 형성을 기도한 것이었다. 소련은 이 협정을 전략적인 성공으로 간주했지만 두 바아스 레짐은 여전히 공산주의를 불신하고 이를 엄격히 통제했으며 1978년 이라크 정부는 공산주의자들을 숙청하기도 했다.

1976년 시리아가 레바논 내전에 개입한 것도 소련으로서는 몹시 당혹스러운 일이었다. 시리아가 특히 중요한 동맹이긴 했지만 소련은 PLO와 레바논 내의 정치 분포에서 가장 가까운 줌블라트와의 관계도 계속 보존되기를 희망했다. 하지만 1976년 봄 시리아가 레바논 내전에서 기독교 세력을 지원함에 따라 시리아는 사실상 이 두 세력과 적이 되었다.

결과적으로 봤을 때 소련은 이 지역에 개입하면 할수록 딜레마에 직면했다. 이라크의 바아스 우익체제를 지원하면 시리아의 좌익 바아스당이 반발했으며, 이집트의 군비 재건은 공격무기의 요구로 이어져 미국과 유럽을 상대로 한 데탕트를 위태롭게 했다. 또한 지역세력으로서 이라크 개발에 참여하면 이집트가 소련이 양다리를 걸치고 있을 가능성을 의심해 서구 쪽으로 기울 수도 있었다. 또한 남예멘의 마르크스 정부

---

8) Hannes Adomeit, "Soviet Policy in the Middle East: Problems of analisis," p.298.

를 지원하면 사우디아라비아나 페르시아 만 제국 등 보수적인 국가들이 서구와의 관계를 강화할 우려가 있었다.9)

1976년 11월 대통령 선거에서 카터가 포드를 근소한 차이로 물리치고 승리했다. 미국의 중동정책은 카터 행정부에 이르러 세계주의 정책에서 지역주의로, 키신저의 '단계적 모색'에서 제네바 협정을 통한 '전반적인 해결 방안의 모색'으로, 팔레스타인 문제해결에 대한 강조 — 페르시아 만과 아라비아 반도의 전략적·정치적 중요성과 비교해서 — 등으로 상당한 변화가 있었다. 카터가 특히 강조한 것은 점령지로부터 이스라엘의 철수, 모든 당사국의 안전 보장, 제네바 회의의 협상 과정에 팔레스타인과 소련을 참여시키는 것 등이었다. 그의 정책은 이스라엘의 정책과는 거의 정반대여서 양국 간에는 상당한 긴장관계가 형성되었다. 그러한 관계는 베긴이 수상에 취임하던 1977년 6월에 더욱 첨예해졌다.

카터는 재임 초부터 중동의제에 역점을 두었다. 1977년 3월 16일 매사추세츠 클린턴에서 개최된 시민대회에서 카터는 항구적인 평화를 이루기 위해 선행될 조건은 이스라엘의 이웃이 이스라엘의 생존권을 인정하는 것이겠지만 "아주 오랫동안 고통을 겪어온 팔레스타인 난민에게 모국(homeland)이 있어야 한다"고 말했다. 카터는 그 말에 대한 이스라엘의 우려를 진정시키기 위해 5월 12일 미국은 여전히 이스라엘과 특수한 관계에 있으며 이스라엘의 생존권에 대한 약속을 지켜나갈 것임을 분명히 했다.10) 5월 26일 기자회견을 통해서는 전반적인 평화협약의 일부로서 이스라엘은 점령지 아랍 영토에서 철수해야 하며 팔레스타인 사람들은 모국을 가질 권리와 그들이 겪은 손실을 보상받아야 할 권리가 있다고 말했다. 그러나 7월 12일에는 "팔레스타인의 실체

---

9) Alvin Z. Rubinstein, "The Soviet Union in the Middle East," p.186.
10) Alan R. Taylor, *The Superpowers and the Middle East*, p.92.

(entity)는, 어떤 형태를 취하든 어떤 지역을 점유하든 독립적이기보다는 요르단과 연계되지 않으면 안 된다. 그러나 나는 협상의 당사자들에게 그러한 선택을 강요할 권한도, 생각도 없다"라고 말함으로써 앞서 말했던 팔레스타인 모국에 대한 입장을 제한했다.[11]

1977년 여름 동안 카터는 새로운 평화 과정에 자신이 우호적이라는 인상을 심어주기 위해 워싱턴을 방문한 베긴 수상과 수차례에 걸쳐 격렬한 논쟁을 벌였다. 그러나 동시에 그가 이스라엘 영토의 일부라고 여긴 점령지에서의 이스라엘 정착촌 건설 사업에 대해서는 우호적인 입장을 표했다. 하지만 그 사업이 "평화에 불필요한 장애를 만들어낸다"고 말하기도 했다. 그는 얼마 후 베긴 정부를 분명하게 암시하면서 중동에서 어느 국가든 비타협적이거나 평화 과정에 방해가 된다면 세계의 다른 국가로부터 비난을 면치 못할 것이라고 말했다. 초가을이 되자 카터는 팔레스타인 문제로 되돌아갔는데, 9월 29일 기자회견에서는 PLO가 유엔 안전보장이사회 결의안 242호를 받아들이고 이스라엘의 생존권을 인정한다면 그 결의안이 난민만을 언급하기 때문에 팔레스타인의 쟁점을 적절하게 다루고 있지 않다는 PLO의 주장에 동조할 것이라고 말했다.

1977년 10월 1일 미·소 공동선언은 점령지에서 이스라엘 군대가 철수할 것과 팔레스타인 사람들의 정당한 권리를 보장하는 방법을 통해 팔레스타인 문제를 해결하고 주권 및 영토 독립에 대한 상호승인을 기초로 정상적인 평화관계를 수립하도록 요구했다. 미·소 공동선언은 소련의 용인이 없이는 어떤 협정도 성공할 수 없다는 인식에 기초를 두었다.[12] 10월 4일 카터는 유엔 연설에 앞서 이러한 원칙에 대한 미국의

---

11) Department of State, *The Quest for peace*, pp.68~69.

12) Steven J. Rosen and Francis Fukuyama, "Egypt and Israel after Camp David,"

확고한 입장을 되풀이해서 강조했다. 이는 아랍-이스라엘 분쟁을 해결하기 위해 미국이 소련과 제휴했던 1969년 2강회담 이후 처음 있는 일이었다. 그러나 그러한 해결이 본질적으로는 미국의 노력하에 이루어져야 한다는 전제는 그대로였다. 하지만 미국은 얼마 시나지 않아 공동성명의 내용을 포기했는데 이는 미국 내의 항의, 이스라엘과 그의 지지자들 ― 특히 많은 민주당 의원과 당직자들 ― 의 반발 때문이었다. 팔레스타인을 신중하게 고려하는 균형 있는 평화를 목표로 했음에도 1977년 말부터 카터의 정책은 이러한 목표로부터 서서히 이탈해 이집트-이스라엘 간의 평화를 분리해서 추진하는 쪽으로 나아가기 시작했다. 그러나 1978년 초 몇 개월 동안 카터가 직면했던 즉각적인 어려움은 사다트와 베긴의 관계 악화였다.

1978년 9월 소련과 기타 중동국가를 무시한 채 미국의 일방적인 역할로 맺어진 캠프 데이비드 협정은 새로운 발상의 전환으로 전 세계를 놀라게 했다. 이 협정으로 이스라엘과 이집트에 어느 정도 인상적인 평화가 찾아왔으나 이는 사다트의 주도로 시작된 것이었다. 사다트는 계속되는 이스라엘의 적대와 미국의 우유부단한 태도에 지쳤고 미·소 공동성명을 계기로 스스로의 방식에 따라 사태를 해결하려 했다. 이집트의 경제악화로 사다트에게는 다른 대안이 없었다. 그는 이집트가 더 이상 전쟁을 지속할 여력이 없으며 어떠한 방법으로도 이스라엘 점령군을 시나이에서 축출할 능력이 없음을 인정했다. 그는 점령된 이집트 영토와 이스라엘에 대한 평화 및 승인을 교환하자고 이스라엘에 제의하

Current History(October, 1972), p.2. 소련이 공동선언에 조인한 목적은 이 지역에서 소련의 지위와 이해를 인정받기 위해서였다. 소련은 팔레스타인 아랍인의 '정당한 권리(legitimate rights)'를 미국이 받아들이도록 설득했으나 실상 소련의 주목적은 소련의 '정당한 권리'를 미국이 공개적으로 수락하도록 하는 것이었다.

기로 결심했다. 그 결과는 1977년 11월 19일 사다트의 역사적인 예루살렘 방문으로 나타났다. 이는 전 세계의 상상을 초월한 위대한 드라마였다. 사다트는 이런 행동은 동료 아랍국의 비난뿐 아니라 암살 위험도 감수한 것이었다.

사다트는 예루살렘 방문을 통해 이스라엘을 국가로 인정했다. 그러나 협상은 난항을 거듭했다. 이는 사다트와 새로 선출된 베긴이 무엇을 논의해야 하는가에 대해서조차 서로 다른 견해를 갖고 있었기 때문이다. 사다트는 이집트-이스라엘 양자관계를 처리하는 것뿐 아니라 팔레스타인 문제해결을 포함해 중동평화를 위한 포괄적인 계획에 대해 합의하기를 원했다. 베긴은 서안과 가자지구를 양도할 생각이 없었다. 그래서 이집트-이스라엘 문제에 논의를 한정시키려고 했다. 팔레스타인 자치를 둘러싼 의견 불일치로 왕복협상이 위협을 받자 카터는 직접대면 협상을 위해 두 사람을 캠프 데이비드로 초청했다.

캠프 데이비드 회담은 1978년 9월 5일에서 17일에 걸쳐 열렸다. 카터 입장에서 회담의 주요 목적은 팔레스타인 문제의 돌파구를 마련하는 것이었다. 그러나 베긴의 의도는 어떤 대가를 치르고서라도 이를 회피하는 것이었다. 회담은 결국 교착 상태에 빠졌고 아무리 해도 베긴을 설득할 수 없었던 카터는 총체적 실패라는 인상을 남기지 않기 위해 결국 더 방만한 형태의 평화 틀을 가진 이집트-이스라엘 협정을 불만스럽지만 받아들였다. 결국 여러 가지 쟁점은 해결되지 않은 채 모호한 상태로 남았다.

캠프 데이비드 회담에서는 이집트와 이스라엘 간의 평화, 서안과 가자지구에서 팔레스타인 자치정부 수립이라는 두 가지 틀이 만들어졌다. 1979년 3월 26일 조인된 협정에 따르면 자치체는 3단계, 즉 첫째, 권한 부여 준비 기간으로 5년 이내의 전환기, 둘째, 서안과 가자지구에 세워질 모델에 관한 이집트, 이스라엘, 요르단의 협정 체결, 셋째, 5년의 전환 기간에 이집트, 이스라엘, 요르단 그리고 선출되는 팔레스타인 국민 대표자 간에 이루어질 서안과 가자지구의 영구지위협상 과정을 거쳐 수립될 예정이었다. 그러나 그 과정은 서로에게 부담스러웠고 모호한 의제와 여러 제한사항으로 가득해 가장 결정적인 점령지의 자치권 확립을 사실상 배제시키고 있었다. 이집트-이스라엘 평화조약은 완전히 이스라엘의 손아귀에서 놀아난 꼴이 되었다.

이집트가 캠프 데이비드 협정을 서안과 골란 고원에 관한 요르단, 시리아의 후일 모델로 이해한 반면, 이스라엘은 그 문제는 캠프 데이비드 협정으로 끝났다고 보았다. 카터는 서안과 가자지구에서의 이스라엘 정착촌 건설 중단과 이 두 지역에서 아랍의 주권을 회복히기 위한 이스라엘의 공약을 받아내지 않았다. 미국은 기본 문제를 단순히 생각하고 이집트-이스라엘 협정과 다른 전반적 분쟁 간의 연계를 소홀히 한 것이다. 결국 이 협정은 아랍지역에서 이집트를 고립시키고 아랍권 정치의 양극화를 초래했다. 카터가 분쟁문제에 대해 부분적 해결 방식을 택한 것은 미국의 외교적 승리였다고 할 수 있지만 캠프 데이비드 협정은 미국이 중동지역의 안정화 책임을 저버리는 결과를 가져왔다. 포괄적인 중동평화를 모색하는 데 실패한 후에 뒤따른 비극은 궁극적으로 카터가 키신저의 중동정책 일정을 완성하는 역할을 수행했다는 것이며, 이것은 그가 근본적으로 피하려던 사태였다. 이 협정이 체결된 후 카터는 평화 정착을 위해 노력하는 대신 이 지역의 다른 문제, 특히 이란에서 전개되는 미묘한 상황에 집중했다.

사다트는 1948년 이스라엘이 건국된 이래 이집트를 비롯한 아랍 여러 나라가 이스라엘과의 분쟁을 해결하려 하면서도 유일하게 행사를 유보했던 마지막 카드를 내던져버렸다. 즉, 아랍세계 최대의 군사강국 이집트는 아무런 대상(代償) 없이 이스라엘을 하나의 국가 실체로 승인했던 것이다. 사다트는 중동의 평화 회복을 강력히 주장하면서도 팔레스타인 민족자결의 전제가 되어야 할 영토문제에 대해서는 한마디도 하지 않았다. 더구나 팔레스타인 민족의 대표권을 행사해야 할 PLO의 존재를 완전히 묵살했다. 이는 새로운 갈등의 시작을 예고했다.

이집트-이스라엘 평화협정이 이집트에서 갖는 의미는 이집트가 다시 '나일계곡의 민족주의(Neil Valley Nationalism)'로 복귀했다는 것이며, 이집트가 범아랍주의의 대의보다는 국내의 긴급한 현안에 더 중점을 두었다는 것이다.[13] 그러나 정책적인 면에서 본다면 이는 사다트의 그릇된 판단에서 비롯된 것이었다. 원래 사다트가 이러한 정책을 펼친 것은 아랍에 주요한 영향력을 갖고 있던 바아스 체제의 두 국가(시리아와 이라크)가 그들 간의 오랜 적대감으로 적어도 당분간은 분열된 상태를 지속할 것이며, 모든 아랍국가가 자신의 압도적인 평화 주도로 어쩔 수 없이 고립된 상태로 남아 있을 것이라고 예상했기 때문이다. 그러나 아랍세계에서 나타난 결과는 그가 예상했던 것과는 판이하게 달랐다. 아랍연맹은 이집트를 축출하고 본부를 튀니지로 옮겼으며, 오만과 수단을 제외한 모든 아랍국가들은 이집트와 단교를 선언했다. 게다가 1940년대 이래 이집트가 막으려 했던 시리아-이라크 축이 형성되었는데, 특히 동부 이스라엘 국경에서 요르단, 레바논 등이 제휴했다. 이로써 아랍세계에서 시리아의 정치적 지위가 부상되었다. 아랍 측의 일부 국가는 이집트보다 시리아가 중동분쟁을 해결하는 데 좀 더 영향력 있는 당사국이라고 인정하게 되었던 것이다. 또한 1974년부터 캠프 데이비드에 이르기까지 아랍 특유의 우월한 지위의 약화를 절감하던 사우디아라비아는 이집트에 공격적인 자세를 취하게 되었다. 사우디아라비아는 이집트에 대한 보조금 지급을 즉시 중단했다.

---

13) Patrick Seale, "The Egypt-Israel Treaty and its Implication," *The World Today* (May, 1979), p.191.

협정의 내용으로 볼 때 새로이 구상된 중동평화는 미국이 막대한 부담으로 사들인 평화이자 시나이 반도의 반환과 팔레스타인의 자치문제가 상호거래로 낙찰된 결과였으나 그 조약 자체가 많은 문제점을 안고 있었다. 중동평화협정(캠프 데이비드 협정)에서 팔레스타인 인민에 대한 자치는 기약할 수 없는 미래의 어느 시점부터 시작되는 '자치 허용'을 약속할 뿐이었다. 이는 영국이 인도를 식민통치하거나 일본제국이 조선을 통치하던 시대에 식민주의자들이 피압박 민족의 저항을 적당히 쓰다듬기 위해 즐겨 쓰던 '자치'와 다르지 않았다.

미국 측에서 볼 때 이 협정의 의의는 정치적·경제적·군사적으로 여러 가지 가변적인 냉전요소가 깊이 뿌리박힌 중동지역에 미국의 개입이 강화될 수 있는 새로운 계기를 마련했다는 것이었다. 그러나 이는 미국 행정부가 이스라엘의 생존권 유지를 위한 안전보장과 네 차례에 걸친 중동전으로 허약해진 이집트의 경제부흥을 떠맡는 조건으로 얻은 것이었다.[14] 사다트는 중동판 마셜플랜 — 5년간에 걸쳐 100억 달러의 원조를 미국에 요청 — 을 희망했으며, 군의 재정비와 현대화를 위해 F-16 전투기 300대, 장갑차 2,000대, 전차 600대를 요구했다. 이스라엘도 미국에 이집트 못지않은 원조를 요청했는데 시나이 반도 철수에 따른 비행장의 2개소 건설과 40억 달러의 철군비용이 그것이었다. 이는 1979년에 이스라엘이 이미 약속받은 1억 8,000만 달러 상당의 경제 및 군사 원조를 제외한 액수였다.

---

14) 그것은 미국의 이익과 '미국적 평화(Pax Americana)'를 위한 일정이었다. 선거를 앞둔 카터는 자신의 외교적 위신과 미국의 석유 이익을 위해 아랍세계를 분리·지배해야 할 채비를 갖추어야만 했는데 이는 시급한 것이었다. 정책 수립자들은 베트남 전쟁의 경험을 통해 미국이 이익을 유지하는 방법으로 지상군을 분쟁지역에 파견하는 것은 비용에 비해 효과가 적으며 또 국민의 동의를 얻기가 수월치 않다는 사실을 알고 있었다. 미국의 입장에서 중동평화협정은 이에 대한 대안이었다.

결국 미국은 자체적으로 전반적인 아랍-이스라엘 문제에 대한 해결법을 창출해내지 못했다. 소련 역시 단독적인 해결능력이 없었다. 그러나 소련은 여러 행태를 통해 다양한 부문에 걸쳐 미국과 비등한 영향력을 가질 수는 없다 하더라도 각종 협상 과정에서 미국과 동등함을 인정받는 게임으로 자국의 지위를 회복하려는 의도를 명백하게 보여주었다.

이집트-이스라엘 단독 평화에 대한 중동제국의 반발과 미국이 주도하는 제네바 평화회의가 교착 상태에 빠져 미국이 난처한 입장에 처하자 소련 공산당 서기장 브레즈네프는 1977년 3월 전국노조회의 연설을 통해 중동분쟁을 해결하기 위한 최종 문서(포괄적 평화조약)의 골자로 첫째, 점령지의 반환, 둘째, 팔레스타인 국가 창설, 셋째, 아랍-이스라엘 간의 국경선 확정, 넷째, 상호불가침협정, 다섯째, 비무장지대 설정 및 유엔 감시군 주둔, 여섯째, 이스라엘에 대한 수에즈 운하 및 각 해협 통항권 보장 등의 원칙을 제시했으며 이 조치에 대해 소련을 포함한 미국, 영국, 프랑스 4개국의 보장을 촉구했다.

소련은 1977년 초에는 PLO 의장 아라파트와 시리아의 아사드를 각각 모스크바로 초청해 아랍 측의 주장을 지지하고 중동평화, 나아가 이 지역의 지배 주도권을 미국으로부터 되찾는 데 노력을 집중했다. 또한 소련은 1977년 11월 예루살렘 방문을 시작으로 전개된 사다트의 대이스라엘 단독 평화를 위한 주도적인 노력을 "항복 행위"라고 비난하고 이를 방해하려는 강경노선 국가, 즉 시리아와 이라크, 리비아, 알제리 등을 강력하게 지원하고 나섰다. 캠프 데이비드 협정에 대해서도 첫째, 이 협정은 사다트가 미국의 압력에 의해 팔레스타인 인민의 권리 보장을 명시하지 않은 채 조인한 것이며 이는 사다트의 굴복을 의미하고, 둘째, PLO에 대한 언급을 회피해 상황을 오히려 폭발적으로 만들었으며, 셋째, 시나이와 요르단 강 서안에 미군 주둔과 기지 설치를 허락했으며, 넷째, 이 협정은 근본적으로 반소 편견을 드러낸 것이라고 반발했다.

이러한 상황에서 이집트-이스라엘 간의 평화조약 조인을 계기로 형성되기 시작한 '반화평 아랍전선'은 소련이 중동으로 복귀할 수 있는 절호의 기회를 제공했다. 이집트를 잃고 당황해하던 혁신계 아랍국가들은 최소한 당시 시점에서 이란왕정이 붕괴해 미묘한 입장을 보이던 사우디아라비아와 요르단을 끌어들여 반화평 전선을 강화했으며 반화평 전선의 후견자로서 소련의 역할에 기대를 걸었다.

안드레이 A. 그로미코(Andrei A. Gromyko) 소련 외상은 이집트-이스라엘 평화조약 조인(1979. 3. 26) 직전인 3월 24일에 시리아를 방문해 반화평 전선을 형성하는 데 지지 의사를 전달했다. 소련은 이집트-이스라엘 간의 평화조약이 아랍 민족 전체의 대의와 이익을 짓밟고 미국과 이스라엘의 이익에만 공헌할 뿐이라는 입장에서 이집트를 미국의 꼭두각시로 부각시키고 반화평 아랍세력을 결속시켜 소련의 영향권 내로 끌어들이려는 중동의 새로운 '롤백전략'을 모색했던 것이다. 소련은 시리아 및 PLO에 대한 직접적인 영향력 강화를 시도했을 뿐 아니라 보수세력 아랍국가에 대해서도 은근히 접근을 시도했다. 그로미코가 시리아를 방문했을 때 소련과 적대국이 아닌 국가와는 관계를 개선할 용의가 있다고 천명한 것은 바로 사우디아라비아를 두고 한 말이었다. 역설적으로 말해 이집트와 이스라엘 간의 평화조약으로 가장 많은 이득을 본 것은 소련이었다.

그러나 소련은 이집트-이스라엘 평화조약에 적대감을 표시함으로써 사다트에 대한 아랍의 반대에 동참할 수는 있었지만 별개의 평화쟁점에 대해 아랍전선을 조직화할 수는 없었다. 아랍 내부의 정치정세가 혁명 이란의 도전에 집중되고 이란-이라크 전쟁으로 재정향되면서 소련의 역할은 점차 주변적 성격을 띠었다. 1979년 12월 소련의 아프가니스탄 침공 역시 중동에서 소련 이미지에 결정적인 손상을 입히는 한편 1970년대에 얻은 많은 것을 잃게 만들었다.

1979년 초 이란의 샤가 몰락하고 혁명적인 이슬람 정권이 수립된 것은 이란이 과거 20년 동안 수행해왔던 미국의 대리국가 역할을 마감했다는 의미에서 소련으로서는 환영할 만한 일이었다. 그러나 이란의 이러한 급격한 변화는 소련이 누릴 수 있었던 여분의 이익마저도 극도로 제한시켰다. 아야톨라 R. 호메이니(Ayatollah R. Khomeini) 정권은 소련 공산당의 무신론과 아프가니스탄에 대한 소련의 개입 때문에 언제나 소련을 의심했다.

결국 소련은 1970년 중동에서 일어난 사태의 추이를 조정할 수 없었을 뿐 아니라 흔히 그러한 사태에 의해 압도되었다. 또한 끊임없이 변하는 아랍체제의 구조 때문에 정책적 균형을 유지하기도 어려웠다. 예를 들어 1966년에서 1967년 동안 더욱 진보적인 아랍국가들이 반제국주의 블록 개념을 촉진시키려고 시도하는 와중에 보수적인 국가들과 진보적인 국가들은 갑자기 그들 간의 적대감을 제쳐둔 채 임박한 이스라엘의 도전에 대항하는 데 함께 협력했다. 이와 마찬가지로 이란-이라크 전쟁은 이전의 우방을 멀어지게 만들거나 도저히 불가능할 것 같던 동반관계를 형성시키기도 했다. 이러한 상황 앞에서 소련의 전략 변화는 불가피했다. 게다가 소련은 아랍 내부 정치에서 전통적인 급진-보수 이분법이 모호해지는 상황에 어떻게 대처해야 할지 확신이 서지 않았다.[15] 결국 소련은 궁극적으로 이 지역에서 정치동맹도 반제국주의 전선도 구축할 수 없었을 뿐 아니라 아프가니스탄에서 벌인 모험의 결과로 엄청난 반대 여론만을 불러일으켰다.

소련은 중동에서 상대적으로 주변적인 국가와의 관계에서도 별로 성공하지 못했다. 카다피는 줄곧 소련의 후원을 받았지만 그의 변덕스러

---

15) Carol R. Saivetz, *The Soviet Union and the Gulf in the 1980*(Boulder, Colo.: Westview Press, 1989), p.40.

운 행동 때문에 소련 입장에서 리비아는 믿을 만한 자산이 되지 못했다. 알제리는 서서히 고객국가의 역할을 그만두었다. 북예멘과의 관계도 진정한 후원체제의 일부로 간주할 수 없었다. 에티오피아, 남예멘과는 상대적으로 가까워졌지만 이 때문에 소말리아가 이탈했다. 결국 1980년대 이 지역에서 소련과 가까웠던 동반 국가는 몇몇에 불과했다.

이렇게 볼 때 미국과 소련 어느 쪽도 이 지역에서 만화경적 균형(kaleidoscopic equilibrium)을 변경시킬 수 있는 주도권을 확보하지 못했다. 어찌 보면 워싱턴과 모스크바의 시각은 자기중심적이라는 면에서 지극히 유아적이었다. 즉, 사건은 권력의 중심부에 의해 인식되고 그 중심부에 영향을 미칠 때에만 의미가 있으며 권력의 중심부가 그러한 방식으로 사건을 바라보는 경우에만 그 사건이 현실의 일부가 된다는 식이었다. 중동을 바라보는 경직된 시각은 이러한 환상 속에서 나타난다. 미국과 소련은 각각 자신의 피보호자를 가지고 있었다. 그들은 결정적인 지원을 중단함으로써 현 종속국이 그들의 목표를 포기하고 전략을 바꾸며 심지어는 다른 보호자를 찾아 나서도록 했다. 그러나 이는 그 이상의 의미를 갖지 못했다. 이 핵보유국들은 몹시 비탄력적이었다. 그들은 어떤 지역을 말살시킬 것인가의 여부를 결정하는 능력, 즉 '운명 통제'에서는 과도하게 무장된 반면, 의미 있고 지속적인 방법으로 아랍과 이스라엘의 정치적 행위에 영향을 미치는 능력, 즉 '행위 통제'에서는 별다른 수단을 보유하지 못했다.[16]

중동지역의 체제적인 특성을 경쟁적 외부 열강의 개입과 관련해 파악해보면 그 개입은 합리적인 국가이익보다는 상대 경쟁국과의 관계에서 이루어졌으며 그 개입은 대부분 정치적 이익으로 전환되지 않았기

---

16) Michale Reisman, *The Art of the Possible: Diplomatic Alternatives in the Middle East*, p.11.

때문에 강대국으로서의 품위를 지켜가기가 어려웠다고 볼 수 있다. 진정한 심리적 복종이 결여된 우월적인 지위는 일시적인 것으로 끝나기 쉽다. 복종이 이루어지는 경우라도 그 복종은 상대적일 뿐이다. 초강대국의 힘은 거리, 시간, 위기에 의해 또는 절대적인 협력의 요구와 가끔은 그 자체의 과도한 확장에 의해 약화되곤 했다.

지역의 입장에서 보면 자율성에 대한 구체적인 목표가 정립되지는 못했지만 제2차 세계대전 이후 외부 조작으로부터의 본질적인 자율성은 어느 정도 확보되어 있었다. 이 점은 1967년 전쟁의 참혹한 패배 후에도 결코 훼손되지 않았다. 이러한 견지에서 소련이 이집트에 대해 보유했다고 보이는 그리고 미국이 이스라엘에 대해 가졌다고 느낀 잠재적인 영향력은 대단히 과장되었다고 할 수 있다. 소련은 6월전쟁에서 나세르의 주도적인 행위를 막지 못했으며 미국 역시 6월 5일 새벽에 감행된 이스라엘의 기습 공격을 예측하지 못했다.

이 지역의 이 같은 특성을 이해해야만 미국이 아스완 댐 건설 지원을 거부한 것이 왜 나세르의 약화보다는 미국이 중동의 특성에 맞추어 행동하는 것을 제약하는 결과를 가져왔는지 알 수 있다. 양극체제나 미·소 간의 균형이론은 제2차 세계대전 후 중동 사태를 설명하기에 많은 제약이 따른다. 왜냐하면 미국이 가장 활발하게 개입한 시기는 소련이 가장 비동적이었을 때며 미국의 실패는 많은 경우 소련의 대응 때문이 아니라 미국의 제의를 액면 그대로 받아들이기를 거부한 이 지역의 고유한 환경에서 비롯되었기 때문이다.

이 점은 왜 사우디아라비아가 미국의 원조를 받아들이면서 반이집트 동맹을 결성하려 했고 아이젠하워 독트린을 공개적으로 수용하지는 않으면서 이를 환영했는지, 그러면서도 여전히 유엔에서 미국과 터키에 대항해서 시리아를 지원했는지 설명해준다. 사우디아라비아의 대미관계는 주로 대이집트 관계에 초점이 맞추어져 있던 것이다. 또한 이 점은 이스라엘이 중동의 구조적인 변화를 거부한 반면, 터키는 왜 그렇지 않았는지, 소련이 친공산주의였던 이집트와 시리아에 무기를 지원했음에도 왜 이들이 완전히 소련 블록으로 편입되지 못했는지를 설명해준다.

양극화가 현대 국제정치의 전반적인 모습을 설명하는 데 유용한 개념이라 해도 이 개념을 미국과 소련의 중동국가들에 대한 관계에 그대로 적용하는 것은 적절하지 않다는 사실이 검토되었다. 이는 주요 체제에서 상호억제 상황에 대한 가정과 현실로부터 유도해낸 정책을 소체제 내의 분열적인 문제를 해결하는 과정에 그대로 적용시키기에는 많은 문제가 있음을 의미한다.

만약 상호억제 체제가 종속체제 속에서 작용한다면 초강대국은 가장 작은 이슈에 대해서도 전면적인 대결을 서슴지 않겠다는 의지를 표명하지 않으면 안 된다. 반면 토착국가들은 상호억제에서 상호파괴로 전환되지 않도록 하는 방법에 따라 행동해야만 한다. 그러나 중동국가들은 주요 체제와 소체제 간의 관계에 대한 어떤 정향도 가지지 않기 때문에 상호견제의 상황이 유지되도록 행동할 가능성은 거의 없다. 이들은 이 지역 내에서 그들의 위치를 보존하기 위해 자신의 복합적 체제의 견지에서만 행동할 수밖에 없다고 느낄 것이다.

이런 의미에서 중동국가들은— 특히 아랍국가들은 — 많은 지역체제의 자율성을 확보하게 될 것이다. 따라서 이 점과 관련해 우리가 도달할 수 있는 결론은 중동의 국제정치 패턴은 지배적인 양극체제를 규율하는 법칙에 대해 어느 정도 독립적이었다는 것이다. 결국 중동이 미국과 소련의 '중간(middle)'에 있다고 생각하는 것은 잘못이며, 강대국 체제가 이 지역에서 중요한 축이기는 하지만 외부의 강요가 지역적 요소에 의해 굴절되는 특성으로 볼 때 강대국 체제에 근거한 시각으로는 중동에 관한 일반적인 또는 기초적인 특성조차 이해하기 어렵다.[17]

지역적 행동주체나 지역정치 차원에 맞추어 연구를 진행할 경우 초강대국은 중동에 무력으로 '밀고 들어왔다'기보다는 지역주체들에 의해 '초대'되었다고 보는 편이 나을 듯하다. 그렇다면 초강대국들은 지역의 자율성과 관련해 지역적 행동주체 및 여러 사태에 어떤 방법으로 효과적인 통제력을 발휘할 수 있는가 하는 문제가 제기된다. 범세계적 체제가 종속체제나 소체제에서, 특히 위기 상황에서 이른바 고객국가들에 영향력을 행사할 수 있는 정도는 상당히 제한되어 있다는 것이 명백해졌다. 그렇다면 이 지역에서 초강대국의 영향력은 기껏해야 빈약한 정도이고 초강대국이 중동제국의 사회적·정치적 생활에 가하는 충격은 주변적(marginal)일 뿐이며 신식민주의적 통제가 어떤 형태로든 행사되기는커녕 초강대국은 지역국가들의 목적을 위해 이용당하기만 했다고 보는 것이 과연 올바른 결론일까?

물론 그러한 결론은 옳지 않다. 초강대국의 의사 결정 자율성은 여타 국가에 비해 월등하다. 따라서 이들은 가능한 한 필요에 따라 타 지역에 대한 간섭과 침투를 계속할 것이며 이는 중동에 대해서도 예외가 아닐 것이다. 힘에 의해 지배되는 세계에서는 자신의 의지를 강요할 수 있을 만큼 상당한 정도의 물리적 힘을 행사하는 강력한 국가들이 주된 관심의 대상이 된다. 이 경우 주변 국가들에게 민중의 손에 잠재된 힘은 단지 이들 강대국을 지지하거나 여기에 저항함으로써 현실적인 권력의 결정에 영향을 미치는 경우를 제외하고는 세계의 권력정치의 무대에서 무의미해질 수도 있다. 세계는 미합중국이라는 강력한 세력에 의해 지배되고 있다.

---

17) Leonard Binder, "The middle East as a Subordinate International System," Richard A. Falk and Saul H. Mendlovitz(eds.), *Regional Politics and World Order,* p.356.

2. 1980년대의 세계와 중동

1970년대 말부터 신냉전체제에 접어든 국제정치 환경 속에서 1979년 12월 소련의 아프가니스탄 침공과 함께 1980년대 초 세계에서는 더욱 많은 지역에서 더욱 많은 전쟁이 진행되고 있었다. 동남아시아에서는 중국과 베트남, 베트남과 캄보디아가, 중동에서는 이란과 이라크, 이스라엘과 아랍, 레바논 기독교도와 레바논 무슬림이 싸우고 있었다. 소련의 아프가니스탄 침공은 1975년 헬싱키 평화선언을 무시한 행위로써 강대국의 힘에 의한 정치의 일면을 단적으로 보여주었다. 지역 간 분쟁의 성격도 전략 개념에서 전술 개념으로 전환되어 국지전을 통한 대량파괴와 살상현상이 나타났다. 그 예가 1980년 9월 이라크의 선제공격으로 시작된 이란-이라크 전쟁이다. 거의 모든 제3세계 국가는 휘청거리는 빚과 가공할 빈곤에도 엄청난 예산을 전쟁 또는 전쟁 준비에 지출했다. 1970년대 후반 서구 경제의 호황 속에서 과잉자본이 미국과 유럽 은행에 축적되었으며 이로써 상당한 돈이 제3세계에 차관으로 공여되었다. 이 돈은 생산시설을 늘리기 위한 투자자본으로서보다는 무기 또는 소비재 상품을 구매하는 데 사용되었다.

로널드 레이건(Ronald Reagan: 1981. 1~1989. 1)의 주도로 무기산업은 미국의 주도적인 성장 산업이 되었다. 군비는 전례 없는 수준에 달했다. 1980년대 초반 전 세계의 군사비는 약 5,500억 달러로, 전 세계 인구 1인당 150달러에 달했다. 소련은 실제로 미국보다 더 많은 무기를 수출했던 반면, 프랑스, 영국, 서독, 그리고 다른 공업국은 원료를 수출하는 제3세계 국가에 무기를 판매하고 그 대금으로 석유와 다른 수입품 대금을 지불했다. 결과적으로 1980년대 초 전 세계적으로 불황이 닥쳐 제3세계 수출품(석유, 광산물, 농산물) 가격이 하락하고 이자율이 상승했을 때 제3세계 국가는 문자 그대로 파산에 직면했다.

1979년 봄에 출발한 이란의 호메이니 혁명 정권은 이슬람의 정통성을 주장하는 교리주의 정책을 추구함으로써 사우디아라비아를 중심으로 걸프의 복합적인 변수로 얽혀 유지되는 전체 아라비아 반도의 안정을 위협했다. 특히 호메이니 영향을 받던 '시아' 무슬림의 도전으로 걸프 연안국의 정통성이 위태로워졌다. 이로써 '수니' 무슬림 정권에서는 이란의 시아세력을 이용한 종교혁명 수출을 위협요소로 보는 지역안보 의식이 생겨났다.

더욱이 소련의 걸프지역 접근정책은 제2의 아프가니스탄 사태를 방지해야 한다는 위기의식을 불러일으켰다. 1981년 5월 25일 출범한 걸프협력회의(GCC: The Gulf Cooperation Council)는 이 지역의 집단안보 의식이 표출된 것이었다. GCC 창설은 걸프 연안 국가의 정치적·경제적 교섭력을 강화시켰으나 이에 대한 역기능으로 걸프 연안 국가들 간에 국경 개념을 도입시켜 새로운 분쟁을 조장하기도 했다. 이라크의 쿠웨이트에 대한 주권 주장, 이란의 바레인에 대한 주권 주장, 사우디아라비아-바레인 국경문제, 사우디아라비아-이란 국경문제, 사우디아라비아-아랍에미리트 국경문제, 사우디아라비아-오만 국경문제 등이 그것이다.

1) 이란혁명과 카터의 곤경

중동평화협상을 성사시킴으로써 현란한 외교적 드라마를 연출한 카터를 곤경에 빠뜨린 것은 역설적이게도 그가 최대 승리를 거둔 중동지역에서 일어난 사태였다. CIA가 이란의 샤, 팔레비를 왕위에 복귀시킨 쿠데타에 개입한 1953년 이래 미국 행정부에 따라 차이는 있었지만 이란의 팔레비 정권은 중동지역에서 미국의 중요한 지주국가였다.

미국-이란 동반국 정책은 범세계적으로 정향된 대리국가 정책의 전형적 사례로서 이 정책이 궁극적으로 실패한 것은 미국이 중동의 지역적 역동성을 이해하지 못함으로써 혼란을 야기했기 때문이다. 이는 미국이 이스라엘을 맹신하면서 중동의 초국가적 역동성을 소홀히 함으로써 중동 평화일정(peace process)[18]에 막대한 해를 끼친 사례와 비슷했다.

당시 이란의 팔레비 정권은 대대적으로 국민적인 저항에 맞닥뜨려 있었다. 그러나 카터도 CIA도 부유한 산유국을 지배하며 거대한 군대와 비밀경찰의 열렬한 지지를 받던 이 절대 군주가 허약한 뮬라(Mullah, 우파 성직자단)가 주도하는 비무장 군중에 의해 전복될 것이라고는 상상하지 못했다. 그러나 그것은 중대한 오산이었다.

이란의 혁명은 정치권력뿐만 아니라 경제 면에서도 주요한 변화를 가져다준, 대다수 국민이 참여한 대중운동이었다. 팔레비가 지배하던 이란에서는 주된 변화의 과정이 이미 진행되고 있었다. 그리고 이러한 변화를 지속시키기 위한 정치권력의 변환이 요구되고 있었다.

이란혁명은 단순히 혁명으로 불렸던 이전의 운동과는 달리 이슬람혁명으로 불렸다. 혁명 지도자와 사상가들은 파리나 페트로그라드(상트페테르부르크의 1914~1924년 이름) 모델에는 전혀 관심을 두지 않았으며, 유럽의 우익사상이나 좌경 이데올로기를 그들이 투쟁해온 이교도의 이념으로 보았다. 그들은 자신들이 유럽과는 다른 사회에서 유럽인들과는 다른 경전과 고전을 바탕으로 교육을 받았으며, 다른 역사적 기억에 의해 형상화되었다고 인식했다. 혁명의 상징과 표어는 이슬람적이었다. 왜냐하면 이런 상징과 표어만이 투쟁을 위해 대중을 움직일 수 있는 힘을 가졌기 때문이었다.

이슬람은 혁명에 가담한 이들에게 목표를 제시했고 그들이 맞서야

---

18) 일반적으로 '평화 구축' 또는 '분쟁 해결'의 의미인 이 용어는 중동의 경우, 1970년대 중반 이후 이스라엘과 그 주변 국가들 간에 타협에 의한 평화를 이끌어내려는 미국 주도의 노력을 묘사하기 위해 광범위하게 사용된다.

할 적을 적시해주었다. 이슬람 혁명의 목적은 외세의 지배와 영향을 받던 시기에 이슬람 영토와 국민에게 강요되던 모든 이질적이고 이교도적인 불순물을 쓸어버리고 신이 만들어주신 진정한 이슬람 질서를 회복하는 것이었다.

1979년 2월 이슬람 정부를 승인한 사실에서도 알 수 있듯이 카터는 팔레비를 복위시키기 위해 노력할 의사가 없었다. 대신 카터의 희망은 이란과 정상적인 관계를 회복하는 것이자 이란을 다시 한 번 중동 안정의 지주로 만드는 것이었다. 그러나 이란인들은 미국이 팔레비를 포기할 것이라고 믿지 않았다. 1979년 7월, 팔레비의 60일간의 바하마 비자가 종료되었다. 카터는 팔레비를 미국에 입국시키라는 록펠러, 키신저 그리고 팔레비의 다른 오랜 친구들의 압력에 저항했다. 하지만 결국 '뉴욕의 병원에서만 적절한 암 치료를 받을 수 있다'는 인간적인 동기로 1979년 10월 그를 입국시켰다.

그러나 이란에서는 미국이 팔레비를 입국시킨 것이 단순한 의료 치료의 목적이 아니라 그에 대한 지원이라고 생각했다. 1979년 11월 4일, 분노한 이란 학생들이 테헤란의 미국 대사관을 점거해 대사관 직원과 가족 등 미국인 90명을 인질로 삼았다. 인질 중 여성과 흑인은 순차적으로 풀려났지만 52명은 계속 억류되었다. 이들은 팔레비의 신병을 요구했다. 그것은 분노에 찬 행동이었으며, 외교적 면책특권이라는 기본 원칙을 위반한 현대 외교역사상 최악의 사건이었다. 세계의 언론은 미국 대사관 인질 사태를 집중 보도하면서 호메이니의 반응을 기다렸지만 그는 며칠 동안 침묵으로 일관했다. 카터는 인질을 구출하기 위해 비상 군사행동을 준비했다. 또한 미국 내 이란 학생 5만여 명에게 가장 가까운 이민국에 신고하도록 하고 미국 내 이란 자산을 동결했으며 이란에 대한 무기 판매를 중단하고 이란의 석유 수입을 금지하는 등 압력을 가했으나 효과는 없었다. 왜냐하면 미국 법원은 일관되게 학생들의 권리를 보호했으며 어차피 이란은 더 이상 미국의 무기를 원하지 않았기 때문이다. 게다가 이란의 석유 생산량은 자국의 필요를 충족시키기에도 부족한 수준이었다. 더욱이 미국은 이런 상황에서 협상할 상대를 찾지 못했다. 이는 이란이 혁명적 상황에 처해 있었기 때문이나.

이란은 1980년 2월이 되어서야 요구를 제시했다. 제시된 조건은 팔레비의 이란 귀국 및 재판 회부, 팔레비 재산의 이란 귀속, 미국이 과거 이란에서 행한 행동에 대한 유죄 인정과 사과, 장래 이란문제에 개입하지 않겠다는 약속 등이었다. 이러한 요구는 미국이 받아들일 수 없는 요구임이 명백했다. 4월 7일, 카터는 대이란 외교관계 단절, 이란에 대한 전면적 경제금수 단행, 미국 내 이란 자산에서 공제할 대이란 재정적 청구권 목록 등을 발표하고 이란 외교관들에게 24시간 내에 미국을 떠나라고 통고했다. 카터는 또한 인질을 구출하기 위한 군사작전도 승인했다.

그러나 1980년 4월 25일의 군사작전(Operation Eagle Claw)이 실패로 끝나고 인질 석방문제가 장기화되면서 카터에게 모든 책임이 돌아갔다. 7월 27일에 팔레비가 암으로 사망했지만 9월에 호메이니는 인질 석방을 위한 조건 네 가지를 미국에 제시했다. 첫째, 팔레비의 재산 반환, 둘째, 이란에 대한 모든 재정적 청구권 취소, 셋째, 미국 내 이란 자산의 동결 해제, 넷째, 이란문제에 결코 개입하지 않겠다는 약속이었다. 미국의 행동에 대한 사과 요구가 언급되지 않았기 때문에 적어도 협상을 위한 여지는 남아 있었다.

카터는 10월, 만일 이란이 인질을 석방한다면 이란 자산의 동결을 해제하고 경제제재를 종식시키며 이란과의 관계를 정상화하겠다고 발표했다. 미국 대선을 좌지우지할 돌출사건이 10월에 생긴다는 '악토버 서프라이즈(October Surprise, 10월의 충격)'가 정치용어로 굳어진 것은 1980년 대선 때였다. 당시 레이건 공화당 후보는 이란에 잡혀 있는 미국인

인질 52명에 대한 구출작전이 실패로 돌아간 것을 들먹이며 카터 대통령의 무능을 비난했다. 11월 4일, 대통령 선거에서 레이건은 카터에 승리했고 이는 호메이니에게 추가적인 압력으로 작용했다. 이라크와의 전쟁도 이란으로 하여금 타협을 서두르게 했다. 결국 카터 대통령 재임 마지막 날 아침에 이란은 인질을 석방하는 대가로 동결된 이란 자산을 80억 달러로 평가하는 합의(Algiers Accord, 1981. 1. 19)에 동의했다. 그날 인질들은 테헤란을 출발했으며 이로써 위기는 끝났다. 사태가 발생한 지 444일 만이었다.

2) 소련의 아프가니스탄 침공(1979. 12~1989. 2)

1979년 12월 소련군 8만 5,000명이 아프가니스탄의 친소정권을 보호하기 위해 군사개입을 시도했다. 이는 이란의 미국 대사관 인질 사태가 발생한 후 한 달여가 지났을 때의 일이었다. 아프가니스탄은 중동에서도 가장 복잡한 사회 중 하나다. 인구학적으로 매우 혼합되어 있으며 주요 민족은 다리어(Dari, 페르시아어의 일종)를 사용하는 아프가니스탄인(Afghans), 파슈툰어를 사용하는 파슈툰족(Pushtuns), 타지크어를 사용하는 타지크족(Tajiks)이다. 그 밖에 여러 소수민족이 거주하고 있다. 이러한 민족 언어학적 다원성과는 별개로 아프가니스탄은 여러 면에서 일반적 의미의 국가로 볼 수 없다. 아프가니스탄은 촌락-국가 2만 3,000개가 느슨하게 집합을 이룬 형태였고, 봉건사회의 부족회의에 해당하는 로야 지르가(Loya Jirgah) 외에는 이렇다 할 대의 정치기구가 확립되어 있지 않았으며 중앙정부가 국가를 통합하고 통제할 수 있는 어떤 범아프가니스탄 제도도 존재하지 않았다. 또한 아프가니스탄인 대부분은 변화에 저항적이었고 전통적이며 이슬람적인 사고와 생활 방식을 고집했다.

이런 상황에서 1963년, 당시 왕인 모하마드 자히르 샤(Mohammed Zahir Shah: 1933~1973)가 직접 나서 입헌군주제로의 개혁을 주도했다. 이로써 상하 양원을 둔 의원내각제를 규정한 새로운 헌법이 1964년 10월에 제정되고 1965년 8~9월 선거가 실시되어 새로운 정부가 출범했다. 하지만 그 와중에 근대화 개혁을 추구하는 지식인과 전통체제를 고수하려는 종교, 부족세력 간의 갈등과 대립은 더욱 표면화되었다. 이러한 과정에서 공산주의는 근대화의 한 대안으로서 지식인 사이에서 세력을 넓혀갔다. 그 결과 1965년 아프가니스탄 인민민주당(PDPA: People's Democratic Party of Afghanistan)이 결성되었다. 1973년 7월에는 무함마드 다우드 한(Muḥammad Daoud Khan) 전 총리가 쿠데타를 일으켜 왕정이 붕괴되고 공화정이 선포되었다. 그러나 1978년 4월에 누르 무함마드 타라키(Nur Muḥammad Taraki)가 이끄는 마르크스주의자들이 공산주의 혁명을 일으켰다. 이 혁명은 그 달의 이름을 따서 '샤우르 혁명(Saur Revolution)'이라 불렀으나 좌파정당 PDPA는 정권을 잡자 온건파 파르캄(Parcham)과 급진파 할크(Khalq)로 곧 분열되었다. 또한 마르크시즘에 입각한 개혁 때문에 농촌에서는 대규모 반란이 일어났다. 계속되는 쿠데타로 소련의 영향력은 약해져갔고 그 후 지방의 시민군은 더 대담하게 저항했다. 더구나 권력투쟁에서 타라키를 물리치고 실권을 쥔 하피줄라 아민(Hafizullah Amin)은 반이슬람적으로 인식되었고 극도로 퇴색된 이미지를 가졌던 탓에 아프가니스탄 전역에서 저항을 받았다. 1979년 3월 헤라트(Hefat)에서는 대규모 민중봉기가 발생했다. 그들의 표적은 타라키와 소련 고문관들이었다. 수백 명의 소련인이 살해되었다. 정부군이 이 도시를 되찾기 위해서 아프가니스탄인 3,000~5,000명을 희생시켜야 했다. 이로써 공산정권은 붕괴에 직면했다. 소련은 지지했던 몇몇 정권이 실패한 후 좌익정권을 수호하기 위해 군대를 파견했다.

소련은 군사개입이 아프가니스탄과 우호협정을 지키기 위한 우방국으로서의 정치적 행위임을 강조했다. 그러나 소련의 아프가니스탄 침공은 카터에게 심각한 충격을 주었다. 카터는 붉은 군대가 전진하고 있다고 주장했다. 1980년 1월 카터 대통령은 걸프지역에서의 미국의 이익이 위협받는다면 필요한 경우 군사력을 통해서라도 방어할 것이라고 경고했다. 이른바 '카터 독트린'이었다. 이러한 경고는 이란의 혁명과 친서방 정권인 팔레비 정권의 붕괴, 그리고 1979년 소련의 아프가니스탄 침공으로 걸프 연안 국가들이 안보에 위협을 느낀 후에 취해진 조치였다. 더 나아가 이 지역의 미국 군사력을 강화하고 필요시에 민첩하게 투입시킬 수 있는 '신속 배치군(RDF: Rapid Deployment Force)'의 활동을 과시했으며 이 같은 미국의 결의와 견제정책에 대해 다른 국가의 호응과 지원을 촉구하기도 했다. 카터는 대소 곡물판매를 축소하고 1980년 모스크바 올림픽을 거부했다. 또한 카터는 SALT II 조약에 대한 심의를 무기한 연기해달라고 상원에 요청했다. 1980년대에 이르러 카터는 아이젠하워 이래로 어떤 대통령보다 더 강경한 노선을 걸었다. 그는 이 모든 게 아프가니스탄 사태 때문이라고 설명했다.

물론 소련의 행동이 주변의 우려를 불러일으킬 소지는 있었다. 이미 소련은 남예멘을 군사기지로 삼아 에티오피아와 앙골라 정책에 쿠바군을 활용함으로써 성공을 거두었다. 홍해 안보를 위협하는 이 같은 소련의 군사작전은 역내 급진주의 세력을 이용한 세계 공산화 정책이기도 했다. 이는 사우디아라비아의 입장에서 홍해와 페르시아 만의 안보로 직결되었다. 또한 소련의 아프가니스탄 침공이 걸프지역에 대한 소련의 관심을 반영하는 것일 경우 이는 터키와 이란의 안보에도 위협이 될 수 있었다. 그러나 사태의 추이는 그러한 예상과는 동떨어지게 진행되었다.

소련은 아프가니스탄에서 아민을 제거하고 온건 성향의 바브라크 카르말(Babrak Karmal)을 내세웠다. 그러나 카르말 정권도 공산주의 정권에 대한 아프가니스탄인들의 원성을 누그러뜨릴 수는 없었다. 소련이 아프가니스탄의 새로운 상황에 대처하는 데 실패한 근본적인 이유는 공산정권과 그 나라의 기본 사회세력 간에 제기된 근본적인 이해의 갈등을 고려하지 않았고 심지어 인식하지도 못한 데 있었다.

아프가니스탄에서는 헤라트 봉기 이래 수많은 저항단체가 조직되었지만 그들 간에 조직적 결속은 없었다. 그들 간의 유일한 연결 고리는 소련인을 몰아내고 이슬람과 전통적인 아프가니스탄 문화를 보존하려는 공통의 바람뿐이었다. 1983년경에는 전국에 걸쳐 게릴라 단체 200여 개가 결성되었다. 무자헤딘(Mujahedin)이라고 부르는 이들은 낮에는 고속도로에서 소련과 아프가니스탄 정부군의 호송차량을 매복 공격했으며 밤이면 요새화된 주둔지를 공격했다. 그들은 또한 간헐적으로 소련인과 지방 공산당 관리들을 암살했다. 소련과 정부군이 할 수 있는 일은 주간에 주요 커뮤니케이션 연결부와 대도시, 요새화된 장소를 통제하는 것이 고작이었다. 그곳을 제외하면 주간에는 아프가니스탄 영토의 80~90%가 저항단체의 수중에 있었으며 야간에는 사실상 전적으로 그들의 통제하에 있었다.[19]

1985년 3월 미하일 S. 고르바초프(Mikhail S. Gorbachёv, 서기장: 1985~1991)가 집권하면서 소련은 아프가니스탄에서 손을 떼는 문제를 심각하게 고려했지만 결국 각종 화력을 동원해 군사적으로 우위를 점하려는 노력을 계속했다. 미국은 저항세력에 군사적인 지원을 해줌으로써 이에 대응했다. 그 액수는 대략 1983년에 3,000만 달러, 1984년에는 1,200만 달러, 1985년에는 2,500만 달러, 그다음에는 해마다 6,000만 달러씩 지원했는데 종전이 가까워오면서 액수는 점점 늘어났다.[20] 미국이

---

19) Anthony Arnold, *Afghanistan: The Soviet Invasion in Perspective*, rev. ed.(Stanford, CA: Hoover Institution Press, 1985), p.98.

20) Don Oberdorfer, "Afghanistan: The Soviet Decision to Pull Out," *Washington*

게릴라들에게 정교한 스팅거(Stinger) 지대공 미사일을 제공하면서 소련은 제공권을 잃었다. 1986년 레이건 행정부가 비밀작전을 통해 무자혜딘에게 첨단 무기를 전폭적으로 지원하기로 함에 따라 제3세계에 대한 소련의 군사적 침투를 무력화시키기 위한 CIA 작전이 최초로 성공을 거두었다.[21]

소련은 1979년부터 아프가니스탄에서 철수하던 1989년 2월까지 군대의 8만~10만 명의 발이 묶이고 병사 1만 5,000여 명이 전사하고 4만여 명이 불구가 되면서 미국이 베트남에서 겪었던 것과 똑같은 경험을 했다. 더욱 치명적인 손실은 제3세계에 소련에 대한 부정적인 이미지를 남겼다는 것이다. 소련은 항상 소련과 이전에 식민 지배를 경험한 아시아나 아프리카 국가들과는 이해가 일치한다는 생각을 심어주기 위해 노력해왔다. 그러나 거의 전 국민을 상대로 전쟁을 하는 인기 없는 정권을 지원하기 위해 소련 군대가 아프가니스탄에 존재한다는 사실만으로도 그러한 노력은 결코 성공을 거둘 수 없었다. 결국 아프가니스탄 사태는 범세계적 접근법을 내세워 지역적인 고려를 거의 묵살하는 의사 결정의 고전적인 예로, 중동의 사회정치적 역동성을 고려하지 않고 중동정책을 추구했던 초강대국에게 통렬한 교훈으로 남았다.

3) 이란-이라크 전쟁(1980. 9~1988. 8)

1980년대 초 세계적인 경제불황과 더불어 제기된 또 다른 위협은 이란-이라크 전쟁이었다. 이란은 그동안 미국의 군사적 지원에 따른 막강

Post, April 17, 1988.

21) David B. Ottaway, "What Is 'Afgan Lesson' for Superpowers?" *Washington Post*, February 12, 1989.

한 군사력을 배경으로 역내(域內)의 경찰국가 역할을 해왔을 뿐 아니라 미국과 이해관계의 일치에서 미국의 입장을 대변하고 소련의 지역 내 진출을 저지하기 위한 중앙조약기구(CENTO: Central Treaty Organization) 의 가장 강력한 동맹국 구실을 담당해왔다. 따라서 이란혁명은 중동지역 의 새로운 정치질서를 예고하는 것이었다. 사다트가 대이스라엘 평화회 담을 조인한 후 새로 구축된 테헤란-리야드-카이로의 축이 붕괴됨으로 써 중동에서 미국을 위시한 서방국가들의 위상이 불안해지는 상황에 직 면했으며 지역 내의 관점에서 볼 때 1958년 이라크 군사혁명이 발생했 을 당시와 동일한 조건이 되었다. 이 때문에 혁명 때처럼 보수왕정 국가 들에서 이슬람 혁명의 도미노 효과가 파급될 것을 우려하는 불안감이 조성되었다. 특히 사우디아라비아를 비롯한 걸프 연안 국가들은 자국으 로 혁명이 확산되는 것을 경계했다. 이러한 분위기는 국민의 60%가 시 아파인 이웃의 아랍국가 이라크에도 중대한 위협이 되었다.

1979년 7월 이후 정권을 잡은 사담 후세인(Ṣaddām Ḥusayn: 1979. 7~ 2003. 4)은 이란혁명으로 약화된 이란의 군사력과 사다트의 대이스라엘 평화회담이 남긴 아랍 지도력의 공백을 야심을 실현하기 위한 기회로 포착했다. 당시 이란의 이슬람 혁명 정권은 미국 대사관 인질문제 때문 에 국제적으로 고립되어 있었으며, 국내 정정(政情)은 아부 알 하산 바니 사드르(Abul al-Hassan Bani-Sadr) 대통령 실무파와 모하마드 베헤시티 (Mohammad Beheshti) 이슬람 강경파 간의 권력투쟁으로 소요 속에 있었 다. 1980년 9월 사담 후세인은 알제협정(Algiers Agreement, 1975. 3)의 철폐를 선언하고 샤트 알 아랍 수로(Shatt al-Arab Waterway)[22]에 대한 영유권을 주장했다. 이에 대해 이란 대통령은 이라크의 경비선에 공격

---

22) 티그리스·유프라테스 강과 이란령의 카룬 강이 합류해 걸프 만까지 도달하는 강 이며, 폭은 약 300m, 길이는 192km다.

을 명령하고 이라크의 전면적 공격에 대항함으로써 이란-이라크 전쟁이 시작되었다.

이란의 팔레비 왕은 1971년 페르시아(아라비아) 만23)에서 영국군이 철수하자 호르무즈 해협의 안전통과 보장을 구실로 아랍에미리트연합의 '사르자(Sharjah)'에 속해 있던 섬, 즉 아부 무사(Abu Musa), 대툰브(Greater Tunb), 소툰부(Lesser Tunb)을 점령해 걸프지역의 지배권을 장악했다. 또한 1975년 3월에는 이라크를 압박해 결국 알제협정을 체결함으로써 콘스탄티노플 의정서와 1937년의 런던조약에 규정된 이라크-이란 국경선을 폐기했으며, 샤트 알 아랍 수로를 양국이 공동으로 관리하는 데 합의한 바 있었다. 런던조약에서는 샤트 알 아랍 강의 수면 전체가 이라크령에 속해 있었다. 팔레비 왕은 런던조약이 국경은 하천의 중간선이어야 하는 통례를 위반했다고 주장해왔다. 하지만 이라크는 기득권을 지키는 것을 국가이익으로 간주했다.

더욱이 1982년 바그다드는 비동맹회의의 개최지로 지정되었기 때문에 사담 후세인은 1980년대의 세계적인 지도자가 되려는 야망에 도취해 있었다. 실제로 그는 1980년에 아시아·아프리카 제국에 약 5억 달러의 경제원조를 제공했으며, 종전의 친공산적 조약에서 일탈해 막대한 석유달러를 배경으로 유럽공동체(EC) 국가나 일본과의 교역관계를 확대하는 등 세계적 차원의 정치 지도자로 부각되고 있었다. 전쟁은 또한 이라크 국내의 소요를 제거하는 호기가 될 수 있었다. 사담 후세인은 역내 국가나 외부 강대국 모두가 이란의 혁명을 반대하고 위기를 느끼고 있기 때문에 결코 이란을 지원하지는 않을 것이라고 생각했다.

동방문제 이래 중동 국제정치에서 드러난 일반적인 속성 가운데 하

---

23) 이란 측에서는 페르시아 만, 아랍 측에서는 아라비아 만, 유엔에서는 페르시아·아라비아 만 또는 단순히 만(Gulf)으로 표현하기도 한다.

나는 기습 탈취다. '카다시아 전투(Battle of al-Qādisyyah)의 영광'[24]을 20세기에 재현하려던 사담 후세인도 이러한 속성을 믿었던 것으로 보인다. 그는 테헤란 교외의 메라바드 공항을 기습하고 동시에 지상군을 동원해 이란 석유의 수출항인 호람샤르와 아바단 석유정유센터를 협공하면 혁명으로 기진맥진된 이란의 이슬람 정부는 이라크가 제시하는 협상 테이블에 응하지 않을 수 없을 것이라고 판단했다.

그러나 이라크 공군은 기습 공격을 실시해 이란의 전투력을 철저히 파괴하는 데 실패했으며 이는 오히려 이란 혁명정부를 강화시키는 결과를 초래했다. 이 전쟁은 당시 전문가들의 예상을 뒤엎고 장기화되었다. 이로써 양국에는 정치적·사회적 불안정이 초래되었지만 이라크보다는 단결된 이란에 유리한 상황이 되었다. 이 전쟁으로 호메이니는 혁명 수출에 대한 언약을 실행하는 완전한 기회를 잡았다. 또한 이 전쟁은 혁명에 대한 개인적 지지와 관계없이 모든 이란인을 전쟁에 참여시키는 민족적 대동원을 요구했다. 이에 비해 전쟁에 염증을 느끼는 이라크 국민에게 이라크 정부가 내세울 수 있는 것은 사담 후세인의 야망과 모험심에 편승한 민족주의가 고작이었다. 미국과 소련이 공식적으로 전쟁 당사국에 무기를 제공하지 않는 동안 이라크는 프랑스로부터, 이란은 소련의 동맹국[25]과 시리아, 리비아로부터 무기를 구입했다.

중동국가와 중동민족들의 전쟁 중에서 아랍-이스라엘 분쟁이 외부

---

24) 기원후 637년 당시 중동의 지배세력이던 페르시아의 사산제국이 카디시아의 전투에서 아랍 민족의 저항을 받아 패배함으로써 결국 멸망하고 말았다. 따라서 이 전투는 페르시아인들에게는 역사적인 굴욕이지만 아랍인들에게는 민족적인 영광이 되었다.

25) 북한은 1982년에만 8억 달러에서 20억 달러 사이로 추정되는 무기를 이란에 수출했다. Christine Moss Helms, *Iraq: Eastern Flank of the Arab World*(Washington, D.C.: The Brooking Institution, 1984), p.176.

세계의 큰 관심을 끈 것은, 부분적으로는 경쟁관계에 놓인 강대국들이 직접적으로 개입했기 때문이었다. 그리고 의심의 여지없이 분쟁의 이슈와 이점과는 별로 관련이 없는 강대국의 이해관계와 관심 때문이었다. 이러한 외부 세계의 관심은 어느 한쪽이 일방적으로 승리해 분쟁이 해결되는 것을 막았다. 그 때문에 전투는 실제로 짧고 격렬했다. 또한 전략적인 승리가 아니라 고작 전술상의 승리에 그쳤으며 강대국이 개입해서야 끝이 나곤 했다.

하지만 1980년에서 1988년까지 지속된 이란-이라크 전쟁의 상황은 매우 달랐다. 아랍이나 이스라엘과는 달리 어떤 당사자도 강력한 국제적 지원을 요청할 수 없었으며 역으로 두 정권 모두 외부 세계의 강력한 반감을 불러일으켰다. 어떤 강대국이나 국제기구도 전쟁을 종식시키기 위해 노력을 기울이거나 커다란 위험을 부담하려고 하지 않았다. 따라서 이 전쟁은 제2차 세계대전보다 더 오래갔고, 결과는 사망과 파괴로 이어져 그 대가는 모든 아랍-이스라엘 분쟁을 합한 것 이상이었다.

아랍-이스라엘 분쟁은 기본적으로 명료하고 단순했으나 이란-이라크 전쟁은 서로 다른 것의 대립이라는 측면이 강했다. 개인적인 측면에서는 호메이니와 사담 후세인이라는 두 카리스마적 지도자의 대결이었고, 종족적인 측면에서는 페르시아인과 아랍인의 대결이었다. 이념적인 측면에서는 이슬람 복고주의와 세속적인 모더니즘이, 종파적인 측면에서는 수니파와 시아파가 대결했다. 경제적인 측면에서는 역내 석유 지배권에 대한 경쟁이었으며, 전통적인 정치적 측면에서는 지역 패권을 장악하기 위한 투쟁과 영토 분쟁 등의 대결이었다.

양국 모두 국내와 외부 압력으로부터 간섭을 받지 않았고, 석유 수출국이라는 위치 때문에 심각한 재정의 한계 없이 상호파괴적인 전쟁을 8년간이나 계속할 수 있었다. 미국으로부터 중요한 정보와 병참 지원 외에 아랍 부국들로부터 재정적인 지원을 받은 이라크가 이란의 공격을 저지시켜 결국 약간 유리한 입장에서 평화협정을 이끌어내는 것으로 전쟁은 종결되었다.

이란-이라크 전쟁 이후 아랍국가들 간에는 양극화 현상이 더욱 심화되었다. 시리아, 리비아, 남예멘 같은 친소련·급진강경 성향 아랍국가들이 비아랍국가인 이란을 지원했으며, 사우디아라비아, 요르단 그리고 걸프 연안 국가들이 이라크를 지지했다. 이란혁명에서 이라크 전쟁에 이르는 일련의 사태 이후 바레인, 사우디아라비아, 쿠웨이트, 카타르, 아랍에미리트, 오만 등 걸프 연안 국가 6개국은 걸프협력회의를 창설해 걸프지역 6개국의 안전을 실질적 내용으로 하는 지역 협력에 초점을 두었다. 1980년 12월 이란이 쿠웨이트 유전지대와 이라크 유전시설에 폭격과 특공대 공격을 감행한 것은 GCC 국가들의 이라크 지원을 경고하기 위한 조치였다.

이러한 분위기 속에서 세계는 또 한 차례의 유류파동을 맞았다. 호메이니의 주도로 이슬람 혁명을 일으킨 이란이 전면적으로 석유 수출을 중단했던 1978년 12월 배럴당 20달러를 돌파했던 석유가는 이란-이라크 전쟁으로 30달러를 넘어섰으며, 사우디아라비아가 석유 무기화를 천명한 1981년 1월에는 두바이유가 39달러에 육박했다.

한편 이라크를 지원하는 국가들도 양면적 성격을 띠게 되었다. 즉, 호메이니 정권과 싸우는 이라크에 지원을 확대하는 동시에 이라크와의 과도한 관계를 피하려는 경향을 보였던 것이다. 예를 들어 사우디아라비아는 이라크가 패배할 경우 이란의 혁명 이념이 사우디아라비아로 파급될 것을 우려해 이념이 다른 이라크를 지원했지만 이 경우에도 이란이 유전지대를 공습할 우려가 있었다. 한편 이라크가 대승할 경우에는 사담 후세인이 걸프지역과 아랍에서 지도적 위치를 장악할 것으로 예측되었기 때문에 이라크가 적당한 선에서 종전해주기를 희망했다.

이란-이라크 전쟁이 장기화된 이유 중 하나는 양국의 전쟁에 결정적인 영향을 미칠 수 있는 중재세력이 존재하지 않았으며 미국이나 소련 같은 강대국이 이 전쟁에 개입할 능력이나 의사가 없었기 때문이다. 미국은 샤의 몰락과 인질문제 때문에 이란에게 우호적인 정책을 기대할 수 없었으며, 이라크를 적극 지원하면 이란과의 관계가 더욱 악화되어 이란을 친소진영으로 고착시킬 위험성이 있었던 것이다. 더구나 1979년 이 지역에 적용하기 위해 선언한 카터 독트린은 별다른 효력을 발휘하지 못했다. 소련도 이 전쟁을 접경 국가인 이라크와 밀접했던 과거의 관계를 복원할 수 있는 좋은 기회로 생각했기 때문에 내부적으로는 이란을 지원했지만 대체로 중립적인 태도를 견지했다.

4) 레바논 전쟁(1982)

카터의 대소 견제정책은 레이건 행정부에서도 그대로 나타났다. 장성 출신으로 전 NATO 사령관이자 키신저의 보좌관이던 알렉산더 헤이그(Alexander Haig) 국무장관이 꾸린 새 안보외교 팀은 특정 시기의 카터와 밴스(Cyrus R. Vance) 팀보다 공개적 발언 측면에서 훨씬 더 강경했다. 레이건 정부가 출범한 후 공화당은 전 세계적으로 추락한 미국의 위신과 위상을 회복하려고 별렀다. 그런 분위기 속에서 무기산업이 미국의 주도적 산업이 되었다. 레이건은 카터가(그리고 암시적으로는 카터 이전의 닉슨과 키신저가) 소련이 전략적으로 우위를 획득하도록 허용했다고 비판하고 SALT II 조약을 수정한 후 비준에 붙이겠다고 주장했다. 레이건은 카터가 취소한 B-1 폭격기의 생산을 주문했다. 그는 퍼싱 II 미사일을 서구에 배치하기 위한 준비에도 박차를 가했으며, 미국의 재래식 무기 및 핵전력에 대한 방위비를 대폭 증대했다. 또한 카터의 인권외교를 백지화시켰으며 무기 제조업체들이 기록적인 수준으로 무기를 판매할 수 있게 허용했다.

레이건과 헤이그는 아랍-이스라엘 분쟁을 해결하는 것은 이스라엘과 특수한 관계를 유지하고 걸프지역과 여타 지역에서 온건 아랍국가들과 좀 더 효율적인 대소 방위체계를 구축하는 것보다 덜 중요하다고 느꼈다. 그들의 입장에서 미국의 주요 관심사는 이 지역, 특히 아프가니스탄과 시리아에서 최근에 이루어진 소련의 침투를 봉쇄하는 것이었다.

주요한 지역적 변화는 이란의 혁명과 이집트-이스라엘 조약이었다. 그중에서도 이집트-이스라엘 조약은 두 가지 중요한 방식으로 아랍-이스라엘 분쟁을 바꾸어놓고 있었다. 이 조약은 이스라엘과 시리아 양국의 완충 국가인 레바논에서의 주도권을 차지하기 위한 투쟁을 구동시키면서 이스라엘이 자유롭게 팔레스타인 게릴라에 대한 무력화를 시도할 수 있도록 해주었다. 이후 레바논에서 일어난 사태에 대한 반응으로 아랍-이스라엘 분쟁은 서안과 가자지구에서 발생하는 팔레스타인과 이스라엘 간의 공동체 경쟁(intercommunal struggle)에 집중되었다. 이러한 사태로 레이건 행정부가 소련의 위협이라는 범세계적 차원에 몰두하던 바로 그 시점에서 지역적 혼란과 주도권이 중동 국제정치의 전면에 등장했다.

1981년 4월 헤이그는 '남부지대동맹(Southern Tier Alliance)'을 형성하는 데 나서 이집트, 이스라엘, 사우디아라비아, 오만, 가능하면 터키와 파키스탄까지 포함시키는 대소 공동전선의 결성을 서둘렀다. 이것은 미국이 세계주의로 회귀했음을 의미했다. 그러나 북부지대에서 중부지대로, 또다시 남부지대로 미국의 전략적 합의를 모색하기 위한 대상 지역과 대소 저지선이 남하한 사실은 이 지역에서 소련의 영향력이 증강하고 세력이 확장하고 있었다는 뜻이며 상대적으로 미국의 프레즌스(presence)는 위축되고 대미 봉쇄선이 남하하고 있었음을 말한다.

이 아랍국가들도 소련의 위협이 존재하며 이것이 지역의 불안을 조성한다는 데는 견해를 같이했다. 그러나 위협의 심각도에 대해서는 합의가 이루어지지 못했다. 아랍국가들은 이스라엘의 존재가 이 지역을 더욱 불안하게 만든다고 생각했다. 따라서 합의를 기초로 하는 대응책을 수립하기란 불가능했다. 당시 이 지역에 대한 미국의 주요 관심은 소련의 침투 의도를 특히 아프가니스탄과 시리아에서 봉쇄하는 데 있었다. 이에 따라 팔레스타인 분쟁 해결과 같은 지역적 문제는 부차적인 것으로 간주되었다. 1981년 사다트가 암살되고 이란과 이라크 간에는 전쟁이 발발했다. 한편 남부 레바논을 거점으로 PLO가 중심이 되어 더욱 극렬한 대이스라엘 무력투쟁이 유발되었다. 1982년 이스라엘의 남부 레바논 침공과 군대 주둔, PLO 본부의 튀니지 이동 등으로 당시 중동의 정세는 지극히 유동적이었다.

미국의 레바논 개입을 살펴보면 미국 정부가 어떻게 중동의 지역정세에 대한 이해 부족과 부실하게 착상되고 이행된 중동정책에 의해 지역적 수렁에 빠져들었는지를 알 수 있다. 1958년 아이젠하워 행정부가 레바논에 개입했을 때도 미국은 이와 비슷하게 당시의 지역 상황에 대해 잘못된 인식을 가지고 있었다. 그때 미국은 레바논이 나세르의 범아랍주의로부터 위협을 받고 있다고 믿었다. 그러나 실제 위기를 초래한 것은 레바논의 미묘한 분파적 정치체제였다. 1980년대에 이루어진 레바논 개입은 환경은 다르지만 지역 상황에 대한 잘못된 평가에 근거했다는 점에서 1950년대 사건 때와 비슷했다.

레바논은 제1차 세계대전 후 전체 인구의 51%를 차지했던 기독교 마론파와 그다음으로 많은 수니파 이슬람교도 간의 연합으로 성립되었다. 그러나 1970년대 들어 이슬람교도가 급증하면서 기독교가 3분의 1을 조금 넘는 구성 비율로 바뀌었다. 그러자 이슬람교도는 총리의 권한 강화 등 좀 더 강력한 권한을 요구했다. 이에 마론파는 위기의식을 느끼고 민병대를 조직해 이슬람에 대응하기 시작했다. 이 같은 기독교도와 이슬람교도 간의 갈등은 1970년대에 절정을 이루었다.

설상가상 당시 레바논에서는 1970년 9월 요르단에서 추방당한 팔레스타인 게릴라들이 레바논 남부지역에 난민촌을 건설하고 이스라엘과 무장투쟁을 벌이고 있었다. 1972년에는 PLO가 베이루트에 본부를 설치하면서 레바논은 혼미에 빠져들었다. 1975년에는 레바논 무슬림이 레바논 정부와 기독교도를 상대로 국지전을 벌였는데 시리아가 사태 수습을 명분으로 정규군을 투입하기도 했다. 1978년부터 이스라엘도 수차례에 걸쳐 레바논을 침공함으로써 레바논 내전은 이슬람 게릴라 단체와 이스라엘 사이의 분쟁으로 확대되었다.

1979년 3월 이스라엘은 이집트와 맺은 평화조약으로 남부 국경의 안정을 확보하자 요르단의 서안, 시리아 접경의 골란 고원, 그리고 레바논이 PLO 전투병력에 기지를 제공하고 있는 북쪽 국경을 안정화하는 데 몰두하기 시작했다. 이스라엘은 이 문제를 해결하기 위해 대규모 군사작전을 계획했고 헤이그 미국 국무장관은 1982년 4월 시카고 연설을 통해 레바논 내전을 종식시키기 위한 '국제적 행동'을 촉구하고 나섬으로써 이를 승인해주었다. 미국이 이 문제에 개입한 것은 순전히 소련과 경쟁하는 데 이스라엘이 결정적인 역할을 한다고 믿었던 미국 수뇌부의 판단 때문이었다.

1982년 6월 6일, 이스라엘은 레바논에 대한 침공을 개시했다. 병력 7만 6,000명과 탱크 1,250대, 장갑차 1,550대가 동원되었으며, 공군과 해군이 지원하는 대규모 공격이었다. 이스라엘군은 북쪽으로 진격해 서베이루트를 포위했다. 서베이루트에는 팔레스타인 인민 수만 명을 수용하면서 PLO 기지 역할을 하는 난민 수용소가 있었다. 미국은 공식적으로는 침공을 환영하지 않았다. 그러나 이를 비난하지도 않았다. 미국은 심지어 6월 8일에 이스라엘의 침공을 비난하는 유엔 안전보장이사회의 결의안에 비토권을 행사했다.[26] 이스라엘의 근본적인 침공 목표가

---

26) Lenczowski, *American Presidents and the Middle East*, pp.219~220.

PLO를 제거하는 것이었다 해도 즉각적으로는 레바논 남부에 대한 이스라엘의 점령이 기정사실화되는 결과를 낳았다.

미국은 이런 혼란스러운 상황 때문에 상충하는 목표를 갖게 되었다. 새로운 해법은 주로 레바논 내전을 종식시키기 위해 1981년 레이건이 파견한 필립 C. 하비브(Philip C. Habib) 특사가 맡고 있었다. 이스라엘은 하비브가 PLO에게 레바논 내에 영구적 거주지를 약속하는 타협안을 마련하지 않을까 우려했다. 이스라엘은 1982년 8월 서베이루트의 PLO 기지에 체계적인 중폭격(重爆擊)을 개시했다.

이스라엘의 이 같은 행동에 국제여론은 반발했고 미국은 다시 정치적 해결 방안을 모색하게 되었다. 그것은 프랑스, 이탈리아, 미국 등 3개국 군대의 감독하에 PLO군이 베이루트를 떠나 요르단, 튀니지 등으로 이동하고 이스라엘은 베이루트에 대한 포위를 푼다는 것이었다. 이스라엘이 이에 동의했다. 이에 미국은 더 나아가 아랍국가들이 이스라엘 국경의 불가침성과 국가 독립권을 보장하는 대신 서안과 가자지구에 팔레스타인 인민의 정착지와 자치를 허용한다는 평화안도 발표했다. 그러나 이스라엘은 이 제안을 거부했다.

이스라엘군은 PLO 병력이 베이루트에서 제거되고 3국 군대가 철수한 직후 또다시 베이루트로 진격해 이 도시에 대한 통제권을 장악했다. 9월 14일, 레바논의 새로운 대통령 바시르 게마엘(Bashir Gemayel)이 암살되었다. 이스라엘과 밀접하게 연관되어 있던 레바논 기독교 민병대는 기독교 지도자인 게마엘 대통령 암살에 대해 복수할 방도를 찾았다. 민병대는 사브라(Sabra)와 샤틸라(Shatilla)의 팔레스타인 난민촌에 들어가 부녀자와 어린이 수백 명을 살육했다. 베이루트에 외형적 평화라도 회복시켜보려는 시도로 프랑스, 이탈리아 군대가 재투입되었다.

그러나 베이루트에서 평화유지군은 사실상 포위되어 있었으며 사태에 아무런 영향을 미칠 수 없었다. 레바논의 모든 정치세력은 자파 민병대를 보유하기에 이르렀다. 그 결과 민병조직 50여 개가 난립되었다. 시리아는 동부 레바논을, 이스라엘은 남부 레바논을, PLO 잔여 세력은 북부 레바논을 점령했으며 명확한 목표나 최소한의 목표를 달성하기에는 필요한 힘조차 없던 미국 해병 — 그들은 단지 1,500명이었다 — 은 베이루트 공항에 고립되어 있었다.

1982년 여름, 이스라엘의 침략 행위에 모든 아랍국가가 침묵을 지켰으며 어떤 아랍 형제국도 PLO를 지키기 위한 동원령을 내리지 않았다. 또한 이스라엘의 침공이 미국의 지원하에 이루어지고 있음을 알았지만 어떤 아랍국가도 미국과 단교하려고 하지 않았고, 아랍의 석유를 무기화하려는 시도나 서방세계에 예치된 막대한 석유달러를 인출하려는 기색도 보이지 않았다.[27] 특히 시리아의 아사드 대통령은 침공 초기에 PLO와 아무런 상의 없이 이스라엘과 휴전에 합의함으로써 PLO를 배신했으며 이스라엘은 시리아의 그러한 행동에 마음 놓고 베이루트로 진격했다. 결국 이스라엘의 레바논 침공은 아랍 대의 또는 아랍 민족주의의 허구성을 다시 한 번 보여준 사건이 되었다.

한편 이스라엘이 남부 레바논을 침공했을 당시 그 지역의 시아파 이슬람교도들은 이스라엘군이 팔레스타인 침입자를 소탕한 것을 환영했으며 실제로 팔레스타인 게릴라 기지와 무기고 또는 주요 지도자를 색출하는 데 적극적으로 가담했다. 그것은 PLO가 남부 레바논에 상주하는 한 계속해서 이스라엘의 공격을 받을 것이기 때문이었다. 그러나 이스라엘군의 주둔이 장기화되면서 이들은 이스라엘에 등을 돌리기 시작했다. 시아파 내부에서는 아말의 지도자들이 이스라엘을 지원해준 것에 대한 비판의 목소리가 터져 나왔다. 시아 토호세력과 종교 지도자들은

---

27) Aron D. Rosenbaum, "Discard Conventional Wisdom," *Foreign Policy*, No.49 (Winter, 1982~1983), p.154.

아말의 노선에 도전을 제기했으며 비판자들은 이란의 이슬람 혁명을 레바논에서 재현해야 한다며 과격하게 행동했다.

1982년 8월, 테헤란에서 개최된 제1회 이슬람운동협의회(Islamic Movement Conference)에서 이란의 지도자 호메이니는 레바논의 성직자들과 만난 자리에서 이들에게 귀국해 대이스라엘 항쟁에 나설 것을 지시했다. 귀국 후 이들은 베카계곡에 모여 시아 민병들과 함께 이슬람의 적인 이스라엘과 미국 및 이들을 지지하는 세력에 대한 무력투쟁을 선언하면서 반이스라엘·반서구 저항운동 단체를 결성했다. 단체의 이름은 호메이니의 조언에 따라 '레바논 이슬람 저항을 위한 신의 당(Hizb Allah Al-moqawama Al-Islamiyah fi Lubnan)'이라고 붙였다. '이슬람 지하드(Islāmic Jihād)'라고도 부르는 히즈발라[Hizb Allah, 영어식 표기로는 헤즈볼라(Hezbollah)]는 그렇게 탄생되었다. 곧이어 호메이니는 이 단체를 지원하기 위해 이란혁명 수비대 1,500명을 파견했으며 재정적인 지원도 약속했다. 1982년 가을이 되자 남부지방의 치안이 불안해지기 시작했다. 실제로 10월에는 알 슈프(al-Shuf) 지역에서 드루즈 민병대와 기독교 민병대 간에 전투가 벌어졌다.

베이루트 공항에서 고립된 미군 해병들이 아랍 과격주의 저격병들에 의해 희생되기 시작했다. 곤경에 빠진 레이건은 이스라엘에 군대를 철수할 것을 설득해보기도 하고 F-16 전투기의 이스라엘 인도의 거부로 위협도 해보았지만 아무 소용이 없었다. 조지 P. 슐츠(George P. Shultz) 국무장관이 1983년 가까스로 이스라엘-레바논 합의를 이끌어냈지만 다른 군대가 철수를 완료할 때까지 이스라엘의 남부 주둔을 허용하는 슐츠의 구상은 도리어 상황을 더욱 악화시켰다. 1983년 9월 베이루트 전투가 가열되고 해병대의 희생이 더욱 늘어나자 미국 해군은 전력을 증강해 상황을 통제하려고 드루즈 민병대의 거점을 포격하기 시작했다. 포격이 계속될수록 폭력 사태는 더욱 증대되어 급기야 1983년 10월 자살테러 트럭이 미군 해병대 본부로 돌진해 사상자 230명을 내는 사태로 이어졌다. 내전에서 중립을 지키며 평화를 추구하겠다고 공언했지만 미국은 약속을 지키지 못했다.

1983년 11월 29일 레이건은 레이건-샤미르 공동성명을 통해 군사협력위원회 설치를 포함해 정치·전략 면에서 미국-이스라엘 동맹관계를 더욱 강화시키기로 하는 등 팔레스타인 분쟁에서 이스라엘 지원을 강화하는 전략을 폈다. 그러나 이러한 전략은 아랍 온건국가들을 비롯해 전 아랍국가가 미국을 더욱 불신하는 계기가 되었다. 그러나 이는 아랍세계에서 정치적 동향을 제어하기 어려워질 때마다 이스라엘과의 관계를 강화해왔던 미국 행정부의 경향이 그대로 되풀이된 것이었다.

상황은 점점 더 미궁 속으로 빠져들었다. 레이건은 해병대를 철수하는 수밖에 없었으며 자신의 정책이 엄청난 실수였음을 사실상 시인했다. 1984년 1월 재선운동이 시작되었을 때 레이건은 철군을 준비했다. 도대체 목적이 무엇이었는지 명확하지 않은 미국의 레바논 개입은 아무런 성과도 얻지 못했다. 하지만 실패한 정책으로부터 교훈을 얻으려 하지도 않았다. 레바논은 1984년 미국 대통령 선거전에서 이슈조차 되지 않았다.

결국 터키, 이란 등 북부지대에서는 자결주의 원칙과 소련의 위협제거 욕구가 서로 보완적이었기에 미국의 외교전략이 성공할 수 있었다. 그러나 아랍지역에서 이스라엘의 국가 수립과 그 후의 영토 팽창 등은 이 지역의 상황을 더욱 복잡하게 만들고 자결주의 원칙에도 위배되는 모순되는 결과를 초래해 미국과 아랍세계 간에 긴장관계가 점점 심화되었다. 이는 원치 않는 결과 세 가지를 가져왔다. 첫째, 여러 아랍 정치체제에서 좌경·과격화 현상이 나타났고, 둘째, 소련에 침투의 기회를 제공했으며, 셋째, 미국을 위시한 서방국가에 석유 공급을 중단하겠다는 아랍의 위협이 제기되었다.

PLO가 레바논으로부터 철수할 당시 이스라엘은 레바논 내 팔레스타인 민간인들에 대한 안전을 약속했다. 그러나 베이루트 교외 난민촌에서는 대규모 학살이 자행되었다. 이것이 기독교 민병대의 소행이었다해도 이스라엘의 통제 구역에서 일어난 사건이었다. 결국 그 책임은 이스라엘에게 돌아갔다. 또한 레바논 내 이스라엘군의 주둔이 길어지면서레바논 사람들의 반발도 더욱 고조되었다. 특히 남부 레바논에 분포한시아파가 자살 공격을 감행하기 시작함으로써 이스라엘군의 희생은 점점 늘어났다. 518번째 전사자가 발생한 1983년 8월 30일에 베긴 수상은 사임하고 정계를 은퇴했다. 그리고 1985년 4월 이스라엘은 레바논에서 철수했다.

그 뒤로도 약 15년을 끈 레바논 내전은 1989년 아랍연맹의 주선으로사우디아라비아의 타이프에서 열린 회담을 통해 탈출구를 마련했다. 새로운 종족 간 권력 분립안과 외국군 철수계획 등을 뼈대로 한 타이프협정(Taif Agreement)에 따라 레바논에서는 새 대통령이 선출되고 1990년 8월 의회 의석수가 108석으로 확대되었으며, 기독교도와 이슬람교도가 같은 수로 의석을 배정받기에 이르렀다. 10만여 명이 숨진 레바논내전은 이로써 일단 막을 내렸다.

5) 이란-콘트라 비밀공작

이란-콘트라 비밀공작은 중앙아메리카를 핵심 지역(critical area)으로간주하던 레이건이 니카라과의 좌익정부를 붕괴시키기 위해 이 지역의반혁명세력(Contra, 콘트라)[28]에게 정보, 무기, 기타 보급품을 제공했던

---

28) Contrarevolucionario(반혁명분자) 또는 Contrarevolucion(반혁명)의 약어다. 1979년 니카라과에서 산디니스타 민족해방전선(FSLN)의 혁명이 성공해 소모사

사건이다. 니카라과가 또 다른 베트남이 될 것을 우려한 미국 의회가 법률로 콘트라에 대한 군사 지원을 금지했기 때문에 이러한 공작은 비밀리에 진행되었다. 레이건과 참모들은 이 공작을 위해 갖가지 비밀스러운 방법으로 자금을 끌어모았다.

이 사건이 중동국가들과 연계된 것은 전적으로 레이건의 상상력 덕분이었다. 레이건의 중남미 정책이 지역의 호응을 얻지 못하고 질척거리는 동안 레이건의 신뢰도와 위신은 또 다른 지역인 중동에서도 위협받았다. 레바논에서는 미국인들이 인질로 억류되어 있었고, 이란과 이라크는 전쟁 중이었다. 1985년 봄 레이건은 거대한 계획을 실천에 옮기기 시작했다. 이 계획이 성공한다면 인질은 석방되고, 중앙아메리카에서는 공산세력이 제거되고, 중동에서는 미국의 새로운 지주국가가 만들어질 것이었다. 그 계획은 이란에 무기를 파는 것이었다. 이란은 미국의 동맹이 되고, 그 수익금의 일부는 인질구출 자금으로, 일부는 콘트라 반군에 지원될 예정이었다. 이 계획에는 이란에 미국의 무기를 제공한다고 해도 미국이 수집한 군사정보를 이라크에 제공해주고 있었기 때문에 이란이 일방적으로 전쟁에서 승리하지는 않을 것이며 결국 이란의 무기 수요는 계속될 것이라는 확신이 깔려 있었다.

그러나 이러한 계획은 레이건의 예상과는 달리 의회의 강력한 도전을 받았다. 또한 그는 국민의 지지를 얻는 데 실패했다. "더 이상의 베트남은 안 된다"는 외침이 더욱 설득력이 있었다. 의회의 반대를 물리치려면 국민의 단합된 지지가 필요했다. 아실 라우로(Achille Lauro)호 사건과 미국에 대한 카다피의 도전은 레이건에 호기를 제공하는 듯 보였다.

레바논 개입의 역효과에 좌절한 나머지 레이건 행정부는 특히 1985

(Somoza) 정권이 붕괴되고 산디니스타 좌익정부가 수립된 이후, 반혁명세력은 온두라스와 코스타리카에서 반군을 조직하고 니카라과에 무력 침공을 꾀했다.

년 말 터진 일련의 폭력사건에 충동적으로 행동하기 시작했다. 10월 1일에 이스라엘은 튀니스 접경 지역의 PLO 본부에 파괴적인 공습을 감행했다. 이스라엘은 이것이 9월 25일 이스라엘인 3명이 키프로스의 라르나카(Larnaca)에서 PLO 보안대, 포스(Force) 17의 요원으로 추정되는 자에 의해 저격된 데 대한 보복이라고 주장했다. 테러에 대한 대담한 타격을 승인하는 것과 튀니지 및 다른 온건 아랍국가들과 우호적인 관계를 유지하고 싶은 희망 사이에서 갈피를 잡지 못한 나머지 미국 행정부는 튀니지 주권에 대한 뻔뻔스러운 파괴를 "정당하며 이해할 만한 것"으로 묘사하면서 다른 한편으로는 "용서할 수 없는 것"이라고 말하는 등 우유부단하고 일관적이지 못한 태도를 보였다. 미국은 이스라엘을 비난하는 유엔 안전보장이사회의 결의에 대한 비토권 행사를 피했지만 그러한 자제는 중동에 대해 분명한 정책을 갖고 있지 못하다는 사실을 부각시켜줄 뿐이었다.

이스라엘의 튀니지 공습이 있은 지 일주일 후 아실 라우로호 사건이 알려졌다. 이스라엘의 군사시설을 파괴하는 임무를 띠고 이 이탈리아 순양함에 승선했던 팔레스타인인 4명이 이집트 항구에서 그들의 무기가 발각되자 당황한 나머지 그 배를 나포했다. 그들은 튀니지에 기지를 둔 팔레스타인 해방인민전선(PFLP: Popular Front for the Liberation of Palestine)의 소속원이었기 때문에 미국은 그들의 행동을 10월 1일의 공습에 대한 보복으로 해석했다. 그들이 이집트 당국에 인도되었을 때 아라파트는 나포 자체와 민간인 살해를 비난하면서 그들을 법정에 세울 것을 약속했다. 그러나 그들을 튀니지 법정에 세우기 위해 무바라크 대통령이 이집티안(Egyptian) 737 항공기에 범인들을 탑승시켰을 때 미국은 6함대 비행기 F-14 전투기를 동원해 이를 가로막은 뒤 이 항공기를 시실리(Sicily)의 미군 공군기지에 강제로 착륙시켰다. 미국 국민들은 그러한 조치를 열렬하게 지지했다. 레이건은 모든 테러리스트를 겨냥해 "당신들은 도망칠 수 있다. 그러나 숨을 수는 없다"라고 경고했다.

두 달 뒤 테러리스트들이 로마와 빈 공항에서 민간인 승객을 공격했다. 미 국무부는 이 테러범들에 대해 "문명의 범주 밖에 있다"라고 규정했다. 이탈리아와 오스트리아가 실시한 조사에서 이들과 리비아 긴의 직접적인 연계를 전혀 찾아내지 못했음에도 1986년 1월 레이건은 공항에서 공격을 감행한 팔레스타인인들을 리비아가 돕고 있다고 비난하고 미국 내 리비아의 자산 동결, 무역거래 금지 및 리비아 내 미국인 완전 철수를 내용으로 하는 리비아 경제제재 조치를 발표했다. 리비아의 지도자 카다피 대령은 미국의 조치에 반발하고 시드라(Sidra) 만을 가로질러 '죽음의 신(line of death)'을 그었다. 1월과 2월, 이 지역에서는 미군 6함대 일부와 리비아 공군 사이에 충돌이 벌어졌다. 3월 들어 적대 행위는 증대했으며 4월 15일에는 급기야 레이건이 트리폴리와 벵가지에 공습을 명령함으로써 정점에 달했다. 이른바 엘도라도 작전(Operation Eldo-rado)으로 이는 베트남 전쟁 이래 최대의 공습이었다. 이 공습은 물론 카다피를 죽이기 위한 것이었으며 그의 저택이 공격 목표였다. 카다피는 피신해 목숨을 구했지만 그의 딸이 목숨을 잃었다. 미국인들은 또다시 레이건의 행동을 열렬히 지지했다. 그렇지만 이러한 일련의 사태는 미국이 테러리스트에 매몰된 나머지 테러리즘의 근원적인 주장을 다룰 효과적인 방식을 공식화할 수 없게 되었다는 인상을 남겼다.

레이건이 추진한 테러리스트와의 전쟁에 대한 대중의 높은 관심은 이란-이라크 전쟁 또는 콘트라 전쟁에서 대중이 보인 무관심과 극심한 대조를 이루었다. 1986년 봄 레이건의 위신은 정점에 달했는데 이는 부분적으로 테러리스트에 대한 공세 덕분이었다. 결국 그는 자신의 인기를 이용해 의회가 콘트라에 대한 원조 금지를 해제하도록 만들 수 있었다. 콘트라에 대한 원조가 금지되고 있던 기간에도 콘트라에 비밀 원조가 계속되고 있었다는 사실이 1986년 가을 산디니스타가 콘트라에 보급품을 수송하던 수송기 한 대를 격추시키는 사건으로 세상에 드러났다. 그 수송기에는 적십자 마크가 부착되어 있었다. 추락한 승무원들은 미국인이었으며, 그들 중 생존자 한 사람이 자신은 CIA를 위해 일하고 있다고 자백했던 것이다.

1개월 뒤 11월 3일 레바논의 신문 ≪아쉬시라(Ash-Shiraa)≫는 인질교환을 조건으로 한 무기 판매를 보도했다. 에드윈 미즈(Edwin Meese) 법무장관은 긴급히 기자회견을 요청해 이란-콘트라 추문의 일부를 폭로했다. 이로써 레이건 행정부는 갑자기 워터게이트에 버금가는 스캔들에 휩싸였다. 가을 선거에서 압승한 민주당은 이를 공격의 호기로 삼았다. 그러나 레이건을 탄핵까지 몰고 가지는 않았는데 이는 레이건의 임기가 2년도 남지 않은 상황이라 탄핵에 노력을 들일 만한 가치가 거의 없는 것처럼 보였기 때문이었다. 또한 레이건이 탄핵되면 부통령인 조지 H. W. 부시(George H. W. Bush)가 잔여 임기 동안 대통령직을 승계하게 되는데 민주당은 1988년 대선에서 현직 대통령인 조지 H. W. 부시와 경합하는 것을 원치 않았다.

6) 인티파다(1987. 12~1993. 9)와 평화정착 노력

인티파다는 '봉기', '반란', '저항' 등의 의미를 가진 아랍어다. 여러 차례에 걸친 중동전쟁에도 독립을 얻지 못한 팔레스타인인들은 1987년 12월에 집단적인 저항인 '민중봉기'를 일으켰고 팔레스타인 민족평의회도 이에 맞춰 독립을 선언했다. 1987년에 발생한 팔레스타인 인티파다는 팔레스타인 분쟁 해결의 중요성을 세계와 분쟁 당사국에게 일깨워주었다.

인티파다를 점화시킨 불만은 1936년에서 1939년까지 계속되었던 팔레스타인 봉기의 원인과 유사했다. 이 두 팔레스타인 봉기는 점령과 수탈에 분노하는 대중의 감정을 대변했다. 1930년대 후반에 팔레스타인인들은 유대인들의 지속적인 이민과 정착으로 자신들의 토지를 잃고 이것이 팔레스타인으로부터의 추방으로 이어질까 봐 두려워했다. 또한 1980년대 말엽에 팔레스타인인들은 요르단 강 서안과 가자지구에서 계속되던 유대인 정착이 그들이 아직도 다수를 차지하고 있는 유일한 지역인 팔레스타인에서의 민족 정체성 말살과 거주지의 추가 상실이라는 절망으로 이어질 것을 우려했다.

1987년에 발생한 인티파다의 발단은 우발적인 사건이었다. 1987년 12월 6일 이스라엘 점령하의 가자지구에서 쇼핑 중이던 한 이스라엘인이 칼에 찔려 사망했다. 다음 날 같은 지역에서 팔레스타인 아랍인 4명이 교통사고로 사망했다. 그런데 이 교통사고가 앞서 발생한 이스라엘인 피살에 대한 보복이었다는 소문이 번지면서 가자지구가 동요하기 시작했다. 12월 9일에는 대규모 봉기가 발생했다. 군중을 향해 이스라엘 치안부대가 발포했고 봉기는 이스라엘 점령하의 요르단 강 서안지구로 파급되면서 점차 조직화되었다.

이 봉기의 중심 세력은 PLO 세속주의자들(Fatah가 중심이 된)과 이슬람 부흥주의자들이었다. PLO가 팔레스타인 사람들 대부분에게 지지를 받았던 반면, 이슬람 부흥주의(al-Nahdah, Renassance)[29]는 이스라엘 점령 지역, 특히 가자지구에서 우세했다. 이 두 세력은 팔레스타인 국가 건설이라는 동일한 목표를 추구했지만 추구하는 방법은 달랐다. 봉기를 부

---

29) 이 운동은 서구인들이 특정 기독교 운동(1920년대 미국의 과격파 복음주의, Evangelicalism)에 비유해 '이슬람 원리주의(Islamic Fundamentalism)'라고 부르는 사상 조류로서, 그 구호는 원래의 이슬람 정신으로 돌아가자는 것이다. 서구 열강이 중동에 진출한 이후 외압에 적절히 대응하지 못하고 무슬림 국가 대부분이 서구 열강의 식민지가 되거나 그 영향권에 들어 사회적으로 파탄되자 이 운동은 더욱 강화되었다.

적절한 사회 행동으로 규정한 부흥주의자들은 주로 사원, 학교, 대학을 중심으로 활동했다. 아이러니하게도 그들이 가자지구에서 효과적인 활동기구를 설립할 수 있었던 것은 세속주의 경향의 PLO와 이들을 경쟁시켜 팔레스타인 운동을 약화시키려는 이스라엘의 전략 때문이기도 했다. PLO는 가자지구에서 대중성을 확보하기 시작한 온건 이슬람 부흥단체인 이크완(al-Ikhwān, 무슬림 형제단)의 세력을 약화시키기 위해 더욱 급진적인 부흥주의 단체인 이슬람 지하드[30]를 지원하기 시작했다.

인티파다가 진행되던 1987년 12월 이크완 내부에서는 좀 더 종교적이고 도덕적이며 윤리적인 입장과 PLO의 협상노선을 비판하고 반대하는 움직임이 나타났으며,[31] 이슬람 원로(Sheikh) 아메드 야신(Ahmed Yassin)의 지도하에 저항단체 하마스(Ḥamās, Harakat al-Muqāwamat al-Islāmiyya, Islamic Resistance Movement)가 결성되었다. 그들은 PLO의 지도력을 공식적으로 부인하지는 않았지만 팔레스타인 전체의 단결을 강조했다. PLO에게는 그들에 대한 권한이 전혀 없었다. 부흥주의 운동이 군사행동을 시작하자 이스라엘은 태도를 바꾸어 이들을 탄압하기 시작했다.

1988년 1월 무바라크는 교착 상태에 빠진 평화일정에 대해 조치를 취해줄 것을 레이건에게 직접 호소했다. 이에 대해 슐츠는 미국이 여전

---

30) 사회의 이슬람화가 점령에 대항하는 투쟁의 전제조건이라는 이크완의 주장에 반대하며 팔레스타인 대의의 중요성을 강조한다. 또한 정치적 행동을 넘어 군사적 대응과 저항을 추구한다.

31) 1988년 11월에 개최된 제19차 팔레스타인 민족회의는 PLO의 향후 정치계획과 팔레스타인 독립선언문을 채택했다. 이 선언문에서 PLO는 1947년 11월 29일 유엔 결의안 181조로 통과된 영국 위임통치 팔레스타인 분할안(유대국가와 아랍국가의 수립)을 인정했다. 이는 이스라엘에 대한 암묵적인 승인을 의미했다. 유엔 안전보장이사회 결의안 242호는 이 지역의 모든 국가가 안정된 국경선 내에서 평화롭고 안전하게 살 권리를 규정했다. 하지만 하마스는 정치적 절충을 향한 이러한 조치를 전적으로 거부했다.

히 국제회의의 실효성에 의문을 가지고 있음을 내비추었는데, 이는 미국이 평화일정에 조치를 취할 어떤 준비도 되어 있지 않음을 보여주는 것이었다.[32]

1967년 전쟁에서 빼앗은 땅을 이스라엘이 20년 동안이나 계속 점령하고 있는 것에 항의하는 시위대에 이스라엘군이 최루탄과 발포로 진압에 나서 팔레스타인 난민과 일반인 사망자는 1991년 말까지 1,000명을 넘었다. 이 전면적인 민족저항운동은 결과적으로 팔레스타인에 유리한 세계 여론을 조성했다. 동시에 이스라엘은 팔레스타인 민족운동을 군사적 탄압만으로는 해결할 수 없으며 정치적인 접근이 필요하다는 사실을 인식하게 되었다.

이러한 사태를 계기로 레이건 행정부가 중동에 평화를 정착시키기 위해 적극적인 노력을 기울임으로써 PLO는 평화정책을 지향하는 쪽으로 변화를 보이기 시작했다. 1988년 11월 아라파트는 서안과 가자지구에서 팔레스타인 국가의 독립을 선언했는데 이는 유엔 안전보장이사회 결의안 242호, 338호가 그들에게 알맞은 평화의 틀이라고 암묵적으로 인정하는 것이었다.[33] 아라파트의 선언으로 미국과 PLO 간의 공식적인 대화의 문이 열렸다. 12월 아라파트는 스톡홀름에서 미국 유대인 대표를 만나 이스라엘의 생존권을 인정하고 테러를 포기하겠다고 선언했다. PLO 입장에서 중요한 변화는 무엇보다도 암묵적으로 이스라엘의 존재를 인정했다는 점이다. 즉, 이스라엘을 제거한다는 목표를 버리고 팔레스타인 전체가 아닌 요르단 강 서안과 가자지구에 팔레스타인 국가를

32) David B. Ottaway, "Schultz Urges 'New Blend' for Mideast," *Washington Post*, January 30, 1988.

33) Patrick E. Tyler and Nora Bustany, "PLO Proclaims Palestinian State," *Washington Post*, January 30, 1988.

건설하는 쪽으로 입장을 바꿨던 것이다. 이로써 레이건 행정부 말기에 미국과 아랍-이스라엘 분쟁의 당사자들은 대화를 시작했다. 레이건 행정부의 8년간의 중동정책은 1970년대의 구식 사고 속에서 전개되었다. 레이건 외교 팀의 사고 속에 팔레스타인 문제와 팔레스타인 민족은 존재하지 않았으며 소련과의 냉전으로 우방인 이스라엘만 존재했다. 그러나 임기 말에 가장 싫어했던 PLO와 대화를 시작하게 되었던 것이다.

미국의 중동정책은 정책을 형성·집행하는 과정에 함축되어 있던 모순으로 심각하게 훼손되었다. 이러한 모순은 트루먼 행정부에서 시작되어 레이건 행정부 때까지도 해결되지 않은 채로 남아 있었다. 그 모순 가운데 하나는 미국의 역대 대통령들이 추구한 범세계적 전략이 거의 언제나 지역의 현실과 배치되었다는 것이다. 미국의 의사 결정자들은 많은 경우 중동에서 주도권을 잡기 위해 소련과의 경쟁을 최우선 과제로 삼았으며, 따라서 이들에게 지역적인 요소는 부차적이었다. 특히 지적해야 할 부분은 소련의 봉쇄에 관한 다양한 이론에 기초한 정책과 이 지역의 평화 과정의 교란, 정치적 혼란 사이에는 상당한 연계가 있었다는 것이다.

그 연관성은 주로 권력게임의 대항력으로서 제1수준의 대리국가를 이용한다는 개념에 기초했다. 중동에 대한 이 같은 접근법을 설계한 인물은 키신저였다. 키신저는 소련을 이기는 데 몰두한 나머지 국제정치에서는 힘(power)만이 유일하게 의미 있는 현실이라고 믿었다. 이로써 그는 이스라엘과 팔레비 커넥션을 미국 정책의 주요한 도구로 삼았는데 이것이 결국 이 지역을 바라보고 처리하는 개념적 틀이 되었다. 이러한 개념이 키신저에서 시작된 것은 아니었지만 키신저에 이르러 기틀이 마련되었다. 문제는 이러한 범세계적 시각이 지역문제의 해법을 어렵게 만들었다는 것이다.

또 하나의 모순은 미국의 평화일정 추진이 미국이 전략적 합의에 기초해 이 지역에 구축하려던 안보체제와 충돌했다는 사실이다. 아랍-이스라엘 분쟁의 성공적인 해법을 가로막은 가장 큰 장애는 점령지를 반환하지 않고 팔레스타인 정부를 인정하지 않으려는 이스라엘의 비타협적인 태도였다. 그러나 이 점에 대한 미국의 확고하지 못한 태도가 이스라엘의 비타협적인 태도를 더욱 강화시켰다. 결국 미국은 팔레스타인을 포함한 아랍과 이스라엘 간의 갈등을 해결하기보다는 이스라엘의 대리국가 역할이 미국의 국익에 더욱 부합된다고 여겼던 것이다.

마지막으로 지적할 것은 미국의 역대 대통령들은 거의 예외 없이 아랍과 이스라엘에 대해 형평성 있게 접근하는 것이 이 지역의 문제를 해결하는 요체임을 깨닫고 있었지만 얼마 지나지 않아 이스라엘에 편향적인 태도를 취하게 되었다는 점이다.

역대 대통령들은 모두 중동에 대한 미국의 의사 결정에 이스라엘이 부당한 영향력을 행사해서는 안 된다고 믿었고 이는 공적으로 또는 사적으로 분명하게 표명되었다. 그러나 그들은 그러한 생각에 기초해서 행동하지 않았다. 그렇게 된 이유의 상당 부분은 이스라엘의 그리고 이스라엘과 일체감을 가진 유대인의 로비로 설명될 수 있다. 그러나 더욱 중요한 이유는 그들이 이스라엘을 이 지역에서 없어서는 안 되는 미국의 동반 국가이자 안정화 세력으로 전제했다는 것이다. 이는 또한 소련의 봉쇄에 일차적인 관심을 갖고 그들을 보좌하던 참모들의 사고방식이기도 했다. 그러나 어찌 보면 이러한 생각은 이들뿐 아니라 미국 대중에게까지 지배적이었던 것으로 보인다. 좀 더 확고한 태도로 이런 모순을 극복하려고 했던 포드는 1976년 선거에서 대중에게 외면당했다.

현실적으로 진행되는 분쟁의 모든 부문에 걸쳐 외부 열강이 깊숙이 개입해 있으므로 중동문제를 해결하는 데 외부 열강의 참여를 배제시키기란 불가능하다. 말하자면 중동은 이미 남북 및 동서의 교차로가 되어왔으며 이들 통로를 따라 접촉하는 모든 사회적·정치적 실체가 중동문제에 관련되어 있는 것이다. 다만 우리가 도출해낼 수 있는 결론은 중동의 체제적 특성 때문에 이 지역에 개입하는 데는 비교적 많은 비용이 소요되며 매우 신중하게 접근해야만 한다는 것이다. 그리고 그럴 경우에도 이 지역의 독특한 체제적 특성을 제대로 고려해야만 이 지역에 개입하는 데 성공할 수 있다.

제 6 장

중동 국제정치의 체제적 특성

1. 범세계적 체제와 중동 국제정치 체제

이제까지 설명한 제1차 세계대전 이후 중동지역의 역사적 사실에서 나타난 중동 국제정치의 특징을 정리해보자. 첫째, 대개의 경우 이니셔티브가 중동국가 자신에게 있었다. 둘째, 지역주체들 모두에게 비교적 평등한 역할이 주어져 있었다. 셋째, 역설적인 의미에서 모든 외교 절차가 이 지역에서는 부적당한 것으로 나타나기 때문에 외부의 개입 또는 지역 내 국가들 간의 간섭은 다른 지역에 비해 훨씬 신중해야 성공할 수 있었다. 넷째, 이 지역의 세력 수준은 초강대국에 비해 훨씬 낮다고 평가되지만 어떤 강대국도 이 지역을 재편하기보다는 현상을 유지하려 할 경우에 훨씬 성공적이었다. 이 점에서는 이 지역 내의 특정 주도세력이든 미국 같은 지역 외 세력이든 마찬가지라는 사실이 역사적으로 입증되었다.

이러한 특징적 성격은 이 지역의 정치행태가 현실적 권력정치 이론에 따른 범세계적 규칙으로는 설명하기 곤란하다는 것을 의미한다. 따라서 중동의 체제적 성격을 이해하기 위해서는 주요 체제 자체의 일부가 아닌 그 나름대로의 지역 특성이 전제되어야 한다. 개념적인 아랍 외교정책을 연구했던 코라니와 데수키(Bahgat Korany and Ali E. H. Dessouki)는 범세계적 체제와의 관계라는 측면에서 아랍 외교정책을 일반적인 명제 네 가지로 요약했다.[1]

첫째, 아랍국가들은 다수의 규범(norms)과 관심 사안(concerns)을 공유하며 이것들은 대개 범아랍주의의 핵심적인 요소로서 아랍주의, 팔레스타인 문제, 비동맹 등이다. 모든 아랍국가, 특히 영향력이 있거나 영향력을 발휘하려는 국가일수록 핵심적인 관심 사안에 자국을 결부시킨다. 아랍의 집단적인 정치문화와 더불어 이러한 관심 사안들은 정치적 정당성의 요구로서 또는 적대적 경쟁국을 약화시키기 위한 무기로서 모든 아랍체제가 사용했다.

둘째, 아랍국가들의 외교정책은 근본적으로 그 정향이 지역적이다. 이러한 지역에 대한 강조는 세 가지 요소로부터 기원하는데, 그 하나는 중동국가들이 대개 지역적으로 정향되어 있기 때문이고, 또 하나는 아랍-이스라엘 분쟁이 일반적인 아랍의 문제로 인식되기 때문이며, 마지막으로는 이슬람과 아랍 민족주의의 신념체계가 지역적·초국가적(transstate) 상호작용을 고무하기 때문이다.

셋째, 대부분의 아랍국가들 간의 국내정치와 국제정치는 밀접한 관련이 있다. 예를 들어 시리아나 요르단의 경우 팔레스타인 문제는 국내적인 안정에 직접적인 의미가 있으며, 사우디아라비아의 경우 예루살렘의 장래는 체제의 정통성과 밀접하게 관련되어 있다. 어떤 체제의 지도력이 어떤 정책 정향으로부터 정당성을 부여받을 경우 그들이 누리는 행동의 자유는 그만큼 줄어든다. 그러나 영향력을 보유한 아랍국가들 중 이집트만은 예외였다. 이집트는 놀라울 정도의 대외 조작능력을 보

---

1) Bahgat Korany and Ali E. Hillal Dessouki, *The Foreign Policies of Arab States*(Cairo: Westview Press, 1984), p.2.

유함으로써 지역적 대외정책과 국내정치 간의 관계를 어느 정도 분리시킬 수 있었다.

넷째, 아랍의 외교정책은 그 정향에서 범아랍주의 규범과 각국의 이해 간에 또는 역할 개념과 역할 수행 간에 따라 명백한 긴장이 존재하다. 따라서 범아랍주의의 신념체계와 국가이성(raison détat)에 기초한 국가 행위 사이의 간격은 점점 확대되어가는 경향이 있다. 이 때문에 많은 경우 특수한 국가이익과 그 정책의 정당화에는 대개 범아랍주의가 원용된다. 이로써 아랍국가들의 외교정책 간의 차이를 분별하는 기준은 다음처럼 다양하다.

① 범세계적 체제에 대한 정향이다. 모든 아랍국가가 기술적으로는 비동맹을 추구했지만 초강대국 중 어느 한편에 기울어 있었다.

② 아랍 정치에 개입하는 정도다.

③ 국가가 지닌 경제력이다. 자원과 영향력의 분포로 볼 때 활동적인 국가는 대부분 그만큼 부강한 나라였다.

④ 행위자의 유형으로 아랍세계는 아랍연맹, 알제리 임시정부(GPRA: The Provisional Government of the Algerian Republic),[2] PLO 등 비국가 주체가 중요했다. 레바논은 하나의 국가였지만 독자적인 외교정책을 가지지 못하고 다른 주체의 외교무대가 되었다.

중동지역 체제에 이 같은 특성이 나타난 이유는 중동국가들의 체제적 취약성, 지역의 역사적 특성, 경쟁적인 외부 열강의 개입이라는 여러

---

2) 알제리 민족해방전선(Front de Libération Nationale)의 주도로 1958년 9월 이집트의 카이로에서 성립되었다. 알제리는 대프랑스 교섭에 나서(1961~1962) 드골과 독립과 휴전에 관한 에비앙 협정을 맺음으로써(1962. 3. 18) 독립을 달성했다.

요인이 이 지역의 중요성이 증대될 때마다 상승작용을 일으킴으로써 증폭되어 나타났기 때문이다.

지역적 취약성과 외부 열강의 개입은 동방문제를 시작으로 2세기여 동안 계속되어왔다. 그동안 문제의 지정학적 초점이 때때로 변했으며 국내적·지역적 취약성의 특정 행태도 변했다. 또한 경쟁적인 외부 열강의 주도 세력이나 그들이 추구한 이익의 성격에도 어느 정도 변화가 있었던 것은 부인할 수 없다. 그러나 문제의 성격을 규정하는 모형은 근본적으로 일관성을 유지해왔다.

2. 체제 환경

1) 지역적 환경

중동은 체제적 기능문제와 관련해 광범위하게 정의되는 경우 모로코에서 파키스탄, 터키에서 수단까지를 포함한다. 이 경우 거의 보편성에 가까운 이슬람, 광범위하게 사용되는 아랍어, 오스만 제국 시절에 공유한 역사적 경험, 식민지 역사 등이 지역을 정의하는 근거이다.

이러한 문화적·역사적 동질성 속에서 20세기 중동에 나타났던 지적·정치적 조류 가운데 하나는 아랍주의와 아랍 통합의 요구다. 바아스당과 아랍 민족주의 그리고 1950~1960년대 이집트의 정책은 바로 이러한 요구에 부응한 것이었다.3) 이러한 의미에서 본다면 1970년대 중반에

---

3) 바아스의 이념은 아랍 민족을 위한 역사적 목표 세 가지를 강조했다. 첫째, 인위적으로 창설된 기존 아랍국가들을 하나의 거대한 정치 실체로 통합하는 것, 둘째, 모든 외부의 영향력과 헤게모니로부터 자유를 얻는 것, 셋째, 사회주의를 구현하는

사담 후세인이 아랍세계에서 이라크의 지역적인 역할을 강조했던 것도 궁극적으로는 이러한 목표를 지향했다고 볼 수 있다.

범아랍주의에 따르면 아랍세계는 하나의 국가이며, 별도의 국가들로 분리된 것은 '외국의 음모(foreign design)'로 왜곡된 결과이기 때문에 자의적이며, 또한 일시적이라는 것이다. 따라서 보수 왕조체제는 아랍 민족주의의 상징을 이용할 수 없다는 약점이 있다. 이러한 약점은 과거에 왕조국가들이 영국, 프랑스, 미국 등 제국주의 세력과 밀접한 관계를 가졌던 사실 때문에 더욱 증대되었다.

특히 커다란 아랍공동체에 속한다는 의식은 다른 아랍국가들의 정치석 운동과 연대하는 것이나 상호 간섭주의에 대한 심리적 금기를 해소시켜주었다. 역사를 통해 볼 때 아랍체제는 한 아랍국가의 정부와 다른 국가 내의 개인 및 그룹 간의 다양한 '범국가적 동맹(cross-frontier alliance)'[4]으로 특징지어진다. 이 동맹들은 여러 국가 내에 분파를 가진 정치적 또는 준정치적 운동을 촉진시켜왔다. 가끔 어느 운동의 분파 중 하나가 집권하면 타국 내의 다른 분파를 지원하게 되지만 대개 이 분파는 기존 정권과는 대척적인 입장에서 활동하게 된다.

이와 함께 대중의 강도 높은 개입도 아랍 정치에 영향을 주는 또 다른 변수다. 아랍 내부 간의 관계는 실제로 대외관계로서가 아닌 거의 대부분 확장된 가족정치의 일부로서 취급된다. 따라서 아랍 지도자들은 다른 아랍국가들의 주민을 직접 상대하는 경향이 있다.[5] 이 지역 대중

것이다.

4) Paul C. Noble, "The Arab System: Opportunities, Constraints, and Pressures," Korany and Dessouki, *The Foreign Policies of Arab States*(1984), p.47.

5) Bahgat Korany and Ali E. Hillal Dessouki, "The Global System and Arab Foreign Policies: The Primacy of Constraints," Korany and Dessouki, *The Foreign Policies of Arab States,* pp.27~28.

에게 아랍 정체성(Arab Identity)은 개별 국적(Nationalities)을 압도한다. 이러한 유대는 아랍국가들의 정치체제를 상호침투적으로 만든다. 이들 체제 안에서 국내문제와 국제문제는 서로 구별할 수 없게 되고 각각의 참여자들은 이웃의 도발적 행위 — 이러한 행위는 주로 아랍의 이름으로 수행된다 — 에 침해당하기 쉬워진다.[6]

국내정치가 범아랍주의라는 이유 등으로 이웃으로 파급되는 양상은 이 지역의 주요 개입 국가였던 이집트와 시리아가 패배한 6월전쟁 이전에 특히 두드러졌다. 그러나 그러한 성격은 그 후로도 여전해 1970년 요르단 내전이나 1975년 이후에 진행된 레바논 사태에서도 그대로 나타났다. 중동국가들의 외교정책이 대상국가의 국내정치에 최대치의 충격을 가할 수 있도록 고안되는 것은 바로 이 때문이다.[7]

더구나 팔레스타인 문제와 같은 범아랍적인 문제는 많은 아랍체제의 정치적 정당성을 구성하는 요소다. 이 점은 범세계적 체제의 논리로는 설명되지 않는다. 모든 아랍국가는 세속적이든 종교적이든 급진적이든 보수적이든 관계없이 팔레스타인인들의 이산(離散)을 명백한 불의의 경우로 인식하고 있다. 서구 제국주의는 아랍의 향토를 분리시키고 이러한 분할 상태를 계속 유지하려 하기 때문에 전 아랍은 서구의 정의롭지 못한 행태를 응징하는 데 모든 외교적 초점을 맞추어야 한다는 것이다. 팔레스타인 문제와 서구의 아랍정책에 대한 이러한 인식은 1950년대 아랍 민족주의자들이 서구가 제의한 동맹 참여를 거부하고 비동맹운동에 가담했던 주요한 이유였다.

---

6) Thomas P. Thornton, *The Challenge to U. S. Policy in the Third World: Global Responsibilities and Regional Devolution*, p.78.

7) Leonard Binder, "The middle East as a Subordinate International System," Richard A. Falk and Saul H. Mendlovitz(eds.), *Regional Politics and World Order,* p.359.

이러한 특성들은 1970년대에 들어 어느 정도 변화했다. 이는 주로 이 지역의 범아랍주의 감정이 퇴조했던 데서 비롯되었다. 또한 이러한 변화는 정치적 연합의 요구가 경제적 협력을 통한 또는 외교적 공동전선이나 군사 동맹을 통한 기능적 협력으로 대체됨으로써 더욱 뚜렷해졌다. 그 결과 아랍국가들의 많은 엘리트가 느끼던 위협은 감소하고 국가와 체제의 영토구조에 많은 정당성이 주어졌다.[8] 이로써 국가적·집단적 이익이 아랍공동체의 이해보다 우선적으로 주장되었다. 또한 많은 아랍국가가 아랍의 대열에서 이탈해 외부 열강에 협조했고 심지어 다른 아랍국가들과의 분쟁을 야기함으로써 공동체를 결속하기 위한 최소한의 관여조차 거부하는 경우도 생겨났다.

가장 인상적인 경우는 이집트였다. 심도 있는 개입주의와 장기적인 이스라엘과의 분쟁으로 초래된 많은 자원과 에너지의 낭비로 이집트는 더 이상 아랍체제를 결속시키기 위한 추진세력으로 남아 있을 수 없었다. 결국 이집트의 이념적·정치적 고려는 직접적인 경제적 관심으로 약화되었다. 1974년 사다트는 '개방적 경제정책(al-Infitah)'을 시작했다.

이러한 결속의 퇴조는 사우디아라비아와 다른 보수 산유국에서도 나타났다. 더구나 1979년 이 국가들의 정부는 이란의 새로운 원리주의(Fundamentalism)에 의해 제기된 위협 때문에 다른 아랍국가들을 위해 관심과 에너지를 쏟을 여유를 잃고 그들을 위해 미국에 심도 있는 영향력을 행사하려 하지 않았다.

이러한 경향은 레바논과 시리아에서도 마찬가지였다. 레바논의 경우 기독교 공동체의 많은 사람이 아랍의 굴레를 벗어나 이스라엘과의 관계 개선을 모색했고, 시리아에서는 이라크 정부에 대한 적대감이 고조되어 아랍체제 내의 몇몇 국가에 위협적인 존재가 된 이란 같은 권외(圈

---

8) Fouad Ajami, "The End of Pan-Arabism," *Foreign Affairs*(1978), p.365.

싸)국가와 동맹을 모색하기도 했다.

그러나 이러한 변화에도 아랍 사회의 상호유대 감정은 그대로 지속되고 있다. 많은 아랍인은 대아랍공동체에 애착을 갖고 있으며 아랍의 핵심 문제에 대해서도 여전히 일체감을 갖고 있다. 특히 시리아의 경우 아직도 지역적 환경을 민족적 실체의 고전적인 국가체제로 인식하지 않는다. 즉, 시리아는 아랍국가들이 외교정책의 최우선적인 관심을 민족적 이익에 두어야 한다고 믿는다. 그 점에서 시리아는 자국이 가장 아랍적이며 아랍의 양심을 대표한다고 주장한다. 시리아의 정책이 국가 이성에 기초할 때조차 그들은 이러한 논리가 "시리아에 유익한 것이면 아랍 민족주의에도 똑같이 유익한 것"이라고 주장했다. 이 점 때문에 시리아는 이스라엘 문제에 가장 확고한 전 방위 국가(front-line state)가 되었다.

시리아의 주장에 따르면 시리아는 아랍 산유국들이 누리는 부에 대해 시리아도 일정한 몫을 요구할 수 있고, 같은 논리로 이집트를 아랍공동체에서 추방하도록 요구할 자격이 있으며, 팔레스타인인들이 추구하는 배타주의를 징계할 수도 있다는 것이다.

이 점과 관련해 1970년대의 변화는 이라크에 제2차 세계대전 이래로 아랍의 역할을 실현할 가장 좋은 기회를 가져다주었다. 1970년대를 통해 이라크는 정치적 안정과 함께 석유자원으로 경제적 능력이 향상되었다. 이러한 지위는 샤트 알 아랍 수로에 관한 이란과의 새로운 협정으로 훨씬 강화되었다. 특히 사다트가 1978년 캠프 데이비드 협정을 체결했을 때 이라크는 결정적인 기회를 맞았다.

전통적으로 이라크는 아랍-이스라엘 분쟁에 극단적인 태도를 취해왔으며 이라크의 바아스 체제는 어떤 종류의 정치적 해결도 반대해왔다. 또한 이라크는 1967년의 유엔 안전보장이사회 결의안 242호와 이에 근거를 둔 모든 외교적 노력을 부인해왔다. 이라크 지도자들에게 캠프 데이비드 협정은 주로 이스라엘의 이익을 보장하는 것으로 그리고 향후 20년 동안 이스라엘과의 투쟁에서 아랍의 잠재력을 약화시킬 음모로 인식되었다. 이라크는 이러한 음모를 분쇄하기 위해 아랍전선의 선두주자가 되었다. 1978년 11월 비그다드의 아랍정상회담을 통해 이라크는 새로운 외교적 역할을 성공적으로 수행했다. 그 결과 시리아와의 관계를 개선시킬 수 있었고 이것은 모든 아랍인에게 아랍 내부의 고무적인 사태로 받아들여졌다. 또한 아랍인들은 이라크-시리아 동맹이 이스라엘 전선에서 이탈한 이집트로 인해 발생한 공백을 메워준다고 믿었다.[9]

2) 국내적 환경

통상적으로 말하면 단일국가의 내부적 조건은 지역체제의 특성으로 인식되지 않는다. 그러나 유사한 국내적 조건이 체제 내의 많은 국가 사이에 보편화되어 있을 때 그리고 이 조건들이 국제정치적 위치나 행태에 지속적인 영향을 미칠 때 체제 특성 연구에서 체제 내 국가의 내부적 조건을 고려하는 일은 긴요해진다.

국내적 차원에서 볼 때 이 지역의 전반적 특성은 대개 심각한 취약성, 불안정한 정부, 행정적 비효율성 등으로 요약될 수 있다. 이러한 내부적 취약성은 자원의 빈곤, 그로 인한 대외 종속의 심화, 경제개발의 부진, 저급한 정치 제도화, 낮은 교육 수준 등에 기인한 것이다. 중동국가들은 스스로의 독특한 국내문제를 가지고 있긴 하지만 이들의 공통적인 특

---

9) Ahmad Yousef Ahmad, "The Dialectics of Domestic Environment and Role Performance: The Foreign Policy of Iraq," Korany and Dessouki, *The Foreign Policies of Arab States*(1984), p.165.

성은 이 지역의 모든 국가가 전통적 사회질서로부터 근대적 사회질서로의 광범위한 전환을 경험했다는 것이다. 이러한 전환의 문제가 아랍사회에서 특히 예민하게 나타난 이유는 이 지역의 특수한 몇 가지 환경 때문이다.10)

이는 첫째, 이스라엘과 레바논의 일부를 제외하면 이들 사회의 전통적 질서가 새로운 변화에 완강히 저항하는 이슬람의 이상에 근거하고 있기 때문이다.

둘째, 전환의 타율성 때문이다. 즉, 이 지역의 사회적 변화는 자생적 필요에서가 아니라 외부의 침투에 대응하는 수단으로 위로부터 강요되었다. 이 경우 오스만의 술탄이나 이집트의 무함마드 알리의 목표는 자신의 체제를 방어하는 것이었으며, 서구화는 그 방편으로 채택되었다.

셋째, 이 지역의 지리적 특성과 역사가 이 지역이 근대 국민국가의 원리에 입각한 중동사회로 통합되는 것을 어렵게 만드는 부담스러운 요인으로 작용하고 있기 때문이다. 역사적으로 이 지역의 정치 단위는 정치적 원리가 아니라 종교적 요인에 의해 조직되고 지리적으로 분리되었기 때문에 이 지역의 대부분의 국가는 (이란, 이집트, 튀니지를 제외하면) 그들이 현재 점유하고 있는 지역에 어떤 정치적 조직도 보유하고 있지 않았다.

넷째, 이 지역을 전체적으로 감안한다면 전통적인 것에서부터 현대적인 것에 이르기까지 개발에 따른 변화의 정도가 다양하며 이는 지리적 다양성과 밀접한 관계가 있기 때문이다. 이러한 지리적 다양성으로 외부로부터 위험에 대한 노출의 정도가 다양해졌으며 그곳을 지배한 제국주의 세력이 누구인가와도 관련이 있다. 그리하여 이집트처럼 200

---

10) Nadav Safran, "Dimensions of the Middle East Problem," Roy C. Macridis(ed.), *Foreign Policy in World Politics,* 6th ed., pp.341~342.

년 동안 계속 변화해온 곳도 있고 사우디아라비아처럼 변화의 정도가 일천한 곳도 있다. 이스라엘을 제외하면 이러한 문제는 모든 중동국가에게 공통적인 것이다.

광범위한 사회적·정치적 변화의 특성은 1950~1960년대의 중동 국제정치 구조에 몇 가지 중요한 결과를 가져왔다. 첫째, 심각한 국내 정치적 불안정을 야기했다. 이집트, 이라크, 시리아에서는 구체제가 전복되었으며 요르단, 모로코, 사우디아라비아의 엘리트들은 불안정한 지위 때문에 빈발하는 쿠데타와 암살의 위협에 시달려야 했다. 또한 새로운 아랍체제는 권위와 정당성을 확보하는 데 어려움을 경험했다. 시리아의 경우 정권의 강압적이며 부정기적인 교체가 1949년에 세 차례, 1952년, 1954년, 1958년, 1961년, 1963년, 1966년, 1970년에 각각 한 차례씩 이루어졌으며 미수에 그친 쿠데타 시도도 빈번했다. 이라크도 그 정도는 달랐지만 1963년 2월, 11월, 다시 1968년에 걸쳐 정부가 교체되었다. 다만 이집트는 예외였는데 나세르는 집권하면서 광범위한 대중적 지지를 얻어 확실한 지배자가 되었다.

둘째, 이념적 문제가 관심의 초점이 되고 아랍 사회 내에서는 첨예한 이념적 갈등이 생겨났다. 이로써 정당한 것으로 여겨졌던 구사회질서에 심각한 의문이 제기되었다. 새로운 체제들은 대중적 지지를 확보하기 위해 급진적인 태도를 취할 수밖에 없었다. 남아 있는 구체제는 체제 내의 새로운 사회세력과 아랍국가들 내부의 정치적·사회적 질서의 변화에서 부가된 도전으로부터 위협받게 되었다. 더구나 아랍 사회 간의 강한 연대감 때문에 체제가 불안정한 국가는 다른 정부에 강한 침투와 간섭을 받게 되었다. 체제 내에서 분쟁이 발생한 경우 대부분의 아랍국가는 전통적인 형태의 압력과 함께 외부로부터의 전복 압력에 똑같이 노출되었다.

셋째, 타율적 변화의 압력과 전환 과정에서 나타난 서구 열강의 침투,

이로 인한 이 지역 대중과의 마찰은 지배자와 대중 간의 격차를 확대시켰다. 이 때문에 아랍 민족주의의 입장에서 아랍국가가 이익을 주장하는 경우— 이는 아랍체제 내에서 흔히 나타났다 — 아랍 대중의 이익은 대부분 정부의 이익과 상반되고, 아랍의 민족적 이익 역시 대부분 정부의 이익과 상반된다.

마지막으로, 체제 내의 권력 패턴이 형성되는 것과는 별도로 광범위한 국내 불안정은 체제 구성원들의 정책적 행태에도 영향을 미쳤다. 이는 정책의 경직성으로 나타났는데 체제가 불안정한 정부는 기존 접근법으로부터 이탈하려고 하지 않았다. 이스라엘과 서구와 같은 숙적에 관한 문제에는 더더욱 그러했다.

편의주의적 정책기준과 함께 도덕적 기준에 따라 이견이 비난받는 곳에서는 통상적인 방법으로 정책을 수행하기가 거의 불가능하며 긴장이 특별히 고조되기 쉽다. 따라서 범아랍주의의 기대는 중동 국제정치체제에 압박을 가하는 하나의 요소가 되었다. 따라서 집권의 불안이 외부적으로 단호한 모험주의를 유도할 것이라는 일반적인 견해는 적어도 이 지역에서는 적용되지 않는다. 오히려 상대적으로 약하고, 보수적인 정권의 온건한 국가(요르단, 레바논, 사우디아라비아 등)는 국내적 불안정에 대처하는 데 몰두했다. 이 국가들은 이런 자세를 취함으로써 더욱 강한 아랍국가들의 적대감을 피할 수 있었고 외부로부터의 압력과 개입을 최소화할 수 있었다. 따라서 상대적으로 더욱 강하거나 개혁적 또는 급진적인 정부(시리아, 이라크 등)의 국가들이 오히려 단호한 태도를 취하는 경향이 있었다.

1970년대에 들어서면서 이러한 정치적·사회적 불안정은 어느 정도 감소했다. 1960년대에 불안정한 상태를 겪은 후 사우디아라비아에는 장기간 평온이 지속되었다. 이는 석유로부터 생겨난 부의 결과였다. 이런 체제의 지위는 이스라엘 문제에 대해 아랍의 대의를 적극적으로 지지하면서 고양되었다. 또한 다른 아랍국가들에 대한 경제원조를 실시함으로써 아랍 내부의 적대적 경쟁국들로부터 선전공세가 중지되고 전복 압력이 줄어들었다.

한편 이집트는 외교정책 정향을 재구성했으며 이러한 재구성은 최고 정책 결정자 사다트에 의해 정책적 목표와 정치적 목표 간에 균형을 이루기 위한 인식의 변화로 나타났다. 가장 극적인 변화는 비옥한 초승달 지역에서 나타났다. 시리아의 현실주의자 아사드는 다른 어떤 지도자보다 장수했다. 이웃 이라크에서도 비슷한 상황이 전개되었는데 1958년 혁명 후 하산 알 바크르와 사담 후세인의 바아스당 체제는 1970년대에 국내를 통치하는 데 효과적이었다. 요르단의 경우 더욱 인상적이었는데 20여 년의 소요 후 1970년 팔레스타인 게릴라 운동과의 전면적인 충돌을 정점으로 후세인 국왕은 다시 요르단을 평정했다. 비옥한 초승달 지역에 예외가 있었다면 그것은 레바논이었다. 레바논은 1975년 이후 모든 국가적 연대가 해체되고 장기적이고 처절한 내란에 돌입했다.

주요 국가들의 국내적 안정이 가져온 효과는 두 가지였다. 하나는 이 지역에서 이들의 위치가 공고해졌으며 더 이상 아랍체제 내에서 선전공세나 전복의 대상이 되지 않았다는 것이다. 따라서 이들 국가는 정책의 유연성을 되찾았으며 특히 시리아와 이라크의 경우 이스라엘, 미국 그리고 다른 아랍국가들에 취했던 경직된 정책을 수정했다.

다른 하나는 많은 국가의 지도자에게 이데올로기의 중요성이 감소되었다는 것이다. 그것은 1967년 이후 영토적·국가안보적·경제적 문제가 더욱 심각해졌기 때문이었다. 특히 기대했던 경제성장의 실패는 사회주의 실험에 대한 실망으로 나타났으며 이는 고도성장을 위한 사적 기업 활동에 새로운 유인을 제공했다. 이러한 변화로 아랍의 외교정책은 더욱 유연해지고 실용적이 되었다. 이는 다시 체제의 불안정을 감소시키고 정책 입안자들의 대안을 다양하게 해주었다.

그러나 1970년대 후반에 들어서면서 국내적인 불안정이 다시 높아졌는데 이러한 경향은 시리아, 이집트, 사우디아라비아, 이라크 등 주요 국가에서 두드러졌다. 시리아의 경우 아사드 체제가 바아스, 좌익, 민족주의 등 여러 부문으로부터 도전을 받게 되었다. 특히 다수파 수니는 소수 시아 알라위(Alawis, 'Alawiyyah)[11]의 구성원이 누리는 특혜에 불만을 나타냄으로써 정치적 안정을 위협했다.

이라크의 경우 이웃 이란에서 원리주의 혁명체제가 등장함으로써 여러 가지 어려운 문제에 부딪치게 되었다. 이란은 이라크의 세속적인 바아스 체제를 비난하고 소외된 소수파 시아의 지위를 향상시켰다. 또한 이란의 군사적 우위는 이라크에 심각한 위협이었다. 사우디아라비아의 경우 근대화 과정에서 나타난 여러 가지 세속성이 이슬람의 성격을 침해함으로써 새로운 문제를 제기했다.

3. 체제 속성

1) 권력의 기반과 분포

1950~1960년대 아랍체제 내의 권력기반은 일반적인 국가체제와는 커다란 차이를 보였다. 다른 체제에서는 군사적·경제적 능력이 극히 중요한 변수이며 국가의 목표를 실현하는 데 결정적이다. 그러나 아랍체

---

11) 시아파로 분류되기는 하지만 이슬람 주요 교리에서 너무 벗어나 있어 제3의 종파로 분류된다. 창시자는 무함마드 이븐 누사이르(Muḥammad ibn Nuṣayr)다. 시리아 인구의 1% 미만이지만 1971년 아사드가 집권한 후 지배적인 정치세력이 되었다.

제에서는 전통적인 국제정치의 수단을 사용하는 데 여러 제약이 따랐다. 아랍국가들이 보유한 군사력은 한정적이었다. 따라서 군사력을 외부로 발산할 수 있는 능력은 이집트 같은 최강국만 극히 제한적으로 보유하고 있을 뿐 여타 국가의 경우에는 거의 전무했다.

이집트의 경우에도 이스라엘이 군사적 행동을 유발할 가능성이나 서구세력이 자신의 동맹이나 연합에 군사적인 압력을 취할 수 있는 보복 가능성 때문에 인접국에 무력을 사용하기란 현실적으로 매우 어려웠다. 따라서 군사력은 주변부(1963년의 알제리, 모로코, 1962~1967년의 예멘 등)에서 부차적인 목표(타국으로부터의 종속 탈피, 다국 간의 공동방위 노력, 집단적 군사구조에서 지도적인 위치 확보 등)를 위해 사용할 수 있었을 뿐이다.

시리아의 경우에도 외교정책의 뿌리가 궁극적으로 서구 제국주의에 의한 시리아 민족주의의 좌절에 있긴 하지만 현상의 재편을 위한 외교적 노력은 적은 인구, 좁은 국토, 천연적으로 보호받지 못하는 긴 국경 등으로 지극히 약화되었다. 골란 고원이 이스라엘로부터의 위협에 대처하는 전략적인 요충지였으나 이마저 1967년 이스라엘에 점령당했다.

아랍세계에서 3위의 군사력을 보유한 이라크는 석유자금을 배경으로 1976년 프랑스와 맺은 협정을 통해 핵을 보유할 가능성이 제기된 적이 있으나 1981년 6월 7일에 이스라엘의 기습폭격으로 가동을 불과 3개월 앞둔 시점에서 원자로가 파괴당했다. 사담 후세인은 핵 보유를 계속 추진하겠다고 천명했지만 이란과의 장기전으로 인한 경제적 어려움 때문에 그 가능성은 거의 사라져버렸다. 이라크의 경우 군사력을 외교적 수단으로 사용하는 데 받는 제약은 이스라엘과의 대결뿐 아니라 20여 년에 걸친 쿠르드족과의 분쟁에서도 연유하고 있다.

경제력의 경우도 아랍국가들은 개발 수준이 낮고 재정 규모가 빈약하기 때문에 다른 국가의 행동에 영향을 미치기 위해 경제력을 조작할 가능성은 거의 없다. 지역 내의 대외 원조나 재정적인 지원은 개인이나 집단을 상대로 하는 것이 고작이었다. 오히려 이들의 재정적인 수준은 자신들의 국내 수요를 충족시키는 데 외부의 원조가 필수적인 요건이 었다.

이집트의 경우에도 제2차 세계대전 후 1948~1958년 동안을 제외하고는 서방 또는 공산권으로부터 꾸준히 원조를 받아왔다. 1981년에도 서방에서 22억 달러의 원조 — 그 절반이 미국으로부터였다 — 를 받았다. 그럼에도 이집트 재정적자의 연간 증가액은 평균 13%였으며 1970년대에는 그보다 훨씬 높은 28%를 기록했다.[12]

이라크는 석유자원으로 말미암아 경제적으로 상당한 능력을 보유하게 되었다. 특히 1973년 이후에는 무상원조나 차관을 외교적 수단으로 사용할 수 있게 되었다. 그러나 이라크의 약점은 산유국 대부분이 그렇듯이 석유에 과도하게 의존할 수밖에 없다는 것이었으며 이러한 약점은 이란과의 전쟁으로 적나라하게 드러났다.

이 시기 아랍체제에서 사용된 정치적 수단은 대개 선전, 초국가적 동맹, 전복 등이었다. 이러한 수단이 사용되기에 좋은 조건과 이 수단의 높은 효과로 말미암아 이러한 수단은 아랍 사회에 폭넓게 만연해 있었다. 이러한 수단이 사용되기에 좋은 조건이라는 것은 대개 국내적 분열, 아랍 사회의 강도 높은 침투성, 수많은 정당성의 위기 등을 말한다.

이러한 환경에서 정치적 능력의 수준은 다음 두 가지와 밀접한 관련이 있다. 하나는 그 정부가 향유하고 있는 국내 지지의 정도이고, 다른 하나는 지도자와 그들의 정책이 다른 국가에서 가지는 매력이다. 국내적으로 지지 기반이 취약한 정부는 외부의 선전이나 전복의 압력에 노출될 가능성이 높고 따라서 강력한 정책을 추진하기가 어렵다. 반면 아

---

12) Ali E. Hillali Dessouki, "The Primacy of Economics: The Foreign Policy of Egypt," *The Foreign Policies of Arab States*(London: Westview Press, 1984), p.124.

랍 사회가 직면한 문제에 만족할 만한 해답을 제시하는 지도자나 체제
는 많은 추종세력을 이끌 수 있다.

간단히 말해 이 두 가지는 1950~1960년대 중동의 국제정치에서 가
장 중요한 변수였다. 이집트는 이 점에서 다른 체제와 구별된다. 이집트
는 자원능력에서 압도적인 우위에 있었다. 그러나 이러한 군사적·경제
적 능력은 권력기반에 크게 공헌하지 못했다. 반면 이집트의 정치적 능
력은 이 점에서, 특히 1960년대의 경우 뚜렷한 의의를 가진다. 이집트
의 국내체제가 튼튼하고 나세르의 정책과 업적이 대부분의 아랍국가
대중에게 놀라운 호소력을 지님으로써 나세르는 다른 아랍정부에 대해
상당한 정도의 영향을 행사할 수 있게 되었다. 물론 나세르는 이 지역의
역사적·체제적 특징인 동방문제 구조를 극복하는 데는 실패함으로써
자신의 영향력을 전체적 지배로까지 확장시키지는 못했다. 이는 나세르
의 패권적 야심 때문에 그와 동맹을 맺은 많은 국가가 적대국이 되었기
때문이다.

1970년대에 들어서는 아랍체제 내의 권력기반과 분포에 많은 변화
가 나타났다. 우선 경제적 요소의 비중이 상승했다. 인구의 급증과 근대
화에 대한 강한 요구, 급속하게 팽창한 석유 부국들의 재정능력, 서구가
이 지역에서 느끼는 석유·자본시장에 대한 중요성의 제고 등으로 경제
력의 많은 부분이 정치적 영향력으로 치환될 수 있었다.

군사적인 면에서 본다면 이스라엘과 이란에 의해 아랍세계가 직면한
군사적·안보적 위협의 증대는 이들에게 군사적 지원을 제공할 수 있는
국가의 영향력을 제고시킬 수 있었지만 이집트를 제외하고는 이스라엘
과 이란에 관련된 안보문제에 충분히 대처할 만한 군사력을 보유한 국
가가 없었다.

정치적 능력의 면에서 나세르가 죽은 후에 아랍 대중은 범이데올로
기의 호소에 덜 민감해졌고, 아랍세계의 이념과 열망을 효과적으로 소

생시킬 지도자는 출현하지 않았다. 더구나 아랍 민족주의와 사회주의의 대결은 그러한 호소력을 더욱 약화시켰다. 그러나 통치 엘리트나 대중에게 이러한 열망이 또다시 소생할 가능성은 여전하다. 왜냐하면 이 점은 아랍 내부의 정치적 정당성의 문제와 계속 연루되어 있고 아랍국가들의 집권세력은 이 문제에서 모험을 꺼려할 것이기 때문이다.

1970년대에 경쟁적·다변적인 상황이 형성되자 이집트는 자국의 제한된 경제적·재정적 재원과 함께 주요한 무기 공급자였던 소련과의 긴장관계, 이스라엘과의 계속적인 대결구조, 1967년 전쟁의 패배와 나세르의 사망, 새로운 외교노선의 설정 등으로 영향력이 상대적으로 약화되었다. 이집트의 능력이 이처럼 저하되자 다른 아랍국가들, 특히 사우디아라비아, 이라크, 알제리 등의 능력이 상대적으로 신장되었다. 산유국들과는 별도로 시리아의 경우 레바논과 요르단, 이스라엘과 접경하고 있는 지정학적 중요성과 아랍세계에서 둘째가는 군사강국이라는 이념적인 영향력을 배경으로 아사드의 국내체제가 안정을 얻었다.

2) 분쟁의 원인과 수준

1950~1960년대 아랍은 전반적으로 혁명의 분위기에 휩싸여 있었다. 이집트와 시리아 등 주요 체제는 개편주의 성향을 띠었으며 이들은 다른 체제 구성국가들의 기본적인 정향과 위치에 심각한 변화를 획책했다. 따라서 아랍 내부의 갈등 수준은 매우 높았다. 아랍의 이러한 혁명적 성격은 체제 구성국가들의 목표에도 그대로 반영되었다.

우선 정치적 원칙이나 기본적 정향의 문제로서 '지향적 문제(directional issue)'가 이 기간의 깊은 분열과 개편주의의 원천이 되었다. 이는 외교정책의 문제에 있어 외부 세력에 대한 태도와 내부적으로 어떤 정치, 경제, 사회질서가 정통적이냐 하는 문제로 귀결되었다. 그 원인으로는 두 가지를 들 수 있는데 하나는 외부 세력의 강력한 침투 때문이었고, 다른 하나는 아랍 사회가 불안정한 변화의 단계를 겪고 있었기 때문이다.

2세기여에 걸쳐 아랍국가들이 경험한 서구의 침투 및 식민체제의 강요, 1950년대 소련의 중동 개입에 직면해서 증대된 미국의 프레즌스와 압력 때문에 중동은 사우디아라비아, 요르단, 이라크 등의 친서구 진영과 이집트, 시리아, 이라크(1958년 이후)의 친소진영으로 분열되어 있었다. 그들 사회가 내부적으로 또는 외부적으로 지향해야 할 방향에 관한 극심한 이데올로기적 갈등에 체제 내의 모든 구성국가가 관계되어 있었고 이집트는 아랍세계의 정치적·경제적·사회적 질서의 변혁을 위해 지속적인 캠페인을 전개했다.

광범위한 개편주의는 '구체적인 가치의 배분(allocation of tangible values) 문제'에까지 영향을 미쳤다. 즉, 분쟁의 주제 가운데 하나는 국가와 영토 형태에 관한 것이었다. 대부분의 제3세계와 마찬가지로 내부 사회의 심각한 균열과 함께 다변적 국경선, 국가체제의 일천한 뿌리 및 그의 의심스러운 기원은 현상 유지에 대한 도전을 자주 부추겼다.

사실 최근 정치적 경계가 규정되기 전까지 중동에는 전반적인 일체감이 존재했다. 정치적 경계는, 그 정도는 달라졌지만 지금도 역사적·종교적 결속에 비해 별다른 의미가 없다. 정치적 경계는 오히려 제국주의적 개입과 빈번한 관련성을 가짐으로써 그다지 정당성을 갖지 못하고 본질적으로 불안정한 것으로 인식되기 때문에 이를 유지하는 데 많은 노력이 필요하다.

한편 민족과 영토국가가 불일치하고, 팔레스타인, 대시리아 등 특정 지역에 대한 영토적 단위로서의 개념이 여전히 존재한다는 사실은 이 지역의 외교 분위기를 만성적 긴장, 의심 이상의 것으로 만들었다. 이러한 환경 속에서는 확고한 신뢰에 기초를 둔 동맹이 불가능하다. 따라서 이 지역에 나타났던 몇몇 동맹의 경우 그 결속력은 극히 취약했으며 특히 지역 외 국가와의 동맹은 극도의 의심을 받았다.

1950~1960년대에 갈등을 일으켰던 또 하나의 원인은 체제 내에서의 지위와 영향력에 관한 것이었다. 개편주의 국가들은 권력구조에 대해 근본적인 개편을 서둘러 달성해야 한다고 생각한 반면, 어떤 국가들은 한두 국가의 동맹이 자신의 권력적 지위를 증진시켜줄 수 있을 것으로 기대했다. 또한 이 지역에 만연된 국내 불안정은 우호세력이 이웃 국가에서 집권할 수 있도록 도와줌으로써 그 이웃 국가에서 자신의 영향력을 증대시킬 수 있는 가능성이 다른 지역에 비해 월등히 높았다.

이러한 점과 관련해 중동 각국의 힘의 분포와 자율성은 인구, 교육, 자원 같은 전통적인 국력의 요소와 함께 대외 원조의 취득이라는 차원에서도 평가되어야 한다. 왜냐하면 중동에서는 요르단과 같은 소국도 비교적 많은 대외 원조를 취득해서 일시적이나마 강한 힘을 발휘할 수 있었는데 이러한 상황으로 이 지역 체제 내의 거의 모든 국가는 다른 어떤 지역보다도 역할 동등성이 뚜렷했다.

다량의 대외 원조를 취득함으로써 세력의 강화를 달성한 국가들이 지역 외의 국가가 추구하는 어떤 목적에 이용될 때 중동체제는 심각한 붕괴 가능성에 직면하게 되겠지만 그러한 일은 현실로 나타나기 어렵다. 그 이유는 우선 지역 외 세력이 주요 체제의 문제에 우선해 지역에 총력적인 노력을 기울일 수 없는 상황이기 때문이다. 또 하나의 이유는 주로 중동지역 체제의 고유한 특성 때문이다. 중동에서는 외부국가가 지역국가들의 목표를 달성하도록 도와줄 수는 있어도 이들에게 외부국가의 이익을 강요하기 어렵다. 이는 이 지역의 체제가 2세기에 걸쳐 정착시켜온 동방문제 구조 때문이다. 더구나 중동국가들의 목표가 지역 외 국가의 목표와 일치한다 해도 외부가 개입해서 현상을 변화시키기보다는 유지시키는 편이 훨씬 쉽다는 한계가 있다. 체제 구성국가들이 새로운 세력 분포에 합의할 가능성이 있는 경우는 새로운 세력의 배열이 특정 국가가 아닌 자신들 모두에게 이익이 될 때거나, 합의의 주제가 문제해결이나 자율성에 관한 것일 때 또는 정치적 편의나 이데올로기적 관여보다는 이러한 주제에 더 높은 가치가 주어질 때뿐이다. 이 점에서 수에즈 전쟁이 시사하는 바는 국제정치의 전통적 수단인 무력의 효과가 그저 군사적인 승리일 뿐 정치적인 효과를 동반하지는 못했다는 것이다. 따라서 이는 외부국가가 중동에 무력으로 개입할 가능성에 대한 제한, 그러한 개입이 유지될 수 있는 기간의 한계를 입증한다.

말하자면 경쟁적 외부국가들이 이 지역에서 수행하던 광범위한 영향력은 아이러니하게도 중동국가들의 역할 동등성을 초래했다. 이는 중동에서 특정 목표를 실현하기 위한 노력은 대상국가들의 국내 정치환경에 따라 엄격히 제한되기 때문에 외부 세력이 개입한 정치적 효과의 여부는 결국 이 지역의 국내 정치환경에 달려 있음을 뜻한다.

또한 이 지역에서의 주도적인 움직임 — 특히 체제 개편적일 경우 — 에 대해 어떤 국가도 자신의 절대적인 영향력의 크기와 관계없이 외부와의 연계를 통해 상대적으로 훨씬 적은 모멘트로 이를 제재할 수 있었기 때문이다. 이집트와 이집트 인구의 4분의 1에도 미치지 못했던 이라크 간에 지역 주도를 위한 경쟁관계가 성립하고 요르단의 압둘라가 시리아를 위협할 수 있었던 것은 중동이기에 가능했다.

따라서 아랍지역 내의 어떤 영향력 있는 국가도 타국에 대해 협력을 강요할 수는 없다. 나세르의 이집트가 이를 시도했으나 결국 실패했고 이라크, 시리아, 사우디아라비아 등 모든 강대국도 헤게모니는 말할 것도 없고 그의 지도력조차 활용하지 못했던 것이다. 이 점에서 아랍체제는 철저히 다극적(distinctively multipolar)이다.

1950~1960년대 체제의 혁명적 성격은 체제 구성국들의 목표뿐 아니라 그들의 정치적 기법에도 반영되었다. 몇몇 경우를 제외하고 설득, 영향력, 외교적·경제적 방법에 호소한 경우는 거의 없었다. 그보다는

오히려 비통상적인 강압 수단이 이용되었다. 그리고 직접적인 상호영향력을 행사하기보다는 각각 다른 사회의 국내적 적대세력을 이용했다. 따라서 아랍국가 대부분은 자신의 기본적 노선과 정책에, 중요한 국가 이익에, 심지어 자국의 정치적인 존립 자체에 심각한 도전을 받게 되었다. 이 경우 이러한 위협의 근원지는 대개 이집트였다.

1970년대 들어서서 이러한 혁명적인 성격은 훨씬 완화되었다. 주요한 논쟁의 원인이었던 '지향적 문제들'이 약화되었으며, 주요 개편세력이던 이집트와 시리아는 1967년 이후 급격하게 변한 자신의 위치를 고려해야 했기 때문에 정책을 수정하지 않을 수 없었다. 긴급한 영토적·군사안보적·경제적 문제에 직면해 이집트, 시리아 양국은 보수체제 국가들이 이러한 문제를 완전히 해결해주지는 않더라도 상당히 도움이 된다는 사실을 깨달았다.

체제 간의 목표 차이는 여전했으나 1973년 전쟁 이후 이집트가 이러한 차이를 어느 정도 좁혀놓은 경제적 자유화 조치를 단행함으로써 이데올로기에 대한 강조는 더욱 줄어들었다. 시리아에서도 독립 후 35년간 몇 번에 걸친 통합 시도의 실패, 세 차례의 전쟁, 아랍주의 구상을 추구한 결과로 영토의 일부를 잃게 됨으로써 범아랍주의에 대한 집착은 현저히 약화되었다. 사우디아라비아는 급진 좌익세력을 약화시키려는 — 궁극적으로는 제거하려는 — 노력을 계속했지만 이집트-시리아 체제의 온건화 징조에 발맞추어 훨씬 유연한 태도를 취했다. 이 기간의 이념적 분쟁의 원인은 오히려 리비아, 남예멘, PLO 등 비교적 작은 주체들에게 있었다.

그러나 중동국가들이 지역 외 국가들에 대해 취한 입장은 여전히 서로 달랐다. 진보적인 체제들은 여전히 반서구적이었던 반면, 보수적인 체제들은 외부체제들과 긴밀히 협조했다. 그러나 이집트는 보수국가들과의 관계 개선으로 얻는 이익 때문에 반서구적 태도를 포기했고, 시리아는 서구와의 결속에 대한 비난을 자제했다. 이러한 경향은 1973년 전쟁 후 더욱 뚜렷하게 나타났다.

이스라엘에 대한 정책은 1970년대 동안에도 여전히 논쟁의 소지가 되었다. 1967년 전쟁에서 이스라엘이 압도적인 승리를 거두고 인접 아랍 영토를 점령한 것, 강력한 팔레스타인 민족주의가 출현한 것은 이 시기에 아랍 외교정책의 최대 현안이었다. 이러한 사태는 분쟁에 대한 강한 개입의 분위기를 고조시켰으나 한편으로는 더욱 현실적인 자세를 갖게 해주었다. 이는 명예스러운 해결에 도달하려는 자세로서 이전에 가지고 있던 이스라엘과의 협상 거부, 승인 거부, 평화 거부 같은 자세로부터의 조심스러운 탈피를 의미했다. 이러한 태도는 1973년 이전에는 이집트와 요르단에서만 조심스럽게 그리고 제한적으로 나타났던 것이다. 더구나 이스라엘의 경직된 자세와 미국의 소극적인 태도가 이러한 노력에 장애가 되었다. 하지만 1973년 전쟁 이후 사태의 본질적인 변화는 미국으로 하여금 더욱 능동적인 문제해결의 자세를 갖게 했으며 이스라엘도 적어도 이집트에 대해서는 유연성을 보였다.

전방위 국가들의 아랍체제 전반에서 나타난 명예스러운 해결을 위한 이러한 노력에도 심각한 분열은 여전했다. 이러한 태도를 비난했던 측(이라크, 리비아, 남예멘, 알제리, PLO의 거부주의자들)은 전방위 국가들(이집트, 요르단, 시리아, PLO의 주류)과 문제해결 방법에 대해 이견을 좁히지 못했다. 한편 사우디아라비아는 이집트가 이번 기회를 순전히 자신의 관심사를 해결할 기회로 포착해 어떠한 직접적인 보상도 얻지 못할 양보를 하려 한다고 생각했으며, 시리아와 PLO는 이스라엘의 목표를 의심해 협상에 앞서 그들의 요구가 만족될 수 있는 보장을 요구했다. 이러한 결과로 아랍 내부의 알력은 캠프 데이비드 합의(1978. 9. 17) 이후 더욱 격화되었다.

1970년대의 변화는 배분문제에서도 나타났다. 국가와 영토문제의 강도는 훨씬 약화되었다. 이라크가 쿠웨이트에 다시 이 문제를 제기했으나 이번 경우는 쿠웨이트 독립 자체에 관한 문제가 아니라 주로 국경 문제에 한정되었다. 이 문제의 주요한 원인이 된 이집트에서는 사다트에 의해 정책의 우선순위가 지역적 헤게모니의 추구로부터 국내적인 문제로 옮겨짐에 따라 노력과 에너지가 아랍세계의 협조를 구하기 위한 노력에 집중되었다.

이 시기 소요와 갈등의 새로운 원천은 비옥한 초승달 지역의 서부에 대한 지배권을 장악하려던 시리아와 아라비아 반도, 특히 남예멘에 대한 사우디아라비아의 주장으로부터 비롯되었다.

3) 분쟁과 동맹의 유형

1967년 전쟁 전 10년 동안 아랍 내부 관계는 강한 반서구적·진보적 체제(이집트, 시리아, 후에 알제리, 예멘)와 서구세력과 긴밀한 유대관계를 맺고 있던 보수적 체제(사우디아라비아, 요르단, 튀니지, 모로코, 쿠웨이트) 간의 첨예한 갈등으로 특징지어진다.

이와 함께 진보적 체제 사이에서 또 다른 갈등의 축이 나타났다. 나세르는 다른 정부도 이집트와 근본적으로 같은 방향과 정책을 추구하도록 요구했다. 이에 대해 각국은 때로는 자국 정부 내의 권력적 위치에 나세르의 지역적 동맹을 배치시킴으로써 이집트의 지도력을 기꺼이 수락했다. 그러나 나세르의 과도한 요구로 카심의 이라크(1958~1963) 및 바아스의 시리아(1963~1967)와 격렬한 갈등이 유발되었다. 이러한 나세르와의 갈등은 이집트와는 유리된 독자노선을 추구하는 진보체제가 적어도 하나는 존재한다는 사실을 확실히 해주었다.

이처럼 지향적인 견지에서는 체제가 극도로 양분되어 있었으나 정치적·외교적 견지에서도 그랬던 것은 아니다. 이 진보적 체제들 내에서의 공동전선이 1967년 전쟁 한 해 전에 생겨나서 그들의 상이한 입장에도 불구하고 진보적이며 반서구적 체제들이 아랍세계에서 주도적인 위치에 섰으며 그들은 1950~1960년대 동안 친서방체제를 수세로 몰아넣었다. 유일한 예외는 1965년과 1966년 사우디아라비아의 반격인데 이는 이슬람 그룹을 위한 제의에 초점이 맞추어져 있었다. 그러나 보수적인 체제들의 결속력은 강하지 못했다. 사우디아라비아와 요르단 사이에서 긴밀한 유대가 생겨나기도 했으나 그것도 1961~1963년과 1965년 말부터 1967년까지였을 뿐이었다.

이러한 분열의 양상은 이 지역의 중요한 특징 가운데 하나인 철저히 침투된(penetrated) 체제의 역사성에서 유래한다. 이는 2세기여 동안 다른 어떤 지역보다도 지속적이고 다변적인 서구세력들이 침투함으로써 나타난 결과였다. 다른 지역은 일시적으로 또는 다른 시기에 단속적으로 또는 단일한 세력의 지배를 받아왔던 반면, 중동은 여러 서구 열강에 의해 다각적이고 지속적인 침투를 받아왔다.

이러한 체제 속에서 서로를 부정하는 양상의 분쟁들은 바그다드, 다마스쿠스, 카이로 간에 있어온 것처럼 그 기원이 역사적이든 왕조적이든 이데올로기적이든 모두 다 통합을 위한 노력에 걸림돌이 되어 지역 통합에 긍정적으로 작용했던 범아랍주의와 지역의 내적 요소가 지역적 자율성의 목표를 효과적으로 수행할 수 없게 만들었다.

1970년대 초, 이러한 관계 유형에 얼마간의 변화가 있었다. 1967년 전쟁 후 두 진보국가, 이집트와 시리아는 다른 아랍국가들과 데탕트를 추구했으며 사우디아라비아는 나세르의 사망(1970. 9. 28) 후 이집트 내의 방향 전환을 새로운 지도자와 우호적 관계를 정립하는 계기로 삼았다. 이는 화해(detente)에서 협상(entente)으로의 단계적 변화를 의미했다. 사우디아라비아와 이집트 간의 협상은 사우디아라비아의 파이잘 2세가 석유를 무기화함으로써 이스라엘전에서 사다트에게 결정적인 도움을 준 뒤 더욱 견고해졌다.

이같이 군사적·정치적으로 최강인 국가와 주도적인 재정세력이 결합함으로써 이집트와 사우디아라비아의 결속은 아랍 내부 관계에 중요한 의미를 갖게 되었다. 영향력이 약한 몇몇 국가(특히 이라크, 리비아, 알제리, 남예멘, PLO의 급진분자, 레바논의 좌익 민족주의자들)의 도전은 계속되었다. 이 대항세력들은 그들이 반대하는 것이 무엇인지 분명히 할 수 있었는지는 모르지만 굳게 결속되지는 못했다.

이집트와 사우디아라비아 간에 생겨난 이 결속의 장래는 아랍-이스라엘 분쟁의 광범위한 해결을 창출할 수 있도록 미국에 영향력과 압력을 행사할 수 있는 능력에 달려 있었다. 이러한 방향으로의 중대한 진전은 시리아나 PLO 같은 전방위 주체의 대미 태도를 유화시키고 사우디아라비아, 이집트 축을 더욱 강화시킬 수도 있었다. 이는 다시 친서구 연합의 지위를 향상시키고 이를 체제 내의 주도 세력으로 만들 수도 있었다. 그러나 역시 이스라엘의 경직성과 미국의 소극적인 태도가 이 연합이 성공하는 데 걸림돌이 되었다.

결국 미국으로 하여금 모든 전선에서 명예로운 해결을 선택하도록 이스라엘에 압력을 넣는 데 실패한 사우디아라비아와 이집트는 영향력이 심각하게 축소되었다. 더구나 포괄적인 해결의 진전이 없자 이집트는 이스라엘과 파행적인 평화를 추구하게 되었고 이로써 새롭게 형성된 결속은 붕괴되었으며 보수적 친서방세력은 다시 수세에 몰리게 되었다. 1978년 이후 이집트는 아랍세계에서 사실상 추방당한 신세가 되었다.

이처럼 몇몇 나라가 평화적 해결 구상에 동의한 뒤에도 체제 내부적 취약성과 분열상은 어떤 측에서도 이스라엘과 화해하는 것을 어렵게 만들었다. 이집트만이 오랜 국가적 전통과 상대적으로 동질적인 사회 덕분에 팔레스타인 문제에 한걸음 더 다가갈 수 있었지만 어찌 보면 사다트의 죽음은 이러한 결과로 비롯된 것이었다. 이는 서안지구를 병합하기 위한 이스라엘과의 협상이 알려지면서 1951년 요르단의 압둘라 1세가 죽음을 맞은 경우와 비슷했다. 이러한 특성 때문에 이 지역이 전반적으로 공유하고 있는 아랍 연대적 요소인 이스라엘에 대한 적대감은 아랍체제 내의 근본적인 문제를 다루는 데 실패한 변명으로 사용될 뿐이었다.

어떤 체제에 대한 도전은 그것이 지나치지 않은 경우에 한해 유용하다. 이스라엘은 아랍이 대응할 수 없을 정도로 자신의 능력을 반복적으로 보여주었다. 그리고 이러한 목표를 달성하는 데 아랍의 군사적·정치적 실패는 아랍의 자신감을 소진시켰다. 그리하여 이 요소 또한 아랍세계에 긍정적으로 작용하기보다는 부담이 되었다. 아랍은 이스라엘을 아랍체제 내부의 존재로 인정하기를 거부했지만 자신을 만족시킬 수 있는 지역적 해결을 모색할 능력이 없었으며, 이스라엘은 아랍에 대한 군사적 승리를 정치적으로 납득시키는 데 실패했다. 따라서 양측은 외부로부터 후원자를 구하게 되었다. 이는 지역 정치세력이 다른 세력, 특히 헤게모니 추구 세력에 대한 반항을 목적으로 외부 세계와 연계를 맺어 왔던 동방문제 시기의 양태를 그대로 보여주었다.

4. 결론

이제까지의 논의를 통해 필자는 중동의 국제정치를 설명하는 데 필요한 모든 요소를 가능한 한 고려의 대상에 포함시키고자 노력했다. 그러나 그러한 고려도 지역 생존논리의 강조라는 하나의 입장 때문에 경우에 따라 여타의 다른 중요한 요소들을 상대적으로 과소평가하고 있음을 시인하지 않을 수 없다. 그리고 중동이 아무리 다른 체제와 비교해서 특징적인 성격을 보유하고 있더라도 강대국에서 바라보는 현실주의적 논리가 모두 극복될 수 없음은 자명하다. 또한 중동의 특징적 외교문화가 이 지역 정치주체나 외부 개입자의 선택의 범위를 좁히고는 있지만 그렇다고 그러한 관련 국가들의 창의적인 행태를 완전히 배제시킬수는 없다. 그러나 본 연구의 결론은 그러한 논리상의 약점에도 동방문제를 중심으로 한 체제적 도식이 다른 어떤 설명 양식보다 중동의 국제정치를 설명하는 데 적절한 방법이 될 수 있다는 것이다.

물론 이외에도 중동문제를 설명하는 데 비교적 적실성 있는 몇 가지논의가 가능하다. 그중 한 가지는 정치 제도화의 부족, 정부의 정통성빈약 등 이른바 중동정치의 취약성을 부각시키는 경우다. 즉, 이 지역에서는 이러한 필수적인 정치적 자원이 구비되어 있지 않기 때문에 아랍정치가 변덕스럽고 전제적이며 불안정한 모습으로 나타난다는 주장이다. 정치적 목표와 범위에 대한 국민적 합의의 부재 또는 정치적 이데올로기의 혼재를 강조하는 입장도 이 경우에 속할 것이다.

또 다른 입장은 석유의 생산으로 인한 경제적 역할의 급속한 지역적반전현상을 중심 테마로 삼는 경우인데, 이 경우에는 이집트의 정치적역할의 축소와 사우디아라비아의 주도적인 위치 부상, 그리고 그러한경제력의 강화에도 정치적·군사적 취약성 사이에 나타나는 위험한 불균형이 대표적인 관심사다. 이런 관점에서 캠프 데이비드 협정을 바라볼경우 이집트의 행위는 1973~1974년 이래 석유부국들이 누려온 우월한 지위와 이로써 이집트에 강요된 상대적인 박탈감에 대한 반발 또는그의 시정을 위한 모험적인 시도로 이해될 수 있다.[13]

또 다른 논의는 이 지역의 많은 국가들이 추구하는 군사적인 노력을

---

13) Patrick Seale, "The Egypt-Israel Treaty and its Implication," *The World Today* (May, 1979), p.192.

가장 중요한 특징으로 고려하는 것이다. 오스만이 유럽의 병객이 되면서 중동에서는 강대국이 사라졌으며 이집트와 터키, 이란을 제외하면 인구가 2,000만 명이 넘지 않는 군소국들이 — 여기에는 당시 인구 20만 명의 카타르도 포함되어 있다 — 자국 경제에서 과도하게 많은 부분을 군비에 지출하고 있음을 지적하는 것이다. 이스라엘의 핵보유에 자극을 받은 이라크가 1980년대에 들어서면서 핵을 보유하려 했던 것이 그 대표적인 경우다. 이러한 군비 노력은 주로 군사비 지출의 증대, 현대화된 무기 구매, 군사력의 증대 등으로 나타났다.

이러한 점을 설명하기 위해 원용되는 것은 아랍 정치에서는 서구와는 달리 세속주의적인 배경이 없으며 군사적 요소와 민간 요소가 분리되어 있지 않다는 사실이다.[14] 아랍의 정치는 대부분 군이 지배해왔으며 진정한 믿음은 개종으로 이루어지고 정복에 의해서만 전파될 수 있다는 이슬람의 교리로 말미암아 일반적으로 정부의 정통성의 기준이 얼마나 효과적으로 무력을 행사하느냐에 따라 주어지기 때문에 이슬람 국가들은 그들의 근본적인 목표를 전 세계에 대한 이슬람의 확산에 두며 아랍은 필연적으로 팽창적이라고 본다. 그러나 이러한 논리는 이데올로기의 역사성 또는 강도에서 어느 정도 차이는 있지만 소련의 정치 이데올로기가 사회주의 이념을 확산시키는 데 있기 때문에 팽창적이고 공격적이라고 보는 서방식 논리의 연장이다.

그러나 어쨌든 이러한 모든 논의에도 근대 중동정치의 여러 중요한 특성은 지속적인 동방문제의 체제적 특성과 관련되어 있다. 예를 들어 중동국가들의 취약성이나 정치 이데올로기의 혼재 상황도 따지고 보면 장기간에 걸친 외부 열강의 침투로 인한 것이며 군비 증강의 열병도

---

14) Salemm Qureshi, "Military in the Polity of Islam: Religion as a Basis for Civil-Military Interaction," *International Political Science Review*, Vol.2, No.3(1981).

외부 세력들의 기만적인 이해와 맥을 같이하고 있다.

식민세력이 퇴조한 후 기존 정치제도와 서구식 민주주의의 운영은 정치·사회·문화적 전통성에서 완전히 탈피하지 못한 관계로 비효율적이었으며 정부가 추진한 각종 정책은 전 국민을 대표하지 못했다. 그러나 이 점 역시 외세의 지배가 남긴 결과 중의 하나라고 볼 수 있다.

아랍 정치의 군사적 성향도 오스만 제국의 흥망을 중심으로 전개된 동방문제의 성격과 밀접한 관련이 있다. 즉, 군사적 정복국가였던 오스만 제국 내에서 군대는 술탄과의 원만한 관계 때문에 제국 내에서 가장 강력한 지배기구로 군림할 수 있었다. 또한 러시아의 분할 기도와 나폴레옹의 이집트 침입 등으로 제국의 생존이 위협을 받았고 이로써 유럽으로부터 받은 충격은 가장 먼저 군사적인 부문에서 나타났다. 그 결과 서구로부터 군사기술과 기술자들이 유입되었고 이는 군대가 제국 내에서 가장 서구화된 기관으로 발전하는 계기가 되었다. 군대가 입헌주의와 민족주의의 서구사상을 제일 먼저 접할 수 있었던 원인 중 하나는 서구문물이 군대에 제일 먼저 소개되었기 때문이다.[15] 말하자면 19세기의 근대화 작업과 20세기의 민족주의 운동에서 군 장교의 역할은 유럽의 군사적 팽창정책에 의해 반사적으로 일어난 현상이었다.

또한 이 지역을 세계의 여타 지역보다 더 중요하게 만들었던 석유의 개발 역시 이 지역의 부강보다는 이 지역의 불안정을 제고시키고 있다. 이는 고전적 동방문제의 시기부터 외부 열강이 이 지역에 강요했던 논리, 즉 자신들의 세력 균형을 위해 전략적으로 필요하다면 이 지역의 어떤 부분도 강점할 수 있다는 일방적인 사고 때문이다. 말하자면 선진 공업국가에게 중동 석유에 접근할 권리가 당연히 있다고 생각하는 사

---

15) Samuel E. Finer, *The Man on Horseback: The Role of the Military in Politics*(N.J: Frederick A. Praeger, Inc., 1962), pp.6~7.

고는 이미 이 지역에서 수에즈 운하와 인도로의 생명선 확보를 이유로 해협의 중요성을 강조했던 영국식 사고의 유산이다.

특히 중동의 국제정치 상황을 설명하는 데 핵심적인 요소로 아랍-이스라엘의 갈등을 지적하는 것은 중동이 안고 있는 여러 문제 중 하나를 지나치게 과장하는 것일 뿐이다. 실제로 중동의 상황은 다양하고 복합적인 문제로 이루어져 있으며 이중 많은 문제가 이스라엘 문제로 귀착되긴 하지만 이 각각의 문제는 서로 다른 접근법과 독특한 외교적 전략을 필요로 한다. 이스라엘과 관련된 문제, 즉 이스라엘과 이집트, 이스라엘과 시리아, 이스라엘과 요르단, 팔레스타인 아랍과의 관계 그리고 예루살렘의 지위에 관한 문제도 각각 다른 역사적 배경, 정치적·도덕적 문제를 내포하며 따라서 각각 다른 해결 방식이 원용되어야 하는 것이다.

더구나 역사적 전개를 통해 이 문제를 볼 경우 세계평화를 위해 — 이것은 언제나 강대국의 이익과 일치해야 한다는 전제에서이지만 — 이스라엘과 아랍이 똑같은 정도로 양보하기를 기대하는 양시쌍비론(兩是雙非論的)적인 사고는 적어도 아랍의 입장에서는 부당하다. 이스라엘의 존재가 영국의 제국주의와 연합국의 편의주의에 따라 이 지역에 강요된 결과라는 점과 그것이 중동세계 전반에 감당할 수 없는 충격을 던져주었다는 점을 감안한다면 적어도 중동문제의 핵심은 외부의 침투로부터 생겨난 것이다. 강대국 간의 세력 균형이나 강대국 위주의 세계질서의 수립이 특정 지역 주민의 희생을 전제로 할 경우 이는 그들이 주장하는 세계평화에 오히려 역행하게 된다.

따라서 중동문제를 해결하기 위해 강대국들이 주장하는 '평화의 목표' — 그것이 19세기에서 유럽의 질서유지이건 20세기 범세계적 입장에서 국제평화이건 간에 — 는 적어도 '최소한의 질서 가운데 하나(One of minimum order)'라는 개념으로 대체되어야 할 것이다. 그것은 기본적으로 이스라엘의 존재를 인정하는 것이 될 수도 있고, 지역체제적 특성을 이해하는 것일 수도 있다. 중동에서 '평화'를 확보하는 것은 다른 여타 지역에서 평화를 확보하는 것과 마찬가지로 어렵다. 그러나 중동에서 일어나는 각각의 문제가 그 연계적 특성을 벗어나 분리되어 취급될 수만 있다면 최소한의 질서체제를 위한 토대를 구축할 수 있다.

결국 하나의 체제로서 지역적 연대감이 존재하고 이 지역의 다양한 정치주체의 취약성이 극복되지 않은 채 자국세력의 침투를 목적으로 중동을 둘러싼 외부 열강의 경쟁체제가 간단없이 시도될 경우 동방문제의 특징은 계속 유지될 것이다. 한 예로 동방문제의 특징 가운데 하나였던 중동 정치단위들의 다양성도 오스만의 붕괴와 관계없이 뚜렷이 남아 있다.

19세기 중동 측 국제정치 주체들은 기존 국가— 그것이 명목적이던 경우를 포함해 적어도 관료제와 군대를 보유했던 오스만 제국, 이집트, 튀니지, 1860년대 이후의 레바논 등 — 와 군벌, 민족주의 세력, 자칭 국가 등이었다. 이에 대한 금세기 국제정치 주체에서의 변화는 더 많은 신생국들이 생겨났다는 것이며 군벌은 더 이상 국제정치 무대에 나타나지 않게 되었다는 것이다. 종교적인 정치운동들의 위상도 세속적 세력에 의해 중화되는 등 그 변화는 뚜렷했다.

그러나 종교적 정치운동의 경우 이집트에서 무슬림 형제단이 정치적 잠재력을 가지고 1920년대에 등장함으로써 새로운 가능성을 제시했으며 세속적 국가체제 속에서도 이집트와 시리아에서의 종교정치적 원리주의, 레바논에서의 기독교 시온(Christian Zion)을 창설한 마론파의 노력, 시아파의 정치활동 등은 계속되고 있다.

또한 19세기 다변주의가 초강대국에 의해 양극화됨으로서 동방문제의 다변성이 이원적으로 개조된 것처럼 보일 수 있다. 그러나 다변주의가 계속되고 있다고 보는 것이 더 타당하다. 두 초강대국에 의한 세계분할이 얼마 되지 않아 와해되고 유럽공동체 및 비동맹 제3세계 국가군의 출현, 핵확산 등으로 초강대국의 의미 자체가 퇴색해가는 상황과 동방문제 시기에서도 예외 없이 두 세력 집단이 전면에 부각되었던 점 등을 감안한다면 이 구조의 기본적인 틀은 결코 훼손되지 않고 있다.

영국, 미국, 소련 등의 외부 열강과 아랍주의 등의 내부 세력이 중동 지역에서 행한 헤게모니의 추구 또는 지역 통합 노력은 결국 실패했음이 입증되었다. 이렇게 볼 때 동방문제 체제는 다른 국제체제에 비추어 상당한 정도의 안정성과 지속성을 지닌다고 볼 수 있다. 따라서 동방문제 체제는 이러한 체제에 익숙한 사람들에게 많은 전략적 이익을 가져다줄 수 있다.

그러나 이러한 체제적 안정성과 예측성에도 불구하고 동방문제 정치는 체제와 관련된 자들에게 많은 대가를 강요한다. 즉, 군사적인 필요에 따른 경제력의 소진, 지속적인 정치세력들 간의 그룹 내 폭력 행사, 중동정치에 대한 다양한 외부 영향력의 침투 등이 이 지역에 필요한 정치적·경제적 발전의 장애가 되는 것이다.

또한 참여자들의 직접적이고 전술적인 목표가 기존 동방문제 구조에 잘 적응함으로써 이익을 확보하는 것이지만 그렇게 행동하는 측이 얻을 수 있는 것이라고는 기껏해야 자신의 직접적인 이익과는 별 상관이 없는 이 지역의 체제 유지가 고작이었다. 왜냐하면 동방문제 게임 자체가 참여자들에게 상당한 위험을 강요하기 때문에 각각의 행위자들에게 최선의 전략은 사실상 모두에게 부가되어 있는 벌칙이 사라지도록, 적어도 그러한 벌칙이 줄어들도록 게임을 재구성하는 것이었다.

이상과 같은 중동 국제정치 체제에 관한 연구를 통해 이끌어낼 수 있는 결론은 이 지역의 강한 체제적 특성 중의 하나는 어떤 외부국가도 중동을 지배하거나 재편할 수 없으며 가까운 장래에도 그럴 전망은 없어 보인다는 것이다. 또한 앞으로도 그러한 시도로 얻을 수 있는 것은 비용에 비해 형편없을 것이라는 점이다. 따라서 논리적 귀결은 동방문제 구조를 극복할 수 없는 한 외부의 개입은 최소한에 그쳐야 가장 바람직하다는 것이다. 영국의 오스만정책과 아랍정책, 존 F. 덜레스와 키신저 등의 아랍정책은 모두 그러한 문제에 직면했다.

똑같은 논리로 동방문제의 역사를 통해 밝혀진 바는 중동 내의 어떤 국가도 지역적 패권을 구축하기란 불가능했다는 것이다. 무함마드 알리나 나세르는 이를 추구했으나 실패했다. 20세기 초 25년에 걸친 하심가의 노력과 불운도 주로 이러한 체제적 특성과 관련이 있었다.

결국 중동을 국제평화의 교란적 요소로 독단하는 외부 세계의 견해는 그들에 의해 그러한 불안정이 배태되었고 이 지역 분쟁의 발발이 항상 그들이 관련되어 있었다는 엄연한 사실을 외면하는 것으로 이는 고전적인 동방문제의 시기에 이 지역을 세력 팽창을 위한 강점의 대상으로서 하나의 '문제(Question)'로 규정했던 과거의 발상의 연장에 지나지 않는다. 이 지역이 여러 문제점을 안고 있지만 적어도 이 지역이 지역 주민들의 생존권역으로서 가치를 가지고 있음을 인정한다면 이 지역의 희생이 외부 열강의 편의적 이해나 팽창주의의 수단으로 전제되어서는 안 된다. 그뿐만 아니라 외부 세력의 그러한 정책은 결국은 실패하거나 많은 대가를 지불할 수밖에 없을 것이다.

제2부 중동의 현재와 미래

제 7 장

걸프전과 그 여파

1. 새로운 세계질서와 중동

1989년에 조지 H. W. 부시(George H. W. Bush, 부통령: 1981~1989, 대통령: 1989~1993)가 대통령에 취임했을 때 미국의 새로운 행정부는 과감하고 유망한 중동평화 구상에 나설 것으로 기대되었다. 샤미르 수상의 유별나게 비타협적인 태도만 아니라면 모든 것이 제자리를 잡아가고 있는 것처럼 보였다. PLO는 이스라엘의 '생존권(right to exist)'을 받아들였고 이집트는 평화일정을 거들기 위해 열심이었다. 당시 미국의 유대인들은 샤미르에 더 이상 인내할 수 없어 더욱 합리적인 해결 방안을 찾고 있었다. 또한 소련은 분쟁을 단계적으로 축소하기 위한 건설적인 역할을 수행 중이었다. 냉전이 극적으로 와해된 것이다. 새 대통령과 제임스 베이커(James Baker) 국무장관은 그러한 상황을 최대한 활용하는 데 적임자들이었고 또한 그럴 의향도 있었다. 이러한 상황으로 '전략적 합의'의 본래의 개념은 부시에게 진부한 것이 되었다. 부시와 베이커는 실질적인 진전을 이루기 위해 천천히 출발했으나 그들 앞에는 어려움이 놓여 있었다.

새로운 '베이커 구상(Baker initiative)'의 주요한 목적은 국제회의나

'영토와 평화의 교환(Land for Peace)' 공식에 대한 언급 없이 이스라엘과 PLO 간의 협상을 진척시키는 데 있었다. 그러나 이것은 평화일정에 대한 미국과 이스라엘, 이집트 간의 지루하고 무익한 난상토론만을 낳았다. 어쨌든 결과적으로 베이커의 구상은 근본적인 쟁점을 회피할 수 있게 시간을 벌어줌으로써 샤미르를 도왔다. 점진주의적인 미국의 구상은 장래 협상의 환경을 조성하도록 구상되었는데 거기에는 현실적 관계(on realistic terms)에서의 평화를 결코 바라지 않는 이스라엘을 달래기 위한 시도도 포함되었다. 그러한 구상은 대부분의 사람들의 기대에 역행하는 것이었다. 이 구상은 또한 점령지에서의 인티파다(1987. 12)와 냉전의 퇴조로 전략적 동맹국으로서 이스라엘의 가치가 현저히 감소한 데 따른 급격한 변화를 고려하지도 못했다.

평화일정이 지체되는 가운데 1990년대 중동은 또다시 격렬한 대결과 전쟁을 경험했는데 그것은 세계적인 차원의 질서 재편과 어느 정도 관련이 있었다. 세계적인 시각에서 보면 걸프 사태는 거의 한 세대 이상 국제적 안보환경을 지배하던 냉전구조가 와해되는 과정에서 나타났으며 걸프 사태를 해결하는 과정은 새로운 규칙의 국제정치 게임이 시작되고 있음을 보여주었다. 부시에 따르면 1990년의 걸프전은 "일개 소국가가 아니라 더 많은 국가"에 관한 문제로 "다른 국가와 더불어 일하는 새로운 방법, 분쟁의 평화적인 해결, 침략에 대항하는 결속, 무기의 감축과 통제, 모든 국민에 대한 정당한 취급"을 내용으로 하는 "커다란 이념으로서의 새로운 세계질서(New World Order)"에 관한 것이었다.[1]

부시가 사용한 개념이 실제로 어떤 것이었든 국제정치의 논의에서 '세계질서'는 대단히 다른 두 가지의 의미로 사용된다. 현실주의자들은

---

1) Joseph S. Nye, Jr., "What New World Order?" *Foreign Affairs*, 71(Spring, 1992), p.83.

국제정치가 서로의 힘의 균형을 이루는 주권국가들 간에 발생하는 것으로 보는데 이 경우 세계질서는 주요 국가 간의 세력이 안정적으로 배분된 산물로 여겨진다. 한편 자유주의자들은 국가들과 함께 인적관계를 눈여겨보는데 이 경우 질서는 국제법이나 유엔 같은 조직을 통해 생겨나기도 하지만 민주주의 같은 광범위한 가치로부터도 생겨나는 것으로 여긴다.

새로운 질서의 개념이 현실주의자들의 시각처럼 세력 균형의 연장으로서 단순한 세력 재편을 의미하는 경우 '새로운 세계질서'는 걸프전에서부터가 아니라 1989년 소비에트 연방의 붕괴로부터 시작되었다고 보는 것이 옳다. 그러나 새로운 질서가 새로운 게임 규칙을 의미한다면 이는 걸프전으로 새삼 확인된 것으로 초국가적 커뮤니케이션, 주민들의 국가 간 이주, 그리고 경제적 상호의존성의 급속한 증대 등으로 국제정치에서 국가주권의 영역에 대한 새로운 입장이 출현한 것이라고 말할 수 있다.[2)]

특히 구조적 현실주의자들은 국제체제가 무정부성으로 특징지어지며 국가는 그러한 체제 속에서 생존을 추구하는 유일한 행동 단위라는 개념을 전제로, 냉전체제 종식 후 앞으로의 시대는 몇몇 열강으로 이루어진 새로운 사회가 제2차 세계대전 이전에 존재했던 변화무쌍한 동맹과 불안정한 다극적 시대로의 복귀를 주도하게 될 것이라고 예언한다.[3)]

---

2) 이라크의 무기와 난민의 문제 그리고 재정적인 규제까지 다루었던 유엔 안전보장 이사회 결의안 687호와 688호가 이러한 점을 여실히 보여주는 한 예다. 특히 1991년 4월 3일에 통과된 결의안 687호는 그 길이와 범위, 상세함으로 유엔가(街)에서는 '모든 결의안의 모체'로 알려져 있을 정도다. Alan Dowty, "The Political and Military Implications of the Gulf War in the Emerging New World Order," paper delivered at 1992 International Conference of the Korean Association of International Studies, p.11.

제임스 슐레진저(James Schlesinger)는 다음과 같이 지적했다.[4]

냉전 후의 세계는 격변의 충돌 모험이 감소됨으로써 훨씬 안전할 것
같이 보이지만 그렇지 않다. 오히려 안정성이 디욱 희박할 것이다. 조
지 H. W. 부시 정권은 '새로운 세계질서'라는 말을 창출해냈다. 만약
이 신조어가 세계질서가 냉전세계의 팽팽한 분할(strict divisions)로부터
현저하게 '바뀌었다(altered)'는 것을 뜻한다면 이것은 분명 맞는 말이
다. 그러나 만약 새로운 세계질서가 참신해지고 새로운 안정에 의해 특
징지어질 것임을 뜻한다면 이는 지나치게 비현실적일 수밖에 없을 것
이다. 미래의 세계질서는 1939년 이전에 존재했던 세계로 복귀하는 것
이며 가장 뚜렷한 것은 권력정치, 국가 경쟁, 인종 간의 긴장 등으로
특징지어진 제1차 세계대전 직후의 세계로 되돌아간다는 것이다.

말하자면 앞으로 다가올 시대는 양극체제에 비해 훨씬 불안정할 것
이라는 의미이다. 그러나 그러한 견해에 반대하는 측은 국가와 국제체
제의 본질이 구조적 현실주의자들이 주장하는 것과는 근본적으로 달라
졌기 때문에 앞으로 수십 년 동안 강대국 간의 상호작용 양상은 세력
균형 정치에 의해 규정되지는 않는다고 주장했다. 이들에 따르면 장래
의 열강은 여러 종류의 행위자 가운데 하나로 부의 극대화에 주로 초점
을 맞출 것이며 단순히 국가들의 체제 안에서(within a system of states)가
아니라 국제사회 안에서(within a international society) 활동하게 될 것이

---

3) 예를 들어 Thomas J. Christensen and Jack Snyder, "Chain Gangs and Passed Bucks:
   Predicting Alliance Patterns in Multipolarity," *International Organization,* 44(Sp-
   ring, 1990), pp.137~168.
4) James Schlesinger, "New Instabilities, New Priorities," *Foreign Policy,* 85(1991), p.4.

다. 그리고 그들은 동맹의 균형에 관여하지 않을 것이며 국제적인 분쟁을 해결하고 안보를 증진하는 데 무력의 위협 또는 사용보다는 협상과 타협을 선택할 것이다. 이러한 국제사회에서 주요 열강은 일련의 공유된 규범, 즉 경제적 자유주의 그리고 정치적 민주주의를 추구하게 된다. 강대국 간의 갈등은 여전하겠지만 그러한 갈등은 전장이나 지휘, 통제부 내에서가 아니라 회의실 또는 법정에서 펼쳐질 것이다.

이러한 양측의 입장과 관련해서 제임스 M. 골드가이어와 마이클 맥폴(James M. Goldgeier & Michael McFaul, 1992)의 핵심부와 주변부의 구분은 시사적이었다. 이들에 따르면 핵심부에서는 경제적 상호의존성, 정치적 민주주의, 그리고 핵무기가 안보 딜레마를 감소시켜 열강의 팽창 욕구는 줄어든다. 그 결과 나타나는 국제관계는 국제정치의 자유주의적 모델과 일치한다. 이곳에서 분쟁이 사라지지는 않겠지만 그렇다고 그 분쟁이 군사적으로 해결되지는 않는다. 그러나 주변부에서는 신중한 태도를 유도할 수 있는 절대적 억지가 존재하지 않는다. 그리고 민주주의에서 왕정에 이르기까지 다양한 정치체제가 이웃에 공존하며 주변국 간의 상호의존성이 핵심 국가에 대한 종속에 부수적이며 내부적 불안정뿐 아니라 부와 인구, 보호의 목표로부터 연유하는 팽창에 대한 압력이 여전히 존재한다. 이러한 조건하에서 구조적 현실주의는 핵심 지역에서 국가 행태를 설명하는 데는 부적합하지만 주변부 내의 지역적 안보체제를 이해하는 데는 적실성을 가진다는 것이다.5)

20세기의 마지막 10년이 시작될 무렵 사람들은 중동에서도 역시 구질서가 사라지고 '새로운 세계질서'가 등장할 것이라고 말했다. 그러나 그 구체적인 윤곽은 정확히 드러나지 않았다. 문제는 적어도 중동에서

---

5) James M. Goldgeier and Michael McFaul, "Periphery in the post-cold war era," *International Organization,* 46, 2(Spring, 1992), pp.469~470.

는 냉전 후의 유럽과는 달리 여전히 군사력의 균형이라는 전통적 견해
가 핵심적인 지혜가 되고 있었다는 것이다. 중동에서는 근본주의 이슬
람 국가들이 이스라엘과 안보영역을 공유하고 있었으며 이스라엘과 아
랍 간의 그리고 이라크와 쿠웨이트 간의 분쟁은 이 지역의 지도자들이
자신의 지배를 보장하고 국가를 보존하기 위해 군사력의 증대를 추구
하도록 강요했다. 이라크의 쿠웨이트 침공은 사담 후세인이 군사력과
경제적 이익 간의 관계를 간파하고 있음을 보여주었다. 새로운 유전자
원의 추가는 지역적인 그리고 세계적인 견지에서 그의 부와 권력을 증
대시키게 될 것이었다.

　미·소 경쟁 말기에 가속화된 핵심·주변부 간의 이격(離隔)은 중동에서
도 역시 극적인 군사적·경제적 의미를 갖는다. 군사적인 문제에 관해
보자면 이제 열강은 핵심적 이해가 위협받지 않는 한 주변부 국가의
안보를 위해 개입하지 않을 것이며 주변부 국가가 호전적인 행동을 취
하는 것도 자제시키지 않을 것이다. 이것이 뜻하는 바는 발전도상국들
은 이제 안보를 고양하기 위한 수단을 자체 내에서 또는 지역 내에서
찾아야 한다는 것이다. 따라서 각국은 무기의 구매와 국내 무기생산 능
력을 개발하는 데 훨씬 많은 자원을 투입해야 한다. 하지만 모든 나라에
서 그것이 가능하지는 않기 때문에 결과적으로 군사적 화력을 획득하
는 것은 불균등하게 배분될 것이며 따라서 지역적 주도 세력이 출현하
게 될 것이다. 군사적으로 열세인 국가는 현실주의자들의 처방대로 균
형을 추구하거나 강자의 편에 붙는 정책 대안을 추구할 수밖에 없다.
사담 후세인이 지역 패권을 추구했을 때 중동국가들 가운데 요르단은
강자의 편으로 붙고, 이집트, 사우디아라비아, 시리아가 제기된 위협에
대처하는 균형을 선택했던 것은 이 때문이었다.

　경제적인 문제에 관련해 보자면 자본과 무역의 흐름은 핵심부 내에
서 순환할 것이며 주변부는 상대적으로 더 열악해질 것이다. 이 같은

양상으로 주변부에 대한 핵심부의 경제적 지원은 축소될 것이다. 가용한 지원은 점차 거시경제적 구조 조정에 집중될 것이며 핵심 국가들의 수출 촉진에 연계될 것이다. 만약 주변부 국가가 핵심 지역의 경제와 계속적으로 연계하기를 바란다면 산업화된 국가들과 주요 국제대여기구들(The major international lending institutions)에 의해 추진된 남북 간 무역·투자의 형태를 받아들일 수밖에 없을 것이다.

걸프전의 결과 중동은 잠재해 있던 지역의 많은 문제가 표면화되고 심지어 새로운 문제가 부가됨으로써 범세계적이고 안정적인 새로운 국제질서를 모색하는 것과는 거리가 있어 보이는 지극히 유동적인 현실 아래 놓이게 되었다. 그런 가운데서도 이번에야말로 아랍-이스라엘의 문제에 어떤 돌파구를 찾아야 한다는 강박감이 새롭게 부각되었다. 걸프전의 결과는 과연 이러한 문제를 해결하는 데 유리한 환경을 만들어주었을까? 중동에 평화적이고 안정적인 체제를 새로 구축하기 위해서는 새롭게 등장할 세계질서의 윤곽을 잡는 것과 더불어 걸프전에 대한 지역 차원의 결산, 그리고 지역 내 분쟁의 근원에 대한 정확한 재평가가 필요하다.

2. 사담 후세인의 도전: 쿠웨이트 침공

1970년대는 아랍-이스라엘 문제와 아랍 통합운동에서 보면 상대적으로 절제(節制)의 시기였다. 아랍국가들은 1967년 전쟁의 뼈아픈 교훈으로 이스라엘을 파괴하는 것보다는 상실한 영토의 반환 및 팔레스타인인들을 위한 정치적 역할에 몰두하게 되었다. 1967년 이집트와 요르단 양국은 암묵적으로 이스라엘의 존재를 인정하는 유엔 안전보장이사회 결의안 242호를 받아들였으며, 시리아 역시 1974년에 이를 따랐다.

1973년의 전쟁은 분명 외교적 분야에 어떤 움직임을 강제하려는 목적으로 아랍 측에 의해 수행되었다. 전쟁이 발발 직후 이집트와 시리아가 취한 외교 절차의 개시는 새로운 경향을 보여주었으며 이는 1979년 캠프 데이비드 협정에서 절정을 이루었다.

아랍 통합의 문제에 관한 논의 역시 변했는데 통합 모멘트는 국가 대 국가에 기초한 아랍 내부의 협력으로 대체되었으며 통합의 구상은 별로 나타나지 않았다. 더구나 1969년 아라파트의 PLO 의장 피선은 아랍 통합에 대한 호소로부터 벗어나 — 비록 불가피하게 아랍의 틀 속에서 이긴 하지만 — 이제부터는 개별적인 국가와 집단의 이익에 우선적으로 관심이 주어지게 되었음을 의미한다. 1970년 이른바 PLO와 그의 군사 조직 '검은 9월단'의 도전6)에 대해 요르단 후세인 국왕은 팔레스타인에 대한 지지라는 범아랍의 의무보다 요르단 국가가 우선이라고 강력하게 주장했다. 일부의 신랄한 비판에도 그의 행동은 다른 아랍국가들에 의해 자국의 질서를 유지하기 위한 정당 방어로 받아들여졌다. 아랍 통합의 구호는 아랍 협력의 구호로 바뀌었으며 사우디아라비아가 1973년 석유로 얻은 부를 아랍을 위해 사용함으로써 그러한 경향은 더욱 강화되었다.

1990년 8월 이라크에 의한 쿠웨이트의 병합은 제2차 세계대전 후 중동 국제정치에서 반복적으로 논란이 되어온 문제를 다시 한 번 부각

---

6) 1970년 9월 16~27일에 벌어진 요르단 내전에 뒤이어 요르단군이 PLO와 파타 군대를 요르단에서 쫓아내자 이들은 레바논으로 옮겨가야 했다. 검은 9월단은 이 과정에서 등장했는데 그 집단의 구조에 대해서는 정확히 알려진 것이 없다. 이들은 1972년 9월 뮌헨 올림픽에 참가 중이던 이스라엘 선수 11명을 살해해 국제적인 악명을 떨쳤다. 이후 검은 9월단과 파타의 정규 군사조직은 이스라엘에 대항하는 여러 테러활동에 가담했다. 1973년 PLO는 이들의 활동을 중지시킨 것으로 알려져 있다.

시켰다. 그것은 바로 유럽 식민주의에 의해 이 지역에 부과된 국제체제에 대한 국지적 세력의 완강한 저항이었다. 유럽에서 연유한 베스트팔렌 식의 주권국가 체제에 대한 강력한 도전은 중동정치에서 나타나는 특징 몇 가지를 설명해준다. 국가 간의 경계나 많은 국가들 자체를 없앨 수 없다면 이를 완전히 재조정하려는 급진적 외교 목표, 이러한 목표를 달성하기 위해 다른 국가의 국내문제에 개입하는 이른바 불법적인 수단의 채용, 그리고 결국은 타협을 어렵게 만드는 분쟁의 궁극적 목표로의 귀착 등이 그것이다.[7]

노먼 J. G. 파운즈(Norman J. G. Pounds)와 수 S. 볼(Sue S. Ball) 같은 지정학자 그리고 빅토르 G. 키에르난(Victor. G. Kiernan) 같은 유럽 국가의 형성 과정을 연구한 사학자의 관점에 따르면 아랍세계의 두 지역은 강력한 국민국가가 성공적으로 구축될 수 있는 '정복 핵(conquering cores)' 또는 '정복 중심부(conquest centers)'의 경제적·인구학적·지리적·행정적·문화적 요건에 근접하게 부합되는데 그중 한 지역은 나일 델타(Nile Delta)와 나일계곡 주변의 저지 이집트(Lower Egypt)이며, 다른 한 지역은 티그리스와 유프라테스 주변의 중심부에 위치한 메소포타미아, 즉 지금의 이라크다. 시리아 또한 일반적으로는 이들 나일 국가와 메소포타미아 국가 간의 경쟁의 초점이자 중요한 세력으로 자주 떠오른다.

영국이 세운 (1958년 전복되기 전의) 이라크의 하심 왕조는 역시 영국이 세운 요르단의 하심 왕조와 함께 국가를 거대한 통일 아랍국가의 핵심 지역(The core)으로 공고히 하려는 다양한 노력에 실패했다. 더구나 미국도 영국도 바그다드 협정과 이라크-요르단의 '아랍연맹연방'을 통해 이라크를 자신들의 반나세르·반공산주의 정책을 위한 믿음직한 구심점으

---

7) F. Gregory Gause III, "Sovereignty, Statecraft and Stability in the Middle East," *Journal of International Affairs*, Vol.45, No.2(Winter, 1992), p.441.

로 이용하는 데 성공하지 못했다. 그러나 1970년대 후반이 되자 이라크는 명성을 얻기 시작했다. 1973년에 유가가 급등함으로써 이라크에 매장된 막대한 양의 석유가 견고한 수입원이 된 것이다. 사담 후세인 정부는 난폭한 권위주의적 성향을 띠긴 했지만 쿠르드족에 문화적 지율성을 제공했으며 광범위한 복지국가에 기초를 두었다. 중앙 집중적으로 후원된 개발정책들은 전국에 걸쳐, 특히 농촌지역과 남부의 시아파 아랍(Shi'a Arab) 주민의 생활 수준을 높이기에 충분했다. 이러한 이유로 이라크는 레바논에 상처를 주고 시리아와 요르단을 위협했던 분파적 분쟁에 덜 취약한 것처럼 보였다.

사담 후세인의 문화정책들은 고대 수메르(Sumerians), 아시리아(Assyrians), 바빌론(Babylonians), 이슬람 황금기의 압바시야(the Abbassiyya) 치하에서 역사적으로 이라크가 지녔던 중요성을 다시 불러일으켰다. 사담 후세인은 전체 아랍세계를 위해 이라크의 정치적 안정, 경제자원, 풍부한 인구, 그리고 소비에트 블록과의 밀접한 연대를 이용할 준비가 되어 있는 르네상스 이라크의 이미지를 강화시켰다. 이라크 관리들은 장래의 석유산업을 위해 석유를 되도록 지하에 많이 남겨두는 것이 이라크와 아랍국가를 위해 훨씬 더 가치가 있을 것이라고 주장했다. 동시에 석유 달러는 아랍지역 밖에서는 투자하지 않을 것이라고 약속했다.

이스라엘에 대한 입장에서는 약간의 그러나 의미 있는 절제에 일부 힘입어, 사담 후세인 정부는 이집트의 이스라엘 정책에 반대하는 아랍의 중심에 설 수 있었으며 이란 혁명기에는 이라크를 아랍세계의 정치적 핵심으로 부각시켰다. 1978년 11월 바그다드에서 소집된 아랍정상회담은 캠프 데이비드 협정과 사다트에 맞서 사실상 전체 아랍세계를 하나로 결속시켰다. 이집트는 고립되었고 아랍연맹으로부터 축출되었으며 카이로에 대한 걸프 보조금도 중단되었다. 1979년에 사담 후세인은 시리아의 아사드와 만났다. 과거 한때 적이었고 이후에도 적이 된 이 두 사람은 그들의 명목적인 두 바아스 체제가 정성 들여 만든 그러나 이행되지는 않은 연방 도식에 합의했다. 그리고 곧이어 이라크, 요르단, 사우디아라비아 간에 밀접한 유대가 이어졌다.

한편 미국은 1958년 하심 왕조가 사라진 이래 팔레비 왕조를 걸프에서의 자신의 정치적·군사적 지위를 위한 구심점으로 삼았다. 1979년 팔레비 왕조가 전복된 후 미국은 사우디아라비아에 의지하게 되었다. 사우디아라비아는 석유 매장량 측면으로 볼 때 중요한 위치를 차지했고 또한 미국의 군사적·정치적·정보적 활동에 자금을 투입하는 등 많은 도움이 되었지만 이란을 대체하기에는 인구가 너무 적고 군사적으로 미약했다. 이집트가 이를 대신할 수 있는 가능성이 있었다. 그러나 캠프 데이비드 협정 이후 이집트가 고립됨으로써 미국은 이스라엘과 마찬가지로 이집트를 정치적·전략적 자산으로 사용하기 어려워졌다.

1970년대 말과 1980년대 초 미국이 주저하면서도 실제로는 이라크에 편향되었던 것은 바로 이러한 맥락에서였다. 이 새로운 정책은 이라크가 주도한 장기간의 대이란 전쟁에 미국과 서구세계가 이라크에 지원한 막대한 원조로 나타났다.[8] 조지 H. W. 부시 행정부는 사담 후세인에게 55억 달러 상당의 차관을 제공해주었는데 사담 후세인은 이 돈으로 핵무기 개발을 가속화시켰다. 서구인들은 이라크의 쿠웨이트 침공보다 더 잔인하고 파괴적이던 이란과 이라크 간의 전쟁을 문명에 대한 또는 서구의 이해에 대한 위협으로 인식하지 않았다. 실제로 서방의 외교관과 식자들은 결정적인 승자 없이 그 전쟁이 오래 지속될수록 더 좋다고 말하곤 했다. 이 때문에 이라크에 대한 지원은 이라크가 패배하지 않도록 하는 그러나 결정적인 승리는 어렵도록 하는 선에서 이루어졌다.

---

8) Dilip Hiro, *The Longest War: The Iran-Iraq Military Conflict*(New York: Routledge, 1991).

이라크는 이란과 전쟁을 치르는 8년 동안 미국의 우방인 아랍의 온건 국가들과 행동노선을 같이할 수밖에 없었다. 이 점은 이슬람 근본주의 국가 이란을 최대의 위협으로 간주하고 이를 봉쇄하기 위해 이라크를 지원하는 미국의 전략과 맞물려 있었다. 이러한 양상은 이집트가 나시 아랍의 테두리로 들어올 수 있는 여지를 마련했으며 시리아가 레바논에서의 미국의 어려운 입장을 이용하지 못하게 함으로써 시리아의 고립을 확실히 했다. 당시 급진 시리아와 이란의 중간에 위치했던 이라크는 이러한 건설적인 정향을 위한 견실한 분별력을 가진 듯이 보였다.9)

그러나 1988년 여름, 전쟁이 끝났을 때 이러한 지역적 양상은 급변했다. 결정적인 사태는 시리아와 이란의 현저한 약화였다. 시리아의 대통령 아사드와 이란의 호메이니는 과거 여러 차례에 걸쳐 언론에 의해 세계에서 가장 위험스러운 존재로 지목되곤 했다. 그러나 그동안 시리아는 경제적 부진, 레바논에서의 곤경, 소련으로부터의 모욕(소련은 이스라엘과 대등한 수준의 군비를 요구하는 시리아의 요청을 거절했다), 심지어 이스라엘 점령지구에서 일어난 팔레스타인인들의 봉기로 팔레스타인 체제에서 영향력을 행사하는 주요 인물임을 자처하던 아사드가 난처한 입장에 빠지는 등 누적적인 효과로 상당히 위축되어 있었다.

한편 1988년 후 이란은 이 지역의 안정을 유지하는 데보다는 국내 안정에 더욱 몰입해 있는 듯이 보였다. 호메이니 사망 후 1980년대 중반에는 마침내 미국이 그토록 갈망하던 온건파의 지배가 이루어졌다. 그러나 온건파가 서구로 전향했음에도 이란이 레바논 인질 사태(1982~1992)를 끝낼 의향과 능력이 없었기 때문에 어려움을 겪게 되었다. 이러한 결과는 사담 후세인의 편의에서 보면 이란이 외부 세계와 연계할

---

9) Peter W. Rodman, "Middle East Diplomacy after the Gulf War," *Foreign Affairs*, Vol.70, No.2(1991), p.1.

수 있는 결정적인 기회가 없어짐으로써 자신에게 덜 위협적인 상황이 되었다는 의미였다. 사담 후세인은 아마도 어쩔 수 없이 이제까지의 노선을 걷도록 만든 지역적 구속으로부터 자신이 자유스러워졌다는 사실을 깨달았을 것이다. 사담 후세인은 자신이 기울인 침략적인 군비강화 노력과 막강한 산유국(OPEC의 2위국)으로서 부상한 이라크의 위치에 고무되어 새로운 지역 지배를 꿈꾸게 되었다.

사담 후세인에게는 이를 위해 사용할 무기가 몇 가지 있었다. 바로 초국가적 이데올로기로서의 범아랍주의, 언제나 전가(傳家)의 보도(寶刀)처럼 사용할 수 있는 반제국주의(반미주의), 가난한 국가들의 걸프 부국에 대한 불만, 팔레스타인 문제 등이었다. 사담 후세인은 아랍세계의 '식민지 국경'에 대해 불만을 제기했다. 그 국경은 기만이자 부자연스러운 것이었다. 그 국경은 한쪽에는 엄청난 인구를 다른 한쪽에는 아랍의 부를 편재시켰다. 사실 사담 후세인도 제1차 세계대전 후 영국이 만든 정치체제 — 메소포타미아의 황무지에 놓인 오스만 제국의 세 공국, 즉 바그다드, 모술, 바스라를 합해 만든 국가— 를 통치하고 있었다. 영국은 이런 식으로 '아랍 국민국가'를 만들어냄으로써 터키가 강력하게 주장한 이라크 북방에 대한 권리와 쿠르드족의 쿠르디스탄 구릉지대에 대한 자치 요구를 무시하고 이라크가 편의적인 국경을 가지도록 만들었던 것이다.[10]

지난 수세기 동안 중동에는 '대시리아', '나일계곡 연합', '아라비아 반도 연합', '아랍 마그레브 연합(Arab Maghreb Union)'[11] 같은 자연스러

---

10) Fouad Ajami, "The Summer of Arab Discontent," *Foreign Affairs*, 69, 5(1990), p.2.
11) 1982년 2월에 모로코에 모인 알제리, 리비아, 모리타니, 모로코 및 튀니지 정상이 조약에 서명함으로써 수립되었다. 유럽공동체를 모델로 만들어진 이 연합은 1992년에 단일 유럽시장이 선포될 때를 대비한 조치라고 볼 수 있으며, 국경을 초월한 지역 내의 자유 거래, 무역 경제협력의 활성화를 근본 목적으로 하고 있다. 그러나 포고문에서는 이 연합의 결성이 전진적인 전 아랍 통합을 위한 첫걸음

운 아랍의 통합 개념이 등장했지만 어떤 것도 성취되지는 못했다. 이러한 통합 개념은 여러 국가의 수뇌와 지역 정치인의 반대에 부딪쳤으며, 민족주의자들은 그러한 지역 집성체가 더욱 크고 바람직한 아랍의 통합을 지연시키는 교묘한 시도라고 저항했다.

많은 아랍인들이 아랍국가의 지도자가 되기를 열망했지만 모로코에서 오만에 이르는 통일 아랍국가의 윤곽을 구체화시킨 이는 이집트의 나세르뿐이었다. 아랍세계 전체가 하나이던 기억, 서구 열강의 배신의 점철, 역사를 바로잡을 지도자의 꿈 이런 것들이 30년 전 나세르를 지배했다. 나세르는 아랍의 비스마르크가 되고 싶어 했지만 그에게는 프러시아 지도자가 가지고 있던 교활함, 영민함, 그리고 힘이 없었다. 그의 사후 리비아의 카다피가 아랍 지도자의 역할을 꿈꿨으나 그는 돈밖에는 가진 것이 없었다. 이제 사담 후세인이 제2의 살라딘(Saladin)을 자처하며 이러한 역할에 도전했다.

1988년에 이란-이라크 전쟁이 끝났을 때 이라크는 서방과 소련으로부터 무기를 구매하는 데 석유달러를 탕진해 경제적으로 피폐해졌다. 특히 저유가 시대로 접어들면서 이라크는 전후 경제건설을 위한 석유수출에 어려움을 겪게 되었다. 사담 후세인은 아랍 산유국들이 이라크의 전쟁복구 사업에 냉담한 반응을 보이는 데 분노했다. 더욱이 이라크는 페르시아 만으로 진출하기 위한 샤트 알 아랍 경제수로를 사용할 수 없었기 때문에 오직 쿠웨이트의 부비얀(Bubiyan)과 와르바(Warba) 섬을 이용한 무역항구 건설이 유일한 대안이었다. 이에 전쟁 중 쿠웨이트가 이라크 영토의 일부를 포함한 북부 루마일라(North Rumaila) 유전을

이라고 강조했다. 알제리의 지속적인 노력으로 이 연합이 결성되긴 했으나 과격한 범아랍주의자인 카다피는 이 연합에 차드, 말리, 니제르(Niger) 및 수단까지도 포함시키자고 주장했다.

개발함으로써 이라크가 정치적 목적을 달성하기 위한 구실을 마련해주었다. 이라크는 군사적으로 막강했으며 정치적으로도 응집력이 있었다. 이라크의 군사조직에 의해 거의 직접적으로 이해를 보호받던 쿠웨이트, 사우디아라비아, 그리고 다른 걸프지역의 산유국들은 이제 바그다드에는 유혹적인 표적으로, 심지어 사담 후세인의 정당한 유산으로 보였다.

1990년 초에 사담 후세인은 전략을 수정했다. 그는 지난 10년간 아랍세계에서 자신을 미국의 가장 친근한 동반자로 만들었던 정책들을 포기했다. 사담 후세인의 대미정책 변화는 매우 극적이었는데 이는 소련이 붕괴함으로써 미국이 중동에서 가장 핵심적인 외부 세력이 될 것이라는 데 충격을 받았기 때문이다. 그의 반응은 미국에 대한 새로운 복종도 아니고 이란과의 전쟁 기간에 생겨난 관계의 연장도 아니었다. 변화된 대미정책은 사담 후세인의 전략적 반전을 보여주었는데 그것은 바로 반미주의의 폭발이었다. 반미는 급진주의에 편리한 무기가 될 수 있었으며 사담 후세인이 이루려던 지역적 야심을 감추는 데도 도움을 주었다.

1990년 2월 암만(Amman)에서 열린 아랍협력위원회(Arab Cooperation Council) 연설에서 그는 냉전의 종식을 아랍의 재앙으로 묘사했다. 즉, 소련의 유대 이민들이 이스라엘로 대거 유입되고, 아랍은 소련으로부터 지원을 잃고, 이스라엘은 미국으로부터 전략적 횡재를 향유하게 되리라는 것이었다. 따라서 미국의 야심을 저지시킬 수 있는 대항력이 필요하다고 강조했다.12)

5월에 사담 후세인은 미국의 중동정책을 변화시키기 위한 새로운 방법으로 대미 석유금수를 주장했다. 여기에는 생산 과잉을 초래해 유가

---

12) The Editers, "Saddam Husayn on the Post-Cold War Middle East," *ORBIS*, 35, 1, pp.117~119.

를 하락시키고 이라크가 경제적·군사적 강대함을 유지하는 데 필요한 재원을 거부하는 쿠웨이트와 아랍에미리트연합에 대한 분노가 깔려 있었다. 사담 후세인은 쿠웨이트가 GCC 내의 동반국들로부터 질시를 받고 있다는 사실을 알았다. 또한 사우디아라비아와 이란도 이라크와 마찬가지로 OPEC 합의의 존중을 거부하는 쿠웨이트에 몹시 분개하고 있음을 알았다. 사담 후세인의 입장에서 보면 쿠웨이트 보수정권은 이란 혁명에 대항해 오랫동안 싸워온 이라크의 봉사에 크게 은혜를 입었으며 그는 쿠웨이트의 보호자이자 헌병이었다.

미국과 사담 후세인의 아랍 우방은 그러한 변화에 대처하는 데 너무 느렸다. 그들은 사담 후세인의 일련의 행보가 보기와는 달리 결정적인 것은 아니기를 바라면서 어떤 이해의 수렴이 남아 있을 것이라는 희망에 너무 오랫동안 집착했다. 조지 H. W. 부시 행정부는 사담 후세인의 암만 연설에 대해 이것이 이라크 정책의 변화를 의미하지는 않으며 그와의 협력이 아직도 가장 최선의 정책 대안이라고 선언했다. 미국은 실질적으로 쿠웨이트를 침공하던 날까지 사담 후세인에게 원조를 제공했다. 침공이 있기 두 달 전에 부시 행정부는 상원 대표단을 파견했는데, 상원의원들은 사담 후세인에게 호의를 보이고 다량의 원조도 약속해주었다.[13] 그렇지 않았더라면 사담 후세인 정권은 1991년 3월 시아파의 반란으로 전복될 수도 있었다.

당시 부시 행정부의 외교 팀은 중동문제와 이스라엘에 대한 정책에서 보기 드문 실용주의자들이었다. 이들은 감정적인 정책 입안자들이 아니었으며 이스라엘과의 특별한 관계에도 크게 구애받지 않았다. 1989년 5월 샤미르 수상은 미국의 압력과 이스라엘의 여론에 밀려 캠프 데이비드 자

---

13) 노엄 촘스키·질베르 아슈카르, 『촘스키와 아슈카르, 중동을 이야기하다』, 강주헌 옮김(서울: 사계절, 2009), 44~45쪽.

치안에 근거해서 PLO에 서안과 가자지구에 대한 정치협상을 제의했으며, 1989년 5월 아라파트는 파리에서 이스라엘의 생존권을 부정하는 팔레스타인 민족헌장 조항이 무효임을 선언했다. 이로써 미국의 중재로 양측의 대화가 시작되었으나 팔레스타인 투쟁조직의 이스라엘에 대한 공격(5. 30)으로 협상이 중단되기도 했다. 부시는 PLO와의 대화 재개를 여러 번 피력했지만 구체적인 조치를 취하지는 않음으로써 부시 행정부가 과연 중동의 평화일정과 아랍-이스라엘 분쟁의 균형 있는 해결을 얼마나 중요하게 생각하는지 의문을 불러일으켰다.

이러한 과정 속에서 일어난 하나의 중요한 변화는 6월, PLO가 외교적 초점을 이집트에서 이라크로 변경하기 시작한 것이었다. 사담 후세인은 PLO와의 특별한 관계가 아랍 대중 사이에서 새롭게 등장하는 자신의 이미지에 결정적인 영향을 미치는 것으로 여겼다. 지배세력인 알 사바 가문(Al-Sabah family)을 공격하는 일이 사담 후세인이 수행하려는 역할과 연계되어 있었음에도 그에게는 쿠웨이트 병합보다 자신의 이미지를 배양하는 것이 더 중요했다.

사담 후세인은 1990년 7월 중순부터 쿠웨이트를 위시한 걸프 만의 보수왕국에 맹렬한 정치공세를 취했다. 7월 17일, 그는 쿠웨이트와 UAE가 OPEC의 석유 생산 쿼터를 위배하고 과잉 생산을 계속해 연초 배럴당 20달러 50센트를 웃돌던 원유 가격을 13달러 60센트로 하락시켰다고 비난했다. 쿠웨이트는 1일 150만 배럴로 책정된 쿼터를 50만 배럴이나 초과 생산했고 UAE는 쿼터가 11만 배럴인데 90만 배럴을 초과 생산했다는 것이다. 다음 날인 7월 18일, 이라크는 쿠웨이트인들이 쿠웨이트-이라크 국경분쟁 지역에 들어와 24억 달러어치의 원유를 채굴해갔다고 비난하며 이에 대한 배상을 공개 요구하고 나섰다. 이라크의 주장은 이란-이라크 전쟁이 시작되자 쿠웨이트인들이 석유를 도굴해갔다는 것이었다.

이라크의 비난과 공세에 맞서 쿠웨이트는 7월 20일, "이라크의 비난은 이란-이라크 전쟁비용의 채권에 대한 채무를 불이행하려는 것이 목적이다"라고 역공세를 취했다. 외채 사정이 악화되어 있던 이라크의 1984년 상황을 보면 대외 채무가 약 60억 달러였는데 쿠웨이트를 포함한 아랍국가들로부터 받은 무이자 원조를 포함하면 대외 채무가 약 300억 달러에 달했다. 외채는 전쟁이 끝날 무렵 600억 달러에 달한 것으로 추정되었다.

쿠웨이트와 이라크의 관계가 급격히 악화되자 이집트가 중재에 나섰다. 7월 24일, 무바라크는 양국 간의 분쟁 해결을 위한 회담이 사우디아라비아에서 열릴 것이라고 발표했다. 7월 26일, OPEC 석유장관들은 제네바에서 회동해 이라크의 요구를 받아들여 유가를 배럴당 3달러 인상하기로 합의했다. 8월 1일에는 제다에서 쿠웨이트와 이라크 양국 간의 회담이 개최되었다. 그러나 회담은 2시간 만에 결렬되고 그로부터 24시간 후인 1990년 8월 2일, 국경에 집결해 있던 이라크 군대가 쿠웨이트를 침공했다.

이라크의 쿠웨이트 침공은 아랍세계에서의 이라크 헤게모니를 위한 어엿한 시도였다. 나세르가 그랬던 것처럼 이제는 사담 후세인이 서구 제국주의의 유산과 '다변화되고 분열되고 약화되도록 분리된 아랍국가'라는 서구 신식민지주의의 목표에 대항하는 아랍의 기치를 높이 들었다. 자신들의 이해를 보호하기 위해 (통일예멘14)과 요르단을 제외한) 이 지역의 정부들은 반 사담 후세인 연합에 참여했다. 하지만 베이루트에서부터 나브루스(Nablus), 암만, 사나(Sana), 그리고 알제에 이르기까지 대중은 지도자로서의 사담 후세인에게는 감명받지 않았지만 정치적 야심이 담긴 그의 행동과 설득력 있는 메시지에는 감명을 받았다.

---

14) 남북예멘은 1990년 5월 22일 통일을 선포했다.

이라크의 쿠웨이트 영토에 대한 주권 주장은 1971년 쿠웨이트가 영국에서 독립할 당시부터 대두된 문제였다. 쿠웨이트는 오스만 터키 영토에서는 이라크에 포함된 바스라 지역의 행정 구역이었고, 영국도 터키와 국제협정을 체결할 때 인정했던 문제였다. 사담 후세인의 주장은 영국·프랑스의 사이크스-피코 협정에 의한 중동지역 식민정책의 유산이 현대 국가의 개념인 국경선이 될 수 없다는 것이었다.

쿠웨이트에 대한 침공과 병합이 신속하고 쉽게 이루어질 것이라는 사담 후세인의 군사적 계산은 옳았다. 그러나 역내 세력들이 지지를 보내거나 최소한 침묵을 지킬 것이고 외부 강대국들이 형식적이고 실효성이 없는 항의 수준 이상의 행동을 보이지 않을 것이라는 그의 정치적 추산은 여지없이 빗나갔다. 그의 착오는 변화하는 국제사회의 실상을 고려하지 못한 실수에서 기인했다. 1990년 여름까지의 상황은 수개월 내에 소련 연방이 해체되고 냉전의 종식으로 나아가고 있었다. 사담 후세인은 과거처럼 강대국의 후원자들로부터 위험한 모험에 대해 더 이상 지지를 받을 수 없었음에도 새로운 자유의 이점을 최대로 이용했다. 그러나 여기에는 대가가 따랐다. 그는 중동에서 피해국의 요청을 받은 다른 강대국들로부터 자신을 보호해줄 후견인 강대국을 더 이상 불러올 수 없었으며 그 결과는 참혹했다.

3. 미국의 대응

1990년 8월 이라크의 쿠웨이트 침공과 병합에 관해서 그리고 1990년과 1991년, 이라크 군대를 쿠웨이트로부터 축출하고, 이라크의 하부구조와 산업능력의 상당 부분을 파괴해버렸으며 바그다드의 체제적 기능을 박탈할 정도의 경제제재를 부과하고, 북부 (쿠르드) 이라크의 상당

부분에 대한 주권적 지배를 가혹하게 통제한, 사막의 방패(Desert Shield)
와 사막의 폭풍(Desert Storm) 같은 미국과 연합국의 대규모 개입에 관해
서 많은 글들이 쏟아져 나왔다. 이러한 자료에서 묘사된 사담 후세인은
대부분 무자비한 군사력으로 국제법을 어겨 이웃 국가를 침범하고 국
제안전보장에 대해 참을 수 없는 위협을 가한 국제적 무법자 또는 야수
적인 독재자였다.

1990년 말 사담 후세인의 지지자들은 유럽 제국주의자들이 강요한
인위적인 국경에 대해, 아라비아 반도의 석유를 지배함으로써 아랍세계
전반의 균형 있는 발전에 극복할 수 없는 장애가 되고 있는 금권적 체
제에 대해, 미국이 이라크와는 대조적으로 이스라엘의 호전적인 영토
점령을 취급하면서 사용한 이중적 기준 등에 대해 그들의 주장을 개진
했었다. 그러나 걸프전 후 이러한 문헌들에서 사담 후세인 지지세력의
주장은 무시되었으며 이러한 주장은 실제 상황으로부터 주의를 굴절시
키는 교활한 선전 책동으로 기각되었다.

서구에서 있었던 걸프전과 그 여파에 대한 논의에서 중심 요소는 적
어도 유엔의 구성원이던 기존 국가들의 영토를 보존하는 것이었다. 히틀
러 이래로 문명화된 규범과 약소국가의 권리에 대해 이토록 뻔뻔스러운
위협이 나타난 적은 없었다는 것이다. 미국은 이러한 교의에 매우 충실했
다. 미국 지도부의 능숙하고 가용한 군사능력은 압도적으로 충분해서 미
국이 추정적으로 기초한 집단안보의 이론은 성공적으로 실행되었다. 가
장 중요한 것은 미국과 소련이 중동 위기에서 최초로 함께 행동했다는
사실이다. 미국에게 걸프전은 베트남 패전의 악몽을 떨쳐버리고 미국은
여전히 세계 최강이며 냉전구조가 와해된 오늘날의 세계에서 여전히 꼭
필요한 존재라는 것을 보여줄 좋은 기회가 된 듯했다. 이것은 또한 국내
진보주의자들에게 미국의 군사적 절대 우위가 반드시 지켜져야 한다고
설득할 수 있는 좋은 구실이 되었다. 게다가 아랍 민족주의의 압력으로

1962년 사우디아라비아에서 미군을 철수시킬 수밖에 없었던 좌절을 만회할 수 있는 좋은 여건을 마련해주었다. 이제 미국은 그것을 행동으로 과시하기만 하면 되었다. 그 결과는 안전보장이사회에서의 눈부신 협력으로 나타났다.

미국의 주도로 유엔 안전보장이사회가 소집되어 이라크군의 즉각적인 철수를 요구하는 결의안을 의결했으나 사담 후세인은 이를 무시했다. 유엔 안전보장이사회는 이라크가 1991년 1월 15일까지 쿠웨이트에서 철군하지 않을 경우 모든 필요한 수단을 사용해 이라크군을 축출한다는 '무력 사용 승인 결의안'을 또다시 통과시켰다. 미국은 이를 전후해 이라크전에 대비한 다국적군의 결성을 주도해 미군 43만 명을 포함한 다국적군 68만 명을 페르시아 만에 집결시켰다. 베이커 국무장관과 딕 체니(Dick Cheney) 국방장관은 사우디아라비아를 방문해 파드(Fahd bin Abdul Aziz al-Saud: 1982~2005) 국왕을 설득해 대규모의 미군 부대를 사우디아라비아에 배치하는 데 동의하게 만들었다. 이라크가 쿠웨이트를 침공한 지 5일 만인 8월 7일, 조지 H. W. 부시 미국 대통령의 명령에 따라 미군은 '사막의 방패작전'을 개시했다. 우선 82공정사단 2,300명이 선발대로 신속하게 공수 배치되었다. 이어 미군 해군과 전략공군도 신속히 보강되었다. 82공정사단의 잔여부대와 기갑부대, 그리고 기계화 부대가 후속적으로 공수되었다. 제2차 세계대전 이후 최대의 수송작전이 실시된 것이다.

미국은 사우디아라비아 왕국을 보호하고 걸프 만의 석유와 질서를 보호하기 위해 소련까지 동참시켰다. 1990년 9월 9일 헬싱키에서 만난 부시와 고르바초프는 양측이 '새로운 국제질서'라고 간주하는 그 무엇인가를 위한 공동전선을 성립했다.

10월 30일 부시는 사막 방패군의 대규모 보강을 명령함으로써 군사력도 25만 명에서 55만 명으로 2배 이상 증강했다. 그것은 남베트남에 투입된 것보다 큰 규모였다. 1991년 1월 17일 새벽 3시 드디어 '사막의 폭풍'으로 명명된 대 이라크 공격이 대규모 공습과 함께 시작되었다. 아파치 헬기에 의한 이라크 대공 레이더 기지의 파괴를 신호로 F-117 스텔스 폭격기를 비롯한 각종 최신예 공군기와 크루즈 미사일 등이 동원된 다국적군의 대공습이 시작되었는데 이 대공습은 약 1개월 동안 10만여 회에 걸쳐 실시되었다. 미국은 이 대규모 공습작전을 통해 이라크의 주요 시설, 특히 대공망과 화생방 무기 제조시설, 공군기지, 지휘통제 시설을 맹타함으로써 이라크의 대응능력을 마비시켜버렸다. 이라크는 대공포와 대공미사일로 공습에 맞섰으나 이미 표적추적 능력을 상실한 위협사격에 불과했다. 또한 일부 공군기를 출격시켰으나 무기체계, 전술작전 능력에서 연합군의 전투기를 따를 수 없어 대부분 격추되고 말았다.

1991년 2월 24일 새벽 4시를 기해 지상작전이 개시되었다. 지휘통제 체제가 마비된 상황에서 이라크 지상군의 저항은 무기력했다. 기갑전에서도 이라크의 주력전차인 T-72는 미군의 M1A1 전차의 상대가 될 수 없었다. 24일 오후에는 이라크가 자랑하던 공화국 수비대도 여지없이 무너져버렸다. 2월 28일 부시 대통령은 일방적인 살육전쟁이라는 국내외 여론을 의식해 이라크군의 궤멸을 눈앞에 둔 상황에서 서둘러 공격중지 명령을 내림으로써 걸프전은 사실상 막을 내렸다. 이라크는 41개 사단이 궤멸 또는 무력화되고 사망자 20만여 명과 포로 10만여 명이라는 혹독한 대가를 치르고 패배했다. 걸프전은 미국의 정책과 군사전략에 의해 일방적으로 전개되었으며 외교적·군사적으로도 미국의 압도적인 승리였다.

그러나 1991년 1월 17일 시작된 (미국 주도의) 연합군과 이라크 간의 전쟁은 간접적으로 평화일정에 관한 워싱턴의 향후 입장과 그 맥락에서 이스라엘 관계에 심각한 문제를 제기했다. 1990년 봄, 베이커 구상의 실패는 향후 몇 달 동안 쿠웨이트에 대한 사담 후세인의 정책을 형성하는 데 일조했다. 아랍세계의 소외된 사회세력으로서 카리스마적 지도자의 위치를 떠맡은 사담 후세인은 팔레스타인 대의를 내세움으로써 이라크가 쿠웨이트에서 철수하는 조건으로 서안과 가자지구에서 이스라엘을 물러나게 하려 했다. 부시는 이러한 조건을 단호하게 거절했지만 연합군과 이라크의 전투가 개시되면서 이스라엘의 점령은 중동을 불안정하게 만드는 주요한 근본 원인으로 부각되었다. 부시가 침략에 대응하는 견지에서 이스라엘의 철수를 이라크의 쿠웨이트 병합과 연계시키기를 거부한 것이 옳았다 할지라도 어떤 면에서는 '새로운 국제질서'가 중동에 적용될 경우 점령지에서의 팔레스타인 자치는 핵심적 부분으로 취급되어야 했다.

　이라크가 이스라엘에 스커드 미사일 공격을 가했을 때 부시 행정부는 이를 계기로 이스라엘이 전쟁에 나섬으로써 연합군에 참여한 아랍 국가들이 이탈하는 사태가 일어나지 않도록 적극적인 노력을 기울여야 했다. 로렌스 이글버거(Lawrence Eagleburger) 국무차관은 예루살렘을 방문해 이전의 양국 간의 긴장관계를 누그러뜨리는 데 성공했다. 이스라엘의 자제에 대해 양국이 나눈 약속이 무엇인지는 분명하지 않지만 미확인된 보도로 미루어 볼 때 아랍-이스라엘 분쟁을 국제회의에 가져가지 않는다는 약속인 것으로 추정된다. 평화일정에 대해 양국의 의견이 불일치한 사실은 엄연했지만 평화일정의 중요성과 중동의 일반적 안정화를 촉진하는 데 소련과 협력해야 할 필요성 등이 미국의 입장을 단호하게 만들었다. 1991년 1월 26~29일의 회담을 통해 베이커 미국 국무장관과 알렉산더 베세머틴크(Alexander Bessmertnykh) 소련 외상 사이에 공동성명이 발표되었는데, 이 공동성명은 "이스라엘, 아랍국가들, 팔레스타인인들 간의 진정한 화해 없이는" 중동의 안정 확보와 분쟁요소들의 처리가 불가능할 것이라는 내용이 담겨 있었다.

한편 걸프전에서 소련은 미국이 주도하는 연합군을 적극적으로 지원하기를 꺼렸으면서도 사담 후세인을 보호하는 데 실패함으로써 위상이 실추되었다. 팔레스타인 문제에서도 소련은 초기에는 시리아의 아사드 대통령의 강경노선을 직극 시지하고 나섰으나 1991년 7월 중순, 아사드가 미국의 평화안에 동조하자 고르바초프는 즉시 태도를 바꿔 평화의 이니셔티브는 미국과 소련이 공동으로 주관해야 한다고 주장했다. 그러나 소련은 마드리드 중동평화회담(Madrid Conference, 1991. 10~11) 이후 2개월도 지나지 않아 붕괴되고 말았다.

미국이 추구한 중동정책의 기본 구도는 걸프전 이후에노 여전히 미국이 후원하는 사우디아라비아 중심의 중동평화였다. 1991년 3월 8일 중동 순방에 나선 베이커 국무장관은 부시 행정부가 구상 중이던 중동 안전보장 구도 및 군비 축소, 경제협력 문제 등을 순방국 수뇌들과 협의했을 뿐 아니라 팔레스타인 문제를 해결하기 위한 아랍국가들과 이스라엘 간의 평화구축 협의도 추진했다.

그러나 이라크군을 쿠웨이트에서 몰아내는 과정에서 미국과 그 동맹국들은 결정적인 문제를 그대로 두었다. 즉, 사담 후세인과 그 정권이 계속 집권하도록 허용했던 것이다. 이에 대해서는 다양한 해석이 가능하겠지만 한 가지는 분명해 보인다. 즉, 1991년의 상황에서 사담 후세인 정권을 붕괴시키는 것은 그 대신 새로운 정권을 세우는 것을 의미했는데 그럴 경우 미국은 새 정권에 과거의 위장된 위임통치나 보호령을 연상시키는 수준의 후원과 보호를 제공해야 한다는 것이었다. 당시 미국은 바그다드에 총독부를 설치할 의사가 없었고 미국 편에 섰던 아랍 동맹국들도 그러한 행동을 받아들이려 하지 않았다. 상원에서 겨우 세 표 차이로 전쟁 결의안이 통과될 정도로 '베트남 증후군'을 떨쳐내지 못하고 있던 의회가 이라크 전체를 점령하도록 허용할지도 의문이었다. 또한 1988년 이란-이라크 전쟁이 끝난 후에도 워싱턴의 주적인 이란이 무너지지 않고 여전히 강력한 국가로 남아 있었다는 사실도 현실적인 요소로 작용했을 것이다. 이라크는 여전히 이란에 대한 대항마였다. 그래서 그들은 대신 이라크 국민에게 그 결정을 맡겼다. 그러고는 사담 후세인이 남부(시아파)와 북부(쿠르드족)의 폭동을 무자비하게 진압하는 것을 방치했다.

그 후 미국은 쿠르드 난민들의 처참한 상황이 외부에 알려지고, 이에 대한 대중적 항의와 함께 이들을 난민으로 받아들여야 하는 압력에 부딪친 서구국가들의 강력한 항의가 있자 이라크 쪽 쿠르디스탄을 보호구역으로 설정해 이곳에 난민들을 돌려보낸 후 이번에는 이 지역에 대한 이라크 정부의 주권적 지배에 대한 강압적 통제에 나섰다.

4. 지역세력들의 대응

사담 후세인의 쿠웨이트 침공은 좌절하고 있던 이 지역의 거의 모든 대중에게 무엇인가를 안겨주었다. 이라크의 석유로 쌓은 부를 부러워할 수밖에 없었던 예멘인들은 못된 부자 이웃이 징계를 받자 대리 만족을 느꼈다. 한편 유럽에 아주 근접해 있는 반서구화된 알제리와 튀니지의 젊은이들은 사담 후세인이 서구에 대한 분노, 즉 종속과 식민지로부터 해방된 후 자립에 실패한 데 대한 분노를 대신 표출해준 것으로 여겼다.

베이루트— 더 정확히 말하자면 기독교 구역인 동베이루트— 는 시리아에 대항하는 동안 사담 후세인의 지원을 받아온 관계로 그의 행위에 환호를 보냈다. 그러나 시리아가 이라크에 대한 제재에 참여하기로 결정하면서 10월 13일에 미셸 아운(Michel Aoun)을 축출하고 가장 강력한 세력이던 기독교 민병대의 해체를 가속화시킴으로써 레바논은 시리아에 더욱 종속된 국가로 전락하고 말았다.

한편 팔레스타인인들은 사담 후세인에게 즉각적인 유대를 느꼈다. 그는 현상 유지를 타파할 재편주의 지도자였으며 그들 역시 진정한 의미의 재편주의자들이었다. 그들은 서안과 가자지구에서 아랍의 기병대를 기다려왔는데 사담 후세인은 그들을 구원할 '아랍주의의 기사'였다. 이스라엘 점령지하의 팔레스타인 언론은 그에게 환호를 보냈다. 1987년 12월에 서안과 가자지구에서 분출된 인티파다는 범아랍 정치로부터 벗어나 자신의 문제를 스스로 해결하려는 결의의 표현이었다. 그들이 인티파다로부터 30개월 후에 보인 사담 후세인에 대한 찬양은 그 봉기에 걸었던 희망이 좌절되었고 1967년 이전의 이스라엘과 점령지역 간의 '녹색선(Green Line)'15)이 결국은 지워지지 않았으며 현상(現狀)은 결코 변화하지 않았음을 잘 보여주는 것이었다.

그동안 아라파트는 걸프지역 지배자들의 지지를 배양하는 데 많은 정력과 시간을 투입해왔다. 실제로 팔레스타인인들이 가장 많이 번성한 곳이 쿠웨이트였으며 쿠웨이트는 PLO에도 많은 재정적 지원을 해왔다. 그러나 결정적인 시기에 아라파트는 사담 후세인을 택했다. 이는 팔레스타인의 당시 분위기를 그대로 반영하는 것이었다. 어떻게 보면 걸프지역의 위기 동안 아라파트가 범한 최대의 실수는 팔레스타인인들을 이끌기보다는 그들의 여론을 추종한 것이었다.16) 당시 사담 후세인은 쿠웨이트를 침공한 명분으로 팔레스타인 문제를 내세웠다. 그리하여 이라크가

---

15) 1949년에서 1967년까지 서안과 이스라엘 간의 경계. 1948년 이래 이스라엘은 녹색선 내의 팔레스타인 부락 475개 가운데 386개를 폐쇄시키고 그 부락의 이름을 지도에서 지워버렸으며 많은 경우에 히브리어 이름으로 바꿨다. James A. Bill and Robert Springborg, *Politics in the Middle East*, 3th. ed.(Harper Collins Publishers, 1990), p.340.

16) Muhammad Muslih, "The Shift in Palestinian Thinking," *Current History*(January, 1992), p.24.

쿠웨이트로부터 철수하는 조건으로 이스라엘이 가자지구에서 철수할 것을 주장했다. 팔레스타인인들이 이에 환호를 보냈던 것은 어쩌면 당연한 일이었는지도 모른다. 그러나 아라파트가 사담 후세인의 이러한 명분을 지지함으로써 걸프전 후에 PLO는 아랍권 내에서도 고립당했다. 1991년 7월에는 PLO 게릴라가 레바논 정부군에 의해 남부 레바논 거점에서 완전히 축출되었다.

한편 역사적 재편주의의 강한 기류와 이라크의 도전에 대한 교감은 전통적으로 가장 신중한 지역이던 요르단의 수도마저 휩쓸었다. 아마도 이는 1948년과 1967년의 전쟁으로 팔레스타인인들이 요르단으로 대거 유입되어 들어옴으로써 팔레스타인인이 요르단 400만 명 인구의 거의 절반을 차지했다는 점 때문이었을 것이다. 이는 또한 지난 몇 년간의 민주적 개혁 덕분에 언로(言路)가 개방되었던 결과이기도 했다.[17] 요르단은 1980년대 후반에 경제위기를 타결하기 위해 의회선거를 실시했는데 이때 과격한 이슬람 정통주의 세력이 투표의 40%를 획득했으며, 그동안 이라크로부터 석유 및 경제 지원을 받기도 했다. 암만의 흥분한 군중은 사담 후세인의 대의에 환호했고 세계언론의 초점은 이 도시에 집중되었다. 텔레비전 카메라 앞에서 그들은 외쳤다. "우리는 가난하지만 쿠웨이트는 부자이고, 우리에게 약속한 걸프 연안 국가들의 지원은 별로 이루어지지 않았다. 간혹 지원이 이루어지는 경우에도 우리의 자존심을 건드리는 방법을 사용했다. 요르단인들은 생활 수단을 가지지 못한 채 엄청난 부채에 시달리고 있다. 일 년 전부터는 식량 폭동이 주요 도시를 휩쓸고 있지만 아무도 구호의 손길을 보내지 않았다."[18]

---

17) Abby Harrison, "The Haves and Have-Nots of the Middle East revisited," *SAIS REVIEW*, Vol.1, No.2(Summer~Fall, 1992), pp.153~154.

18) Fouad Ajami, "The Summer of Arab Discontent," p.6.

요르단은 자국 경제의 총체적 타격을 무릅쓰고[19] 이라크에 대한 국제제재에 공식적으로 참여했으나 국왕과 군부가 사담 후세인을 정치적으로 지지[20]한 이후에 전통적 후원자들로부터 경제적 지원[21]을 받을 수 없게 되었다. 과거 서구가 요르단에 기대했던 역할에 비추어 볼 때 사담 후세인을 지원한 요르단의 행동은 요르단의 우방에게 충격이었다. 그러나 전후 즉시 후세인 국왕은 미국이 주도하는 평화 노력에 합의했다. 그 이유는 시리아를 견제하고 미국으로부터 경제원조를 확보함으로써 미국을 통해 사우디아라비아와의 유대관계를 회복하기 위해서였다.

---

19) 요르단은 걸프 사태로 총 20억 달러의 경제 손실을 입었고 20만여 명이 실직 상태로 귀환할 만큼 이라크에 종속되어 있었다.

20) 국왕의 노선에 대해서는 몇 가지 설명이 가능하다. 하나는 이라크에 의한 체제의 전복 또는 군사적 공격의 두려움 때문이라는 설명이다. 그러나 이러한 설명은 너무 단순하다. 왜냐하면 요르단은 서방과의 협력을 통해 그러한 사태를 피할 수도 있었기 때문이다. 다른 하나는 정치적인 이유로, 무슬림 형제단이 1989년 의회 선거에서 놀라운 성공을 거둔 후 1991년 당시 요르단 내각에 대표 5인을 보유하자 왕은 (자신의 장래를 위한 담보로) 급진세력을 달래기 위해 위험한 흥정 (Faustian Bargain)을 했다는 설명이다. Peter W. Rodman, "Middle East Diplomacy after the Gulf War," *Foreign Affairs*, 70, 2, p.6. 그러나 가장 정확한 설명은 경제·정치·군사 모든 측면을 고려하는 것이다. 요르단은 수출시장으로서 그리고 값싼 석유 공급원으로서 이라크에 종속되어 있으므로 군사적 수단이건 봉쇄 위협에 의해서건 이라크가 파괴될 경우 요르단 경제 또한 붕괴될 수밖에 없었다는 것이다. 또한 사담 후세인의 강압적 정치행태가 두려웠지만 이스라엘의 침략으로부터 보호받기 위해 군사적으로 강력한 이라크에 기울 수밖에 없었던 것이다. 미국 의회가 지난 10년 동안 요르단에 무기 판매를 승인하지 않았기 때문에 국왕에게는 다른 대안이 없었다. Stanley Reed, "Jordan and the Gulf Crisis," *Foreign Affairs*, 69, 5(1990), pp.22~23.

21) 요르단은 이웃 국가에 비해 천연자원이 빈약하고, 군사력이 열세였음에도 미국, 영국 같은 서방세력과 사우디아라비아, 쿠웨이트 같은 지역적 재정 후원국과의 고객관계를 통해 번성할 수 있었다.

이라크의 쿠웨이트 침공에 충격을 받은 사우디아라비아는 분명하고 단호한 정책을 추구하게 된다. 외국 군대가 유입되자 이슬람 목회자들은 왕가가 이교도들에게 성지를 팔아 넘겼다고 비난하는 등 왕국 내의 긴장이 악화되었다. 그러나 모순되게도 이런 긴장이 불만에 찬 지식인들로 하여금 진보적 개혁을 더욱 강력히 요구하게 만들었다. 하지만 사우디아라비아와 아라비아 반도의 여타 지역에 이라크의 침공이 임박했다는 체니 미국 국방장관의 설득력 있는 보고가 공포를 몰고 와 이 모든 긴장과 요구는 묻혀버렸다. 어느 누구도 미국에 군사 지원 요청을 재고할 수 없는 분위기였다. 신성모독을 이유로 이를 비난했던 울라마(ulamā)들마저도 이를 재가했다. '신성(神聖)'이 '필요(必要)'에 압도당하는 순간이었다.[22] 하지만 사우디아라비아가 취한 조치는 이례적인 것이었다. 오랫동안 제국주의와 시오니즘을 반대해온 국가가 다른 아랍국가의 침공으로부터 보호받기 위해 서구 제일의 군사강국인 미국에 의지했던 것이다.

이러한 해결 방식을 비난하고 나선 요르단, 예멘, PLO에는 보복이 가해졌다. 이들 모두에게 보조금 지급이 중단되었다. 또한 요르단에는 석유 공급이 끊겼으며 요르단으로부터의 농산물 구매도 금지되었다. 그 결과 요르단의 생산고는 반으로 줄어들었다. 예멘의 경우 피해가 가장 극심했다. 1990년 9월 15일 사우디아라비아 정부는 예멘에 대한 보복 조치로서 자국 내의 예멘 근로자들에게 주어졌던 모든 특권과 혜택을 박탈해버렸다. 그 결과 약 100만 명에 달하는 예멘 근로자들이 사우디아라비아에서 추방되었다. 그들은 평화스럽고 온순한 왕국의 거류민이었다. 그들이 추방된 것은 아마도 전쟁이 아니고서도 쿠웨이트를 떠나도록 이라크를 설득하거나 강제할 수 있다는 예멘 정부의 입장을 반박

---

22) Fouad Ajami, "The Summer of Arab Discontent," pp.15~16.

하기 위한 것이었다. 예멘 경제와 사회는 곤경에 빠졌다. 예멘 근로자의 추방과 귀환은 그들의 송금에서 오는 예멘의 외화 수입을 대폭 감소시켰을 뿐 아니라 실업자 문제도 심화시켰다. 1992년 말까지 이로 인한 총 재정 손실이 30억 달러에 이르는 것으로 발표되었다.

　이라크와의 전쟁에서 승리한 사우디아라비아는 자신감을 얻었다. 그러나 사담 후세인의 쿠웨이트 침공은 사우디아라비아의 체제 내부의 미묘한 균형에도 충격을 주었다. 전쟁 전, 사우디아라비아의 지도자들은 승리 후에 자신들의 정책이 '새로운 사고'를 보여줄 것임을 자신 있게 이야기했다. 그들은 평화를 증진시킬 것이고 이집트와 함께 시리아를 무력화시키는 데 단호한 역할을 담당할 것이며 급진세력, 특히 PLO에 대한 자금 지원을 중단할 것임을 시사했다. 그들은 만약 팔레스타인 문제가 해결될 수 있다면 이스라엘과의 완전한 평화와 관계 정상화를 기꺼이 받아들일 용의가 있다고 말했다. 그들은 이라크와의 전쟁에서 얻은 자신감을 바탕으로 이슬람 목회자들의 반대를 물리치고 과감한 내부 개혁을 약속했다. 사우디아라비아가 승리를 통해 얻은 자신감은 이 같은 긍정적인 파급 효과를 가져왔다. 그러나 이 역시 왕국 내부의 해결되지 않는 딜레마와 충돌하게 되었다.

　한편 8년 동안의 이란-이라크 전쟁에서 이라크와의 군사문제에 깊숙이 개입하고, 1989년 2월 요르단, 예멘, 이라크와 4국 간의 무역 장벽을 완화할 목적으로 아랍협력위원회를 조직하는 등 이라크와 긴밀한 관계를 유지했던 이집트는 이라크의 쿠웨이트 침공으로 난처한 입장에 처했다.

　1990년 7월 사담 후세인이 세계적인 유가 하락의 책임을 들어 쿠웨이트와 아랍에미리트연합을 비난하고 나섬으로써 페르시아 만의 위기를 촉발시켰을 때 무바라크는 그 상황을 신속하게 진정시키고자 했다.[23] 이집트는 이라크의 쿠웨이트 침공으로 충격을 받았다. 한 아랍국가가 다른 아랍국가를 침공했다는 사실을 믿기 어려웠기 때문이다. 더구나 이라크의 침공은 이집트 경제와 페르시아 만 내의 정치적 이해에 잠재적 위협이 되었다. 침공 후에도 이집트는 이슬람회의기구(OIC: Organization of the Islamic Conference), 아랍연맹, 아랍정상회담을 통해 해결을 모색했으나 분명한 사실은 이집트로서는 침공 후의 결과를 받아들일 수 없었다는 것이었다. 이는 이집트가 아랍 내의 지도국가로서 역할에 복귀한 것을 의미했다. 8월 3일, 이집트 외무장관은 쿠웨이트에서 이라크군이 즉시 철수할 것을 조심스럽게 촉구했다.

이집트의 역할은 사담 후세인에 대항하는 연합의 승리로 더욱 분명하게 강화되었다. 사담 후세인과의 대결에서 아랍의 어떤 국가보다도 단호한 태도를 보였던 이집트에게 미국은 거의 70억 달러에 이르는 군사적 부채를 탕감해주었으며 사우디아라비아는 재정적·정치적 지원을 약속했고 시리아도 이집트에 가세했다. 다국적군의 승리는 이집트의 친미적인 온건자세가 정당함을 입증함으로써 이집트를 중요한 지역세력으로 부각시켰다.[24] 아랍연맹은 예정대로 다시 카이로로 복귀했으며 사무총장에는 이집트인인 아흐마드 에스마트 아브드 알 메기드(Ahmad Esmat abd al-Meguid)가 선출되었다. 이집트가 1979년 이스라엘과 평화조약을

---

23) 19일 무바라크 행정부는 아랍의 결속을 위해 모든 당사자의 자제를 촉구했다. 다음 날 무바라크는 이라크의 부통령 에자트 이브라힘(Ezzat Ibrahim)과 외무상 타리크 아지즈(al-Douri Tariq Aziz)를 직접 만났으며, 24일에는 바그다드와 쿠웨이트 시, 리야드를 순방해 이 문제에 대한 조정에 나섰다. 26일에는 무바라크의 수석정치보좌관인 오사마 알바즈가 바그다드로 가서 이라크와 쿠웨이트 간의 회담을 주선해 31일 리야드에서 회의가 개최되었으나 이라크는 줄곧 분쟁이 쿠웨이트와의 이원적 문제임을 주장했으며 사우디아라비아와 이집트의 참관인이 참석하는 것도 허락되지 않았다. 다음 날 이라크는 쿠웨이트를 침공했다.

24) Peter W. Rodman, "Middle East Diplomacy after the Gulf War," p.5.

체결해 아랍공동체에서 축출된 후 이토록 짧은 기간 내에 다시 복귀한 것은 놀라운 사실로 받아들여졌다.

시리아 역시 레바논에 대한 야만적인 지배와 이란-이라크 전쟁에서 이란을 지원함으로써 초래된 아랍세계 내의 고립으로부터 탈피해 미국과 화해하는 데 성공했으며 사담 후세인에 반대하는 군사적 간여의 대가로 사우디아라비아와 다른 아랍국가들로부터 보조금을 얻어냄으로써 위기를 통해 혜택을 받은 국가가 되었다.

호메이니 시절 다마스쿠스는 아랍 구질서와 테헤란, 베이루트 시아파의 도전 사이에 양다리를 걸치고 있었다. 아사드는 베이루트의 분쟁과 시리아의 알라위 배후시에서 발생한 이교도 반란을 차례로 진압함으로써 이웃 국가의 귀감이 되었다. 호메이니의 개혁운동이 아랍 구질서를 해체하는 데 실패했을 당시 아사드에게는 결단이 필요했다. 결국 아사드는 이란과 대의를 같이했으나 실패했다. 또 동부 베이루트 마론파 교도들이 그들의 후견인으로 이라크를 지목했기 때문에 아사드는 레바논을 지배하는 데 어려움을 겪고 있었다. 이라크의 도발은 시리아가 이러한 고립으로부터 벗어날 수 있는 기회였다.

시리아의 체제는 여러 면에서 아직 취약했으며, 신중함은 오래전부터 아사드의 징표 가운데 하나였다. 그러나 그는 사담 후세인이 패배한 후 아랍 정치에서 나타날지도 모르는 공백을 메우는 데 유의했을지 모른다. 평화적인 경제개발에 몰두하겠다고 걸프지역 후원국들에게 약속했음에도 시리아는 이러한 횡재를 새로운 기갑사단을 창설하고 중국, 북한, 러시아로부터 신형 지대지 미사일을 사들이는 데 사용했다. 시리아를 새로운 환경에 순응시키려고 한 사우디아라비아, 걸프 연안 국가들, 그리고 이집트의 희망은 너무 낙관적인 것이었다.

시리아와 마찬가지로 이란은 걸프전을 고립으로부터 벗어나는 계기로 삼았다. 이란은 사담 후세인이 8년 동안의 피비린내 나는 전쟁의 초점이던 문제의 영토를 포기한다고 전격적으로 선언한 결과로 뜻밖의 횡재를 얻었으며, 소련은 무기 거래를 목적으로 이란에 접근했다. 그러나 이란은 걸프전에서 본질적으로 이중적인 게임을 했다. 이란은 미국과 이라크에 대해 양측 모두를 잃게 되는 조정 — 냉소적으로 볼 때 이란-이라크 전쟁 동안 미국이 한 행동과 같은—을 시도했다. 공식적으로 이란은 이라크를 제재하는 데 참여했으나 이라크에 식량을 제공하고 이라크 공군에게 피신처를 제공했다. 또한 이란은 전쟁 기간에 러시아와 마찬가지로 모호한 평화 제의를 내놓았다.

라프산자니(Akbar Hāshemi Rafsanjānī: 1989~1997)가 지도하는 이란은 조지 H. W. 부시 대통령이 취임사에서 희망을 피력한 대로 언젠가는 개방될 예정이며, 확실히 당시 이란은 중동지역에 대해 훨씬 덜 위협적이었다. 그러나 이란에는 아직도 미국에 대한 적대감이 남아 있었으며 페르시아의 영광이 재현되기를 바라는 희망도 잠재해 있었다. 미국은 그 점을 우려했다. 미국이 이라크 내의 반란을 지원하지 않은 이유 중 하나는 이라크가 분해되어 이란의 통제하에 들어가는 것을 우려했기 때문이다.[25] 이란은 전쟁을 통해 경쟁자 이라크를 물리쳤다. 그러나 그 대가로 다른 주요한 적인 미국을 강화시켰다.

이스라엘의 입장에서 사담 후세인의 몰락은 자국의 제1의 적이 몰락했음을 의미했다. 걸프전에서는 자신들을 공격한 적에게 반드시 보복을 가한 이스라엘의 전통이 깨졌다. 그 당시 이스라엘의 극우보수 리쿠드 당(Likud)의 샤미르 수상은 이라크로부터 스커드 미사일 39발의 공격을 받았으나 부시 대통령의 요청에 따라 이에 보복하지 않은 채 미국의 패트리어트 미사일 방어망에 의존했다. 그 이유는 전쟁 후 온건 아랍국가들과의 관계 개선과 미국으로부터의 경제원조를 기대했기 때문이다.

---

25) Ahmed Hashim, "Iraq, the Pariah State," *Current History*(January, 1992), p.16.

그러나 걸프전이 끝남에 따라 '새로운 시대'가 도래할 것으로 믿었던 많은 이스라엘인들의 희망은 이스라엘이 안고 있는 수많은 문제들로 인해 한낱 신기루에 불과했음이 드러났다. 이스라엘이 당면한 문제는 침체 중인 경제, 러시아 이민의 대거 유입으로 인한 새정적 부담, 새로운 이주자들과 장기적인 거주자들에게 부족한 주택, 파국적인 수자원 위기의 위험, 점령지에서 계속되는 동요, 유일하며 소중한 동맹인 미국과의 관계 악화 등이었다. 이스라엘의 국방비는 GNP의 20%에 이르렀으며 미국으로부터 매년 18억 달러의 지원을 받지 않으면 세계 4, 5위에 해당하는 군대를 유지하기 어려운 형편이었다. 인플레 상승률은 23%에 육박했고, 유대인 8.3%와 아랍인 46.1%가 극빈 상태에 있었다. 1991년 한 해만 해도 미국 정부는 이스라엘에 통상적인 32억 달러를 포함해 걸프전 당시 이스라엘이 겪었던 파괴와 고통의 대가로 6억 5,000만 달러, 특별 군사차관 7억 달러, 미국 의회가 승인한 4억 달러, 기타 몇몇 아이템을 지원했다. 이스라엘에는 그 해 1월을 기준으로 지난 18개월 사이에 새로운 인구 30만 명이 유입해 들어왔는데 그들 중 90% 이상이 러시아에서 들어왔다. 이로써 극심한 주택 부족 사태가 벌어졌고 건축비와 전세금이 급등했다. 설상가상 걸프전으로 1991년 말까지 예정되어 있던 주택 10만 호 건설계획이 좌절되었다.[26]

이스라엘은 사담 후세인이 쿠웨이트를 침공하기 전에 미국으로부터 계속 팔레스타인 문제에 대한 압력에 시달려왔다. 전쟁이 시작되기 직전에는 미국이 이러한 압력을 자제했지만 전쟁의 여파로 미국과 국제사회의 압력이 재개될 것이었다. 실제로 샤미르의 팽창주의적 정권이 걸프전 후에도 가자지구와 서안지구에 유대인 정착촌을 급속히 확장시키려 하자

---

26) Don Peretz, "Israel since the Persian Gulf War," *Current History*(January, 1992), pp.17~18.

미국은 러시아 유대인을 정착시키는 데 드는 100억 달러 차관을 유보시
켰다. 미국과의 관계 악화는 결국 1992년 선거에서 리쿠드당이 패배하고
노동당이 집권하는 결과를 가져왔다. 이스라엘은 미국과 함께 오랫동안
누려온 '전략적 협력'이 미국이 생명과 재산을 희생해서 보호해준 바 있
는 아랍과의 새로운 친교로 막 대체되려는 것에 공포를 느꼈다.[27]

터키는 걸프전 후 중동에 새롭게 등장했다. 터키는 자국에서 발진하
는 미국의 군사비행을 허용함으로써 전쟁에 결정적으로 공헌했으며 이
라크의 송유관을 폐쇄함으로써 제재 노력에 매우 중대한 역할을 수행
했다. 터키는 서구에 과감하게 충성한 데 대한 보답으로 유럽과 NATO
의 동반자들로부터 새로운 존중과 원조를 받고 전쟁으로부터 이익을
얻을 것이라 기대했다. 그러나 이러한 기대는 실망과 환상으로 이어질
공산이 컸다. 당시 상황으로 볼 때 터키가 유럽공동체나 서구연합의 구
성원이 될 가능성은 매우 낮았으며 미국의 원조도 기대에 미치지 못할
수준으로 예상되었다. 따라서 급진주의에 대한 보루로서 터키의 등장은
보기보다 훨씬 위험한 결과를 낳을 수 있었다. (국내적으로) 이슬람 문제
의 재현 가능성, 서구에 의한 굴욕, 소련의 구애, 양자 간의 또는
NATO의 연결 고리를 강화시키려는 미국의 부적절한 노력에 직면한
터키가 복잡한 중동정치에 뛰어드는 것은 매우 위험한 일이었다.

---

27) Peter W. Rodman, "Middle East Diplomacy after the Gulf War," p.6.

제 8 장
새로운 질서를 위한 여정

1. 출발선에서

결국 걸프전은 민주주의의 부재, 편협하고 부자연스러운 부와 인구의 분할 등 아랍세계 내에 존재하는 고유한 모순에 상당 부분 기인하고 있었다. 이러한 모순이 아랍의 불안을 야기했으며 사담 후세인은 아랍의 불안을 해결하는 데 급진적인 방법을 선택한 경우였다. 세속적 범아랍주의의 해방자, 이슬람의 보호자를 자처한 사담 후세인의 행각은 분명 조잡한 기회주의로 볼 수 있다. 그는 자신의 목적을 달성하기 위해 아랍 대중의 원한과 분노를 촉발시켰다. 압제하에서 그리고 박탈감 속에서 살던 아랍인들은 꼭 사담 후세인이 아니더라도 당시의 비참한 지경으로부터 해방을 약속하는 한 어떠한 아랍 지도자를 위해서도 지지를 아끼지 않았을 것이다. 또한 나라 없는 팔레스타인인들은 사담 후세인의 연설에서, 특히 이라크가 쿠웨이트에서 철수하는 데에 이스라엘의 점령지로부터의 철수가 연계되어야 한다는 주장에 깊은 감명을 받았을 것이다.[1]

---

1) Muhammad Muslib & Augustus Richard Norton, "The Need for Arab Demo-

그러나 석유 과두제로 일컬어지는 걸프지역의 절대 왕정들은 어떤 형태이든 새로운 정치조직을 도입하는 것을 용인하지 않았다. 고도로 인격화된 의사결정 과정과 함께 체제안보에 대한 강렬한 강박관념은 걸프지역 지배자들의 시야를 흐리고 판단감각을 훼손시켰다. 이들은 아첨꾼들에 둘러싸여 쿠웨이트에 대한 이라크의 오랜 원한과 1988년 이란과의 종전 후, 특히 8월 2일 침략 전 몇 달 동안 사담 후세인의 심경을 이해하지 못했다. 중동이 처한 현실을 정확히 인식하지 못함으로써 걸프지역 지도자들은 고도의 폭발력을 가지고 급격하게 부풀어 오른 위기를 막지 못했던 것이다.

그러나 중동의 아이러니는 전쟁과 대격변이 종종 정치적 진보를 위한 발판이 되었다는 것이다. 유동성은 흔히 기회를 의미한다. 사건이 숨 가쁘게 돌아가는 순간은 본능적으로 신중함이 요구되는 시간이며, 흔히 사건의 가닥을 잡을 수 있는 유일한 기회가 되기도 한다. 더욱이 걸프전은 냉전이 종식되어 주요 열강이 평화를 유지하는 데 협력할 수 있게 되었다는 사실을 분명히 보여주었다.

걸프전 후부터 미국이 보여준 팔레스타인 평화에 대한 전향적인 자세, 온건 아랍국가들이 지역의 안정을 위해 보인 행동, 1992년 집권한 이스라엘 노동당 정권의 합리적인 팔레스타인 정책은 드디어 1996년 1월 20일 서안과 가자지구의 자치를 위한 대선거와 총선거 실시로 이어져 평화전개 과정을 진행시켰다. 시리아도 이스라엘과 평화협정을 체결하는 데 의지를 보였고, 걸프전으로 어느 국가보다도 자국의 안전보장에 위협을 느낀 사우디아라비아는 그동안 주저해오던 미국과의 군사협조에 적극적으로 나섰다. 그뿐만 아니라 그 당시 다른 군사대국이었던 소련과도 관계 정상화 협력을 서두르게 되었다.

---

cracy," *Foreign Policy*, No.83(1991), pp.7~8.

1990년 9월 17일, 51년간 단절되었던 사우디아라비아와 소련의 국교가 회복됨으로서 새로운 세계질서 속에서도, 걸프지역에서도 소련의 존재와 영향력이 무시될 수 없음이 드러났다. 소련으로서도 사우디아라비아와의 경제협력, 나아가서는 소련 국내의 무슬림 5,000만 명을 생각할 때 이슬람의 종주국인 사우디아라비아와의 관계 정상화는 절실한 문제였던 것이다. 이슬람 국가인 사우디아라비아와 공산국가인 소련이 1990년 9월 모스크바에서 '이슬람 회의'를 개최해 자유로운 종교 교류, 정치·외교·경제협력을 다짐한 것은 세계질서의 변화를 실감하게 하는 사건이었다.

그러나 당시 슐레진저의 지적대로 "지역의 여러 부분에 심상치 않은 불안의 징후가 저변에 깔려 있으나 다만 그 어떤 것도 기존의 체제에 즉각적인 위협을 제기하지 않을 뿐이다. …… 부자연스러운 고요함이 지배하고 있다."[2]

걸프전에서 국제적 협력이 이루어진 것은 세르비아나 캄보디아의 경우와는 달리 강대국들의 이해가 결정적으로 위협받았다는 조건이 있었기 때문에 가능한 일이었다. 걸프전에서 미국이 완벽히 승리했음에도 이라크의 군사력은 초기의 평가와는 달리 상당 부분 건재함을 보여주었다.[3] 이란의 영향력 증대와 같은 문제는 더욱 현저해졌다. 심지어 어떤 문제들은, 예를 들어 쿠웨이트와 이라크의 불안정, 요르단과 같은 몇몇 비산유국들의 황폐화 심화, 이 지역에 대한 외세의 개입으로 야기된 이슬람 근본주의의 격앙 등은 전쟁 자체로 생겨난 것이었다.

---

2) James Schlesinger, "New Instabilities, New Priorities," p.12.

3) 구체적인 내용은, Ahmed Hashim, "Iraq, the Pariah State," pp.15~16.; Alan Dowty, "The Political and Military Implications of the Gulf War in the Emerging New World Order," pp.12~14.

또한 이 지역에서 미국의 온건 아랍우방국은 허세를 부렸지만 실은 이슬람의 향방에 몹시 초조해했다. 좀 더 민주적인 의사 결정에 대한 압력이 거세어졌다. 걸프전 당시 이라크로부터 스커드 미사일 공격을 받고서도 직접 대응할 수 없었던 이스라엘 역시 자신이 약화될 것이며, 지역의 대부분의 위험요소가 언제라도 이스라엘을 향해 쏟아질 것이라는 사실을 알고 있었다.

1990년대에 들어서는 중동의 정부들과 그 국민이 직면한 문제가 그들 자신의 문제라는 점이 점점 더 명백해졌다. 외부 세력은 더 이상 이 지역의 문제에 관심을 가지고 조정하거나, 더욱이 지배하려 들지 않았다. 오히려 극도로 개입을 꺼렸다. 아랍세계 밖의 국가들이 — 미국, 유럽, 극동 등이 중동에 관심을 보였다면 — 그들의 상품과 서비스를 판매하기 위한 풍부한 시장, 그들이 필요로 하는 주요 에너지 자원, 이 두 가지를 보호하기 위해 필요한 방법은 적어도 외견상으로는 국제법과 국제질서를 유지하는 것이었다.

걸프전은 즉각적인 외부의 군사개입을 야기했는데 그것은 이 사건이 외부 세계에 두 가지 위협을 가져다주었기 때문이다. 첫 번째는 그 지역의 석유자원, 즉 전 세계적으로 중요한 석유자원이 공격적인 독재자의 독점하에 놓일 것이라는 위협이었다. 두 번째는 제2차 세계대전 후 형성된 국제질서에 대한 위협이었다. 여러 대륙에서 일어난 각종 분쟁 중에서도 UN 회원국인 한 나라가 또 다른 회원국에게 침략을 당하고 합병된 것은 처음 있는 일이었다.

사담 후세인의 성공은 허용되지 않았고, 중동지역 안팎에서 거대한 규모의 군대가 그를 쿠웨이트에서 몰아내기 위해 편성되었다. 그러나 사담 후세인은 이라크가 아니라 쿠웨이트로부터 추방되었다. 그는 이라크에서 독특한 정부 운영과 여러 정책들을 다시 시작했다. 외부 열강들의 메시지는 분명했다. 만약 이라크 국민이 새로운 형태의 정부를 원한다면 그들 스스로가 그렇게 해야 한다는 것이었다.

그러나 이라크가 패배했음에도 지역의 급진주의 요소가 모두 사라져 버린 것은 아니며 아랍인들은 여전히 울분에 차 있었다. 아랍인들은 그들의 운명이 내외로부터 압박을 받음으로써 스스로의 통제 밖으로 벗어나 있다는 정신적 무력감에 시달렸다. 제국주의의 간섭이 외부로부터 왔다면, 내적으로 독재체제는 억압적이고 가혹하기 일쑤였다. 대전 간 "아랍의 각성"으로 교육받은 아랍의 젊은이들은 그들의 새로운 세계에 존재하는 인위적인 경계를 한탄해마지 않는다. 사우디아라비아와 예멘 사이의 국경 단 하나만이 아랍인의 손으로 그어졌으며 다른 모든 것은 터키, 프랑스, 영국의 제국주의적 야심에 따라 생겨났다. 보수국가 왕들은 왕위와 특권에 집착했고 대중의 소망을 저버렸다.

적어도 1970년대 중반까지 아랍의 젊은이들은 대부분 "민족주의자"였다. 그러나 그들은 성장하면서 거의 "현실주의자"가 되었다. 그들이 궁극적인 아랍 통합의 개념을 찬미할지는 모른다. 그러나 그들은 아랍의 통합이 그들의 생애에서 이루어지리라고는 생각하지는 않는 것처럼 보인다. 그러나 팔레스타인 인민은 예외다. 그들은 아직도 순수한 민족주의를 보유하고 있고 빼앗긴 강토를 되찾으려는 그들의 희망은 아랍 국가들에 달려 있다.

모든 아랍인은 유대인에게 동정심을 가지고 있지만 팔레스타인에 이스라엘이 창설되고 팔레스타인의 아랍인이 유럽의 유대인으로 교체되는 것은 지극히 부당하다고 여긴다. 유대국가를 위해 땅을 양도해야 하는 쪽은 오랜 역사를 통해 소수민족에게 관용적인 태도를 보여준 아랍이 아니라 바로 유대인을 박해했던 쪽이어야 한다고 믿는다. 또한 모든 아랍인이 팔레스타인의 대의를 지지한다. 이것은 팔레스타인 문제에 관한 유엔의 표결에도 그대로 반영되었다. 아랍의 여러 국가들은 팔레스타인의 지도자와 기구에 재정적인 지원을 해주고 있다. 아라비아 반도의 부국들은 팔레스타인인들을 고용하고 그들에게 새로운 가정을 주었다. 쿠웨이트는 PLO에게 자국에 고용된 팔레스타인인으로부터 세금을 거출할 권리를 부여해주기도 했다.

걸프전을 종결시키면서 미국과 아랍동맹국은 사담 후세인 정권의 존폐 여부를 이라크 국민에게 맡겼다. 이라크 정부를 유지하거나 변화시키거나 교체하는 것은 이라크 국민의 권리임을 선언한 것이다. 이 정책의 구체적인 효과는 사담 후세인이 북쪽의 쿠르드족, 남쪽의 시아파, 그리고 내부의 반정부 운동을 무자비하게 탄압하면서 드러났다. 그 교훈은 분명했다. 미국은 자국의 기본 이익은 물론 국제사회의 이익 그리고 시행착오에 의해서 결정되는 이익의 한계를 지키기 위해 적극적으로 행동할 것이라는 점이다. 반면 중동의 정부와 국민의 이익은 그들 자신에게 달려 있다. 중동은 좀 더 자유로워졌지만 좀 더 위험한 지역이 되었다.

냉전이 종식되고 두 강대국이 때때로 경쟁하고 때로는 합심해 행동하던 양국체제가 붕괴하자 중동인들은 강대국의 지배와 간섭으로부터 해방된 다른 지역의 사람들과 마찬가지로 두려운 선택에 직면하게 되었다. 그들은 이제 세계의 일부 다른 지역에서처럼 천천히 그리고 주저하면서 분쟁을 해결하고 평화롭게 어울려 사는 방향으로 나갈 수 있다. 아니면 그들의 분쟁과 증오의 고삐가 풀려 다른 지역과 마찬가지로 해묵은 투쟁과 유혈 참사, 고통에 빠져들 것이다.

오스만 제국의 통치하에서 싹트기 시작한 아랍 민족주의 운동이 분열하는 아랍 민족을 통합시키는 충분한 원동력이 될 수 있었지만 역사적으로 시련을 겪어오면서 아랍 민족주의 운동은 아랍 통합이라는 정치 이상보다는 오히려 권력투쟁에 이용되었으며 아랍 분열이라는 정치 현실을 조장해왔던 것으로 보인다.[4]

이라크의 장래는 여전히 불투명했으며 이라크 국민 1800만 명 가운데 55%가 시아파 무슬림으로 대부분 빈곤하며 집권 바아스당에 저항적이었다. 이라크 제2도시 바스라를 중심으로 한 남부지역은 시아파 무슬림 지역으로 반란과 반 사담 후세인 운동이 격화되었고, 이란은 '민의에 따른 사담 후세인의 퇴거'를 공공연히 주장했다. 시리아, 터키, 러시아, 이란 및 이라크에 분산되어 있는 쿠르드족 문제도 이 지역의 화약고로 남았다. 이는 이라크와 이란 간에 민족문제를 야기했을 뿐 아니라 쿠르드족은 미국의 지원을 받으며 사담 후세인 정권을 타도하기 위한 세력으로 성장했다.

쿠웨이트는 이라크의 침공을 저지하지 못했고 파괴된 정치 및 사회구조를 국민 다수가 만족할 만한 수준까지 재건하는 데 실패함으로써 왕족 지배의 정통성에 심각한 문제가 제기되었다.

시리아는 걸프전을 계기로 테러 지원국에서 단숨에 평화유지 주력군으로 변신해 1991년 3월 6일에는 '다마스쿠스 선언'을 이끌어내기도 했다. 이라크와 경쟁관계에 있던 시리아의 아사드 대통령은 사담 후세인의 세력이 약화된 중동에서 최강자로 군림하려는 열의를 보였다.

중동지역의 유일한 NATO 회원국인 터키도 이라크가 패배한 이후 새로운 중동질서에 자국의 이익을 최대한 반영하려 했다. 터키는 접경 이라크 북부의 유전지대인 모술과 키르쿠크 지역에 관심을 보였는데, 이 지역은 비산유국인 터키로서는 탐나는 지역이며 또 쿠르드족이 집단으로 거주하는 지역이다.

이라크와 8년 전쟁을 경험했던 이란도 기회만 있으면 이라크 내로 세력을 확장하기 위해 노력했는데, 양국 국경에서 분쟁 중이었던 샤트 알 아랍 수로 문제, 북부의 쿠르드족 문제, 이라크 남부의 시아파 무슬

---

4) Morroe Berger, *The Arab World Today*(Garden City, New York: Doubelday & Co. Inc., 1964), p.300.

림 문제 등을 그 이유로 내세웠다.

걸프전에서 대단한 자제를 발휘했던 이스라엘은 전후 온건 아랍국가들과의 관계 개선을 시도했는데 미국으로부터 어떤 대가를 얻으려고 한 계산이 깔려 있었던 것으로 보인다. 그러나 극우세력이 지배하는 리쿠드당은 팽창주의적이어서 팔레스타인 문제에는 제한적인 자치만을 허용한다는 입장을 견지했다. 노동당은 팔레스타인 국가 창설에는 반대하며 대신 팔레스타인과 요르단 왕국의 연방 형성 또는 공화국 연합 형성안을 주장하고 나섰다. 과거 팔레스타인 민족평의회도 이런 주장을 한 적이 있어 미국이나 온건 아랍국가들은 이 같은 방안을 토대로 문제 해결에 접근할 가능성이 있었다.

그러나 어쨌든 중동에 새로운 평화질서를 수립하기 위해서 해결해야 할 문제는 여전히 팔레스타인 문제와 아랍의 남북문제였다. 이를 위해서는 초강대국 미국과 아랍의 정치세력이 각각의 입장에서 노력을 경주해야만 했다.

2. 평화의 쟁점

1) 팔레스타인 문제

팔레스타인 분쟁은 외향적으로 볼 때 이스라엘과 팔레스타인 간의 분쟁으로 보이나 실은 중동지역의 국가 대부분이 직간접적으로 연루되어 있고 이스라엘의 생존권을 보장하려는 미국도 깊숙이 개입해 있어 그 어떤 분쟁보다도 국제화될 가능성이 높았다. 실례로 1973년 이른바 '10월전쟁' 당시 미국은 소련의 개입을 차단하기 위해 핵억지력을 가동한 바 있다. 또한 1990년 이라크는 쿠웨이트를 침공하면서 '이스라엘에 대항해 팔레스타인의 권리를 회복'하기 위해서라는 명분을 내세우는 등 국제화 경향을 보였다. 따라서 팔레스타인 분쟁은 중동 전체의 안전과 평화, 나아가 세계평화의 핵심 관건이 되었다.

이 분쟁의 본질은 종교적·민족적이기 이전에 정치저인 것이다. 종교와 민족, 즉 유대교와 이슬람 및 아랍 민족과 유대 민족의 존재 자체가 분쟁의 기원이 아니라 1948년에 수립된 이스라엘이라는 국가를 인정하지 않는 아랍세력과 주권 독립을 인정받으려는 이스라엘 간의 분쟁으로 명백히 정치적인 것이었다. 1948년 이전에는 유대 민족과 아랍 민족, 유대교와 이슬람교가 평화적으로 공존했다. 원래 유대 민족과 아랍 민족은 모두 셈족에 속하며 이 셈족은 인류학상 백인종(Caucasian)이다. 양측 모두 주로 유목생활을 영유했기 때문에 토지를 소유하는 데 집착도 그리 크지 않았다. 덕분에 두 민족은 좁은 팔레스타인 지역에서 혼재해 살면서도 영토 분쟁 없이 비교적 평화롭게 공존했다.

(1) 팔레스타인 난민

팔레스타인 난민은 1948년과 1967년 팔레스타인 땅에서 피난해 나왔거나 쫓겨난 사람들이다. 1948년 아랍-이스라엘 전쟁의 주요한 결과 중 하나는 수많은 아랍 토착민들이 그들의 고향으로부터 내몰렸다는 것이다. 1949년 국제연합조정위원회(UNCC: United Nations Conciliation Commission)는 팔레스타인 난민 수가 72만 6,000명에 달한다고 추정했으며 그 후 1950년, 새로 설치된 국제연합구제사업국(UNRWA: United Nations Relief and Works Agency, 일명 팔레스타인 난민기구)이 발표한 난민 수는 95만 7,000명 정도이다. 이중 대략 3분의 1은 서안으로, 다른 3분의 1은 가자지구로, 나머지 3분의 1은 요르단, 시리아, 레바논 등지로 피신했다.

설상가상 1967년에는 또 다른 30만여 명의 팔레스타인인들이 서안과 시리아의 골란 지역으로부터 요르단(20만 명), 시리아, 이집트 그리고 그 밖의 지역으로 피신해야 했다. 이들 중 18만 명은 처음으로 난민생활을 경험했지만 나머지 사람들은 1948년에 이어 또다시 생활터전이 뿌리째 뽑히는 경험을 맛보아야 했다.

60여 년 전 고향에서 쫓겨난 사람들이 아이를 낳고 그 아이들이 자라서 또 아이들을 낳아 2004년 6월에는 420만 명에 가까운 팔레스타인인들이 국제연합구제사업국에 난민으로 등록되었다. 이들 중 300만 명 정도는 인근 지역에 흩어져 살았지만 120만 명은 여전히 난민캠프에서 생활을 계속한 것으로 알려져 있다.

팔레스타인 난민들은 일시적으로 전쟁을 피해 인도, 동유럽 등 다른 지역에 머물고 있는 난민들과는 다른 처지에 있다. 그들은 다른 지역의 난민들과는 달리 그들이 살던 땅에 이스라엘이 건국되었고 이스라엘 정부가 이들의 귀환을 허용하지 않기 때문에 고향으로 돌아가서 재정착할 수 있다는 희망도 없이 내팽개쳐진 채로 캠프촌에 수용되거나 인근 국가를 떠돌고 있다.

난민들 중에 재산이나 인척, 고용될 만한 기술이 있는 이들은 인근 아랍국가에 정착할 수 있었다. 산유국의 경제가 팽창한 덕택에 걸프국가들이 이들에게 일자리를 제공해준 것이다. 그러나 난민들 대부분은 농민으로 모든 생활기반을 잃고 고향을 떠나온 사람들이었다. 결국 시간이 흐르면서 갈 곳 없는 난민들의 임시 거처였던 난민촌은 그들의 항구적인 주거지가 되었다.

각지에 흩어져 사는 이들의 처지 또한 천차만별이다. 이들의 운명은 숙주국가(host country)가 제공하는 기회에 달려 있으며 그 여건은 나라마다 다르다. 숙주국가들은 대개 경작지가 부족하고 비숙련 노동자가 넘쳐나기 때문에 대규모의 팔레스타인 난민을 수용할 수 없는 처지다. 또한 이들 국가는 이스라엘이 팔레스타인인들의 정치활동에 어떤 보복

행위를 가하지 않을까 불안해하고 있다.

요르단 정부는 자국이 점령하고 있던 지역 즉, 트랜스요르단을 자국에 합병한 뒤 이 지역에 사는 모든 팔레스타인인에게 시민권을 주었기 때문에 팔레스타인인 대부분이 완전한 시민으로서 대접을 받고 다른 요르단인과 거의 대등한 생활 수준을 누리며 산다. 요르단에 정착한 팔레스타인 인구 중 8분의 1이 안 되는 규모의 사람들이 난민캠프에 수용되어 있는데 이 난민캠프는 거의 도시 외곽의 생활 수준을 유지하고 있다. 이곳의 팔레스타인인들은 공무원이 될 수도 있고 인근 걸프지역에서 일자리를 얻어 재산을 모으기도 했다. 이곳의 팔레스타인인들은 고향을 그리워하겠지만 그래도 비교적 안락한 중산층의 삶을 누리며 산다. 시리아와 이라크에 정착한 팔레스타인 난민들은 시민권은 없지만 고용의 기회와 사회복지의 혜택을 누린다. 즉, 삶의 여건이 다른 시리아인과 별로 다르지 않다.

그러나 레바논과 이집트의 팔레스타인 난민들의 삶은 고단하다. 그들은 수많은 고용 제약에 직면해 있으며 재산을 소유하는 것도 금지되어 있다. 그들 중 많은 이들은 여전히 열악한 캠프촌에서 생활한다. 레바논의 경우는 결국 많은 팔레스타인인들이 레바논을 떠나 현재 남아 있는 난민은 20만 명이 채 안 될 것으로 추정된다. 이집트의 경우에는 이동조건조차 매우 가혹하다. 가자지구에 난민으로 등록된 팔레스타인인들은 이집트의 다른 지역으로 들어갈 수도, 직장을 가질 수도, 가게를 열 수도 없다.

서안과 가자지구에 사는 난민들은 팔레스타인 자치정부(Palestinian National Authority)의 관할과 이스라엘 군대의 통제를 받으며 살고 있다. 이들은 정치적 폭력, 이스라엘 군대의 극심한 통제, 높은 실업률, 극심한 경제적 곤경 등 각종 고난을 겪고 있다. 그들의 좌절감은 저임금, 열악한 생활조건, 그리고 고향으로 돌아갈 수 없는 처지로부터 기인하며, 이는 사회적·정치적 불안을 낳고 있다. 그 결과 레바논 내의 일부 난민캠프는 팔레스타인 게릴라 활동의 근거지가 되기도 했다.

팔레스타인 난민들의 귀환문제는 국제사회에 격한 논쟁을 불러일으키고 있다. 1948년 이래 유엔의 회기마다 의제로 상정되고, 난민에 대한 보상이나 귀환을 요구하는 수많은 유엔 결의안이 제기되었다. 그리고 1991년 마드리드에서 중동평화 논의가 시작된 이래 난민문제는 다양한 정치적 틀 속에서 팔레스타인, 이스라엘, 다른 지역의 당사자, 그리고 외부 행위자들에게 관심의 초점이 되고 있다.

(2) 점령지

아랍-이스라엘 분쟁에서 팔레스타인에 관한 문제는 이스라엘이 1967년 전쟁 이래 서안과 가자지구의 점령을 지속함으로써 더욱 복잡해졌다. 서안으로 알려진 지역에는 5,902km^{2}에 팔레스타인 아랍인 59만 6,000명가량이 거주하고 있으며 364km^{2}에 불과한 가자지구에는 팔레스타인인 35만여 명이 혼잡스럽게 살고 있는데 이들 대부분이 난민이다.

이 지역을 군사적으로 점령한 이스라엘에서는 이 지역과 지역 주민을 어떻게 처리할 것인가를 두고 의견이 분분했다. 이스라엘 군부는 적어도 이 영토의 일부라도 보유하는 것이 안보에 필수적이라고 여겼다. 당시 정치권에서는 점령지 대부분은 아랍국가들과의 평화 합의를 조건으로 결국 반환해야 한다는 의견을 내놓았다. 한편 유대 종교조직들은 이들 지역을 성서의 이름대로 유대(Judea), 사마리아(Samaria)라고 불렀는데 역사적 영토의 일부로서 유대인을 위해 계속 보유하는 것이 의무라고 주장했다. 그러나 만약 이 지역을 계속 보유한다면 아랍 주민은 어떻게 처리할 것인가? 이들에게 시민권을 부여하면 유대국가로서 이스라엘의 성격이 희석되고 결국 아랍인이 다수를 차지하게 될 것이다.

반면 이들에게 시민권을 부여하지 않는다면 이들은 영원히 기본적 인권이 박탈된 채로 점령지의 인민으로 남을 것이다.

이스라엘 정부는 이 문제에 분명한 결단을 내리기보다 요르단 강에 연하는 전략적 요충지에 유대 프레즌스(Jewish presence)를 구축하기 위해 구상한 정착정책을 추진하면서 서안과 가자지구에 대한 군사점령 상태를 유지했다. 1968년 이스라엘이 동예루살렘을 병합했지만 이스라엘 정부는 점령지 전체를 보유하는 정책을 천명한 적은 없었고, 영토는 평화와 교환될 수 있다고 주장해왔다. 그러나 이러한 타협적인 요소는 1977년 리쿠드당의 베긴이 수상에 선출되면서 갑자기 사라졌다. 그는 서안과 가사지구를 고대 이스라엘 영토의 필수적인 부분으로 간주하면서 이 지역을 영구적으로 보유할 것임을 확실히 했다. 1977년 수상에 취임할 때부터 1983년 사임할 때까지 그는 그 영토들을 병합하기 위해 계속 노력했다. 베긴이 추구한 병합정책의 핵심은 그 지역에 유대인들을 대거 정착시키는 것이었다. 그가 취임했을 당시에는 정착지(Jewish Settlements) 24개에 유대인 3,200명 정도가 거주하고 있었다. 그러나 그가 사임할 당시에는 정착지 106개에 2만 8,400명 정도가 거주했다. 그 과정에서 이스라엘 정부는 정착 사업을 가속화하기 위해 도시형 정착지 건설을 추구하는 한편 그 범위를 아랍인 밀집지역으로까지 확대시키고 종교적 극우조직인 구시 에무님(Gush Emunim)을 이용하기도 했다. 베긴의 최종 목표는 이 지역 아랍 사회의 기반을 붕괴시켜 이스라엘에 병합하는 것이었다.

평화협상 당시 팔레스타인인들은 이스라엘에게 서안과 가자지구에서 무조건 완전히 철수하라고 요구했다. 일단 이스라엘의 철수가 끝난 후에야 협상에 응하겠다는 것이었다. 그러나 이스라엘은 1967년 전쟁에서 승리한 후 이 두 지역을 점령했으며 이곳에서 40년 넘게 군사적 강점을 지속해왔다. 또한 그 기간에 이스라엘은 두 지역의 요소마다

'유대인 정착촌'을 140개소 이상 건설하고 유대인 20만 명 이상을 거주시켰다. 그 결과 팔레스타인 자치지역 내의 곳곳에 섬처럼 들어선 정착촌과 정착촌을 촘촘하게 연결한 관통 도로망, 그리고 도로 곳곳에 설치된 군 검문소와 장애물들은 가자와 서안지구를 여러 조각의 고립된 땅으로 만들어버렸다.

1992년 라빈이 이스라엘 수상으로 선출되면서 이스라엘과 팔레스타인의 계속되는 갈등관계에 새로운 전기가 마련되었다. 라빈은 예루살렘 출생으로 이스라엘군에서 잔뼈가 굵었고 1967년 전쟁을 승리로 이끈 주역 중의 한 사람이었다. 라빈은 수없이 많은 전투를 승리로 이끈 전쟁 영웅이었으나 팔레스타인과의 문제는 군사적으로는 해결될 수 없다는 사실을 잘 알고 있었다. 그는 팔레스타인과 평화적 공존만이 문제를 해결하는 최선의 길이라고 확신했고, 수상직에 오르자 그 확신을 실천에 옮겼다. 이스라엘 군대를 군사점령 지구에서 철수시키기 시작했던 것이다. 이는 라빈 총리가 확신을 가지고 주도해온 오슬로 협정(Oslo Accord)의 결과였다. 세계는 라빈 수상의 중동평화에 대한 의지와 결단에 찬사를 보냈고, 라빈과 외무장관 시몬 페레스(Shimon Peres) 그리고 아라파트 의장은 공동으로 노벨평화상을 수상했다.

오슬로 협정은 중동문제 해결에 새로운 돌파구를 마련해주었으며 이 협정에 따라 요르단 강 서안지구의 예리코에서 이스라엘 군대가 철군하기 시작했다. 이렇게 중동의 '평화일정'이라는 역사는 그 닻을 올리고 출항했다. 그러나 평화절차의 항진은 곧 험난한 폭풍을 만나 난파 위기를 겪게 되었다. 1995년 11월, 평화절차의 산파역을 감당했던 라빈 수상이 이스라엘 극우파 청년이 쏜 총탄에 쓰러진 것이다. 라빈 수상의 서거는 이스라엘뿐 아니라 전 세계에 큰 충격을 주었고 라빈이 없는 평화일정은 방향을 잃고 거친 난항을 계속할 수밖에 없었다.

(3) 예루살렘

아랍인들이 '알 쿠드스(Bayt al-Muqaddas; al-Quds, 성스러운 도시)'라고 부르는 예루살렘은 아랍인에게도 유대인에게도 중요한 종교적 성지다. 기독교 성서에 따르면 다윗 왕이 이곳을 수도로 삼으면서부터 예루살렘은 이스라엘의 종교, 문화, 정치, 사회의 중심지가 되었다. 그 후 예루살렘은 637년 무슬림에게 정복되어 이슬람의 중심지가 되었다. 1099년 잠시 십자군이 예루살렘을 점령했으나 1917년 알렌비 장군의 연합군이 이곳을 점령하기 전까지는 터키의 수중에 있었다. 제1차 세계대전 후에는 1920년 국제연맹의 결의로 영국의 위임통치하에 놓였다가 1948년 이스라엘의 건국으로 동예루살렘(요르단)과 서예루살렘(이스라엘)으로 분리되었다.

예루살렘은 여러 당사자의 이해가 교차했던 곳인 만큼 역사적으로도 복잡할 뿐만 아니라 지리적으로도 단순하지 않다. 예루살렘은 우선 동예루살렘과 서예루살렘으로 나누어지는데 면적은 동예루살렘이 70km², 서예루살렘이 45km² 정도다.

예루살렘 문제는 이스라엘 건국 당시부터 이스라엘과 팔레스타인 두 민족 간의 주요 쟁점으로 등장했다. 유엔은 1947년 11월 29일 팔레스타인 분할 계획안을 승인하면서 '특별한 국제적 정부(International Regime)하의 분할체(Corpus Separatum)를 만들어 유엔이 예루살렘을 관리할 것'을 제안했다. 또한 유엔은 '예루살렘이 팔레스타인 땅에 창립될 유대국가와 아랍국가 양국에 함께 소속'되도록 했다. 이스라엘 측은 이 안을 받아들였으나 팔레스타인 측이 이를 거부했다. 그 후 1948년 5월 이스라엘과 아랍국가 간에 팔레스타인 전쟁이 발발했다. 이 전쟁에서 요르단은 예루살렘의 구시가지(Old City, Old Jerusalem)를 포함하는 동예루살렘을 점령하고 1950년 서안지구와 함께 동예루살렘을 요르단 영토에 병합시켜버렸다.

[그림 4] 예루살렘

요르단 강 서안 지역

이스라엘 시경계
1949~1967

베이트
하니나

요르단 치하
아랍 자치구
1950~1967

그린라인

슈파트

동예루살렘

데이르 야신

이스라엘에 의해
일방적으로 확장된
시경계 1967~1993

서예루살렘

말하

아부디스

구시가

베이트
사파파

수르
바헤르

길로

0   5km

베들레헴

1948년 전쟁이 끝난 후 아랍은 동예루살렘을, 이스라엘은 서예루살 렘을 관할하게 되었다. 정치적으로 동예루살렘은 이른바 '요르단 강 서 안지구'의 일부가 되고 서예루살렘은 이스라엘의 국토가 된 것이다. 이 처럼 예루살렘은 동서로 확연히 분할되고 1967년까지 서로 왕래하지 않았다. 그러나 1967년 전쟁을 통해 이스라엘이 예루살렘 전체를 점령 했으며 이후 오늘에 이르고 있다.

1993년 오슬로 협정에서 1967년 유엔 안전보장이사회 결의안 242 호를 토대로 팔레스타인의 독립국가 수립을 의미하는 '두 국가론'이 제

[그림 5] 예루살렘 구시가지

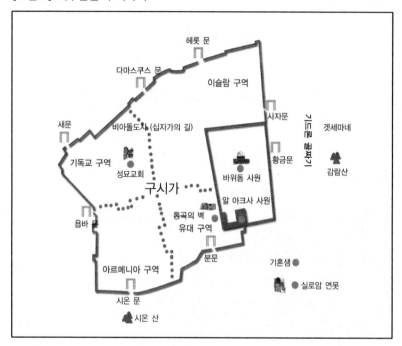

시되면서 예루살렘 분할안이 등장했다. 즉, 팔레스타인을 팔레스타인이 통치하는 동예루살렘과 이스라엘이 통치하는 서예루살렘으로 나누자는 것이었다. 그러나 팔레스타인인들이 오슬로 협상에서 서예루살렘을 포기하는 데 동의했음에도 지금까지 동예루살렘을 차지하지 못하고 있다.

동예루살렘에는 특수한 구역인 구시가지가 있다. 구시가지야말로 예루살렘 전체의 핵심 지역으로 오랜 역사를 간직한 곳이다. 구시가지는 로마의 하드리아누스(Hadrianus) 시대인 2세기경에 만들어진 것으로 알려졌는데 견고한 성벽으로 둘러싸여 있어 고도(古都) 예루살렘의 풍모를 간직하고 있다. 이 성벽은 약 500년 전인 1540년, 오스만 제국의 술레이만 1세 때 축성된 것으로 높이는 12~14m, 성의 총 길이는 4km 정도이며, 탑 34개와 문 8개로 구성되어 있다. 면적은 1km²밖에 되지 않아 이스라엘 전체 면적의 1%도 채 되지 않는다. 그러나 이곳은 구약 시대 다윗 왕이 이스라엘 왕국의 수도로 정했던 '역사적 예루살렘'으로 그 후 파란만장한 역사가 펼쳐졌던 무대이기도 하다.

구시가지는 기독교 구역, 아르메니아 구역, 유대 구역, 이슬람 구역으로 나뉘어 있으며 서로 충돌을 피하기 위해 정해진 통로로만 출입한다. 유대 구역에는 '서벽(Western Wall)'이 있다. 로마시대에는 유대인이 예루살렘으로 들어가는 것이 허용되지 않았다. 그러나 비잔틴 시대에 들어오면서 일 년에 한 번씩 사원이 파괴된 날5)이면 유대인이 예루살렘에 들어가는 것이 허용되었다. 이날이 되면 유대인들은 '서벽'으로 몰려가 흩어진 민족을 생각하며 슬피 울곤 했다고 한다. 이후로 이벽을 '통곡의 벽(Wailing Wall)'이라고 불렀으며 이 벽 앞에서 기도하는 관습이 수세기 동안 지켜져 왔다. '통곡의 벽' 바로 너머에 자리 잡은 성전산(Temple Mount, Mount of Moriah)에는 이슬람의 알 아크사 사원과 황금돔 사원(바위돔 사원)이 있어 벽을 사이에 두고 유대교와 이슬람교가 맞서고 있다.

위임통치 시절에 유대인들은 이 벽을 방문할 권리를 갖게 되었지만 기도할 때 남녀를 구분하는 장막이나 의자 같은 부속물을 설치할 수 있는 권리는 없었다. 영국은 종교문제에 대해 현상 유지 정책을 고수하면서 이런 규제가 실제로 유지되어야 한다는 데 동의하고 1928년 말에는 장막을 강제로 제거하는 등 규제를 실행에 옮겼다. 규제에 격렬히 반발하는 유대인들에게 자극을 받은 무프티와 무슬림 최고위원회는 시오니즘이 이슬람 성지에 끼치는 위험성에 관해 대대적인 선전에 나서

---

5) 서기 70년, 로마의 지배에 항거하던 유대인들의 반란에 대해 로마 총사령관 티투스(Titus: 79~81)는 예루살렘을 함락하여 서벽만 남기고 페르시아 지배 시절 건축된 제2성전을 모두 파괴했다.

기도 했다. 벽의 지위에 대한 1년에 걸친 유대인들과 무슬림 간의 반박과 재반박은 1929년 8월에는 유대인들의 시위에 자극받은 아랍 군중이 예루살렘의 유대인 구역을 공격하고 헤브론과 사파드에서 유대인을 살해하는 등 폭력 대결로 비화되었다. 이때 영국군이 폭동을 진압하는 과정에서 유대인 133명과 아랍인 116명이 목숨을 잃었다. 폭동의 직접적인 원인은 성지의 운명에 대한 우려였지만 근본적인 원인은 유대인 이민이 계속되면 팔레스타인이 결국 유대인의 지배하에 놓이게 될지도 모른다는 아랍인들의 불안에 있었다.

이스라엘은 건국 당시 텔아비브를 수도로 정했으나 예루살렘에 특별한 이해와 정서를 가졌던 탓에 1967년 6월전쟁을 통해 요르단 치하에 있던 동예루살렘을 점령하고 입법 조치와 내무장관 훈령으로 이를 합병해 예루살렘을 이스라엘의 수도로 정했다. 그 후 이스라엘은 예루살렘 문제를 협상 테이블에서 거론하는 것조차 금기시하며 예루살렘의 유대화를 추진해왔다.

한편 이스라엘이 동예루살렘에 정착촌을 건설하고 유대인들을 이주시키기 시작하자 위기감에 빠진 팔레스타인 측은 이에 대항해서 동예루살렘을 팔레스타인 자치정부의 수도로 삼기 위한 운동을 추진하고 있다. 그들은 예루살렘 문제를 중동평화 의제에 포함시키는 데 성공한 여세를 몰아 동예루살렘에서의 국가적인 활동을 가속화하고 있다.

동예루살렘에는 세 유일신교의 성지가 있는 구시가지 전체가 자리잡고 있다. 동예루살렘에서 첨예한 갈등이 발생한 것은 이스라엘과 팔레스타인 모두가 이곳을 양보하려 하지 않기 때문이었다. 팔레스타인은 유엔 안전보장이사회 결의안 242호가 이스라엘에 대해 1967년 전쟁 때 장악한 동예루살렘을 돌려주라고 했기 때문에 국제법이 그들의 편이라고 주장했다. 팔레스타인 측은 동예루살렘의 유대인 구역과 통곡의 벽은 이스라엘에 넘길 용의가 있었다.

2000년 7월 제2차 캠프 데이비드 협정에서 이스라엘의 에후드 바라크 수상(Ehud Barak: 1999. 7~2001. 3)은 동예루살렘 문제를 의제에 상정하는 것조차 거부하던 과거의 강경 입장에서 한발 물러나 동예루살렘 주변부의 팔레스타인인 거주지역에 대한 팔레스타인 자치정부의 주권과 구예루살렘 시가지 일부의 행정적인 관할권을 인정할 것임을 시사했다. 그러나 팔레스타인 측이 이스라엘의 성전산 공유안을 거부함으로써 양측의 협상은 교착 상태에 빠졌다.

양측은 이 문제 — 명백하게 정치적이지만 강력한 종교적 배후가 깔려 있는 — 에 대해 서로 물러설 수 없었으므로 협상은 난항을 거듭했다. 그들은 대결의 시기가 임박했음을 알았다. 바라크는 성전산에서 2km도 떨어지지 않은 곳에 '알 쿠드스'라는 이름의 팔레스타인 수도를 세우고 이 도시를 팔레스타인의 보호 — 주권이 아닌 — 아래 두는 제안을 마지막으로 내놓았다. 그러나 이 제안도 폭력의 악순환을 막는 데는 충분하지 못했다. 바라크는 그가 내놓은 안이 아랍인들에 의해 거부됨으로써 그해 총선에서 쓰라린 패배를 맛보았다. 2000년 9월에 인티파다가 일어난 것은 샤론이 이스라엘 총선 과정에서 평화일정에 불만을 품고 의도적으로 동예루살렘의 민감한 장소인 성전산을 방문했기 때문이었다.

2001년 이스라엘 수상에 취임한 샤론의 태도는 강경했다. 그는 동예루살렘을 포함해 예루살렘 전체가 이스라엘 영토임을 천명했다. 이에 맞서 팔레스타인 과격세력이 추가적인 자살 폭탄테러를 경고하고 나서는 등 양측 간에 일촉즉발의 긴장이 이어졌다. 샤론 수상은 팔레스타인 공동체에 대한 집단적 징벌 성격의 봉쇄 조치, 팔레스타인 과격파 요원을 대상으로 한 잇단 표적 암살 같은 강공책을 펼쳤고, 급기야는 팔레스타인 자치지역에 탱크를 진입시켜 동예루살렘의 팔레스타인 거점인 오리엔트 하우스(Orient House)를 점령하고 이스라엘 깃발을 내걸었다. 이스라엘군 탱크가 팔레스타인 자치지구에 진입한 것은 1993년 오슬로 평화협정 이래 처음 있는 일이었다.

2) PLO와 자살 폭탄테러

(1) PLO

1956년 이집트가 주동이 되어 시리아, 요르단 세 나라가 군사 동맹을 체결했다. 이스라엘 측은 아랍 측의 군사공격이 임박했음을 직감하고 선제공격을 가했다. 이로써 수에즈 전쟁이 일어났다. 유엔은 곧 중재에 나섰고 치열했던 전투는 9일 만에 서둘러 종식되었다. 이 전쟁에서도 이스라엘은 일방적인 승리를 거두었다. 두 번에 걸친 전쟁에서 이스라엘이 완승을 거두자 팔레스타인 아랍인 과격파 사이에서는 새로운 움직임이 나타나기 시작했다. 아랍인 과격파는 정규 전쟁으로는 승산이 없다고 판단했고 대이스라엘 투쟁의 방법으로 테러를 선택한 것이다. 이들은 이전에 비밀 저항운동을 전개하던 다양한 팔레스타인 조직의 지도부를 통일한 뒤 1964년 5월, 예루살렘에서 열린 제1차 팔레스타인 민족평의회를 통해 아랍연맹이 후원하는 PLO를 결성했다. PLO는 '민주적이고 세속적인' 팔레스타인 국가를 건설하는 데 총력을 기울였으며 PLO 헌장은 이스라엘의 제거를 명시했다. 그러나 그 당시만 해도 PLO는 아랍국가들의 조직이었다. PLO의 창설은 아랍국가들이 팔레스타인의 저항활동을 제한하고 팔레스타인 운동이 독자적으로 진행되는 것을 방지하려는 의도를 반영했다. 카이로에 기반을 둔 PLO는 나세르의 비밀조직으로부터 철저한 감시를 받았다. 아랍정부들은 PLO의 의장으로 팔레스타인의 명문 가문 출신인 슈케이리를 선출했다. PLO 집행위원회 구성원의 다수는 명문 가문 출신이었다. 그들은 망명객이었지만 난민촌 경험과는 거리가 먼 사람들이었다.

아랍국가들은 1948년의 팔레스타인 전쟁과 계속된 이스라엘과의 전투에서 선도적으로 투쟁을 이끌었으나 팔레스타인계 아랍인의 역할은 다소 소극적이었다. 많은 팔레스타인 난민은 귀환하려는 그들의 꿈을 외부 세력에 의탁했다. 마르크시즘, 바아시즘, 범아랍주의가 그들의 희망이었다. 나세르의 지도력을 믿는 사람도 있었다. 그러나 1967년의 6월전쟁으로 이스라엘군은 요르단 서쪽의 팔레스타인 위임통치 지역 전역은 물론, 시리아로부터 북쪽의 골란 고원을, 이집트로부터 남쪽의 시나이 반도를 탈취했다. 이스라엘의 지배가 요르단 강 서안과 가자지구로 확대되자 분쟁은 PLO가 팔레스타인 지도부에 개입하는 새로운 차원으로 발전했다. 1949~1967년 사이에 아랍연맹, 특히 팔레스타인 일부 지역을 장악하고 있던 아랍국가들은 그들이 팔레스타인인을 대변한다고 주장하면서 정치협상 과정에서 팔레스타인인들의 적극적인 참여를 억제하고 심지어 이를 막아왔다. 그러나 그들은 팔레스타인 해방의 꿈을 실현시켜주지 못했으며 가지고 있던 팔레스타인 영토마저 이스라엘에 빼앗겼다. 1967년 전쟁에서 아랍국가들이 참패하자 이들의 주장은 효력을 잃었고 3년 전에 설립된 PLO의 중요성이 새롭게 부각되었다. PLO는 팔레스타인 인민의 대변자 겸 팔레스타인 이데올로기의 주창자로서 재조직되었다. 무장저항 운동이 자리를 잡아가는 과정 속에서 팔레스타인인들은 아랍국가들의 국내정치에서 주요한 요소가되었고, 아랍 지도자들은 그들의 요구를 고려하지 않을 수 없었다.

PLO 내에서 활동하거나 PLO와 관련을 맺고 있는 단체로는 파타 (Fatah),[6] 팔레스타인 해방인민전선(PFLP), 팔레스타인 해방인민민주전

---

6) 정식 명칭은 팔레스타인 민족해방운동(ḥarakat al-taḥrīr al-waṭanī al-filasṭīnī)이다. 파타는 1950년대 말 카이로 대학의 학생들을 중심으로 아라파트와 베이루트의 학생조직을 이끌었던 아부 리야드(Abu Lyad), 할릴 알 와지르(Khalil al-Wazir) 등이 이스라엘의 통제권으로부터 팔레스타인을 해방시키기 위해 조직한 아랍계 팔레스타인인의 정치·군사조직이다. 이 조직은 시리아의 원조를 받아 그들의 본부를

선(DFLP: Democratic Front for the Liberation of Palestine) 등이 있었다. 또한 PLO와 연관된 테러조직으로는 파타의 검은 9월단과 팔레스타인 해방 인민전선의 총사령부가 있었다. PLO에는 내부 의견이 다양했으며 조직도 분화되어 있었다. PLO의 온건파는 팔레스타인 국가를 인정하는 이스라엘과 협상에 응할 용의가 있었지만 과격파는 이스라엘의 파괴를 고집하면서 무슬림·유대교도·그리스도교도가 동등하게 참여하는 세속 국가를 건설해야 한다고 주장했다. PLO의 자금은 PLO에 동조하는 이웃 국가들의 후원금과 팔레스타인 근로자의 봉급에서 징수한 세금으로 충당되었다.

6월전쟁 직후부터 몇몇 소규모의 팔레스타인 게릴라 조직이 가자지구와 요르단에서 활발하게 활동을 전개했다. 그들 중 가장 성공적인 단체는 파타였다. 전쟁으로 이스라엘에 요르단 강 서안과 가자지구를 빼앗기자 팔레스타인 민족평의회를 이끌어오던 슈케이리 의장의 입지는 현저히 약화되었다. 그 대신 1968년 3월, 카라메 전투에서 파타가 승리하자 불패의 군대라는 종전의 이스라엘군의 이미지가 깨졌고 전투의 주역인 아라파트 의장이 이끄는 파타가 PLO의 주도 세력으로 등장했다.[7] 1969년에는 팔레스타인 조직 가운데 가장 큰 집단인 파타의 지도자 아라파트가 PLO 의장으로 임명되었다.

다마스쿠스에 두었다. 파타는 1963년이 되어서야 비로소 알제리 혁명정부로부터 군사훈련 시설을 제공받아 조직원을 훈련시킬 수 있었다. 1964년 초 아랍정상회담 후 아랍연맹이 PLO를 창설할 때까지 파타는 지하운동에 머물러 있었다. 1968년 카라메 전투를 계기로 파타는 모든 팔레스타인 조직 중에서 가장 강력하고 광범위한 조직으로 성장했으며 PLO를 효과적으로 장악했다.

7) 당시 파타의 특공대 조직 아시파(al-'Asifa, 폭풍이라는 뜻의 아랍어)는 조직원 450명으로 국경도시 카라메 전투에서 이스라엘군 1만 5,000명을 대파하고 조직원을 일거에 1만 5,000명으로 키워냄으로써 PLO 내에서 가장 큰 세력으로 부상했다.

6월전쟁 이후 게릴라 조직이 출현한 것은 팔레스타인 스스로가 팔레스타인의 대의를 지켜가고 있음을 보여주었다. 젊은 팔레스타인인 수천 명이 게릴라 조직에 가담함으로써 난민캠프의 황량한 유폐생활에서 벗어나고자 했다. 1954~1962년의 프랑스를 상대로 한 알제리 반란이 그들에게는 절망적인 약세를 극복하기 위한 영웅적인 모델이었지만 그들의 처지는 다른 민족해방운동과 또 다른 면이 있었다. 그들은 해방시키려는 땅에서 쫓겨났기 때문에 이스라엘과 인접한 아랍국가들 중 한 곳에서 독립적인 작전을 수행하기 위한 기지를 마련해야 했다. 그것은 필연적으로 자국 내의 통제력을 확보하려는 그 나라 정부와 충돌을 일으켰다.

1960년대 후반 PLO는 요르단에 본거지를 두고 이스라엘에 대항하기 위한 군사조직을 창설하고 육성했다. 그러나 1970년 후세인 국왕이 지배하는 요르단 정부와 PLO의 갈등이 심화되었고 결국 9월, PLO는 3,000명의 희생자를 낸 채 강제로 요르단에서 추방되었고 레바논으로 본거지를 옮겼다. 후세인 국왕의 행동은 다른 아랍국가들에 의해 자국의 국내질서를 유지하기 위한 정당 방어로 받아들여졌다. 그 후 몇 년간 팔레스타인 조직들은 중동에서 그들의 정치적 목적을 달성하는 데 실패함으로써 자포자기 심정으로 공중 납치, 공항 학살, 암살의 임무를 띠고 이스라엘로 침투해 들어갔다. 그들의 행동 중에서 가장 악명을 떨쳤던 것은 1972년 뮌헨에서 이스라엘 올림픽 대표를 인질로 잡고 구출 과정이 진행되는 동안 이들을 살해한 사건이었다.

몇 년이 흐른 동안 이스라엘이라는 현실적 존재에 직면해 PLO의 입장에도 변화가 있었다. 1974년 PLO는 모든 팔레스타인을 해방시킨다는 목표를 버리고 서안과 가자지구를 아우르는 팔레스타인 국가를 창설하는 쪽을 선택하게 되었다. 아라파트는 PLO가 이스라엘 외부에서의 국제 테러리즘에는 더 이상 개입하지 말아야 한다고 주장하는 한편 국제사회가 PLO를 팔레스타인 국민의 정당한 대표체로 인정해줄 것을 요청했다. 1974년 라바트 아랍정상회의에서 아랍국가의 지도자들은 아라파트의 요청을 수용했고 1976년에 PLO는 팔레스타인의 유일한 대표체로서 아랍연맹에 정식회원으로 가입했다. 1974년 PLO는 유엔에서 참관인 자격을 얻은 것을 시작으로 1975년에는 프랑스 정부로부터 PLO 공보관(information office) 개설을 허락받았고 곧이어 유럽의 다른 나라들로부터도 동일한 지위를 얻었다. 오스트리아는 한걸음 더 나아가 PLO에게 완전한 외교적 승인을 해주었다. 이러한 외교적 성과에도 1988년까지 미국으로부터는 아무런 공식적인 인정을 받지 못했다.

PLO는 이집트와 이스라엘의 협상에서도 배제되었는데 이 협상 결과 1979년 평화조약이 체결되었다. 이 평화조약에서 이스라엘은 점령하고 있던 시나이 반도를 이집트에 반환하기로 합의했으나 서안과 가자지구에 팔레스타인 국가를 건설하는 데는 동의하지 않았다. 이에 따라 PLO가 시리아의 점령지인 레바논을 근거지로 이스라엘 영토를 계속 공격하자 이스라엘은 1982년 6월 6일에 팔레스타인과 시리아 군대의 본거지를 무력화하기 위해 레바논을 공격했다. 수주일간의 전투 끝에 이스라엘 군대는 수년 동안 PLO의 본부가 있던 베이루트를 포위했다. 협상 결과에 따라 팔레스타인인들은 8월 21일부터 9월 1일 사이에 레바논의 수도인 베이루트에서 철수해 우호적인 인근 아랍국가로 피난해야 했다. 베이루트에서 철수한 후 PLO 내에서는 아라파트의 온건노선에 대한 불만이 고조되었다. 더욱이 1983년 시리아에 본부를 둔 PLO 반군은 시리아 군대의 지원을 받아 아라파트의 남은 병력을 레바논 밖으로 몰아내려고 했다. 그러나 아라파트는 온건한 아랍 지도자들의 지원에 힘입어 다시 PLO의 지도권을 장악했다.

이 마지막 단계에서 이스라엘에 대항하는 투쟁의 성격이 바뀌었다. 그때까지 PLO는 자신의 목적을 공개적으로 밝히면서 주로 이스라엘과 그에 관련된 해외시설을 주공격 대상으로 삼아왔다. 하지만 1980년대 후반에서 1990년대 초에 들어서는 투쟁의 목표가 점령지로 바뀌었으며 '인티파다'로 알려진 새로운 형태의 저항과 반란이 대두되었다. 인티파다 운동은 해외의 중립적 목표를 겨냥하는 것이 아니라 그들의 조국을 점령하고 있는 사람과 기관에 대항하는 것이었다. 따라서 주요 목적은 단순히 관심을 유발하는 것이 아니라 점령 자체를 약화시키고 무력화시키는 것이었다.

미국의 주도로 유엔은 1987년 12월의 총회 결의안을 통해 테러 범죄를 강력하게 규탄하며 테러라는 전염병을 근절하기 위한 모든 국가의 협력을 촉구했다. 이 결의안에 153개국이 찬성했으나 이스라엘과 미국은 반대했다. 그 이유는 의사록에 "…… 외국의 점령 및 식민지적 지배에 준하는 형태에 있는 국민의 권리를 어떤 이유로도 침해하지 않는다……"는 구절 때문이었다. '외국의 점령'은 서안과 가자지구, 골란 고원을 가리키고 있었다.[8]

1988년 11월 PLO는 팔레스타인 독립국가의 수립을 천명했으나 이스라엘이 여전히 서안과 가자지구를 점령하고 있었기 때문에 이는 단지 명목상의 국가일 뿐이었다. 그러나 더욱 중요한 사실은 PLO가 암묵적으로 1967년 이전의 영역 내에서 이스라엘의 존재를 인정했다는 것이다. 즉, PLO는 이스라엘을 제거한다는 목표를 포기하고 대신 독립적인 이스라엘 국가를 인정하고 서안과 가자지구에 팔레스타인 국가를 건설하는 안을 받아들이기로 한 것이다. 1993년 4월 아라파트의 지도 아래 PLO는 이스라엘과의 평화 정착을 위한 비밀협상에 들어갔으며 1993년 9월 13일 마침내 협상이 타결되었다. 이 협상에서 PLO는 이스

---

8) 노엄 촘스키·질베르 아슈카르, 『촘스키와 아슈카르, 중동을 이야기하다』, 강주헌 옮김(서울: 사계절, 2009), 18~19쪽.

라엘로부터 팔레스타인 주민에 대한 유일한 대표권을 인정받았으며 서안과 가자지구의 통치권을 5년간에 걸쳐 이스라엘에서 팔레스타인인들에게 단계적으로 이양하는 것에 관한 개략적인 합의를 보았다. 그러나 PLO의 이러한 행보는 필연적으로 하마스와 이슬람 지하드 같은 이슬람 부흥세력의 도전을 받게 되었다.

(2) 자살 폭탄테러

2010년 9월 1일 파키스탄 동부 라호르(Lahore)에서 세 차례의 자살 폭탄테러가 발생해 최소한 35명이 사망하고 200여 명이 부상당했다. 9·11 테러가 벌어진 지 9년, 자살테러는 이제 가장 주요하고도 '효과적'인 공격수단으로 자리 잡았다. 자살테러는 1980년대부터 꾸준히 늘어났는데 이는 저항단체 사이에서 자기 조직의 결연성을 보여주는 경쟁 수단으로도 이용되고 있다. 새로운 조직일수록 자살테러를 더 일찍 도입했다. 또한 정부 등에 분노를 표출하려는 개인이 늘어난 것도 자살테러가 확산되는 원인 중 하나였다.

테러는 팔레스타인 지역에 유대인이 다시 유입되기 시작하면서 아랍과 유대인 양측에 의해 빈발했지만 자살 폭탄테러 형식으로 본격화한 것은 1967년 전쟁에서 이스라엘이 가자지구와 요르단 강 서안지구를 점령하면서부터였다. 현대적인 의미의 자살테러는 1983년 10월 레바논에서 히즈발라가 수도 베이루트에 있는 미군 해병대 사령부에 자살 폭탄공격을 가해 군인 241명이 사망한 사건이 최초였다. 폭약 1만 2,000파운드(5.44톤)를 실은 노란색 벤츠 트럭이 이른 아침 사령부 정문을 통과해 건물 정면으로 돌진해 폭발했다. 이 사건은 레바논에 주둔하던 미국·영국·프랑스·이탈리아의 평화유지군이 철수하는 계기가 되었다. 결국 히즈발라의 자살테러는 점령군 철수라는 목적을 달성한 성공적인 작전으로 인식되었고 이로써 테러조직의 전술적 선택으로 정착되었다고 할 수 있다. 이 사건 이후 자살테러는 일종의 현상이라 할 만큼 연쇄적으로 발생했다.

팔레스타인 자살 테러리스트들은 2000년 후반부터 이스라엘 도시를 공포의 거리로 만들었다. 이들은 허리에 폭탄을 벨트처럼 두르고 다니면서 이스라엘 사람이 모여 있는 장소라면 어느 곳에서든지 이를 폭파시켜 자기는 말할 것도 없고 수많은 이스라엘 민간인의 생명을 빼앗았다. 2001년 1월 말에는 예루살렘 중심 번화가에서 사상자를 100명 이상 낸 대규모 자살테러가 발생했다. 그런데 이 테러의 주범이 팔레스타인 대학에 재학 중인 여자 대학생으로 판명되어 세계를 놀라게 했다. 통계자료에 따르면 1994년부터 2004년까지 총 274건의 자살테러로 6,134명이 사망하고 1만 9,529명이 부상을 당했다. 연평균 25건의 자살테러가 발생해 558명이 사망하고 1,775명이 부상을 당한 셈이다. 사건당 사망자 수는 24명, 부상자 수는 78명으로, 다른 모든 유형의 테러 사건과 비교해볼 때 압도적으로 희생자가 많다. 극단적인 자살테러의 전형이 된 9·11 테러는 그 의외성으로 미국인은 물론 전 세계인을 공포로 몰아넣었다.

2001년 10월 7일, 미국은 아프가니스탄 침공을 신호탄으로 삼아 테러와의 전쟁을 시작했다. 미국은 이어 2003년 3월 23일에는 이라크를 침공했으며, 2006년 7월 12일에는 미국의 지지를 받은 이스라엘이 레바논을 침공하기에 이르렀다. 대테러 전쟁 과정에서 발생한 미군의 아부그라이브 수용소 수감자 학대, 이라크 소녀 강간살해, 민간인의 참혹한 희생 등은 해를 거듭하며 무슬림과 테러단체를 자극했다.

그러나 중동에서 시작된 폭탄테러는 오히려 그 무대가 유럽으로 이동할 조짐을 보이기도 했다. 얼마 동안 자살 폭탄테러는 전쟁이 발발한 지역이나 중동 같은 특수 지역에서 발생하는 불가피한 결과로 이해되어 왔다. 더구나 2001년 9월 11일 미국 뉴욕을 강타한 테러에도 서방세계는 폭탄과 테러의 가능성을 중동 및 인접 분쟁국가의 문제로 국한시키려고 했으며 아프가니스탄, 이라크와의 전쟁을 통해 폭탄테러의 가공할 능력이 서방세계 국민의 일상으로 확산되는 것을 막으려 했다. 그러나 2005년 7월 7일에 발생한 런던 폭탄테러는 지금까지 있었던 전쟁의 구도, 폭탄의 사정거리, 뇌관 등 모든 문제를 원점에서 다시 생각하게 만들었다. 이제 테러는 중동에서 서방으로 확대되었으며, 아랍 민족주의는 서유럽의 종주국에서도 자생하기 시작했다. 서방세계는 이제 조직된 군대를 상대로 전쟁을 벌이는 것이 아니라 흩어져 있는 모래 속의 유리 조각을 찾아내는 식의 전쟁을 치러야 하게 되었다.

서방세계에 투영된 오늘날 이슬람의 이미지는 폭탄을 안고 자살하는 순교자의 모습이다. 자살 폭탄테러는 자살이라는 극단적 선택과 폭탄이라는 위력과 공포가 결합된 중동인의 저항정신으로 견고하게 자리 잡았다. 그러나 이제 민족과 종교를 넘어서 서방화된 중동인에게서도 이 정치적 상징이 작동하기 시작한 셈이다. 2004년 한 해 동안 전 세계적으로 발생한 테러는 988건이며 이중 627건이 이라크(581건)를 포함한 중동지역에서 발생했다. 미국 국방부의 이라크 정보 분석가에 따르면 2003년 이라크 전쟁 이후 3년간 발생한 자살 폭탄테러는 300건이 채 되지 않았지만 2006년 7월부터 2007년 6월 말까지 1년간 발생한 자살 폭탄공격은 최소한 540건에 이른다.

무엇이 팔레스타인 청년들로 하여금 자기 몸을 내던져 이스라엘 사람을 살상하는 폭탄이 되게 만드는가? 인간의 본능에 역행하는 극한적인 방법까지 불사해 그들이 얻으려는 것은 무엇인가? 이 질문에 대한 대답은 오늘날 세계인의 관심이 집중되고 있는 중동문제의 핵심이다. 자살테러범들을 포함해 팔레스타인인들이 요구하는 바는 크게 다음 네 가지로 요약될 수 있다.

첫째, 1967년 '6월전쟁'을 통해 이스라엘이 군사적으로 점령한 '군사점령 지역'에서 완전히 물러나라는 것이다. 이 요구는 서안과 가자지구에서 이스라엘이 철수하는 것을 의미한다.

둘째, 이 지역에서 이스라엘이 철수한 후 그곳에 팔레스타인 독립국가를 수립하겠다는 것이다.

셋째, 앞으로 세워질 팔레스타인 국가의 수도는 동예루살렘이 될 것이며 국가의 수도로서 동예루살렘은 당연히 팔레스타인 주권하에 있어야 한다는 것이다.

넷째, 현재 여러 나라에 흩어져 있는 팔레스타인 난민이 각자 자신의 고향으로 돌아갈 수 있는 '귀향권(right of return)'을 보장하라는 것이다.

이들 요구사항 중에 팔레스타인 국가의 수립문제는 이미 기정사실화된 상태다. 따라서 난민문제는 어느 정도 해결되었다고 볼 수 있으며 '귀향권' 문제도 간접적으로나마 해결되었다고 볼 수 있다.

이스라엘 측이 난민의 귀향을 반대했던 이유는 인구문제 때문이다. 현재 이스라엘 내의 유대인 인구는 약 500만 명이다. 한편 요르단 강 서안과 가자지구를 포함해서 지리적으로 이스라엘 땅 안에 사는 아랍인은 약 100만 명이다. 그런데 420만 명에 달하는 팔레스타인 난민이 귀향할 경우 유대인과 팔레스타인인의 숫자가 거의 대등해져 유대인 국가라는 국가 정체성이 흔들릴 수 있기 때문이다.

그렇다면 쉽게 풀 수 없는 문제로는 두 가지가 남는다. 하나는 점령지로부터 이스라엘의 '철수'문제이며, 다른 하나는 동예루살렘에 관한 문제다. 이 두 가지 문제 중에서 동예루살렘 문제는 누구도 쉽게 풀 수 없는 최후의 난제다.

3. 평화회담

1) 마드리드 중동평화회담(전체 회의: 1991년 10월 30일~11월 1일, 마드리드 개별 교섭: 1991년 12월, 1992년 1월)

중동에서 일어나는 중요한 국제적인 사건은 당사자들은 부인하지만 거의 필연적으로 팔레스타인 문제와 연계된다. 걸프전도 예외가 아니었다. 사담 후세인이 팔레스타인의 깃발을 흔들어댄 것은 분명 아랍 대중을 동요시키고 미국에 동조하는 세력을 당황하게 만들려는 양동작전의 의미를 띠었다. 사담 후세인에게는 전술적 차원을 넘어 하나의 전략적 목표가 있었다. 1990년 2월 그는 암만 연설을 통해 이스라엘을 훈계하고, 팔레스타인 문제를 이용하는 것이 반미주의, 석유무기와 마찬가지로 장기적인 지역전략의 일부임을 보여주었다. 그는 쿠웨이트를 침공한 후 쿠웨이트가 이라크 영토의 일부이며 쿠웨이트 위기는 중동의 다른 문제와 연계되어 있다고 주장했다.

걸프전 후 변화된 국제정치적 상황은 일련의 평화회담을 통한 팔레스타인 자치정부의 출범을 가능하게 해주었다. 대립에서 평화로의 직접적인 변화의 모멘트는 소련의 붕괴가 이스라엘 정치에 준 충격에서 비롯되었다. 소련 말기에 소련 내 유대인들이 대거 이스라엘로 이주를 시작했기 때문이다. 1985년에 고르바초프가 서기장이 된 후 소련은 경제회복에 집중하기 위해 미국과의 경쟁관계를 포기하고 관계 개선을 원했다. 미국은 이에 호응해 인권외교 차원에서 유대인 출국을 허용할 것을 소련에 요구했고, 고르바초프가 이 요구를 받아들여 그동안 소련 당국이 허용하지 않았던 유대인들의 이스라엘 이주가 시작되었다.

고르바초프가 집권한 이후 마드리드 중동평화회담이 열릴 때까지 소련에서 이스라엘로 이주한 유대인은 40만 명이었다. 당시 이스라엘 인구가 400만 명이었음을 감안하면 이는 이스라엘 정부의 재정에 큰 부담을 주는 규모였다. 그뿐만 아니라 이러한 이주는 계속 이어져 이주민인 100만 명에 이를 것으로 추산되었다. 이스라엘이 이주민을 수용하는 데는 약 100억 달러가 필요할 것으로 추정되었다. 문제는 이 재원을 이스라엘 스스로 조달할 수 없었다는 것이다. 당시 이스라엘 경제는 20%가 넘는 인플레이션과 11%의 실업률, 그리고 한 해 47억 달러에 달하는 재정적자를 겪고 있었다. 외부의 투자 유치도 부진한 상태여서 그전 해 전체 투자는 1억 달러 수준에 그쳤다.

이 재정 수요를 충당하기 위해 이스라엘 정부는 100억 달러 규모의 차관 도입을 추진하면서 이에 필요한 차관 보증을 미국에 요구했다. 그러나 조지 H. W. 부시 행정부는 냉담했다. 이미 이스라엘에 연간 40~50억 달러 이상의 원조를 제공하고 있었을 뿐만 아니라 재정 지원이 팔레스타인 상황을 더욱 악화시킬 가능성이 있었기 때문이다. 이스라엘은 점령지에 정착촌을 건설해 이주민을 수용하고 있었다. 정착촌 건설이 진행되면 점령지 반환은 더욱 어려워질 게 뻔했다. 그뿐만 아니라 냉전이 종결된 상황에서 미국으로서는 이스라엘을 지원해야 할 필요성도 줄어들었다. 즉, 소련이 없어진 상황에서 이스라엘의 전략적 중요성도 약화되었던 것이다. 미국은 이스라엘에 한층 증대된 영향력을 갖게 되었고, 이스라엘의 요구에 끌려다니지 않고 더욱 주도적인 입장에서 평화협상을 추진할 기회가 온 것으로 판단했다.

마드리드 중동평화회담은 걸프전 이후 미국이 '영토와 평화의 교환(Land for Peace, 팔레스타인에게는 땅, 이스라엘에게는 평화)' 원칙을 내세워 적극적으로 평화에 개입함으로써 이루어졌다. 소련의 붕괴로 냉전이 종식된 후 새로운 세계질서를 주도하게 된 부시 행정부는 아랍-이스라엘의 분쟁을 해결하기 위한 노력을 시작했다. 아랍세계의 정치적 동태에 중요한 역할을 한 팔레스타인 문제는 이 지역의 안정을 위협하는 중요한 변수였기 때문이다.

1990년 9월 부시는 시리아의 아사드 대통령, 이집트의 무바라크 대통령, 사우디아라비아의 파아드 국왕에게 이라크의 쿠웨이트 침공문제가 해결되는 대로 자신은 아랍-이스라엘 분쟁을 해결하는 데 전념하겠다고 진지하게 약속했다. 그러나 10월 유엔 총회 연설에서는 이라크가 쿠웨이트에서 무조건 철수한 후에나 아랍-이스라엘 문제를 포함한 다른 중동분쟁 문제가 고려될 수 있음을 모호하게나마 언급했다.

1991년 3월 6일 걸프전이 끝난 후 열린 양원 합동회의의 연설에서 부시는 미국이 추구해야 할 중동정책의 핵심 과제는 이스라엘이 점령지를 반환하고 아랍이 이스라엘을 승인하도록 하는 것이라고 천명했다. 5일 후에 이 같은 대통령의 입장을 지원하고 평화의 가능성을 타진하기 위해 베이커 국무장관이 이스라엘, 이집트, 사우디아라비아, 시리아를 방문하는 3차 중동 순방에 올랐다. 베이커는 이스라엘의 정부대표뿐 아니라 팔레스타인 대표도 만났다. 그 후 7개월 동안 일곱 번이 넘게 이 지역을 방문한 그는 10월 8일, 마드리드에서 30일에 아랍-이스라엘 평화회담이 열릴 예정이라고 발표했다. 이로써 분쟁을 해결하기 위한 문제는 새로운 단계에 접어들었다. 물론 베이커의 성공에는 두 가지 사실이 뒷받침되어 있었다. 하나는 소련 연방의 붕괴였고, 또 하나는 걸프전에서 미국의 승리였다.[9]

과거 시리아의 아사드 대통령은 이 지역에서 군사적인 우위는 물론 헤게모니까지 점한 이스라엘이 아랍국가들에게 양보할 이유가 별로 없을 것이라는 이유로 이스라엘과의 평화회담을 반대해왔다. 아사드는 이스라엘과의 전략적 균형을 통해서만 아랍이 이스라엘로부터 의미 있는

---

9) Adeed Dawisha, "The United States in the Middle East: The Gulf War and Its Aftermath," *Current History*(January, 1992), p.4.

양보를 얻어낼 수 있다고 믿었다. 소련이 시리아에 첨단 군사장비를 지원해줄 용의가 있는 한 그러한 희망은 실현 가능했다. 그러나 소련이 붕괴하자 베이커는 과거에 그의 주장이 얼마나 신빙성이 있었는지 여부와는 관계없이 이제는 사정이 달라졌음을 납득시킬 수 있었다. 또한 걸프전은 미국의 전임 대통령 대부분을 꼼짝 못하게 만들었던 이른바 친이스라엘 로비로부터 부시 대통령을 자유롭게 해주었다. 전후 급상승한 인기 덕분에 그는 1~2년 전에는 생각도 할 수 없었던 방법으로 이 문제를 취급할 수 있었다.

이러한 상황의 변화는 1991년 9월, 부시가 소련의 유대 이민을 재정착시키기 위해 이스라엘에 100억 달러의 차관 보증을 4개월 연기해주도록 의회에 요청함으로써 절정에 달했다. 부시와 그의 보좌관들에게 이스라엘은 따분한 존재였다. 이스라엘은 미국이 계속 반대하는데도 그리고 국무장관이 평화회의에 참석하도록 시리아와 다른 아랍국가들을 설득하는데도 막무가내로 서안지구에서 정착촌 건설 사업을 계속했다. 의회에서 부시가 거둔 성공은 두 가지 점에서 평화회담을 개최하기 위한 노력에 도움을 주었다. 첫째, 이스라엘의 강경파가 미국 의회에서 그들의 영향력이 감소했다는 사실을 깨달았으며, 따라서 이들은 미국의 요구에 더욱 민감해졌다. 둘째, 친이스라엘 로비에 대한 부시의 저항은 미국이 이스라엘에 너무 편협해서 '정직한 중재자' 역할을 하지 않을 것이라는 아랍의 오래된 의구심을 어느 정도 불식시켜주었다. 이 점은 부시를 "진정으로 평화를 추구하는 사람"이라고 언급한 아사드의 텔레비전 인터뷰에서도 확인되었다.[10]

한편 미국은 아랍에 파격적인 재정 지원을 제시했다. 걸프전에서 이라

---

10) Adeed Dawisha, "The United States in the Middle East: The Gulf War and Its Aftermath," *Current History*(January, 1992), p.5.

크에 동조했던 요르단에게는 전쟁 당시 미국이 동결했던 5,500만 달러의 경제원조를 다시 집행하겠다고 제안했다. 또 다음 해에 추가로 13억 달러 규모의 원조를 제공해줄 것도 약속했다. 이집트에게는 걸프전에 협조해준 보상으로 이미 미국에 지고 있던 67억 달러의 채무 상환을 탕감해주었다. 그뿐만 아니라 21억 달러 규모의 추가 원조도 제안했다. 이스라엘에 가장 강경한 시리아에게도 유럽공동체의 경제제재 조치를 해제하고 재정 차관으로 2억 1,000만 달러를 제공할 것을 제안했다. 소련의 지원을 상실한 시리아에게 이 같은 제안은 매력적이었다. 1991년 3월부터 7개월 동안 베이커 미국 국무장관이 이스라엘과 주변 아랍국을 대상으로 셔틀외교를 지속한 끝에 마드리드 중동평화회담이 개최되었다.

1991년 10월 30일 시작된 마드리드 중동평화회담에서 미국이 이스라엘, 이집트, 레바논, 시리아, 요르단-팔레스타인 합동 대표단 간의 회담을 이루어냄에 따라 이스라엘과 아랍 측은 중동정치에서 미국이 걸프전 이후에도 유일한 초강대국으로 남아 있을 것이라고 판단하게 되었다. 회담의 핵심 쟁점은 이스라엘의 점령지 반환과 아랍국가들의 이스라엘 인정이었다. 마드리드 회의에서 조지 H. W. 부시 대통령은 "우리는 평화, 참된 평화를 찾고 있다. 영토적 타협이야말로 평화의 기본 요건이다"라고 말했다.

이스라엘은 시리아, 레바논, 요르단과 평화조약을 체결할 경우 요르단 강 서안과 가자지구에 거주하는 팔레스타인 아랍인들에게 자치를 허용한다는 입장이었다. 그러나 아랍국가들은 요르단 강 서안과 가자지구에서 이스라엘군을 철수시키고 그곳에 팔레스타인 독립국가를 세우기를 원했다. 그리고 남부 레바논 완충지대에서도 이스라엘군이 완전히 철수할 것을 요구했다.

마드리드 중동평화회담은 격렬한 논쟁 끝에 이스라엘이 시리아, 레바논, 요르단-팔레스타인과 각각 이원적 협상체제로 분열되는 등 구체적인 결과를 얻지는 못했지만 오랫동안 분쟁관계에 있던 이들이 토의를 위해 만났다는 사실만으로도 역사적 의미가 있었다. 그동안 이집트를 제외한 대부분의 아랍국가들은 이스라엘의 주권과 독립을 인정하지 않았었다. 마드리드 중동평화회담은 그동안 마주 앉기를 거부해왔던 시리아, 레바논, 요르단-팔레스타인 대표가 이스라엘 측과 대화를 시작하고 미국, 러시아, 유럽연합(EU)이 이를 주선·지원했다는 점에서 좋은 출발이 되었다.

먼저 이스라엘은 영토(점령지)는 절대로 반환할 수 없다는 종전의 입장을 고수하지 않았다. 오히려 점령지 전체는 아니더라도 일부에서는 철수할 수 있다는 의사를 내비치며 타협의 가능성을 보였다. 팔레스타인 측은 팔레스타인 독립국가 건립이 그들의 궁극적인 목표임을 전제로 하면서도 독립에 미치지 못하는 자치안을 5년 동안 잠정적으로 수락할 용의가 있다고 밝혔다. 이는 팔레스타인 측이 그때까지 반대해온 캠프 데이비드 구상을 수락한다는 뜻이었다.11) 당시 아랍인들은 미국의 약속에 기대를 걸고 미국이 약속을 실현하기 위해 노력할 것이라 생각했다. 하지만 이 문제에 대해 미국의 관심이 얼마나 지속될지는 미지수였다.12)

---

11) 캠프 데이비드 구상은 요르단 강 서안과 가자지구에 팔레스타인 '자치지구'를 잠정적으로 설치하고 그다음 협상을 계속해서 영토문제에 관한 영구적인 해결책을 찾는다는 것이었다.

12) 미국은 새로운 세계질서를 수립하려는 의지를 보였지만 힘의 한계를 절감하고 있었다. 걸프전을 수행하는 데 군사적으로는 미국이 앞장섰지만 경제적으로는 일본과 독일 그리고 사우디아라비아 등이 이를 뒷받침했으며, 정치적으로는 중국과 러시아가 유엔의 응징 결의를 안보이사회에서 도와주었다. 냉전체제의 붕괴로 질서유지력의 실체가 군사력에서 경제력으로 바뀌었으며 미국의 경제력은 점차 퇴조하고 있었다. 제2차 세계대전 직후만 해도 미국의 경제력은 전 세계 GNP 중 약 43%를 점할 만큼 절대적이었으나 당시에는 그 절반인 25% 수준으

그렇지만 아랍인들의 이러한 기대가 팔레스타인인들에 대한 굉장한 사랑이나 애정을 의미하지는 않았다. 1980년경부터 대부분의 걸프지역 아랍인들은 팔레스타인인들에게 염증을 느꼈다. 그들은 지나치게 열심히 일했고 너무 영리했으며 너무 따지고 들었다. 또 몹시 공격적이었고 야심으로 가득했으며 자신과 관련된 불의를 지나치게 떠벌렸다. 그들은 이제 아랍세계의 '유대인'이 되었다. 아랍 '형제들'은 공손한 기독교의 반유대주의자들이 유대인들에게 보여준 정도의 불편함으로 이들에게 저항했다. 만일 이스라엘과 팔레스타인 양측이 조용히 사라져준다면 이는 아마도 대부분의 아랍 지도자들에게 그리고 다른 많은 이들에게 반가운 일이었을 것이다.

　그간 사우디아라비아, 쿠웨이트 같은 주요 아랍국가들은 PLO를 팔레스타인인의 유일한 합법적인 대표로 인정했던 1974년 라바트 아랍 정상회담의 결의를 기본적으로 준수해왔다. 그러나 이제 상황은 달라졌다. PLO 내부에서도 정치적·조직적 변화에 대한 요구가 일고 있었던 것이다. 따라서 평화회의에 파견할 팔레스타인 대표를 누구로 할 것인가 하는 문제까지도 새롭게 부각되었다.[13] 결국 한때 아랍인들의 가장 우선적인 주제였던 팔레스타인 문제는 사라져버린 것은 아니지만 뒷전

로 감소했다. 또한 연방예산의 재정적자가 1991년 말 기준으로 4,000억 달러를 상회했으며 공적 외채만도 4,850억 달러에 달해 미국은 세계 최대의 채무국으로 전락했다. 조수종, 「미국경제의 방향」, ≪국제문제≫, 8월호(1992), 39~40쪽. 국방비 지출에서도 그 절대액은 증가했지만 GNP에 대비해보면 1950년대와 1960년대에 비해 극적인 하강 추세를 보였다. 레이건 행정부 당시 국방비 지출은 거의 50%나 증가되어 전체 GNP에서 차지하는 비중이 1980년 4.9%에서 1986년 6.45%로 증가했으나 이는 1952~1959년의 10.2~14.4%에 비하면 훨씬 못 미치는 수준이었다. David P. Calleo, "Can the United States afford the New World Order?" *SAIS Review*(Summer~Fall, 1992), pp.23~24.

13) Muhammad Muslih, "The Shift in Palestinian Thinking," p.28.

으로 밀리게 되었다. 왜 그렇게 되었을까? 이에 대한 해답은 걸프전에서 아라파트가 취한 행보와도 관련이 있다.

어쨌든 팔레스타인 정치에 새롭게 등장할 체제는 PLO가 전체적으로 주도했던 과거의 공식에 기초하지 않을 것이며, 점령지 내의 팔레스타인 행동주의자들의 확대된 역할에 전적으로 의지하지도 않을 것이었다. 그 대신 이 체제는 점령지 내의 팔레스타인인들과 망명 중인 사람들 간의 상호작용에 그 기반을 두게 될 것이었다. 게다가 이라크의 쿠웨이트 침공은 팔레스타인 문제만이 중동의 유일한 그리고 가장 큰 분쟁의 원인이 될 수 없다는 이스라엘의 입지를 강화시켜주었다.

소련이 붕괴하자 아랍의 일부 국가는 후원자를 잃었다. 반면 이스라엘은 미국을 더 강력한 후원자로 얻게 되었다. 걸프전에서 시리아는 미국의 편에 섰으며 아랍인들은 조지 H. W. 부시가 전임자보다 아랍-이스라엘 문제에 더 공정하다고 믿었다. 국내에서 90%의 인기를 누리던 부시는 이스라엘과 아랍 측에 1989년의 협상을 강력히 주문할 수 있었다. 이라크의 스커드 미사일 공격에 대한 이스라엘의 자제는 샤미르 수상의 정치적 결단이었다. 이스라엘은 그러한 자제를 통해 미국으로부터 재정원조와 외교적 몫을 얻었다. 이스라엘은 평화회담의 형식과 내용 그리고 팔레스타인 측의 대표성을 결정하는 데 큰 영향력을 행사했다.14) 부시는 협상의 전제조건이 없어야 한다는 이스라엘의 요구를 수용했다. 이것은 '영토와 평화의 교환'에 대한 이스라엘의 거부 입장을 미국이 인정한 것이었다.

1992년 상반기까지 교착 상태에 빠져 있던 평화회담은 6월, 이스라

---

14) David Beirman, "The Role of United States as an Initiator and Intermediary in the Arab-Israel-Palestinian Peace Process," Paul J. White and William S. Logan(eds.), *Remaking in the Middle East*(Oxford: Gerg. 1997), p.267.

엘의 총선거에서 '영토와 평화의 교환'을 공약으로 내건 노동당의 라빈이 수상에 당선됨으로써 전망이 밝아졌다. 라빈은 정착촌 건설을 부분적으로 중단할 것이라고 약속했으며 부시 행정부는 이스라엘의 차관액약 100억 달러에 대해 채무를 보증해주었다. 그 결실은 오슬로 협정이었다. 다만 부시가 선거에 패배하는 탓에 중동평화의 단호한 중재역이사라지게 되었다.

2) 오슬로 협정(초안: 1993. 9. 13, 자치협정: 1994. 5)

마드리드 중동평화협정을 배경으로 노르웨이의 외무장관 존 요르겐홀스트(John Jorgen Holst)는 평화협상의 1차 당사자인 이스라엘과 PLO를 비밀리에 접촉해 중재하고 오슬로를 협상무대로 제공했다. 그 배후에는 걸프전 이후 곤경에 처해 있던 PLO를 끌어들여 교착 상태에 빠진평화일정을 자신들에게 유리하게 이끌어가려는 미국과 이스라엘의 전략이 깔려 있었다. PLO는 걸프전에서 그 동안 재정적인 도움을 주던사우디아라비아와 쿠웨이트에 등을 돌리고 이라크를 지지했었다. 이 두나라가 이에 대한 보복으로 PLO에 대한 지원을 중단함으로써 PLO는심각한 재정 난맥에 직면해 있었다. PLO가 적극적으로 협상 테이블에나서게 된 또 다른 배경으로는 이스라엘 정부가 점령지에서 대대적으로 정착촌을 확대 건설함으로써 팔레스타인 민족이 위기감에 빠져 있었던 것도 한몫을 했던 것으로 보인다.

그 결과 1993년 9월 13일 워싱턴에서 아라파트 PLO 의장과 라빈이스라엘 수상 사이에 '잠정 자치정부 구성에 관한 원칙의 선언(Declaration of Principles on Interim Self Government Arrangement)'이 이루어졌다. 그 후 '오슬로 협정'이라고 불리게 된 이 협정을 통해 이스라엘은 처음으로 PLO를 팔레스타인 아랍인을 대표하는 공식기구로 인정했다.

PLO는 이미 1988년에 팔레스타인 독립국가를 선포하면서 이스라엘을 공식 파트너로 인정한 바 있었다. PLO는 이 협정을 계기로 이스라엘-팔레스타인 평화노선을 다시 한 번 확인한 셈이다.

이스라엘은 또한 이 협정을 통해 헤브론 시를 제외한 가자와 서안지구에서 철군할 것을 약속하고 이 지역의 팔레스타인 자치를 허용했다. 이 협정에 따라 팔레스타인 아랍인은 보건, 교육, 복지, 관광 및 문화 등 5개 행정 분야에서 자치권을 갖게 되었고 자치정부는 지역 내 치안을 담당하게 되었다. 반면 외교 및 포괄적인 국방권은 이스라엘에 주어졌다. 점령지에 대한 영구지위는 1995년 12월까지 새로운 협상을 시작해서 결정하기로 했다. 그리고 이스라엘은 그 이전에 요르단 강 서안의 인구 밀집지역에서 철수하기로 합의했다. 예루살렘은 여기서 제외되었다. 시리아, 요르단 등 인접국과의 평화협정 문제도 이후로 미루어졌다.

세계언론은 오슬로 협정을 계기로 '중동평화의 시대'가 시작되었다고 전망했다. 이스라엘과 팔레스타인 아랍인들도 대체로 이를 지지했다. 미국은 팔레스타인 경제지원 기금을 설립했고, 세계 여러 나라도 팔레스타인 자치정부에 경제원조 계획을 속속 발표했다. 아랍의 온건국가들은 이스라엘과의 관계 개선에 적극적인 태도를 보였다. 그러나 오슬로 협정은 하마스의 정치노선을 급진주의로 선회시키고 정치적 활동을 증대시키며 PLO와의 경쟁을 위해 전술적으로 원리주의 입장을 실용화시키는 계기가 되었다. 하마스의 목표는 요르단 강에서 지중해에 이르는 광범위한 이스라엘의 점령지로부터 모든 팔레스타인인을 해방시키고 여기에 이슬람 국가를 건설하는 것이었다. 하마스는 일부 시온주의 팔레스타인 지도자들이 인티파다를 통해 얻은 이득을 미국인과 시온주의자들에게 양보함으로써 팔레스타인인들을 배반했다고 여겼다. 하마스와 이슬람 지하드는 공개적으로 오슬로 협정을 비판하면서 테러 활동으로 평화협상 추진을 방해하겠다고 선언했다.

오슬로 협정의 의의는 이스라엘을 위시한 주요 관련 국가가 팔레스타인 국가를 형성하기 위한 민족적 정체성을 인정했다는 데 있었다. 이로써 세계의 화약고로 불리던 중동지역에 평화가 구축될 수 있는 발판이 마련되었다. 이 협정은 독립국을 추구하는 팔레스타인의 목표를 재규정하는 것이었다. 이 협정은 5년간 3단계의 과정을 거쳐 팔레스타인의 국가 건설로 나아가게 되어 있었다. 제1단계는 가자와 예리코에서 팔레스타인 국가 건설을 제한적으로 실시하는 것이었고, 제2단계는 요르단 강 서안의 7개 도시에서 이스라엘군이 철수하고 자치의회 총선을 실시하는 것이었다. 1, 2단계는 몇 차례 연기되긴 했으나 집행에 성공했다.

이스라엘과 PLO는 1994년 5월 카이로에서 자치협정의 조인 등 오슬로 평화협정을 이행하기 위한 세부 협정에 합의했다. 이에 따라 5월 말에는 가자지구와 요르단 강 서안지구에서 이스라엘군이 재배치되었고 7월에는 그동안 튀니지에 있던 PLO 지도부가 가자 시로 귀환하면서 가자지구 및 요르단 강 서안의 예리코 시를 자치지역으로 하는 역사적인 팔레스타인 잠정 자치정부(PNA: The Palestinian National Authority)가 들어섰다.

3) 이스라엘-요르단 평화조약(1994. 10)

이와 더불어 나머지 아랍국가들과의 평화협상도 본격적으로 추진되기 시작했다. 모로코와 튀니지가 이스라엘과 상호 간에 이익 대표부를 설치하는 데 합의함으로써 사실상 국교 정상화 준비에 들어갔다. 또한 사우디아라비아 등 GCC 회원국은 이스라엘에 대한 경제제재를 일부 해제하기로 합의했다.

이러한 분위기 속에서 1994년 7월에는 워싱턴에서 라빈 수상과 요르단의 후세인 국왕 간에 최초로 양국 간 정상회담이 이루어졌으며, 10월 26일에는 홍해 북부 이스라엘-요르단 국경 사막에서 두 나라 간의 평화협정이 체결되었다. 이 협정으로 요르단은 이스라엘의 주권을 인정하고 1948년 이후 46년간 지속되어온 적대관계를 청산했다. 요르단은 그 대가로 — 이스라엘 정착민이 개간한 농지는 다른 토지로 보상해준다는 단서가 있긴 했지만 — 이스라엘이 점령해온 국경지대의 영토를 반환받았으며 이슬람 성지인 동예루살렘에 대한 정치적 발언권을 보장받았다. 이는 장차 동예루살렘의 지위를 결정하는 데 정치적 영향력을 행사할 수 있는 발판을 확보한 것이었다.15) 만성적인 수자원 부족을 겪던 요르단은 이스라엘이 요르단 강과 그 지류인 야르무크 강 물줄기를 이스라엘에 유리한 방향으로 돌리고 있다고 주장해왔다. 이스라엘은 이 협정에서 댐 건설 등 수자원 개발 사업을 통해 요르단에 매년 1억m³ 정도의 물을 공급하기로 약속했다. 요르단은 또한 미국으로부터도 외채를 탕감받고 군사원조를 얻는 등의 성과를 얻었다.

이스라엘은 이처럼 아랍국가들과 개별적인 관계를 개선하는 데 힘쓰는 한편 평화협상이 확산되면서 호전된 분위기를 이용해 아랍권 전체를 상대로 다자 간 교섭에도 적극 나섰다. 1994년 10월 이스라엘은 모로코의 카사블랑카에서 개최된 중동·북아프리카 경제정상회담에 참가해 아랍국가들과 다국 간 협력 사업을 논의했다. 이 회의에서는 중동개발은행의 설립, 역내 사회간접자본 개발 및 관광산업 진흥 등 평화협정의 효과를 경제적 성과로 연결시킬 수 있는 시도들이 논의되었다. 또한

---

15) 아랍권 내에서 요르단의 오랜 라이벌인 PLO의 아라파트 의장은 그러한 협정으로 자신이 장차 팔레스타인 독립국가의 수도로 선포한 동예루살렘에 대해 요르단이 특별한 발언권을 인정받자 양국에 큰 불만을 토로했으며 5,000명이 모인 조인식에 참석조차 하지 않았다.

1995년 1월에는 실무자 차원의 다자 간 회담을 통해 이스라엘과 아랍 국가들을 연결하는 13개 고속도로 건설계획에 원칙적으로 합의했다. 이스라엘은 시리아와의 평화협정을 추진하는 데도 노력을 기울였다. 이 결과 미국의 지원하에 양국 간 실무 차원에서 골란 고원을 반환하는 문제에 대해 양해 각서가 어느 정도 마련된 것으로 알려졌다.

4) 오슬로 협정 II(1995. 9. 28)

이어서 1995년 가을에 오슬로 협정 II가 체결되었다. 이는 1993년 제1단계 오슬로 협정에서 시작된 팔레스타인 자치를 확대하고 자치정부를 수립하는 문제에 대해 이스라엘과 PLO가 합의한 후속 조약이었다. 이 사안은 오슬로 협정에서 원래 1994년 7월까지 끝내기로 되어 있었다. 그러나 예정 시안보다 14개월이나 지연되는 우여곡절 끝에 제2단계 오슬로 협정이 워싱턴 백악관에서 체결되었다. 이 협정에서 양측이 합의한 가장 중요한 내용은 팔레스타인 자치지역(가자지구와 예리코)을 요르단 강 서안의 7개 도시(헤브론, 나블루스, 라말라, 예닌, 툴카렘, 칼킬야, 베들레헴) 및 인근 마을로 확대한다는 것이었다. 따라서 이 후속 협정은 제2단계 자치협정에 해당하며, 공식 명칭도 '요르단 강 서안과 가자지구에 관한 이스라엘-팔레스타인 잠정협정(Israeli-Palestinian Interim Agreement on the West Bank and the Gaza Strip)'이다. 이로써 팔레스타인 아랍인들은 독립국가 건설에 한 발짝 더 다가서게 되었다.

협정의 주요 내용은 다음과 같았다. 첫째, 요르단 강 서안의 7개 도시와 그 인근 마을로 자치지역을 확대한다. 둘째, 이스라엘군은 이 지역에서 6개월 내에 완전히 철수한다.16) 단, 헤브론에는 이스라엘군 일부를

---

16) 이는 요르단 강 서안지구의 전체 면적 중 70%에 해당한다.

잔류시킨다. 셋째, 팔레스타인 아랍 측은 이스라엘군의 철수가 끝나는 1995년 3~4월경에 자유총선을 실시해 의회(82명)를 구성하고 의장을 선출해 자치정부를 조직한다. 넷째, 이스라엘은 자치지역의 교통, 관세, 체신 분야에 대한 권한을 자치정부에 이양한다. 다섯째, 이스라엘은 3회에 걸쳐 팔레스타인 죄수 5,300명을 석방한다.

이로써 중동평화에 하나의 이정표가 세워진 것은 틀림없었다. 그리고 이 이정표는 팔레스타인에 새로운 희망을 가져왔다. 그러나 평화 정착을 진척시키기 위해 양측이 해결해야 할 많은 문제는 또다시 다음 협상으로 미루어졌다. 가령 당시 요르단 강 서안과 가자지구에 흩어져 있던 정착촌 120개와 그곳에 살던 유대인 정착민 14만 명을 처리하는 문제만 해도 두 차례의 오슬로 협정에서 전혀 다루어지지 않았다.

자치협정을 위협하는 가장 큰 요소는 내부의 강경파였다. 이스라엘 측에는 보수야당 리쿠드당과 정착촌 지역의 중무장 민간단체가 있었다. 유대인 정착민을 체포할 권리가 없는 팔레스타인 자치정부 경찰로서는 유대인 과격파의 난동에 속수무책일 수밖에 없었다. 팔레스타인 측에는 하마스와 이슬람 지하드 같은 테러조직이 이스라엘과의 공존을 전제로 한 협정을 비판하면서 이를 무효로 만들기 위해 총력 투쟁을 다짐하고 있었다. 심지어 PLO 내의 팔레스타인 해방인민전선도 이 협정에 반발했다.

5) 와이리버 협정(1998. 10)

어쨌든 1996년 초에 실시된 총선 및 아라파트 대통령 선출, 1997년 초 헤브론 합의 등 일련의 과정을 통해 팔레스타인 잠정 자치정부의 통제 범위 및 국제적 행정주체로서의 지위가 확대되어가는 진전이 있었다. 즉, 1996년 1월 20일 팔레스타인 자치정부 수반(President of the

PNA)과 팔레스타인 입법의회(PLC: Palestine Legislative Council)의 의원선거가 동시에 성공적으로 실시된 것이다. 88명을 선출하는 의회 의원선거에 후보 676명이 등록했으며 이중 500명이 무소속이었다. 아라파트 외에 사미하 카릴(Samiha Khalil)이 더 출마한 자치정부 수반 선거에서는 유권자 85%가 투표한 가운데 88.2%라는 압도적인 득표율로 아라파트가 당선되었다.

그러나 라빈 이스라엘 수상이 암살되고(1995. 11) 하마스가 폭탄테러를 감행함으로써(1996. 2~3) 중동평화협상은 난관에 부딪치기 시작했다. 설상가상 6월에 실시된 이스라엘 총선에서는 보수강경 세력인 베냐민 네타냐후(Benjamin Netanyahu)가 수상에 당선되었다. 우익 성향의 리쿠드당이 집권한 네타냐후 정부는 팔레스타인 독립국가 불인정, 동예루살렘에 관한 협상 불응, 골란 고원 반환불가 등 대아랍 강경정책을 표방했다. 이로써 이스라엘과 아랍 간의 대결 국면이 형성되어 평화협상은 침체 국면에 접어들었다. 골란 고원 반환문제에 대한 이스라엘과 시리아의 협상도 1996년 초 하마스가 일으킨 대이스라엘 연쇄 폭탄테러로 협상이 동결된 이후, 이스라엘 신정부가 골란 고원 반환불가 정책을 펼치는 탓에 중단되었다.

미국은 중동평화협상을 재개하기 위해 이스라엘 및 팔레스타인 양국의 수뇌회담을 수차례 추진했으나 요르단 강 서안지구에서의 이스라엘군 철수문제와 이스라엘의 예루살렘 시 확장문제를 놓고 이스라엘-팔레스타인 양측의 의견 차이가 심해 합의점에 도달하지 못한 채 표류했다. 1996년 5월부터 이스라엘-팔레스타인 양자 간에 팔레스타인의 '영구적인 지위(Permanent Status)'에 관한 협상이 시작될 예정이었지만 시한을 넘기고 말았다. 결국 1996년 9월 초 이스라엘 측이 예루살렘의 알 아크사 사원 옆을 관통하는 새 출입구를 개통한 것을 둘러싸고 양측은 최악의 무력 충돌을 빚었고 이 과정에서 74명이 목숨을 잃었다. 12

월 들어서는 이스라엘의 정착촌 건설문제로 양측이 충돌 직전까지 갔으나 다시금 미국의 중재로 가까스로 위기를 넘겼다.

1997년 1월 이스라엘군이 헤브론 지역에서 철수하고 평화협상 재개에 대한 합의(Hebron Agreement)17)가 이루어져 평화 분위기가 고조되었으나 그 해 3월부터 동예루살렘 지역에서 이스라엘이 정착촌을 건설하기 시작하고 1997년 7월과 9월에 하마스가 대이스라엘 연쇄 폭탄테러를 벌이면서 중동평화협상에 먹구름이 드리워지기 시작했다. 폭탄테러 이후 네타냐후는 하마스와 이슬람 지하드를 탄압하도록 아라파트에게 압력을 가했는데 아라파트는 이스라엘의 요구를 일축하고 하마스와 이슬람 지하드 지도자들과 연쇄회담을 개최함으로써 외부 세계에 내부적인 결속력을 과시하려 했다. 이러한 조치는 이스라엘에 매우 민감한 문제였기 때문에 이스라엘은 아라파트가 보인 행동이 테러를 인정하는 처사라고 간주했다.

한편 네타냐후는 미국의 역할에 대한 인식을 바꿔놓았다. 그는 빌 클린턴 대통령(Bill Clinton: 1993. 1~2001. 1)이 이스라엘에 압력을 가할 힘이 없다고 보았으며 클린턴을 파트너로 여기지 않았다. 그는 자신의 능력으로 미국 의회를 동원할 수 있다고 자신했으며, 실제로 공화당 의원들과 폭넓은 교분도 가지고 있었다. 그는 걸프전 후에도 미국이 걸프 지역을 지배할 것이며 클린턴이 의회에 민감할 것이라고 생각했다.18)

---

17) 헤브론 협정의 주요 내용은 요르단 강 서안의 헤브론 및 인근 서안지구에서 1998년 5월까지 3단계에 걸쳐 이스라엘군이 완전히 철수한다는 것이다. 그 당시까지 헤브론은 요르단 강 서안지구 내 7개 도시 중에서 이스라엘군이 점령하고 있던 유일한 도시였다. 헤브론은 또한 아브라함, 이삭, 야곱 등 유대인 3대 시조의 묘가 있는 유대 성지이기도 하다. 그러나 이스라엘은 3월, 일방적으로 이스라엘 정착촌을 확대함으로써 철군의 범위를 축소시켰다.

18) David Beirman, "The Role of United States as an Initiator and Intermediary in the

그러나 클린턴은 집권 2기에 단호한 대이스라엘 정책을 펼침으로써 미국과 이스라엘은 상당한 긴장관계에 놓였다. 따라서 중동평화를 위한 협상은 진전되지 않았다. 미국의 주도로 1998년 팔레스타인과 이스라엘 간에 와이리버 협정(Wyc River Memorandum)이 체결된 것이 그나마 성과였다.

와이리버 협정은 1998년 10월 미국 버지니아 주의 소도시 와이리버에서 체결되었다. 이 협정에서는 다음과 같은 내용이 규정되었다. 첫째, 이스라엘은 요르단 강 서안 13% 지역에서 향후 3개월에 걸쳐 단계적으로 철군한다. 둘째, 이스라엘-팔레스타인 공동위원회를 구성해 양측의 협정 이행 수준에 따라 추가로 철군문제를 논의한다. 셋째, 이스라엘은 팔레스타인 정치범 3,500명 중 750명을 한 달에 250명씩 3차례에 걸쳐 석방한다. 넷째, 팔레스타인 헌장에서 이스라엘 전복 규정을 폐지한다. 다섯째, 미국은 팔레스타인의 테러범을 감시한다.

이 협정으로 팔레스타인 자치정부는 요르단 강 서안의 40%를 자치영역으로 확보했으며, 요르단 강 서안에 거주하는 팔레스타인 아랍인의 99%가 자치정부하에 들어오게 되었다. 대신 PLO는 헌장에서 '이스라엘 파괴' 조항을 폐기하고 테러리스트들로부터 불법 무기를 회수함으로써 평화를 진작시켰다. 이스라엘로서는 그야말로 '땅을 주고 평화를 얻는' 셈이었다.

이 협정은 두 가지 점에서 새로운 관례를 낳았다. 첫째, 이스라엘이 요르단 강 서안에서 단계적으로 철수하는 것을 팔레스타인 자치정부 측의 성실한 약속 이행과 결부시켰다는 것이다. 둘째, 미국이 중동문제에 훨씬 폭넓게 개입하게 되었다는 것이다. 즉, 미국이 평화협정 중재와

Arab-Israel-Palestinian Peace Process," Paul J. White and William S. Logan(eds.), *Remaking in the Middle East*, p.384.

체결 단계에서뿐 아니라 양측의 협정 이행을 감독하고 평가하는 역할 까지 맡는 관례를 만들었다.

6) 샤름 엘 셰이크 협정(1999. 9)

와이리버 협정 이후 이스라엘과 팔레스타인 아랍인들 내부에서는 각기 지나친 양보를 비판하는 여론이 형성되었다. 특히 하마스는 CIA까지 끌어들인 와이리버 협정이 그들의 입지를 약화시킬 것으로 판단하고 폭력투쟁을 고조시켰다. 이에 따라 네타냐후 정부도 강경 진압정책을 취했고 결국 분쟁은 다시 격화되었다. 이에 따라 협정 이행 역시 1년 동안 교착 상태에 빠졌다.

이러한 분위기를 반전시킬 수 있는 계기는 이스라엘 총선에서 마련되었다. 1999년 5월 이스라엘 총선에서 노동당의 바라크가 압승함으로써 중동평화를 위한 발걸음이 급속히 빨라졌다.[19] 중동평화협상을 최

---

[19] 이스라엘 총선에서 수상에 당선된 바라크는 1993년 "영토와 평화를 교환한다"라는 기치로 오슬로 협정을 체결한 라빈의 평화노선을 추종해왔으며 공존과 평화를 위해 영토의 일부를 얼마든지 이양할 수 있다는 정책을 피력했다. 그의 주장은 PLO와 주변 아랍국가, 미국, 전 세계에서 환영과 지지를 받았으며 이로써 그는 '안보'론을 편 네타냐후를 총선에서 당당히 물리쳤다. 또한 예정보다 앞당겨(원래 예정은 2000년 10월이었으나 와이리버 협정의 이행을 둘러싼 논란으로 조기총선을 실시했다) 치른 국회의원(크네세트) 선거에서 우파인 리쿠드당은 1996년 총선 때 얻은 의석 32석에서 13석을 상실했으며 노동당이 주도하는 좌파연합은 최다 의석인 27석을 확보했다. 또한 진보적 좌익 계열인 메레츠당(Meretz) 소속의 후스냐 자바라라는 여성이 '아랍계'로는 최초로 국회의원에 당선되었다. 한편 샤스당(Shas)이 10석에서 17석으로 무려 7석이나 늘어나는 대단한 약진을 기록했다[종교정당인 샤스당의 지지 기반은 동방계 유대인으로 이스라엘의 사회 하층부를 이루는 '세파르디(Sephardi)'이다. 세파르디는 '이스라엘의 2류 시

대의 외교 업적으로 삼으려는 클린턴에게 바라크의 당선은 '기쁜 선물'이었다. 7월에 취임한 바라크 수상은 향후 15개월 이내에 포괄적인 평화협상을 달성하겠다는 취지를 대내외에 명확히 표명함으로써 평화를 실현하기 위한 이스라엘 신내각의 강력한 의지를 시사했다. 이는 평화협상의 1차 당사자가 구체적인 평화타결 일정을 최초로 언급했다는 점에서 그 중요성과 의미는 실로 컸으며 국제사회로부터도 큰 환영을 받았다.

이러한 분위기에 힘입어 아라파트 팔레스타인 자치정부 수반과 바라크 이스라엘 수상이 9월 5일 새벽 이집트의 홍해 휴양지인 샤름 엘 셰이

민'임을 자칭해왔으며 이스라엘 건국을 주도했던 유럽계 유대인인 아슈케나지(Ashkenazi)가 장악한 기성체제에 많은 비판을 가하고 있었다]. 당시 이스라엘 총선의 의미는 아주 컸다. 이스라엘이 점점 더 평화를 추구하는 방향으로 나아가고 있었기 때문이다. 1973년 이후 계속된 평화를 추구하는 흐름이 때로는 가시적이고 머나먼 길인 듯했으며 우파인 리쿠드당(네타냐후)이 재집권해 다시 원점으로 돌아가는 듯도 했으나 바라크의 집권으로 평화를 추구하는 흐름은 그야말로 가속화되었다. 샤스당의 변화 또한 이를 입증했는데 종교적(유대교적) 원리주의에 가까운 우익 종교정당 샤스당이 언제 그랬냐는 듯 아랍인과의 평화정책을 제시하는 데 전력을 다했다. 이들은 아랍인과 세파라딤이 1,000년 동안 사이좋게 살아왔다고 주장하면서 이런 과거의 역사가 평화정책을 추진하는 데 적격이라고 말했다. 이는 "영토보다는 평화"를 원하는 분위기가 이스라엘의 밑바닥까지 공유되고 있음을 나타내는 또 하나의 예로 볼 수 있었다. 한편 점점 더 종교적인 울타리(유대교적 배경)를 벗어나려는 시도 또한 이스라엘의 변화 가운데 하나였다. 이스라엘인 가운데 유대교에 전혀 관심이 없는 사람(세속인이라고 칭한다)은 무려 64%로 추정되었다. 즉, 이들은 유대교와 율법 준수에 회의적으로 변해가고 있었던 것이다. 율법이나 종교 따위는 벗어버리자는 사람이 더 많아졌으며 모든 것을 포용하고 공존해야 한다는 주장이 거세졌다. 그 물결을 타고 아랍계 의원이 당선되는 이변도 일어난 것이다. 바라크의 지지계층인 20~30대가 "이제는 종교적 규제에서 시민권을 보호하는 쪽으로 정책 방향을 전환할 시점"이라고 생각한 것도 이와 결부된 이스라엘의 사회상이었다.

크에서 팔레스타인의 독립국가 출범 등을 포함한 영구평화협정을 1년 이내에 매듭짓겠다는 서안과 가자지구에 대한 잠정협정(오슬로 협정 Ⅱ)의 구체적인 실행 방안을 담은 샤름 엘 셰이크 협정(The Sharm el-Sheik Memorandum)에 조인했다. 조인된 합의문의 이름은 '서명된 행정들의 미해결된 약속의 이행일정과 영구지위협상 재개에 관한 샤름 엘 셰이크 협정(The Sharm el-Sheik Memorandum on Implementation Timeline of Outstanding Commitments of Agreements Signed and the Resumption of permanent Status Negotiations)'이었다. 무바라크 이집트 대통령의 주선으로 열린 이 서명식에는 2일부터 양측을 오가며 끈질긴 설득으로 협상을 중재하고 합의를 이끌어낸 매들린 올브라이트(Madeleine Albright) 미국 국무장관과 이집트에 이어 두 번째로 이스라엘과 평화협정을 체결한 국가인 요르단의 압둘라 2세 국왕이 동석해 협정 조인의 증인 역할을 했다. 협정의 주요 내용은 다음과 같았다. 첫째, 이스라엘은 철군을 약속한 요르단 강 서안의 13% 영토 가운데 이미 시행한 2% 이외에 나머지 11% 지역에서 2000년 1월까지 철수를 완료한다. 둘째, 이스라엘 내 팔레스타인 정치범 350명을 석방한다. 셋째, 이스라엘은 가자지구와 요르단 강 서안 지구 사이의 완전한 자유 통행을 보장한다. 넷째, 팔레스타인 자치정부는 불법 무기를 수거하고 테러리스트들을 체포해 안전을 보장한다. 다섯째, 양측은 팔레스타인 영구지위협상을 2000년 9월까지 완료해 합의안을 마련한다.

이와 더불어 12월부터는 중동평화의 가장 큰 장애요인 가운데 하나였던 이스라엘과 시리아 간의 평화협상이 1996년 이후 3년 만에 재개되고 이스라엘과 레바논 간의 회담도 곧 시작될 예정이 전망되는 등 중동분쟁의 당사자들이 일제히 평화회담에 돌입함으로써 2000년은 중동평화의 해가 될 것이라는 기대감이 한층 고조되었다.

이스라엘과 국경을 접한 국가 중에 이집트, PLO, 요르단은 이미 외형상 평화협정을 체결했기 때문에 결국 남은 나라는 시리아와 레바논이었다. 그런데 레바논은 현실적으로 시리아의 영향력 아래에 있기 때문에 중동평화협상의 포괄 타결에는 시리아의 의향이 거의 결정적이라고 해도 과언이 아니었다. 시리아는 그동안 오슬로 평화협정이 이스라엘이 점령한 영토의 전면 반환 등을 규정한 유엔 결의안에 위배되는 것으로 팔레스타인 측의 최소한의 권리도 충족시키지 못한다고 비판해왔으며, 아라파트 수반을 이스라엘과의 협상에서 아랍권의 공동 보조를 깬 배반자로 지목했다. 그러나 이스라엘과 시리아는 1990년대 중반 라빈-페레스로 이어지는 노동당 내각 당시에 골란 고원 반환에 따른 안보 문제 등에 관해 실무적인 차원에서 어느 정도의 양해사항을 마련했던 것으로 알려졌다.

이러한 협상 재개는 무엇보다도 바라크 수상의 평화에 대한 노력이 결실을 본 것으로 평가되었다. 바라크 총리는 새 천년에는 주변국과의 분쟁을 종식시키고 안보를 보장받겠다고 다짐해왔으며 시간이 지나면서 주변국이 바라크의 이러한 의지를 서서히 신뢰하기 시작했던 것이다. 또한 시리아 정부에게는 이번 기회를 통해 서방측의 경제제재에서 벗어나 경제개발에 본격적으로 착수하고 후계문제 등 내부 문제를 해결하겠다는 계산도 깔려 있었던 것으로 추측된다.

한편 클린턴 대통령이 임기 마지막 해를 남겨두고 중동평화 정착의 기반을 다지기 위해 들인 노력도 중동평화협상이 급진전되는 데 크게 기여했다. 미국은 협상의 진전 여부에 따라 시리아를 테러 지원국 리스트에서 제외하는 한편 시리아에 내렸던 모든 무역 규제도 철폐할 방침이었다. 또한 미국은 이스라엘이 골란 고원을 반환하는 데 소요되는 경비를 유럽연합 등에 분담시키는 방안도 검토 중이었던 것으로 알려졌다. 양국 간의 평화협상은 2000년 1월 초 미국의 웨스트버지니아 주 셰퍼즈 타운에서 4개 실무위원회가 구성되어 이중 안보 및 평화조건에 관한 2개 위원회가 본격적으로 가동되는 등 평화협정의 본질적인 문제에 관한 실무 차원의 논의에 들어갔다.

　오슬로 협정에서 예정된 마지막 제3단계에서는 자치정부의 영구적인 성격 확정과 동예루살렘의 지위문제, 해외에 망명한 팔레스타인인의 귀환, 국경 확정 및 이스라엘군의 최종적인 배치, 점령지역 내 이스라엘 정착촌의 처리문제 등을 해결해야 했다. 2000년 6월 이스라엘이 남부 레바논 점령지에서 철수하자 팔레스타인-이스라엘 간의 평화 달성의 전망이 밝아졌고 2000년 7월 11~25일 캠프 데이비드에서는 미국의 주선으로 중동평화회담이 열렸다. 협상에서 바라크가 내세운 조건은 영토를 삼분하는 것으로, 팔레스타인 측으로서는 도저히 받아들일 수 없는 내용이었다. 그렇게 될 경우 상업·교육·문화의 중심지인 동예루살렘이 외부와 차단되어 고립될 처지가 되기 때문이었다. 결국 협상이 결렬되었고, 2000년 12월 23일 클린턴은 협상의 기본 방향이 담긴 중재안(The Clinton Parameters)을 제시했다. 그 내용에는 다음과 같은 사항들이 포함되었다. 팔레스타인은 귀환권에 대한 주장을 철회하여 난민의 귀환은 제한적으로만 실시한다. 이스라엘은 서벽의 유대 구역에 대한 주권과 성전산의 나머지 구역에 대한 상징적인 주권만을 가지고 성전산을 팔레스타인 측에 양도한다. 예루살렘과 예루살렘의 구시가지는 분할한다. 가자지역 전체와 요르단 강 서안의 94~96% 지역에 팔레스타인 독립국가를 창설한다. 그리고 이스라엘 정착촌의 80%가량을 이스라엘의 주권하에 두고 그 대신 1967년의 국경이었던 그린 라인(Green Line)의 범위 내에서 이스라엘 영토의 1~3%가량을 팔레스타인에 귀속시키는 영토 교환 등을 실시한다는 것으로, 캠프 데이비드 협정의 제안보다 훨씬 현실적이어서 양측 모두가 이를 받아들이는 분위기였다.

　이처럼 거의 평화 상태에 다다랐던 중동지역이 갑자기 전쟁 상태로 되돌아간 까닭은 무엇일까? 아랍국가들로부터 이스라엘 성지를 포기하지 말라는 압력을 받던 아라파트의 입장과 바라크가 장차 팔레스타인에게 양보를 너무 많이 하지 않을까 우려했던 이스라엘 야당과 연립정권 정당의 입장이 상충함으로써 캠프 데이비드에서의 영구지위협상은 결렬되었다. 이 과정에서 예루살렘 문제와 난민문제는 양측이 양보할 수 없는 난제로 협상의 최대의 걸림돌이 되었다. 이로써 2000년 9월로 설정되었던 최종 협상은 결국 타결되지 못했다.

제 9 장
인티파다 2000과 9·11 테러

1. 인티파다 2000

제1차 인티파다는 1987년 12월경부터 일기 시작해 6년간 팔레스타인 독립운동을 표방하며 세계에 팔레스타인 문제를 상기시키는 데 결정적인 역할을 했다. 그 결과 오슬로 협정이 체결되었다. 2000년 10월부터 시작된 알 아크사 인티파다(al-Aqsa Intifada) 또는 '인티파다 2000'은 여러 면에서 이와는 다른 양상을 보였다.

1987년의 경우는 이스라엘의 점령지 외부— 요르단, 레바논, 튀니지 등 인접 아랍국가— 에 근거지를 두고 전개되어 온 팔레스타인 해방운동이 점령지 내부에서도 일어날 수 있음을 보여주었으며, 이 운동이 대중운동의 형태를 띠고 전개되었다는 점에서도 역사적 의의가 있다. 이스라엘 정부의 행정 조치에 대한 불복종, 이스라엘 상품 불매운동, 세금납부 거부, 파업, 상가 철시 등 그야말로 가능한 모든 대중적 방법이 동원되었다. 반면 인티파다 2000은 무엇보다도 오슬로 협상 이후 팔레스타인 자치정부가 성립된 상황에서 그간의 평화협상에 대한 반대와 자치정부가 제 역할을 하지 못했던 것에 대한 불만이 폭발한 것이다.

더구나 2000년의 경우 사태의 심각성은 이를 진정시킬 수 있는 제3

자의 개입이 절대 부족했다는 점에서도 기인했다. 중동문제의 중재자인 미국은 신정부 출범으로, 어쩌면 신정부의 무능력함으로 인티파다 2000을 철저히 방관했다. 샤론은 폭력 행위가 종식되기 이전에는 어떠한 협상도 없다며 못 박았고, 아라파트는 비개입 작전과 지켜보기로 일관하면서 협상의 적기만을 기다렸다. 아라파트는 팔레스타인 독립 선포일을 1999년 5월에서 2000년 9월 13일로, 다시 2000년 11월 15일로 계속 미루어왔다.

동예루살렘의 주권을 둘러싼 양 당사자 간의 주장이 팽팽히 맞선 상황에서 2000년 9월 28일, 이스라엘 리쿠드당 당수인 샤론이 무장 경찰 수백 명을 대동하고 동예루살렘에 있는 이슬람의 성지 알 아크사 사원을 방문해 동예루살렘의 이스라엘 주권을 주장했다. 다음 날 금요 집회에 참석했던 사람들이 폭동을 일으켰다. 이들은 통곡의 벽을 향해 투석했고, 대응 사격에 나선 이스라엘군에 의해 팔레스타인인 4명이 죽고 200여 명이 부상을 당했다. 데모대가 서안과 가자지구 전역에서 시위를 벌이면서 폭력 행위가 급증했다. 처음 닷새 동안 적어도 47명의 팔레스타인인이 사살되고 1,885명이 부상을 입었다. 이로써 팔레스타인에서 시작된 제2의 인티파다는 팔레스타인 측에 많은 희생자를 내면서 계속되었고, 양측은 치안을 통제하기마저 어려운 상황이 되었다. 하마스나 히즈발라 같은 팔레스타인 과격단체는 성전을 촉구하고 나섰으며 아라파트 수반의 지도력은 큰 손상을 입었다.

그동안 이스라엘 정치·종교 지도자가 알 아크사 사원을 방문하는 것은 금기시되어왔다. 이곳은 이스라엘이 관리하고 있지만 이슬람의 소유임을 존중한다는 의미에서였다. 더욱이 인티파다가 발발하기 직전은 이 사원의 주권문제가 이스라엘과 팔레스타인 간 평화협상의 최대 쟁점으로 부각된 상황이었다. 샤론은 일부러 이런 상황을 골라 알 아크사 사원과 황금돔 사원을 방문했다. 그의 방문은 이 이슬람 성지가 이스라엘의 소유임을 과시하려는 정치적 의도에서 비롯되었다. 이슬람교도들의 입장에서 샤론의 행동은 불에 기름을 끼얹는 것과 같은 도발 행위였다.[1]

예상했던 것처럼 팔레스타인인들은 항의 시위를 벌였고 이스라엘 군대가 이를 진압했다. 이렇게 시작된 알 아크사 인티파다는 1987년부터 1991년 사이에 일어난 제1차 인티파다보다 훨씬 격렬했다. 팔레스타인의 급진 무장 군사조직이 이스라엘군에 총격을 가하고 이스라엘군은 이에 강경 대응했기 때문이다. 10월 4일, 올브라이트 미국 국무장관, 바라크 이스라엘 총리, 아라파트 팔레스타인 자치정부 수반 등이 파리에서 협상을 시도했지만 합의안을 도출하는 데 실패했다. 다음 날에도 올브라이트와 아라파트는 이집트의 샤름 엘 셰이크에서 협상을 시도했으나 바라크 총리는 참석조차 거부했다.

10월 7일에는 요르단 강 서안 나블루스에서 팔레스타인인인 수백 명이 유대인의 성지인 요셉무덤을 파괴했고, 레바논의 무장세력 히즈발라가 순찰 중이던 이스라엘 군인 3명을 납치하는 사건이 발생했다. 12일에는 길을 잃고 팔레스타인 자치지구로 잘못 들어간 이스라엘 재향군인 2명이 예루살렘 북쪽의 라말라에서 팔레스타인 자치정부의 경찰에게 체포되었다. 그들이 이스라엘 비밀 수사대 일원이라는 소문이 퍼지면서 그들은 팔레스타인 주민에 의해 참혹하게 살해되었다. 이 장면이 이탈리아 텔레비전을 통해 전 세계에 방영되면서 이스라엘인들을 충격 속으로 몰아넣었다. 이에 이스라엘군은 헬리콥터와 미사일을 동원해 라말라와 가자지구의 팔레스타인 자치정부 청사에 보복공격을 가했다. 이는

---

[1] 샤론이 네타냐후가 귀국하기 하루 전에 알 아크사 사원을 방문한 것은 정치적 복귀와 당수 도전이 확실시되는 네타냐후 전 수상을 견제하기 위한 시도였을 것으로 보인다. 2000년 완전한 독립국가 건설을 기대해온 팔레스타인인들에게는 평화협상의 지연과 샤론의 이런 행동이 팔레스타인 독립국가를 무산시키기 위한 계획적인 음모로 보인 듯하다.

1967년 6월전쟁 이후 요르단 강 서안지구에 가해진 이스라엘군의 최대 공격이었다. 이에 팔레스타인 당국은 구금 중이던 무장세력 하마스와 이슬람 지하드 요원을 석방했다. 이로써 사태는 급격히 악화되었다.

주변 아랍국가들에서는 이스라엘과의 단교 및 성전을 촉구하는 시위가 대규모로 일어났다. 이스라엘에 대한 아랍인들의 악화된 감정은 온건노선을 촉구해온 아랍 지도자들이 평화회담에 적극적으로 개입할 수 있는 여건을 어렵게 만들었다. 이집트 무바라크 대통령은 10월 국회의원 선거에서 여당인 국민민주당(National Democratic Party)이 무소속 후보들에 참패함으로써 정치적 심판을 받았다. 국민민주당이 444석 중 39%를 차지한 데 반해 무소속 후보들은 어려운 여건 속에서도 과반수가 넘는 의석을 확보했다. 경제난과 함께 당면한 중동 사태에서 그가 취한 소극적 대응이 참패의 원인으로 평가되었다. 이스라엘과 국경을 접한 요르단과 시리아의 경우에도 사정은 비슷했다.

10월 17일, 클린턴 대통령은 이스라엘과 팔레스타인 양측이 폭력을 방지하기 위한 조치로 국제진상조사위원회를 설립하는 데 동의했다고 발표함으로써 이스라엘의 팔레스타인 봉쇄 해제를 이끌어냈으나 클린턴의 대통령 임기가 끝났기 때문에 팔레스타인 사태에 적극적이지 못했다. 22일에는 인티파다에 대한 대책을 강구하기 위해 샤름 엘 셰이크에서 열린 아랍정상회담 역시 각국의 이익이 얽혀 아랍 민족주의의 대의를 살리지 못하고 팔레스타인 민중봉기에 따른 경제적 손실을 충당하기 위한 경제 지원책을 결정하는 데 그쳤다.

11월 2일에는 이스라엘과 팔레스타인 지도자들이 6주간 계속된 분쟁에 휴전을 선언하기 불과 몇 분 전에 예루살렘의 한 시장 근처에서 자동차 한 대가 폭발했다. 이스라엘 측의 평화협상 옹호인 페레스 전 수상(지역협력 장관)은 아라파트 수반을 설득해 휴전에 합의하도록 하고 그 대가로 이스라엘은 팔레스타인 마을 외곽에 배치한 탱크를 철수하고 평화협상을 재개하기 위한 일정을 제시할 예정이었다. 하지만 이 사건으로 간신히 합의된 휴전협상은 물거품이 돼버렸다.

2001년 1월 20일, 중동평화에 관한 협상이 최종 타결될 때까지 '마라톤협상'을 벌이자는 팔레스타인 측 제의를 이스라엘이 받아들임에 따라 양측 간의 협상(The Taba Talks)이 21일 이집트 타바(Taba)에서 시작됐다. 양측은 클린턴이 제시한 평화협상 중재안을 토대로 동예루살렘의 주권과 팔레스타인 난민 귀환권 문제 등을 집중 협의할 것으로 예상되었다. 협상은 '상당한 진전을 보았고 거의 합의점에 이른' 분위기였지만 27일 이스라엘 측에 의해 갑자기 중단되었다. 다음 달 6일 샤론이 이스라엘 수상에 당선됨으로써 협상의 타결 가능성은 완전히 사라지고 말았다.

팔레스타인의 독립 선포는 다시 2000년 12월 31일로 연기되었으나 결국 실행되지 못했다. 샤론 당수가 수상에 당선(2001. 2. 6)된 이후 이스라엘 측은 팔레스타인의 무력 공격에 미사일과 로켓, 헬기 등을 동원해 강력한 보복으로 대응했다. 팔레스타인도 샤론의 당선과 동시에 인티파다의 강화를 선언하고 "유대인 정착촌을 생지옥으로 만들겠다"라고 다짐해 '피의 악순환'이 날마다 반복되었다. 미국 국무부는 성명을 통해 양측 간의 폭력 사태가 고조되어 "공격과 보복이 계속되는 통제 불능의 악순환을 낳고 있다"라고 비난했다.

샤론이 당선된 이후 두 가지 큰 변화가 있었다. 하나는 이스라엘 정부가 이제까지 팔레스타인과 벌여온 모든 평화협상은 효력이 없음을 선언한 것이고, 다른 하나는 리쿠드당과 노동당이 연정협상을 통해 영구평화협정 대신 잠정 평화협정을 추진키로 의견을 모은 것이었다. 하지만 팔레스타인이 줄기차게 거부해온 잠정 평화협정안을 놓고 협상을 제시하는 것은 팔레스타인 측에서 보면 협상을 하지 않겠다는 말의 다른 표현일 뿐이었다. 게다가 샤론 당선자는 폭력 사태가 끝나지 않는 한 협상에 응할 수 없다는 입장도 고수했다.

3월(2001. 3. 6) 취임한 샤론 수상의 예루살렘 정책은 강경했다. 팔레스타인의 주권을 인정할 수 없음은 물론 동예루살렘을 포함한 전체 예루살렘 시는 통일된 상태로 이스라엘의 주권하에 있어야 하며, 이를 분리하거나 팔레스타인 측에 양도하는 일은 절대 있을 수 없다는 입장이었다. 이러한 샤론 총리의 입장은 동예루살렘은 1967년 이스라엘이 점령한 지역이며 따라서 이스라엘군이 철수해야 하고 이곳을 수도로 삼아 팔레스타인 독립국가를 창설하겠다는 팔레스타인 측의 입장과 정면으로 충돌했다. 샤론 총리가 팔레스타인에 대한 공격의 수위를 높였던 것은 팔레스타인 지도부를 압박해 협상 테이블로 끌어내서 협상에서 유리한 고지를 확보하려는 의도로 풀이되었다. 테러와 폭력 행위를 중단하지 않을 경우 평화회담을 재개할 수 없음은 물론 팔레스타인의 생존 자체가 위협받을 수도 있다는 메시지였다.

이스라엘이 강경한 입장을 견지할 수밖에 없는 또 다른 이유는 이스라엘이 팔레스타인의 요구대로 요르단 강 서안과 가자지구의 유대인 정착촌을 포기할 경우 엄청난 물 부족 사태가 발생할 것을 우려했기 때문이다. 이스라엘 영토 내의 수자원은 이미 1979년에 한계에 달한 것으로 알려졌다. 이스라엘은 요르단 강 서안지구의 지하 저수층에서 퍼 올린 물을 끌어들여 사용하고 있으며 팔레스타인인들이 새 우물을 파거나 기존의 우물을 확장하지 못하도록 하는 등 팔레스타인의 물 사용을 엄격히 통제하고 있었다. 이 결과 이스라엘의 1인당 연평균 물 사용량은 170m^{3}나 되지만 팔레스타인은 25m^{3}에 불과할 정도였다(≪동아일보≫, 2001. 5. 21).

한편 이스라엘과 팔레스타인 간의 유혈분쟁 사태를 해결하는 데 걸림돌로 작용한 팔레스타인 자치지역 내 유대인 정착촌 문제가 세계적 관심거리로 등장했다. 유대인 정착촌은 가자지구와 요르단 강 서안 등 팔레스타인 자치지역에 섬처럼 존재하며 현재 그 수가 145개에 이른다. 2000년 9월 유혈 사태가 재발한 이후 이들 정착촌을 중심으로 양측 주민 간에는 충돌이 끊이지 않았다. 이스라엘은 1967년 3차 중동전쟁을 통해 이집트와 요르단에 속했던 가자지구와 요르단 강 서안을 점령하고 이 지역에 정착촌을 늘려왔다. 1993년 미국의 중재로 양측이 맺은 오슬로 평화협정을 전후해 정착촌이 크게 줄었으나 이후 다시 이스라엘이 확장정책을 펴면서 정착촌이 늘어났다. 정착촌의 거주민은 1993년에는 12만 5,000여 명이었으나 2001년에는 20만 명에 이르렀다.

정착촌 이주민은 크게 두 부류로 나뉜다. 하나는 시오니즘의 신봉자로 유대인의 나라를 확장하겠다는 종교적 신념을 가진 이들이고, 다른 하나는 이스라엘 정부가 제공한 주택 등 각종 혜택 때문에 입주한 사람들이다. 정착촌 이주민들은 이스라엘군과 정착촌 보안요원의 특별 경호를 받으며 살고 있다. 이들은 직접 나서서 팔레스타인인과 싸우기도 한다. 이스라엘 내에서도 이들을 바라보는 시각에는 큰 차이가 있다. 강경파는 이들을 '시온주의 영웅'으로 보지만 온건파는 '고립된 외지(外地)에서 힘을 낭비하는 소수 극단주의자'로 여긴다.

강경파인 샤론 정권은 "정착촌을 늘리지는 않겠지만 정착촌 내부의 필요에 따라 영역을 넓히는 것은 어쩔 수 없다"는 태도를 보였다. 정착촌이 고립된 관계로 용수지와 학교를 건설하기 위해 땅을 넓히는 것은 불가피하다는 것이다. 그러나 팔레스타인 측은 정착촌을 확대하는 것이 결국 자신들의 영토를 잠식하기 위한 편법이라며 정착촌 자체를 줄이지는 않더라도 영역을 확대하는 행위는 즉각 중지해야 한다고 맞섰다 (≪동아일보≫, 2001. 5. 24). 2000년 10월 미국의 주도로 구성된 국제진상조사위원회(미첼위원회)는 2001년 5월 21일 최종 보고서를 통해 유대인 정착촌 건설을 중단하라고 이스라엘에 촉구했다. 이는 책임의 일단이 정착촌 건설을 강행한 이스라엘에 있다고 인정한 것으로 볼 수 있었다. 위원회는 또한 유혈 사태를 끝내고 신뢰를 회복하기 위해 양측에 냉각기를 가질 것도 제안했다. 샤론 이스라엘 수상과 아라파트 팔레스타인 자치정부 수반은 23일 양측 간의 유혈분쟁 해결을 중재하기 위해 마련된 보고서(일명 미첼보고서)를 수용키로 약속했다. 이에 따라 2000년 9월에 재발해 수많은 사상자를 낸 양측 간의 유혈폭력 사태가 종식될 수 있는 계기가 마련되었다.

윌리엄 번스(William Burns) 미국 중동특사는 27일과 28일, 각각 팔레스타인·이스라엘 정상과 연쇄회동을 갖고 유혈 사태 종식과 양측 간의 평화협상을 위한 미첼보고서의 이행을 촉구했으며, 러시아의 중동문제 전문가인 예브게니 M. 프리마코프(Evgeni M. Primakov) 전 수상도 27일 요르단을 방문한 데 이어 시리아, 이집트, 리비아, 튀니지 등을 순방하며 중동평화 문제를 논의했다. 프리마코프는 이날 자이드 알 리파이(Zeid al-Rifai) 요르단 상원 의장과 만나 "러시아는 중동지역의 폭력 사태가 종식되고 평화협상이 재개될 수 있도록 하기 위해 모든 노력을 아끼지 않을 것"이라고 말했다(≪동아일보≫, 2001. 5. 29). 이스라엘은 29일에는 서안에서, 30일에는 가자지구에서 각각 협상이 열릴 것이라고 전했다.

그러나 폭력 사태는 끊이지 않았다. 28일에 이스라엘군의 공격으로 팔레스타인인 4명이 부상한 데 이어 29일에는 서안에서 이스라엘인 2명, 팔레스타인인 1명이 총에 맞아 숨졌다. 6월 1일에는 텔아비브의 한 나이트클럽에서 자살 폭탄테러가 발생해 이스라엘인 19명이 숨지고 100여 명이 다쳤다. 이로써 미첼보고서가 발표된 이후 해결의 기미를 보이던 중동의 유혈충돌 사태는 다시 수렁 속으로 빠져들었다. 이스라엘은 3일, 그 전 달의 휴전 발표를 철회했으며 계속적인 봉기를 다짐하고 있는 팔레스타인 무장단체를 공격하라고 군에 명령했다. 아라파트 수반은 민간인에 대한 테러 행위를 비난하면서 팔레스타인 보안군에 즉각적인 휴전을 촉구했지만 하마스와 이슬람 지하드 등 13개 팔레스타인 단체는 인티파다를 계속할 것을 다짐했다(≪동아일보≫, 2001. 6. 4).

2. 9·11 테러와 반테러 전쟁

1) 9·11 테러

2001년 9월 11일 오전 8시 46분, 뉴욕의 세계무역센터 건물에 항공기가 충돌했다. 18분 후에는 이 쌍둥이 건물의 옆 동에 또 다른 항공기가 날아들었다. 9시 37분에는 미국 국방부 펜타곤이 항공기의 공격을 받았으며 10시 10분에는 테러를 기도한 것으로 보이는 항공기 한 대가 펜실베이니아 주 피츠버그 시 남동부에 추락했다. 미국의 심장부인 뉴욕과 워싱턴에서 발생한 이 같은 대규모 테러는 또 한 번 세계인의 이목을 중동에 집중시켰다. 9·11 테러는 기존의 전쟁 개념을 변화시켰을 뿐만 아니라 미국 본토 방어의 취약성을 잘 보여주었다. 이제까지 미국인들은 어떠한 전쟁도 미국 본토를 위협하지 못한다는 자신감 속에서 살아왔다. 따라서 이는 미국의 안보전략과 대테러 전쟁의 근본적인 변화를 초래했다. 9·11 테러는 인류문명에 대한 야만적인 범죄라는 상징성을 갖게 되었고 지구촌에 불안을 불러일으켰으며 세계경제를 위축시켰다. 이외에도 미국은 6,300여 명의 인명 피해와 1,050억 달러에 달하는 경제적 손실을 입은 것으로 추산되었다(≪경향신문≫, 2001. 10. 6).

9·11 테러는 인류가 공들여 쌓은 정교한 문명의 탑이 소수의 자의적인 행동으로 무너져 내릴 수 있다는 충격과 함께 기독교 문명권과 이슬람 문명권 간의 '문명 충돌', 심판대에 오른 미국의 세계정책, 중동의 좌절과 테러, 알 카에다(Al-Qaeda)와 오사마 빈 라덴(Osama bin Laden)에

대한 세간의 관심, 중앙아시아의 석유와 천연가스의 지배를 둘러싼 탐욕설 등 다양한 영역에서 이슈를 생산해냈다.

테러의 피의자들로 아랍인이 지목되면서 이슬람의 중동이 화두로 떠올랐으며 이는 문명의 충돌론(Clash of Civilization)으로 이어지기도 했다. 이는 새뮤얼 P. 헌팅턴(Samuel P. Huntington)의 호전적 가설이 이 사건에 그럴싸하게 들어맞는 것처럼 보였기 때문일 것이다. 그가 생각하는 문명 충돌의 근간에는 종교가 자리 잡고 있다. 그러나 중동분쟁의 핵심은 민족 간 갈등과 영토 분쟁 그리고 지역적 패권을 둘러싸고 벌어지는 정치적인 문제들이다. 이러한 정치적인 문제가 이슬람으로 채색되어 보이는 이유는 그들의 정교일치적 삶, 즉 종교가 삶 속에 완전히 녹아 있는 이슬람의 본질적 특성 때문이며 테러리스트들이 그들의 정치적 도구로 이슬람을 이용했기 때문이다.

아랍연맹의 정치인 및 이슬람 최고 지도부는 기독교에 대항해 종교전쟁에 동참하라는 9·11 미국 연쇄테러의 배후 빈 라덴의 요구를 정면으로 거부했다. 아므르 무사(Amr Moussa) 아랍연맹 사무총장은 사건 당일 아랍외무장관회담에 앞서 시리아의 수도 다마스쿠스에서 열린 기자회견을 통해 "빈 라덴은 아랍인과 이슬람교도를 대표하지 않는다"고 강조했다. 아메드 마헤르(Ahmed Maher) 이집트 외무장관도 카타르 위성방송 알 자지라에 방영된 빈 라덴의 성전 참여 요구에 대한 질문에 "빈 라덴과 세계 사이의 전쟁일 뿐"이라며 거부 입장을 분명히 했다. 요르단의 알 카티브(Abdul Ilah al-Khatib) 외무장관도 "아랍 이슬람 문명이 나머지 세계와 충돌하고 있다는 개념은 매우 위험하다"라고 역설했다 (≪조선일보≫, 2001. 11. 5).

그러나 당시 발생 원인을 알 수 없이 진행되던 탄저균 테러와 맞물려 가장 중심적인 화두는 역시 테러였다. 테러 그 자체는 여타 세계인들에게는 물론 아랍인들에게도 용인되지 않는 것이었다. 아랍인들 역시 인류의 보편적 가치를 부정하지는 않기 때문이다. 57개 이슬람권 국가에서 한두 나라를 제외하고는 모두 테러에 반대를 천명했으며, 심지어 미국이 테러 지원국으로 지목한 리비아, 이란, 시리아는 물론 극렬 테러조직인 하마스, 히즈발라도 이에 동참했다. 다만 서방세계가 자살테러를 비난하는 것에 대해서 중동인들은 미국과 이스라엘이 자행한 테러에 대한 보복이므로 어느 정도는 정당화된다는 논리를 내세웠다. 여기에는 정치적 논리가 끼어들 여지가 있다. 이처럼 테러는 도덕적 측면과 정치적 측면이라는 두 얼굴을 가진다.

테러가 정치적 문제에 제기한 또 다른 측면은 안보전략적인 문제로 최근에 테러와 같은 '비대칭적 위협(asymmetrical threats)'이 국가안보 정책의 전면으로 부상했다. 비대칭적 위협이란 테러세력이 '강대국을 이기는 것은 불가능하지만 강대국이 부분적으로 자신의 패배를 인정하도록 하는 전술'이다. 이는 지난 10년간 미국이 자국의 영토는 아무런 피해를 입지 않은 채 공군과 크루즈 미사일을 이용해 이라크·유고 등에서 '비접촉 전쟁'이라는 군사혁명을 실시한 것에 대한 국제 테러리즘의 응답이라는 것이다(≪한겨레≫, 2001. 11. 3). 이와 같은 비대칭적 위협은 군사적 수단만으로 방어할 수 있는 것이 아니라는 점에서 국가안보 전략의 수정이 불가피해졌다. 또한 한 국가의 안보 대응능력으로는 충분치 않으며 국제적 연대가 필수라는 점에서 국가안보보다는 국제연대 안보의 중요성이 제고되었다.

2) 아프가니스탄 전쟁과 중동국가들의 대응

미국에서 9·11 테러가 발생했을 때 세계 대부분의 국가는 일제히 테러를 비난하면서 테러를 근절하기 위한 모종의 조치가 이루어져야 한다고 강조했다. 영국은 처음부터 미국과 연합해 공동 군사작전을 수행했고

NATO 회원국들은 회원국 가운데 한 회원국이 침략을 받으면 다른 회원국은 자국이 침략받은 것으로 간주해 필요하다고 판단되는 모든 지원을 제공한다는 내용이 담긴 헌장 제5조의 규정에 따라 18개 전 회원국이 군사력과 병참 지원을 아끼지 않겠다고 공동성명을 발표했다. 러시아 블라드미르 V. 푸틴(Vladimir V. Putin) 대통령도 9·11 테러가 미국을 넘어 전체 인류에 대한 공격이라고 규정하고 이번 테러가 국제 테러리즘을 근절하는 계기가 되기를 희망하며 미국의 군사작전에 필요한 지원을 아끼지 않겠다고 말했다. 중국과 일본 등 아시아 국가도 일제히 테러를 비난했다. 미국이 테러국가로 지정한 쿠바의 피델 A. 카스트로(Fidel A. Castro)까지도 "쿠바는 미국인들과 협력할 자세가 되어 있다", "정치적 대립에도 미국인에 대한 지지는 인간으로서의 의무"라며 테러에 반대 입장을 피력했다.

테러 이후 중동 각국은 사태의 추이에 따라 조금씩 움직임을 달리했다. 이는 자국의 이해득실을 계산한 결과로 보인다. 우선 테러 직후 중동 각국의 입장을 보면, 걸프전 이후 미국에 강력한 제재를 받던 이라크는 정부 성명에서 "이번 사건은 그동안 각종 범죄를 저질러온 미국에 대한 응징"이라며 환영의 뜻을 나타냈다. 일부 언론(CNN)이 팔레스타인에서 '화요일의 축제'에 환호했다는 보도를 내보냈으나 다른 언론은 테러 소식에 팔레스타인은 오히려 절망적인 분위기였다고 전했다. 그것은 이 테러가 팔레스타인의 독립투쟁에 나쁜 영향을 미칠 것이 분명해 보였고 해방의 길이 더욱 멀어졌다고 생각했기 때문이다(≪동아일보≫, 2001. 9. 12).

이들 지역을 제외한 거의 모든 중동국가는 테러를 비난했다. 그동안 미국에 적대적이던 시리아도 성명을 통해 무고한 미국 시민을 대상으로 한 무자비한 테러공격을 비난했으며, 카다피 리비아 국가원수는 "미국에 인도적인 지원을 제공할 용의가 있다"라고 제안했다(≪동아일보≫,

2001. 9. 12). 이란 역시 미국에서 테러사건이 발생하자 즉각 테러 행위를 공개적으로 비난하고 나서 1979년 이래 끊어진 미국과의 외교관계가 호전될 것이라는 기대를 모으기도 했다. 아라파트 정부 수반도 "우리는 엄청난 범죄 행위 앞에 말할 수 없는 충격을 받았다"라며 테러 행위를 비난했다.

그러나 9·11 테러의 배후로 이슬람의 일부 극렬세력이 지목되자 이에 대한 중동 지도자들의 반응은 서로 엇갈렸다. 57개 이슬람 국가가 참여하는 이슬람회의기구의 압델와하드(Abdelwahed Belkeziz: 2001~2004) 사무총장과 이슬람 수니파의 고위 지도자인 셰이크 모하메드 사예드 탄타위(Sheikh Mohammed Sayed Tantawi)는 미국에서 발생한 야만적인 범죄 행위를 비난한다고 하면서도 이슬람은 인간의 생명을 존중하며 폭력과 유혈을 거부하는 종교라고 주장함으로써 간접적으로 이번 테러에 이슬람은 관련이 없다고 부인했다(≪동아일보≫, 2001. 9. 13).

일부에서는 명백한 증거도 없이 무조건 이슬람을 배후로 지목하는 것을 문제 삼으며 이번 기회에 이스라엘을 지지하는 쪽으로 치우쳐온 미국의 외교정책이 수정되어야 한다고 주장했다. 모하마드 하타미(Mohammad Khatami) 이란 대통령은 12일 "이번 테러를 비난하며 미국은 테러의 뿌리를 찾아 없애야 한다"라고 말해 테러의 원인이 미국에 있음을 간접 시사했다. 압둘라 2세 요르단 국왕도 "미국이 팔레스타인 문제를 해결했더라면 이번 테러는 없었을 것"이라고 아쉬움을 나타냈다(≪동아일보≫, 2001. 9. 13).

미국에 의해 반테러 연대의 첫 번째 목표로 아프가니스탄의 탈레반(Taliban) 정권이 지목되었다. 보복공격 자체에 대한 아랍국가들의 입장은 더욱 달랐다. 사우디아라비아 정부는 국내 원리주의자들의 소요를 의식해 미온적인 자세를 취했고 이집트 정부 역시 극히 조심스러운 입장을 취했다. 비중동권이기는 하지만 최대 이슬람 국가인 인도네시아

정부는 미국에 지지를 표명하면서도 공격 대상을 아프가니스탄으로 국한시킬 것을 희망했다. 아프가니스탄의 탈레반 정권이 빈 라덴의 인도를 거부하고 이에 대한 미국의 군사적 보복이 임박하면서 아랍국가 수반들은 미국이 공격의 진원지에 대해 성급한 판단을 내리는 것을 자제하도록 촉구하고 나섰다. 라피크 하리리(Rafik Bahaa Edine Hariri) 레바논 수상은 미국의 보복은 옳지만 정확한 목표물에 보복을 가해야 한다고 주장했다. 마헤르 이집트 외무장관도 미국의 군사공격에 주의를 당부하면서 테러 용의자에 대한 조사를 마친 후 이들을 처벌해야 한다고 주장했다.

그러나 미국의 주도로 반테러 연대가 구체화되면서 상당수의 국가가 테러에 맞서려는 미국의 노력에 지지를 표시했으며 일부는 미국과 협조하려는 움직임까지 보였다. 9월 15일 아프가니스탄의 인접 우방국인 파키스탄이 미국의 요구를 전폭적으로 수용한다고 발표했으며 탈레반 정권과 외교관계를 맺고 있는 3개국 중 하나인 아랍에미리트도 탈레반이 미국에 대한 테러공격에 연루되었다고 보고 탈레반과의 외교관계를 '재검토 중'이라고 발표했다. 그리고 사우디아라비아와 함께 탈레반 정권이 빈 라덴을 인도하지 않은 것에 항의하는 표시로 외교관계를 대리대사급으로 격하시켰다.

미국이 '테러 후원국'으로 지정한 이란과 그동안 미국과의 관계가 소원하던 시리아도 9·11 테러 후 과거의 강경했던 반미 입장을 완화했다. 대표적인 반미국가인 리비아의 카다피도 "공격으로 테러리즘이 해결될지 의문이며 미국은 슈퍼 파워답게 이번 전쟁이 초래할 결과를 냉철하게 고려해야 한다"라는 조건을 달긴 했지만 "미국은 끔찍한 테러에 대항해 보복할 권리가 있다"라고 말했다(≪동아일보≫, 2001. 9. 17). 아이러니하게도 대통령 선거 과정에서 명쾌한 승리를 얻지 못함으로써 완전한 정당성을 확보하지 못했던 조지 W. 부시(George W. Bush: 2001~

2009)에게 9·11 테러는 정치적 소생의 기회가 되었다.

　미국의 보복공격이 임박하면서 또 다른 배후세력으로 지목된 이라크는 공격의 목표가 자국으로 확대될 가능성 때문에 오히려 이번 테러와 관련해서 미국을 자극하지 않으려는 태도가 역력했다. 사담 후세인은 20일 관영 INA 통신을 통해 인도적 차원에서 미국의 테러 참사를 구호하기 위한 노력을 지원할 용의가 있다고 밝혔다. 9월 20일 사우디아라비아와 유럽 16개국이 미국의 '테러와의 전쟁'을 지원한다고 선언하고 다른 아랍국가들이 방관자적인 태도를 취하는 동안 민간에서는 반미시위가 거세지기 시작했다. 파키스탄의 최대 도시인 카라치에서는 4만여 명이 시위를 벌였는데 경찰이 이를 진압하는 과정에서 시위대 4명이 숨지는 사건이 벌어지기도 했다. 파키스탄 정부가 미국의 대테러 전쟁에 지원을 약속한 데 반해, 파키스탄 전체 인구의 30%를 차지하는 빈곤층은 이슬람 원리주의 세력을 호응하고 나섰다.

　아프가니스탄 공격에 대한 이슬람권의 반대 여론이 거세지자 미국은 10월 3일, 도널드 럼즈펠드(Donald Rumsfeld) 국방장관을 중동에 급파해 친미국가들을 독려하고 1988년 파키스탄과 인도가 핵실험을 강행한 뒤 내렸던 경제제재 조치를 해제할 것임을 시사하며 파키스탄의 6억 달러 규모의 외채를 탕감하는 등 유화적인 조치를 취하기 시작했다. 미국이 보복의 결의를 다지면서도 거의 한 달 동안 공격을 늦추었던 것은 공격 표적에 대한 정확한 정보를 구하려는 의도도 있었지만 아랍의 반발을 최대한 억제하고 이들을 미국의 반테러 연대에 끌어들이기 위해서였다. 그러나 곧 다가올 아프가니스탄의 혹한과 라마단, 미국의 여론은 공격을 재촉했다. 미국은 대아프가니스탄 작전을 '항구적 자유(Enduring Freedom)'라 명명하고[2] 이를 21세기 최초의 전쟁으로 규정했다.

---

2) 현지 시각으로 9월 19일, 미국이 테러에 대한 보복공격 작전을 처음 시작하면서 명

또한 미국은 대아프가니스탄 공격이 서방권과 이슬람권의 대결이 아니라 테러를 응징하기 위한 것임을 주장했다. 또 테러를 근절하기 위해 더욱 장기적이고 광범위한 공격으로써 전 세계적인 테러 네트워크를 분쇄하는 것만이 미국 국민은 물론 세계인의 자유와 행복을 수호하는 길이며, 이 공격이 인류의 적인 테러리스트와 그를 비호하는 세력을 와해시키기 위한 국제연대 차원의 새로운 전쟁임을 강조했다.

파키스탄, 이란, 중앙아시아 국가 등 주변국은 '탈레반 이후'에 촉각을 곤두세우기 시작했다. 아프가니스탄 내부에서도 탈레반에 반대하는 세력의 움직임이 더욱 활발해지기 시작했다.

파키스탄이 가장 두려워한 것은 자국과 갈등관계에 있는 인도와 친밀한 정권이 아프가니스탄에 들어서는 것이었다. 인도는 파키스탄과 사이가 좋지 않은 북부 동맹군을 지원하는 데 적극적이었다. 이란은 아프가니스탄에 '친이란·반서방·반파키스탄' 정권이 들어서기를 원했다. 국토의 10%가량만을 지배해온 북부동맹은 미국의 테러사건 이후 유엔 회원국 자격을 갖고 있다는 정통성을 바탕으로 재집권의 꿈에 부풀어 있었다.

개전을 막으려는 노력으로 파키스탄 정부가 28일 아프가니스탄에 다시 대표단을 보내 탈레반 측에 빈 라덴을 미국에 인도하라고 촉구했지만 탈레반은 이를 거절했다. 결국 10월 7일 밤, 미국은 아프가니스탄을 공격하기 시작했다. 탈레반 정권은 이번 공격을 테러 행위라 비난했다. 빈 라덴은 아프가니스탄과 자신을 공격하는 것은 이슬람에 대한 전쟁이라고 규정하고 이슬람 전사들은 목숨을 아끼지 않고 투쟁할 것이라며 결사 항전의 의지를 밝혔다. 그러나 중동국가 대부분은 공식 논평을

명한 이름은 '무한 정의 작전(Operation Infinite Justice)'이었다. 그러나 이슬람권의 오해를 불러일으킬 소지가 있다는 이유로 일주일 만에 작전명이 변경되었다.

내놓지 않았다. 미국의 공격을 즉각 비난하고 나선 것은 이란과 이라크 정도였다. 친미 성향의 터키와 요르단 및 이스라엘은 미국의 공격을 적극 지지하고 나섰다.

아랍국가 대부분은 침묵을 지켰다. 아랍국가들의 이 같은 침묵은 이들 정부가 처한 미묘한 상황을 반영한 것으로 분석된다. 미국으로부터 막대한 군사적·정치적 지원을 받고 있는 아랍국가 대부분이 미국의 공격에 반대하기란 어려운 일이었을 것이다. 그렇다고 국민의 들끓는 반미감정을 외면하고 미국 편을 들었다가는 정권 자체가 흔들릴 위험이 있었다.

아랍권의 맹주를 자처하는 이집트는 매년 미국으로부터 20억 달러 안팎의 원조를 받았다. 또 무바라크 정부를 위협하는 최대 요소로 역시 이슬람 근본주의 세력이 꼽혔다. 따라서 이집트는 이슬람 근본주의 세력이 주도하는 테러에 대한 응징을 적극 지지할 법도 했지만 적어도 표면적으로는 그럴 수 없었다. 국민여론과 이슬람 형제국가들의 반미감정을 거스르기 어려웠기 때문이다. 요르단의 압둘라 2세 국왕 정부 역시 미국의 맹방이지만 국경을 맞댄 이라크와 시리아, 팔레스타인의 눈치를 살필 수밖에 없는 입장이었다. 사우디아라비아는 1990년 이라크가 쿠웨이트를 침공했을 때 또다시 미군의 주둔을 허용했다. 외세가 사우디아라비아 영토에 주둔하는 것은 이슬람 율법(샤리아)에 어긋났지만 1990년에는 미국의 개입이 불가피한 상황이었다. 하지만 이번 경우는 달랐다. 아프가니스탄은 이슬람 형제국가임이 틀림없으며 형제국가를 공격하는 데 지원할 수 없다는 게 사우디아라비아 정부의 분명한 입장이었다.

이처럼 미국의 아프가니스탄 공격에 애써 거리를 유지하려는 아랍국가 지도자들이 가장 우려했던 건 이 공격이 장기전으로 이어지는 것이었다. 미국이 빈 라덴을 단시일 내에 잡아내지 못하고, 빈 라덴을 지지하는 아랍권의 열기가 갈수록 확산될 경우 아랍 지도자들의 입장은 더욱 난처해질 수 있었다.

공격을 개시한 지 3~4일이 지나면서 아랍 민간인 쪽에서 강력한 반미감정이 표출되었다. 결국 아프가니스탄은 물론, 인근의 파키스탄, 인도의 카시미르 지역, 이라크, 이란, 시리아, 아프리카의 수단, 동남아시아의 인도네시아 등 전 세계 이슬람권에서 대규모 반미시위가 발생했다. 팔레스타인에서는 이러한 반미시위가 내부의 유혈 충돌로 번지면서 아라파트 팔레스타인 자치정부 수반이 위기를 맞기도 했다. 탈레반이 이슬람 국가들에게 탈레반과의 협상에 미국이 응하도록 압력을 가해줄 것을 촉구하자 이슬람권의 주요 지도자들은 미국에 아프가니스탄 공격을 중단할 것을 촉구하는 제스처를 취하기 시작했다.

압둘 라흐만 자헤드(Abdul Rahman Zahed) 아프가니스탄 외무차관은 전 세계 57개 이슬람 국가가 가입한 이슬람회의기구가 10월 10일 카타르의 수도 도하에서 긴급 외무장관회담을 개최하는 것과 관련해 "우리는 서방세계, 특히 미국과 영국이 이성과 대화, 협상으로 돌아가도록 요청해줄 것을 이번 이슬람회의기구 외무장관회의에 촉구한다"라고 말했다. 그동안 이슬람회의기구는 아프가니스탄에 이슬람 근본주의를 표방하는 탈레반 정권이 들어선 1996년 이래 각종 회의에서 탈레반을 제외시켜왔다.

무사 아랍연맹 사무총장도 성명을 통해 "아랍의 입장은 분명하다. 우리는 어떤 아랍국가에 대한 공격도 거부한다. …… 만일 어떤 개인이나 조직에 혐의가 있다면 협의와 필요한 외교적·법률적 조치가 취해져야 한다"라고 주장했다. 하타미 이란 대통령도 "미국이 주도하는 아프가니스탄 공격은 '인간적 재앙'과 억압받는 시민의 학살을 초래할 수 있다"며 이를 중단할 것을 촉구하고 나섰다. 이에 토니 블레어(Tony Blair) 영국 총리가 '미국의 대사'라는 비아냥거림에도 중동 정상들과

회담을 갖기 위해 중동 여행길에 나섰다.

미국이 아프가니스탄을 공격한 지 한 달이 지나면서 주변국의 고심은 더욱 깊어졌다. 대미 협력에서 무엇을 챙길 것인가라는 문제에서부터 탈레반 정권과의 관계 설정, 국경으로 몰려드는 난민문제 등 모든 면에서 주변국은 중대한 기로에 놓였다. 럼즈펠드 미국 국무장관은 '가시적 성과'를 거두고 있다고 말했지만 이 말은 액면 그대로 받아들여지지 않았다. 아프가니스탄 민간인의 희생이 여론에 부각되면서 사람들은 '미국이 내걸었던 전쟁의 명분과 목표가 희석되고 있지 않은가' 하는 의구심을 품었다. 미국은 이미 폐허가 된 아프가니스탄에서 보이지 않는 목표물을 찾아 헤매는 것처럼 보였다(≪중앙일보≫, 2001. 11. 8).

나이지리아에서부터 이집트, 이라크, 사우디아라비아, 인도네시아, 말레이시아에 이르기까지 이슬람권에서는 연일 격렬한 반미시위가 벌어졌다. 특히 미국을 적극 지원했던 파키스탄에서는 이슬람 무장세력이 봉기해 관공서와 공항 활주로, 교회를 습격하는 등 내전이 우려되었다.

페르베즈 무샤라프(Pervaiz Musharraf) 파키스탄 대통령은 전쟁의 조기 종결을 촉구하고 나섰다. 무샤라프는 11월 16일 밤에 시작되는 라마단을 그 시점으로 제시하기도 했다. 그는 또 탈레반과 관계를 지속하는 것이 '유용한 외교적 창구'가 된다면서 탈레반과의 관계를 단절할 의사가 없다고 말했다. 그리고 미국에는 핵실험과 관련해 부과된 경제제재 조치를 완전히 풀어줄 것을 요구할 것이라고 말했다(≪중앙일보≫, 2001. 11. 9).

그러나 이 같은 반발과 시위 속에서도 미국이 가까스로 형성해놓은 이슬람권의 대테러 연대에는 근본적인 변화가 일어나지 않았다. 애초부터 미국의 아프가니스탄 공격을 '불법 침략'이라고 비난하고 나선 이라크를 제외하면 대테러 연대에서 이탈하는 이슬람 국가는 없었다. 오히려 아랍권의 맹주를 자처하는 이집트의 무바라크 대통령은 이례적으로 미국의 아프가니스탄 공격을 공개적으로 지지하고 나섰다. 아프가니스탄에서 불온세력을 제거하기 위해 전쟁에 나섰던 미국은 전황이 교착상태에 빠지자 또 다른 불온세력인 북부동맹을 지원하고 나섰다. 이들은 탈레반이 집권하기 전 이 나라에 온갖 재앙을 불러온 타락한 군벌·테러집단이었다.

11월 12일을 전후해서 북부동맹의 공세가 확대되고 탈레반군이 북부 5개 주에서 퇴각하는 등 폭격의 가시적 성과가 나타나면서 각국의 태도는 또다시 변했다. 유엔 총회에 참석하기 위해 미국에 머물던 무샤라프 파키스탄 대통령은 미국 NBC에 출연해 겨울 이전에 탈레반 정권이 권좌에서 축출될 가능성이 있다면서 미국의 아프가니스탄 공습이 '가시적인 성과'를 거뒀다고 말했다. 이후 그동안 개별 국가 차원에서 거론되어왔던 '포스트 탈레반' 구상이 유엔 차원에서 논의되는 등 다시 급물살을 탔다. 유엔 총회(10~16일)에서는 아프가니스탄 주변 6개국과 미국과 러시아가 참여하는 '6+2 회의'가 열려 아프가니스탄의 정치적 미래를 논의했다.

11월 13일에는 탈레반이 수도 카불에서 철수하기 시작했는데 이는 1996년 9월 부르하누딘 랍바니(Burhanuddin Rabbani, 북부동맹 수반: 1996. 9~2001. 11, 아프가니스탄 대통령: 2001. 11~12) 정부를 축출하고 정권을 장악한 지 5년 2개월 만의 일이었다. 빈 라덴이 체포되지는 않았지만 북부 반군과 여러 군벌세력이 아프가니스탄 전역을 장악함으로써 탈레반 정권은 붕괴했으며 토라보라를 거점으로 최후의 저항을 하던 알 카에다 조직도 패주함으로써 상황은 일단 종료되었다.

결국 탈레반 정권과 빈 라덴이 호소하던 지하드는 일어나지 않았다. 걸프전 이전의 전쟁을 통해 이 지역에 나타났던 아랍 민족주의도 출현하지 않았다. 아랍국가들의 행동을 결정지은 독립적인 변수 두 가지를 굳이 찾는다면 하나는 이슬람 형제국들의 반미감정이었고, 다른 하나는 미국의 뜻을 거스르면 얻을 수 없는 국가이익이었던 것으로 보인다. 문제는 이 두 가지가 서로 모순된다는 것이다. 그러나 결과적으로 중동 각국은 명분보다는 실리를 따랐던 것으로 보인다. 이러한 사실은 (중동 각국이) 중동지역민의 반미감정의 고저에 따라, 그리고 미국의 반테러 전쟁에 대한 의지 또는 그 성공 가능성에 따라 미묘하게 태도를 표출했던 데서 찾을 수 있다.

이슬람 형제국가였던 파키스탄은 미국의 '전면적 지원(full support)' 요청을 받아들였다. 외채 370억 달러를 안고 있던 파키스탄은 6억 달러의 직접 지원과 미국의 제재 해제 및 경제 지원을 선택했다. 또한 카슈미르 분쟁을 해결하는 데 보탬이 될 미국의 지원도 염두에 두었을 것이다. 우즈베키스탄은 아프가니스탄과 접경한 국가 중에서 가장 적극적으로 미국을 지원했다. 우즈베키스탄은 대미 협력을 러시아의 영향권에서 벗어날 호기로 삼았다. 또한 이참에 골치 아픈 남부 이슬람 민병대도 쓸어낸다는 일석이조의 복안을 가지고 있었다. 타지키스탄도 러시아의 직접적인 영향권에 있기는 하지만 미국으로부터 수천만 달러의 경제 지원을 받은 것으로 알려져 있다. 터키는 대테러전 동참을 IMF 구제금융하의 경제를 되살리고 서방권에 좀 더 근접하는 계기로 삼았다(≪동아일보≫, 2001. 11. 5). 일관성 있게 반미 태도를 보였던 이라크조차 가장 염두에 두었던 것은 빈 라덴의 보호보다는 반테러 전쟁이 이라크로 확대될지에 관한 여부였던 것으로 보인다. 중동국가들이 아랍 대의보다는 자국의 실리에 중점을 둔 데는 미국의 압력도 어느 정도 작용했다.

1993년 오슬로 협정 이래 팔레스타인 자치정부의 건립이 난항을 겪고 이로써 제2의 인티파다가 발생한 지 일 년 만에 9·11 테러가 일어났다는 점에서 이스라엘과 팔레스타인 간의 분쟁을 다시 한 번 짚어봐야 할 것이다.

일반인들이 중동분쟁의 시작이며 끝으로 인식하는 아랍-이스라엘 관계가 아프가니스탄 전쟁의 경우에는 결정적인 역할을 하지 않은 것으로 보인다. 미국에 전대미문의 테러가 발생하면서 아랍-이스라엘 간에는 오히려 화해 분위기가 조성되었다. 이스라엘과 팔레스타인 자치정부가 9월 18일 동시에 휴전을 선언한 데 이어 이스라엘이 요르단 강 서안 팔레스타인 자치 구역에서 철수하기 시작했다. 샤론 이스라엘 총리와 아라파트 팔레스타인 자치정부 수반은 각각 자국의 군대에 "선제공격을 받더라도 자제력을 발휘하라"고 지시했다.

또한 조지 W. 부시 행정부의 테러와의 전쟁은 좌절에 익숙해진 팔레스타인에 희망을 던져주기도 했다. 부시가 팔레스타인 국가를 창설하는 데 지지 발언을 했기 때문이다. 아프가니스탄 공격에 비협조적인 이슬람 국가들을 끌어안기 위해 고심하던 부시는 10월 2일, '이스라엘의 생존권이 존중되는 한'이라는 조건을 달긴 했지만 "팔레스타인의 독립국가 창설은 언제나 중동평화를 위한 미국의 계획(vision) 중 일부"라고 밝혔다. 부시는 취임한 뒤 샤론을 두 번이나 만났으면서도 아라파트의 면담 제의는 거부해왔기 때문에 이런 발언은 더욱 희망적이었다.

그러나 이번 사건을 통해 이스라엘과 팔레스타인의 관계가 한 방향으로만 평탄하게 진행된 것은 아니었다. 부시가 팔레스타인 국가 창설을 지지하는 발언을 한 데 대해 이스라엘은 이것이 미국 동시다발 테러의 '성과물'로 비쳐질까 우려했다. 한편 팔레스타인에서는 미국이 주도하는 대테러 전쟁을 지지하는 아라파트와 이에 반대하는 하마스, 이슬람 지하드 등 무장단체 간의 갈등이 표출됨으로써 오히려 팔레스타인 내부의 분열이 초래되었다.

10월 17일에는 평소 팔레스타인 사람들이 '이(lice)'라고 부른 이스라엘의 극우파 레하밤 지비(Rehavam Zeevi) 관광장관이 팔레스타인 해방인민전선에 의해 암살되었다. 이스라엘의 53년 역사 동안에 각료가 암살되기는 처음이었다. 하지만 이것은 이스라엘이 8월 말 미사일 공격을 가해 팔레스타인 해방인민전선의 지도자 아부 알리 무스타파(Abu Ali Mustafa)를 살해한 데 대한 보복이었다. 이스라엘은 지비 관광장관이 암살당한 데 대한 보복으로 18일부터 요르단 강 서안지구의 팔레스타인 관할 8개 지구 가운데 6곳에 탱크부대 등을 진입시켰다. 이러한 사태는 미국이 아프가니스탄을 공격한 성과가 불투명한 가운데 나온 것으로 이는 이스라엘이 강경 입장으로 선회하고 아랍권 전체가 단결하는 결과를 낳아 중동평화는 물론 미국의 대테러 전쟁에도 치명타가 될 소지가 있었다. 본격적인 아프가니스탄 지상작전을 앞두고 우방은 물론 범아랍권의 지지와 공조가 절대적으로 필요한 미국은 이 사건에 촉각을 곤두세웠다.

10월 29일에 이스라엘이 단계적 철수를 시작하고 11월 19일에는 콜린 L. 파월(Colin L. Powell) 미국 국무장관이 중동분쟁을 해결하기 위해 특사 2명을 보낸다고 발표한 후 이스라엘과 팔레스타인 양측이 이를 환영함으로써 중동평화협상이 재개될지의 여부가 주목되던 중 12월 1일 예루살렘에서는 팔레스타인 무장단체가 동시다발 테러를 일으켰다. 이에 이스라엘 정부는 반테러 전쟁을 선언하고 팔레스타인 자치지구 일부를 점령했다. 이 사건은 평화를 구축하기 위한 당사자들 간의 노력에 찬물을 끼얹었다. 이 사건은 특히 아라파트 팔레스타인 자치수반의 지도력에 치명적인 손상을 입혔다. 다행히 12월 19일 하마스가 이스라엘에 대한 자살 폭탄공격을 중단하기로 결정하고 양측의 보안 관계자가 협상에 들어가는 등 사태는 진정세를 보였다(≪한겨레≫, 2001. 12. 21).

아프가니스탄에서 반테러 전쟁이 마무리에 접어들 즈음 제기된 난제는 아프가니스탄에 새로운 정부를 건립하는 것이었겠지만 이와 더불어 또 다른 주요 관심사는 미국의 대테러 전쟁이 다른 중동국가로 확산될 것인가였다. 그 대상 지역으로는 이라크와 더불어 인도네시아 북부 아체, 예멘의 하드라마우트, 소말리아 남부의 라스 콤보니 등이 고려되었는데, 특히 이라크가 주요 대상이었다. 미국은 9·11 테러 이후 반테러 군사작전을 장기적으로 지속하겠다고 공언하면서 이라크를 테러의 온상으로 지목해왔다. 소말리아에는 이슬람 근본주의 세력인 알 이티하드 (Al-Ittihad)가 있었다. 소말리아는 알 카에다의 잔여 병력이 은신하고 있을 가능성, 강력한 반군의 존재, 1993년 말 미군 18명이 살해되고 병사의 주검이 거리에 끌려다녔던 수모 등의 이유로 공격 목표로써 점쳐지고 있었다. 미국의 입장에서 가장 먼저 제거하고 싶은 대상은 이라크 사담 후세인 정권이었겠지만 현실적으로는 명분이 뚜렷하지 않고 사전 준비가 많이 필요한데다 이슬람권은 물론 국제사회의 엄청난 반발을 무릅써야 했기 때문에 소말리아가 우선 공격 대상이 될 가능성이 제기된 것이다.

3) 미국의 이라크 침공

이라크 전쟁은 2003년 3월 20일, 미군과 영국군이 합동으로 이라크를 공격함으로써 시작되었다. 4월 9일에는 바그다드를 함락했으며 침공 후 두 달도 채 지나지 않은 5월 1일에 조지 W. 부시 대통령은 항공모함 에이브러햄 링컨(Abraham Lincoln)호에서 '임무 완료(Mission Accomplished)'를 선언했다. 12월 13일에는 1979년부터 24년간 집권해오던 사담 후세인 대통령이 자신의 고향인 티크리트에서 남쪽으로 약 15km 떨어진 곳에 자리한 농가 근처의 작은 땅굴 속에서 체포되었다.

미국이 이라크를 공격하며 내세운 명분은 사담 후세인 정권이 불법으로 대량살상 무기(WMD: weapon of mass destruction)를 개발하고 테러를 지원함으로써 세계평화를 위협하며 이라크 국민을 억압하기 때문에 무장 해제시켜야 한다는 것이었다. 미국은 공격 전에 영국은 물론 한국, 호주, 덴마크, 이탈리아, 네덜란드, 일본, 필리핀, 스페인 등 30개 국가로부터 이라크 무장 해제에 대한 지지를 받았다. 이는 침공 명분을 쌓기 위한 국제적 조치의 일환이었다.

이라크는 1991년 4월 걸프전(1차 이라크 전쟁)이 종결된 이후 국제사회에서 불법적인 대량살상 무기를 보유·개발하고 있다는 강한 의심을 받아왔다. 이웃 쿠웨이트를 침공해 아랍세계로부터도 위험한 존재로 인식되던 이라크는 미국을 중심으로 한 국제여론에 이기지 못하고 급기야 유엔 무기사찰단(UNSCOM: UN Special Commission)을 수용해 1998년까지 250여 차례의 현장 조사를 받았다. 이라크는 이 기간에 장거리 미사일 48기, 화학무기 원료 690톤 등을 폐기했다.

1998년 12월 이라크가 사담 후세인 대통령궁 등 정치적·군사적으로 민감한 지역에 현장 조사를 실시하겠다는 유엔 조사단의 요구를 거절하자 유엔 무기사찰단은 이라크에서 철수했다. 미국과 영국은 이를 빌미로 이라크가 유엔의 결의를 무시했다며 그 해 12월 16일부터 4일간 바그다드와 대량살상 무기 개발 비축지로 의심을 받던 시설물에 집중 폭격을 가했다. 그 후 유엔 안전보장이사회는 유엔의 무기사찰 체제를 재건하기 위해 유엔 감시검증사찰위원회(UNMOVIC: United Nations Monitoring, Verification and Inspection Commission)를 발족하고 무기사찰을 재시도했으나 이라크는 자국에 대한 금수 조치가 해제되지 않는 한 이를 받아들일 수 없다고 버텨 실제로 사찰은 이루어지지 않았다.

이라크와 미국의 관계가 계속 악화되던 2002년 1월 부시 미국 대통령은 연두교서에서 이라크를 이란 및 북한과 함께 세계평화를 위협하는 '악의 축(axis of evil)'으로 지목했다. 그리고 그 해 9월 부시 대통령은 유엔총회 연설을 통해 이라크에 대량살상 무기의 즉각적인 폐지, 테러 지원 중단, 국민 억압 중지 등 5개항을 요구하며 이 사항이 이루어지지 않을 경우 사담 후세인 정권을 축출하겠다는 의지를 표명했다. 그리고 2003년 3월 20일, 드디어 부시 대통령은 사담 후세인 정권을 "세계평화를 위협하는 무법정권"이라고 매도하면서 이라크에 공습을 개시했다.

그러나 미국이 내세운 침공 이유는 그야말로 명분에 지나지 않는다는 국제여론도 만만치 않았다. 미국이 이라크 침략을 감행한 것은 명분보다는 자국의 실리와 국제정치, 군사무대에서의 헤게모니를 위해서였다는 주장이 끊임없이 제기되었다.

이라크군이 남부 움 카스르 항구 및 나시리야 지역에서 강력히 저항했지만 4월 9일 바그다드 시내 곳곳에서 미군을 환영하는 인파가 등장했고 미군이 이라크 전역을 장악한 가운데 부시 대통령은 사실상 종전을 선언했다. 미국은 이라크 전쟁에서 전쟁의 1차 목적(사담 후세인 정권 제거)을 달성하는 데는 3주도 걸리지 않았지만 그 후 6년이 지나도록 이라크를 안정시키지 못했다. 사실 당시 이 전쟁은 언제 어떻게 끝날 수 있다고 말하기 어려운 전쟁이었다.

이라크 전쟁이 정치적·군사적으로 쉽게 종결될 수 없었던 이유는 이 전쟁이 국가 간의 전쟁이 아니라 내전의 양상을 띠었기 때문이다. 이라크에서 진행된 사태는 미국과 이라크 간의 분쟁이 아니라 이라크 인구의 약 60%를 차지하는 시아 아랍인, 20% 정도를 차지하는 쿠르드족 수니파, 15% 정도를 차지하는 수니 아랍인 간의 분쟁이었다. 사담 후세인은 수니파 출신으로 이라크 전체 인구의 약 15%를 대표했지만 지난 수십 년 동안 철권통치를 함으로써 이라크는 적어도 겉으로 보기에는 안정을 유지해왔다.

2010년 8월 2일 버락 후세인 오바마(Barack Hussein Obama) 미국 대통령은 조지아 주 애틀랜타에서 열린 상이군인협회 총회 연설을 통해 미군이 이라크에서 전투를 끝내고 8월 말까지 모든 전투병력을 철수한다고 선언했다. 2003년 5월 1일 전쟁의 종결이 선언된 뒤 6년이 지난 시점에도 이라크에서는 미군 14만 4,000여 명이 지속적으로 작전 중이었다. 결국 전쟁이라고 하기도 그렇고 아니라고 하기도 그런 상황이 지속되었던 것이다. 미국 정부의 공식 자료들은 제1차 세계대전, 제2차 세계대전, 한국전쟁, 베트남 전쟁, 걸프전쟁 등은 공식적으로 전쟁 (WAR)이라고 지칭하지만 현재 이라크에서 진행된 전쟁은 전쟁이라 하지 않고 이라크 자유 작전(Operation Iraqi Freedom)으로 표현했다.

2003년에서 2007년 10월 말까지 부시 행정부가 미국 의회에 요청한 이라크 전쟁 예산은 모두 6,070억 달러(약 556조 8,618억 원)에 이른다. 이는 이라크 침공 이전에 부시 행정부가 추정했던 총 전쟁비용(500 ~600억 달러)의 10배가 넘는 액수다. 여기에 아프가니스탄 전쟁비용을 더해 계산한 테러와의 전쟁 총 예산은 모두 8,040억 달러(약 737조 5,896억 원)에 이른다. 6,500억 달러 수준이었던 베트남 전쟁의 비용을 뛰어넘는 것으로 추산된다. 부시 행정부가 경기 침체를 타개하기 위해 마련한 경기 부양책 규모가 1,500억 달러 수준임을 감안하면 이라크 전쟁이 얼마나 소모적인지 알 수 있다. 미국 민주당 상하원 합동경제위원회가 2007년 11월 14일에 내놓은 27쪽 분량의 보고서(「끝 모를 전쟁 비용: 연방예산 외의 경제적 비용 총계」)에서 "실제 테러와의 전쟁비용은 지금까지 부시 행정부가 요청한 예산의 2배에 이를 것"이라고 지적했다(「이라크 전쟁, 돈은 세지 마」, ≪한겨레21≫, 2007. 11. 22, 제686호). 노벨경제학상 수상자이면서 『3조 달러 전쟁』을 펴낸 조지프 E. 스티글리츠(Joseph E. Stiglitz) 컬럼비아 대학 교수는 "지난 5년 동안 실제 전비는 3조 달러를 상회하며 인플레이션을 감안한다면 5조 달러로 추정된다"라고 주장했다. 5조 달러는 제2차 세계대전 당시 전체 전비를 넘어서는 규모다(「이라크 전쟁 5년」, ≪노컷뉴스≫, 2008. 3. 20).

2007년 11월 9일까지 이라크와 아프가니스탄에서 목숨을 잃은 미군 장병은 모두 4,578명에 이르는 것으로 추정된다. 중상자를 포함한 부상자도 3만 205명이나 된다. 이는 미군 5만 7,000여 명이 사망한 베트남 전쟁 이후 가장 많은 수다. ≪워싱턴 포스트≫와 ≪파이낸셜 타임스≫

등은 미국 국방부의 발표 내용(www.defenselink.mil/news)과 영국의 웹사이트(www.iraqbodycount.net), 그리고 관련 사이트(www.icasualties.org)의 자료를 근거로 5년의 전쟁 동안 이라크인의 사망자 수는 최소 8만 510명에서 최대 8만 7,929명에 이른다고 전했다. 세계보건기구(WHO)는 이라크에서 테러와 폭력 사태로 목숨을 잃은 주민이 15만 1,000명에 이르며 통계가 불확실한 점을 감안하면 사망자 수가 최대 22만 3,000명에 이를 것으로 추산한다. 전쟁을 피해 시리아 등 이웃 나라로 떠도는 이라크인은 약 180만 명으로 추산되었다. 이는 미군이 침공하기 전(50만 명)에 비하면 3배가 넘는 수치다.

2008년 3월 21일, 전쟁 발발 5주년을 맞아 조지 W. 부시 대통령은 이라크 전쟁에 따른 대가나 전쟁 기간이 당초 자신이 예상했던 것보다 더 늘어나고 장기화되었음을 솔직하게 인정하면서도, 5년 전 미국이 이라크를 침공함으로써 세계와 미국을 더욱 안전하게 만들었다고 말했다. 체니 부통령도 최근 이라크에서 진전이 이루어지고 있음을 강조했다. 체니 부통령은 이라크에 민주주의와 안정을 뿌리내리려는 미국의 노력은 성공을 거두고 있다면서 그 같은 노력은 충분한 가치가 있는 것이라고 덧붙였다.

그러나 '이라크 전쟁으로 인한 이득과 그에 따른 대가 등을 모두 고려할 때 이 전쟁이 그만한 가치가 있다고 생각하느냐'라는 ≪워싱턴 포스트≫와 ABC 방송의 질문에 전쟁 초기인 2003년 4월에는 이라크 전쟁이 가치가 없다고 답한 사람이 27%에 불과했지만 2004년 말에는 50%를 넘었다. 또한 ≪뉴욕 타임스≫와 CBS 방송이 2008년 2월에 실시한 조사에서는 이라크 침공이 실수라고 생각하는 사람이 58%에 달했다. 이 밖에 ≪워싱턴 포스트≫와 ABC 방송이 2008년 3월에 실시한 조사에서는 미국이 이라크에서 상당한 진전을 이루고 있다고 답한 사람이 43%에 불과했다('미국은 지금', Voice Of America, 2008. 3. 21).

이라크의 쿠웨이트 침공으로 촉발된 걸프전과는 달리 2003년 이라크 전쟁은 대량살상 무기를 해체하고 이라크 내 민주주의를 회복하기 위해 사담 후세인의 제거 또는 퇴출을 명분으로 미국이 일방적으로 주도한 전쟁이었기 때문에 세계 각국은 의혹과 우려의 시선으로 한 걸음 물러나 관망하는 자세를 취했다. 따라서 걸프전 때와 같은 국제사회의 지지와 동참은 기대할 수 없었다. 미국의 자국 중심 정책은 특히 9·11 테러 이후 더욱 두드러졌는데, 이라크 전쟁을 미국의 국가이익 우선주의 연장선상에서 이해하려는 움직임이 적지 않았다. 똑같이 자국의 이익을 염두에 둔 행위였지만 실제 전통적 우방이던 프랑스와 독일은 러시아와 공조해 미국의 군사적 행동을 비판하고 나섰으며 적지 않은 국가가 유엔의 역할을 무시하고 무력으로 이라크 문제를 해결하려는 미국의 정책에 부정적인 견해를 피력하기도 했다.[3]

당시 총선을 앞두고 있었던 독일의 경우는 좀 달랐지만, 그 동안 사담 후세인의 군사적 후원국이었던 러시아와 프랑스는 이라크에서 미국·영국과 경제적 이해관계에서 대립해왔다. 1991년 이라크 전쟁 후 유엔의 금수조치 기간에도 사담 후세인은 프랑스와 러시아의 힘을 빌려 안전보장이사회를 등에 업은 미국과 영국에 저항했다. 프랑스와 러시아의 기업들은 금수 조치를 해제해준다는 조건으로 이라크로부터 막대한 석유 채굴권을 보장받았다. 그러나 금수 조치를 해제하려는 그 국가들의 노력은 번번이 미국과 영국의 반대로 좌절되었다. 이러한 미국과 영국의 반대, 말하자면 유엔 감시단이 이라크의 무장 해제를 확인한 후에야 금수 조치를 해제한다는 미국과 영국의 입장을 러시아와 프랑스는 이라크가 그들에게 약속한 석유 채굴권을 인정하지 않으려는 것으로 해

---

3) 장붕익, 「이라크 전쟁과 네덜란드의 외교정책」, ≪국제지역연구≫, 제7권 제2호, 2003년 여름호(통권 25호), 116쪽.

석했다. 그러나 미국과 함께 아프가니스탄에 참전했던 프랑스와 독일은 비록 정치적으로는 미국의 이라크 침공은 반대했지만 여러 가지로 미국을 도왔다. 그것은 이라크 침공의 전리품을 미국과 함께 나누어 가지려는 그 나름대로의 계산 때문이었을 것이다.

1991년 걸프전과 또 다른 차이는 달라진 국제질서 구도였다. 걸프전의 경우는 냉전체제가 완전히 종식되지 않은 상황에서 체제의 관성에 의해 미국이 주도(American's Initiative)한 전쟁 수행에 국제사회가 참여한 경우라고 볼 수 있으나 이라크 전쟁에서 미국의 주도는 국제무대에서 유일한 강국으로 남은 미국의 독주(American's monopoly)로 인식되었다. 즉, 미국이 주도하는 국제질서의 영향권으로부터 자유롭기 위한 대처방안(alternative)으로서 많은 국가가 국제문제를 다루는 유엔의 영향력이 확대되고 이로써 분쟁이 해결되기를 과거 어느 때보다도 기대하는 상황이었다는 것이다. 이러한 움직임은 전쟁에 찬성하는 미국과 영국, 네덜란드, 스페인, 호주 동맹의 한 축과 프랑스, 독일, 벨기에, 중국 그리고 러시아 등 전쟁에 반대하는 한 축의 대립 양상으로 현실화되었다.

'사담 후세인의 학정에 지친 이라크 주민은 미군을 반길 것이며 신속한 재건 사업으로 파탄 났던 이라크 경제를 되살려 민주주의의 불모지인 중동 한복판에 민주정부의 새 모델을 세운다. 그러면 미국은 대량살상 무기와 테러 확산의 위험으로부터 한 걸음 벗어날 것이고 미국 기업이 주도하는 이라크 유전 개발 사업에 힘입어 국제유가도 안정될 것이다.' 이것이 부시 행정부가 이라크 전쟁을 벌이면서 기대했던 시나리오였을 것이다. 그러나 침략이 시작되고 수개월 만에 그들의 청사진은 불가능한 것으로 드러났다. 2003년 5월에 부임한 미 군정 최고 행정관 폴 브레머(Paul Bremer)는 모든 이라크의 국가기구를 해체한 후 새로운 헌법 개정을 시도했지만 자율적인 정치기구를 구성하려는 시아 이슬람의 저항에 부딪쳐 이 시도는 무산되었다. 미국은 꼭두각시 이야드 알라위(Iyad Allawi)를 임시정부 수반으로 내세웠지만 결국 2005년 1월 치러진 선거에서 이슬람 근본주의 조직인 '이라크 이슬람 혁명 최고 평의회(SCIRI)'와 이슬람 다와당(Islamic Dawa Party)이 주도한 연합체인 통합이라크연맹(United Iraqi Alliance)이 의회의 과반수를 차지했다. 그 중심에서 시아의 지도자 무크타다 알 사드르(Muqtadā al-Ṣadr)의 영향력이 증대되었다. 그리고 한편에서는 소수파로 전락한 수니 이슬람의 폭동이 빈발했다. 미국과 영국 측이 승전을 선포한 뒤 2004년 10월, 미국이 파견한 조사단(ISG: Iraq Survey Group)은 "이라크에 대량살상 무기는 존재하지 않는다"라는 마지막 보고서를 제출했다. 전쟁을 시작했던 근거인 대량살상 무기에 대한 정보의 신빙성이 희박했음이 밝혀지자 이라크 전쟁의 정당성이 크게 흔들렸다. 이로써 부시는 물론 미국의 국가적 신뢰성에도 큰 상처가 났고 미국의 이미지 역시 땅에 떨어졌다. 대량살상무기에 대한 정보 왜곡 논란과 이 과정에서 일어난 CIA 비밀요원 신분 누설 사건인 '리크게이트(Leak Gate)'에 체니 부통령과 칼 C. 로브(Karl C. Rove) 백악관 비서실 부실장 등이 연루된 것으로 드러나면서 부시정권은 도덕성에도 큰 타격을 받았다. 아부그라이브 수용소의 포로 학대 파문 역시 인권국가인 미국의 명성에 먹칠을 했다.

이라크에 민주주의 정부를 세워 중동 전역에 민주화 바람을 확산시키겠다는 미국의 전략도 허구로 드러났다. 부시는 전쟁의 목적 중 하나가 이라크에 자유주의 정치제도에 기반을 둔 민주주의 국가를 건설하는 것이라고 주장했다. 이는 미국이 전통적으로 추구해온 자유민주주의와 시장경제의 확산을 도모하는 '확장정책(Enlargement Policy)'이었다. '민주주의 전파(Promotion of Democracy)'라는 미국 외교정책 명제는 미국의 외교정책 결정권자들이 그들이 편협하게 규정한 미국의 지정학적 이익과 상업적 이익을 추구하는 데 반대하는 세계 여론과 자국 내의 반대세력을 호도하기 위해 사용한 '미사여구(Rhetoric)' 이상의 의미는 없었다.

이라크 전쟁이 국제유가를 안정시키는 데 기여할 것이라는 기대도 완전히 빗나갔다. 2008년 중반 국제유가가 배럴당 150달러를 위협하며 폭등한 데는 물론 여러 가지 요인이 있지만 이라크 전쟁은 유가 불안을 부추긴 시발점으로 꼽힌다. 이라크의 석유 생산도 전쟁 시작 전 수준으로 회복되지 않았다.

중동지역에서 '세계 차원의 테러와의 전쟁'이 부른 심각한 딜레마는 테러 위험이 전혀 완화되지 않고 있다는 것이다. 독재자 사담 후세인 대통령은 처형되었지만 테러와 죽음의 공포는 여전히 이라크를 짓눌렀다. 알 카에다와 빈 라덴의 주요 활동 근거지로 보이는 아프가니스탄과 파키스탄 접경지대에 군사력을 집중해야 했음에도 이라크와 전쟁을 벌임으로써 대테러 전선을 전략적으로 잘못 형성했다는 주장에 미국 국민 대다수가 동조하고 있다. 미국이 내세운 '테러와의 전쟁'은 증오로 이어졌고 증오는 또 다른 테러를 부르고 있다.

이라크 전쟁 이후 중동의 정치지형 또한 미국의 기대와는 동떨어진 쪽으로 변화되었다. 우선 중동과 이슬람권 전반에서 미국의 이미지가 악화되었다는 것이 대체적인 분석이다. 부시 행정부가 뒤늦게 중동평화 회담의 장을 마련하고 나섰지만 이스라엘과 팔레스타인 분쟁이 과거보다 악화된 것은 물론이고 평화협상을 타결하기도 당분간 요원해졌다.

더욱 치명적인 것은 미국이 '악의 축'으로 몰아붙였던 이란과 시리아가 중동 내에서 오히려 입지를 굳혔다는 것이다. 미국은 두 차례의 전쟁을 통해 '최악의 적'인 이라크의 바트당과 아프가니스탄의 탈레반이라는 거대한 적대세력을 제거했지만 오히려 그 때문에 테헤란이 핵 프로그램에 전력투구할 수 있는 기회를 주고 말았다.

"이라크 전쟁으로 덕을 본 나라가 있다면 이란이다." 올브라이트 전 미국 국무장관은 저서 『강대국과 신(The Mighty and the Almighty)』을 홍보하기 위해 방문한 조지아 주 베리 칼리지에서 이같이 말했다. 올브라이트 전 장관은 "이라크 전쟁은 미국 외교정책의 가장 큰 실패작(dis-aster)"이라고 꼬집은 뒤 "이로써 국제무대에서 이란의 영향력이 커졌으며 국제적 압력에 대한 내성도 생기게 되었다"라고 비난했다(≪Iran today≫, 2007. 4. 13).

아프가니스탄에서도 미국이 얻은 것은 거의 없었다. 아프가니스탄에서 NATO는 방어적인 상황이 되었다. 1만 5,000여 명을 파병한 미국은 프랑스를 포함한 NATO 동맹국에 추가 파병을 요구했다. 탈레반이 전쟁의 주도권을 다시 장악하고 있고 자살 폭탄테러가 증폭되고 있으며 양귀비 문화로 인한 아편 수출이 폭증하고 있기 때문이다. 전후 재건은 진전을 보지 못했으며 민주주의 제도의 정착도 취약한 상태다. '전쟁 군벌'에 장악당한 지방정부들은 카불의 중앙정부와 날마다 거리를 더 멀리하고 있다. 한 서방 외교관은 "만일 우리가 떠나버리면 하미드 카르자이(Hamid Karzai) 대통령은 10일도 견디지 못할 것"이라고 말했다('이라크 전쟁과 파키스탄의 혼란', voice of people, 2008. 3. 19).

탈레반 정권은 2001년 9·11 테러 직후 알 카에다 지도자인 빈 라덴을 보호해준다는 이유로 미국의 침공을 받은 지 한 달여 만에 무너졌다. 그러나 이는 실상 붕괴가 아니라 끈질긴 무장 저항의 시작점이었던 셈이다. 전쟁 초기에 파키스탄에 접경한 산악지대로 쫓겨 간 탈레반은 미국이 이라크 전쟁에 발목이 잡혀 있는 동안 게릴라식 매복 공격으로 다국적군을 괴롭히면서 급속히 세력을 넓혀갔다. 2008년 9월경에는 탈레반이 그들의 거점인 남부 칸다하르를 완전히 장악하고 수도 카불까지 위협했다. 유엔의 집계 결과 아프가니스탄에서 다국적군과 아프가니스탄 정부군, 탈레반 등 무장세력과 민간인을 포함한 사망자 수는 2005년 1,700명, 2006년 4,400명, 2007년 7,700명으로 계속 늘어났다.

아프가니스탄 내부의 민족 간 경쟁도 미국을 어렵게 만들고 있다. 인구의 24%인 타지크족은 북부동맹을 결성해 탈레반 정권과 맞서 싸운

덕분에 현 정부의 요직 대부분을 차지하고 있다. 그러나 전체 인구의 42%를 차지하는 파슈툰족은 여전히 탈레반을 지지하며 타지크족이 현재 아프가니스탄 정부의 권력을 장악하고 있는 데 불만을 터뜨리고 있다.

파키스탄이 겪었던 국내 혼란도 이라크 전쟁의 파문과 무관하지 않다. 1999년 쿠데타의 주역이던 무샤라프 대통령은 테러와의 전쟁에 적극 협조했다. 그러나 테러와의 전쟁을 명분으로 독재정치를 정당화시켜 국내외적으로 많은 비난을 받았다. 2007년 그에 반대하는 대규모 시위가 있었으며 그 후 파키스탄 정국은 혼란에 빠졌다.

탈레반과 동맹을 맺고 있는 파키스탄의 이슬람 세력이 국가의 중추부를 장악해서 핵무기를 손에 넣는다면 이는 워싱턴과 동맹국에 거대한 공포로 작용할 것이다. 인구 1억 6,700만 명의 파키스탄은 이슬람 국가로서는 유일하게 핵무기를 보유하고 있다. 이 핵무기에 사정거리 2,500km의 미사일을 탑재해 공격할 수 있다.

조지 W. 부시 대통령은 이라크 사태가 장기화됨은 물론 저항세력의 저항과 종파 분쟁까지 심화되자 2007년 초 의회를 지배하는 민주당이 반대했음에도 이라크 사태의 조기 안정화를 이유로 미군 3만여 명을 증파하기로 결정했다. 증원 초기에 미군 사상자 수가 급증하는 등 시련도 있었지만 18개월이 지난 시점에서는 상황이 눈에 띄게 개선되었다. 의회를 장악하고 있는 민주당은 여러 차례 철군 시한을 법률로 정해 쐐기를 박으려 했으나 부시는 법률 거부권으로 힘겹게 버텨갔다. 부시가 미군을 증파했던 것은 '테러와의 전쟁'의 또 다른 전선인 아프가니스탄 상황이 악화되고 있었던 점도 감안한 것으로 보인다.

2008년 8월 21일, 바그다드를 방문한 콘돌리자 라이스(Condoleezza Rice) 미국 국무장관은 누리 알 말리키(Nouri Kamel al Maliki) 수상과 호시야르 제바리(Hoshyar Zebari) 외무장관을 만나 2009년 6월까지 이라크 도시와 마을에서 미군을 철수하고 2011년 12월 31일까지 미군 전투병력을 완전 철수하는 것을 목표로 한 일정표(time table) 초안에 합의했다. 그동안 철군 시한을 정하는 데 극력으로 반대해왔던 부시 대통령도 이라크 군경의 능력이 향상되어 치안이 안정되어가는 데다 이라크 국민의 미군 철군 요구가 갈수록 높아지자 입장을 완화했다. 한편 알 말리키 총리가 이끄는 이라크의 친미 시아파 정부는 미군의 철수 일정에 맞춰 수니파 민병 지도자들에 대한 대대적인 축출작전에 나섰다.

그러나 미군이 철수한 후 종파 갈등은 더욱 첨예화될 것으로 보인다. 이라크의 복잡한 정국 구도는 종파 분쟁 및 석유 이권이 맞물려 있다. 미국은 효율적인 통치와 석유자원의 확보를 위해 이라크를 북부 쿠르드, 남부 시아파, 중서부 수니파 등 자치지역 3개로 쪼개는 연방제를 구상했다. 그런데 북부에는 키르쿠크, 남부에는 바스라라는 거대한 유전지대가 있는 것과 달리 중서부에는 유전지대가 없다. 이 때문에 권력과 자원으로부터 소외된 수니파 일부는 극단적인 무장 저항을 벌였다.

2008년 3~4월, 무크타다 알 사드르가 이끄는 반미 시아파 무장조직인 마디 민병대(Mahdi Army)가 같은 시아파인 알 말리키 정부와 격렬한 내전을 벌인 것도 유전지대인 바스라 지역의 통제권을 차지하기 위해서였다. 마디 민병대는 6월에 미군과 이라크 정부군의 대규모 소탕전에 밀려 교전을 포기했지만 10월 지방선거에 대비하며 세력의 재결집을 노렸다.

사담 후세인 정권을 운용했으나 미국의 침공 때문에 소수파로 축출된 수니파의 부족 지도자들은 2006년 '계몽위원회(Awareness Committee)'라는 자위조직을 만들었다. 미군은 알 카에다의 합류를 막고 치안을 안정시키기 위해 이들에게 무기와 급료를 지급하면서 이들을 알 카에다에 맞선 대항군으로 활용했다. 이로써 수니파 무장세력은 미군과 이라크 정부의 '뜨거운 감자'가 되었다. 미국은 이라크 정국을 안정시키기 위해 계몽위원회를 유급 무장 경비대로 편입하려 했으나 이라크 정부는 이를 달갑지 않게 여겼다. 수니파 계몽위원회는 2008년 10월 지방선거를 앞두고 합법적 정치조직으로 탈바꿈하려고 후보명단까지 짰다. 시아파와 수니파, 그리고 중앙권력과 지역 토착세력의 권력 분점과 공존 여부는 향후 이라크 종파 분쟁의 새로운 분수령으로 떠올랐다(≪한겨레≫, 2008. 8. 25).

결국 테러와의 전쟁의 일환으로 감행된 이라크 전쟁은 테러와의 전쟁을 더욱 어렵게 만들었다. 미국은 9·11 테러가 발발한 뒤 단행한 첫 아프가니스탄 공습 때 토라보라에서 빈 라덴을 거의 잡을 뻔했으나 2002년 아프가니스탄의 주요 대테러 자원을 이라크로 이동시켰다. 그것은 잘못된 선택이었다. 이라크 침공으로 무슬림들은 미국이 벌인 테러와의 전쟁이 결국 아랍세계에 대한 공격이었다고 믿게 되었다. 가장 큰 문제는 테러와의 전쟁이 무슬림에 대한 십자군 전쟁이 아니라 '테러리즘'에 대한 전쟁이라는 워싱턴 지도부의 생각이 다른 세계에서는 전혀 받아들여지지 않고 있다는 것이다(≪뉴욕 타임스≫, 2008. 9. 9).

미군의 이라크 철수는 전쟁의 종식이 아니라 아프가니스탄 전쟁에 집중하기 위한 것이다. 또 다시 새로운 전쟁, '오바마 전쟁'이 시작되고 있는 것이다. 9·11 테러가 집권을 위한 정치적 정당성의 문제를 안고 출발한 부시 정권의 정치적 입지를 강화시켜주었다면, 오바마의 새로운 전쟁은 지지율 추락에 고민하는 오바마에게 새로운 기회를 안겨줄지 모른다. 그러나 아프가니스탄 전황은 그에게 결코 만만하지 않다. 2010년 7월 중 아프가니스탄에서의 미군 전사자는 66명으로 2001년 개전 이래 월별로는 최고를 기록했다. 미군 전체의 사망자 수는 개전 8년 4개월 만인 지난 2월 1,000명을 넘어선 데 이어 7월 말까지 1,215명을 기록하고 있다. 다국적군 등 전체 사망자는 1,979명으로 조만간 2,000명을 넘어설 것으로 보인다.

오바마 대통령은 아프가니스탄이 2001년 9·11 테러를 저지른 알 카에다의 본거지이므로 "알 카에다 테러조직이 또 다른 공격을 꾸밀 여지가 있는 상황을 미국 대통령으로서 내버려둘 수 없다"고 말한다. 알 카에다의 더 이상의 테러는 용납될 수 없으며 탈레반이 수많은 악행을 저질러온 집단임에는 틀림없지만, 탈레반은 미국의 반공주의가 낳은 세력으로서 아프가니스탄에서 구소련을 몰아내기 위해 미국이 키운 집단이었다. 전쟁 전 탈레반은 강압적인 방법을 통해서이긴 해도 아프가니스탄 영토 전반을 효과적으로 장악하고 국민들에게 안정적인 생활을 보장해주었다. 그리고 아프가니스탄의 국민들은 혼란과 무정부 상태보다는 탈레반의 압제를 받아들였다.

아프가니스탄 전쟁이 과연 치를 만한 가치가 있는가 하는 논란의 중심에 서 있는 오바마 대통령은 현 주둔군 9만 5,000명을 9월 말까지 10만 명으로 늘려 지난해 초 병력의 3배를 주둔시킬 계획이다. 오바마가 처한 더 큰 딜레마는 연합군이 당장 또는 가까운 장래에 전쟁을 중단할 경우 아프가니스탄 국민이 처할 비참한 현실이다. 그들은 절박하게 경제개발과 교육의 확대를 원하고 있지만 아무도 그것을 가져다줄 수 없기 때문이다. 미군이 작전 중인 아프가니스탄은 지금 국토 대부분을 전횡을 일삼는 군벌들이 지배하고 있으며, 미국의 꼭두각시인 카르자이를 위장막으로 내세우고 있다. 아프가니스탄이 다시 '마약국가'의 오명을 얻게 된 것도 이러한 상황과 무관하지 않다. 그러한 상황은 결국 탈레반에게 재집권을 위한 절호의 기회가 될 것이다.

제 10 장
중동평화 로드맵과
팔레스타인 자치정부

1. 중동평화 로드맵

팔레스타인 국가의 독립 선포일은 1999년 5월, 2000년 9월 13일, 2000년 11월 15일로 계속 미루어져오다가 2000년 12월 31일로 다시 연기되었으나 결국 실행되지 못했다. 팔레스타인 국가 건설을 실현하기 위해서는 해결해야 할 문제가 아직도 많다.

2001년 3월 취임한 샤론 수상은 예루살렘과 유대 정착촌에 강경한 태도를 취했다. 그는 중동평화일정의 단초가 된 팔레스타인과의 1993년 오슬로 협정에 대해 "오슬로 평화협정은 죽었다"라고 선언하는 것을 시작으로 선거운동에 나섰다. 클린턴 대통령이 제안했던 평화안에 따르면 팔레스타인 국가는 가자지구 전역, 요르단 강 서안의 94~95%와 이스라엘이 점령한 동예루살렘의 아랍지구 등으로 구성된다. 대신 팔레스타인 국가를 구성하는 대가로 팔레스타인은 420만 명에 이르는 팔레스타인 난민의 귀환권을 포기해야 했다. 샤론 역시 팔레스타인 독립국가를 창설하는 것은 불가피하다고 보았다. 그러나 그는 난민 귀환권은 물론 당시 팔레스타인 자치정부가 관할하던 가자지구의 3분의 2, 요르단 강 서안의 42%에서 더 이상 양보하려 하지 않았다. 이렇게 될 경우 팔레스타인 국가의 영토가 연속성을 갖지 못함으로써 발생할 문제를 해결하기 위해 샤론 후보는 예루살렘 바로 북쪽의 요르단 강 서안지구의 라말라와 훨씬 더 북쪽의 나블루스를 연결하는 터널을 뚫는 방안을 제시하기도 했다.

그러한 분위기 속에서 2001년 10월 17일 극단적 민족주의 성향의 민족연합당 당수인 지비 이스라엘 관광장관이 피살되었다. 샤론은 "테러분자와 그들에게 협조한 자, 테러분자를 파견한 이들을 근절하기 위한 전쟁을 펼칠 것이며 지비 관광장관 암살의 모든 책임은 바로 아라파트 팔레스타인 자치정부 수반이 져야 한다"라고 주장하며 강공을 퍼부었다. 이스라엘 탱크가 팔레스타인 자치지역 6개 도시에 진입했으며 헬기를 통한 미사일 공격이 이어졌다. 이스라엘군은 10월 19일 새벽에 탱크 20대를 앞세우고 요르단 강 서안에 있는 베들레헴의 팔레스타인 자치지구에 진입해 팔레스타인 자치정부 시설과 호텔 등 민간시설을 파괴했다. 이어 10월 24일 새벽에는 탱크를 앞세우고 요르단 강 서안 라말라 인근의 베이트 리마 마을을 급습하고 팔레스타인 주민 16명을 사살했다. 명분은 지비 관광장관의 살해범 검거였다. 그렇지만 살해범들은 이미 동예루살렘에서 검거된 상태였다.

탈레반과의 전쟁을 벌이고 있던 미국은 전례 없이 강경한 태도로 이스라엘이 점령지역에서 철군할 것을 요구했다. 유엔 안전보장이사회는 25일 이스라엘군의 즉각 철군을 촉구하는 성명을 만장일치로 채택했다. 하지만 철군을 둘러싼 대립은 팔레스타인 자치지구가 아닌 이스라엘 내에서 더욱 격화되는 양상을 보였다. 지비 관광장관의 암살을 계기로 첨예해진 연정 내의 강건파와 온건파의 대립은 샤론 정부가 출범한 이래 최대의 위기를 불러왔다. 각 정당은 "팔레스타인을 격퇴·무장 해제시킬 때까지 전면전에 나서야 한다"(민족연합당), "팔레스타인 자치지역에서 이스라엘군 병력을 즉각 철수시켜라. 그렇지 않으면 즉각적으로

연정을 탈퇴하겠다"(노동당), "페레스 장관과 아라파트 수반 간의 회담
이 성사되면 아예 연정을 탈퇴하겠다"(샤스당)라고 나섰던 것이다. 아라
파트 자치수반의 집무실 건물에 가해진 이스라엘의 파괴 공격은 그러
한 파괴작전이 팔레스타인의 자살 폭탄공격을 종식시키는 데 도움이
되지 않는다고 미국의 백악관 당국이 지적한 후 2002년 9월에서야 중
단되었다.

　35년간 유대인 정착촌을 건설해왔지만 이스라엘 측은 요르단 강 서
안과 가자지구의 점령 상태를 항구적으로 지속시킬 수는 없었다. 우선
건설비가 너무 많이 들어갔다. 페레스 부총리는 1977년 이후 정착촌을
건설하는 데 투입된 비용이 약 500억 달러라고 집계한 바 있다. 하지만
전문가들은 정착민 감세와 인센티브 등을 감안하면 600억 달러가 훌쩍
넘을 것으로 추정한다. 특히 가자지구는 365km^{2}밖에 되지 않는 면적에
130만 명이 살고 있어 점령비용은 차치하고라도 팔레스타인 무장세력
의 빈발한 게릴라 공격으로 이스라엘군의 피해가 막대했다. 한편 가자
지구 21개와 요르단 강 서안지구 4개의 정착촌 이주에 소요될 비용은
20억 달러 정도로 추정되었다. 이스라엘 정부는 투입되는 비용에 비해
효과가 미미한 가자지구를 양보함으로써 점령비용을 크게 아낄 뿐 아
니라 팔레스타인과 국제사회의 비난이 희석되기를 바랐다.

　2002년 3월 28일, 세계의 이목이 집중된 가운데 아랍정상회담이 레
바논의 수도 베이루트에서 열려 사우디아라비아의 평화안을 담은 '베
이루트 선언문'을 만장일치로 승인한 뒤 폐막되었다. '아랍평화발의
(Arab Peace Initiative)'라는 명칭의 영구평화안에는 "이스라엘이 1967년
제3차 중동전쟁에서 점령한 골란 고원과 시리아 영토를 포함한 아랍
영토에서 완전히 철수하고 팔레스타인에게 주권을 갖는 독립국가의 수
립을 허용할 경우 아랍은 이스라엘과의 관계를 정상화하겠다"는 선언
이 담겨 있었다. 이 평화안은 사상 최초로 아랍권이 공동 제안했다는

점에서 커다란 의미가 있었다. 합의한 평화안에는 팔레스타인 난민이 고향으로 돌아가도록 허용하거나 보상을 해주도록 규정한 유엔 결의안 194호에 의거해 팔레스타인 난민문제를 공명정대하게 해결한다는 점도 명시되어 있었다.

이 밖에도 아랍권은 팔레스타인 주민과 난민을 위한 기금으로 향후 6개월 간 4억 8,000만 달러를 지원하는 데 합의했다. 아울러 아랍 지도자들은 9·11 테러를 포함한 모든 테러 행위에 대해 반대 입장을 선언했으며 이라크에 대한 군사공격을 거부한다는 입장도 재확인했다. 이날 합의된 평화안에는 이라크가 쿠웨이트를 다시는 침공하지 않겠다는 서면 약속이 있었다.

그러나 이 회담에는 이스라엘의 방해로 팔레스타인 대표가 참석하지 못했으며, 이집트와 리비아 대표도 참석하지 않았다. 이스라엘 측은 "평화안은 이스라엘과의 직접 협상을 포함해야 한다"라면서 이스라엘은 팔레스타인 난민이 귀향하는 데 반대한다는 입장을 분명히 했다. 회담이 끝나자마자 이스라엘은 3월 31일, 팔레스타인과의 전쟁을 선언하고 대대적인 공세에 나섰다.

이러한 상황 속에서 2003년 4월 30일 미국, 러시아, 유럽연합, 유엔 등 '4대 중재자'의 중재안(The Quartet's Plan)으로 중동평화 로드맵(Road map for Middle East peace)이 제안되었고 이스라엘과 팔레스타인은 이에 전격 합의했다. 유엔 안전보장이사회는 이 로드맵에 대한 확고한 보증으로서 유엔 안전보장이사회 1515호 결의까지 채택해 로드맵에 따른 의무를 이행하고 상호 평화공존을 위한 '비전'을 '성취'할 것을 촉구했다. 로드맵의 주요 골자는 1단계로 테러 및 폭력의 종식과 팔레스타인 주민 생활의 정상화, 팔레스타인 국가기구의 건설 등을 실현하고, 2단계로 이행 기간을 거쳐, 3단계로 팔레스타인 영구지위협정을 체결하고 이스라엘-팔레스타인 간 분쟁을 종식한다는 것이었다. 로드맵은 1993

년 오슬로 평화협정으로 시작된 평화정착 방안을 구체화시켜 팔레스타인 독립국가 건설의 시간표를 만들었다는 점에서 의의가 있었다.

그러나 미국은 이스라엘 전임 총리인 샤론이 제시한 로드맵과 관련된 14개 항의 유보조건을 전면적으로 수용한 이후 샤론의 일방적인 제안을 따라갔다. 그 조항 속에는 정착촌 문제, 자치정부에서 발생하는 테러 단속에 대한 요구 등 팔레스타인이 반대하는 내용이 대부분이었다. 이처럼 이스라엘은 파트너인 미국에 기댈 수 있었던 반면, 팔레스타인은 완전히 소외되었다. 아랍국가들이 돌파구를 마련하기 위해 노력했지만 이들의 노력, 특히 2002년의 아랍평화발의는 간단히 묵살되었다. 사실 이 발의의 골자는 이스라엘이 국제법을 준수한다면 그 보답으로 이스라엘과 아랍권 전체가 포괄적인 평화협정을 체결한다는 것이었다.

아라파트가 팔레스타인 민족주의 민병대 연합인 알 아크사 마르티르 여단(al-Aqsā Martyr's Brigades)에게 2만 달러를 제공했다는 이스라엘 정부 보고가 있은 뒤, 미국은 팔레스타인 자치정부에게 아라파트와는 별도로 수상을 임명할 것과 민주적 개혁을 요구했다. 2003년 3월 13일 아라파트는 미국의 압력에 못 이겨 온건 성향의 마흐무드 압바스(Mahmud Abbas)를 팔레스타인 자치정부 수상에 임명했다. 압바스를 임명한 후 미국 정부는 '4대 중재자의 계획'에 따른 평화 로드맵을 가속화시켜 나갔다. 그 계획의 첫 번째 단계는 팔레스타인 자치정부가 게릴라와 테러의 공격을 진압하고 불법 무기를 몰수하도록 요구한 것이다. 그러나 군사조직에 맞서 내전 위협을 감수할 수 없었던 압바스는 무장세력들과의 임시 휴전을 모색하고 그들에게 이스라엘 민간인에 대한 공격을 중지해줄 것을 요구했다.

2. 팔레스타인 자치정부: 파타 대 하마스

아랍은 1967년 전쟁에서 충격적인 패배를 경험했다. 이를 계기로 아랍 민족주의와 범아랍주의가 급속히 퇴조하고 점령지에서는 팔레스타인 민족주의(Palestinian nationalism)와 팔레스타인 세속주의(Palestinian secularism)가 확산되었다. 이러한 분위기 속에서 1974년 아랍국가들은 PLO를 팔레스타인인의 유일한 합법적 대표로 승인해주었다. 서안과 가자지구의 팔레스타인인들은 PLO의 정당성을 인정하고 PLO의 후원과 지지 없이는 어떤 경우에도 이스라엘 정부와 협상에 나서지 않을 것을 선언했다. 1980년대 초 서안에서 실시된 여론조사에서는 응답자 90%가 PLO와 그의 지도자 아라파트를 지지했다.

1982년 여름 레바논으로부터 추방되기 전까지 PLO는 팔레스타인인들 사이에서 매우 인기가 높아 다른 이슬람 단체는 PLO와 경쟁하기조차 힘들 정도였다. 그러나 PLO와 그의 전사들이 레바논을 떠나 이스라엘에서 멀리 떨어진 예멘, 수단, 알제리, 튀니지 등지로 옮겨가자 PLO의 군사적 입지는 매우 약화되었다. 팔레스타인 세속 집단들, 특히 PLO의 근간이었던 파타는 이스라엘의 점령을 종식시키고 팔레스타인 독립국가를 세우기 위한 외교적 대안을 찾는 데 부심했다. 그러나 이스라엘은 PLO의 외교적 노력을 묵살해버렸다.

결국 아랍 민족주의도, 세속적 단체 PLO가 제시한 팔레스타인 민족주의도 이스라엘 점령을 종식시키고 팔레스타인인들의 정치적 권리를 확보하는 데 실패했다. 일부 팔레스타인인들, 특히 젊은 세대는 세속주의를 대체할 대안을 찾았다. 많은 이들에게 그 대안은 이슬람으로 복귀하는 것이었다. 이슬람은 젊은 세대에게 "종족적 일체감의 힘, 팔레스타인 땅에 대한 애착, 팔레스타인인들의 문화적 순수성"을 불러일으켰다. 이슬람은 이미 많은 이들의 마음속에 자리 잡고 있었다. 다만 1970

년대에는 젊은 세대를 끌어모을 강력한 이슬람 단체가 존재하지 않았을 뿐이다.

팔레스타인 지역의 이슬람 단체들은 팔레스타인-이스라엘 분쟁 초기에 이미 생겨나기 시작했지만, 다른 아랍국가들에서와 마찬가지로 팔레스타인에서 이슬람 단체들이 성장하고 강화된 직접적인 계기는 1979년 이란에서 발생한 이슬람 혁명이었다. 이란혁명의 성공은 이슬람의 기치 아래 조직된 전투원들이 미국이 후원하는 강력한 체제를 패배시킬 수 있다는 것을 보여주었다. 남부 레바논에서 히즈발라가 이스라엘에 게릴라 공격을 감행해 이들을 철수시키는 데 성공했던 것도 팔레스타인에서 이슬람이 부흥하는 촉매제가 되었다.

1977년 이스라엘에서 우익정당(리쿠드당)이 집권한 것도 이슬람의 부흥을 촉진하는 데 일조한 것으로 보인다. 유대 과격주의의 성장과 이들의 무슬림 성지에 대한 공격, 토지몰수 정책, 유대 정착지의 확산 등도 팔레스타인인들이 이슬람 아래 단합하게끔 만들었다. 결국 많은 팔레스타인인에게 이슬람은 이스라엘의 점령으로부터 희망과 구원을 의미했다. '이슬람이 해결책이다'라는 슬로건은 아랍세계의 많은 국가에서와 마찬가지로 팔레스타인에서 매우 인기가 있었다.

1987년 12월 최초의 인티파다가 팔레스타인에 발발함으로써 이슬람 단체들의 존재가 새롭게 부각되었다. 인티파다는 이스라엘의 식민지나 다름없던 점령지 내에서 혹독한 군사통치, 노동력 수탈, 높은 세금 등으로 고통받던 팔레스타인 민중에 의해 자연 발생적으로 폭발한 인민항쟁이었다. 이 투쟁 과정을 통해 점령지 내부에서도 투쟁이 조직화되기 시작했으며 인민위원회 같은 대중투쟁 조직이 등장해 직접적인 투쟁 경험을 쌓기 시작했다. PLO의 각 분파도 그들의 조직을 점령지 내부에 확대하기 위해 노력했지만 PLO는 본질적으로 해외투쟁 세력이었다. PLO의 대중적 인기는 시들해졌다. 인티파다의 분출은 이슬람 단체들이 팔레스타인인들에게 PLO와 세속주의에 대한 대안으로서 그들의 존재를 알릴 더 없이 좋은 기회였다. 1980년대 초·중반 세속주의 세력의 대학생들과 이슬람 세력의 대학생들 간에 나타났던 경쟁과 작은 충돌은 인티파다가 진행되는 동안 폭력적인 충돌로 격화되었다.

'이슬람 저항운동', 아랍어로 알라를 따르는 헌신(devotion)과 '열정(zeal)'을 의미하는 하마스는 급진적 이슬람 근본주의 조직으로 민중봉기를 조직화하기 위해 조직되었다. 이 단체는 1987년 12월 인티파다 초기 단계에서 주로 가자지구와 유대 사마리아 지역에서 활동하면서 무장단체로 변모했다. 하마스는 인티파다의 각종 활동을 이끌면서 처음부터 세속적인 단체들과 연합하기를 거부했다. 하마스는 팔레스타인(1948년 이후 이스라엘이 차지한 땅, 가자지구, 요르단 강 서안)에 이스라엘 대신 이슬람 국가를 건설한다는 궁극적인 목표를 위해 테러를 포함한 정치적·폭력적 수단을 동시에 구사했다.

1988년 초안된 하마스의 설립 문서(헌장)에는 이 단체의 이슬람 신조가 명시되어 있다. "이슬람 저항운동은 명백한 팔레스타인 운동이다. 이 운동은 알라에 대한 충성의 덕택이며 생활 방식을 이슬람으로부터 이끌어내고 있고 팔레스타인 방방곡곡에 알라의 기치를 드높이기 위해 싸운다."(6조) 또한 이 문서에는 무력투쟁에 외에 평화적 대안은 고려하지 않는다는 원칙이 천명되어 있다. "대안들, 그리고 이른바 평화적 해결과 국제회의는 이슬람 저항운동의 원칙에 반한다."(13조) 하마스는 1987년 설립된 이래 이중적 기능을 수행해왔다. 하나는 사회복지 기능이고 다른 하나는 무장투쟁 기능이다. 그 결과 하마스는 이스라엘 점령지에서 고초를 겪고 있는 팔레스타인인들에게는 존경과 감사의 마음을 불러일으켰지만, 이스라엘, 미국 그리고 유럽연합으로부터는 테러단체로 낙인찍혔다.

1991년 10월의 마드리드 회담은 1987년 인티파다의 산물이었다. 이

회담의 실질적인 주역은 인티파다로 등장한, 점령지 내의 투쟁을 대표하는 세력이었다. 1993년 7월에 마드리드 회담이 결렬되자 미국과 이스라엘은 PLO를 끌어들여 오슬로 합의를 성사시켰으며, PLO는 9월 13일 워싱턴에서 '임시자치정부원칙선언'에 서명했다. 이른바 오슬로 평화회담이라고 부르는 이 협상에서 팔레스타인을 대표한 PLO는 '가자-제리코 협정'과 1995년의 '서안과 가자지구에 대한 잠정협정'에 합의해 본격적인 오슬로 시대를 열었다.

잠정협정에 따라 서안과 가자, 동예루살렘 일부 등 세 지역에 나눠져 세워진 팔레스타인 자치정부는 권한이 극도로 제한된 불완전한 정부였다. 이스라엘의 '존재할 권리'를 인정하고 이스라엘과의 투쟁을 포기한 대가로는 너무도 보잘것없는 성과였다. 반면 미국과 이스라엘은 오슬로 협정이 타결되어 인티파다로 빚어진 위기를 벗어나는 정치적 성과를 거뒀다.

파타와 PLO가 요구했던 본래의 정치헌장은 팔레스타인에서의 '시오니스트의 종식'이었다. 그리고 1993년까지 파타는 팔레스타인 국가를 성취하기 위한 수단으로 이스라엘에 대한 폭력노선을 공개적으로 채택했다. 그러나 오슬로 협정을 체결함으로써 아라파트는 당노선을 온건하게 수정해야 했다. PLO는 1993년 이스라엘의 '존재할 권리'를 인정하고 팔레스타인 자치정부를 창립한 후에 새로운 입장을 반영하는 쪽으로 정치헌장을 개정했다.

세속주의와 이슬람 간의 충돌은 1993년 PLO와 이스라엘 간의 오슬로 협정이 체결되고 1994년 팔레스타인 자치정부가 설립되면서 더욱 격화되었다. 하마스가 오슬로 협정을 반대한 것은 '점령'보다 '자치'가 더욱 위험한 것이라고 판단했기 때문이다. 하마스가 볼 때 자치는 이스라엘의 편의에 따라 점령을 재조직화한 것에 불과했다. 일부 팔레스타인인들은 팔레스타인 자치정부에 대해 말하기를, 이스라엘에게 안보를 보장해주고 팔레스타인인들에게는 자치 행정을 제공하기 위한 점령의 도급 계약이라고 할 정도였다. 오슬로 협정은 팔레스타인인들에게 독립적인 팔레스타인 주권국가를 창설할 권리를 부여하지 않았다. 더구나 이스라엘은 서안과 동예루살렘에 대한 그들의 영토적 권리를 포기하지도 않았다. 결국 오슬로 협정은 이스라엘의 존재를 더욱 견고하게 만들었을 뿐이다.

하마스는 오슬로 협정은 물론 PLO와 이스라엘 간의 모든 합의를 거부하고 이에 항거하기로 결의했다. 하마스는 이스라엘에 대한 자살 폭탄테러를 감행함으로써 오슬로 협정과 팔레스타인 자치정부 수립을 좌절시키기로 방침을 정했다. 이러한 하마스의 행태는 1996년 초까지 계속되었다. 팔레스타인 자치정부의 수반 아라파트는 팔레스타인 자치정부의 안전이 심각한 위협을 받고 있으며 자치정부가 이스라엘과 국제사회의 극심한 압력에 놓여 있다는 결론을 내리고 하마스와 하마스의 산하 무장조직인 하마스 전투군(Hamas Executive Force)과 잇즈 알딘 알까삼 여단(Izz al-Din al-Qassam Battalion)을 탄압하기 시작했다. 하마스 조직원 수백 명이 체포되었고 팔레스타인 자치정부 감옥에서 고초를 겪었다. 이것은 팔레스타인 내부 관계에 씻을 수 없는 상처를 남겼다. 이처럼 하마스는 아라파트로부터 극심한 탄압을 받고 조직이 와해될 위기에 직면하기도 했지만, 1989년에 이스라엘에 체포되었다가 1997년에 석방 — 이스라엘 정보기관인 모사드의 요원과 맞교환하는 형식으로 — 된 아메드 야신에 의해 재건되었다.

PLO가 팔레스타인에서 계속해서 정치적 주도권을 행사하려면 오슬로 협정에서 시작된 평화일정의 구체적인 결실이 필요했다. 그러나 2000년 7월 캠프 데이비드 정상회담 후 PLO와 이스라엘 간의 평화협정이 실패함으로써 팔레스타인과 이스라엘이 팔레스타인 난민들의 운명, 영구국경선 같은 핵심 쟁점에 대해 서로의 입장 차를 좁힐 수 없음이 분명해졌다. 결국 평화교섭의 파탄은 2000년 제2의 팔레스타인 인티파다를 불러왔다.

하마스는 처음 6개월 동안 인티파다에 참여하기를 꺼렸다. 그러나 팔레스타인과 이스라엘 간의 간극이 좁혀질 수 없다는 사실이 분명해지고 하마스에 대한 아라파트의 태도가 바뀌자 하마스는 신속하게 정세를 살핀 다음 인티파다에 참여하기로 전략적 판단을 내렸다. 하마스의 방법은 자살 폭탄테러, 이스라엘 정착촌 공격, 이스라엘 도시들에 대한 미사일 공격 등 대단히 폭력적인 것이었다. 하마스는 팔레스타인-이스라엘 분쟁의 주역이 되었고 이에 대한 이스라엘의 보복이 시작되었다.

중동 현지 시각으로 2004년 9월 30일, 아라파트가 와병 중인 가운데 샤론 수상은 팔레스타인 자치지역인 가자지구에 대해 무기한 군사작전을 승인했다. 이에 따라 이스라엘군 탱크 100여 대가 북부 가자지구로 진입하여 팔레스타인 저항세력의 로켓포 공격을 저지하기 위한 대규모 소탕작전에 돌입했다. '참회의 날 작전(Operation Days of penitence)'이 가자지구 북부의 자발리야 난민촌 일대에서 벌어졌다. 샤울 모파즈(Shaul Mofaz) 이스라엘 국방장관은 이 작전이 하마스 등 무장세력을 발본색원하고 카삼 로켓포 공격을 저지하는 대규모의 무기한 군사작전이 될 것이라고 말했다.

10월 2일 팔레스타인 자치정부는 팔레스타인 전역에 비상 사태를 선포하고 성명을 통해 "거대한 범죄 행위에 대해 세계가 침묵하고 있다"고 비난하면서 이스라엘군의 가자지구 침공을 중지시키기 위해 유엔 안전보장이사회 소집을 요구하는 한편 미국 등 중동평화 로드맵 후원 당사국들이 즉각 개입해줄 것을 촉구했다. 그러나 하마스는 이날 산하 무장조직 잇즈 알딘 알까삼 여단의 기자회견을 통해 "이스라엘의 군사작전은 실패했다"며 "로켓 공격을 계속하고 이스라엘의 항구도시 아슈

켈론을 공격하겠다"고 밝혔다.

11월 1일이 되어서야 샤론 수상은 '포스트 아라파트' 팔레스타인 지도자들과 대화를 재개할 용의가 있다고 밝혔다. 그는 팔레스타인 새 지도부가 "테러리즘과 싸우고 있다는 것을 행동으로 보여줘야 한다"고 주문했다.

11월 11일, 팔레스타인 자치정부의 수반이던 아라파트가 프랑스의 페르시 군 병원에서 사망했다. 이로써 자치정부의 초대 수상이었으며 PLO 사무총장과 파타 운동부 대표로서 권력의 중심에 가장 근접해 있던 69세의 압바스가 과도기 동안 실질 권력부서를 통제하게 되었다. 압바스는 1993년 오슬로 평화협정을 탄생시킨 대이스라엘 평화협상의 주역으로 이스라엘과의 평화공존을 적극 지지해왔다. 그는 이스라엘과의 유혈 충돌을 가장 공개적으로 비판해 온 팔레스타인 지도자로도 유명했다. 압바스의 이러한 행적은 미국과 서방국가들이 그가 아라파트와의 권력투쟁에서 패배해 정치적 생명이 위태로운 순간 아라파트에게 압력을 행사해 그를 초대 수상으로 만든 결정적인 이유였다.

2005년 8월 15일부터 이스라엘 정부는 가자지구에서 본격적으로 철수하기 시작했다. 이스라엘이 가자지구에서 철수하자 팔레스타인 내에서는 압바스 자치정부와 하마스의 권력투쟁이라는 새로운 국면이 나타났다. 비록 하마스가 과격한 이슬람 무장세력이라는 이미지가 강하긴 했지만 가자지구 내에서 그 장악력은 매우 높았다. 하마스가 인기를 누리는 이유 중 하나는 학교와 병원, 이슬람 사원 등이 포함된 대규모 사회복지 조직을 갖추고 있었기 때문이다. 하마스 전체 조직원은 대략 1만 명 정도지만 지지자는 수십 만 명에 달했다. 하마스는 또한 이란과 사우디아라비아 내 과격단체로부터 재정 지원을 받는 것으로 알려졌다. 이를 배경으로 하마스는 2005년에 치러진 지방선거를 석권했다. 가자지구의 경우 2005년 말을 기준으로 하마스가 지방의석의 65% 이상(총

118석 중 77석)을 차지했던 반면, 파타는 26석을 점하는 데 그쳤다.

불리한 입장에 놓인 압바스 팔레스타인 자치정부 수반은 준비 상황이 미숙하다는 이유로 2005년 7월로 예정된 국회의원 선거를 다음 해 1월로 돌연 연기했다. 지난번 2월과 4월 두 차례 지방선거에서 하마스가 대성공을 거둔 데 위기를 느꼈던 것이다. 그러나 2006년 1월에 치러진 선거에서 하마스는 132석 중 74석을 차지했고 파타가 차지한 의석은 45석에 불과했다. 하마스의 '변화와 개혁'의 슬로건이 팔레스타인 사람들의 마음을 움직였던 것이다. 파타는 지난 10년간의 통치에서 드러난 부패와 관리 부실 그리고 평화 과정의 파탄이라는 책임을 떠안아야 했던 반면, 하마스는 인티파다 기간의 탁월한 전투적 성과와 이스라엘을 가자로부터 철수시킨 공적을 인정받았던 것이다.

이제 권력은 팔레스타인 자치정부의 지도자이며 자칭 대통령인 압바스와 하마스가 주도하는 내각과 의회로 양분되었다. 그러나 하마스가 주도하는 팔레스타인 신정부는 처음부터 대내외적으로 적대적인 환경에 놓였다. 대내적으로 압바스는 예산과 입법안을 위해 의회의 승인을 얻어야 했지만 국가정책을 입안하고 국가안보 기관을 통제하는 광범위한 권력을 유지하게 되었다. 또한 PLO의 지도자로서 여전히 이스라엘과의 평화정책을 주도할 수 있었으며 보안요원을 포함한 공무원 중 절대다수가 파타운동이나 팔레스타인 자치정부와 관련을 맺고 있었다. 하마스는 서방세계로부터 제재를 받았다. 그 제재의 명분은 하마스가 이스라엘의 존재를 인정하지 않고 과거에 이루어진 합의를 지키지 않으며 폭력을 포기하지 않았다는 것이다.

미국과 이스라엘 관리들은 하마스가 포함된 팔레스타인 자치정부와는 결코 함께 일하지 않을 것이라고 반복해서 말해왔는데 2006년 1월의 선거 결과에 경악했다. 그동안 양국과 유럽연합은 하마스를 테러단체로 지목해왔다. 서방세계는 하마스가 주도하는 정부를 거부하고 이에 대한 지원을 철회하기 시작했다. 2005년 미국과 유럽연합은 팔레스타인에 각각 6억 달러와 4억 달러를 지급한 바 있다. 미국은 향후 팔레스타인 자치정부에 관한 모든 경제 지원의 전제조건으로 자치정부 내에 다른 정당들을 충원할 것을 내세우는 한편, 하마스를 지원하는 단체에 자금을 제공한 의혹이 있는 미국 내 비정부단체의 금융 자산을 동결하고 가자지구 은행들과의 국제적 금융 거래를 동결하는 조치를 가속화했다. 이스라엘도 팔레스타인 자치정부를 대신해 징수해온 매월 5,000만 달러의 세수를 이전 중단하기로 하는 내용의 제재 조치를 발동했다. 또한 하마스가 주도하는 자치정부를 적대세력으로 규정하고 자치정부와의 모든 관계를 단절하기로 했다. 그리고 서안지구에 팔레스타인인들이 통행하는 것을 제한함으로써 팔레스타인 지역은 사실상 3개 지역으로 분리되었다.

2006년 6월 9일 베이트 라히아(Beit Lahia) 시 인근 가자 해변에서 참혹한 폭발이 있었다. 그것은 그날 이스라엘 해군이 발사한 것으로 보이는 8발의 포탄 중 2발이 해변에서 폭발한 것이다. 그 폭발로 8명의 팔레스타인인들이 사망하고 최소 30여 명이 부상을 입었다. 사건의 영상이 뉴스 네트워크를 통해 전 세계의 이목을 끌었다. 그 영상 속에는 폭발로 가족을 잃고 울고 있는 7세 소녀 후다 갈리아(Huda Ghaliya)가 있었다. 그 소녀는 전 세계에 팔레스타인인들의 고통의 상징으로 부각되었다. 이 사건으로 하마스는 2000년 이래의 정전 상태를 끝내고 이스라엘인들에 대한 공격을 재개한다고 선언했다.

이어 다음 해 이스라엘의 하마스 고사작전이 가속화되었다. 이스라엘군은 2006년 6월 28일 '여름비 작전(Operation Summer Rains)'으로 가자지구에 대한 무차별 공격을 자행했다. 공격의 명분은 팔레스타인 무장단체인 인민저항위원회(PRC) 대원들이 이스라엘군 2명을 사살하고 이스라엘군 1명을 인질로 잡아 9,000여 명의 팔레스타인 수감자 중 어린이와 여성 450명과 교환할 것을 요구한 사건에 대한 보복이었다. 365km²의 좁은 땅에 130만 명이 북적대며 살아가는 가자는 외부 세계의 무관심 속에서 지상 최대의 감옥으로 변했다. 이 작전으로 수백 명이 숨지고 수천 명이 다친 이후 11월 26일에 휴전이 이루어졌다.

2007년 3월 17일 파타와 하마스 두 조직은 겨우 공동 내각을 출범시켰지만 서로 요직을 차지하려는 등 혼란만 거듭했다. 6월 9일에는 가자지구에서 하마스와 파타당 무장요원 간에 충돌이 격화되어 14일까지 100여 명이 사망했다. 압바스 수반은 14일에 조기총선을 실시하기 위해 공동 내각을 해산하고 비상 사태를 선포했으나 하마스는 무력으로 가자지구의 치안통제권을 장악해 파타당과 대치했다. 하마스가 가자지구를 군사적으로 장악하자 세속주의와 이슬람 간의 충돌이 새로운 국면에 접어들었다. 압바스 수반은 하마스를 배제한 새로운 내각을 출범시켰고 서방국가들은 새 팔레스타인 정부를 지원하는 계획을 서둘러 발표했다. 팔레스타인 자치정부와 파타가 가자지구를 고립시켜 하마스를 약화시키기 위한 전략의 일환으로 미국과 이스라엘, 그리고 다른 아랍국가들과의 연계를 시작한 것이다. 그 해 8월경 파타는 이스라엘과 팔레스타인 국가 — 가자지구, 서안, 예루살렘 일부로 구성되는 — 를 만드는 '두 국가론(two-state settlement)'을 공식적으로 지지했다.

하마스는 공식적으로는 이스라엘과의 평화일정을 거부한다. 그러나 좀 더 완화된 입장으로 변화의 조짐을 보이기도 했다. 2007년 6월 중순 로이터 통신이 보도한 바에 따르면 이스마엘 하니야(Ismael Haniyeh) 전 총리와 하마스는 만약 이스라엘이 1967년 이전의 국경으로 돌아가고 생존 가능한 팔레스타인 국가가 출현할 수 있도록 허용한다면 이스라엘과 '장기적인' 휴전의 가능성을 열어놓고 있다고 밝혔다.

팔레스타인 자치정부와 하마스 간의 불화가 내전으로 비화되지는 않는다 해도 가까운 장래에 해결될 기미는 보이지 않는다. 서안과 가자지구를 재결합하는 민족적 통합정부도 아직은 요원해 보인다. 명분상으로 한편은 민족주의를 내세우고 다른 한편은 이슬람을 내세우고 있지만 결국 이 두 단체 간의 불화는 권력과 위신과 돈을 둘러싼 정치적 투쟁이기 때문이다.

최근 위키리크스가 공개한 정보에 따르면 팔레스타인 자치정부의 마무드 압바스 정권은 정적인 하마스에 대항하기 위해 이스라엘과 밀접히 협력했던 것으로 드러났다. 하마스가 가자지구를 무력 장악하기 이틀 전인 2007년 6월 13일 이스라엘 주재 미국 대사관이 본국에 보고한 전문을 보면, 이스라엘 국내 정보국인 신베트의 유발 디스킨 국장은 리처드 존스 미국 대사에게 "이스라엘군이 팔레스타인 보안기구들과 매우 좋은 협력관계를 구축하고 있으며, 팔레스타인 쪽은 자신들이 수집한 거의 모든 정보를 이스라엘과 공유한다. …… 그들(파타 세력)은 우리에게 하마스를 공격하라고 요청한다. 이건 새로운 상황 전개다"고 털어놓고 있다(≪한겨레≫, 2010. 12. 22). 이 전문이 작성된 닷새 뒤에 이스라엘은 군대를 동원해 가자지구의 모든 국경통과소를 봉쇄해 하마스 고사작전에 들어갔고, 2008년 12월 27일에는 하마스의 로켓 공격을 최소화시킨다는 명분으로 가자지구에 대한 대대적인 공습을 자행했다. 그러한 공습은 최근(2010년 12월 18, 19, 21일)까지도 이어져 전면전인 무력 충돌의 가능성을 증대시키고 있다.

제 11 장
아랍의 남북문제

중동에 새로운 질서를 수립하는 문제와 관련해 또 하나 해결해야 할 문제가 남아 있다면 그것은 중동국가들 간에 존재하는 부국과 빈국 간의 갈등이다. 걸프전이 끝났을 때 많은 이들은 전쟁의 참화로부터 밝은 미래가 도래할 것이라고 기대했다. 이들이 바랐던 대로라면 침략이 허용되지 않는 '새로운 중동질서'가 출현하고 아랍 내의 빈국과 부국 간의 불균형은 해소되어야 했다. 최종적인 승리 후 부국들은 아랍세계의 90%를 점하는 가난한 자들의 운명을 개선하고, 석유로 쌓은 막대한 부를 유럽, 일본, 미국이 아니라 북아프리카, 시리아, 요르단, 예멘을 향해 투자했어야 했다. 부국 아랍국가들은 석유로부터 얻은 수입의 일부를 전체 무슬림 세계의 발전을 위해 사용해야 했다. 당시 베이커 미국 국무장관은 아랍 부국들이 더 가난한 나라들의 사업을 재정적으로 지원하기 위해 새로운 은행을 만들어야 한다고 주장했다. 이 모든 것은 합리적이고 가능해 보였다. 그러나 아랍세계의 오랜 경험에 의하면 이 모두가 이상적인 환상에 불과하다는 사실을 알 수 있다. 재정자원이 부족한 이집트와 시리아는 베이커가 내놓은 새로운 은행 구상안에 열광했지만 이 구상은 구체화되기도 전에 사라지고 말았다.[1]

석유는 석유를 부여받은 국가에게는 대단한 축복일지 모른다. 그러나 정치적으로 볼 때 석유를 부여받은 나라는 석유 수입원으로 인해 재정적인 압박이나 제한에서 자유로워졌기 때문에 독재정권이 더욱 강화되었다. 경제적으로 볼 때 석유의 부는 종종 불균형적인 발전을 가져와서 국가경제가 국제유가의 변동 같은 외부 요인, 장기적으로는 석유이권을 둘러싼 국제분쟁의 소용돌이에 휘말리는 결과로 나타났다.

같은 걸프 연안 국가들이라 해도 북부 아랍인 아랍 알 시말(Arab al-Shimal)과 남부 아랍인, 즉 걸프지역 아랍인 아랍 알 카리즈(Arab al-Khalij)를 구분해서 볼 필요가 있다. 이 두 집단 사이에는 소위 걸프분쟁의 '지류'라고 부를 만한 근본적인 적대감이 존재하고 있다. 이러한 아랍 정치구조의 이분법은 어느 정도 도시 거주민과 사막 거주민 간의 갈등으로 특징지을 수 있다. 특히 카이로, 베이루트, 다마스쿠스, 바그르 등의 도시들은 국가 독립을 위해 싸우고 가난에 시달리고 서구 제국주의에 대항해왔다. 그 결과 그들은 급진적이고 강압적인 사회주의 체제와 파산적인 경제를 경험했다. 걸프 연안 국가들과 사우디아라비아의 사막인들은 자신의 영토 아래에 막대한 양의 석유를 가지게 됨으로써 엄청난 부자가 되었고 식민지의 경험 또는 식민지 후 갈등을 겪지 않았기 때문에 덜 급진적이고, 인구 압력도 적고, 친서구적이며 반세속적이다.[2] 북부 아랍인들은 그동안 걸프지역 아랍인들과 치명적인 정치적 반목 없이 지내온 것에 만족했다. 이것은 실용주의적 타협이었다. 걸프 연안 국가들은 자신들에게 자금을 지원해주고 직업의 기회를 주었으며 전쟁과 정치적 논쟁을 가능하게 해주었다. 북쪽의 국가들에서는 모든 종류의 이상주의가 난무한다. 급진적 민족주의의 조류, 사회주의 정치,

---

1) James E. Akins, "The New Arabia," *Foreisn Affairs*, 70, 3(1991), p.36.

2) Ken Matthews, *The Gulf Conflict and Internatinal Relations*(London: Routledge, 1993), p.40.

모든 종류의 절대주의적 시도가 존재해왔던 것이다. 이에 비해 아라비아 반도와 걸프 연안 국가들은 비교적 단순한 세계다. 그곳에서 왕과 상인들의 세계가 재조직될 수 있다고 믿는 사람은 거의 없다. 권위는 온정주의적이지만 지배자와 피지배자들은 쉽게 파괴되지 않는 끈끈한 유대로 결합되어 있는 사회적·정치적 세계에서 살아가고 있다.[3]

1990년 여름, 이라크는 북아랍과 걸프아랍 사이에서 걸프지역의 구질서를 보증했다. 그러나 정치적 파탄, 국가 주도 경제의 부담, 자포자기와 강탈의 정치를 불러일으키는 인구의 폭발 등 북쪽의 모순이 남쪽으로 파급되었다. 결국 전 아랍 인구의 8%에 미치지 못하는 아라비안 반도인, 걸프지역 아랍인과 그들의 가난한 이웃 사이에 존재하던 불안한 평화가 깨져버렸다. 1990년 여름의 위기는 '사막인들과 도시인들' 간의 마지막 회전이었다. 민족 독립을 위한 투쟁은 카이로, 다마스쿠스, 바그다드, 베이루트 같은 도시에서 일어났으나 석유는 '부족 지도자들'이 차지했으며 도시인들은 '그들의 투쟁의 열매'를 송두리째 잃었다. 그동안 이들이 결정적인 불화를 겪지 않았던 것은 이들 사이에 일종의 묵시적인 계약이 성립되어 있었기 때문이다. 그러나 산유국에서 자라난 새로운 세대가 "우리는 석유를 지배할 권리가 있다"고 믿게 됨으로써 도시와의 계약은 파기되었다. 민족주의 운동의 아랍 역사가 이제는 지도와 석유의 소재를 둘러싼 분쟁으로 변질된 것이다.

1973년 오일쇼크 이후 더 가난한 국가들 — 특히, 이집트, 요르단, 예멘 — 이 이스라엘과의 항전에서 그들이 노력한 데 대한 대가로 (석유로부터 얻은) 부를 재분배하는 문제에 기초해 새로운 아랍 사회의 질서를 요구한 것은 중동을 지배해온 근본적인 문제 중의 하나였다. 이 같은 새로운

---

3) Fouad Ajami, "The Summer of Arab Discontent," *Foreign Affairs*, 69, 5(1990), p.11.

아랍 사회의 질서에 대한 개념은 대체로 범아랍주의 또는 아랍 민족주의에 대한 최근의 각색에 입각해 있었다.

석유는 아랍 전역의 발전 전망을 제고시켰으며 1970년대 초까지 아랍세계에서 가장 저발전 국가였던 걸프 연안 국가들의 개발 목표를 순식간에 달성시켜주었다. 아랍경제개발쿠웨이트기금(KFAED: The Kuwait Fund for Arab Economic Development), 아랍경제사회개발기금(AFESD: The Arab fund for Social and Economic Development) 등이 새로운 범아랍주의의 일환으로 설립되었다. 그러나 기대했던 수입의 재분배는 구체화되지 못했다. 더 가난한 나라들에 대한 아랍의 원조는 부국들이 서방의 은행에 투자한 규모에 비하면 아주 적었다. 더구나 특히 1980년대의 유가 하락으로 아랍 내의 원조가 위축되었다. 예를 들어 1980년에 총 56억 달러에 달하던 사우디아라비아의 대외 원조가 1987년에는 28억 달러로 줄어들었다. 재정 압박이 증대되자 상대적으로 부유하지 못한 이라크 같은 나라에는 커다란 부담이 되었으며 이는 이라크의 쿠웨이트 침공의 배후 동기로 작용했다.4)

그러나 산유국들의 입장에서 보면 주권과 정당성을 경시하는 정치적 논리는 불행한 과거로의 복귀일 뿐이다. '아랍인을 위한 아랍의 석유'라는 구호는 나세리즘이 절정을 이루던 1950년대와 1960년대의 정치적 유산이었다. 이러한 구호는 산유국들에게 커다란 위협이었으며 그들은 자국의 보존과 더욱 광범위한 아랍에 대한 충정 사이에서 힘겨운 줄타기를 계속해왔다. 외부 세력이 이들을 보호했는데 영국은 쿠웨이트를, 미국은 사우디아라비아를 지켜주었다.

또한 모든 걸프 아랍국가들은 과거 몇십 년 동안 겪었던 혹독한 가난을 기억하고 있다. 그들은 시리아, 이집트, 요르단, 레바논에 억눌려왔

---

4) Abby Harrison, "The Haves and Have-Nots of the Middle East revisited," p.151.

던 모욕적인 과거를 기억하고 있다. 어떤 걸프국가도 지금 그들과 상대적 위치가 뒤바뀐 국가들에 대해 도덕적 의무감을 느끼지 않는다. 그들은 걸프전에서 이집트와 시리아가 보여준 태도에는 감사하고 있지만 초기 형태의 민주주의 국가인 요르단, 예멘, 알제리 그리고 PLO에 대해서는 강한 배신감을 가지고 있다. 걸프 연안 국가들, 특히 쿠웨이트가 팔레스타인에 느낀 실망은 대단했다. 걸프전이 끝나자 많은 팔레스타인인들이 쿠웨이트에서 추방되었고 이라크 점령 당시 어쩔 수 없이 점령자들에게 협력했던 많은 사람이 은혜를 저버린 배신자로 낙인찍혔다.[5] 사실 서구인에 대한 원한과 배신감은 레바논, 북아프리카, 팔레스타인에 국한되는 이야기일 뿐 사막의 아랍인들에게는 거리가 있었다.

걸프전 당시 승자들 사이에 잠재되어 있던 보복성은 그때 생겨난 부국과 빈국 간의 갈등을 더욱 격화시킬 위험성이 있었다. 사우디아라비아와 쿠웨이트 양국은 위기 시에 사담 후세인에게 동정적이거나 중립적이었다는 이유로 북아프리카인들과 마찬가지로 요르단인, 팔레스타인인, 수단인, 그리고 예멘인을 처벌하기로 작정한 것처럼 보였다.

1991년 사우디아라비아의 지다에서 열린 망명정부의 두 번째 회의에서 쿠웨이트의 정부 대변인은 쿠웨이트에 거주하는 팔레스타인인들

---

5) 1년 후 계엄령하의 군사법정에서 팔레스타인을 표적으로 한 즉결재판은 일단 끝이 났다. 그러나 쿠웨이트인 경영자가 팔레스타인인 종업원을 해고시키는 사례가 빈번하게 발생했으며 정부도 이를 당연시했다. 강제 국외추방은 국제여론에 의해 인권 침해라는 비판을 받았기 때문에 표면적으로는 추방 조치가 이루어지지 않았다. 그러나 출국하는 경우에 한해 은행자금을 인출할 수 있도록 하는 등 많은 차별대우가 공공연히 자행되었다. 걸프전 전에 쿠웨이트 제2급 시민(이민층) 중에서 40만여 명으로 가장 많은 수를 기록했던 팔레스타인인들은 현재 20만 명 이하로 줄어들었다. 국제문제연구소, 「위기 1년 후의 중동을 분석한다(上)」, ≪국제문제≫, 255호, 1991년 11월호, 88쪽.

의 충성심을 재평가하기로 선언했으며 쿠웨이트가 해방되자 정부는 곧바로 외국인들을 검거하기 시작했다. 이로써 비쿠웨이트 아랍인, 아시아인, 베두인족이 구타당하고 납치되고 살해되고 강제로 추방되었다. 어떤 사람들은 체포되어 사담 후세인의 공모자로 재판을 받기도 했다.6) 한편 예멘인 75만 명 이상이 사우디아라비아에서 추방되었으며, 이는 장기화된 양국 간의 불만과 해결되지 않은 국경 분쟁의 가능성을 제고시켜놓았다.

중동의 새로운 지역질서에 요구되는 사항은 궁극적으로 지역적 부를 더욱 광범위하게 공유하는 것과 각국 내 아랍 주민들의 더욱 큰 다양성이다. '아랍 단결'과 '아랍 형제'라는 슬로건이 의미를 가지려면 아랍국가들의 주민은 훨씬 더 다양해져야 한다. 사회복지와 영주 시민권의 혜택이 이들 사회에 참여한 모든 아랍인에게 부여되어야 한다. 쿠웨이트는 정치적 이유 때문에 수동적이며 정치적으로는 부적절한 고용인 계급으로 남을 아시아인의 유입을 늘리고 있다. 쿠웨이트에서는 소수의 사람들이 거대한 석유자본을 점하게 됨으로써 걸프지역의 새로운 질서를 수립하는 데 역행하는 듯 보인다. 팔레스타인인, 요르단인, 예멘인, 그리고 북아프리카인에 대한 걸프지역 내의 복수주의와 배타주의는 지도자를 기다리는 새로운 급진적 '빈국 블록'을 위한 기반을 제공하고 있다.

확신할 수 있는 것은 미래의 중동은 지금과는 달라질 것이라는 사실이다. 그러나 자비로운 부국이 자신의 부를 이용해 이 지역을 이상적으로 바꿔놓지는 않을 것이며 소수의 부국과 다수의 빈국 사이에 불평등은 여전할 것이다. 또 다양한 국가적·이념적 세력 사이에 아랍주의 정

---

6) Mary Ann Tétreault, "Kuwait: The Morning After," *Current History*(1992, January), pp.8~9.

신을 둘러싼 경쟁은 가속화될 것이다.

이러한 징후는 2008년 말 이스라엘이 가자지구를 침공한 후 재건 사업에서 나타난 주도권 다툼에서 그대로 드러났다. 처음에는 재건 사업에 사우디아라비아와 쿠웨이트가 각각 10억 날러, 3,400만 달러를 지원하기로 약속하는 등 아랍권 국가들도 적극적인 참여 의사를 보였다. 하지만 2009년 1월 19일에 열린 아랍연맹 소속 22개국 경제정상회의에서 가자지구를 재건하기 위한 20억 달러의 특별 자금을 조성하려던 계획은 이스라엘을 지지하는 그룹과 하마스를 지지하는 그룹이 서로 주도권 싸움을 벌임으로써 불발에 그쳤다.

제 12 장
평화를 위해

1. 지역국가들의 노력

만약 중동국가들과 아랍인들이 진정 평화를 바란다면, 그리고 외부의 잦은 개입이 끝나기를 바란다면 그들은 생존력 있는 안보체제를 구축하는 데 더욱 많은 역할을 수행하지 않으면 안 된다. 이 지역의 안보는 역사적으로 영국, 프랑스, 러시아의 제국주의적 개입에 의해 강요되었으며 후에는 미국과 이스라엘의 일방적인 행동이 추가되었다. 안보는 일반적으로 지역 내 국가의 이익과 반드시 일치할 필요가 없는 개입세력의 이익의 견지에서 규정되었다. 지역국가들이 자신의 안전을 스스로 보호하려 할 경우에는 나세르의 이집트, 바아스주의의 시리아, 1970년대 바아스주의의 이라크, 사담 후세인의 이라크 같은 그 당시의 위협적인 국가를 직접적인 대상으로 특별한 제휴를 맺어야 했다.

아랍연맹은 1945년 이래 존재하는 유일하고도 포괄적인 아랍의 집단안보 체제다. 아랍의 유엔으로 기능하는 아랍연맹은 그간 중요한 정치적 성과를 거두었으나 군사적인 면에서는 별다른 결실을 맺지 못했다. 범아랍주의의 이념은 진보적이고 급진적인 아랍국가들이 오로지 자신의 의제에 유리하게끔 범아랍의 관점에서 정당성을 규정하도록 함으로써 연맹의 활동을 어렵게 만들며 끝없는 합의를 추구함으로써 연맹을 약화시키고 있다. 그럼에도 아랍연맹은 이라크의 쿠웨이트 침공을 비난했다. 사담 후세인을 막아내기 위한 아랍의 공동 노력이 합의를 이루는 데 실패한 것은 미국 지상군의 개입에 대한 논쟁 때문이었다.

장래의 지역안보가 성공하기 위해서는 지역국가들에게 주요한 책임이 주어지지 않으면 안 된다. 새롭게 구성될 지역의 안보체제에는 모든 국가가 포함되어야 하며 어떤 일국을 상정하거나 직접적인 대상으로 삼아서는 안 된다. 모든 구성원이 침략자나 희생자가 될 가능성이 있기 때문이다. 경험상 이라크와 이란 같은 주요 국가는 자신이 제외된다면 새롭게 만들어진 안보체제를 전복하려 할 것이다. 이란이 가입하는 경우에는 부가적인 이점이 있는데 그것은 이념적인 범아랍주의로의 경향을 희석시킬 수 있다는 것이다. 파키스탄과 터키 또한 이러한 안보체제의 지평을 넓힐 수 있다. 이스라엘 역시 궁극적으로는 이 같은 안보체제의 구성국가가 되어야 하지만 현실적으로 팔레스타인 문제의 해결과 아랍-이스라엘 간의 관계 정상화가 선행되어야 할 것이다.

그리고 이 안보체제에서는 사우디아라비아와 (팔레비가 집권했을 당시) 이란이 수행했던 역할, 즉 미국의 이해를 대변하는 '지주(支柱)' 역할이 사라져야 한다. 어떤 '지주'이든 그 지주는 즉각적으로 서구의 이해를 위한 도구로 인식될 것이다. 만약 미국이 여기서 기술된 포괄적인 집단안보 개념을 피하고 순전히 이원적 협정 또는 걸프전의 승자와 패자라는 자의적인 기초 위에 특별한 안보 구상을 선택한다면 이는 또 다른 분쟁의 씨앗이 될 것이다. 앞으로의 지역안보 체제가 어떻게 되든 미국은 그 속에서 일정한 간격을 두고 이를 지원해주는 역할을 맡아야 한다. 만약 지역기구가 특별한 강제력을 필요로 한다면 유엔이나 미국, 또는 다른 어떤 외부 세력에게 요청할 수 있다. 한편 러시아가 국제정치에 접근하는 데 과거의 이념적 방식으로 되돌아가지 않는다면 유럽과 마찬가지로 이 지역에서 유용한 역할을 담당하도록 해야 할 것이다.

현실적으로 보면 이러한 새로운 지역기구가 이 지역의 모든 문제를 해결할 수는 없기 때문에 개별 국가들은 외부 열강으로부터 지원을 구해야겠지만 그렇다 하더라도 그들은 먼저 내부적 장치를 철저히 가동시켜야 할 것이다. 미국이 새로운 범세계적 상황에 적응해나가는 데 이 지역을 위해 해야 할 가장 중요한 일은 서구 제국주의의 수단으로 인식되는 서구 지배의 안보 방식에서 서서히 탈피하는 것이다. 그렇게 함으로써 중동국가들은 과거 제국주의의 유산으로부터 벗어나 새롭고 더욱 합리적인 안보 장치의 혜택을 받게 될 것이다.

어쨌든 지역 내 국가들은 하나의 결정적인 문제, 즉 아랍-이스라엘 분쟁을 처리하는 데 미국의 외교적인 도움을 필요로 할 것이다. 조지 H. W. 부시가 전례 없이 단호한 태도로 반 사담 후세인 연합을 구축해 걸프전을 신속하게 해결함으로써 아랍-이스라엘 분쟁이 해결될 가능성이 어느 때보다 제고되었다.

이 문제를 해결하기 위한 외교적 여정은 길고 어렵겠지만 문제를 해결하는 것이 결코 불가능하지는 않다. 궁극적인 해결을 위해서는 두 가지가 전제되어야 한다. 우선, 완전하고 진정한 평화가 이스라엘과 주변 아랍 간에 이루어져야 한다. 또한 팔레스타인 국가는 분열적 요소를 극복하고 통합적인 방법으로 수립되어야 한다. 이스라엘이 아랍으로부터 아무런 대가도 얻지 못한다면 진정하라고 요구할 수 없다. 이는 아랍 측에도 마찬가지다. 따라서 양 당사자의 근본적인 욕구에 부응하지 못하는 제안은 그 어떠한 것이라도 실패할 것이다.

실제로 2000년 9월에 발발한 제2차 인티파다 이후 교착 상태에 빠진 중동평화협상을 재개시키기 위해 2002년 2월 사우디아라비아의 압둘라 왕세자는 일괄 타결의 성격을 가진 평화안을 제안한 바 있다. 그 주요 내용은 △ 이스라엘은 6월전쟁(1967) 때 점령한 모든 지역[1]에서 철수하고 그 지역에 팔레스타인 독립국가의 수립을 승인한다. 또한 팔레스타인 난민의 귀환을 허용한다. △ 그 대신 아랍연맹 소속 22개 회원국은 이스라엘과 집단적으로 외교관계를 정상화하고 이스라엘의 평화를 보장한다는 것이었다.

이 평화안은 단순명료할 뿐 아니라 모든 아랍국가들이 이스라엘을 인정한다는 점에서 새로운 돌파구를 제시한 셈이었다. 이는 국제사회에서도 상당한 호응을 받았다. 베이루트에서 개최된 아랍연맹 정상회담은 이 방안을 만장일치로 지지했다. 페레스 당시 외무장관을 비롯한 이스라엘 온건파도 이 평화안을 "획기적인 제안"으로 환영했고 강경파인 샤론 총리까지도 관심을 보였다. 가장 큰 호응을 보인 것은 미국 정부였다. 2001년 9·11 사태 이후 조지 W. 부시 행정부는 이슬람권의 반미감정이 해소되는 것이야말로 외교정책에서 가장 중요한 과제이며 팔레스타인 분쟁을 해결하는 것이 그 핵심이라는 사실을 절실히 깨달았다. 따라서 사우디아라비아 평화안에 적극적인 관심을 보였으며 이집트와 사우디아라비아 등과도 구체적인 협의를 가졌다.

하지만 동예루살렘에 있는 유대교 성지인 통곡의 벽과 구시가지에 있는 이스라엘 거주지에 대해 이스라엘의 주권을 인정한다는 점을 두고 팔레스타인 측이 이 평화안을 거부했다. 이스라엘의 보수세력 역시 예루살렘을 팔레스타인 아랍에 넘겨주는 데 거부감을 보였고 팔레스타인 난민의 귀환문제가 초래할 혼란에 대해 의구심을 극복하지 못했다.

중동의 정부들과 대중은 매우 큰 기회와 위험을 안고 있다. 여기에는 중동사회의 전체적인 미래의 방향이 달려 있다. 그들의 선택은 무엇인

---

1) 여기에는 동예루살렘이 포함되어 있었는데, 이 협상안에서는 유대교의 성지인 통곡의 벽과 유대인 거주지역인 구시가지에 대해 이스라엘 주권을 인정하는 대신 이스라엘 일부 지역을 팔레스타인 자치정부에 넘겨주는 방안을 제시하고 있다.

가? 전 세계적인 분위기로 볼 때 중동은 과거와는 크게 달라진 환경 속에 놓여 있다. 가장 분명한 것은 이전과 같은 양상이 되풀이되더라도, 말하자면 과거와 똑같은 정치적 게임이 벌어지거나 유사한 급진 독재와 전통적인 전제(專制)로서 상호파괴와 침입이 계속되더라도 서구는 석유가 안정적으로 생산되는 한 중동의 전쟁, 재난, 동란에 무관심한 태도를 보이리라는 것이다. 외부 세계의 거의 전적인 무관심 속에 혁명과 동란, 내란과 살육으로 완전히 황폐화된 앙골라가 그 선례이다. 석유회사들이 작업을 계속하고 석유가 안정적으로 생산되는 한 중동의 여러 파벌이 서로 무엇을 하건 서방세계는 아무도 관심을 두지 않을 것이다. 중동에서는 이러한 일이 쉽게 일어날 수 있다. 과거 외부 열강은 종종 아랍-이스라엘의 전쟁을 방지하고 제한하고 중지시키기 위해 중동에 개입하곤 했다. 아랍과 이스라엘은 장래에도 여전히 그러한 개입에 의지하는 어리석음을 범해서는 안 된다.

오늘날 예민하게 의식되는 다른 가능성은, 각기 다른 그리고 가끔은 대조적인 형태의 수많은 이슬람적 호전성을 지칭하는 엉성하고 부정확한 용어인 이슬람 근본주의다. 범아랍주의가 퇴조하자 지도자의 부조리한 압제와 외부로부터 그들에게 억지로 떠맡겨진 파산적인 이념보다는 참되고 희망적인 무언가가 있어야 한다고 믿는 모든 이들에게 이슬람 근본주의는 가장 매력적인 대안으로 비쳐졌다. 이러한 운동은 가난과 모욕을 경험하면서 그리고 해외 수입품과 지역 모조품 양자에서 모든 정치적·경제적 묘책이 실패한 후 그것들이 야기하는 좌절과 분노를 근간으로 성장했다.

많은 이들이 목격했듯이 중동과 북아프리카에서는 자본주의와 사회주의가 모두 시도되었으나 양쪽 다 실패했다. 서구적 모델과 동구적 모델은 모두 가난과 전제만을 낳았다. 이 모든 책임을 서구가 져야 한다면 부당하게 보일지 모른다. 그러나 지난 1세기여 동안 이슬람 세계를 이행시켜온 주요한 변화의 궁극적 원천이 서구세계나 서구의 이념이라고 여기는 대중의 감정이 전적으로 잘못된 것은 아니다. 결과적으로 그들의 분노는 십자군 이전부터 이슬람의 아주 오랜 적으로 보이는 서구인들을 그리고 서구의 도구 또는 공범자로서 아랍 민족에 대한 반역자로 보이는 서구화된 자들에게 향했다.

종교적 근본주의는 경쟁하는 이념들에 비해 유리한 점 몇 가지를 향유한다. 우선 그 근간을 이루는 내용들을 교육받은 무슬림과 그렇지 못한 무슬림 모두가 쉽게 이해할 수 있다. 또한 이는 매우 친숙해서 쉽게 지지를 동원하며 무엇이 잘못되었는가 하는 비판과 잘못을 바로 잡는 프로그램 모두를 형성하는 데 효과적인 주제와 슬로건, 상징을 제공한다. 종교적인 운동은 다소 전제적인 지배하에 있는 중동과 북아프리카와 같은 사회에서는 또 다른 실질적인 장점을 갖는다. 그것은 독재자가 정당활동과 집회를 금지시킬 수 있는 반면, 대중적 예배는 금지시킬 수 없고 한정된 범위에서만 설교를 통제할 수 있다는 점이다.

결과적으로 종교적 반대 집단은 그들이 모일 수 있는 정규적인 집회 장소를 가질 수 있으며 정부의 통제 밖에 놓여 있는, 적어도 완전한 지배를 받지 않는 망상조직을 구사할 수 있는 유일한 집단이다. 어떻게 보면 체제가 압제적일수록 모든 경쟁적인 반대자들은 제거되기 때문에 근본주의가 누리는 지위는 그만큼 확고해진다.

호전적인 이슬람 급진주의가 새로운 것은 아니다. 18세기 서구의 충격이 시작된 이래 몇 차례에 걸쳐 종교적으로 표현된 대항운동이 있었다. 지금까지 이러한 대항운동은 모두 실패했다. 대항운동은 종종 진압되거나 억압을 당해 비교적 큰 문제 없이 끝났다. 그 과정에서 순교의 왕관이 일종의 상징으로서 그들에게 주어졌다. 가끔 그들은 권력을 장악하기도 했으나 그들이 직면한 경제적·사회적 문제에 진정한 해답을 제시할 수 없어 쓰라린 고통을 겪으면서 실패하고 말았다. 그들은 대개 추방된 전임자들과 마찬가지로 압제적이고 냉소적으로 변했다. 대항운동이 정말로 위험해질 수 있는 것은 바로 이러한 국면에서였다. 그럴 경우 그들이 테러나 정규 군사적인 목적을 이루기 위해 핵무기를 보유하게 될 가능성도 있다. 근본주의자들의 능력에 어떤 회의를 가지고 있건 간에 근본주의자들이 그들이 선언한 목적을 성취하기 위해 권력을 획득하고 그 권력을 사용하는 능력을 과소평가해서는 안 된다.

근본주의에 의해서 촉진될 수 있는 또 다른 가능성은 이 지역에 '레바논화(Lebanonization)'라고 표현할 수 있는 사태가 일어나는 것이다. 이집트를 제외한 대부분의 중동국가들은 최근에 인위적으로 만들어졌기 때문에 이러한 과정에 처하기 쉽다. 중앙세력이 약화될 경우 그 정체(政體)를 함께 유지할 실질적인 시민사회가 없으며 공통의 민족 주체성 또는 민족국가에 대한 우선적인 충성심 또한 존재하지 않는다. 그럴 경우 그 국가는 레바논에서 일어난 것처럼 분파·종족·지역·당파가 뒤죽박죽으로 뒤섞여 대립하는 혼돈 상태에 빠진다. 사태가 악화되면 중앙정부는 결국 붕괴된다.

사우디아라비아, 이집트 그리고 다른 몇몇 나라가 미국의 격려와 지지를 받아 외부의 침공에 대처하고 전복으로부터 보호받기 위해 동맹에는 못 미치더라도 빈사의 아랍연맹보다는 나은 일종의 지역안보협정을 구상하고 체결하려는 것은 바로 이러한 위험에 대처하기 위해서다. 적어도 이것은 각 전제군주가 자신들의 신민에 대한 전제정치를 절제하고 이웃에 간섭하지 않겠다는 뜻이다. 사담 후세인은 이라크 내에서는 어떤 짓을 해도 상관이 없었으나 쿠웨이트를 침공함으로써 이 규칙을 깨뜨렸다. 아사드는 시리아 내에서는 제 마음대로 할 수 있었지만 자신의 카드를 좀 더 세련되게 사용하면서 레바논 내정 불간섭에 맞춰 나갔다.[2] 이 두 가지 사례는 어떤 협정도 부도덕성은 말할 것도 없고 불안정성과 불확실성을 본질적으로 내포하고 있음을 보여준다. 따라서 전제자나 광신자 또는 그러한 두 가지 자질을 동시에 갖춘 자가 조만간 규칙을 깨뜨리고 침공과 전복을 감행함으로써 타 지역의 열강이 — 지금 상황으로는 그럴 분위기는 아니지만 — 개입하도록 만드는 지역 분쟁을 초래할 수 있다.

최근에는 아랍 영토 내의 아랍 난민 사이에서는 더 공개적으로 자유에 대해, 좀 더 전문적으로는 민주주의에 대해 이야기하는 사람들이 많다. 대부분의 근대 역사를 통해 보자면 아랍의 정치강론에서 '자유'는 '독립'과 동의어였다. 이는 외국인의 지배로부터 국가가 자유를 얻는 것을 의미할 뿐, 국가 안에서 개인의 지위와는 아무런 상관이 없는 것이었다. 오늘날에는 이런 종류의 자유가 자명해지고 있으며, 심지어 과거의 대유럽제국인 러시아로부터 새로 독립한 영토로까지 확대되고 있다. 아랍 정치강론에서 '민주주의'는 영국과 프랑스가 설치하고 물려준 자유제도에 대한 환상, 부유하고 권세 있는 소수집단에 의해 조작된 어리석은 대중, 이 대중에 의해 주목받지 못하는 협잡의 의회체제를 지칭해왔다. 이러한 체제는 모두 존속 기간이 짧았다. 체제는 잇달아 전복되거나 적어도 두 가지 장점 — 확실성과 스스로 권력을 유지할 수 있는 능력 — 을 지닌 독재체제로 대체되었다.

만약 진정으로 자유를 선택하려 한다면 중동의 민족들은 전제와 테

---

2) 이 점이 1976년 이래 계속되고 있던 시리아군의 레바논 주둔을 미국이 묵인한 결정적 필요조건으로 보인다. 이 점과 함께 팔레스타인이 레바논 좌파와 무슬림 조직들과 연대해 세력을 확대하는 것보다 시리아가 레바논에 계속 주둔하면서 지배력을 유지하는 편이 훨씬 덜 위험할 것이라는 미국 정부의 판단도 한몫을 했을 것이다. 그러한 상황은 1990년 걸프전 때까지 계속되었다. 2004년 미국이 갑자기 프랑스와 함께 유엔 안전보장이사회 결의안 1559호를 통과시키면서 시리아군의 레바논 주둔을 문제 삼았던 것은 시리아가 2003년 미국의 이라크 침공에 적대적인 태도를 취했기 때문이다.

러정치, 부패와 감언이설, 그리고 협박과 강제를 스스로 제거해야 할 것이다. 그들은 자신의 요구와 마찬가지로 자신의 결정과 그 결정에 따르는 결과에 대한 책임을 받아들이게 될 것이다. 그리고 자신의 입장에서 오랫동안 선언해온 더욱 자유롭고 유복한 생활의 길을 발견하게 될 것이다. 중대한 차이는 이제 2세기여 만에 처음으로 이러한 선택권이 완벽하게 그들의 손에 주어졌으며 그들이 무엇을 선택하든 그 결과는 그들의 성공과 실패가 될 것이라는 점이다. 중동과 그 민족들을 염려했던 이들은 그들이 제대로 그리고 시급히 그들의 길을 선택하기를 기대할 뿐이다. 왜냐하면 그 기회의 창은 그렇게 오래 열려 있지 않을 것이기 때문이다. 2011년 봄, 지금 북아프리카 지역에서 연쇄적으로 진행되고 있는 민주화 혁명은 이제 이러한 실험이 본격적으로 시작되고 있음을 보여준다.

마지막으로 중동인들의 '고유한 상표'인 테러를 생각해보자. 9·11 테러는 중동이 겪어왔던 좌절의 결과임이 확실하다. 그러나 외부 세력이 모두 빠져나간 자리에서 책임을 떠맡게 된 데 대한 중압감으로부터 비롯된 것은 아닐까? 아니면 미국 외에는 외부에서 대안을 찾을 수 없다는 심리적 공황 때문은 아니었을까? 테러를 저지르는 이유에 대한 중동인들의 대답은 다음과 같다. 미국의 보복 전쟁이 시작되던 날 요르단 신문은 이렇게 주장했다.

비극적인 9·11 테러 이후 미국인들은 "왜 이슬람교도들이 우리를 미워하고 테러를 저지르느냐"라는 질문을 했다. 조시 W. 부시 대통령의 행정부는 이슬람교도들이 '미국의 가치'인 민주주의와 자유를 싫어하기 때문이라고 답했다. 이보다 더 진실에서 먼 주장은 없다.

이슬람교도들은 대부분 자결권을 존중하고 다원주의와 자유를 숭상한다. 이슬람교도들은 제2차 세계대전 이후 이슬람 문명을 재건하는 과정에서 미국과 이슬람 정권의 금전적 결탁이 이슬람권 전체의 자유민주주의에 가장 큰 걸림돌이라는 것을 깨달았다.

미국은 이슬람 국가들을 지배하려면 국민의 여론보다는 한 줌의 지배계층과 결탁하는 것이 유리하다는 점을 알고 이를 실행해왔다. 아프가니스탄에서 탈레반 정권이 집권한 이래 미국은 탈레반의 인권·여성 정책을 맹렬히 비난해왔다. 그러나 이 점에서 탈레반과 차이가 없는 사우디아라비아에 대해서는 철저히 함구하고 있다.

이슬람교도들이 미국을 미워하는 이유는 민주주의·자유를 증오하기 때문이 아니라 미국이 이슬람권의 통일을 막고 있기 때문이다. 미국과 미국이 지원하는 권위주의 정권들 때문에 이슬람 세계에서 이견을 표출할 언로는 점점 없어지고 있으며 온건하던 이슬람의 재야세력은 급진적으로 변했다. 그렇다고 해서 무고한 미국인 5,000명을 살상한 9·11 테러를 옹호하는 것은 결코 아니다. 그러나 이슬람교도들의 슬픔을 생각해보면 왜 이런 테러가 일어났는지 알 수 있을 것이다. 끝없는 억압이 사람들에게서 인간성을 앗아가고 급기야 비인간적 행위를 저지르게 만든 것이다(≪중앙일보≫, 2001. 11. 8 재인용).

그러나 냉정하게 생각해보자. 과거 오스만 제국이 지배하던 당시 중동의 지역세력들은 내부의 권력투쟁을 위해 외부에 각각의 후원세력을 가졌다. 제1차 세계대전에서 지배자 오스만이 독일 편에 서자 그들은 누가 승리할 것인가를 점치며 제국주의 세력 영국과 결탁했다. 그것은 제2차 세계대전에서도 마찬가지였다. 제국주의 세력 영국과 프랑스가 최종적으로 떠나고 미국과 소련이라는 두 강대국이 이 지역을 지배하자 필요에 따라 양국 사이를 오고 갔다. 나세르가 최종적으로 소련을 선택했다면 사다트는 미국을 택했다. 1980년대 거의 10년 동안 사담 후세인은 미국의 가장 친근한 동반자였다. 하지만 이제는 외부 세력이 모두 사라졌다. 적어도 지난 2세기 동안 이 지역을 지배해온 동방문제의 견지에서는 그렇다.

미국에 대한 비판이 아랍세계에 대한 미국의 영향력이 현저히 떨어졌을 때 제기된 것은 실로 역설이다. 테러가 발생하기 두 달 전이던 7월 6일 ≪워싱턴 포스트≫는 카이로 발신 기사에서 서방 및 아랍 분석가들의 말을 인용해, 아랍권 내에서 미국의 영향력과 신뢰성은 1991년 가을 마드리드 회담에서 제1차 이스라엘-팔레스타인 간의 평화회담을 중재하던 때와는 현저한 차이가 있으며 어쩌면 10여 년 사이 최저 수준으로 떨어졌을 가능성이 있다고 주장했다. ≪워싱턴 포스트≫는 1979년 미국의 중재로 이집트와 이스라엘 간 평화협정이 체결된 이후 1993년 팔레스타인과 이스라엘 간 오슬로 평화협정이 맺어지기까지 미국의 영향력이 확대되는 것처럼 보였다고 주장했다. ≪워싱턴 포스트≫는 그러나 그 후 클린턴 행정부의 집중적인 개입에도 이스라엘과 팔레스타인 간의 최종적인 평화협정 도출이 실패로 끝남으로써 미국이 중재하는 중동평화일정이 흔들리게 되었다고 지적했다. 이 신문은 특히 클린턴 대통령의 제2기 행정부 말기에 캠프 데이비드 협상이 실패로 끝나고 나서 미국의 중동 개입에 대한 비판이 확산되었으며 심지어는 아랍의 주류세력까지도 미국이 이스라엘을 지지한 것을 비난하고 중재자 역할을 할 수 있을지에 의문을 제기했다고 말했다. ≪워싱턴 포스트≫는 이어 부시 행정부가 들어서면서 중동문제에 개입하지 않겠다는 입장을 표명하자 반대로 미국의 개입을 촉구하는 여론이 조성되었으며 중동평화일정에서 미국의 존재는 그 창조성이나 공정성에 대한 필요로서가 아니라 이 문제를 이끌어나갈 아랍의 지도세력이 없는 상황에서 이스라엘에 압력을 가할 대리인에 대한 희망으로 모색된 것이라고 덧붙였다.

결국 어떻게 보면 이러한 상황에서 터진 9·11 테러는 외부 세력이 퇴장함으로써 과거 아랍국가들이 미국과 소련 사이에서 독자적 노선을 유지할 수 있었던 유연성과 문제제기와 해결의 통로를 상실했기에 비정상적인 행위에 의존했던 결과로도 볼 수 있다. 그렇더라도 테러는 이제 전 세계에 아랍의 존재를 알리는 마지막 호소가 된 것인가? 이랍의 통합은 그 이데올로기인가? 이 물음은 아랍인들이 스스로에게 던져야 하는 가장 가슴 아픈 질문이 될 것이다.

2. 미국의 역할

아무도 이 지역의 안보에서 미국의 역할을 과소평가할 수는 없다. 그러나 미국은 장래의 정책을 형성하는 데 대외적·국내적 압제의 두 가지 유산을 고려하지 않으면 안 된다. 첫째, 미국은 대외적 군사력의 사용을 줄임으로써 지역민들이 그들의 안보문제에 더 많은 책임을 질 수 있도록 허용할 필요가 있다. 둘째, 지역 내의 민주주의 추세와 대내외 정책에 대한 대중적 결정이 고무되어야 한다. 이 두 가지 사항은 단순히 추상적인 목표가 아니다. 이는 중동에서 미국의 안보정책의 성패 여부를 결정할 지역적 병리의 요체를 의미한다.

만약 중동인들이 대내외적인 세력의 자의적인 강압에 수동적인 대상으로 머물러 있을 경우 불행은 되풀이될 것이다. 이라크가 안정적이고 다원화된 사회였다면 사담 후세인은 권좌에 오르지 못했을 것이다. "사담 후세인을 견제하는 군사적 수단은 원칙적으로 미국과 다국적군의 몫이겠지만 사담 후세인이 키워온 꿈과 환상을 지우는 것은 아랍의 손에 맡겨야 한다."[3]

---

3) Fouad Ajami, "The Summer of Arab Discontent," p.20.

지역 내 민주주의는 이미 미국의 정책을 위한 추상적 개념으로만 남아 있지는 않다. 다른 지역과 마찬가지로 커뮤니케이션의 범세계적인 혁명은 중동에도 확산되고 있다. 중동지역은 BBC, 라디오 몬테카를로(Radio Monte Carlo), 때로는 CNN까지 유수한 세계의 언론매체와 접하고 있으며, 여론은 아랍 전역에서 공개적으로 표현되고 있다. 이로써 정치체제에 대한 개방의 압력이 거세지고 있다.

중동의 대표적인 경우로, 그간 이집트에서는 이제 민주주의가 정착 단계에 접어들었으며 요르단, 알제리, 튀니지, 예멘에서도 민주화의 여정이 진행되고 있었다. 아미르가 국외로 탈출했던 쿠웨이트에서도 사실상 정치적 다원주의와 민주적 표현을 위한 투쟁이 전개되었으며,4) 이는 사우디아라비아에서도 마찬가지였다. 민주주의가 가까운 시일 내에 뿌리내리지는 않겠지만 민주주의를 위한 투쟁은 꾸준히 진행되어왔다. 2005년 바그다드에서 베이루트에 이르기까지 중동지역에서 지금까지 보지 못했던 일련의 민주주의를 요구하는 민중의 데모, 이른바 '바그다드의 봄(Baghdad spring)'이 일어났다는 사실이 이를 말해준다. 그러나 걸프전 당시 부시 대통령은 이 지역에 공격적인 무기판매 정책을 강행하고 민주화와 인권문제를 외면했다. 이러한 그의 태도는 미국 의회의원의 상당수와 대중의 염려대로 그가 구상한 '새로운 세계질서'에 역행했던 것처럼 보인다. 부시 행정부의 문제는 수사적으로는 자유주의자들의 논리를 앞세웠지만 사고와 행동은 현실주의자들의 신조를 따랐다는

---

4) 1986년 이란-이라크 전쟁 당시 국왕이 의회를 해산시킨 지 6년 만인 1992년 10월 5일에 실시된 총선거에서 정부정책에 비판적인 야당세력과 무소속 후보가 50석 가운데 35석을 차지함으로써 사실상의 정부인 왕실에 견제기능을 갖춘 명실상부한 의회가 처음으로 출범하게 되었다. 쿠웨이트는 또한 같은 산유국인 GCC 6개국 중 유일하게 총선거를 통해 의회를 갖게 됨으로써 전통적인 왕정국가인 주변국에도 적지 않은 영향을 미치게 되었다(≪동아일보≫, 1992. 10. 7).

것이다.

전후 복구는 대부분 물질적 설비와 지원시설을 재건하는 데 집중되었으며 정치적 재건에는 별로 관심이 없었다. 또한 쿠웨이트인들의 감성적·도덕적 회복에는 아무런 노력도 기울이지 않았다. 어떤 점에서 보면 이것은 '걸프 위기', 즉 냉전적 국제질서의 쇠퇴 그리고 세계적인 힘의 재분배에 참여한 대부분의 세계 지도자들을 사로잡은 과정 속에서 쿠웨이트 문제는 하나의 부차적인 요소에 불과했음을 의미한다.[5] 사실 이라크의 쿠웨이트 침공에 미국인들이 격분한 것은 이스라엘이 예루살렘, 요르단 강 서안, 골란 고원, 레바논에 대한 일련의 유엔 안전보장이사회 결의를 무시했을 때 침묵했던 것과는 뚜렷이 대조된다.

터키, 이란, 이라크 등 6개국에 산재한 쿠르드족 2,500만여 명이 처한 곤경에 미국이 보인 반응 역시 문제가 있었다. 과거 터키 내 쿠르드족에 대한 터키 정부의 일상적이고도 가혹한 탄압에 대한 미국의 묵인 내지 지원은 새삼스러운 일이 아니며, 이라크의 경우에도 미국은 쿠르드족 인권문제를 단지 사담 후세인의 억압을 강조하는 기제로 이용했을 뿐 이들의 민족해방운동에는 냉담했다. 인류에 반하는 범죄에 대한 대응으로서 다국적군의 활약이라는 기치를 내건 걸프전에서도 미국은 이러한 공허함을 보여주었다. 불행하게도 미국이 지지하는 일방적인 정책은 이라크 내부의 사담 후세인의 희생자들을 보호하는 데 결코 효과적이지 못했다. 어떤 의미에서 미국은 패권적 국가의 특권을 행사하면서도 그 역할에 걸맞은 질서와 안정 그리고 정의의 책임은 회피했다. 미국은 너무나 오랫동안 아랍국가들에 대한 외교정책의 방향을, 그들의 독립적인 언론기관, 정치정당, 노동조합, 개인 기업, 시민사회 등, 즉 그들의 이슬람 사원을 제외한 모든 것을 파괴해버린 독재자를 지원하

---

5) Mary Ann Tétreault, "Kuwait: The Morning After," p.9.

는 쪽으로 향해 아랍세계의 안정을 도모하려 했다.

단순히 승리자들을 고무시키는 것은 미국이 전쟁에 참여해야 하는 이유가 아니며 평화에 보탬이 되지도 않는다. 냉전으로 지난 40년 동안 미국은 주로 현상 유지로 규정되는 정책을 추구했다. 서구 또한 바그다드 조약기구를 만들어 겉으로는 지역안보를 내세웠지만, 이 기구는 사실상 소련의 침략 가능성에 주로 초점을 맞추고 있었다. 이 기구는 결국 1958년 이라크 왕정의 붕괴, 그리고 21년 후 이란 왕정의 붕괴 같은 내부적인 격동에는 속수무책임이 판명되었다. 아랍국가 대부분은 바그다드 조약을 서구의 신제국주의와 통제의 직접적인 수단이라고 여겼다.

걸프전의 가장 중요한 충격은 역설적이게도 대중과 독재 지배자 사이를 갈라놓았던 '공포의 벽'이 무너졌다는 것이다. 이것이 사실이라면 부시와 반이라크 다국적 동료들은 아랍세계의 안정을 위태롭게 만드는 변화의 소용돌이를 일으켰다고 볼 수 있다. 강대국들은 참여를 성원하고 민주주의를 앙양하기는 하지만 불안정은 싫어한다. 그러나 불안정을 동반하지 않는 참여와 민주화의 고양은 생각하기 힘들다.[6]

아라비아 반도에 존재하는 아랍국가 6개국은 대부분 미국이 강조하는 '서구적 가치'와는 무관한 부패하고 억압적인 전제정권들이다. 특히 이중 사우디아라비아는 전형적인 이슬람 근본주의 정권으로서 서구적 의미의 정치적 민주주의와는 거리가 먼, 오히려 이를 억압해온 정권이었다. 사우디아라비아는 미국의 최대 석유 공급국 가운데 하나이자 세계 최대의 미국 무기 수입국이다. 미국이 사우디아라비아의 민주주의에 관심을 기울이는 것보다 일부 소수의 왕가를 상대하는 것이 사우디아라비아에서 저가로 석유를 공급받고 천문학적인 규모의 무기를 판매하

---

6) Augustus Richard Norton, "Breaking through the Wall of Fear in the Arab World," *Current History*(January, 1992), p.41.

는 데 편리하다고 생각한다면 이는 잘못이다.

미국이 직면한 근본적인 철학적 선택은 단기적 안정에 초점을 맞추
느냐, 궁극적으로 더욱 지속적인 안정을 가져올 중동에서의 민주적 가
치와 실행을 지원하느냐 하는 것이다. 만약 민주주의가 걸프지역 내의
미국의 왕정 동맹에 문제가 되기 때문에 내부의 개혁 요구를 무시하는
이들 체제에 안보를 제공하는 것이라면 이는 미국의 정치 일정을 더욱
복잡하게 만들 것이다. 지역체제를 보호하기 위한 미국의 지역 내 군사
적 프레즌스는 아마도 결국은 특정 왕가 또는 다른 왕가에 대한 지지로
나타날 것이다. 그렇게 될 경우 실제 동기와는 상관없이 이는 각 걸프
연안 국가 대중에게 이란의 팔레비 시절처럼 단순히 왕가의 집권을 보
장해주기 위한 것으로 이해될 것이다. 이는 독재적이며 시대착오적인
왕가의 체제가 민족적 정당성을 가지고 있지 않다는 반증이기도 하다.

아랍 시민은 그들의 정부를 경멸의 눈으로 바라보고 있다. 미국은
언제나 "우리의 정부(our government)"라고 말하지만 아랍인에게는 이
말이 가슴에 와 닿지 않는다. 아랍인에게 자신들과 정부는 '우리'와 '그
들'의 문제다. 불안하고 정당성이 결여된 지도체제는 정부 외곽에서 시
도되는 어떤 시민조직도 정부에 대한 위험스러운 도전세력으로 인식하
며, 아랍-이스라엘 분쟁은 국가안보를 명분으로 자유와 번영의 희생 위
에 창설되는 군대를 정당화하는 데 이용된다.

미국은 이른바 눈앞의 이익을 보전하는 '안정'을 취할 것인가 아니면
중동분쟁의 진정한 원인과 성격을 점차 개선시켜나가는 정책을 선호할
것인가 하는 정책의 기로에 서 있다. 후자의 정책은 당장의 지역적 침략
자뿐 아니라 장기적인 지역질서 및 이것을 어렵게 만드는 복잡한 심리
적인 문제에도 관심을 가진다는 의미이다.

아랍과 이스라엘 간의 분쟁에서도 미국은 지대한 역할을 할 것이다.
그동안 미국의 분쟁조정 정책은 아랍-이스라엘 간에 전쟁이 발발하는

것을 예방하거나 전쟁의 빈도와 강도를 제한하는 데 기여했다. 또한 미국의 분쟁조정 정책은 결과적으로 이집트-이스라엘 평화조약, 요르단-이스라엘 평화협정을 이루어냈고, 팔레스타인-이스라엘 간 평화회담을 상당히 진척시키는 성과를 가져왔다.

그러나 미국은 이 문제를 통해 아랍국가나 이스라엘이 아주 중요한 동맹 파트너라는 생각을 자주 바꿨던 것으로 보인다. 아이젠하워 행정부는 아랍정권들과 동맹을 맺음으로써 미국의 국익을 증진시킬 수 있다고 생각해 바그다드 조약을 탄생시켰다. 그리고 그는 나세르와의 협력도 희망했다. 그는 아랍-이스라엘 전쟁과 미국이 이스라엘에 제시한 안보 공약에도 불구하고 미국이 목표를 성공적으로 달성하는 데 이스라엘이 장애가 된다고 보았다. 그러나 결국 나세르와의 화해가 불가능하다고 판단한 후 이스라엘을 대리국가로 발전시키는 것이 아랍과 동맹을 맺는 것보다 미국의 이익에 도움이 된다는 결론을 내렸다.

이스라엘과의 전략적 관계를 추구하는 미국의 정책은 신속하게 제도화되었다. 미국은 이후 변화하는 국제정치 환경 속에서도 이익을 극대화하기 위한 정책을 바꾸지 않았다. 전략적 자산 개념의 제도화와 미국 선거에 큰 영향을 미치는 친이스라엘 압력단체들 때문에 미국의 정책 입안자들은 이스라엘의 국익에 반하는 정책을 추구할 수 없었다.

1967년 6월전쟁 후 미국은 아랍-이스라엘 분쟁을 종식시키는 데 도움이 될 기회를 몇 번이나 놓쳤다. 그 예는 닉슨 행정부가 로저스안을 지속적으로 추진하지 못한 것, 키신저가 아랍에는 더 이상 전쟁이 없을 것이라고 판단해 1967~1973년 사이의 평화외교 추진을 중단한 것, 1975~1988년 사이에 미국이 PLO와의 평화협상을 거부한 것 등이다. 미국이 분쟁을 중재할 수 있는 기회를 자주 놓친 것은 두 가지 요인, 즉 미국이 중동에서 세계주의 냉전외교를 강조해 소련에 대한 봉쇄정책에 우선권을 둔 것과 미국의 이스라엘 편애정책 때문이었다.

레이건 행정부 때부터 소련에 대한 봉쇄정책은 서서히 미국의 비우호국(rogue state)인 이란, 리비아, 이라크 봉쇄와 연결되었다. '전략적 합의'를 통해 중동의 파트너를 충원하려는 미국의 시도는 이념과 정치환경의 변수 때문에 성공하지 못했다. 중동의 지식계층과 과격 종교단체가 미국의 외교를 혐오하는 현상은 미국이 추구하는 키신저 스타일의 세계주의 접근법에 대한 중동세계의 거부와 강력한 지역 실체인 토착사회정치 세력 간의 갈등에서 비롯되고 있다. 또한 미국의 중동정책 결정의 모순은 평화회담과 맹방의 안보체제 구축이라는 비양립성에서 비롯되었다.

모든 미국 행정부의 우선 관심사는 미국의 이해를 규정하는 것이자 그 이해를 보호하고 증진하는 정책을 고안하는 것이었다. 제2차 세계대전 이후 미국의 중동정책은 다른 지역과 마찬가지로 소련의 침투를 봉쇄하는 데 집중되었다. 미국은 안타깝게도 방관자로서의 도덕적 우위를 포기해버리고 무대에 뛰어들었다. 우선 쇠잔해가는 영국을 지원했고 그런 다음 영국을 앞세워서 간접적으로 이 지역에 영향력을 행사하는 방식이 한계에 도달하자 더 직접적으로 개입했으며 마침내 외부의 공격, 특히 소련의 공격으로부터 영국을 대신해 중동을 방어하게 되었던 것이다.

전후 제일의 관심은 북변에 대한 소련의 압력에 저항하는 것으로 아제르바이잔(Iranian Azerbaijan)으로부터 소련의 철수를 보장하고 터키에 대한 소련의 요구에 대항하는 것이었다. 이 정책은 터키와 이란을 구하는 데는 전반적으로 성공적이었다. 그러나 바그다드 협정을 통해 이를 아랍세계로 확장하려는 시도는 무참히 실패했다. 또한 이 정책이 끌어안으려고 했던 세력을 오히려 난처하게 하고 적대적으로 만들었으며 그들의 이익을 해치기까지 했다. 이 협정을 자신의 지도력에 대한 위협으로 간주했던 이집트의 나세르 대통령은 소련 쪽으로 전향해버렸다. 이라크 내의 친서구체제는 전복되었으며 요르단과 레바논의 친서방체제는 이들 양자가 생존을 위해 서구의 군사원조를 필요로 했다는 사실 때문에 위협을 받게 되었다. 소련이 북층을 넘어 아랍세계로 뛰어들던 1955년부터는 위협 정도 및 위협에 대처하는 수단이 과격해지기 시작했다. 북층이 굳게 장악된 반면, 아랍은 미국에 적대적이 되었다. 또는 기껏해야 경계적인 중립적 입장에 섰다.

이러한 상황에서 미국과 이스라엘의 관계는 새로운 국면에 접어들었다. 이 관계는 상당히 오랜 기간에 걸친 두 가지의 전혀 다른 고려에 의해 형성되었다. 그중 하나는 이념적이고 감상적이라고 부를 수 있으며, 다른 하나는 전략적인 것이다. 학교 수업을 통해 성서와 자신들의 역사를 배운 미국인들은 근대 이스라엘의 탄생을 자연스럽게 새로운 엑소더스, 즉 약속된 땅으로의 복귀로 보았으며 순례자, 개척자의 경험을 반복하는 이스라엘 민족에 감정이입할 수 있었다. 물론 아랍인들은 그렇지 않았으며 많은 유럽인들도 아랍인들의 생각에 동조했다.

미국과 이스라엘 간의 또 다른 유대는 전략적 관계로 1960년대에 시작되었으며 1970년대와 1980년대를 통해 번성했다가 이제는 중단된 것으로 보인다. 미국에 대한 이스라엘의 전략적 자산으로서의 가치는 많은 논쟁을 불러일으켰다. 미국 내에는 이스라엘을 중동의 주요한 전략적 동맹이자 증대하는 소련의 침투에 대항하는 확실한 방어 거점으로 인식하는 사람들이 있었다. 이러한 의미에서 이스라엘 건국 초기에는 존재하지 않았던 미국과 이스라엘의 전략적 관계는 아랍 영토에 대한 소련의 영향력이 증대했기 때문에 생겨난 결과였다. 한편 다른 사람들은 이스라엘이 전략적 자산은커녕 미국과 아랍의 관계를 악화시키는 요소로서 아랍에서 미국의 정책을 실패하게 만드는 전략적 부담이라고 주장해왔다.

냉전 기간에 미국의 전략적 자산으로서 이스라엘의 가치가 그 무엇이었든 간에 이제는 냉전이 종식됨으로써 그 가치 또한 마감된 게 분명하다. 그러한 변화는 지난 걸프전에서 극명하게 드러났다. 미국이 이스라엘에게 가장 기대한 것은 분쟁으로부터 격리되어 있는 것, 즉, 조용하게 움직이지 않는 것이자 가능한 한 눈에 띄지 않는 것이었다. 당시 부시 대통령이 이스라엘에게 이라크의 스커드 미사일 공격에 반응하지 않을 것을 요구한 것은 분명히 옳았다. 그리고 샤미르 수상이 그 요구에 동의한 것은 — 안타깝게도 그러한 굴종으로 이스라엘이 조롱을 당하게 될 것이라는 이스라엘인들의 경고가 곧바로 사실로 드러나긴 했지만 — 분명 현명한 처사였다.

아무튼 이스라엘의 자제는 그 당시 이스라엘과 미국 양측을 위해 올바른 것이었고, 페르시아 만 위기와 전쟁에서 이스라엘은 미국의 전략적 자산이 아니라 부적절한, 심지어 성가시기조차 한 존재였다. 후에 이스라엘 행정부가 말하고 행한 어떤 것도 이러한 인식을 변화시킬 것 같지는 않다.

그러는 동안 미국에 새로운 정책이 나타났고 미국은 다른 목표에 관여하게 되었다. 그 주요한 목적은 지역적 헤게모니가 출현하는 것을 방지함으로써 단일세력이 이 지역을 지배해 중동의 석유를 독점하지 않도록 하는 것이었다. 이러한 목표는 미국 정부가 지속적으로 추구한 이란·이라크 정책이었으며, 이는 아마도 이제 다시 한 번 이란에 대해 또는 장래에 위협적인 존재로 인식되는 이 지역의 다른 존재에 대해서도 마찬가지일 것이다.

그러한 헤게모니를 방지하기 위해 이제까지 적용되어온 정책은 주로 아랍안보협정을 고무하거나 무장시키는 것이었으며 필요하다면 이를 지원하는 것이었다. 이러한 정책은 이로움보다 해가 많았던 초기 시도들의 불행했던 기억을 불가피하게 환기시킬 것이다. 그러나 지금이야말로 제시된 협정을 이행하기에 더없이 좋은 기회다. 가상의 적은 이미 가공할 소련이 아니며, 지역의 지배자들은 세계와 그 속에서 자신의 위치에 대해 더욱 냉정한 견해를 가지게 되었다. 그러나 격동하는 사회 (volatile society)를 지배하는 불안정한 체제에 기초한 이 협정은 어쩔 수 없이 불안정하며 그 연결 고리는 몹시 취약하다. 이라크의 최근 역사는 이러한 정책이 잘못 나아갈 수 있는 또 다른 방법을 보여주었다. 미국은 왕정을 용인함으로써 왕정의 전복을 초래했으며 사담 후세인을 지원해줌으로써 그를 위협적인 존재로 만들었다. 미국은 운명적으로 이 지역 내에서 미국의 이해에 상당한 위험을 동반하는, 그리고 이 지역에 사는 사람들에게 끔직한 결과를 가져오는 실수를 반복하기 쉽다.

현 상황에서는 이스라엘과 협상하려는 몇몇 아랍정부의 용의와 이에 따라 평화 과정을 진척시키려는 미국의 관심이 구체화되고 있다. 많은 아랍인들은 이스라엘의 힘을 최상으로 평가하고 이스라엘의 의도를 최악으로 간주하지만 이스라엘이 그들의 가장 심각한 문제가 아니며 그들이 직면한 최대의 위협도 아님을 깨닫고 있다. 이스라엘이 이웃과의 전쟁을 목표로 한다면 아마도 다음번에는 또 다른 사담 후세인에게 더욱 성공적으로 이용될 수 있는 항존하는 위험이자 불화 요소가 될 것이다. 그러나 이스라엘이 이웃과의 평화관계를 추구한다면 최소한 이 지역에 민주적인 안정 요인이 될 것이다.

이스라엘 내부의 분위기 때문에 성공적인 협상의 전망이 제고되는 경우가 있다. 그러나 이스라엘 정부가 아무리 평화적이라 할지라도 평화일정은 길고 험난할 것이다. 아랍과 이스라엘은 서로에 대한 깊은 상처 때문에 상호불신하고 있으며 어떤 이들은 그것을 조장하려 한다. 협상이 오랫동안 결렬되어 있던 가운데 2000년 9월 팔레스타인에서 시작된 제2의 인티파다가 이를 여실히 보여준다. 미국이 이 문제에 공헌하는 길은 양측에 확고부동함과 공정함 그리고 선의를 확신시키는 것이다. 정책 입안자들은 중세 아랍의 다음과 같은 경구를 유념하는 것이 좋을 것이다. "친구와 적을 똑같이 사귀고 뒤를 밀어주는 자는 친구에게는 불쾌감만을, 적에게는 모욕만을 줄 것이다. 그는 적으로부터 경멸을 받을 것이며, 적은 그에 대한 적대적인 의도를 키울 것이다. 그는 친구를 잃을 것이며 친구는 그의 적이 될 것이다."

미국의 주요 관심사는 물론 석유다. 하지만 많은 이들의 견해와는 달리 석유에 대한 미국의 관심이 주로 가격과 접근의 문제에 있는 것은 아니다. 일반적인 소비라면 ─ 아마도 상당히 건전하다면 ─ 석유를 소비하는 이들이 다른 공급자를 찾아내는 것보다 판매자가 다른 소비자를 찾아내는 것이 훨씬 어려울 것이다. 진정한 위험은 상업상의 왜곡이 아니라 정치적 목적을 띤 독점이다. 만약 사담 후세인을 견제하지 않고 내버려두었더라면 그는 이라크와 쿠웨이트 양측의 석유자원을 통제할 수 있었을 것이다. 만약 사담 후세인이 아무런 제재를 받지 않고 행동할 수 있었다면 나머지 페르시아 만 국가들은 조만간 그에게 굴복했을 것이며, 심지어 사우디아라비아조차 복종하든지 아니면 전복되었을 것이다. 진정한 위험은 세계 석유의 비율에서 많은 부분을 차지하는 중동의 석유가 과대망상에 빠진 독재자에 의해 독점적으로 통제되는 것이다.

석유와 함께 또 다른 관심사가 있다. 이것은 당면한 일은 아니나 비상한 관심으로 떠오르고 있는 중이다. 바로 핵무기를 획득함으로써 장래에 중동이 핵지대화되거나 이 지역 내의 한두 잠재적 적대세력이 핵시설을 건설하는 것이다. 이것은 어쩌면 결국 불가피할지도 모른다. 기껏해야 연기되거나 제한되거나 통제될 것이다. 이를 막을 수는 없으며 그러한 핵지대화가 도래하는 날 이 지역의 상황은 일변할 것이다.

한두 핵보유국으로 중동이 핵지대화할 경우 이스라엘은 거의 확실히 미국에 대한, 더 일반적으로 말하면 서구에 대한 자신의 전략적 가치를 회복하거나 그 가치를 증대시킬 것이다. 당장 문제가 되는 것은 이란의 핵 개발과 파키스탄의 핵이 통제할 수 없는 상태에 빠지는 경우다.

2001년 9·11 사태 이후 부시 행정부는 중동에서 발생하는 반미현상이 두 가지 뿌리에서 출발하는 것으로 보았다. 하나는 팔레스타인 분쟁이고, 다른 하나는 극심한 경제침체, 빈부격차, 부패 등 아랍권 내부에 만연한 문제였다. 따라서 알 카에다 등 테러조직을 색출해 궤멸하고 그들을 지원하는 배후세력으로 지목된 사담 후세인 정부를 전복시키기 위해 아프가니스탄과 이라크에서 전쟁을 치렀다. 그러나 그것은 외과수술 같은 대증치료였던 셈이다. 이제 미국은 중동지역의 안보환경을 더욱 근본적으로 바꾸는 장기적인 처방으로 로드맵을 구상해야 한다. 팔레스타인 지역에 분쟁이 종식된 후 미국이 해야 할 일은 중동지역에 자유무역지대(FTA)를 창설함으로써 이 지역에 경제적 번영과 민주주의를 확산시키는 것이다. 그러나 그 동안 미국의 치명적인 과오는 미국의 경제적이고 전략적인 목표에 부합할 때만 이 지역의 민주주의를 지원해왔던 것이다.

2003년 4월 30일 미국은 샤론 이스라엘 총리와 압바스 팔레스타인 총리에게 '중동평화 로드맵'을 전달했다. 그 후 6월 초 부시 대통령이 직접 중동을 방문해서 아랍 5개국[7]과 이스라엘 정상을 만나 본격적인 설득 작업에 나섰다. 그 결과 부시 대통령은 두 당사국, 즉 이스라엘과 팔레스타인으로부터 로드맵을 지지한다는 공식적인 입장을 이끌어내는 데 성공했다.

이후 이스라엘은 불법 유대인 정착촌을 철거하는 작업에 돌입했고 압바스 팔레스타인 자치정부 수상도 이슬람 무장단체의 테러 행위를 비판하며 유혈 사태를 종식시키고 지속적인 절차를 진행할 것을 역설했다. 그러나 하마스는 이스라엘에 대한 자살 폭탄테러공격을 멈추지 않았고 이에 이스라엘 역시 미사일 공격을 포함한 강경정책으로 대응함으로써 심각한 유혈 사태가 벌어졌다. 이집트가 이스라엘과 팔레스타

---

7) 이집트, 팔레스타인, 사우디아라비아, 바레인, 요르단.

인에 6개월간 휴전을 제의했지만 진전을 보지 못했다.

그러던 중 하마스와 이슬람 지하드 등 팔레스타인 무장단체들이 6월 29일 3개월간의 한시적인 휴전을 공식 선언했다. 그 조건으로 그들은 이스라엘이 팔레스타인에 대한 침략을 중지할 것과 아라파트 자치정부 수반에 대한 가택 연금8)을 해제하라고 요구했다. 이에 호응해 이스라엘 수상 관저에서 열린 샤론-압바스 간 정상회담에서는 로드맵 이행에 대한 약속을 재확인했고, 팔레스타인 죄수의 석방, 양측 간 교역, 안보, 폭력 행위의 중지 방안을 다룰 4개 실무위원회 구성에 합의했다.

그러나 극복해야 할 과제는 만만치 않다. 무엇보다도 팔레스타인 난민의 귀환, 예루살렘에 대한 타협, 국경 설정, 수자원 분배 같은 난제에 대해 이스라엘과 팔레스타인 측 모두 아무런 해결의 실마리를 찾지 못한 채 이에 대한 협상이 2004년 이후로 미루어져버렸다. 또 다른 문제는 이스라엘과 팔레스타인 양측에 평화적인 해결을 근본적으로 어렵게 만드는 강경파가 존재하며 그들의 수나 영향력이 점점 커지고 있다는 것이다.

3. 에필로그

걸프전이 끝나고 얼마 지나지 않아 많은 이들은 "모든 것이 변했다. 중동은 결코 여전할 수 없으며, 이는 새로운 세계이고 새로운 중동으로서 모든 문제와 해답은 달라질 것이다"라고 말했다. 그런데 몇 달, 심지어 몇 년이 지나도록 새로운 국제질서가 구체화되지 못하자 많은 사람들은 — 그들 중 일부는 같은 사람들이었다 — "아무것도 변하지 않았다. 모

---

8) 이스라엘은 2001년 12월 4일 이후 아라파트를 가택연금했다.

든 것은 과거 그 자리로 되돌아갔으며 동일한 인물들이 동일한 역할을 맡고 동일한 각본을 연출하고 있다"라고 말했다.

중대한 상황은 쿠웨이트와 이라크에서 극명하게 드러난 것처럼 빠르게 일어날 수 있다. 그러나 이러한 사건들에 의해 드러나고 가속화되고 원인 지어진 변화를 이해하는 데는 상당한 시간이 필요했다. 걸프 위기 후 분명해진 것은 중동에서 실제로 변화가 일어났으며, 그 범위와 규모에서 상당한 차이가 있긴 하지만 이전의 상태를 그대로 유지하고 있는 것들이나 구성원들은 거의 없다는 사실이다.

이러한 변화는 사건들의 두 가지 결과와 관련이 있다. 하나는 단기적이고 지역적인 결과로서 쿠웨이트와 이라크 간의 전쟁이며, 다른 하나는 장기적이고 범세계적인 결과로서 냉전의 종식과 소련의 해체다. 어떤 변화는 아마도 이러한 사태로부터 직접적인 영향을 받았을 것이다. 그러나 다른 변화의 대부분은 오랫동안 진행되어왔던 것으로 지역과 세계에서 발생한 대격변에 의해 드러나고 가속화되었다.

주요한 원인으로 지목되는 한 가지 사실은 '내부적'인 것으로 범아랍주의가 퇴색하고 내부 국가들이 상호관계에서 새로운 정치게임을 시작하게 되었다는 것이다. 1982년 이스라엘의 레바논 침공, 1986년 미국의 트리폴리 공습 등에서 아랍국가들이 보여준 태도는 1948년 유대국가 건국에 대해 이들이 보였던 태도와는 근본적으로 다르며, 1967년 10월 전쟁 당시의 양상과 비교해도 상당한 차이가 있다. 이렇게 볼 때 1991년 걸프전에서 일단의 아랍국가들이 서구세력을 동맹으로 삼아 다른 아랍국가들을 상대로 전면전을 수행한 것은 범아랍 개념을 공식적으로 폐기한 처사로 해석할 수 있다. 아랍국가들 사이에서 이스라엘의 존재를 인정하고 함께 공존할 용의가 있는 것처럼 보인다.

이제 중동에는 다른 모든 것을 능가하는 또 하나의 커다란 변화가 발생해 오랜만에 새롭게 등장한 지역의 국제정치 환경을 모양 지을 것이다. 그 변화는 아직 어렴풋하게 인식되고 있을 뿐이다. 이는 한 시대의 종언을 뜻하며, 그 효과를 충분히 느끼고 그 의미를 완전히 이해하는 데는 상당한 기간이 필요할 것이다.

공통의 합의 중 하나에 따르면, 근대 중동의 역사는 프랑스의 장군 나폴레옹이 오스만 제국의 한 행정 구역이던 이집트에 별로 힘들이지 않고 상륙했던 1798년으로부터 시작된다. 프랑스는 의미심장하게도 이집트도 오스만 제국도 아닌 영국에 의해 이 지역에서 퇴거를 당하기까지 몇 년 동안 머물러 있었다. 이는 중동의 정치구조가 '동방문제적' 틀을 갖게 되는 거의 200년에 걸친 한 시대를 알리는 서막이었다.

그 이후로 중동국가들은 경생국들과 그리고 자신들보다 월등한 힘을 가진 선진 외부 열강과 분쟁을 계속해왔다. 로마의 흥기 이전과 멸망 이후의 시기에 중동국가들이 세계를 지배하기 위해 경쟁하던 때가 있었다. 그러나 그 시대는 오래전의 일이고 수세기 동안 중동국가들은 여러 가지 이유로 외부인들로부터 주목과 개입의 대상이 되어왔다. 처음에는 중상주의 유럽국가들의 상업적·외교적인 경쟁, 다음에는 영국, 프랑스, 러시아 간의 일련의 충돌과 연합국과 추축국 간의 충돌, 최근에는 미국과 소련의 대결 때문이었다. 중동의 정부와 민족들은 전쟁과 평화의 시기를 가릴 것 없이 그들의 통행로와 자원에 접근하기 위해 환심을 사려는 외부 열강의 집중적인 표적이 되어왔다.

중동국가들의 정부와 장관, 외교정책 전문가들에게 궁극적인 힘은 자국이 아니라 어딘가 다른 곳에 있었으며 그들의 임무는 위험을 피하는 것일 뿐이었다. 그들은 경쟁국들이 제공하는 기회를 이용하는 것 이외의 다른 상황을 경험한 적이 없었다. 이는 그들이 정치를 바라보는 유일한 방법이었다. 그것은 중동 정치인들을 상대해야 했던 중동 전문가들의 경우에도 마찬가지였다. 이들이 생각하기에 중동정치에서 유일하게 할 수 있는 것이란 제3자의 힘을 빌려 자신의 입지를 향상시키거나 자신에 대한 우호적인 감정을 불러일으키는 것이었다. 스스로 무엇인가를 할 수 있다는 생각을 가져본 적이 없었다.

그러나 냉전이 끝나고 이와 함께 국제정치 무대의 주요 행위자였던 소련이 해체되고 중동지역에서 퇴장함으로써 유일한 초강대국이 된 미국은 그간 자신이 중동지역에 부여했던 전략적 중요성에 대한 비중을 낮추고 제국주의적 역할을 떠맡으려 하지 않고 있다.

미국은 이제 중동에서 개입세력이라기보다는 주도적인 외부 열강(dominant outside power)으로 남을 가능성이 커졌다. 따라서 미국은 이라크와 아프가니스탄 문제를 신속하게 해결하려 할 것이다. 그러나 중요한 것은 '외부(outside)'라는 말에 담긴 의미이다. 더 밀접하게 지역 내부에 개입하려는 시도는 지역 내부에서 격렬한 그리고 아마도 효과적인 반발을 살 것이다. 미국 내에서 강하게 감지되는 현재의 분위기는 미국이 중동문제에 대한 개입에서 벗어나려 하며 중동의 격변에 접하기를 꺼린다는 것이다. 현재의 경제적 어려움이 중요한 요인이긴 하지만 분명이것 때문만이 아니라 미국 사회와 정치체제의 기본적인 구조에서 기인한 것이다. 미국이 중동에서 고전적인 제국주의 역할을 하리라고 기대하기는 어렵다. 미국은 중앙아메리카에서도 이미 쓰디쓴 실패를 맛보았다. 따라서 지리적으로나 문화적으로 더 멀리 떨어진 중동지역에서좀 더 나은 성공을 기대하기는 어렵다.

러시아는 틀림없이 복귀할 것이다. 그토록 거대한 규모와 인구, 자원, 재능, 경험을 가진 러시아가 무한정 외곽에 머물러 있지는 않을 것이기 때문이다. 21세기에 들어와서도 한동안 어려운 시기를 경험하겠지만 조만간 러시아는 어떤 체제하에서든 국제정치 게임의 중요한 플레이어로 복귀할 것이다. 러시아는 미국과 달리 구조적인 장애물을 가지지 않을 것이다. 또한 러시아는 결국 어디에 놓이든 남쪽 국경에 인접한 '격동하는 지역(volatile region)' 내의 사태에 잘 다져진 이해관계를 가질 것이다.

　당분간 러시아는 제국주의 역할을 할 수 없을 것이고, 미국은 이런 역할을 맡으려 들지 않으며, 또한 다른 용의자가 아직은 부각되지 않고 있다. 따라서 지금 중동에는 전대미문의 상황이 연출되고 있다. 현재 중동국가들은 하나의 도전에, 어떤 국가들은 무서운 전망에 직면해 있다. 그것은 바로 그들의 문제를 스스로 떠맡지 않으면 안 된다는 것이다. 중동의 지도자들은 사태가 악화되더라도 외국의 원조를 강요할 수도, 그럴듯하게 외국의 지배를 책망할 수도 없다는 사실을 조만간 깨달을 것이다. 이런 새로운 상황에서 지역의 내외 세력 양측은 자신들의 이해와 의도, 가능성을 신중하게 재평가하지 않으면 안 될 것이다.

참고문헌

국제문제연구소. 1991. 「위기 1년 후의 중동을 분석한다(上)」, ≪국제문제≫, 255호.

김상준. 1979. 『국제정치 이론 I』. 서울: 삼영사.

로댕송, 막심. 1979. 『아랍의 거부』. 임재경 옮김. 서울: 두레.

바넷, 리처드. 1981. 『미국의 대외정책과 제3세계』. 홍성우 옮김. 서울: 형성사.

박웅진. 1978. 『현대국제정치사』. 서울: 형설출판사.

박종평. 1984. 「미국과 소련의 대중동정책」. 중동문제연구소 엮음. 『제3세계와 중동 정치·경제』. 서울: 박영사.

유정렬. 1973. 「십월전쟁의 근인(近因)과 협상의 문제점」, ≪국제문제≫, 12월호.

_____. 1985. 『중동: 정치와 그 현실』. 서울: 어문각.

장붕익. 2003. 「이라크 전쟁과 네덜란드의 외교정책」. ≪국제지역연구≫, 제7권 제2호.

조수종. 1992. 「미국경제의 방향」, ≪국제문제≫, 8월호.

촘스키·아슈카르(Noam Chomsky·Gilbert Achcar). 2009. 『촘스키와 아슈카르, 중동을 이야기하다』. 강주헌 옮김. 서울: 사계절.

최성권. 2012. 『중동의 재조명: 역사』. 서울: 한울아카데미.

Adomeit, Hannes. 1975. "Soviet Policy in the Middle East: Problems of analisis." *Soviet Studies,* Vol. 27, No. 2(April).

Ahmad, Ahmad Yousef. 1984. "The Dialectics of Domestic Environment and Role Performance: The Foreign Policy of Iraq." Korany and Dessouki, *The Foreign Policies of Arab States.*

Ajami, Fouad. 1978. "The End of Pan-Arabism." *Foreign Affairs.*

_____. 1990. "The Summer of Arab Discontent." *Foreign Affairs*, Vol. 69, No. 5.

Akins, James E. 1991. "The New Arabia," *Foreisn Affairs*, Vol. 70, No. 3, p. 36.

Anderson, M. S. 1966. *The Eastern Question 1774-1923.* New York: St. Martin's press.

Antonius, George. 1969. *The Arab Awakening: The Story of The Arab National Movement.* Beirut: Lebanon Bookshop.

Arnold, Anthony. 1985. *Afghanistan: The Soviet Invasion in Perspective*, 2th. ed. Stanford, CA: Hoover Institution Press.

Atherton, Alflred, Jr. "Arab, Israelies and Americans: A Reconsideration." *Foreign Affairs*, *Vol.* 62, No. 5.

Avineri, Shlomo. 1982. "Beyond Camp David." *Foreign Policy,* No. 46(Spring).

Azzam, Maha. 1993. "Overching Regional Cooperation." Gred Nonnenman(ed.). *The Middle east and Europe: The Search for Stability and Integration.* London: Federal Trust for Education and Research.

Beirman, David. 1997. "The Role of United States as an Initiator and Intermediary in the Arab-Israel-Palestinian Peace Process." Paul J. White & William S. Logan(eds.). *Remaking in the Middle East.* Oxford: Gerg.

Bennet, Alexander J. 1986. "The Soviet Union." Benard Reich(ed.). *The Power in the Middle East: The Ultimate Strategic Area.* N.Y.: Praeger.

Berger, Morroe. 1964. *The Arab World Today.* Garden City, New York: Doubelda & Co. Inc..

Bill, James A. & Robert Springborg. 1990. *Politics in the Middle East.* 3th. ed. Harper Collins Publishers.

Binder, Leonard. 1973. "The middle East as a Subordinate International System." Richard A. Falk and Saul H. Mendlovitz(eds.). *Regional Politics and World Order.* San Fransisco: W. H. Freeman Co.

Brown, L. Carl. 1984. *International Politics and the Middle East.* Princeton, N.J.: Princeton University Press.

Calleo, David P. 1992. "Can the United States afford the New World Order?" *SAIS Review*(Summer~Fall).

Christensen, Thomas J. & Jack Snyder. 1990. "Chain Gangs and Passed Bucks: Predicting Alliance Patterns in Multipolarity." *International Organization,* 44(Spring).

Christison, Kathleen. 1999. *Perceptions of Palestine.* Berkeley: University of California Press.

Cleveland, William L. 1994. *A History of the Modern Middle East.* Boulder: Westview Press.

Cohen, Youssef & Brian R. Brown & A. F. K. Organski. 1981. "The Paradoxical

Nature of State Making: The Violent Creation of Order." *American Political Science Review,* 75(4).

Darwin, John. 1981. *Britain, Egypt and the Middle East Imperial Policy in the aftermath of war 1918-1922.* London: The Macmillan Press Ltd.

Dawisha, Adeed. 1992. "The United States in the Middle East: The Gulf War and Its Aftermath." *Current History*(January).

Department of State. 1984. *The Quest for peace.*

Dessouki, Ali E. Hillail. 1984. "The Primary of Economics: The Foreign Policy of Egypt." Korany and Dessouki. *The Foreign Policies of Arab States.* Blulder: Westview Press.

Diwan, Ishac. 1995. *Will Arab Workers Prosper or Be Left Out in the Twenty-First Century?* Washington, D.C.: World Bank.

Dowty, lan. 1992. "The Political and Military Implications of the Gulf War in the Emerging New World Order." paper delivered at 1992 International Conference of the Korean Association of International Studies.

Drydale, Alistair & Gerald Blake. 1985. *The Middle East and North Africa: A Political Geography.* Oxford: Oxford University Press.

Everland, Wiber Crane. 1980. *Ropes of Sand: American Failure in the Middle East.* New York: W. W. Norton.

Fabian, Larry L. 1983. "The Red Light." *Foreign Policy,* No. 50(Spring).

Finer, Samuel E. 1962. *The Man on Horseback: The Role of the Military in Politics.* N.J: Frederick A. Praeger, Inc.

_____. 1974. "State-Building, State Boundaries, and Border Control." John Waterbury & Ragaei el Mallakh(ed.). *The Middle East in the Coming Decade: From Wellhead to Well-Being?.* New York: McGraw-Hill.

Fisher, Sydney Nettleton & William Ochsenwald. 1990. *The Middle East: A History.* 5th ed. N.Y.: The McGraw-Hill Companies. Inc.

Freeman, Robert O. 1982. *Soviet Policy toward the Middle East since 1970,* 3rd ed. New York: Praeger.

Gause, F. Gregory III. 1992. "Sovereignty, Statecraft and Stability in the Middle East." *Journal of International Affairs,* Vol. 45, No. 2(Winter).

Goldgeier, James M. & Michael McFaul. 1992. "Periphery in the post-cold war era." *International Organization,* Vol. 46, No. 2(Spring).

Goldschmidt, Arthur Jr. 1979. *A Concise History of the Middle East.* Boulder, Colorado: Westview Press.

Granin, Zvi. 1979. *Truman, American Jewry, and Israel.* New York: Holmes and Meier.

Green, Stephen. 1984. *Talking Sides: America's Secret Relations with a Militant Israel.* New York: William Morrow.

Harik, Iliya. 1982. "The Single Party as a Subordinate Movement: The Case of Egypt." *World Politics,* Vol. 26, No. 1.

Harris, George S. 1972. *Troubled Alliance.* Washington, D.C.: American Enterprise Institution for Public Policy Research.

Harrison, Abby. 1992. "The Haves and Have-Nots of the Middle East revisited." *SAIS REVIEW*, Vol. 1, No. 2(Summer~Fall).

Hashim, Ahmed. 1992. "Iraq, the Pariah State." *Current History*(January).

Helms, Christine Moss. 1984. *Iraq: Eastern Flank of the Arab World.* Washington, D.C.: The Brooking Institution.

Hillali, Ali E. & Dessouki. 1984. "The Primacy of Economics: The Foreign Policy of Egypt." *The Foreign Policies of Arab States.* London: Westview Press.

Hinnebusch, Raymond A. 1984. "Revisionist Dreams, Realist Strategies: The Foreign Policy of Syria." Korany and Dessouki, *The Foreign Policies of Arab States.*

Hiro, Dilip. 1991. *The Longest War: The Iran-Iraq Military Conflict.* New York: Routledge.

Hottinger, Arnold. 1975. "The great Power and Middle East." William E. Griffith(ed.). *The World and Great Power Triangle.* Cambridge: MIT Press.

Hourani, Albert. 1983. *The Emergence of the Modern Middle East.* London: The Macmillan Press LTD.

Howard, Harry N. 1974. "The United States and the Middle East." Tareg Ismael(ed.). *The Middle East in World Politics.* N.Y.: Syracuse Univ. Press.

Hurewitz, J. C. 1956. *Diplomacy in the Near and Middle East a Documentary Record: 1535-1914*, Vol. 1. Princeton, N.J: D. Van Nostrand Co. Inc., pp. 268~269. "Resolution of the Arab-Syrian Congress at Paris"

_____. 1979. *Diplomacy in the Near and Middle East: A Documentary Record.* 2nd ed. New Haven.

Issa, Mohamond Khairy. 1975. "The Contents of the U.S. Middle East Policy after October 1973". ≪연구논총≫. 서울: 한국외국어대학교 중동문제연구소.

Khadduri, Majid. 1962. "General Nuri's Flirtations with the Axis Power." *Middle East Journal,* Vol. 16, No. 3(Summer).

Kirk, George. 1954. *The Middle East in the War.* London: Oxford Univ. Press.

Knapp, Wilfred. 1980. "The United States and the Middle East: How many special relationship?" Haim Shaked and Itamar Rabinovich(ed.). *The Middle East and the United Stated: Perceptions and Policies.* New Brunswick: Transaction Books.

Korany, Bahgat. 1984 "Defending the Faith: The Foreign Policy of Saudi Arabia." Korany and Dessouki. *The Foreign Policies of Arab States.* London: Westview Press.

Korany, Bahgat & Ali E. Hillal Dessouki. 1984. *The Foreign Policies of Arab States.* Cairo: Westview Press.

Laqueur, Walter. 1970. *The Struggle for the Middle East: The Soviet Union and the Middle East 1958~1968.* London: Routledge and Kegan Paul. document 4, "From Nasseris Speech to National Assembly Members on May 29, 1967."

Lenczowski, George. 1973. "Egypt and the Soviet Exodus." *Current History,* Vol. 64, No. 377(January).

_____. 1980. *The Middle East in World Affairs.* 4th ed. Ithaca, NY: Cornell University Press.

_____. 1990. *American Presidents and the Middle East.* Durham, NC: Duke University Press

Lincoln, W. Bruce(ed.). 1968. *Documents in World History 1945-1967.* San Francisco, California: Chandler Publishing Co.

Long David E. & Bernard Reich(eds.). 1980. *The Government and Politics of the Middle East and North Africa.* Westview Press.

Lustick, Ian S. 1977. "The Absence of Middle Eastern Great Power: Political 'Backwardness' in Historical Perspective." *International Organization*, 51(4).

Macdonald, Robert W. 1965. *The League of Arab States.* New Jersey: Princeton University Press.

Malowe, John. 1865. *A History of Modern Egypt and Anglo-Egyptian Relations 1800-1956.* Handen: Archon Books.

Matthews, Ken. 1993. *The Gulf Conflict and International Relations.* London: Routledge, p. 40.

Miller, Gary. 1993. "An Integrated Communities Approach." Gred Nonnen-man(ed.). *The Middle East and Europe: The Search for Stability and Integration.* London: Federal Trust for Education and Research.

Moore, John Norton(ed.). 1977. *The Arab-Israeli Conflict.* Princeton, New Jersey: Princeton Univ. Press.

Muslib Muhammad & Augustus Richard Norton. 1991. "The Need for Arab Democracy." *Foreign Policy*, No. 83.

Muslih, Muhammad. 1992. "The Shift in Palestinian Thinking." *Current History*(January).

Nixon, Richard M. 1972. "U.S. Foreign Policy for the 1970's." *A Report To The Congress*(February 9).

_____. 1978. *R.N.: The Memoirs of Richard Nixon.* New York: Grosset & Dunlap.

Noble, Paul C. 1984. "The Arab System: Opportunities, Constraints, and Pressures." Korany and Dessouki, *The Foreign Policies of Arab States.*

Norton, Augustus Richard. 1992. "Breaking through the Wall of Fear in the Arab World." *Current History*(January).

Nye, Joseph S. Jr. 1992. "What New World Order?" *Foreign Affairs*, 71(Spring).

Oberdorfer, Don. 1988. "Afghanistan: The Soviet Decision to Pull Out." *Washington Post*(April 17).

Ottaway, David B. 1988. "Schultz Urges 'New Blend' for Mideast." *Washington Post*(January 30).

_____. 1989. "What Is 'Afgan Lesson' for Superpowers?" *Washington Post*(February 12).

Paris, Timothy J. 1998. "British Middle East Policy-Making after the First World War: The Lawrentian and Wilsonian Schools." *The Historical Journal*, 41(3).

Peretz Don. 1978. *The Middle East Today.* New York: Holt Rinehart and Winston.

_____. 1992. "Israel since the Persian Gulf War." *Current History*(January).

Qureshi, Salemm. 1981. "Military in the Polity of Islam: Religion as a Basis for Civil-Military Interaction." *International Political Science Review,* Vol. 2, No. 3.

Rabinovich, Itamar. 1980. "The Challenge of Diversity: American Policy and the System of Inter-Arab Relations 1973-1977." Heim Shakid and Itamar Rabinovich(eds.) *The Middle East and the United States: Perception and Policies.* New Brunswick: Transaction Books.

Reed, Stanley. 1990. "Jordan and the Gulf Crisis." *Foreign Affairs*, 69(5).

Reich, Bernard. 1977. *Quest for Peace: United States-Israeli Relations and the Arab-Israeli Conflict.* New Brunswick, N.J.: Transaction Books.

Reisman, Michale. 1970. *The Art of the Possible: Diplomatic Alternatives in the Middle East.* N.J. Princeton: Princeton University Press.

Rodman, Peter W. 1991. "Middle East Diplomacy after the Gulf War." *Foreign Affairs*, Vol. 70, No. 2.

Rosecrance, Richard. 1980. "Objective of U.S. Middle East Policy." Shaked and Rabinovich(eds.), *The Middle East and the United States: Perceptions and Policies.*

Rosen Steven J. & Fukuyama, Francis. 1972. "Egypt and Israel after Camp David." *Current History*(October).

Rosenbaum, Aron D. 1982~1983. "Discard Conventional Wisdom." *Foreign Policy*, No. 49(Winter).

Rubinstein, Alvin Z. 1972. "The Soviet Union in the Middle East." *Current History*(October).

Safran, Nadaf. 1985. "Dimension of the Middle East Problem." Roy C. Macridis(ed.), *Foreign policy in World Politics.* 6th ed. Englewood Cliffs, N.J.: Prentice-Hall.

Saivetz, Carol R. 1989. *The Soviet Union and the Gulf in the 1980.* Boulder, Colo.: Westview Press.

Schlesinger, James. 1991. "New Instabilities, New Priorities." *Foreign Policy*, 85.

Seale, Patrick. 1979. "The Egypt-Israel Treaty and its Implication." *The World Today*(May).

Shafik, Nemat. 1995. *Claiming the Future: Choosing Prosperity in the Middle East and North Africa.* Washington, D.C.: World Bank.

Shlaim, Avi. 1976. "Failures in National Intelligence Estimate: the Case of the Yom Kippur War." *World Politics*, Vol. 28, No. 3.

Shliam Ali & Raymond Tanter. 1978. "Decision Process, Choice, and Consequence: Israeli's Deep-Penetration Bombing in Egypt, 1970." *World Politics*, Vol. 30, No. 4(July).

Smolenski, Oles. 1973. "The Soviet Setback in the Middle East." *Current History*, Vol. 64, No. 377(January).

Sontag, R. J. & Beddie(ed.). 1948. *Nizi-Soviet Relations 1939-1941, Document from the State Publication No. 3023.* U. S. Gov. Printing Office.

Spanier, John. 1980. *American Foreign Policy since World War II.* N.Y.: Holt Rinehart & Winston.

Spechler, Dina Room. 1986. "The U.S.S.R. and Third World Conflict: Domestic Debate and Soviet Policy in the Middle East 1967-1973." *World Politics*, Vol. 38, No. 3(Aplil).

Spiegel, Steven L. 1985. *The Other Arab-Israeli Conflict: Making America's Middle East Policy, From Truman to Reagan.* Chicago: University of Chicago Press.

Taylor, Alan R. 1991. *The Superpowers and the Middle East.* N.Y.: Praeger.

Tétreault, Mary Ann. 1992. "Kuwait : The Morning After." *Current History*(January).

The Editers. "Saddam Husayn on the Post-Cold War Middle East." *ORBIS*, 35(1).

Thornton, Thomas P. 1986. *The Challenge to U. S. Policy in the Third World: Global Responsibilities and Regional Devolution.* Boulder: Westview Press

Tilly, Charles. 1975. "Reflections on the History of European State-Making." *The Formation of National States in Western Europe.* Charles Tilly(ed.). Princeton, N.J.: Princeton University Press.

Travers, T. 2004. *Gallipoli 1915.* Stroud.

Tyler, Patrick E. & Nora Bustany. 1988. "PLO Proclaims Palestinian State." *Washington Post*(January 30).

Yale, William. 1958. *The Near East: A Modern History.* Ann Arbor: The University of Michigan Press.

찾아보기_인명

찾아보기_주제

지은이_최성권

- ▪ 전북대학교 정치학 박사, 미국 훔볼트 주립대학교 객원교수
- ▪ 현 전북대학교 정치학과 교수
- ▪ 논문으로는 「걸프戰 이후의 새로운 중동 국제질서」, 「국제관계 연구에 있어서의 인지 심리적 관점에 관한 소고」, 「정치적 행동에 대한 합리적 설명과 심리적 설명의 비교」, 「중동국제정치의 설명적 대안의 모색」, 「새로운 중동 국제질서를 위한 시론」, 「反테 러 전쟁에 따른 중동국가들의 정책 현황」 등이 있고, 옮긴 책으로는 『비교외교정책론』 등이 있다.

한울아카데미 1344

중동의 재조명: 국제정치

ⓒ 최성권, 2011

지은이 | 최성권
펴낸이 | 김종수
펴낸곳 | 도서출판 한울

편집책임 | 이교혜
편집 | 배유진

초판 1쇄 인쇄 | 2011년 4월 18일
초판 2쇄 발행 | 2012년 9월 15일

주소 | 경기도 파주시 파주출판도시 광인사길 153(문발동 507-14)
전화 | 031-955-0655
팩스 | 031-955-0656
홈페이지 | www.hanulbooks.co.kr
등록 | 제406-2003-000051호

Printed in Korea.
ISBN 978-89-460-5344-1 93340(양장)
ISBN 978-89-460-4419-7 93340(학생판)

* 가격은 겉표지에 있습니다.
* 이 도서는 강의를 위한 학생판 교재를 따로 준비하였습니다.
  강의 교재로 사용하실 때에는 본사로 연락해주십시오.